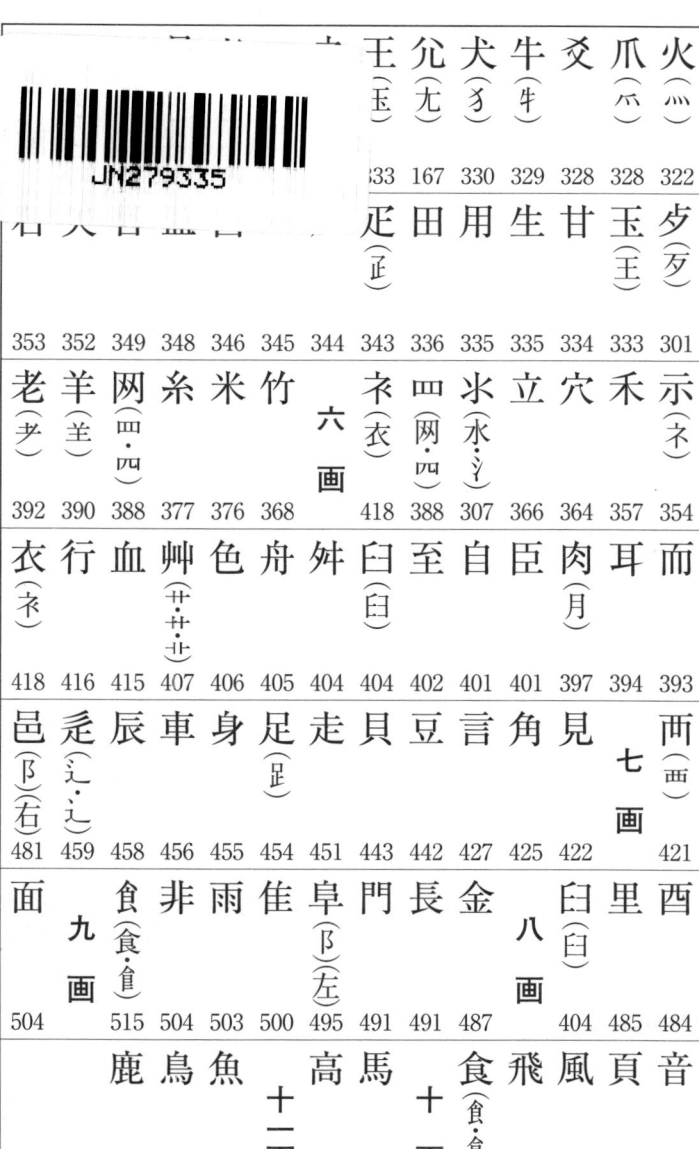

入門 古文書小字典

林英夫◎監修
柏書房編集部◎編

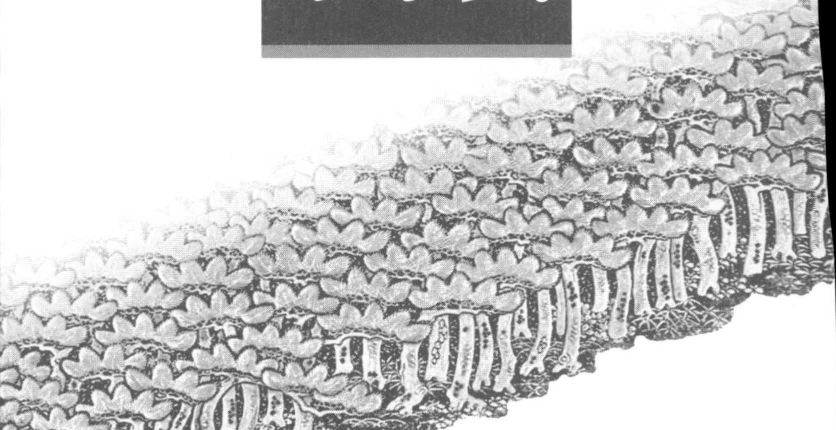

柏書房

はじめに

本書は、これから古文書の学習を始めてみようと考えている方、あるいは古文書の学習を始めてはみたものの、出てくるくずし字がなかなか読めずに苦労されている方を、おもな読者対象にして編集した古文書入門字典です。

古文書に出てくる漢字は、三〇〇〇字以上はあると思いますが、いきなり三〇〇〇字もの漢字が載っている字典を、入門・初学者が使いこなすのはかなり困難です。頻繁に出てくる漢字はある程度決まっていますので、本書では古文書の九割程度を読むのに必要な八一〇字の漢字を厳選して部首別に収録し、かつ携帯にも便利な大きさにしました。

ところで近年、生涯学習の一環として古文書講座を開催する自治体が増えてきました。順番待ちのところや、募集人員をはるかに上回り抽選をしているところもある、という話をよく耳にします。「古文書を読んでみたい」「古文書が読めるようになりたい」という方が増えてきているということは非常に喜ばしいことです。なぜなら、江戸時代のことを学ぶ最善の方法が古文書を読むことだからです。そして、古文書に書かれた事柄の背景を調べていくことで、今まで知らなかった江戸時代の姿が見えてくるようになるのです。

本書が多くの方々に利用され、江戸時代と現代との橋渡し役となることを期待しています。

二〇〇五年四月　　林　英夫

本書の使い方

◉字典を使う前に

毛筆で書かれているために「古文書は難しくて読めそうにない」と考えられている方もいるかと思いますが、現在通用している漢字と同じように、実は毛筆で書かれたくずし字にも、扁（へん）や旁（つくり）、冠（かんむり）などがしっかりと書かれています。ですから、部首順に配列された古文書字典を使えば、文字を特定することができるようになります。

そこで、文字の特定に必要なのが、そのくずし字の扁や旁は何なのか、それが何という字になるのか、を「予測」するという作業です。この「予測」という作業を経なければ、古文書字典を引くことはできません。そのため、本書五～八頁に収録した「主要部首別くずし字索引」を手掛かりに、漢字を構成している扁や旁などが何かをある程度「予測」して、字典を引く訓練をしてください。はじめは見当違いの文字を引いてしまうこともあるかと思いますが、何度も何度も繰り返しているうちに、予測通りの文字を探し当てることができるようになっていきます。

さらに、くずし字はたいてい熟語か慣用句の形で出てきます。例えば「仰」という漢字であれば、上には「被」が、下には「付」「出」「渡」「聞」「越」の五つの漢字のいずれかが必ずといってよいほど続きます。すなわち「被仰付」「被仰渡」などとなるわけです。このような知識も、多くの古文書を読み、かつ繰り返し字典を引いていくうちに自然と身についていきます。本書には頻出の熟語や用例を豊富に収録していますので、字典を引いた際には、ほかの用例も確認してください。

しかし、くずし字の難しいところが、一つの漢字に対して最低でも三つ以上のくずし方が存在するということです。同じ漢字にもかかわらず、旁のくずし方は同じで、扁のくずし方だけが違うことなどは普通にあります。

また、扁が「いとへん」というところまでわかったとして、旁部分がわからなかった場合には、「いとへん」の漢字をすべて見ていくという作業も必要となってきますし、「主要部首別くずし字索引」の通り、「にんべん」「ぎょうにんべん」「さんずい」は、まったく同じくずしになることがありますので、旁がわからなかった場合には、三つの扁すべての漢字を見なければならないこともあります。

とにかく、字典を引くことを面倒くさがらないことが古文書上達の秘訣です。

◉字典の引き方の流れ

① 読みたい字、読めなかった字の扁や旁、冠などは何かを「主要部首別くずし字索引」から「予測」する。扁や旁などに複数の候補があった場合には、該当するすべての文字を引いてみる。また、文字を鉛筆などで模写して部首などを「予測」する方法もお勧めする（後述）。

② 読みたい字、読めなかった字の前後の文字は何かを「予測」し確認する。もしどちらか一方が読めた場合、次にその字を含む熟語や慣用句に、似た字がないかを探してみる。仮に似た字が見つかった場合でも、すぐに特定せず、字典を引いて確認する。

③ 扁や旁、冠は何かの「予測」が付かない場合には、字典の最初から最後までを一頁ずつ探してみる。但し、収録していない漢字の場合は、いくら探しても出てきませんので、ご注意ください。

◉各ページの見方

(1) 本書は、漢和辞典と同様、部首順に漢字を配列しました。

(2) 各漢字の下に音読み（カタカナ）と訓読み（ひらがな）を付しました。但し、特殊な読みかたなどについては、そのすべてを付しているわけではありません。

(3) 音訓読みの下に、くずし字の骨書を二〜四つずつペン字で掲げました。ペン字による骨書によって、毛筆で潰れてしまった部分のくずし方がわかります。また、くずし字を「予測」する方法の一つとして、そのくずし字を模写する方法があります。繰り返し模写することで、一画目の筆の入り方や運筆（筆づかい）などが覚えられ、また、うまく模写できるようになってくると、面白いように字典を引くことができるようになります。

(4) 本書に収録した漢字は、そのくずしの程度によって上から下へと順に配列したので、くずし方の変化に注目してください。しかし、なかには「道」（四七六頁）のように「しんにょう」がまったく書かれない特殊なくずし方をする漢字もあり、さらには、もっとも頻出する「候」（五三頁）や「御」（一九九頁）のように、点一つや二つで表現される漢字もありますので、やはり数をこなしていく必要が生じてきます。

(5) 用例には、見出し語ごとに、古文書に頻出する熟語・慣用句・短文などを、読みの重複も含めておよそ九三〇〇例掲げました。

(6) 用例の解読文は左側に掲げました。返り点（一・二、レ点）を付すとともに、右脇に読みかたを掲げました。また、複数の読みかたがあるものについては、さらにその右脇に読みかたを掲げてあります。なお、動詞の場合には基本的に終止形で掲げました（たとえば、古文書では「罷出」は「まかりいで」と読むのが一般的ですが、本書では「まかりいず」と記しています）。

(7) 旧漢字がくずされたものは、解読文も旧漢字で掲げました。また、助詞の「与」「江」「者」「而」「茂」は、漢字表記のまま小さく右に寄せています。

(8) 江戸時代のくずし字には、異体字という常用漢字や旧漢字とは異なる字形のものがよく出てきます。典型的な異体字のくずしには、その右脇に★を付してあります。五三三頁の「異体字一覧」を合わせて参照ください。

(9) 巻末には、「変体仮名一覧」「柏書房の古文書入門書紹介」「参考資料」「索引」を付しました。

(10) 本書は、小社既刊『覚えておきたい古文書くずし字200選』と『覚えておきたい古文書くずし字500選』に収録した漢字七〇〇字に、あらたに一一〇〇字を加えて、字典として一冊に編集したものです。

主要部首別くずし字索引

へん

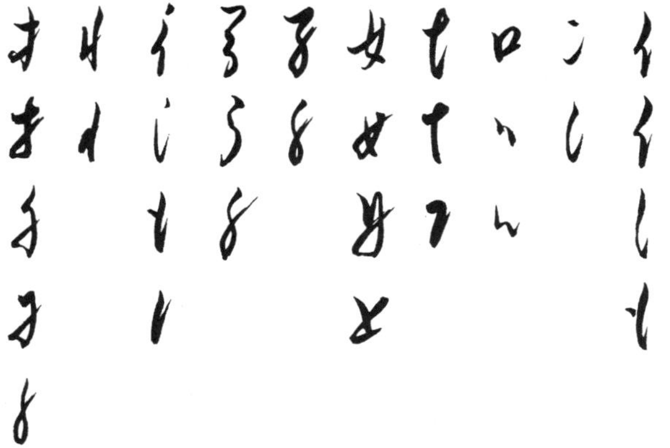

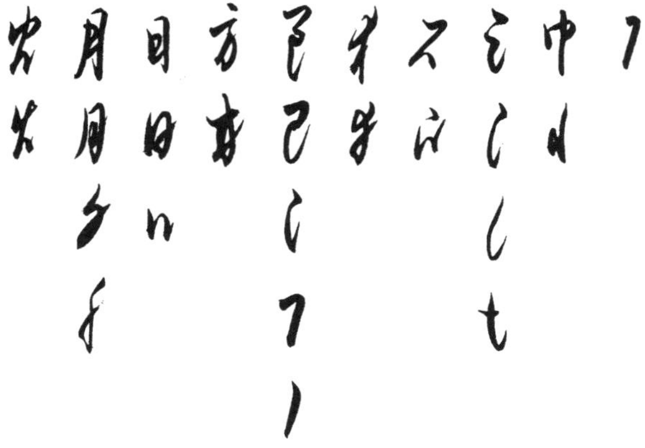

282頁【木】
301頁【歹】
329頁【牛】
333頁【王】
354頁【礻】
357頁【禾】
366頁【立】
349頁【目】
353頁【石】
418頁【衤】
376頁【米】

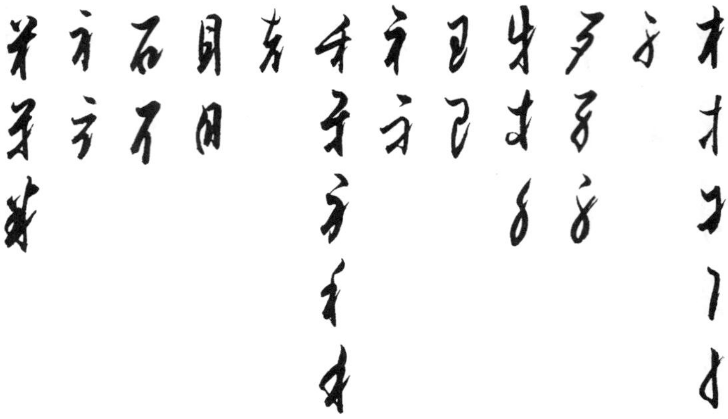

377頁【糸】
394頁【耳】
402頁【至】
405頁【舟】
454頁【⻊】
425頁【角】
427頁【言】
443頁【貝】
455頁【身】

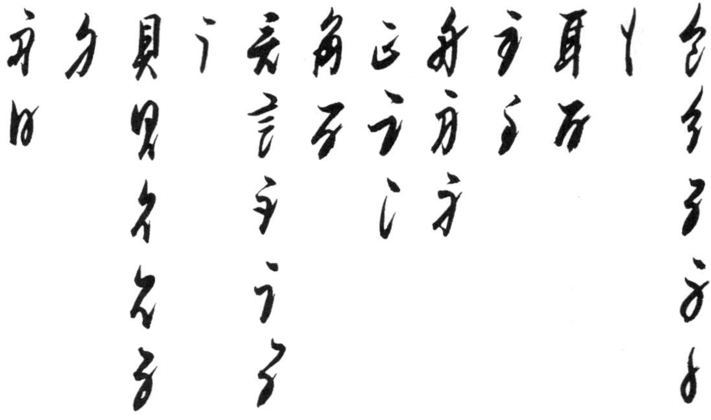

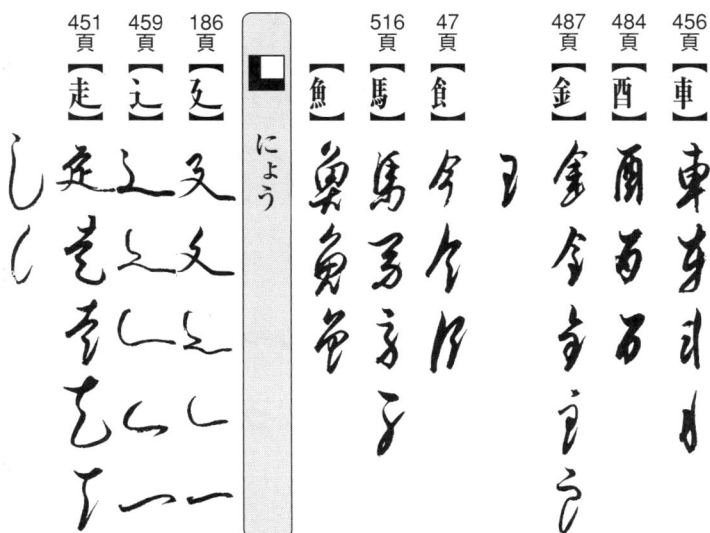

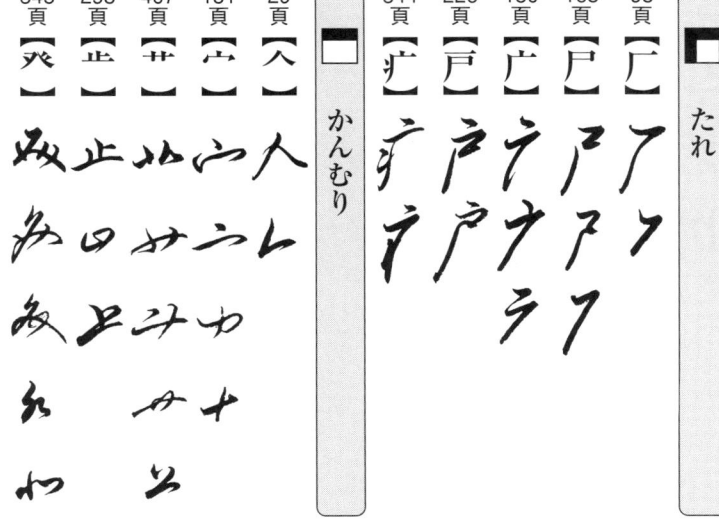

368頁【⺮】

503頁【⻗】

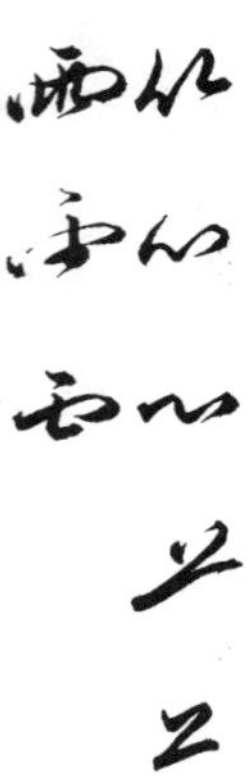

かまえ

123頁【冂】

491頁【門】

つくり

76頁【刂】

96頁【卩】

192頁【彡】

481頁【阝】

249頁【攵】

256頁【斤】

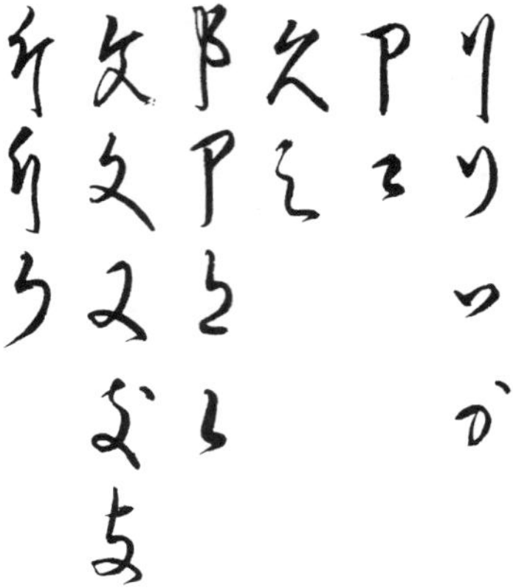

295頁【欠】

277頁【月】

303頁【殳】

500頁【隹】

506頁【頁】

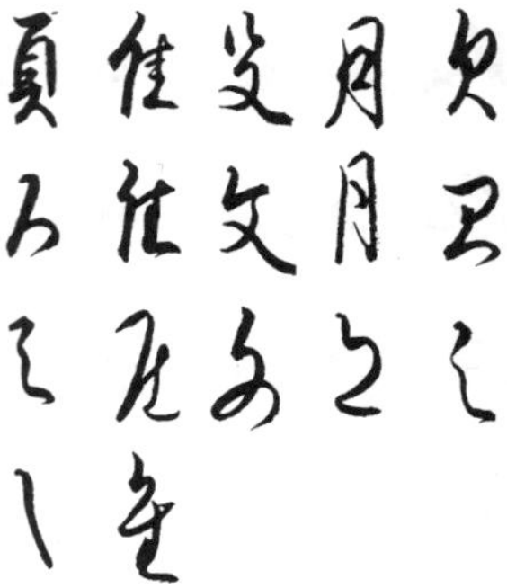

あし

322頁【灬】

201頁【心】

348頁【皿】

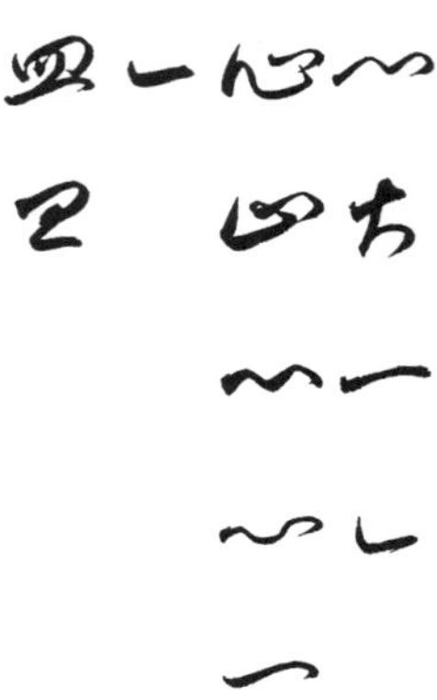

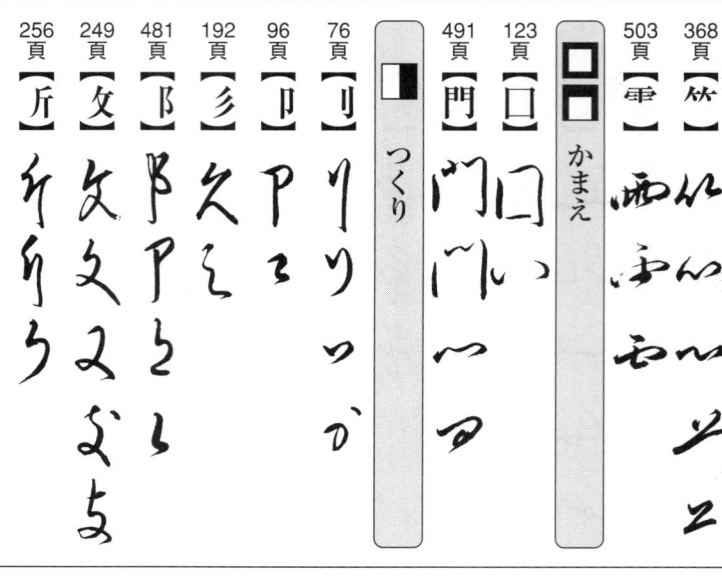

1

【下】

カ・ゲ／した・しも
さげる・くだる
くだす・くださる

【用例】

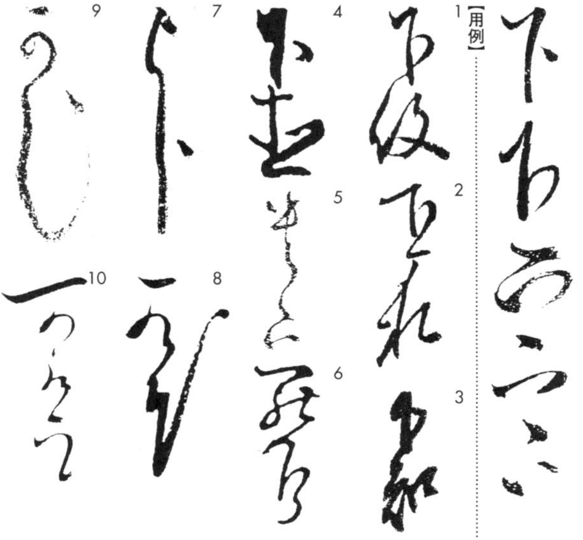

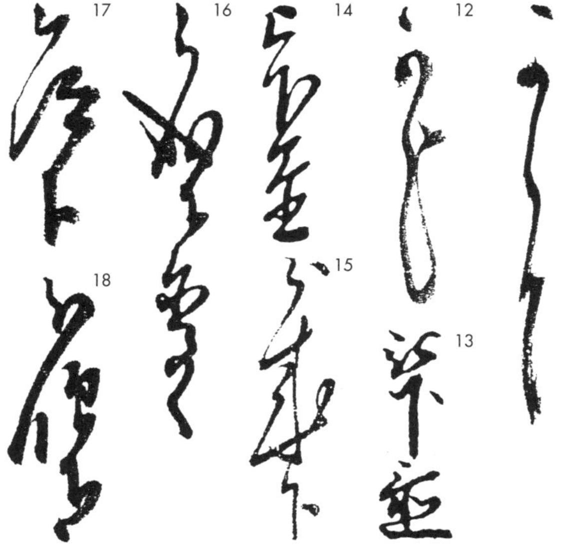

1 下役（したやく）　2 下ケ札（さげふだ）　3 下知（げち）　4 下直（げじき／したね）　5 貴下（きか）　6 罷下リ（まかりくだり）　7 被レ下（くだされ）

8〜12 可レ被レ下候（くださるべくそうろう）　13・14 被二下置一（くだしおかれ）　15 被二成下一（なしくだされ）

16 被二成下置一候ハヽ（なしくだしおかれそうらわば）　17 被二仰下一（おおせくだされ）　18 被二仰下一候（おおせくだされそうろう）

2【上】

ジョウ・ショウ
うえ・うわ・かみ
あげる・あがる

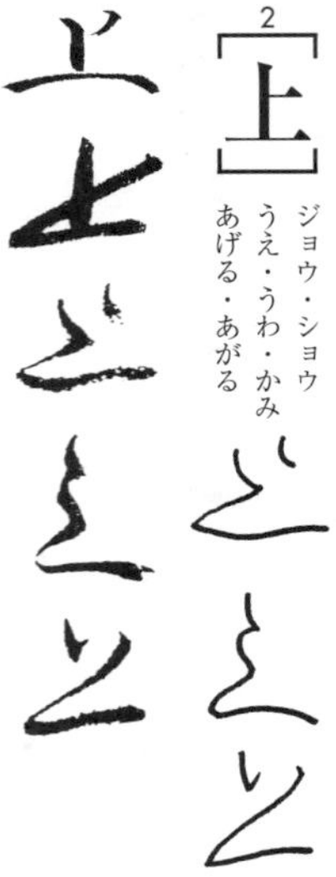

【用例】

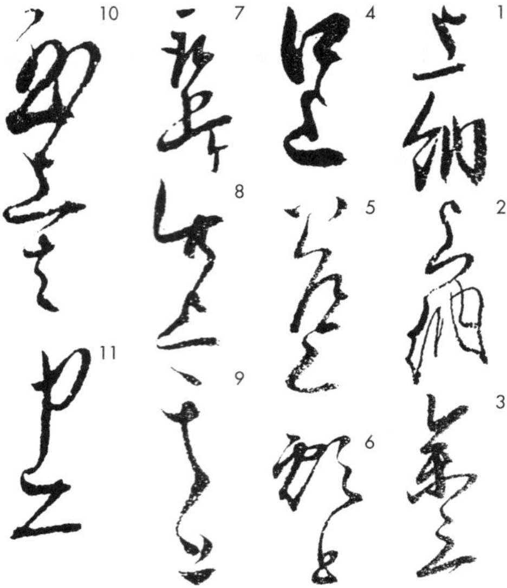

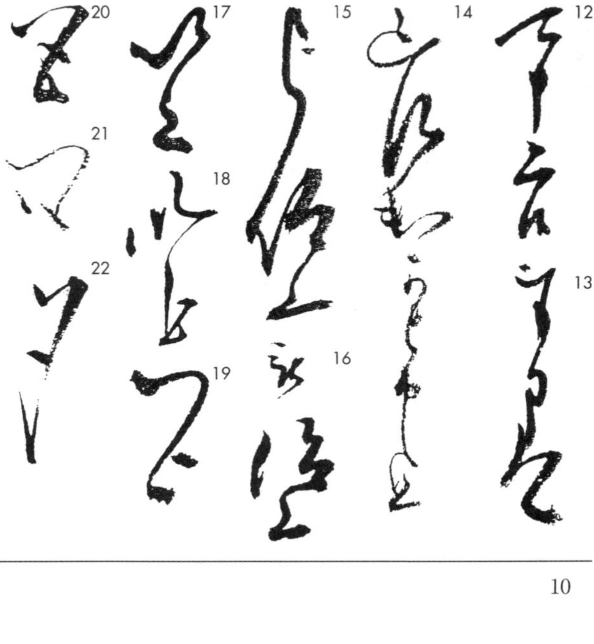

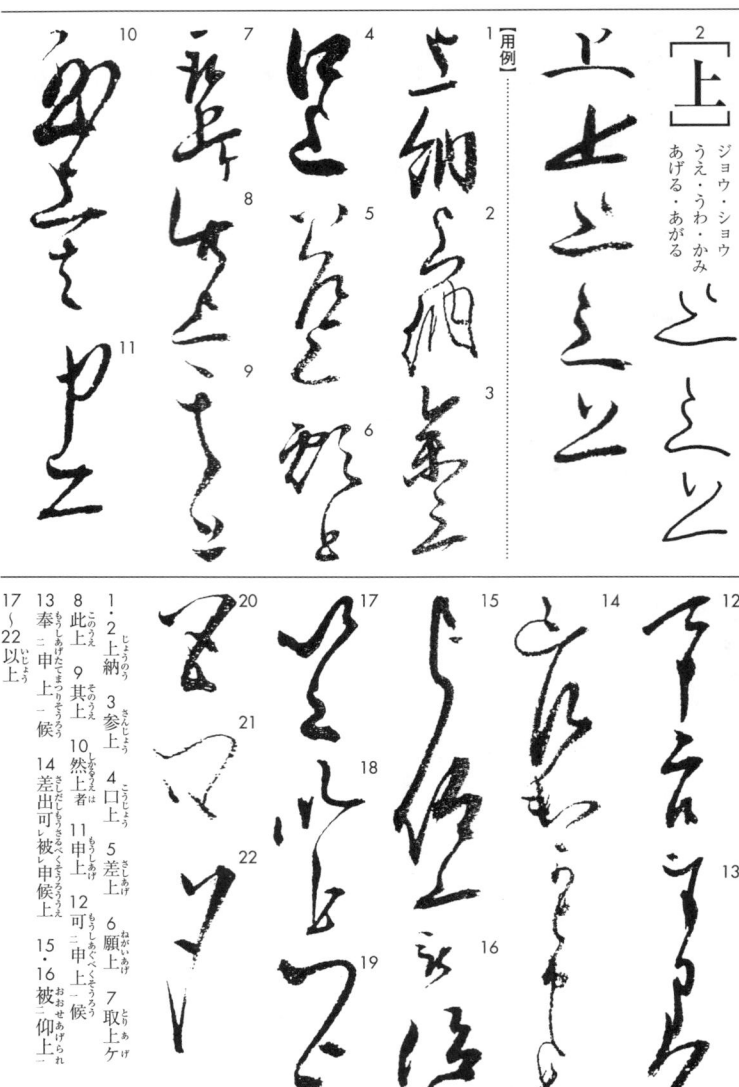

1・2 上納(じょうのう)　3 参上(さんじょう)　4 口上(こうじょう)　5 差上(さしあげ)　6 願上(ねがいあげ)　7 取上ケ(とりあげ)
8 此上(このうえ)　9 其上(そのうえ)　10 然上者(しかるうえは)　11 申上(もうしあげ)　12 可二申上一候(もうしあぐべくそうろう)
13 奉二申上一候(もうしあげたてまつりそうろう)　14 差出可レ被レ申候上(さしだしもうさるべくそうろううえ)　15・16 被二仰上一(おおせあげられ)
17〜22 以上(いじょう)

3
[丈]
ジョウ たけ

【用例】

1 丈夫(じょうぶ) 2 手丈夫(てじょうぶ) 3・4 成丈(なるたけ) 5 成丈ケ(なるたけ) 6 可レ成丈(なるべくだけ)
7 可レ成丈者(なるべくだけは) 8・9 可二相成一丈(あいなるべくだけ) 10 有丈ケ不レ残(ありたけのこらず)

4
[万(萬)]
マン バン よろず

【用例】

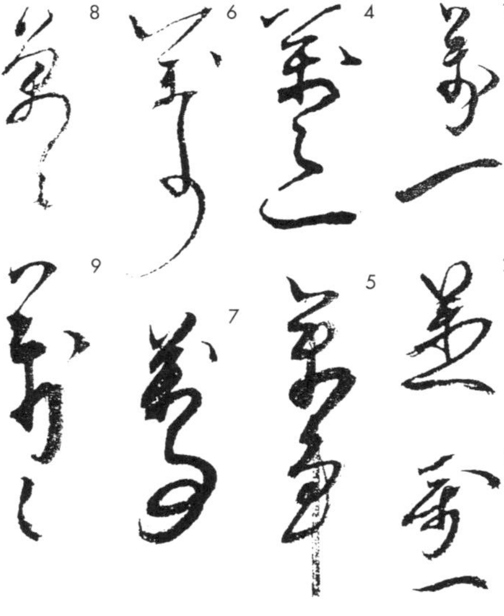

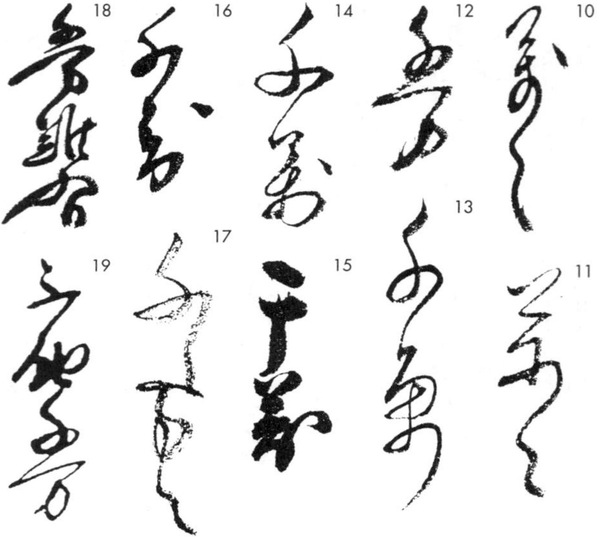

1〜3 萬一（まんいち）　4 萬々一（まんまんいち）　5〜7 萬事（ばんじ）　8〜11 萬々（ばんばん）　12 千万（せんばん）

13〜16 千萬（せんばん）

17 千々万々（せんせんばんばん）

18 千万難レ有（せんばんありがたし）

19 不届千万（ふとどきせんばん）

5 与（與）

ヨ

あたえる

くみする

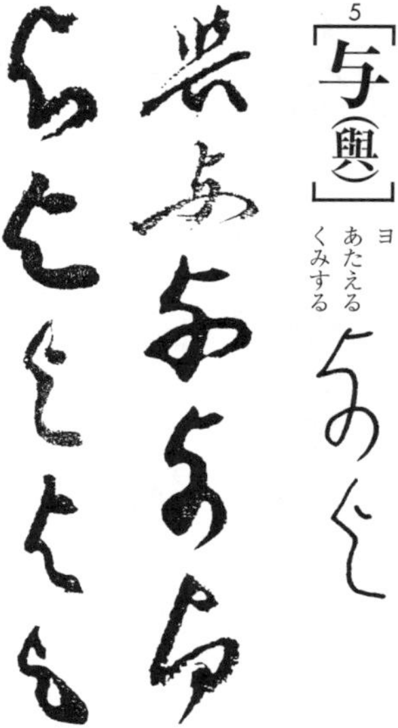

【用例】

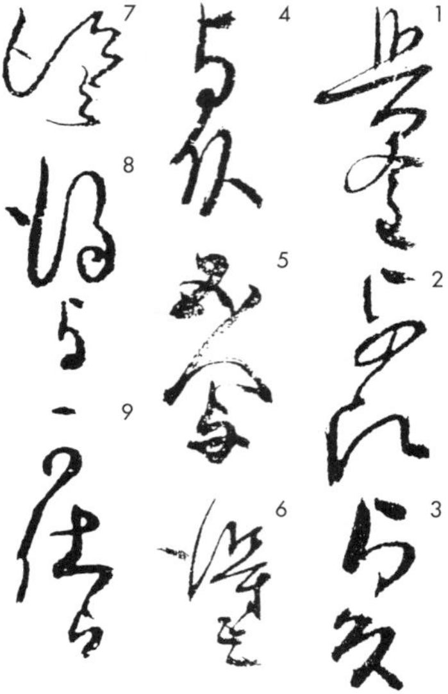

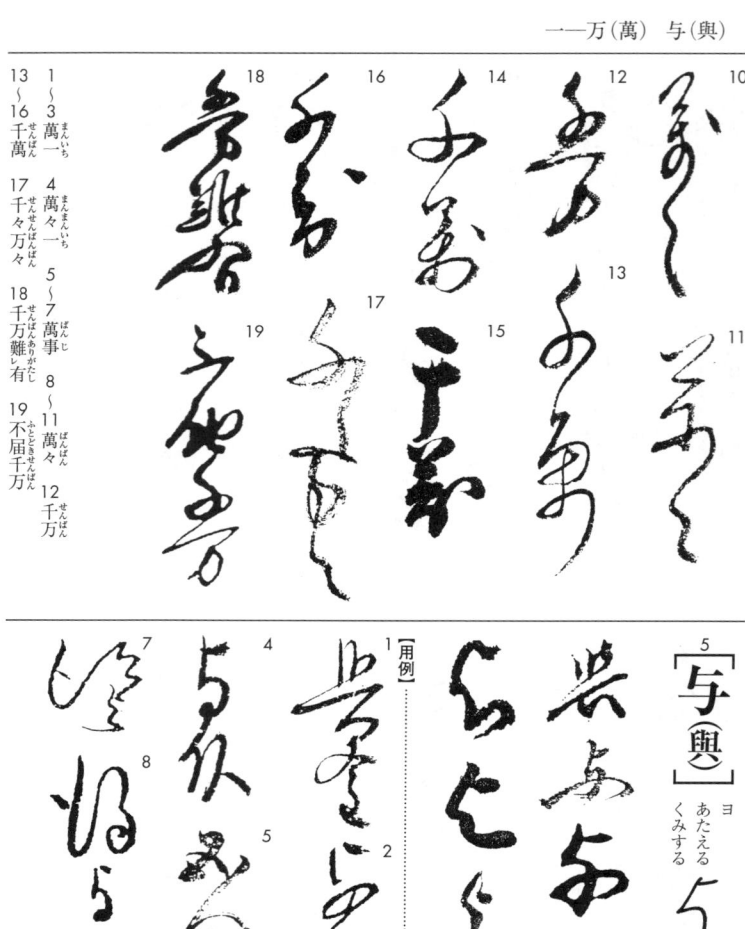

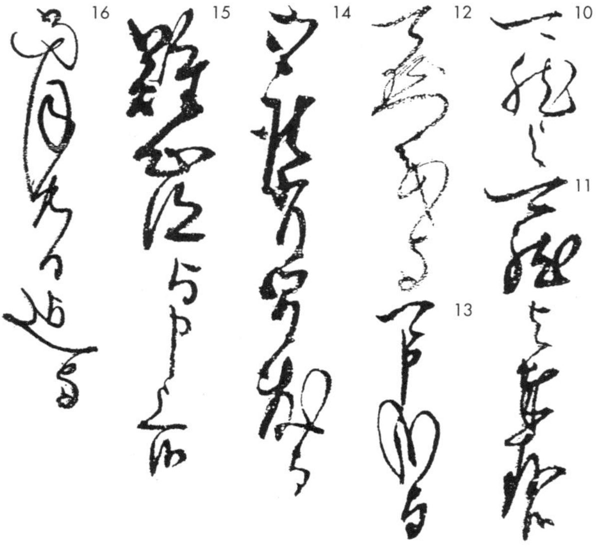

1 與金(よきん)　2〜4 与頭(くみがしら)　5 五人与(ごにんぐみ)　6〜8 得与(とくと)　9 可レ仕与(つかまつるべきと)

10 可レ然与(しかるべきと)　11 可レ然与奉レ存候(しかるべきとぞんじたてまつりそうろう)　12 可レ然義与(しかるべきぎと)　13 可レ申哉与(もうすべきやと)

14 御座有間敷与(ござあるまじきと)　15 難二心得一与申上候(こころえがたきともうしあげそうろう)

16 当月廿日迄与(とうげつはつかまでと)

6

[丑]

チュウ
うし

【用例】

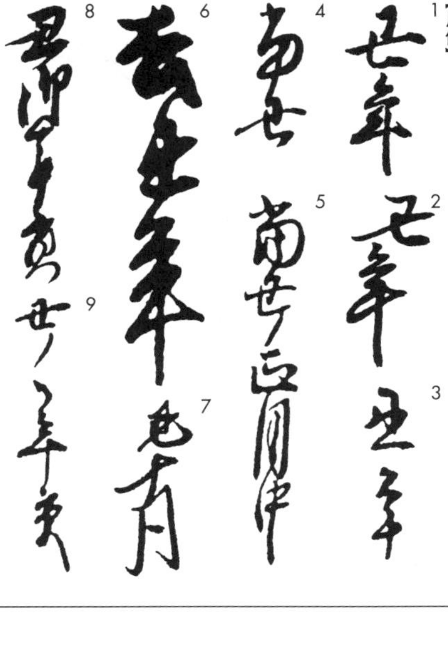

1〜3 丑年(うしどし)　4 当丑(とううし)　5 当丑ノ正月中(とううしのしょうがつちゅう)　6 去丑年(さるうしどし)　7 丑十月(うしじゅうがつ)

8 丑御年貢(うしおねんぐ)　9 丑ノ御年貢(うしのおねんぐ)

7 [不] フ・ブ　あらず　ず

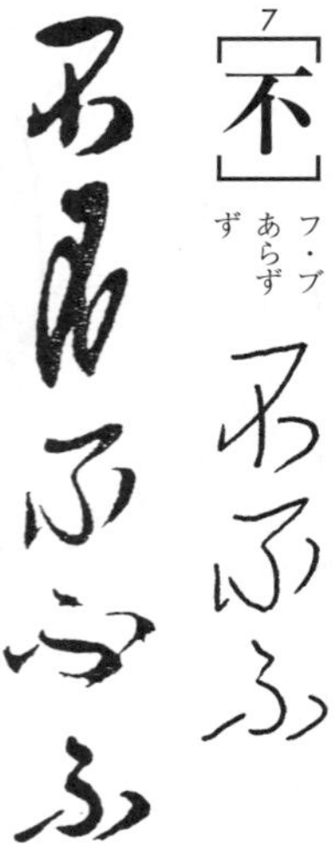

【用例】

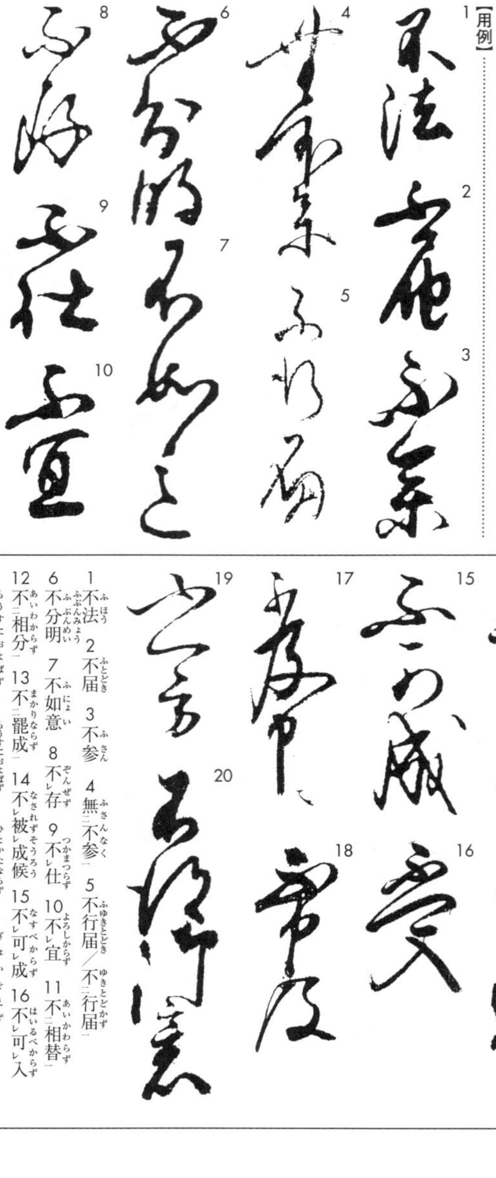

1 不法（ふほう）　2 不届（ふとどき）　3 不参（ふさん）　4 無二不参一（ふさんなく）　5 不行届（ふゆきとどき）／不二行届一（ゆきとどかず）

6 不分明（ふぶんめい）　7 不如意（ふにょい）　8 不レ存（ぞんぜず）　9 不レ仕（つかまつらず）　10 不レ宜（よろしからず）　11 不二相替一（あいかわらず）

12 不二相分一（あいわからず）　13 不二罷成一（まかりならず）　14 不レ被レ成候（なされずそうろう）　15 不レ可レ成（なすべからず）　16 不レ可レ入（はいるべからず）

17 不レ及二申一（もうすにおよばず）　18 不二申及一（もうすにおよばず）　19 不二一方一（ひとかたならず）　20 不レ得二御意一（ぎょいをえず）

8［且］

シャ　ショ　かつ

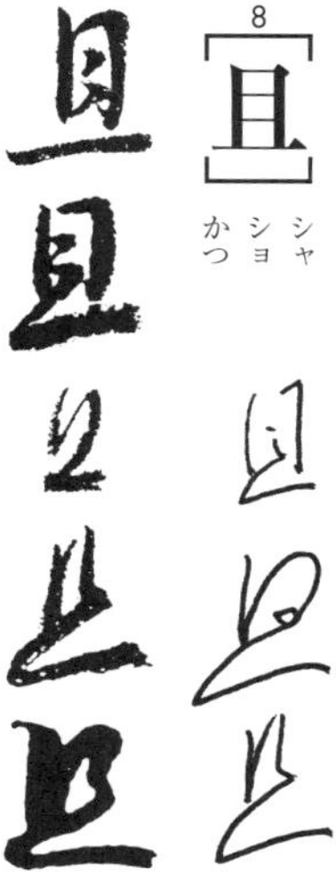

【用例】

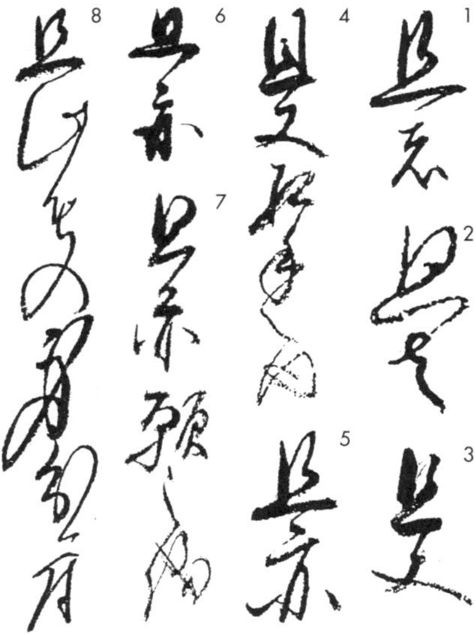

1・2且者（かつは）　3且又（かつまた）　4且又相手之内（かつまたあいてのうち）　5・6且亦（かつまた）　7且亦願之儀（かつまたねがいのぎ）　8且此もの身分ニ付（かつこのものみぶんにつき）

9［世］

セイ　セ　よ

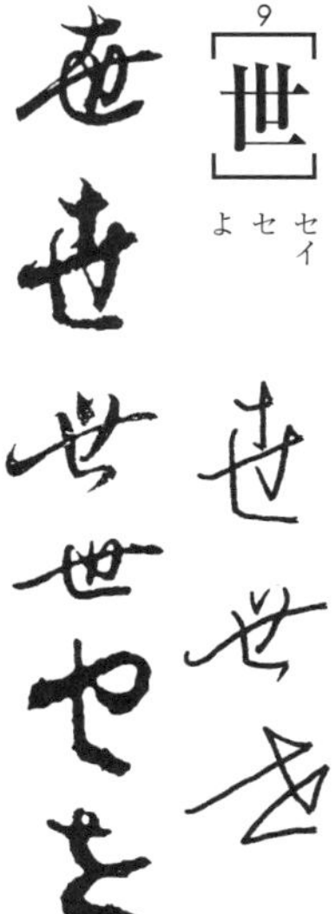

【用例】

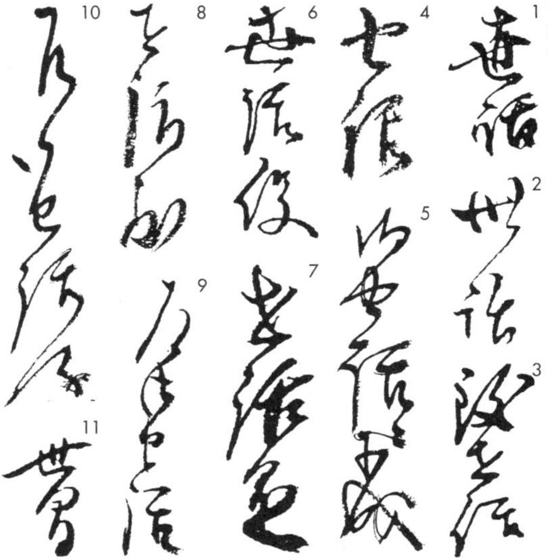

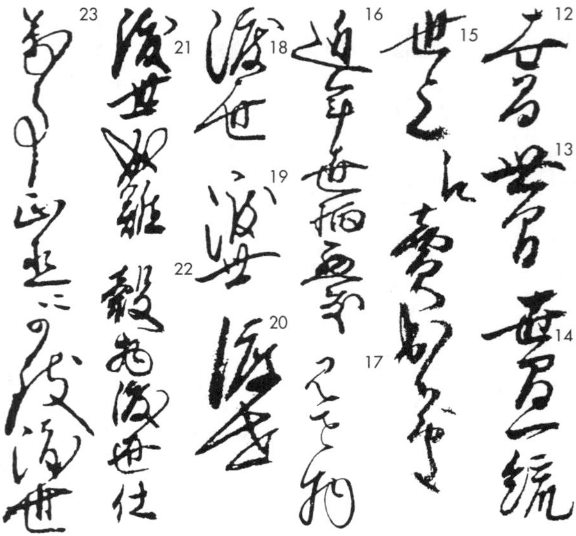

1・2世話(せわ) 3致二世話一(せわいたし) 4世話(せわ) 5御世話二相成(おせわにあいなり)
6世話役(せわやく) 7世話懸(せわがかり) 8世話敷(せわしく) 9乍二御世話一(おせわながら) 10乍二御世話様一(おせわさまながら)
11～13世間(せけん) 14世間一統(せけんいっとう) 15世上江賣出候處(せじょうへうりだしそうろうところ) 16近年世柄悪敷(きんねんよがらあしく)
17見世物(みせもの) 18～20渡世(とせい) 21渡世成難(とせいなりがたく) 22穀物渡世仕(こくもつとせいつかまつり)
23萬事正直ニ可レ致二渡世一(ばんじしょうじきにとせいいたすべく)

両(兩)

リョウ
ふたつ

【用例】

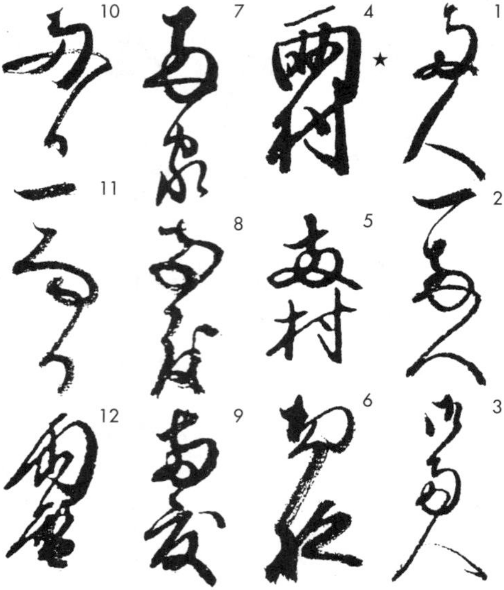

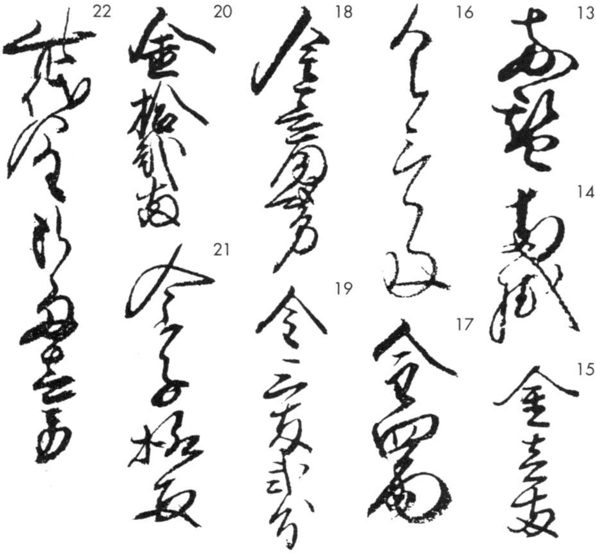

1 両人（りょうにん）　2 一両人（いちりょうにん）　3 御両人（ごりょうにん）　4・5 両村（りょうそん）　6 両様（りょうよう）　7 両家（りょうけ）
8・9 両度（りょうど）　10 両日（りょうじつ）　11 一両日（いちりょうじつ）　12・13 両替（りょうがえ）　14 両掛（りょうがけ）　15 金壱両（きんいちりょう）
16 金三両（きんさんりょう）　17 金四両（きんよんりょう）　18 金壱両弐分（きんいちりょうにぶ）　19 金三両弐分（きんさんりょうにぶ）　20 金拾弐両（きんじゅうにりょう）
21 金子拾両（きんすじゅうりょう）　22 此代金弐両壱分（このだいきんにりょういちぶ）

11 ［中］ チュウ なか

【用例】

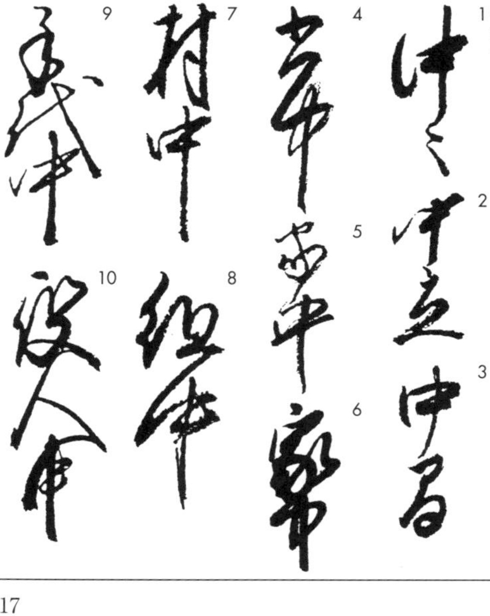

1 中々（なかなか） 2 中立（なかだち） 3 中間（ちゅうげん／なかま） 4 書中（しょちゅう） 5・6 家中（かちゅう） 7 村中（むらじゅう）
8 組中（くみちゅう） 9 手代中（てだいちゅう） 10 役人中（やくにんちゅう） 11 衆中（しゅうちゅう） 12 名主中（なぬしちゅう）
13 名主衆中（なぬししゅうちゅう） 14 御中（おんちゅう） 15 此間中（このあいだじゅう） 16 先達而中（せんだってちゅう） 17 年中（ねんちゅう／ねんじゅう）
18 去年中（きょねんちゅう） 19 先月中（せんげつちゅう） 20 二月中（にがつちゅう）

12 ［之］

シ／の
これ
この

【用例】

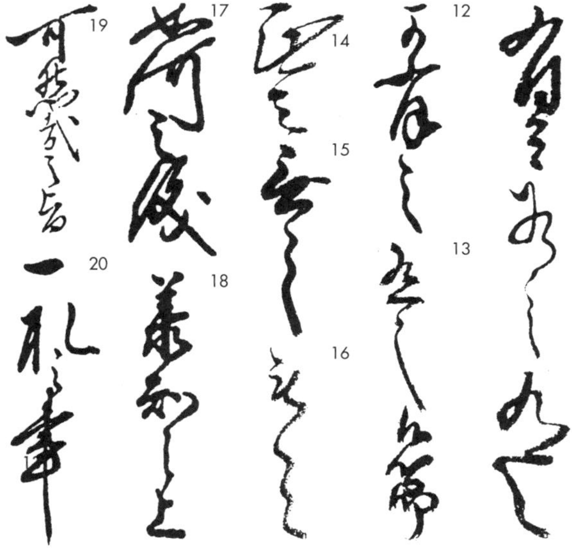

1・2 右之趣（みぎのおもむき） 3・4 右之通（みぎのとおり） 5 左之通（さのとおり） 6 右之段（みぎのだん） 7 殊之外（ことのほか） 8 依レ之（これにより） 9〜11 有レ之（これあり） 12 可レ有レ之（これあるべし） 13 有レ之候節（これありそうろうせつ） 14〜16 無レ之（これなく） 17 如何之儀（いかがのぎ） 18 承知之上（しょうちのうえ） 19 可レ然哉之旨（しかるべきやのむね） 20 一札之事（いっさつのこと）

13 ［主］

シュ・ス
ぬし
おも

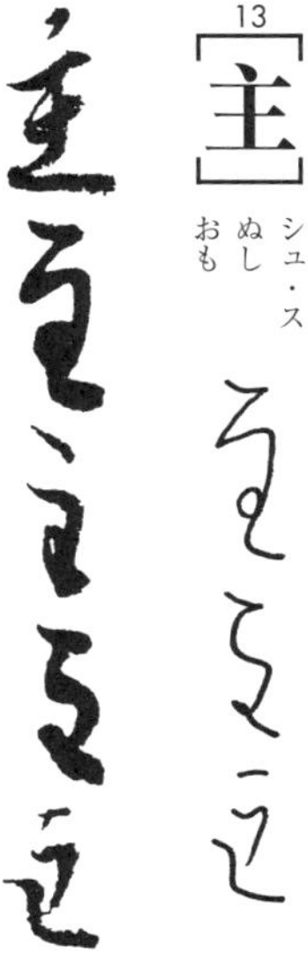

【用例】

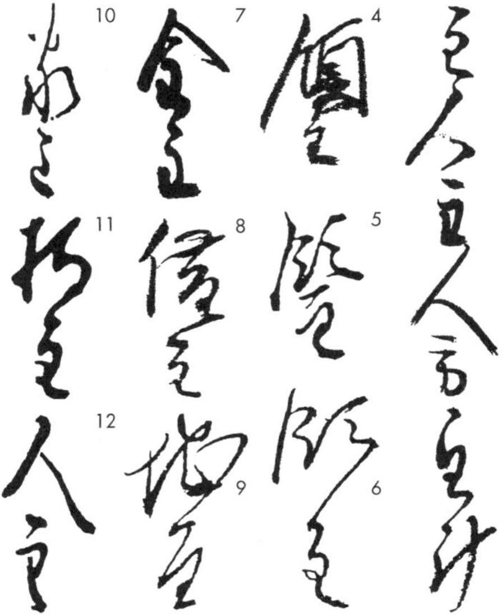

1 2 3 4 5 6 7 8 9 10 11 12

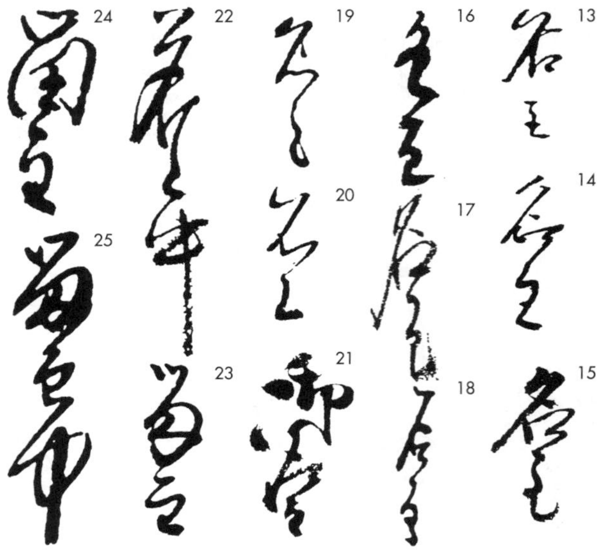

1 主人（しゅじん）　2 主人方（しゅじんかた）　3 主計（かずえ）　4～6 領主（りょうしゅ）　7 金主（きんしゅ）　8 借主（かりぬし）　9 地主（じぬし）　10 家主（やぬし・いえぬし）　11 持主（もちぬし）　12 人主（ひとぬし）　13～20 名主（なぬし）　21 御名主（おんなぬし）　22 御名主中（おんなぬしちゅう）　23・24 留主（るす）　25 留主中（るすちゅう）

14 及

キュウ
およぶ
および

【用例】

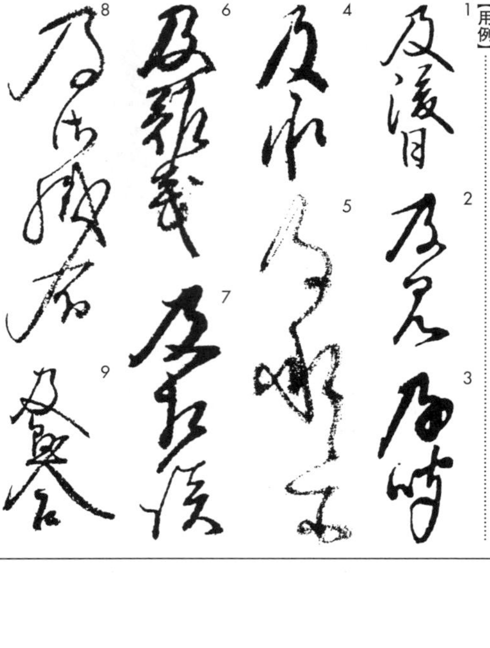

1 及二後日一（ごじつにおよび）　2 及レ見（みおよぶ）　3 及レ聞（ききおよぶ）　4 及レ承（うけたまわるにおよび）

5 及レ承候所（うけたまわるにおよびそうろうところ）　6 及二難義一（なんぎにおよび）　7 及二相談一（そうだんにおよび）　8 及二御掛合一（おかけあいにおよび）

9 及二懸合一（かけあいにおよび）　10 御聞及之通（おききおよびのとおり）　11 及 候 処（およびそうろうところ）　12 被レ及（およばれ）　13・14 不レ及（およばず）

15 不二申及一（もうすにおよばず）　16 不レ及レ申（もうすにおよばず）　17 不レ及二申二一（もうすにおよばず）　18 不レ及レ申候得共（もうすにおよばずそうらえども）

19 不レ及二其儀一候（そのぎにおよばずそうろう）　20 難レ及（およびがたし）

15

乍

サ
ながら

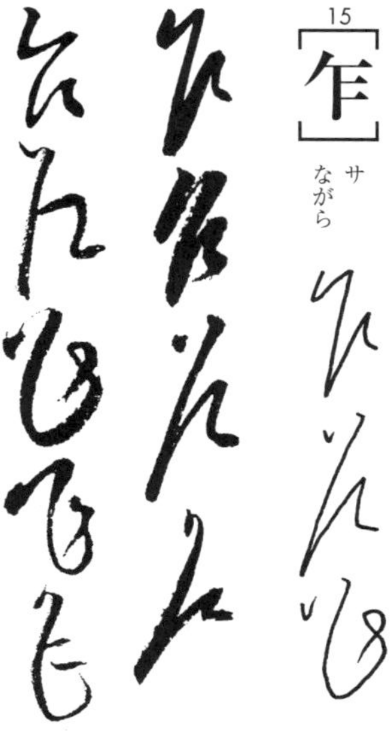

【用例】

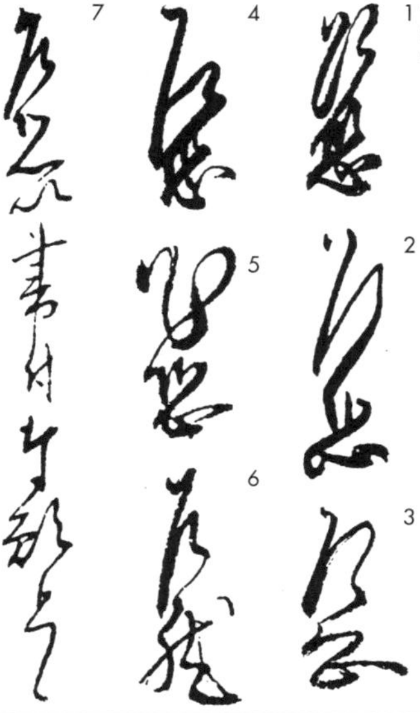

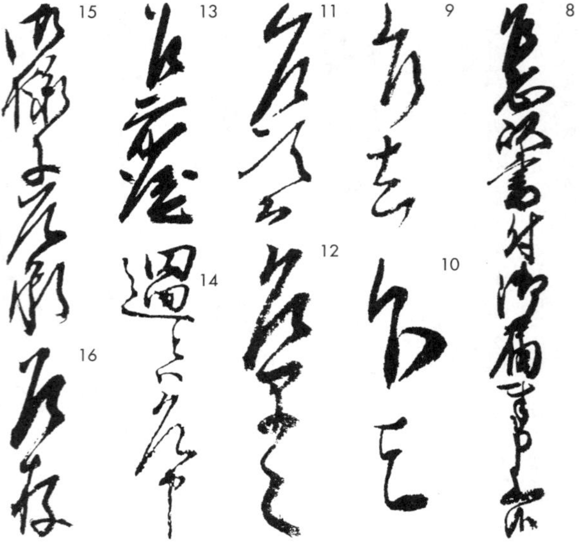

1～5 乍レ恐（おそれながら） 6 乍レ然（しかしながら） 7 乍レ恐以二書付一奉二願上一候（おそれながらかきつけをもってねがいあげたてまつりそうろう）

8 乍レ恐以二書付一御届奉二申上一候（おそれながらかきつけをもっておとどけもうしあげたてまつりそうろう） 9・10 乍レ去（さりながら）

11 乍二次而一（ついでながら） 12 乍二早々一（そうそうながら） 13 乍二前後一（ぜんごながら） 14 過と八乍レ申（あやまちはもうすながら）

15 御様子乍レ承（ごようすうけたまわりながら） 16 乍レ存（ぞんじながら）

16 [乗(乘)]

ジョウ
のる
のせる

【用例】

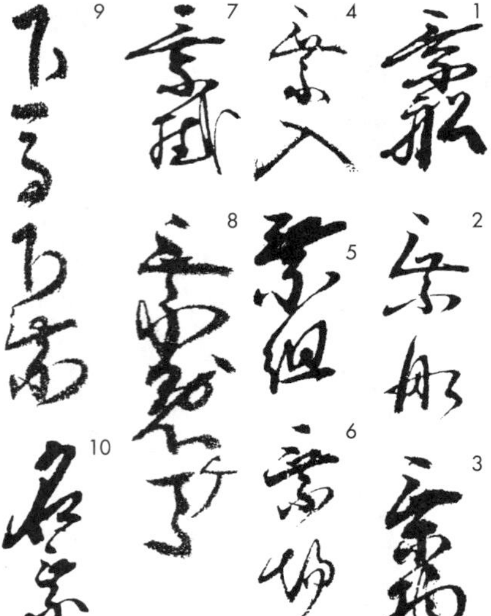

1・2 乗船（じょうせん） 3 乗物（のりもの） 4 乗入（のりいれ） 5 乗組（のりくみ） 6 乗場（のりば） 7 乗掛（のりかけ）

8 乗懸ケ馬（のりかけうま） 9 下馬下乗（げばげじょう） 10 名乗（なのり）

17 [乞] キツ コツ こう

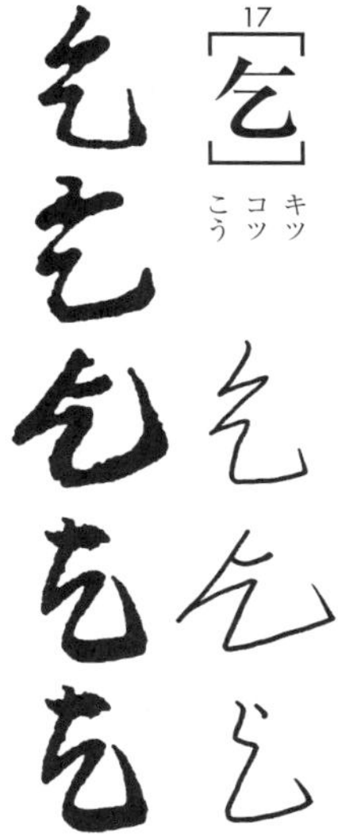

【用例】

1 乞願(こいねがう)　2・3 乞食(こじき)　4 乞喰(こじき)　5 隙乞(ひまごい)　6 暇乞(ひまごい・いとまごい)　7 御暇乞(おひまごい・おいとまごい)　8・9 雨乞(あまごい)　10 命乞(いのちごい)　11 施物ヲ乞候儀(せぶつをこいそうろうぎ)

18 [也] ヤ なり

【用例】

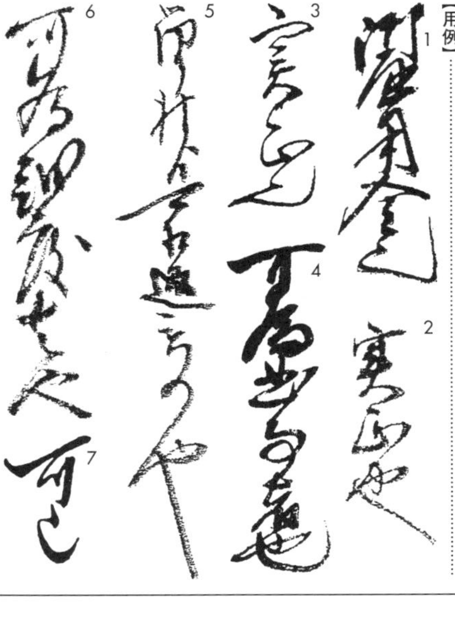

1 御通用金也(ごつうようきんなり)　2・3 実正也(じっしょうなり)　4 可レ為二曲事一者也(くせごとたるべきものなり)　5 留リ村ゟ可二相返一もの也(とまりむらよりあいかえすべき…なり)　6 可レ為二越度一者也(おちどたるべきものなり)　7 可也(かなり)

19 乱（亂）

ラン
みだれる

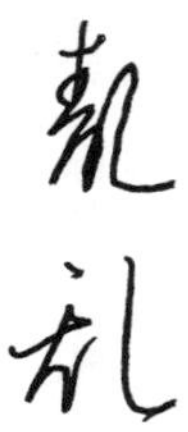

【用例】

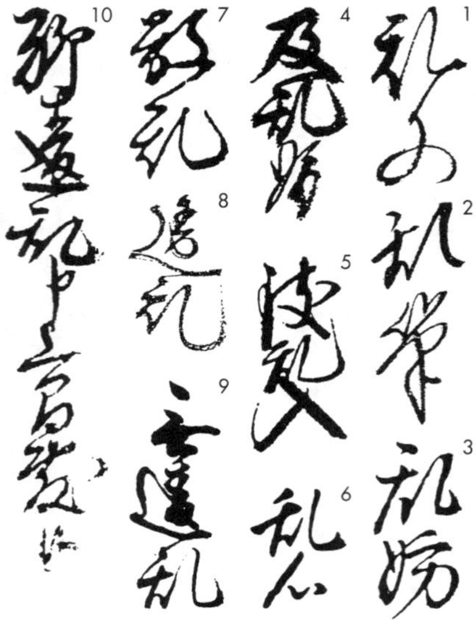

1 乱文（らんぶん）　2 乱筆（らんぴつ）　3 乱妨（らんぼう）　4 及二乱妨一（らんぼうにおよび）　5 致二乱入一（らんにゅういたし）　6 乱心（らんしん）

7 散乱（さんらん）　8 違乱（いらん）　9 無二違乱一（いらんなく）　10 聊違乱申上間敷候（いささかいらんもうしあげまじくそうろう）

20 了

リョウ
おわる

【用例】

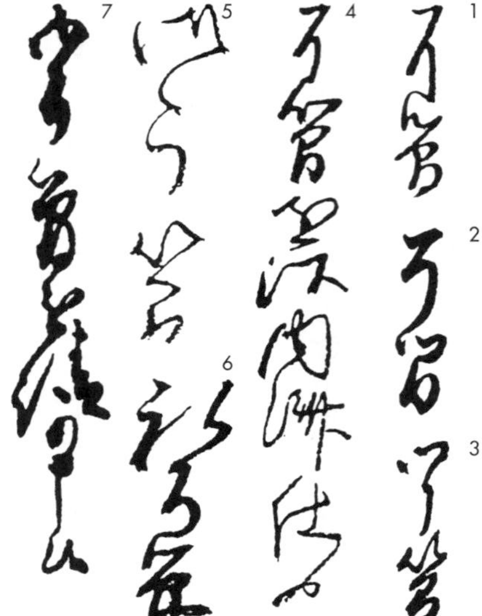

1〜3 了簡（りょうけん）　4 了簡を以内済仕候（りょうけんをもってないさいつかまつりそうろう）　5 御了簡（ごりょうけん）　6 私了簡（わたくしりょうけん）

7 御了簡を請可レ申候（ごりょうけんをうけもうすべくそうろう）

21 予(豫)

ヨ

あらかじめ

かねて

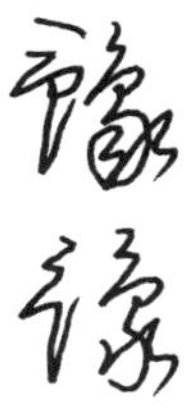

【用例】

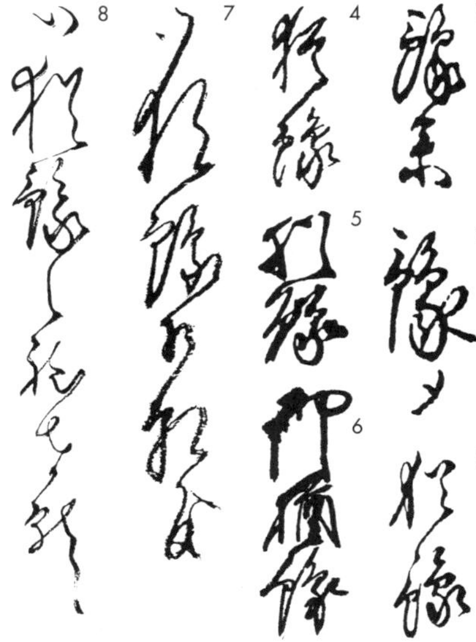

1 豫参(よさん)　2 豫メ(あらかじめ)　3～5 猶豫(ゆうよ)　6 御猶豫(ごゆうよ)　7 御猶豫相願度(ごゆうよあいねがいたく)
8 御猶豫之程 奉レ願 候(ごゆうよのほどねがいたてまつりそうろう)

22 争(爭)

ソウ

あらそう

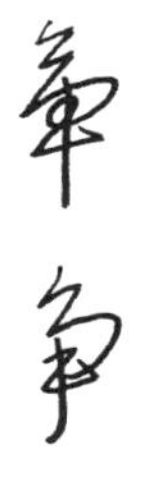

【用例】

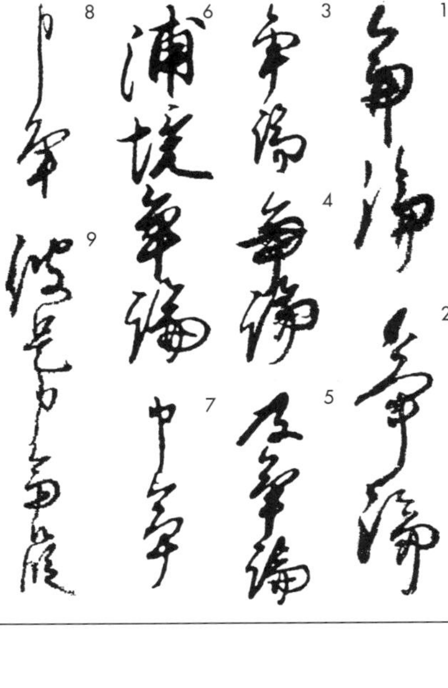

1～4 争論(そうろん)　5 及二争論一(そうろんにおよび)　6 浦境争論(うらざかいそうろん)　7・8 申 争(もうしあらそい)
9 彼是 申 争 候 段(かれこれもうしあらそいそうろうだん)

23 ［事］

ジ・ズ
シ／こと
つかえる

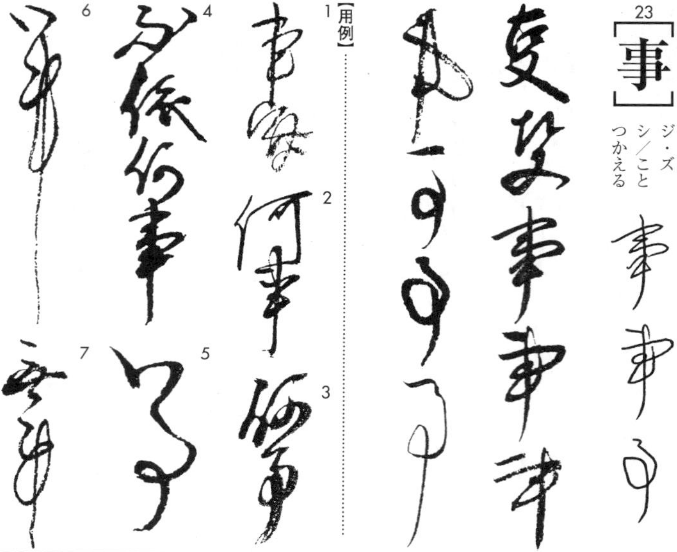

【用例】 1 2 3 4 5 6 7

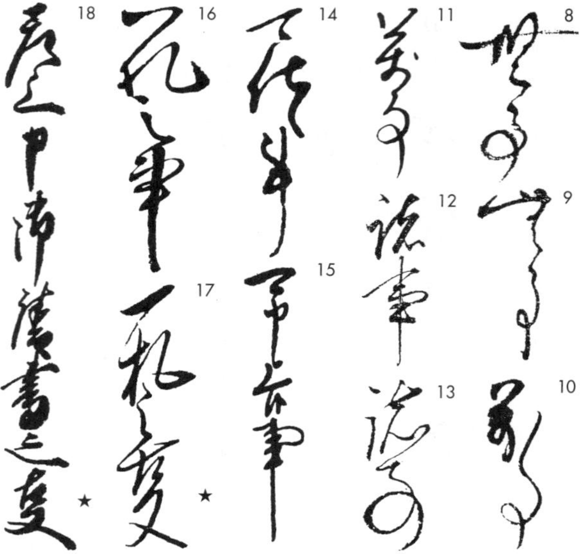

8 9 10 11 12 13 14 15 16 17 18

1 事済(ことすみ)　2・3 何事(なにごと)　4 不レ依二何事一(なにごとによらず)　5・6 御事(おんこと)　7〜9 無事(ぶじ)

10・11 萬事(ばんじ)　12・13 諸事(しょじ)　14 可レ仕候事(つかまつるべくそうろうこと)　15 可二申上一候事(もうしあぐべくそうろうこと)

16・17 一札之事(いっさつのこと)　18 差上申御請書之事(さしあげもうすおうけしょのこと)

24 ［互］

ゴ
たがいに

【用例】

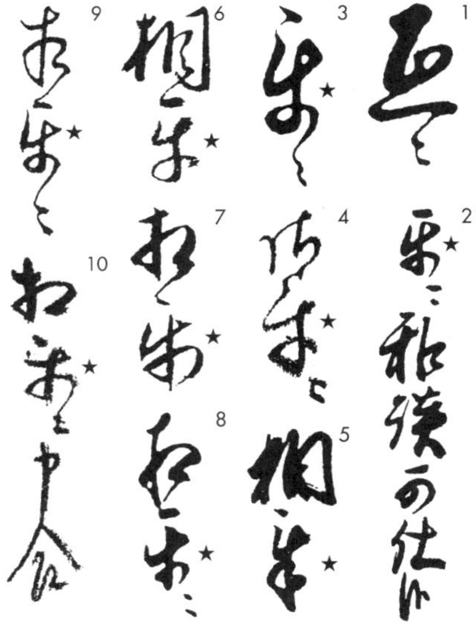

1 互二(たがいに)　2 互二和談可レ仕候(たがいにわだんつかまつるべくそうろう)　3 互二(たがいに)　4 御互二(おたがいに)　5～7 相互(そうご)
8・9 相互二(そうごに)　10 相互二申合(そうごにもうしあわせ)

25 ［亦］

エキ
ヤク
また

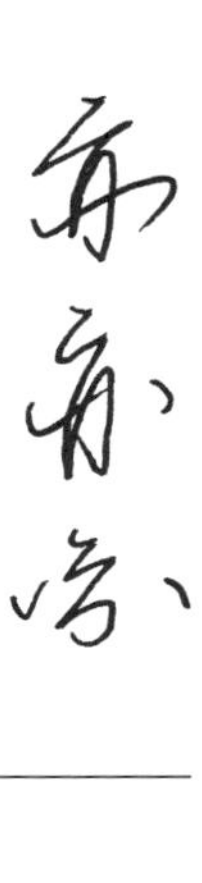

【用例】

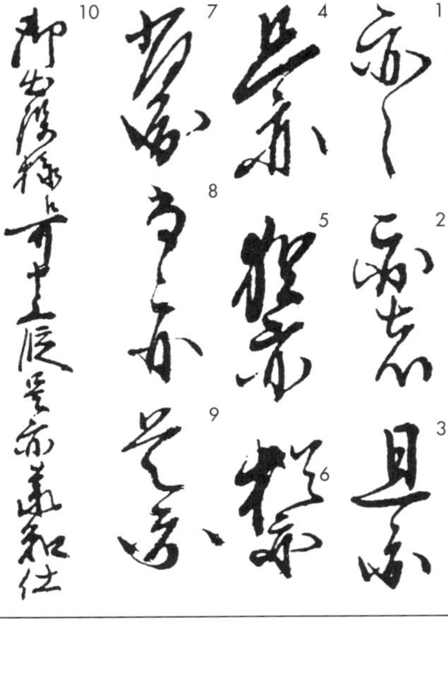

1 亦々(またまた)　2 亦者(または)　3・4 且亦(かつまた)　5・6 猶亦(なおまた)　7・8 尚亦(なおまた)
9 是亦(これまた)
10 御出役様江可二申上一段是亦承知仕(ごしゅつやくさまへもうしあぐべきだんこれまたしょうちつかまつり)

26 【交】

コウ まじわる かわす

【用例】

1〜3 交代（こうたい） 4 交替（こうたい） 5 交リ（まじわり） 6 打交リ（うちまじわり） 7 入交リ（いりまじり）
8・9 取交（とりかわし） 10 相交（あいまじわる） 11 素人ヲ不二相交一（しろうとをあいまじえず）

27 【京】

ケイ キョウ みやこ

【用例】

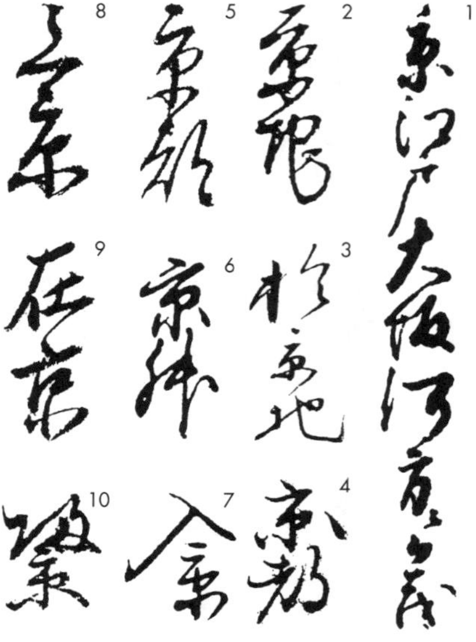

1 京・江戸・大坂何方ニ而茂（きょう・えど・おおさかいずかたにても） 2 京地（きょうち） 3 於二京地一（きょうちにおいて）
4・5 京都（きょうと） 6 京升（きょうます） 7 入京（にゅうきょう） 8 上京（じょうきょう） 9 在京（ざいきょう） 10 帰京（ききょう）

28 【今】 コン キン いま

【用例】

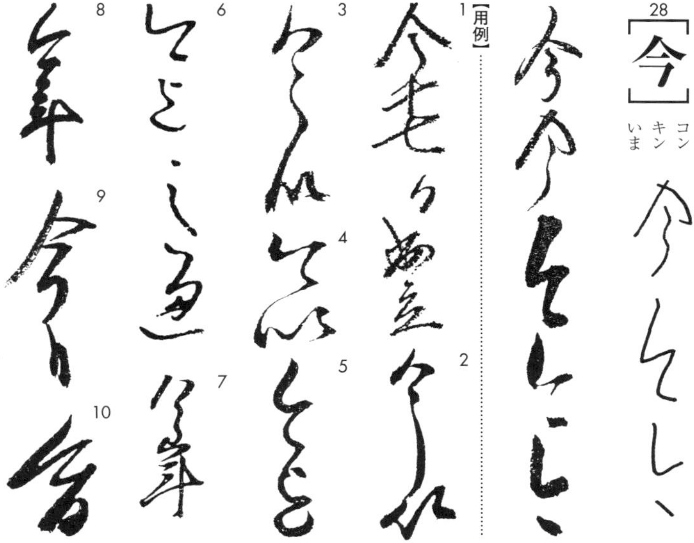

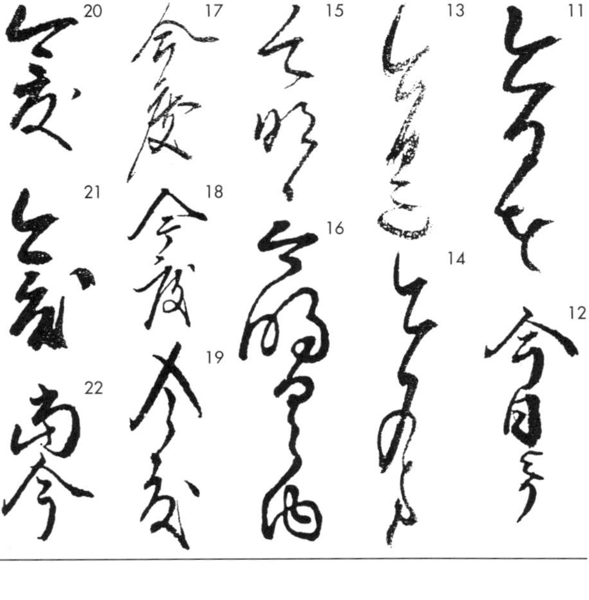

1 今十七日出立（こん いまじゅうしちにちしゅったつ）　2〜4 今以（いまもって）　5 今迄（いままで）　6 今迄之通（いままでのとおり）

7・8 今年（ことし）　9・10 今日（こんにち）　11 今日者（こんにちは）　12 今日より（こんにち）　13 今日迄（こんにちまで）

14 今夕方（こんゆうがた）　15 今明日（こんみょうにち）　16 今明日之内（こんみょうにちのうち）　17〜21 今度（このたび こんど）　22 當今（とうこん）

29

【仍】

ジョウ
よる
よって

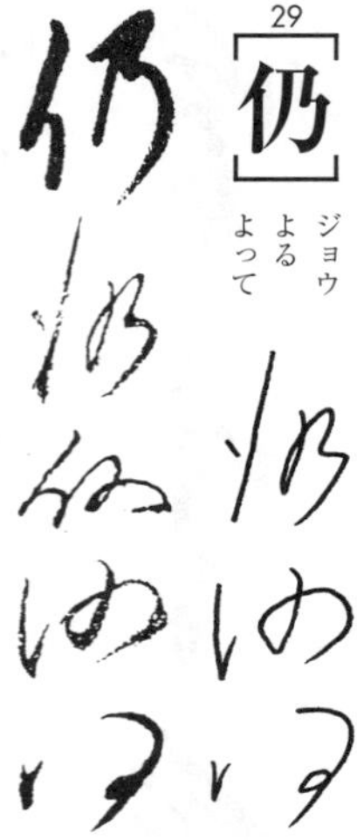

【用例】

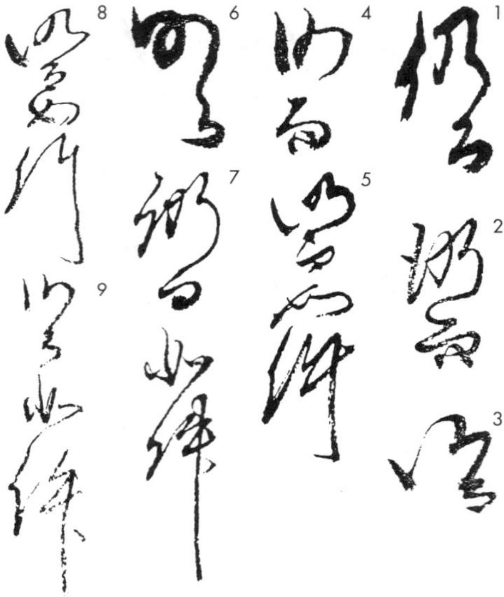

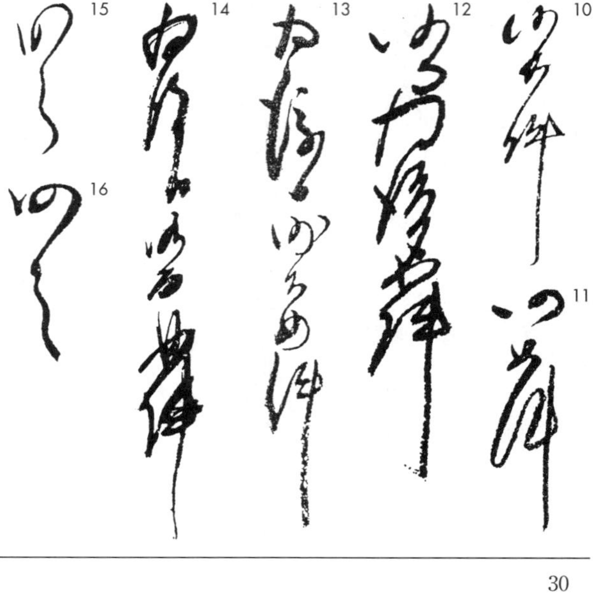

1〜4 仍而(よって)　5 仍而如レ件(よってくだんのごとし)　6 仍而(よって)　7〜9 仍而如レ件(よってくだんのごとし)
10・11 仍如レ件(よってくだんのごとし)　12 仍而為二後日一如レ件(よってごじつのためくだんのごとし)
13・14 為二後日一仍而如レ件(ごじつのためよってくだんのごとし)
15・16 仍レ之(これにより)

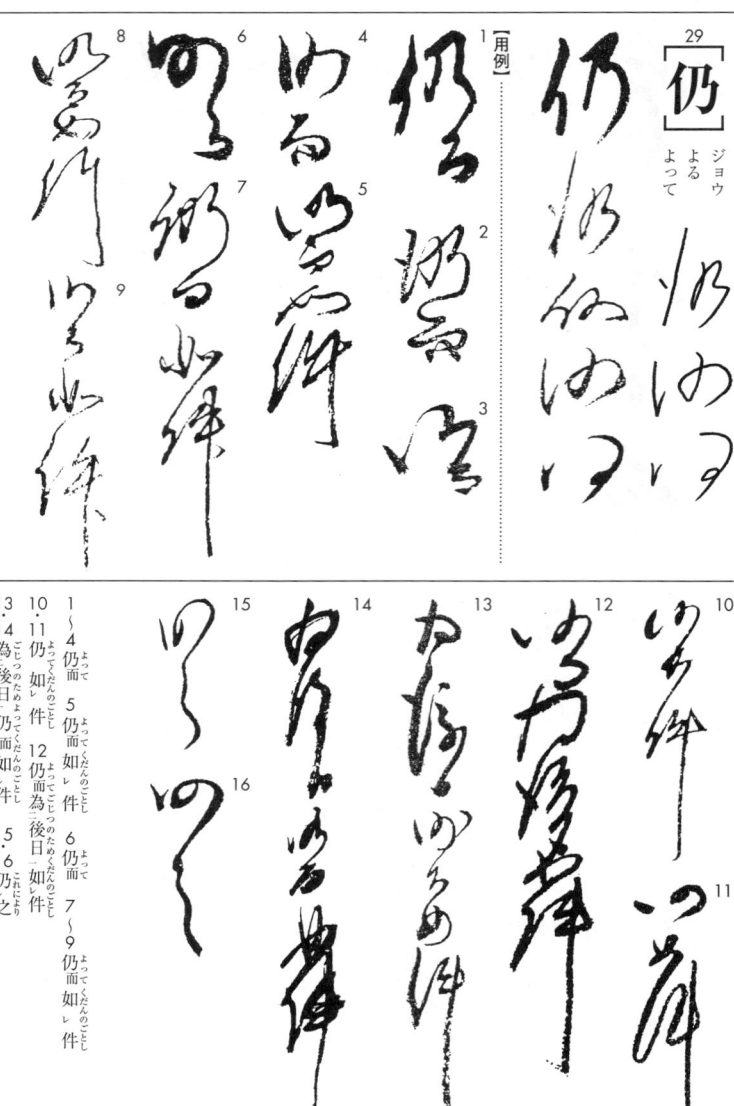

30
【以】
イ
もって

【用例】

1 2 3 4 5 6 7 8 9

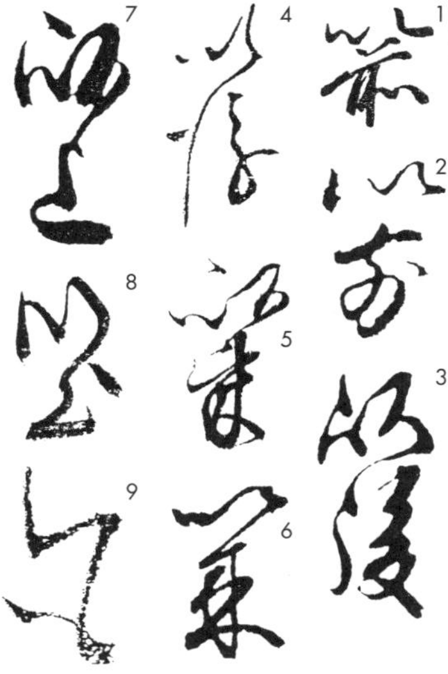

10 11 12 13 14 15 16 17 18 19 20 21

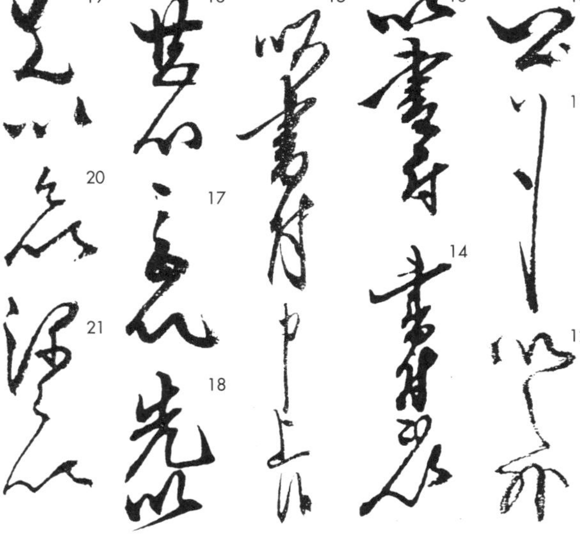

1・2 以前(いぜん)　3・4 以後(いご)　5・6 以来(いらい)　7〜11 以上(いじょう)

12 以之外(もってのほか)　13 以二書付一(かきつけをもって)　14 書付ヲ以(かきつけをもって)　15 以二書付一申上候(かきつけをもってもうしあげそうろう)

16・17 甚以(はなはだもって)　18・19 先以(まずもって)　20 今以(いまもって)　21 弥々以(いよいよもって)

31 [仕]

シ・ジ
つかえる
つかまつる

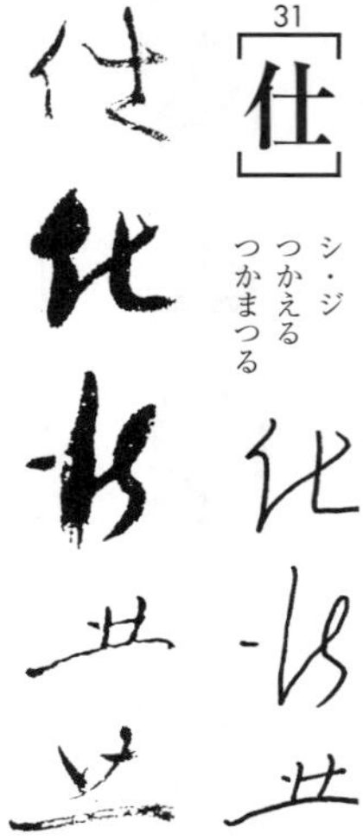

【用例】

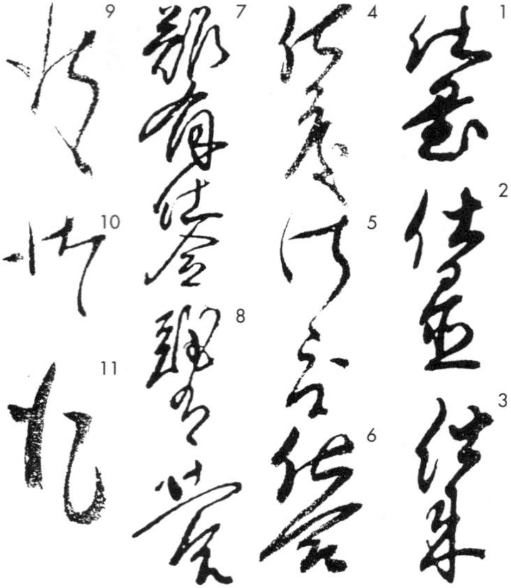

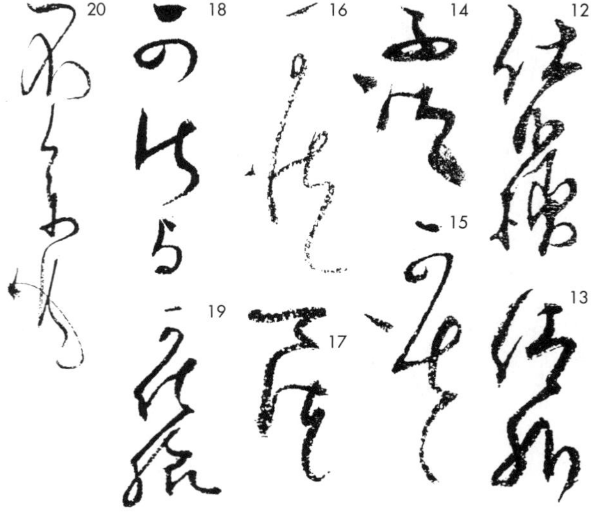

1・2仕置（しおき）　3仕来（しきたり）　4・5仕度（つかまつりたく）　6仕合（しあわせ）　7・8難レ有仕合（ありがたきしあわせ）
9～11仕候（つかまつりそうろう）　12・13仕候様（つかまつりそうろうよう）　14不レ仕候（つかまつらずそうろう）
15～17可レ仕候（つかまつるべくそうろう）　18可レ仕与（つかまつるべきと）　19可レ仕様（つかまつるべきよう）
20不参仕候（ふさんつかまつりそうろう）

32 他

タ
ほか

【用例】

1 他行(たぎょう)　2 致二他行一(たぎょういたし)　3 他言(たごん)　4 他借(たしゃく)　5 他出(たしゅつ)　6 他所(たしょ・よそ)　7 他處(たしょ・よそ)　8 他村(たそん)　9 他郷(たごう)　10 他國(たこく)・他領江(たりょうへ)

33 代

ダイ・タイ
かわる・かわり
よ・しろ

【用例】

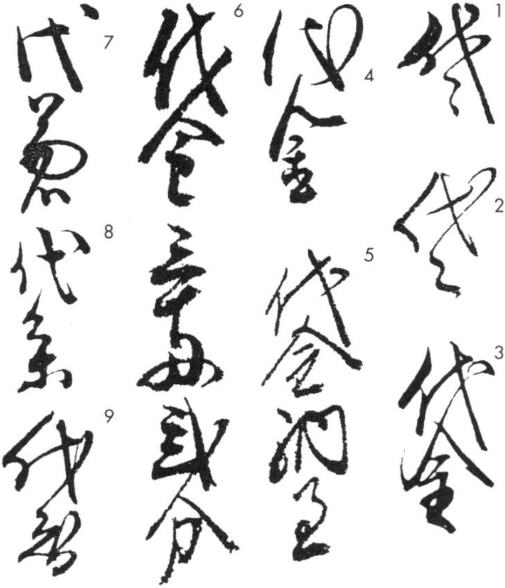

1・2代々(だいだい) 3・4代金(だいきん) 5代金納過(だいきんおさめすぎ) 6代金三両弐分(だいきんさんりょうにぶ)
7代兼(だいけん) 8代参(だいさん) 9代替(だいがわり) 10〜13百姓代(ひゃくしょうだい) 14手代(てだい) 15御名代(ごみょうだい)
16名代之衆(みょうだいのしゅう) 17米代(こめだい) 18惣代(そうだい) 19地代(ちだい) 20人代(ひとがわり)

34

[付]

フ
つける
つけ・つき

【用例】

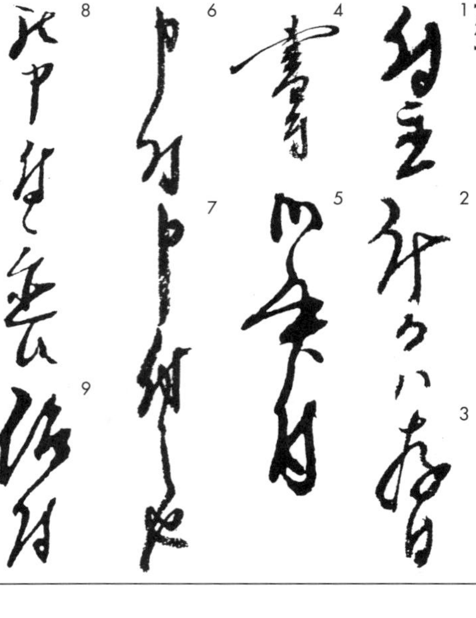

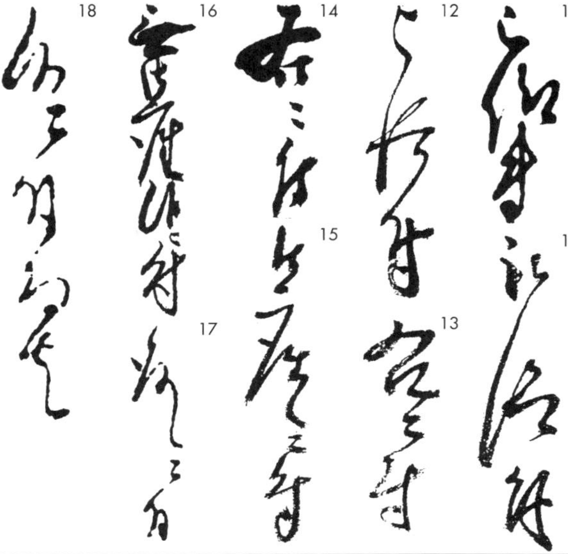

1 付置（つけおく）　2 付而ハ（ついては）　3 存付（ぞんじつき）　4 書付（かきつけ）　5 御書付（おかきつけ）　6 申付（もうしつけ）
7 申付之由（もうしつけのよし）　8 被㆓申付置㆒候（もうしつけおかれそうろう）　9 仰付（おおせつけ）　10～12 被㆓仰付㆒（おおせつけられ）
13・14 右ニ付（みぎにつき）　15 御座候ニ付（ござそうろうにつき）　16 無㆓御座㆒候ニ付（ござなくそうろうにつき）
17 存候ニ付（ぞんじそうろうにつき）　18 候ニ付而者（そうろうについては）

35 ［令］

レイ・リョウ
しむ
せしむ

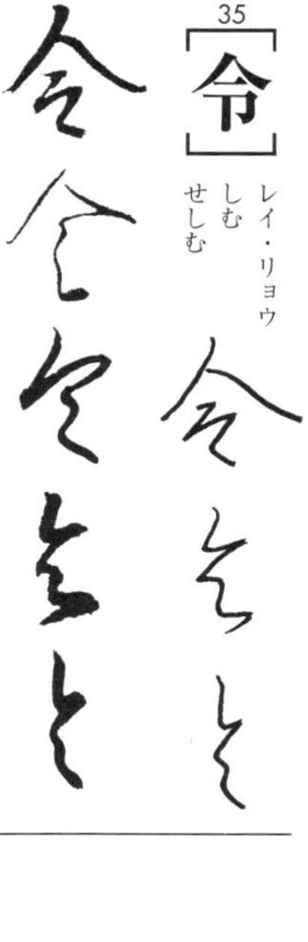

【用例】

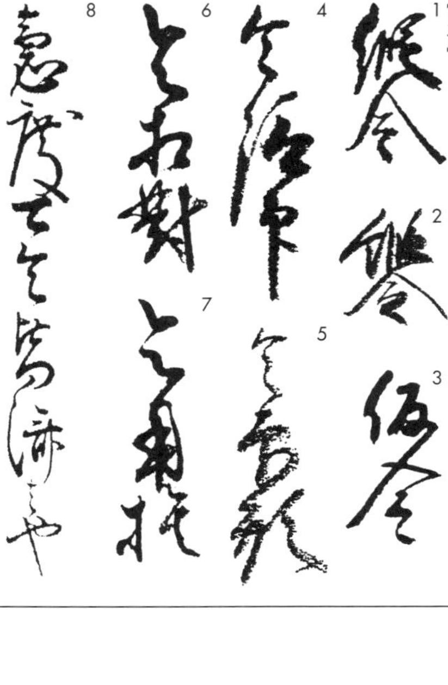

1・2 縦令（たとえ・たとい）　3 仮令（たとえ・たとい）　4 令㆓請印㆒（うけいんせしめ）　5 令㆓印形㆒（いんぎょうせしめ）
6 令㆓相對㆒（あいたいせしめ）　7 令㆓用捨㆒（ようしゃせしめ）　8 急度可㆑令㆓皆済㆒者也（きっとかいさいせしむべきものなり）

36 仮（假）

カ　ケ　かり

【用例】

1・2仮令（たとえ）　3假令（たとえ）　4假令問屋共ニ候共（たといといやどもにそうろうとも）　5仮初（かりそめ）

6仮成（かなり）（※「可成（也）」の誤用）　7假名（けみょう・かな）　8仮免許（かりめんきょ）　9仮證文（かりしょうもん）

37 会（會）

カイ　エ　あう

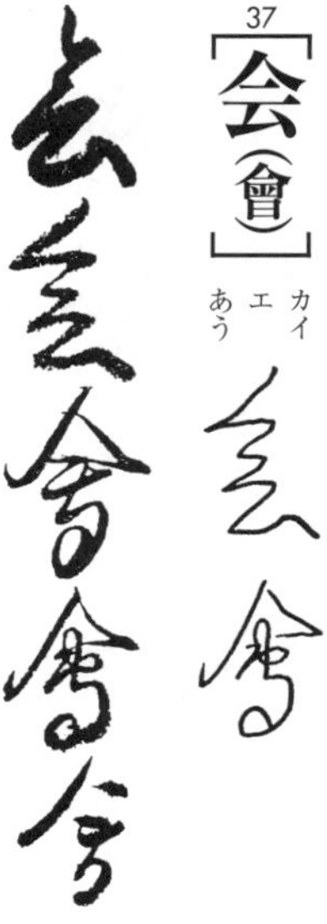

【用例】

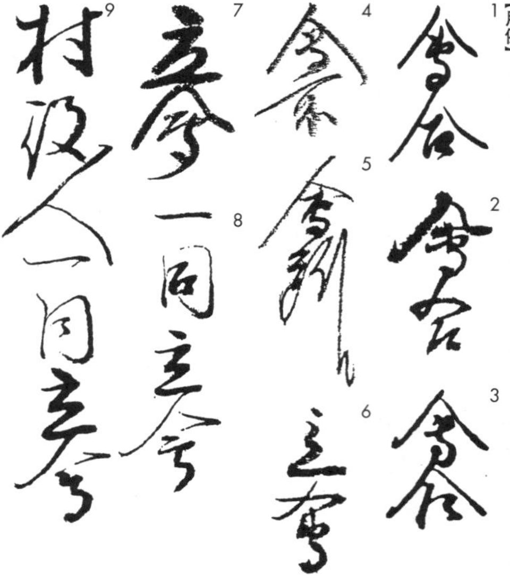

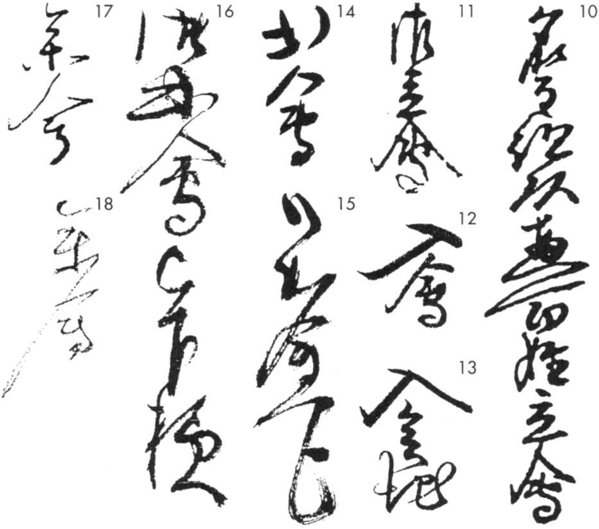

1〜3 會合（かいごう） 4 會所（かいしょ） 5 會所江（かいしょえ） 6・7 立會（たちあい） 8 一同立會（いちどうたちあい）
9 村役人一同立會（むらやくにんいちどうたちあい） 10 名主・組頭・惣百姓立會（なぬし・くみがしら・そうびゃくしょうたちあい） 11 御立會（おたちあい）
12 入會（いりあい） 13 入会地（いりあいち） 14 出會（であい） 15 御出會可レ申候（おであいもうすべくそうろう）
16 御出會被レ下様（おであいくださるよう） 17・18 参會（さんかい）

38

［休］

キュウ
やすむ

【用例】

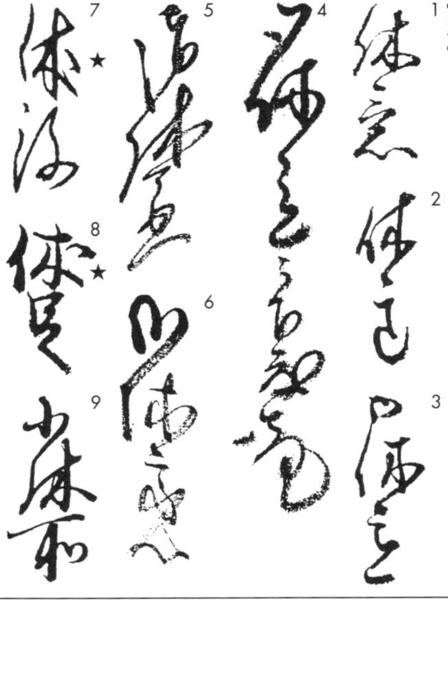

1・2 休意（きゅうい） 3 御休意（ごきゅうい） 4 御休意被レ下度奉レ存候（ごきゅういくだされたくぞんじたてまつりそうろう）
5・6 御休慮（ごきゅうりょ） 7 休役（きゅうやく） 8 休足（きゅうそく） 9 小休所（しょうきゅうしょ）

39

【仰】

ギョウ・コウ
おおせ
あおぐ

【用例】

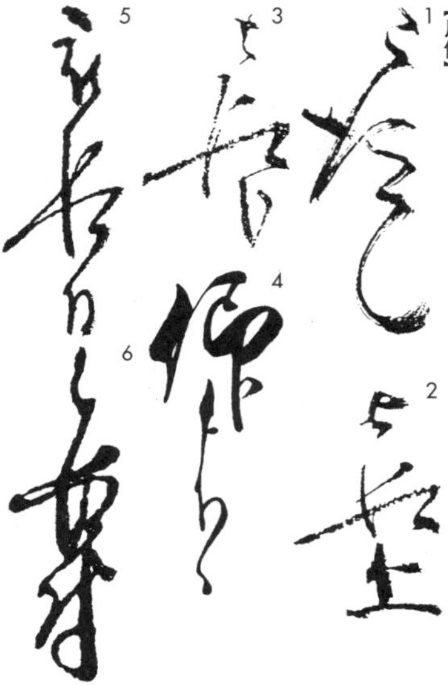

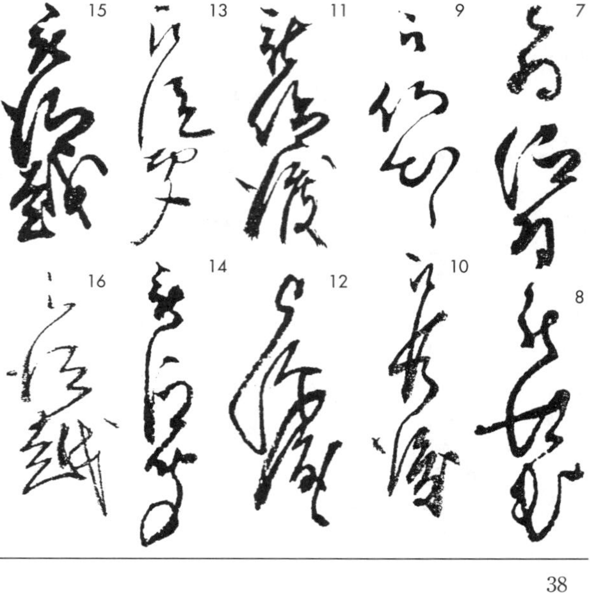

1 被レ仰候（おおせられそうろう）
2 被二仰上一（おおせあげられ）
3 被二仰下一（おおせくだされ）
4 仰被レ下候（おおせくだされそうろう）
5・6 被二仰付一（おおせつけられ）
7 被レ為二仰付一（おおせつけさせられ）
8 被二仰出一（おおせいだされ）
9 被二仰出一候（おおせいだされそうろう）
10・11 被二仰渡一（おおせわたされ）
12 被二仰渡一候（おおせわたされそうろう）
13・14 被二仰聞一（おおせきかされ）
15・16 被二仰越一（おおせこされ）

40 件

ケン
くだん

【用例】

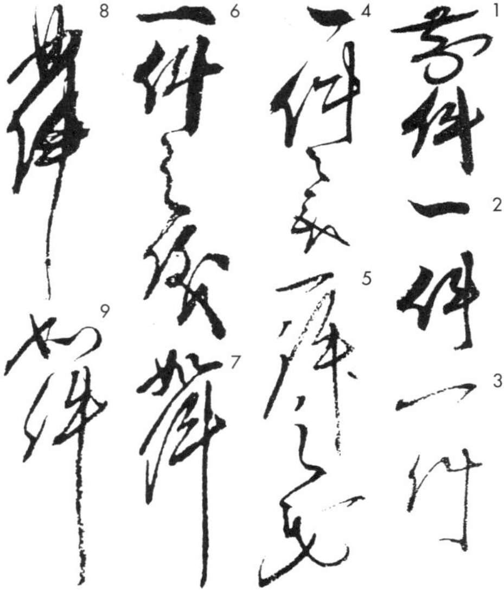

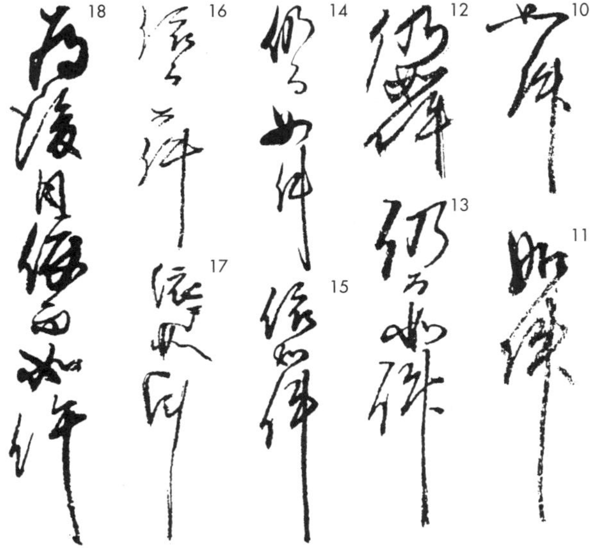

1 前件(ぜんけん)　2・3 一件(いっけん)　4・5 一件之義(いっけんのぎ)　6 一件之儀(いっけんのぎ)　7～11 如レ件(くだんのごとし)

12 仍如レ件(よってくだんのごとし)　13・14 仍而如レ件(よってくだんのごとし)　15 依如レ件(よってくだんのごとし)　16 依而如レ件(よってくだんのごとし)

17 依テ如レ件(よってくだんのごとし)　18 為二後日一依而如レ件(ごじつのためよってくだんのごとし)

41 全

ゼン
すべて
まったく

【用例】

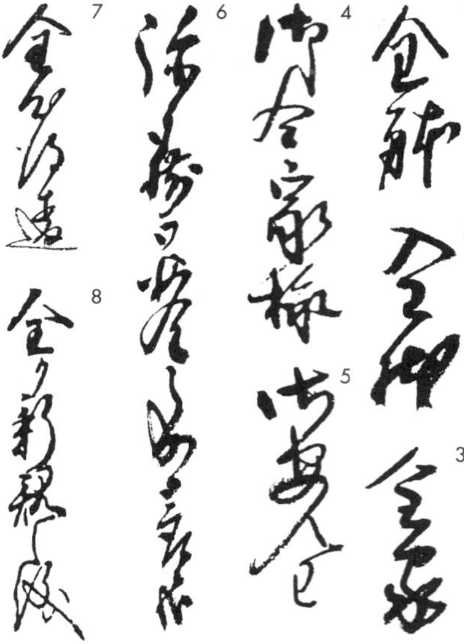

1・2 全躰(ぜんたい) 3 全家(ぜんか) 4 御全家様(ごぜんかさま) 5 御安全(ごあんぜん)
6 弥御揃御安全被レ成二御座一候哉(いよいよおそろいごあんぜんにござなされそうろうや) 7 全心得違(まったくこころえちがい)
8 全ク新規之儀(まったくしんきのぎ)

42 伝(傳)

テン
デン
つたえる

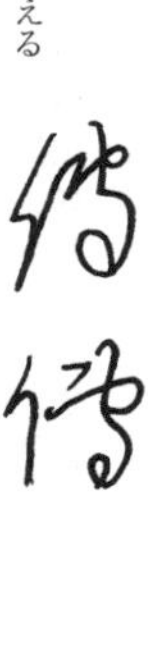

【用例】

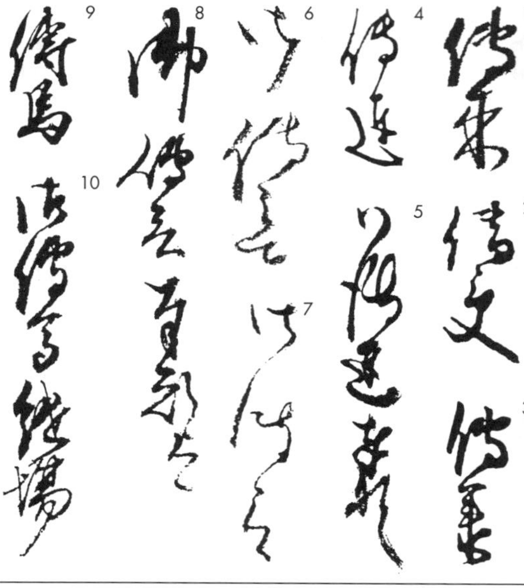

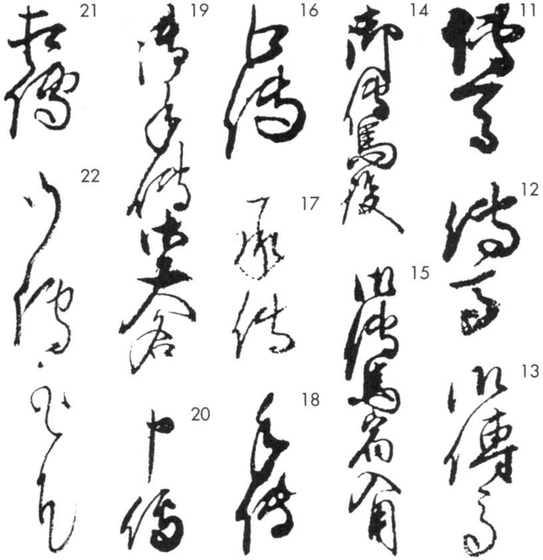

1 傳来（でんらい） 2 傳受（つたえうく） 3 傳承（つたえうく／でんしょう） 4 傳達（でんたつ） 5 御傳達 奉レ 願 候（ごでんたつねがいたてまつりそうろう）

6・7 御傳言（ごでんごん） 8 御傳言 奉二 願上一 候（ごでんごんねがいあげたてまつりそうろう） 9 傳馬（てんま） 10 御傳馬継場（おてんまつぎば）

11・12 傳馬（てんま） 13 御傳馬（おてんま） 14 御傳馬役（おてんまやく） 15 御傳馬宿入用（おてんましゅくにゅうよう） 16 口傳（くでん）

17 承傳（うけつたえ） 18 手傳（てつだい） 19 御手傳御大名（おてつだいおだいみょう） 20 申傳（もうしつたう） 21 相傳（あいつたう）

22 御傳可レ被レ下候（おつたえくださるべくそうろう）

43 ［任］

ニン
ジン
まかせる

【用例】

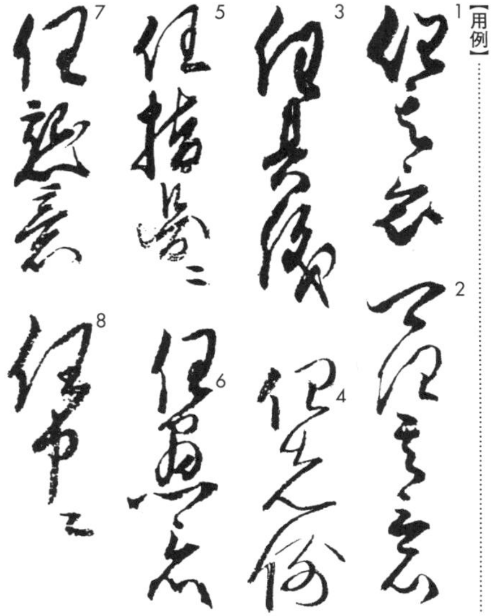

1 任二其意一（そのいにまかせ） 2 可レ任二其意一（そのいにまかすべく） 3 任二其儀一（そのぎにまかせ） 4 任二先例一（せんれいにまかせ）

5 任二指圖二一（さしずにまかせ） 6 任二愚意一（ぐいにまかせ） 7 任二懇意一（こんいにまかせ） 8 任二申二一（もうすにまかせ）

44 【伐】

バツ
きる

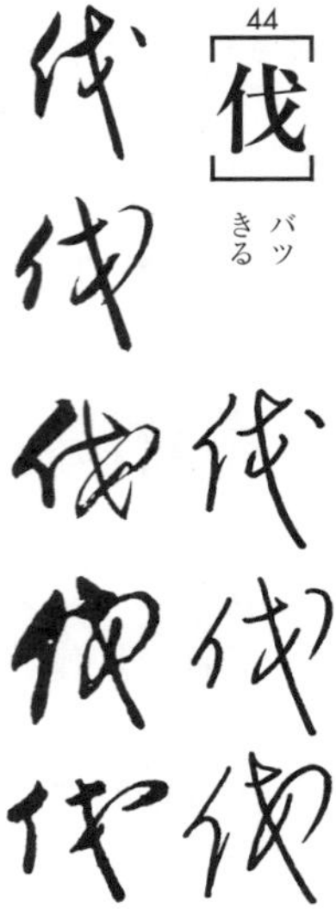

【用例】

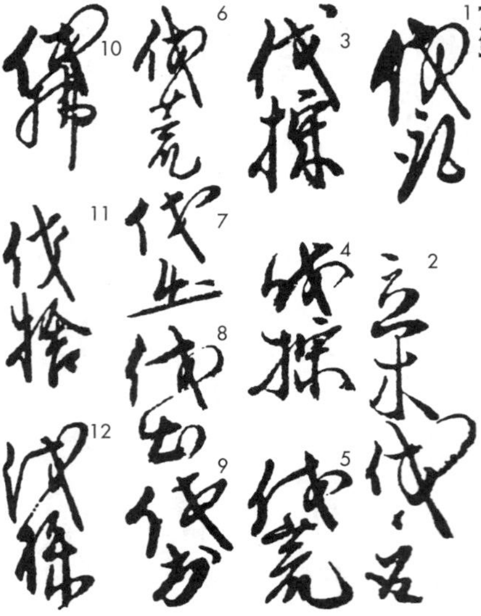

1 伐取（きりとる） 2 立木伐取（たちぎきりとり） 3・4 伐採（ばっさい） 5・6 伐荒（きりあらし） 7〜9 伐出（きりだし） 10 伐拂（きりはらう） 11 伐捨（きりすて） 12 伐株（きりかぶ）

45 【何】

カ／いずれ
なに・なん
なんぞ

【用例】

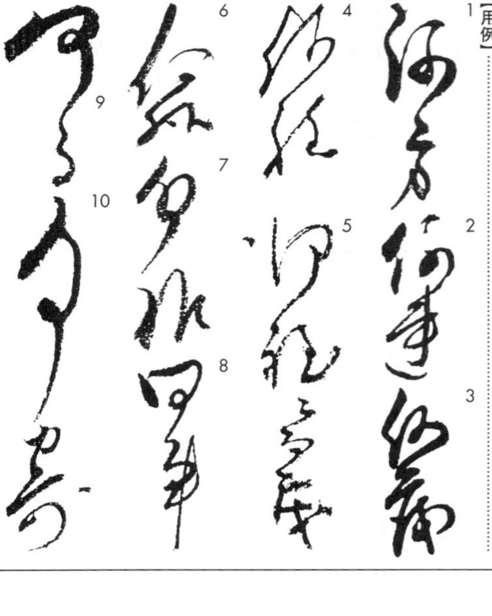

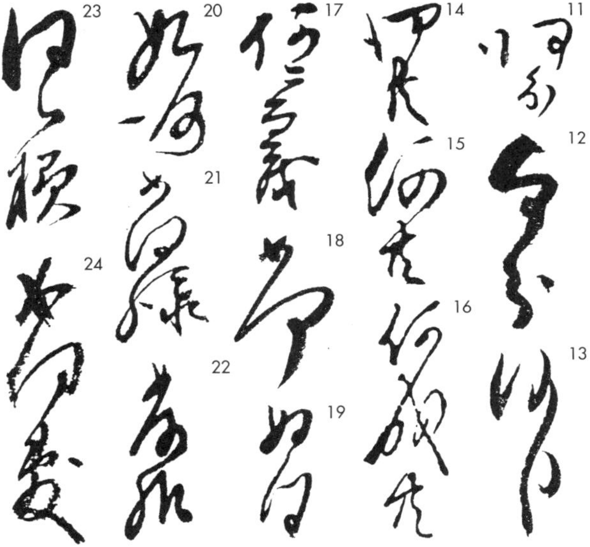

1 何方(いずかた) 2 何連(いずれ) 3 何茂(いずれも) 4 何程(いかほど) 5 何程二而茂(いかほどにても) 6・7 何様(いかよう)
8・9 何事(なにごと) 10 何寄(なにより) 11～13 何分(なにぶん) 14・15 何共(なんとも) 16 何成共(なんなりとも)
17 何二而茂(なにとても) 18～20 如何(いかが・いかん) 21・22 如何様(いかよう) 23 何ケ様(いかよう) 24 如何敷(いかがわしく)

46 [作] サク サ つくる

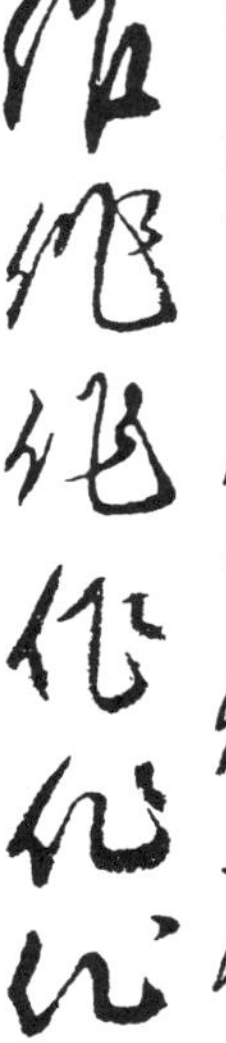

【用例】

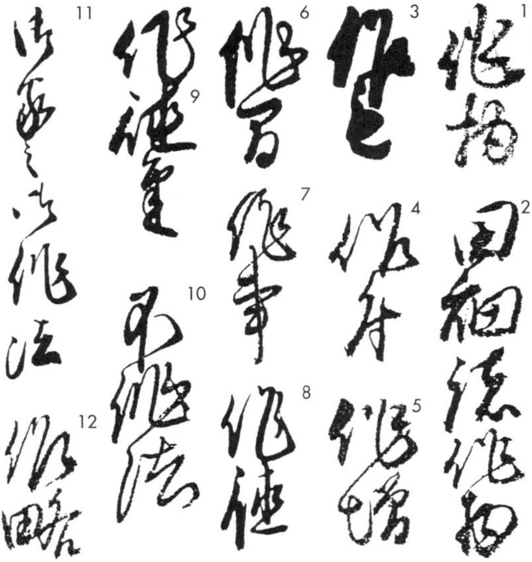

1 作物(さくもつ) 2 田畑諸作物(でんばたさくもつ・たはたしょさくもつ) 3 作毛(さくげ・さくもう) 4 作付(さくつけ) 5 作増(さくまし) 6 作間(さくま) 7 作事(さくじ) 8 作徳(さくとく) 9 作徳金(さくとくきん) 10 不作法(ぶさほう) 11 御家之御作法(おいえのごさほう) 12 作略(さくりゃく・さりゃく) 13 凶作(きょうさく) 14 不作(ふさく) 15 違作(いさく) 16 田畑違作仕(たはたいさくつかまつり) 17 家作(かさく) 18 小作(こさく) 19 小作金(こさくきん) 20 小作證文(こさくしょうもん) 21 下作(したさく) 22 出作(でさく) 23 手作(てづくり) 24 入作之もの(いりさくの) 25 畑作(はたさく)

47

[伺] シ うかがう

【用例】

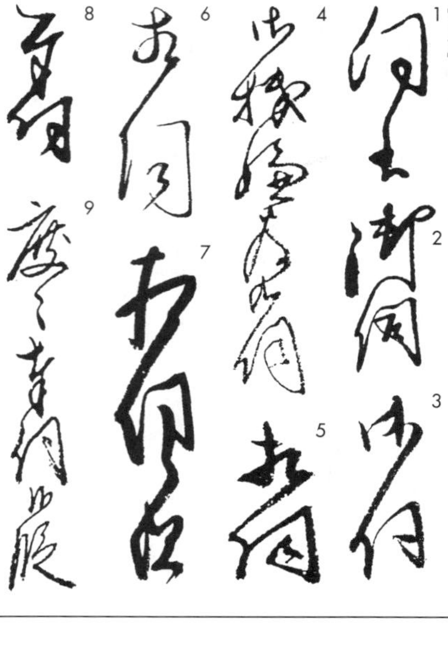

1 伺書(うかがいしょ・うかがいがき) 2・3 御伺(おうかがい) 4 御機嫌為二御伺一(ごきげんおうかがいとして) 5・6 相伺(あいうかがう) 7 相伺候様(あいうかがいそうろうよう) 8 奉ㇾ伺(うかがいたてまつる) 9 度々奉ㇾ伺候段(たびたびうかがいたてまつりそうろうだん)

48 似

ジ
にる

【用例】

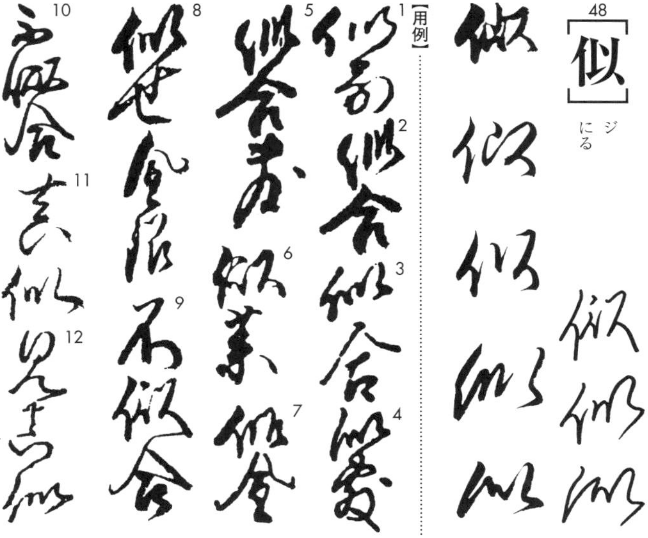

1 似寄（による） 2・3 似合（にあう） 4 似敷（にあわしく） 5 似合敷（にあわしく） 6 似薬（にせぐすり） 7 似金（にせがね）
8 似せ金銀（にせきんぎん） 9・10 不似合（ふにあい）／不ニ似合一（にあわざる） 11 真似（まね） 12 見真似（みまね）

49 住

ジュウ
すむ
すまい

【用例】

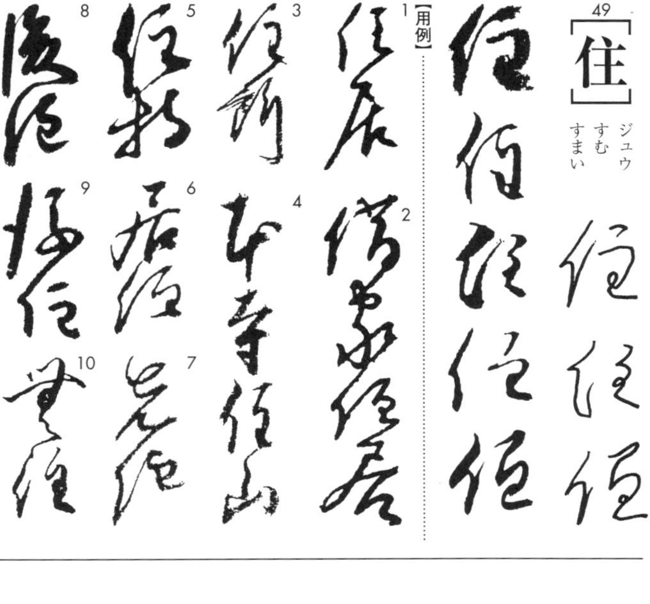

1 住居（じゅうきょ） 2 借家住居（しゃくやじゅうきょ／かりいえ） 3 住所（じゅうしょ） 4 本寺住山（ほんじじゅうざん） 5 住持（じゅうじ）
6 居住（きょじゅう） 7 先住（せんじゅう） 8・9 後住（ごじゅう） 10 無住（むじゅう）

50

体(體)

タイ
テイ
からだ

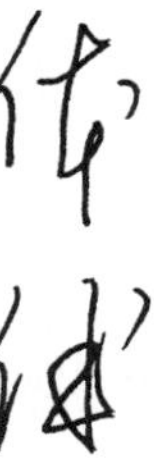

【用例】

1 実体　2 有体　3 無体　4 大体　5 一体　6 常体
7 惣体　8 右体　9 右体及二出入一候得共

51

但

タン
ただし

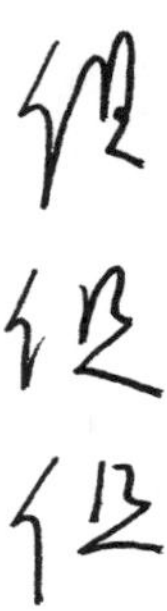

【用例】

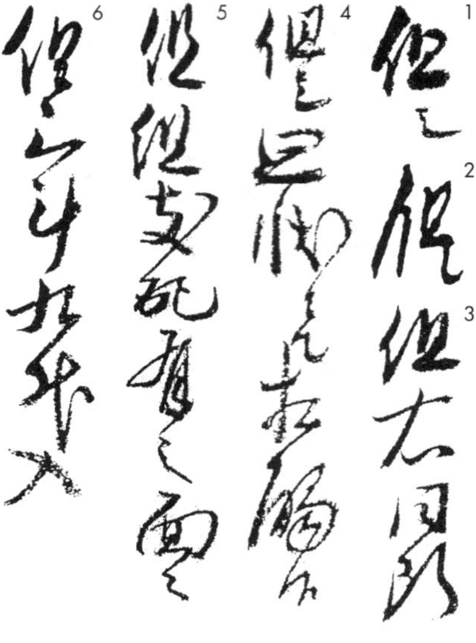

1 但シ　2 但し　3 但右同断　4 但シ廻状ニて相觸候
5 但組支配有レ之面々　6 但三斗九升入

52 余（餘）

ヨ
あまり
あまる

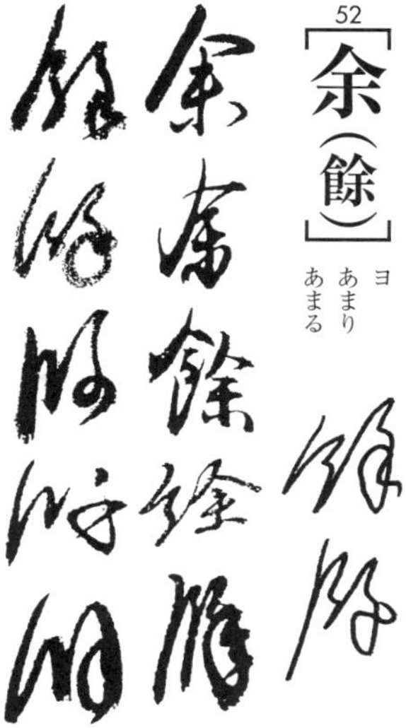

【用例】

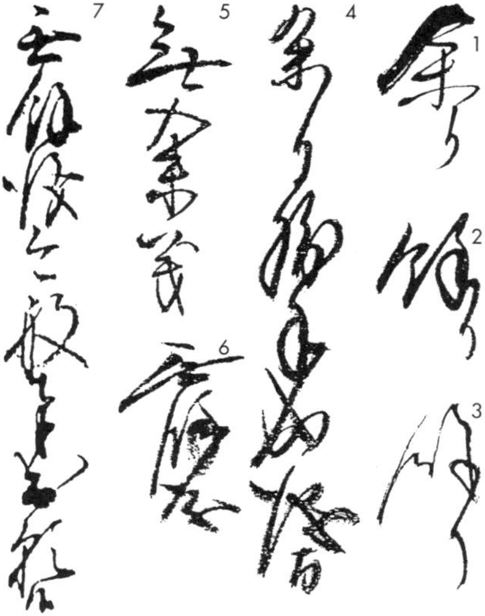

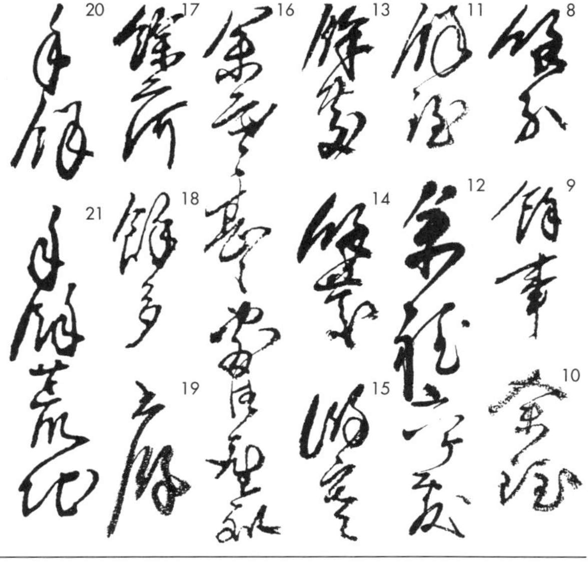

1 余り（あまり）　2・3 餘り（あまり）　4 余り勝手成儀与（あまりかってなるぎと）　5 無二余義一（よぎなく）　6 無二餘儀一（よぎなく）
7 無二餘儀一今般奉二出願一候（よぎなくこんぱんしゅつがんたてまつりそうろう）　8 餘分（よぶん）　9 餘事（よじ）　10 余程（よほど）　11 餘程（よほど）
12 余程六ケ敷（よほどむつかしく）　13・14 餘慶（よけい）　15 餘寒（よかん）　16 余寒甚々敷御座候処（よかんはなはだしくござそうろうところ）
17 餘荷（よない）　18 餘多（あまた）　19 書餘（しょよ）　20 手餘（てあまり）　21 手餘荒地（てあまりあれち）

53 依

イ・エ
よる・より
よって

【用例】

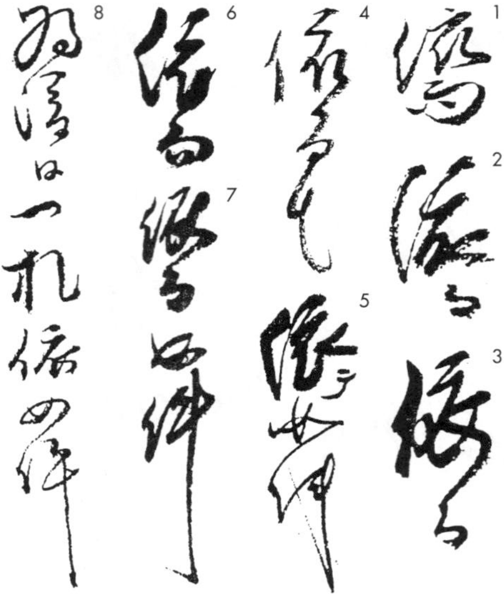

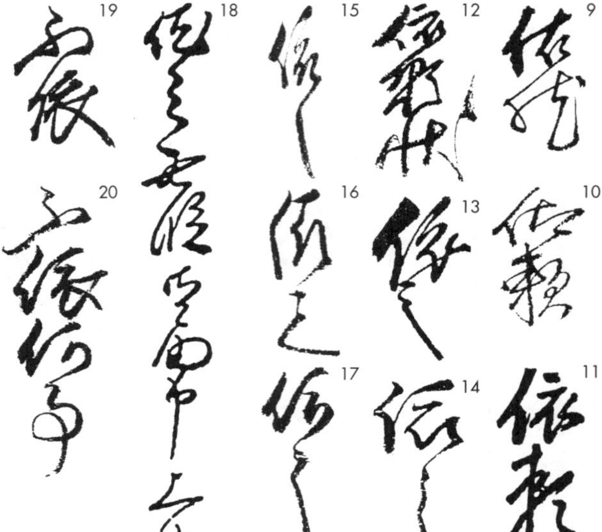

1〜3依而(よって)　4依而者(よっては)　5依テ如レ件(よってくだんのごとし)　6依而(よって)　7依而如レ件(よってくだんのごとし)
8為二後日一札依如件(ごじつのため いっさつ よってくだんのごとし)　9依然(いぜん)　10・11依頼(いらい)　12依頼状(いらいじょう)
13〜17依レ之(これにより)　18依レ之此段御届申上候(これによりこのだんおとどけもうしあげそうろう)　19不レ依(よらず)
20不レ依二何事一(なにごとによらず)

54
価(價)
カ
あたい

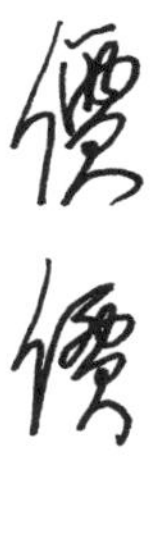

【用例】

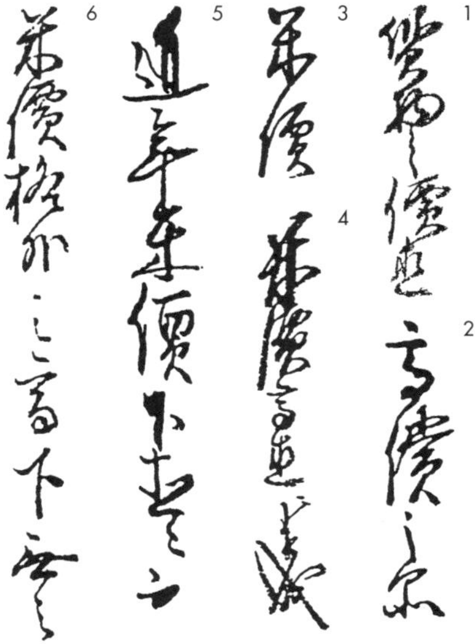

1 質物之價直(しちもつのかち)
2 高價之品(こうかのしな)
3 米價(べいか)
4 米價高直ニ相成(べいかこうじきにあいなり)
5 近年米價下直ニ而(きんねんべいかげじきにて)
6 米價格外之高下無レ之(べいかかくがいのこうげこれなく)

55
供
キョウ・ク
グ/とも
そなえる

【用例】

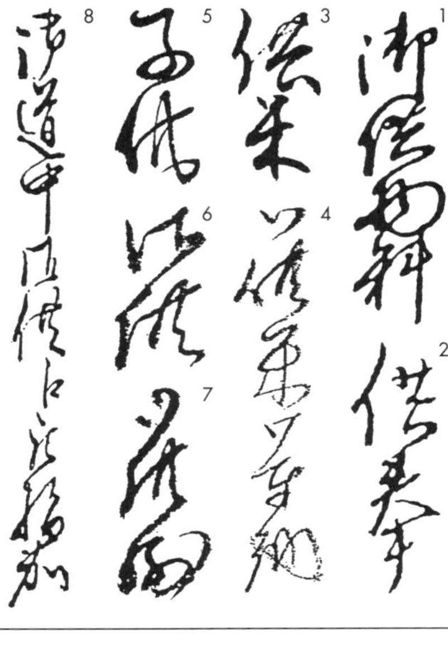

1 御供物料(おくもつりょう)
2 供奉(ぐぶ)
3 供米(くまい)
4 御供米御奉納(おくまいごほうのう)
5 子供(こども)
6 御供(おそなえ／おとも)
7 御供揃(おともぞろえ)
8 御道中御供江被ニ指加一(ごどうちゅうおともへさしくわえられ)

56 ［使］

2740

シ

つかう

【用例】

1 使者（ししゃ）　2・3 使札（しさつ）　4 使之者（つかいのもの）　5・6 以レ使（つかいをもって）　7 御使（おつかい）　8 検使（けんし）　9・10 定使（じょうづかい）　11 定使給米（じょうづかいきゅうまい）

57 ［併］

へイ／しかし

しかしながら

あわせる

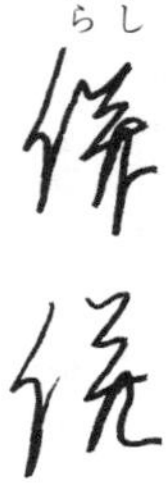

【用例】

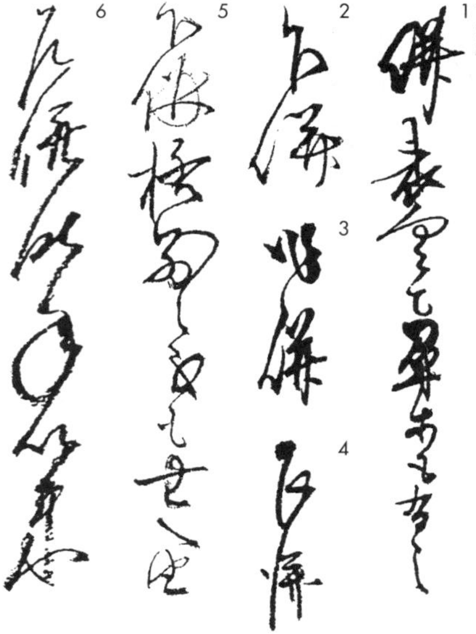

1 併（しかしながら）　表向（おもてむき）ニて尋等（たずねなど）も有レ之（これあり）　2～4 乍レ併（しかしながら）　5 乍レ併格別之義（かくべつのぎ）も無レ之由（これなきよし）　6 乍レ併昨年以来（さくねんいらい）

58

例

レイ
ためし
たとえば

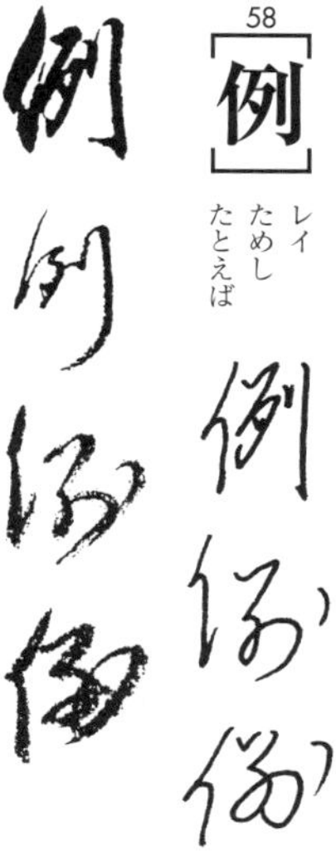

【用例】

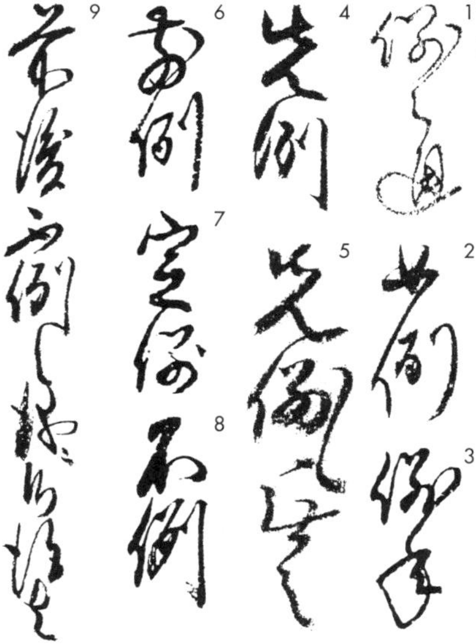

1 例之通（れいのとおり） 2 如レ例（れいのごとく） 3 例年（れいねん） 4 先例（せんれい） 5 先例も無レ之（せんれいもこれなく）
6 前例（ぜんれい） 7 定例（ていれい） 8 不例（ふれい） 9 前後不例之儀ニ候得者（ぜんごふれいのぎにそうらえば）

59

信

シン
まこと

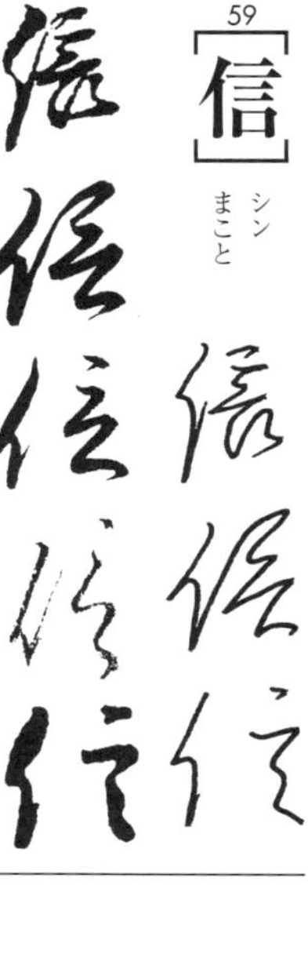

【用例】

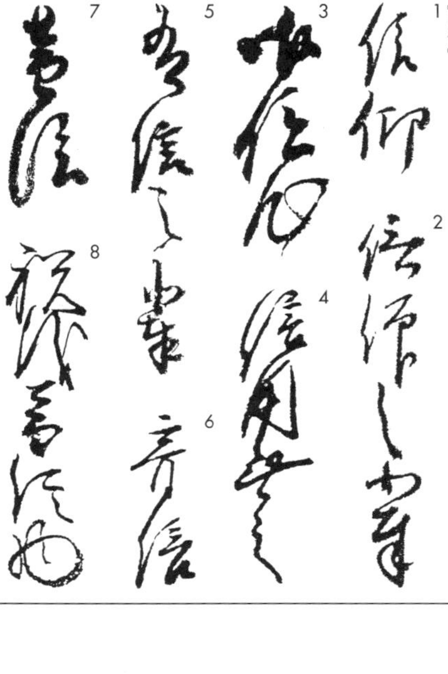

1 信仰（しんこう） 2 信仰之輩（しんこうのやから） 3 御信心（ごしんしん） 4 信用無レ之（しんようこれなく） 5 有信之輩（ゆうしんのやから）
6・7 音信（いんしん） 8 祝儀・音信物（しゅうぎ・いんしんもの）

60 【俗】 ゾク

【用例】

1 俗家（ぞくけ） 2 俗人（ぞくじん） 3 俗名（ぞくめい） 4 俗事（ぞくじ） 5～7 風俗（ふうぞく） 8 風俗悪敷成（ふうぞくあしくなり） 9 風俗不ㇾ宜（ふうぞくよろしからず） 10 僧俗（そうぞく）

61 【便】 ベン ビン たより

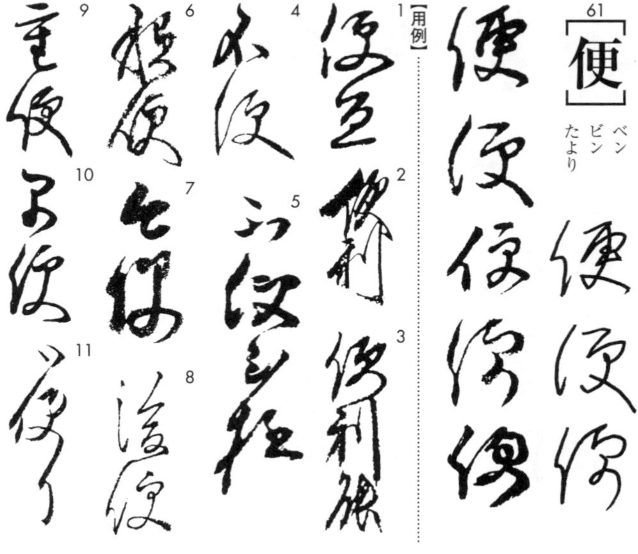

【用例】

1 便宜（べんぎ） 2 便利（べんり） 3 便利能（べんりよく） 4 不便（ふびん） 5 不便至極（ふびんしごく） 6 穏便（おんびん） 7 今便（こんびん） 8 後便（こうびん） 9 重便（じゅうびん） 10 早便（はやびん） 11 御便り（おたより）

62

【候】

コウ
そうろう

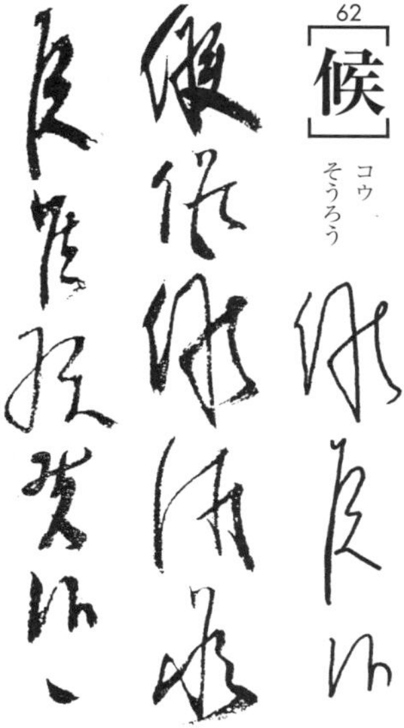

【用例】

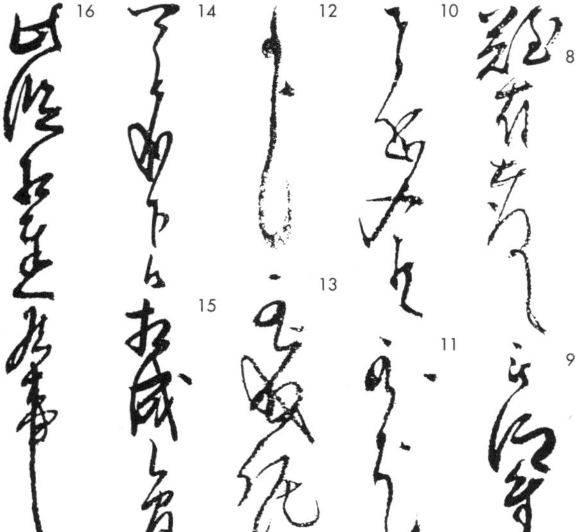

1～3 候得共（そうらえども）　4 御座候（ござそうろう）　5 御坐候（ござそうろう）　6 無二御座一候（ござなくそうろう）

7 奉レ存候（ぞんじたてまつりそうろう）　8 難レ有奉レ存候（ありがたくぞんじたてまつりそうろう）　9 被二仰付一候（おおせつけられそうろう）

10 奉二恐入一候（おそれいりたてまつりそうろう）　11・12 可レ被レ下候（くださるべくそうろう）　13 可レ被レ成候（なさるべくそうろう）

14 可レ被二成下一候（なしくださるべくそうろう）　15 相成候間（あいなりそうろうあいだ）　16 此段相達候事（このだんあいたっしそうろうこと）

63 【借】

シャク
かりる
かり

【用例】

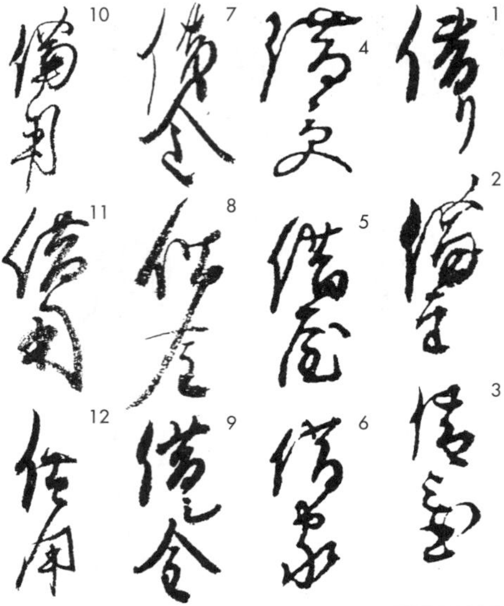

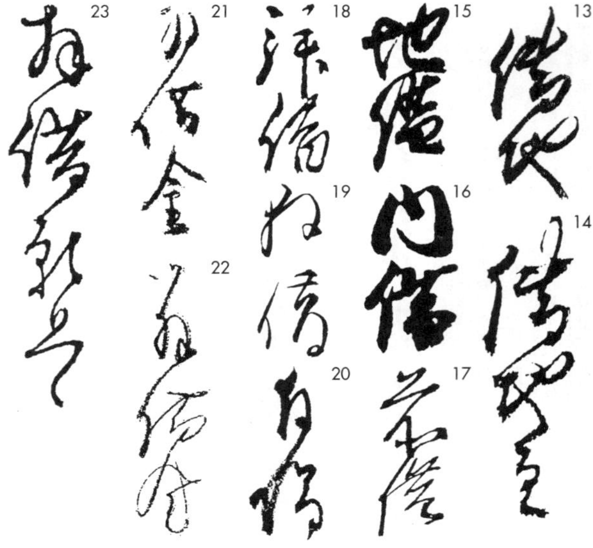

1 借リ（かり） 2 借主（かりぬし） 3 借置（かりおく） 4 借受（かりうけ） 5 借屋（しゃくや） 6 借家（しゃくや・かりいえ）
7・8 借金（しゃっきん） 9 借シ金（かしきん） 10〜12 借用（しゃくよう） 13 借地（しゃくち） 14 借地主（しゃくちぬし）
15 地借（じがり） 16 内借（うちがり・ないしゃく） 17 前借（まえがり） 18〜20 拝借（はいしゃく） 21 拝借金（はいしゃくきん）
22 御拝借金（ごはいしゃくきん） 23 拝借願上候（はいしゃくねがいあげそうろう）

64 修

シュウ
シュ
おさめる

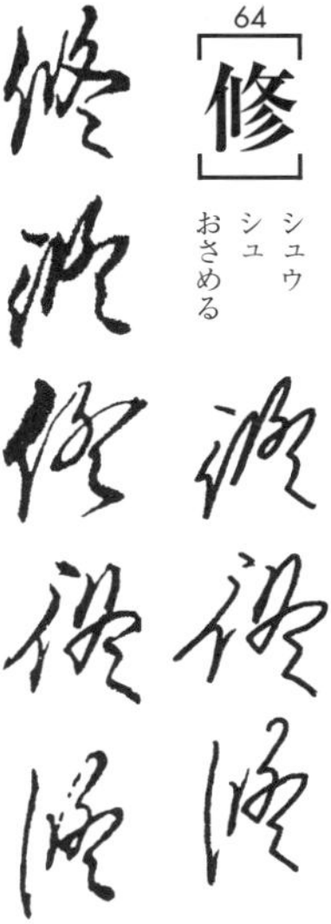

【用例】

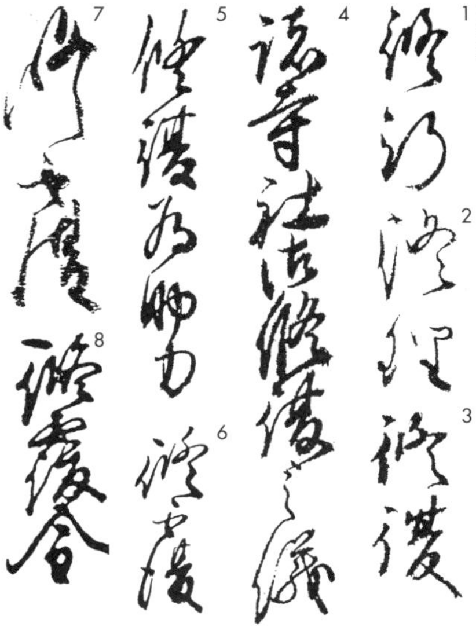

1 修行（しゅぎょう） 2 修理（しゅり・しゅうり） 3 修復（しゅうふく） 4 諸寺社御修復之儀（しょじしゃごしゅうふくのぎ）
5 修復為二助力一（しゅうふくじょりょくとして） 6・7 修覆（しゅうふく） 8 修覆金（しゅうふくきん）

65 俵

ヒョウ
たわら

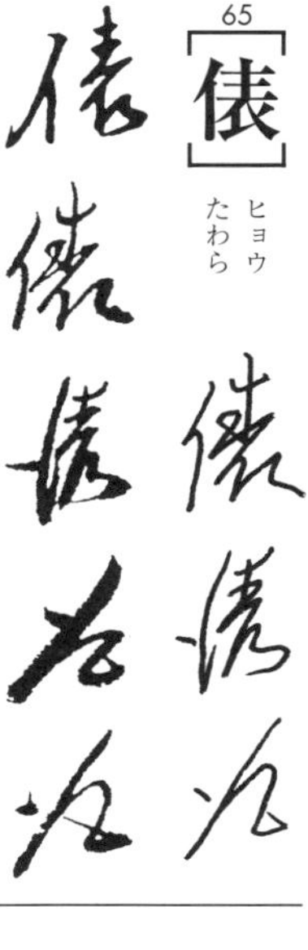

【用例】

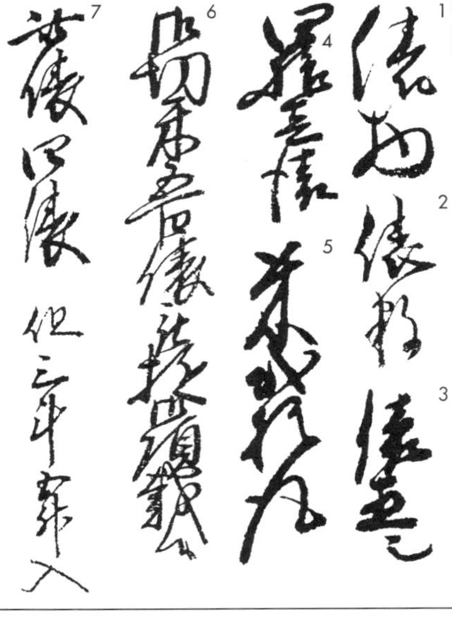

1 俵物（たわらもの） 2 俵数（ひょうすう・たわらかず） 3 俵直シ（たわらなおし） 4 四拾壱俵（よんじゅういっぴょう） 5 米弐拾俵（こめにじゅっぴょう）
6 御切米五百俵 被レ遊二御頂戴一候（おきりまいごひゃっぴょうごちょうだいあそばされそうろう） 7 此俵四俵、但三斗五升入（このたわらよんびょう、ただしさんとごしょういり）

66

停

テイ／チョウ
とどむ
とまる

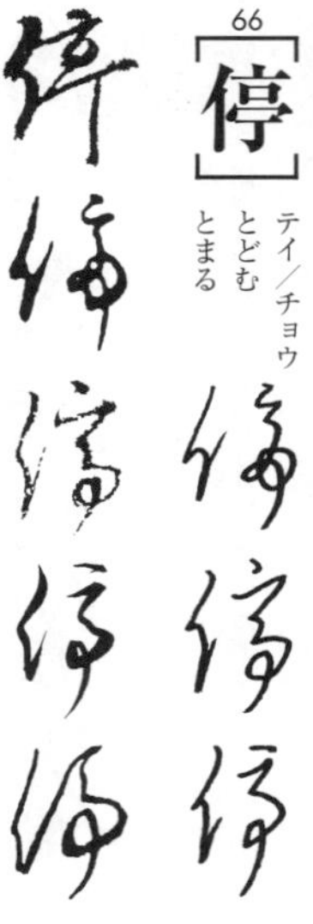

【用例】

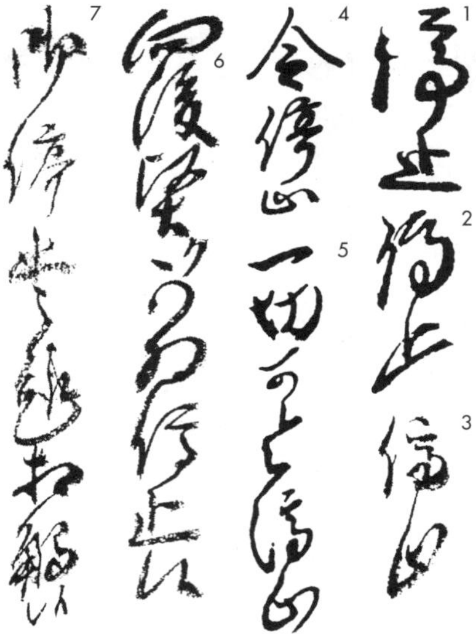

1〜3 停止（ちょうじ）　4 令二停止一（ちょうじせしめ）

5 一切可レ令二停止一（いっさいちょうじせしむべく）

6 向後堅ク可レ為二停止一候（こうごかたくちょうじたるべくそうろう）

7 御停止之趣 相觸候（ごちょうじのおもむきあいふれそうろう）

67

偏

ヘン
かたよる
ひとえに

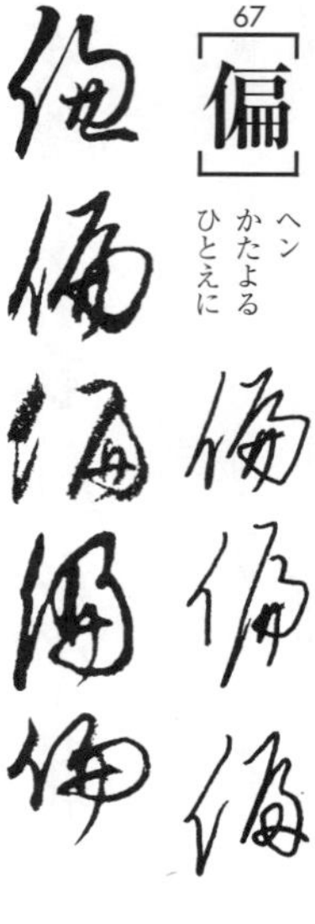

【用例】

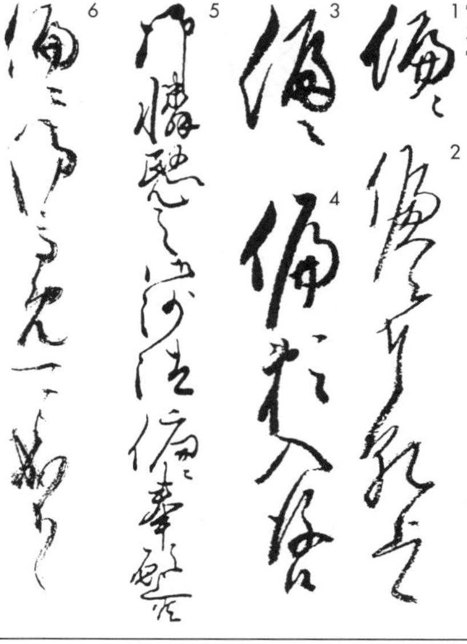

1 偏ニ（ひとえに）　2 偏ニ 奉二願 上一候（ひとえにねがいあげたてまつりそうろう）　3 偏ニ（ひとえに）

4 偏 頼 入 存候（ひとえにたのみいりぞんじそうろう）

5 御憐愍之御沙汰偏ニ 奉二願 上一候（ごれんびんのごさたひとえにねがいあげたてまつりそうろう）

6 偏ニ御高免可レ被二成下一候（ひとえにごこうめんなしくださるべくそうろう）

68
［備］
ビ
そなえ

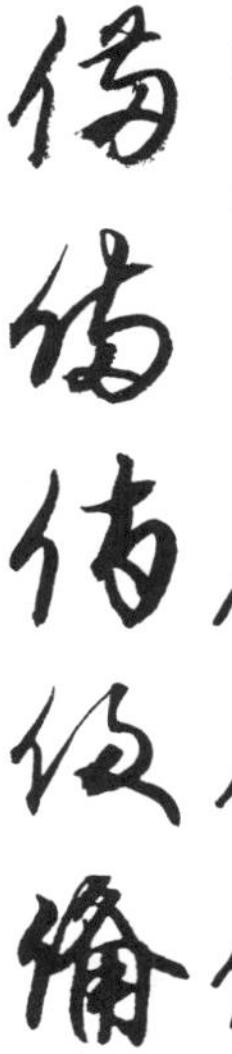

【用例】

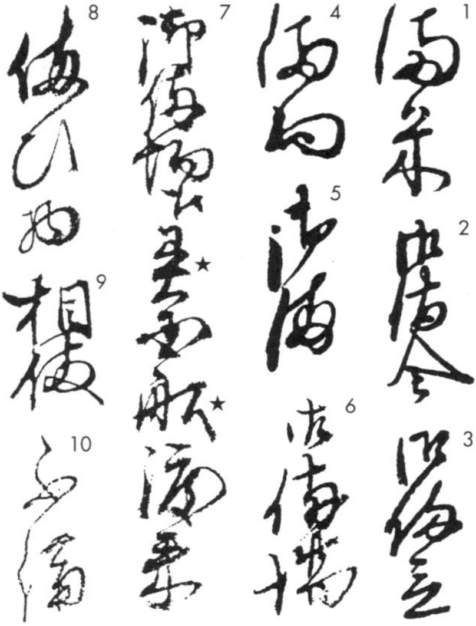

1 備米（そなえまい）　2 御備金（おそなえきん）　3 御備立（おそなえたて）　4 備向（そなえむき）　5 御備（おそなえ）　6 御備場（おそなえば）
7 御備場江異国船渡来（おそなえばへいこくせんとらい）　8 備ひ物（そなもの）（※「供ひ物」の誤用）
9 相備（あいそなえ）　10 不備（ふび）

69
［傍］
ホウ・ボウ
かたわら
つくり・そば

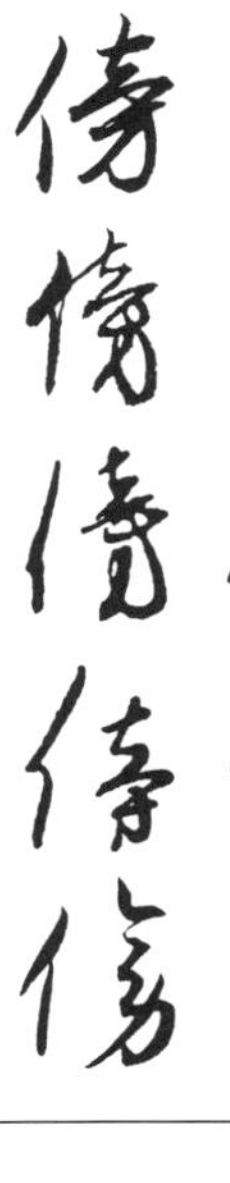
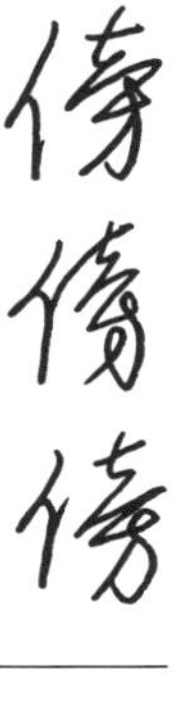

【用例】

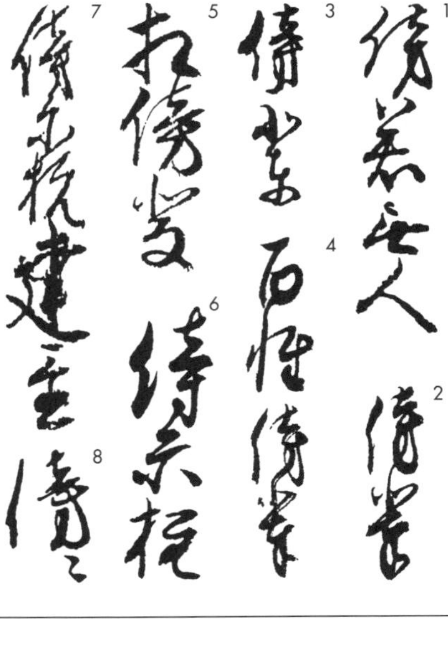

1 傍若無人（ぼうじゃくぶじん）　2・3 傍輩（ほうばい）　4 百性傍輩（ひゃくしょうほうばい）　5 相傍輩（あいほうばい）　6 傍示杭（ぼうじくい）
7 傍示杭建置（ぼうじくいたておき）　8 傍ニ（かたわらに）

70

僧

ソウ

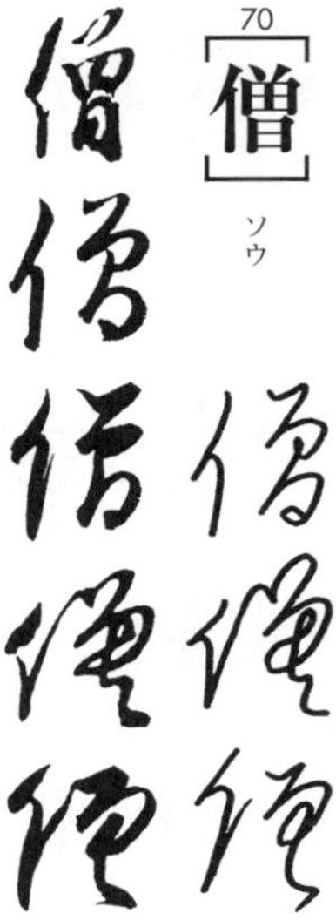

【用例】

1 僧俗(そうぞく)　2・3 役僧(やくそう)　4・5 住僧(じゅうそう)　6・7 使僧(しそう)　8 貴僧(きそう)
9・10 拙僧(せっそう)　11 寺僧(じそう)　12 社僧(しゃそう)

71

儀

ギ

【用例】

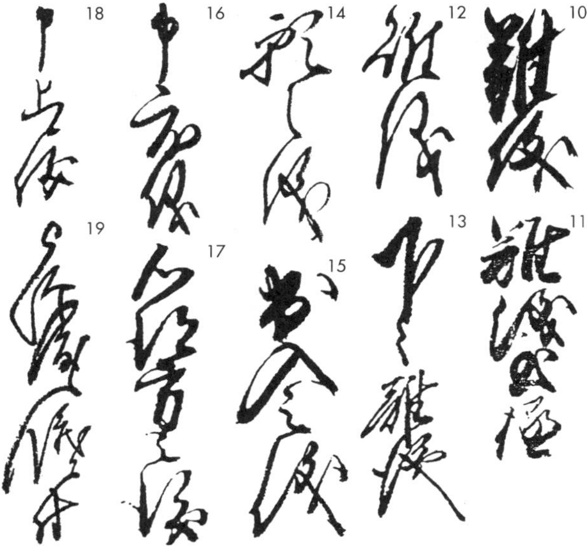

1・2 儀定（ぎじょう） 3・4 公儀（こうぎ） 5 役儀（やくぎ） 6・7 御儀（おんぎ） 8 此儀（このぎ） 9・10 難儀（なんぎ）
11 難儀至極（なんぎしごく） 12 難儀（なんぎ） 13 下々難儀（しもじもなんぎ） 14 願之儀（ねがいのぎ） 15 出入之儀（でいりのぎ）
16 申度儀（もうしたきぎ） 17 心得方之儀（こころえかたのぎ） 18 申上候儀（もうしあげそうろうぎ） 19 被仰渡候儀ニ付（おおせわたされそうろうぎにつき）

72 儘 ジン まま

【用例】

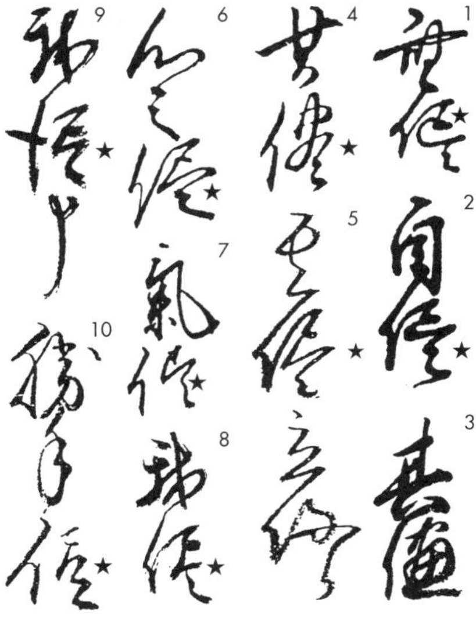

1 此儘（このまま） 2 自儘（じまま） 3 其儘（そのまま） 4 其儘（そのまま） 5 其儘立帰リ（そのままたちかえり） 6 心之儘（こころのまま）
7 氣儘（きまま） 8 我儘（わがまま） 9 我儘申（わがままもうし） 10 勝手儘（かってまま）

73 ［先］

セン　さき　まず

【用例】

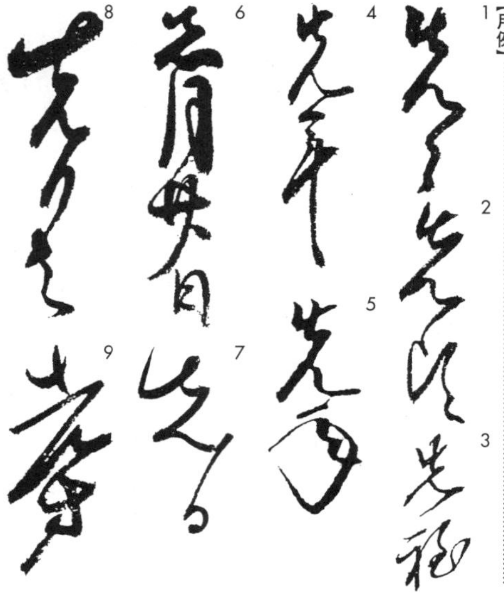

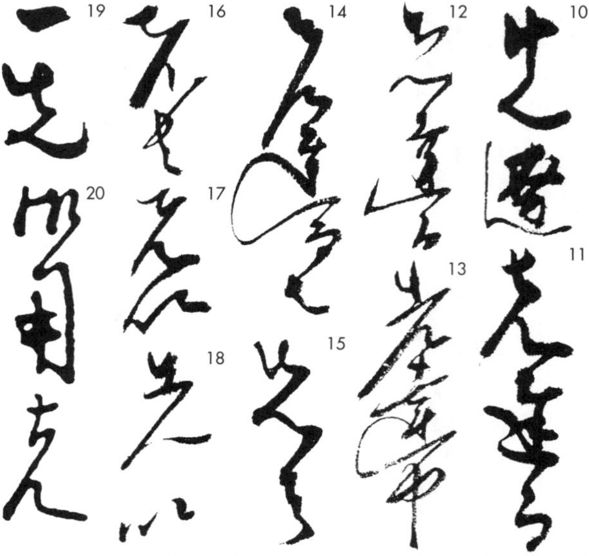

1 先々(さきざき)　2 先頃(さきごろ)　3 先程(さきほど)　4・5 先年(せんねん)　6 先月廿日(せんげつはつか)　7 先日(せんじつ)　8 先日者(せんじつは)　9 先方(せんぽう)　10 先達(せんだって)　11・12 先達而(せんだって)　13 先達中(せんだってちゅう)　14 先達而者(せんだっては)　15・16 先者(まずは)　17・18 先以(まずもって)　19 一先(ひとまず)　20 御用先(ごようさき)

74 兎

ト
うさぎ

【用例】

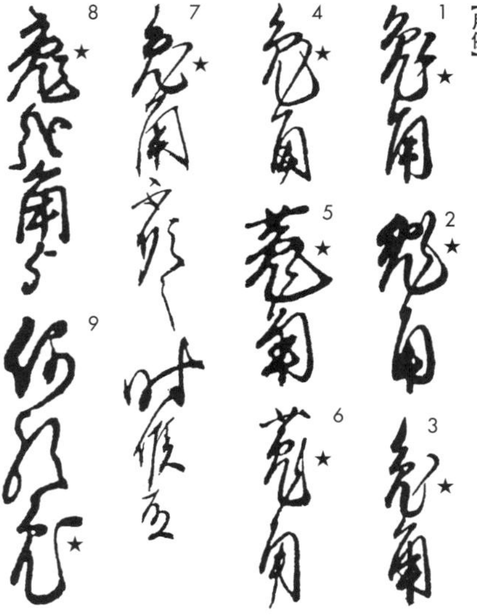

1〜6 兎角(とかく)

7 兎角不順之時候故(とかくふじゅんのじこうゆえ)

8 兎哉角与(とやかくと)

9 何歟兎(なにかとと)

75 免(兎)

ベン・メン
ゆるす
まぬかれる

【用例】

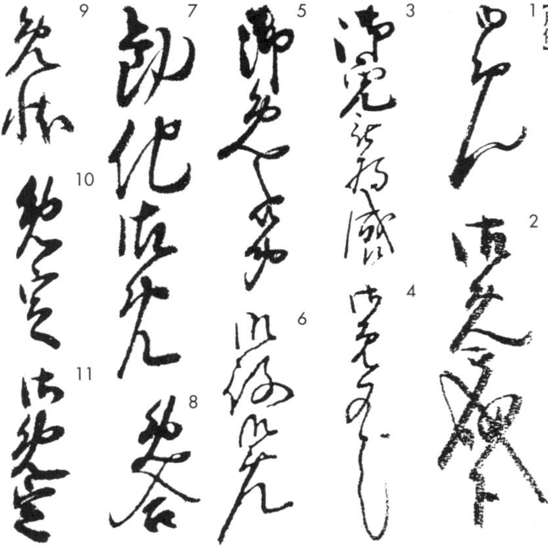

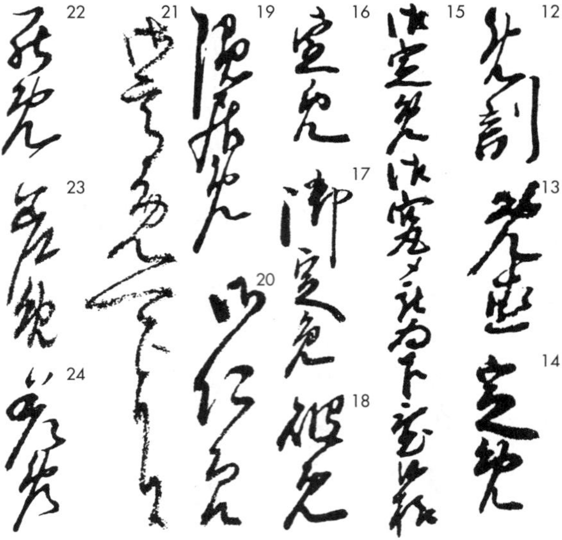

1 御免（ごめん） 2 御免被二成下一（ごめんなしくだされ） 3 御免被レ為レ成候（ごめんなさせられそうろう）
4 御免可レ被レ下候（ごめんくださるべくそうろう） 5 御免之筋（ごめんのすじ） 6 御役御免（おやくごめん） 7 勧化御免（かんげごめん）
8 免合（めんあい） 9 免状（めんじょう） 10 免定（めんじょう） 11 御免定（ごめんじょう） 12 免割（めんわり） 13 免直（めんなおし） 14 定免（じょうめん）
15 御定免御究メ被レ為二下置一候様（ごじょうめんおきめくだしおかせられそうろうよう） 16 定免（じょうめん） 17 御定免（ごじょうめん） 18 破免（はめん）
19 隠居免（いんきょめん） 20 御仁免（ごじんめん） 21 御高免可レ被レ下候（ごこうめんくださるべくそうろう） 22 罷免（ひめん） 23・24 差免（さしゅるす）

76 党（黨）

トウ

【用例】

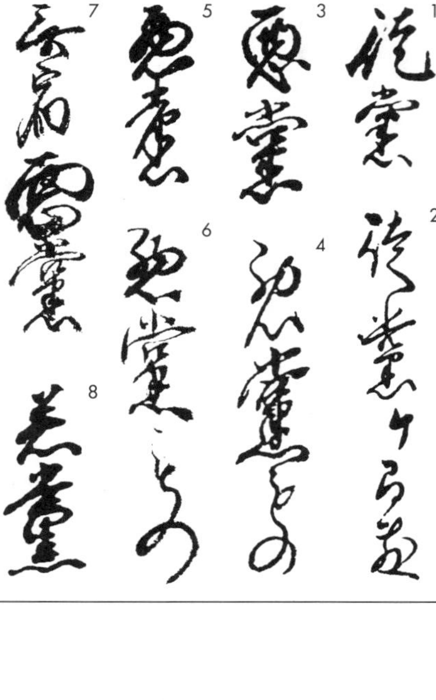

1 徒黨（ととう） 2 徒黨ケ間敷（ととうがましく） 3 悪黨（あくとう） 4 悪黨もの（あくとう） 5 悪黨（あくとう）
6 悪黨もの（あくとう） 7 無宿悪黨（むしゅくあくとう） 8 若黨（わかとう）

77

【公】

コウ・ク
おおやけ
きみ

【用例】

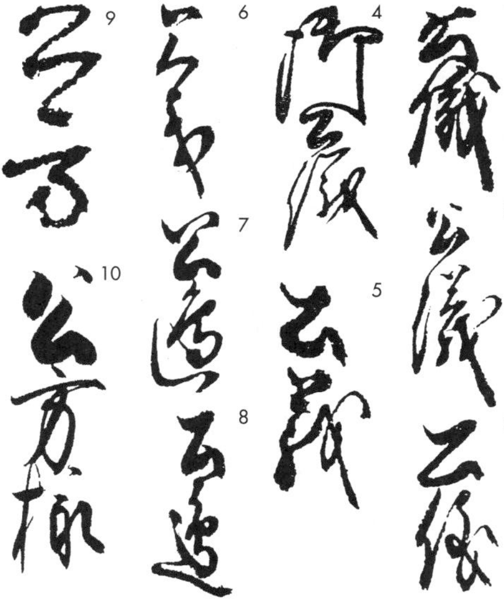

1〜3 公儀（こうぎ）　4 御公儀（ごこうぎ）　5・6 公義（こうぎ）　7・8 公邊（こうへん）　9 公方（くぼう）
10 公方様（くぼうさま）　11 公事（くじ）　12 公事出入（くじでいり）　13 公用（こうよう）　14・15 奉公（ほうこう）
16・17 御奉公（ごほうこう）　18・19 奉公人（ほうこうにん）　20 貴公（きこう）　21 貴公様（きこうさま）

78 【共】

キョウ・ク
とも・ども
ともに

【用例】

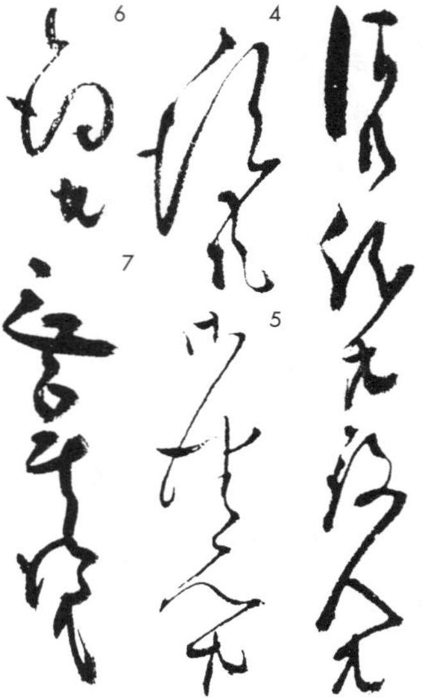

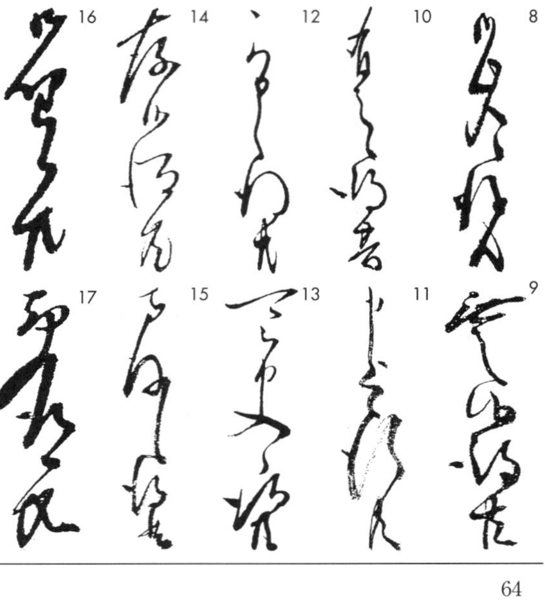

1 何共(なんとも)　2 然共(しかれども)　3 役人共(やくにんども)　4 候得共(そうらえども)　5 御坐候へ共(ござそうらえども)　6 候得共(そうらえども)
7 無二御坐一候得共(ござなくそうらえども)　8 恐入候得共(おそれいりそうらえども)　9 無レ之候得共(これなくそうらえども)
10 有レ之候得共(これありそうらえども)　11 申上候得共(もうしあげそうらえども)　12 可レ申候得共(もうすべくそうらえども)
13 可レ被二申入一候得共(もうしいれらるべくそうらえども)　14 存候得共(ぞんじそうらえども)　15 奉レ存候得共(ぞんじたてまつりそうらえども)
16 御坐候共(ござそうろうとも)　17 受取候共(うけとりそうろうとも)

79 ［兵］

ヘイ
ヒョウ
つわもの

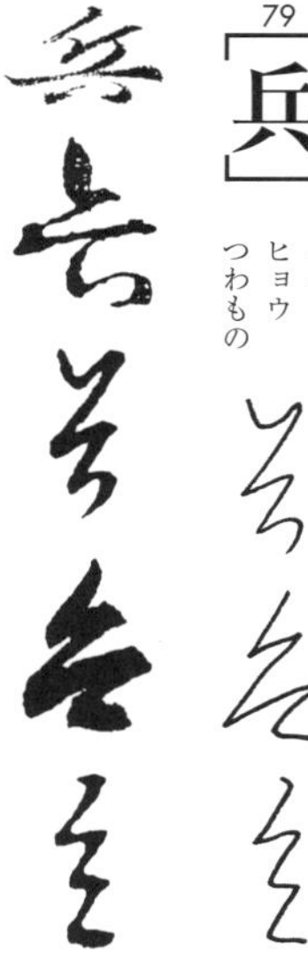

【用例】

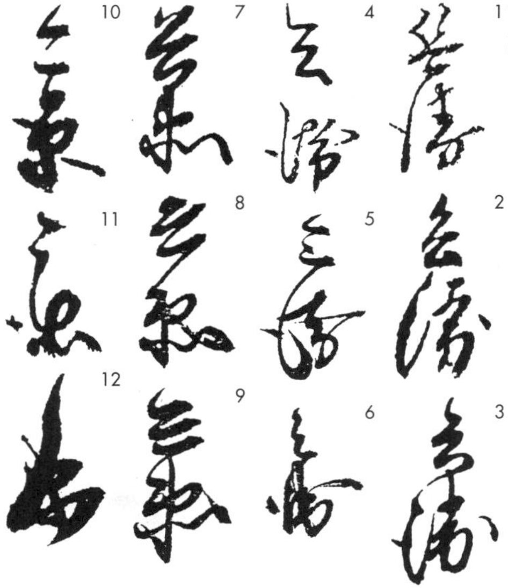

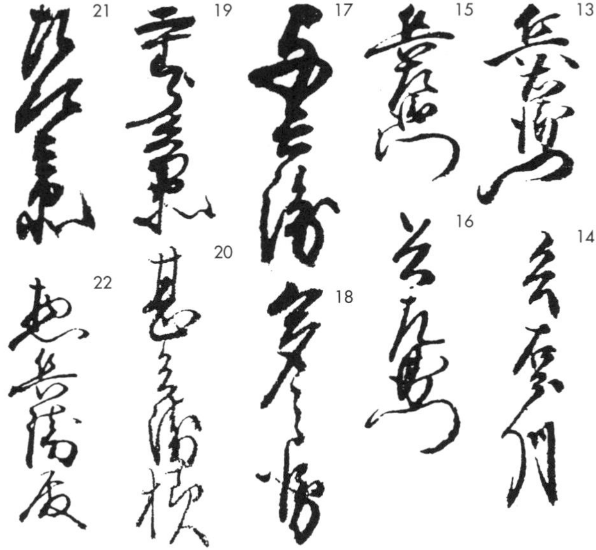

1〜12 兵衛（へえ）
13・14 兵右衛門（へいえもん）
15・16 兵左衛門（へいざえもん）
17 与兵衛（よへえ）
18 多兵衛（たへえ）
19 重郎兵衛（じゅうろうべえ）
20 甚兵衛様（じんべえさま）
21 左次兵衛（さじべえ）
22 惣兵衛殿（そうべえどの）

80

［其］

キ・ギ
それ
その

【用例】

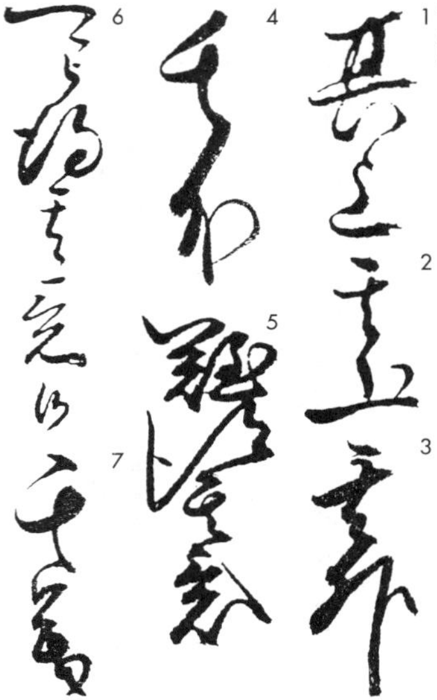

1・2 其上（そのうえ） 3・4 其外（そのほか） 5 難レ得二其意一（そのいをえがたく） 6 可レ被レ得二其意一候（そのいをえらるべくそうろう） 7 其義（そのぎ）

8 其儀（そのぎ） 9・10 其後（そのご） 11 其趣（そのおもむき） 12・13 其節（そのせつ） 14・15 其段（そのだん） 16 其旨（そのむね）

17 其方（そのほう） 18 其内（そのうち） 19 其所（そのところ） 20 其御地（そのおんち） 21 其迄（それまで） 22 為レ其（そのため）

81
［具］
グ
そなわる
つぶさに

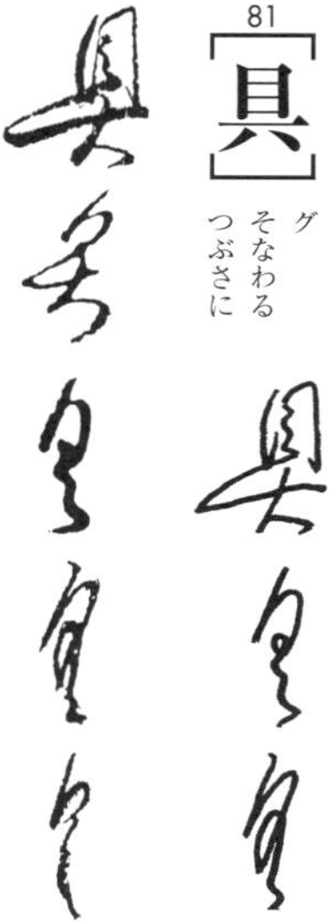

【用例】

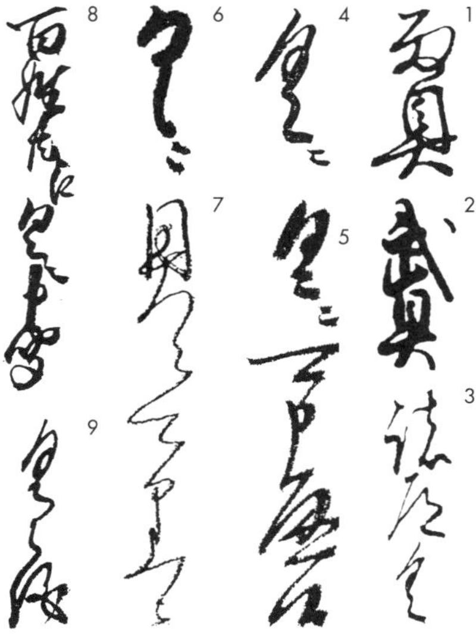

1 雨具（あまぐ） 2 武具（ぶぐ） 3 諸道具（しょどうぐ） 4 具ニ（つぶさに） 5 具ニ可二申通一候（つぶさにもうしとおすべくそうろう） 6 具ニ（つぶさに） 7 具ニ可二申上一候（つぶさにもうしあぐべくそうろう） 8 百姓共江具ニ申聞（ひゃくしょうどもへつぶさにもうしきかせ） 9 具之儀（つぶさのぎ）

82
［兼］
ケン
かねる
かねて

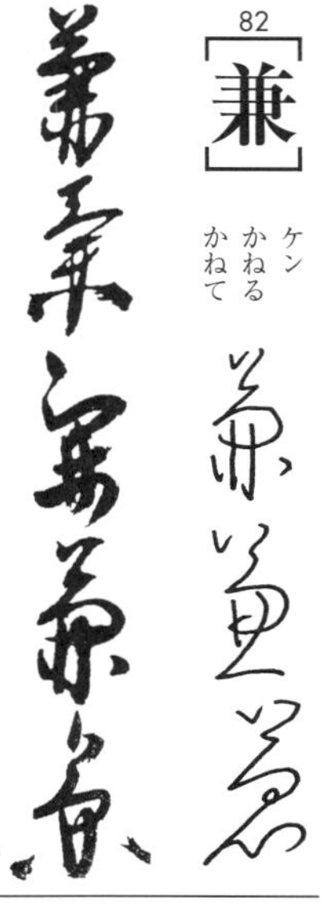

【用例】

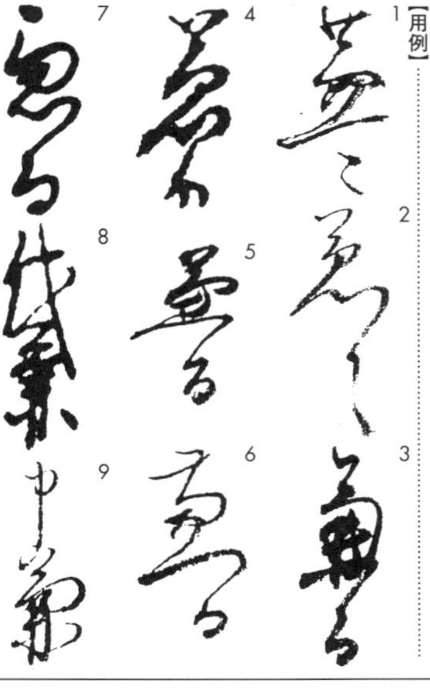

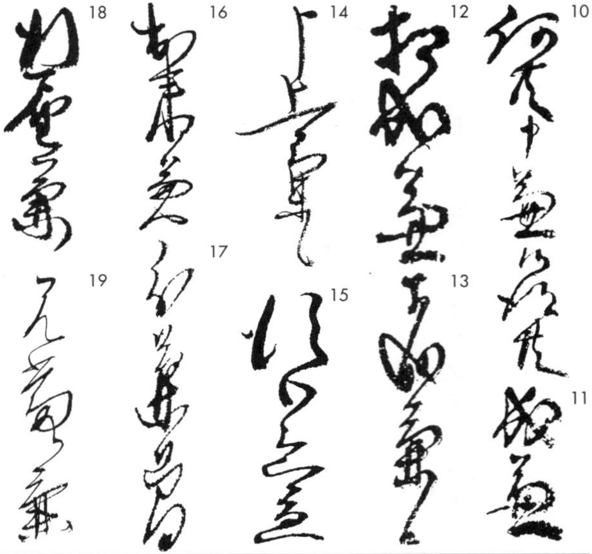

1・2 兼々(かねがね) 3〜7 兼而(かねて) 8 代兼(だいけん) 9 申兼(もうしかね)
10 何共申兼候得共(なんとももうしかねそうらえども) 11 成兼(なりかね) 12 相成兼(あいなりかね) 13 相成兼候(あいなりかねそうろう)
14 申上兼候(もうしあげかねそうろう) 15 得二御意一兼(ぎょいをえかね) 16 出来兼(できかね) 17 分兼候間(わかりかねそうろうあいだ)
18 行届兼(ゆきとどきかね) 19 見當リ兼(みあたりかね)

83 円(圓)

エン まるい

【用例】

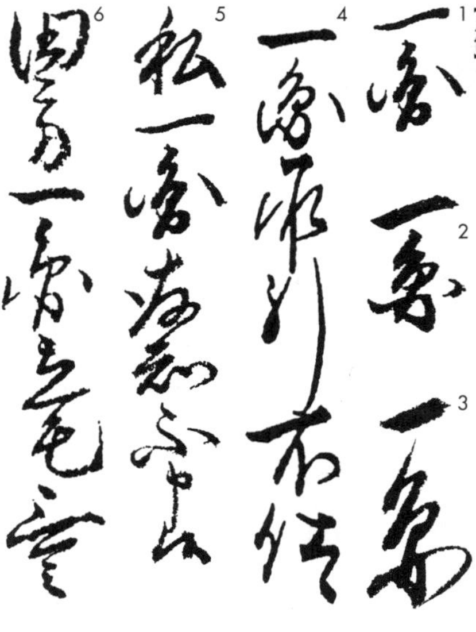

1〜3 一圓(いちえん) 4 一圓承引不レ仕候(いちえんしょういんつかまつらずそうろう)
5 私一圓存知不レ申候(わたくしいちえんぞんじもうさずそうろう)
6 田方一圓立毛無レ之(たかたいちえんたちげこれなく)

84 内

ナイ　ダイ　うち

【用例】

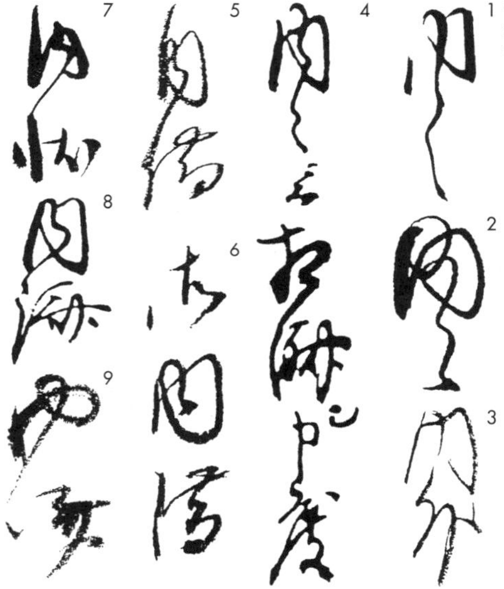

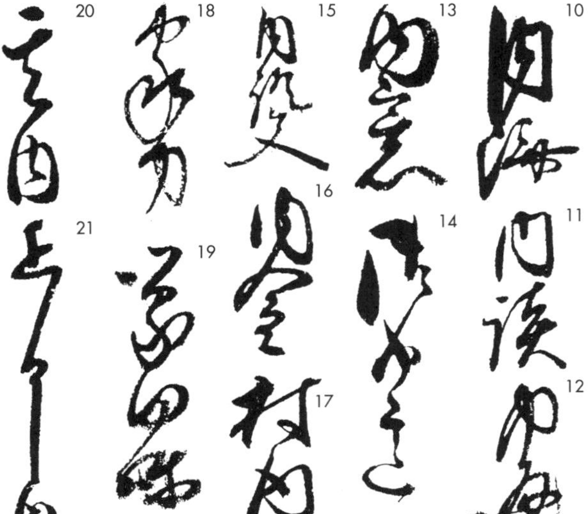

1・2 内々（ないない）　3 内外（ないがい）　4 内々二而相済シ申度（ないないにてあいすましもうしたく）　5 内借（ないしゃく・うちがり）

6 御内借（ごないしゃく・おうちがり）　7 内状（ないじょう）　8〜10 内済（ないさい）　11 内談（ないだん）　12 内通（ないつう）　13 内意（ないい）

14 御内意（ごないい）　15 内證文（うちしょうもん）　16 内金（うちきん）　17 村内（そんない）　18 家内（かない）　19 御家内様（ごかないさま）

20 其内（そのうち）　21 近日之内（きんじつのうち）

85
【再】
サイ
ふたたび

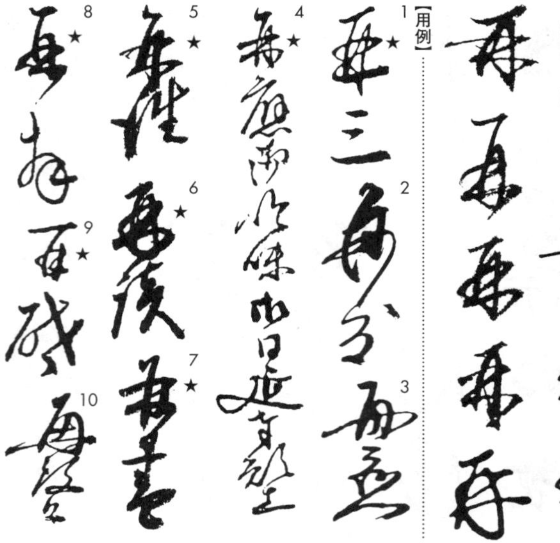

【用例】

1 再三（さいさん） 2 再度（さいど） 3 再應（さいおう） 4 再應御吟味御日延 奉ㇾ願 上ㇾ（さいおうごぎんみおひのべねがいあげたてまつり） 5 再往（さいおう） 6 再談（さいだん） 7 再書（さいしょ） 8 再拝（さいはい） 9・10 再啓（さいけい）

86
【写（寫）】
シャ
うつす

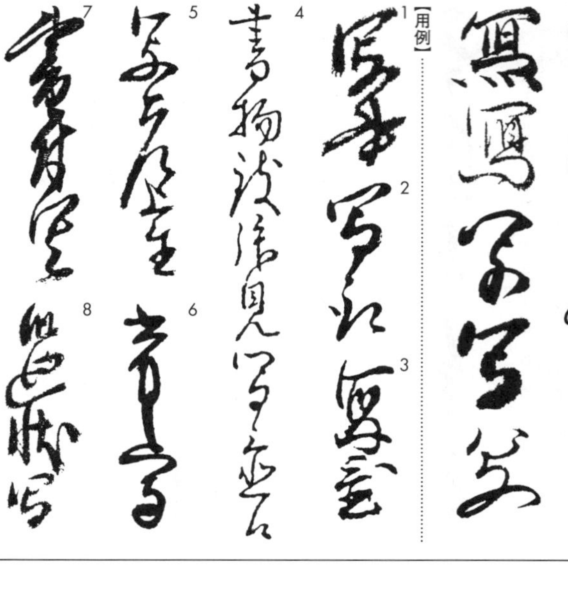

【用例】

1 写書（うつしがき） 2 写取（うつしとる） 3 寫置（うつしおく） 4 書物致二拝見一写 置 候（かきものはいけんいたしうつしおきそうろう） 5 写差上置（うつしさしあげおく） 6 書付之写（かきつけのうつし） 7 書付写（かきつけうつし） 8 御廻状写（ごかいじょううつし）

87 [冥]

メイ
ミョウ

【用例】

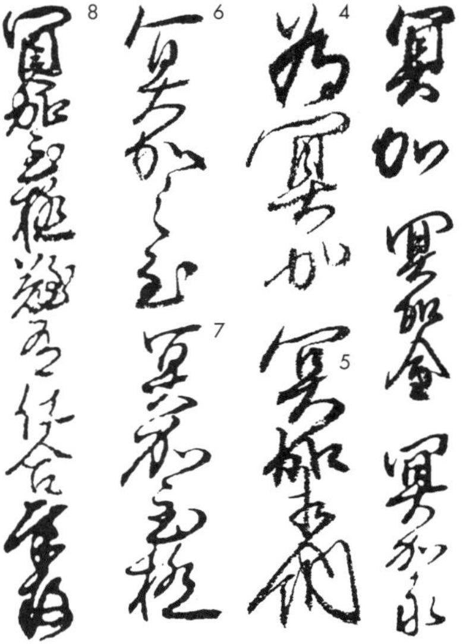

1 冥加　2 冥加金　3 冥加永　4 為二冥加一　5 冥加相納
6 冥加之至　7 冥加至極　8 冥加至極難レ有仕合奉レ存

88 [冬]

トウ
ふゆ

【用例】

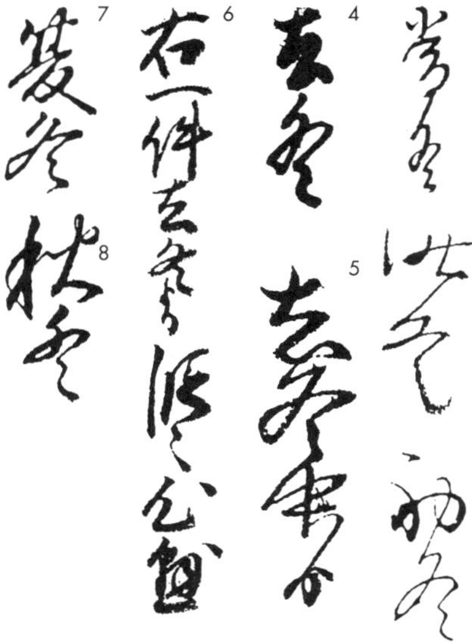

1 當冬　2 昨冬　3 初冬　4 去冬　5 去冬中〻
6 右一件去冬より段々心懸　7 夏冬　8 秋冬

89 [冷]

レイ・リョウ
ひえる
つめたい

【用例】

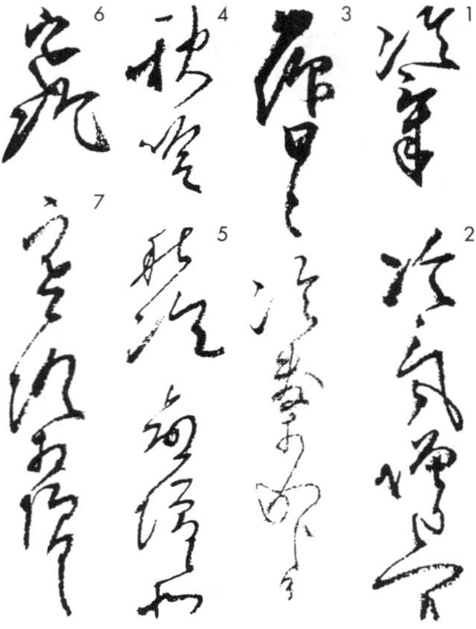

1 冷氣(れいき)　2 冷気増リ候へ共(れいきまさりそうらへども)　3 如レ仰日々冷敷相成申候(おおせのごとくひびすずしくあいなりもうしそうろう)
4 秋冷(しゅうれい)　5 秋冷愈増候所(しゅうれいいよいよましそうろうところ)　6 寒冷(かんれい)　7 寒冷相増し(かんれいあいまし)

90 [凌]

リョウ
しのぐ

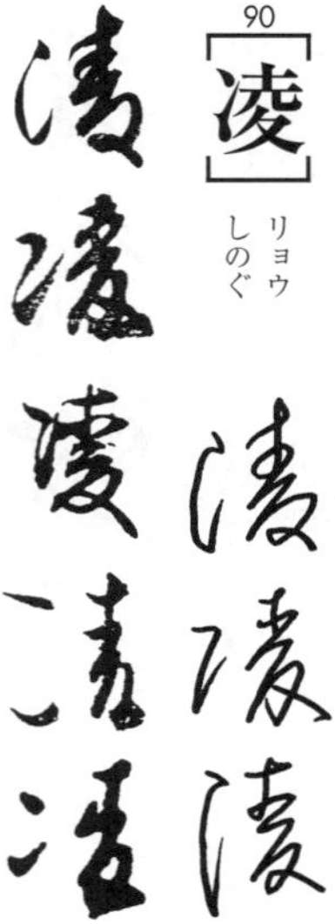

【用例】

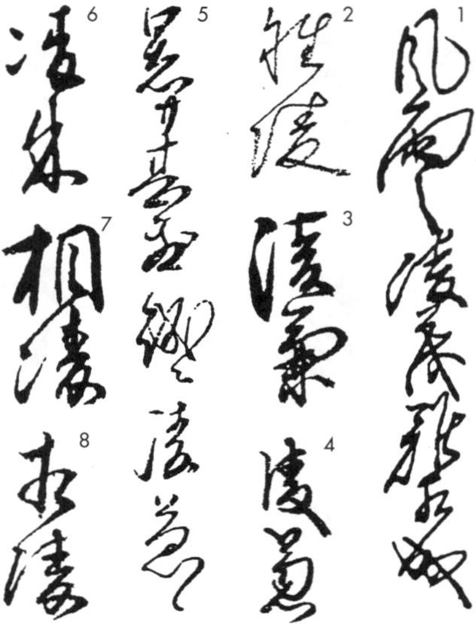

1 風雨之凌茂難二相成一(ふううのしのぎもあいなりがたく)　2 難レ凌(しのぎがたく)　3・4 凌兼(しのぎかね)
5 暑サ甚敷誠二凌兼候(あつさはなはだしくまことにしのぎかねそうろう)　6 凌来(しのぎきたり)　7・8 相凌(あいしのぎ)

91 凡

ボン・ハン
およそ
すべて

【用例】

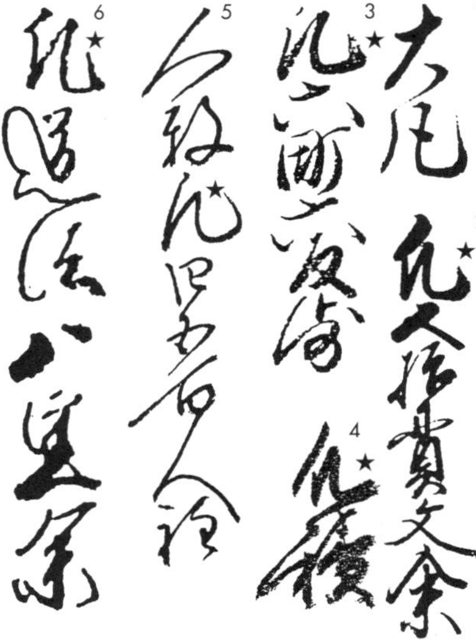

1 大凡(おおよそ)　2 凡五拾貫文余(およそごじゅっかんもんあまり)　3 凡六町六反歩(およそろくちょうろくたんぶ)　4 凡積(およそづもり)
5 人数凡四五百人程(にんずうおよそしごひゃくにんほど)　6 凡道法八里余(およそみちのりはちりあまり)

92 処(處)

ショ
ところ

【用例】

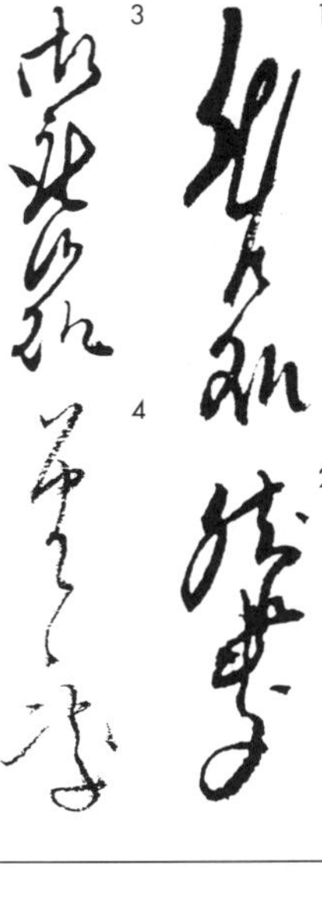

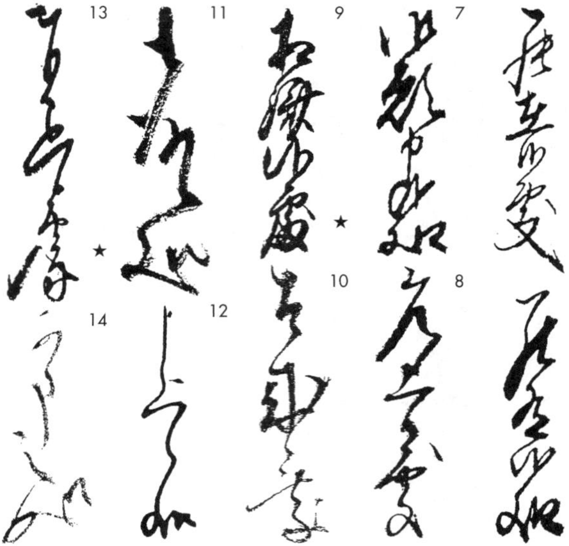

1 然ル処（しかるところ）　2 然ル處（しかるところ）　3 御座候処（ござそうろうところ）　4 御坐候處（ござそうろうところ）　5 罷在候處（まかりありそうろうところ）　6 罷有候処（まかりありそうろうところ）　7 御願申候処（おねがいもうしそうろうところ）　8 差上候處（さしあげそうろうところ）　9 相済候處（あいすみそうろうところ）　10 相成候處（あいなりそうろうところ）　11 奉レ存候処（ぞんじたてまつりそうろうところ）　12 申上候処（もうしあげそうろうところ）　13 奉ニ申上一候處（もうしあげたてまつりそうろうところ）　14 可レ申之処（もうすべきのところ）

93
凶
キョウ

【用例】

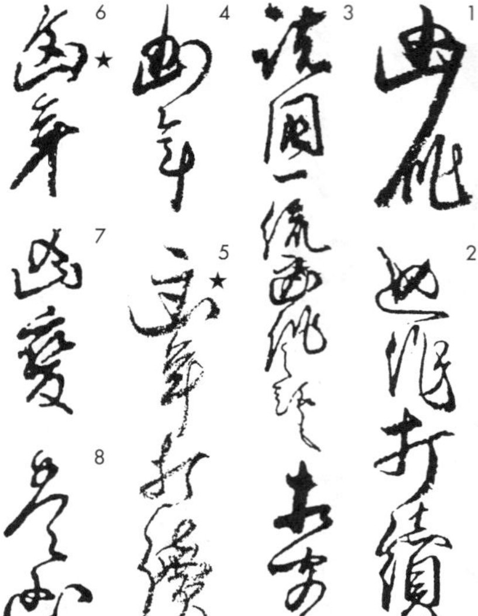

1 凶作（きょうさく）　2 凶作打續（きょうさくうちつづき）　3 諸國一統凶作之趣も相聞候（しょこくいっとうきょうさくのおもむきもあいきこえそうろう）　4 凶年（きょうねん）　5 凶年打續（きょうねんうちつづき）　6 凶年（きょうねん）　7 凶変（きょうへん）　8 豊凶（ほうきょう）

94 出

シュツ
スイ
でる・だす

【用例】

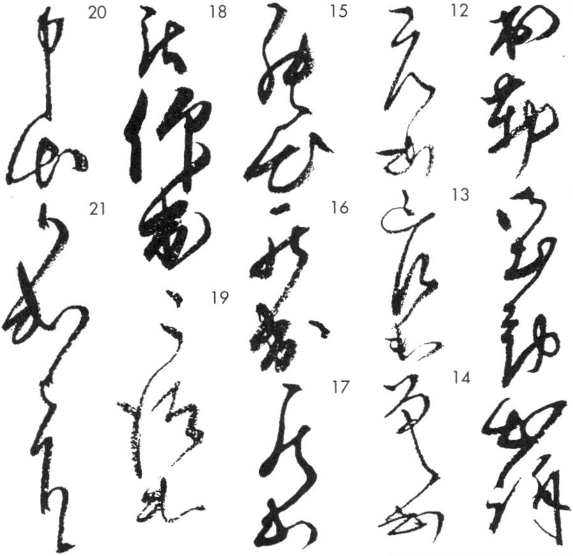

1 出入（でいり）　2 出入内済（でいりないさい）　3 出會（であい）　4・5 出立（しゅったつ）　6・7 出来（しゅったい／でき）
8 出役（しゅつやく）　9 出勤（しゅっきん）　10 御出勤（ごしゅっきん）　11 出訴（しゅっそ）　12～14 差出（さしだし）　15～17 罷出（まかりいで）
18・19 被二仰出一（おおせいだされ）
20 申出（もうしいで）
21 御出被レ下候（おいでくだされそうろう）

95

刈

ガイ
かる
かり

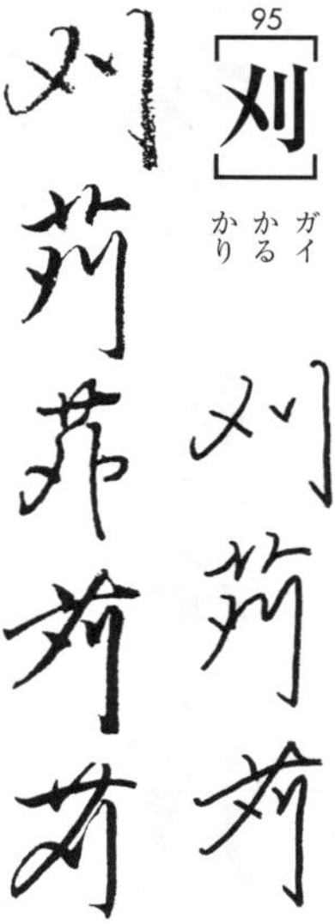

【用例】

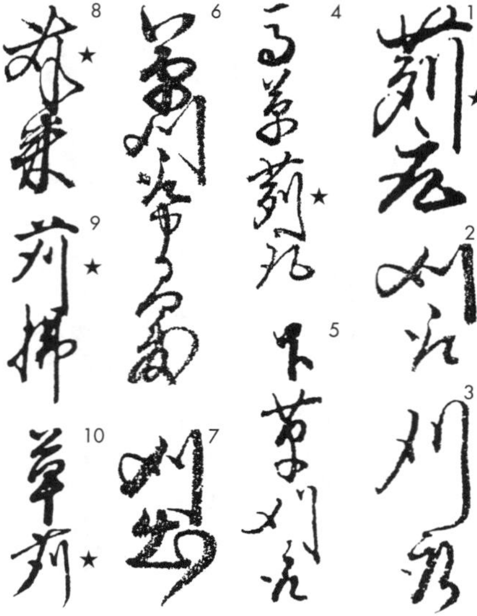

1〜3 刈取（かりとる）　4 馬草刈取（まぐさかりとり）

5 下草刈取（したくさかりとり）

6 草刈取申間敷（くさかりとりもうすまじく）

7 刈出（かりだす）

8 刈来（かりきたる）　9 刈拂（かりはらう）

10 草刈（くさかり）

96

切

セツ・サイ
きり
きる

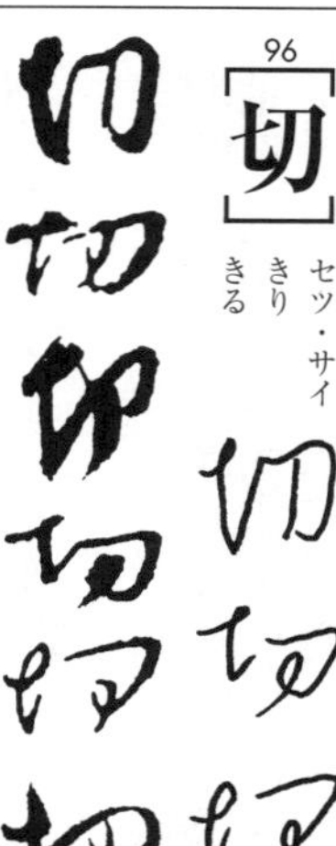

【用例】

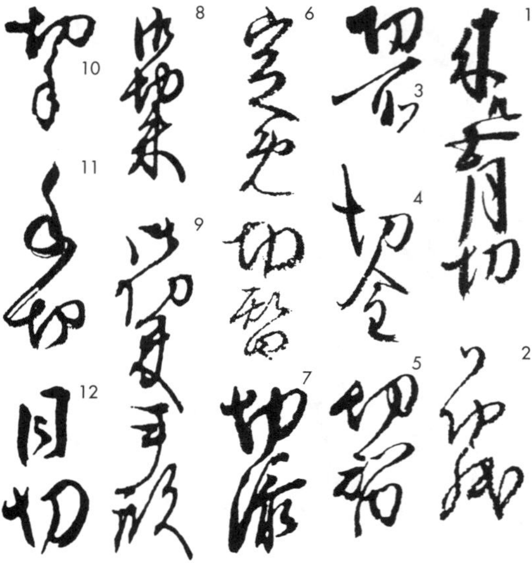

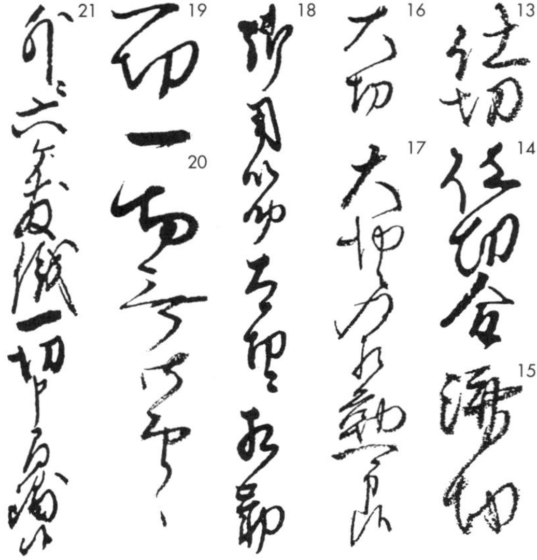

1 来ル五月切（きたるごがつぎり） 2 御切紙（おきりがみ） 3 切所（せっしょ） 4 切金（きりきん／きりがね） 5 切替（きりかえ）
6 定免切替（じょうめんきりかえ） 7 切添（きりそえ） 8 御切米（おきりまい） 9 御切米手形（おきりまいてがた） 10 切手（きって） 11 手切（てぎれ）
12 日切（ひぎり） 13 仕切（しきり） 14 仕切金（しきりきん） 15 済切（すましぎり） 16 大切（たいせつ）
17 大切ニ為二相勤一可レ申候（たいせつにあいつとめさせもうすべくそうろう） 18 御用筋太切ニ相勤（ごようすじたいせつにあいつとめ） 19 一切（いっさい）
20 一切無二御坐一候（いっさいござなくそうろう） 21 外ニ六ケ敷儀一切申間鋪候（ほかにむつかしきぎいっさいもうすまじくそうろう）

97
［分］
フン・ブン
ブ／わける
わかる

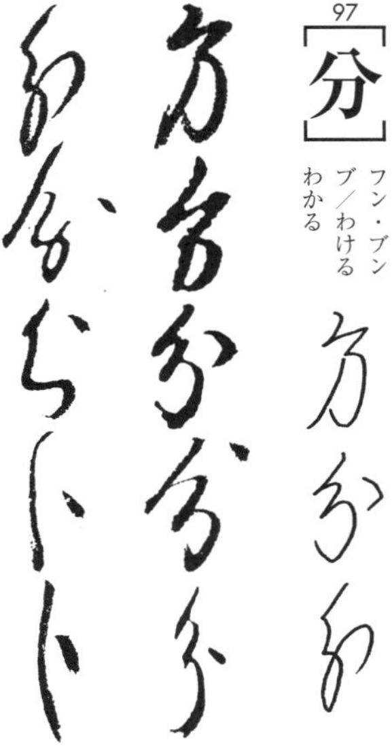

【用例】

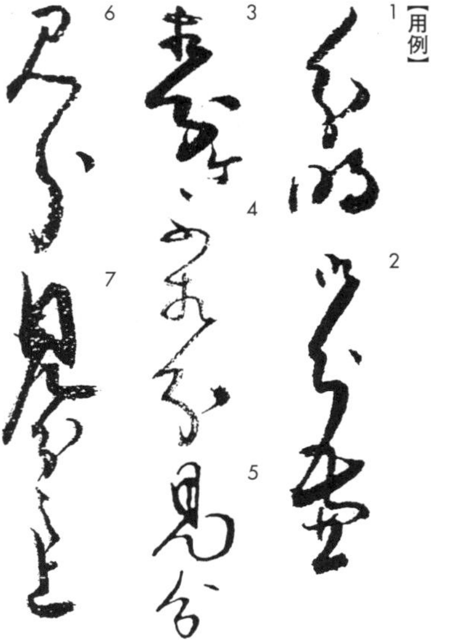

1 分明(ぶんみょう・ぶんめい) 2 御分兼(おわかりかね) 3 相分ケ(あいわけ) 4 不二相分一(あいわからず) 5・6 見分(けんぶん)
7 見分之上(けんぶんのうえ) 8～11 何分(なにぶん) 12 何分御頼申上候(なにぶんおたのみもうしあげそうろう) 13 多分(たぶん)
14 多分之入用(たぶんのにゅうよう) 15・16 當分(とうぶん) 17 申分(もうしぶん・もうしわけ) 18 過分(かぶん) 19・20 領分(りょうぶん)

98

【初】

ショ／はじめ
はつ・うい
そめる

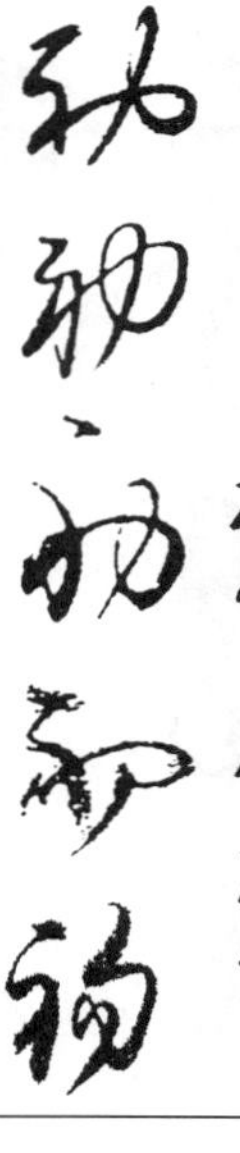

【用例】

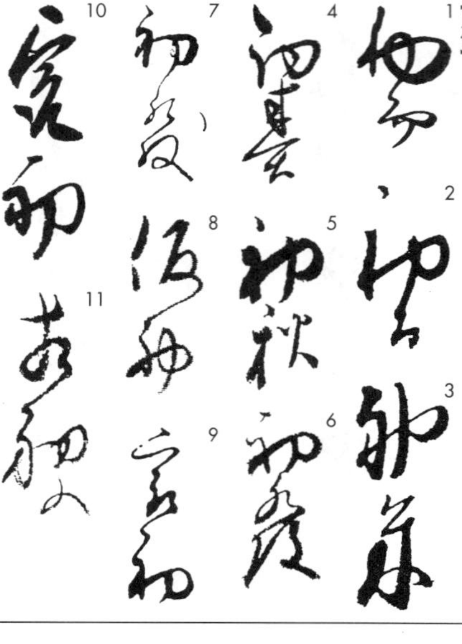

1・2 初而(はじめて) 3 初米(はつまい) 4 初春(しょしゅん) 5 初秋(しょしゅう) 6・7 初發(しょはつ) 8 仮初(かりそめ)
9・10 最初(さいしょ) 11 相初メ(あいはじめ)

99 判

ハン
バン

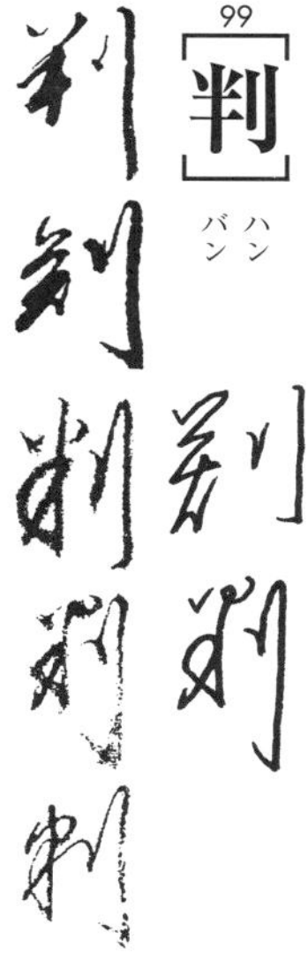

【用例】

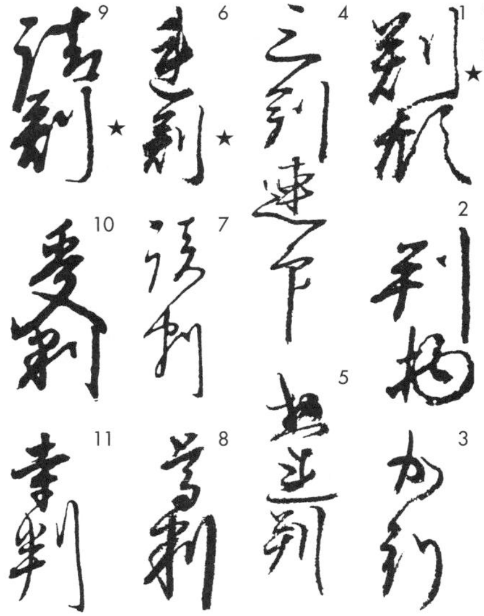

1 判形（はんぎょう）
2 判物（はんもつ）
3 加判（かはん）
4 三判連印（さんばんれんいん）
5 惣連判（そうれんばん）
6 連判（れんばん）
7 談判（だんばん）
8 尊判（そんばん）
9 請判（うけはん）
10 受判（うけはん）
11 寺判（じはん）

100 別

ベツ
わかれる
わかつ

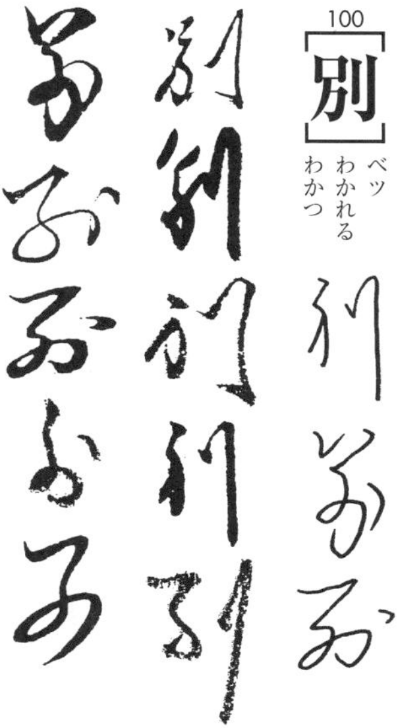

【用例】

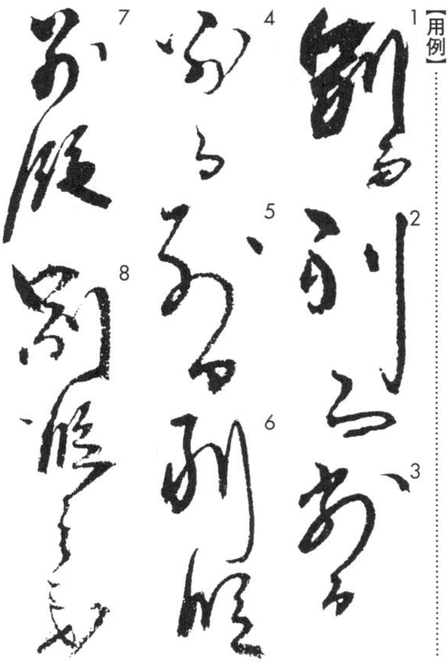

1～5 別而(べっして)　6・7 別段(べつだん)　8 別段之義(べつだんのぎ)　9 別段御頼申候(べつだんおたのみもうしそうろう)　10 人別(にんべつ)
11 人別送リ(にんべつおくり)　12 壱人別(いちにんべつ)　13 分別(ふんべつ)　14 差別(さべつ)　15 無二差別一(さべつなく)　16 別儀(べつぎ)
17 無二別義一(べつぎなく)

101 [利]

リ
きく

【用例】

1 利足(りそく)　2 利足米(りそくまい)　3 利不尽(りふじん)　4 利金(りきん)　5 利納(りのう)　6 利分(りぶん)
7 利益(りえき・りやく)　8 利解(りかい)　9 弁利(べんり)　10 高利(こうり)　11 元利皆済可レ仕候(がんりかいさいつかまつるべくそうろう)

102 【刻】

コク／とき
きざむ
きざみ

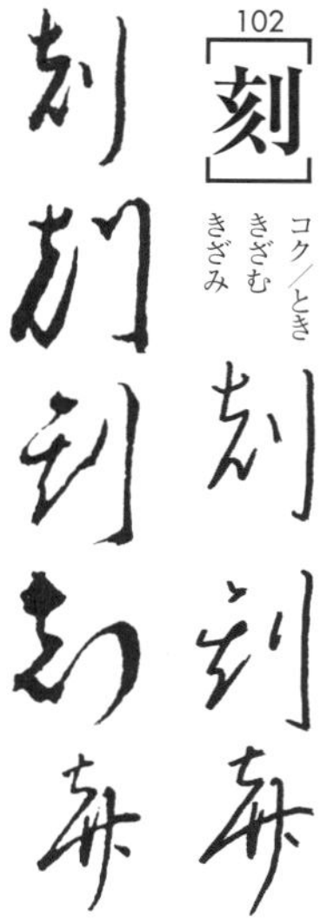

【用例】

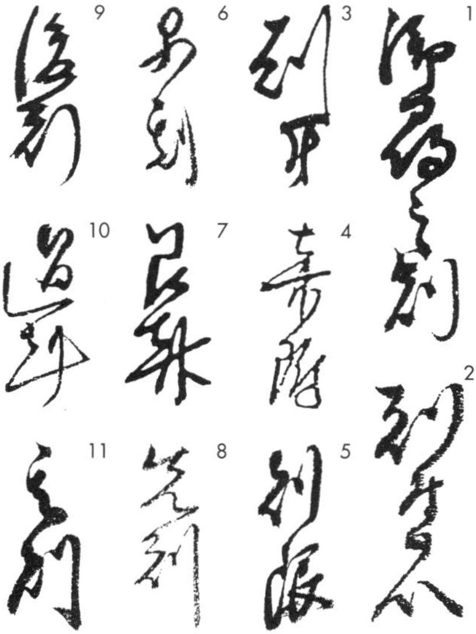

1 御尋之刻（おたずねのとき）
2 刻付ヲ以（こくづけをもって）
3 刻付（こくづけ）
4 刻附（こくづけ）
5 刻限（こくげん）
6 早刻（そうこく）
7 即刻（そっこく）
8 先刻（せんこく）
9 後刻（こうこく／ごこく）
10 過刻（かこく）
11 其刻（そのとき）

103 【到】

トウ
いたる

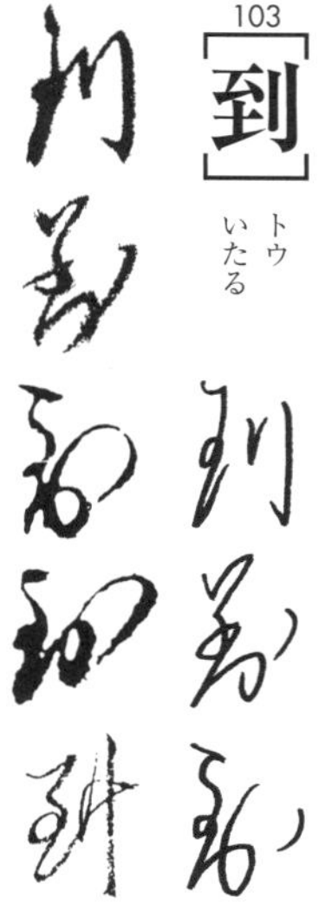

【用例】

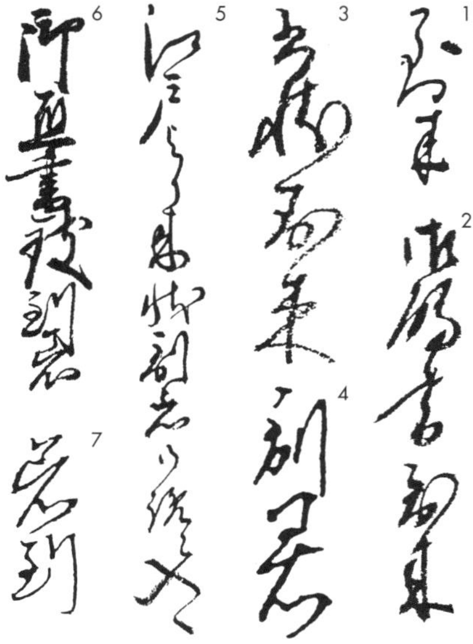

1 到来（とうらい）
2 御触書到来（おふれがきとうらい）
3 書状到来（しょじょうとうらい）
4 到着（とうちゃく）
5 江戸より来状到着御覧ニ入候（えどよりらいじょうとうちゃくごらんにいれそうろう）
6 御直書致二到着一（ごじきしょとうちゃくいたし）
7 着到（ちゃくとう）

104

【前】

ゼン・セン
まえ・さき

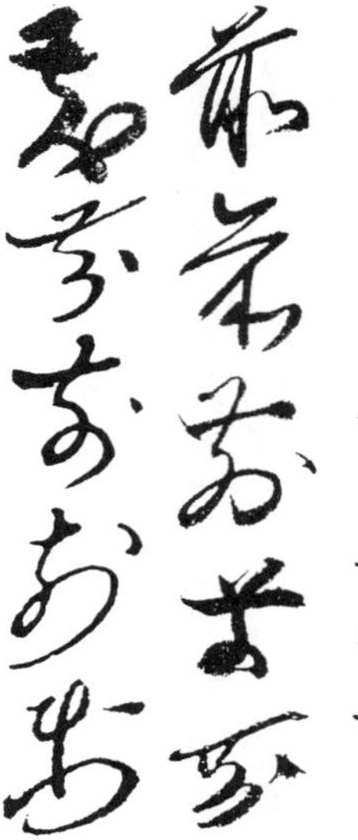

【用例】

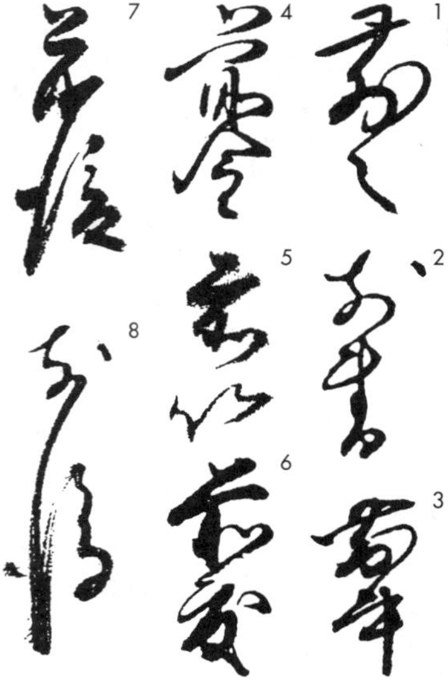

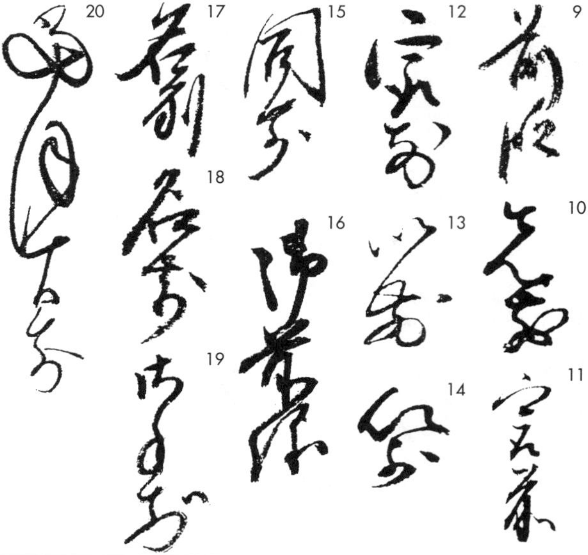

1 前々(まえまえ)　2・3 前書(まえがき)　4 前金(まえきん)　5 前以(まえもって)　6 前度(ぜんど)　7・8 前後(ぜんご)

9 前段(ぜんだん)　10 先前(せんぜん)　11・12 最前(さいぜん)　13・14 以前(いぜん)　15 同前(どうぜん)　16 御前様(ごぜんさま)

17・18 名前(なまえ)　19 御手前(おてまえ)　20 當月十日前(とうげつとおかまえ)

105 則

ソク
すなわち
のり

【用例】

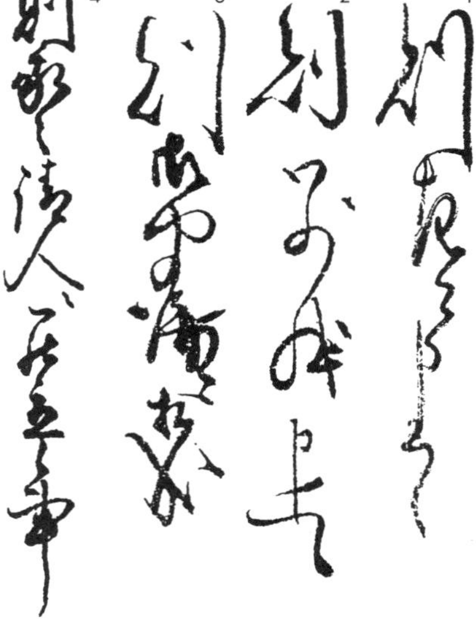

1 則(すなわち)左(さ)ニ(に)申上候(もうしあげそうろう)　2 則(すなわち)別紙(べっし)申上候(もうしあげそうろう)　3 則(すなわち)御聞済(おききすまし)ニ(に)相成(あいなり)　4 則(すなわち)我々(われわれ)請人(うけにん)ニ(に)罷立候事(まかりたちそうろうこと)

106 帰(歸)

キ
かえる

【用例】

1 帰村(きそん)　2 帰郷(ききょう)　3 帰宅(きたく)　4 帰国(きこく)　5 帰府(きふ)　6 帰参(きさん)　7 御帰(おかえ)リ(り)ニ(に)相成(あいなり)　8 立帰(たちかえり)　9 罷帰(まかりかえ)リ(り)　10・11 罷帰(まかりかえる)

107 割

カツ
わる・わり
さく

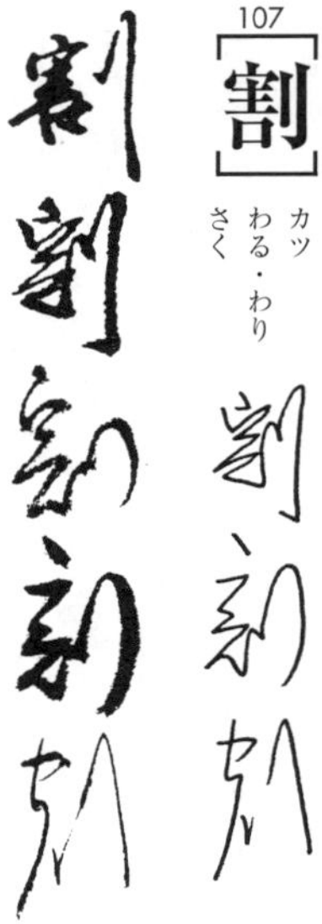

【用例】

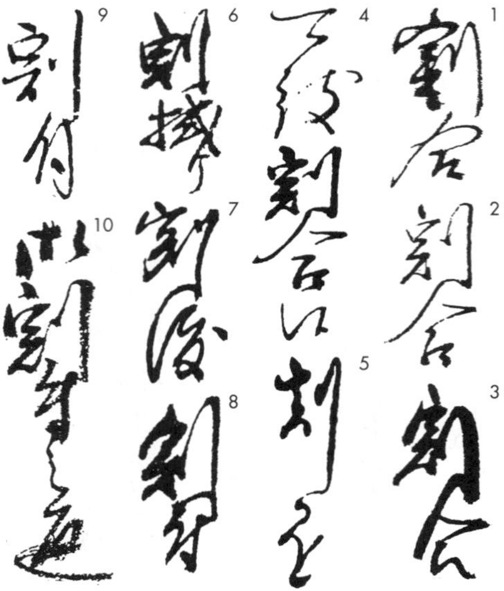

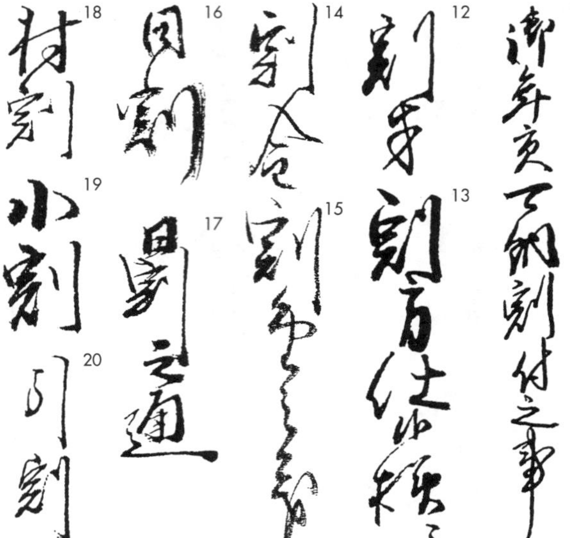

1～3 割合(わりあい)　4 可レ致二割合一候(わりあいいたすべくそうろう)　5 割懸(わりがけ)　6 割掛ケ(わりがけ)　7 割渡(わりわたし)

8・9 割付(わりつけ)　10 御割付之通(おわりつけのとおり)　11 御年貢可レ納割付之事(おねんぐおさむべきわりつけのこと)　12 割方(わりかた)

13 割方仕候様ニ(わりかたつかまつりそうろうように)　14 割金(わりきん)　15 割金之義(わりきんのぎ)　16 日割(ひわり)　17 日割之通(ひわりのとおり)

18 村割(むらわり)　19 小割(こわり)　20 引割(ひきわり)

108

加

カ
くわえる

【用例】

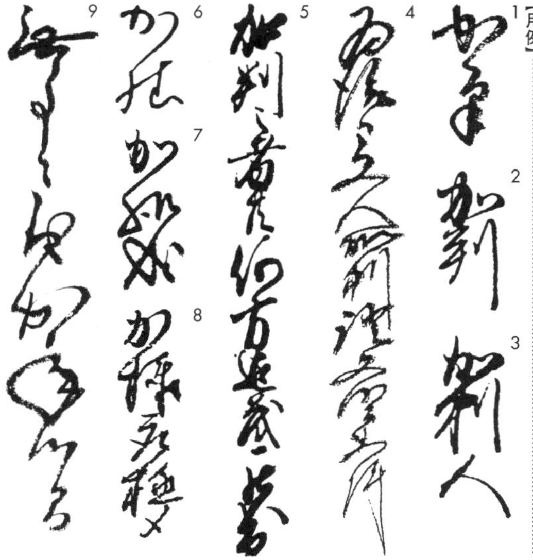

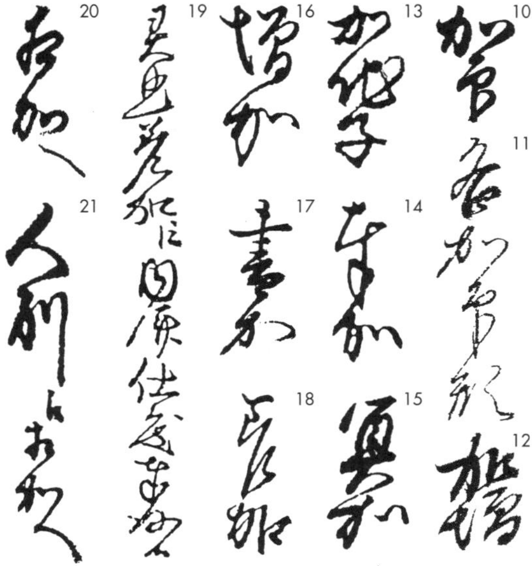

1 加筆（かひつ） 2 加判（かはん） 3 加判人（かはんにん） 4 為㆓後日㆒受人加判證文、仍而如ㇾ件（ごじつのためうけにんかはんしょうもん よってくだんのごとし）

5 加判之者共何方迄茂罷出（かはんのものどもいずかたまでもまかりいで） 6 加様（かよう） 7 加様成（かようなる） 8 加様取極メ（かようとりきめ）

9 無事ニ致㆓加年㆒候間（ぶじにかねんいたしそうろうあいだ） 10 加印（かいん） 11 各 加㆓印形㆒（おのおのいんぎょうをくわえ） 12 加増（かぞう）

13 加地子（かじし） 14 奉加（ほうが） 15 冥加（みょうが） 16 増加（ぞうか） 17 書加（かきくわえ） 18 差加（さしくわえ）

19 異見差加江 内 済 仕 度 奉ㇾ存候（いけんさしくわえないさいつかまつりたくぞんじたてまつりそうろう） 20 相加へ（あいくわ） 21 人別江相加へ（にんべつへあいくわ）

109 助

ジョ
たすける
すけ

【用例】

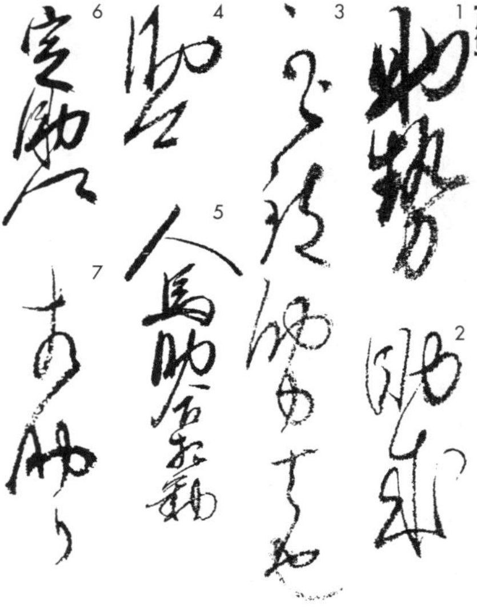

1 助勢（じょせい） 2 助成（じょせい） 3 可レ被レ致二助力一者也（じょりょくいたさるべきものなり） 4 助郷（すけごう） 5 人馬助合相勤（じんばすけごうあいつとめ） 6 定助郷（じょうすけごう） 7 相助リ（あいたすかり）

110 労（勞）

ロウ
つかれる
いたわる

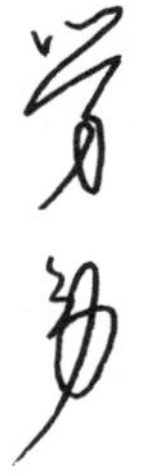

【用例】

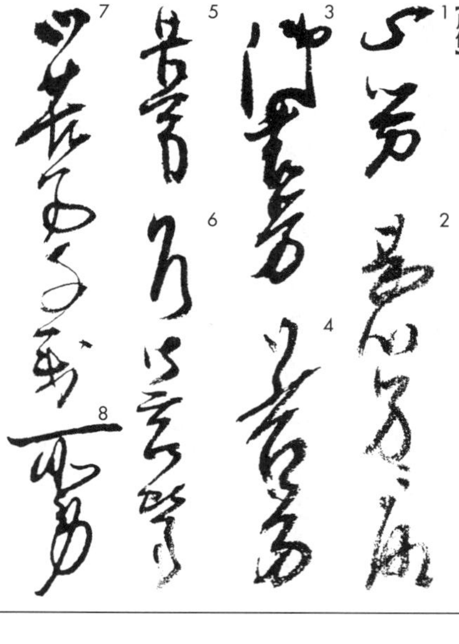

1 心労（しんろう） 2 甚心労ニ存候（はなはだしんろうにぞんじそうろう） 3・4 御苦労（ごくろう） 5 苦労（くろう） 6 乍二御苦労一（ごくろうながら） 7 御苦労千萬（ごくろうせんばん） 8 所労（しょろう）

111 勘

カン

【用例】

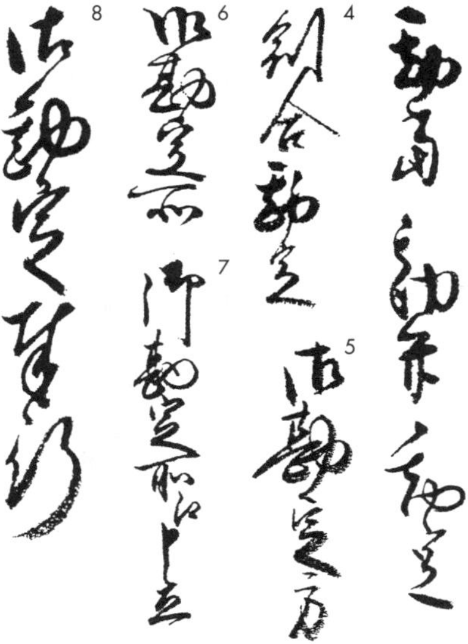

1 勘当(かんどう)　2 勘弁(かんべん)　3 勘定(かんじょう)　4 割合勘定(わりあいかんじょう)　5 御勘定方(ごかんじょうかた)　6 御勘定所(ごかんじょうしょ)　7 御勘定所江申立(ごかんじょうしょへもうしたて)　8 御勘定奉行(ごかんじょうぶぎょう)

112 勤

キン・ゴン
つとめる
つとめ

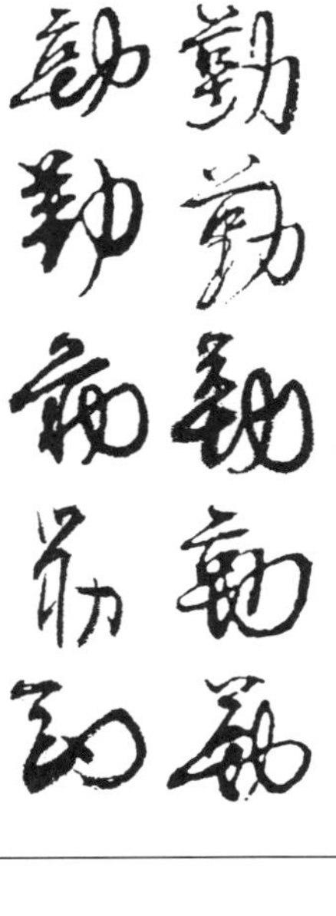

【用例】

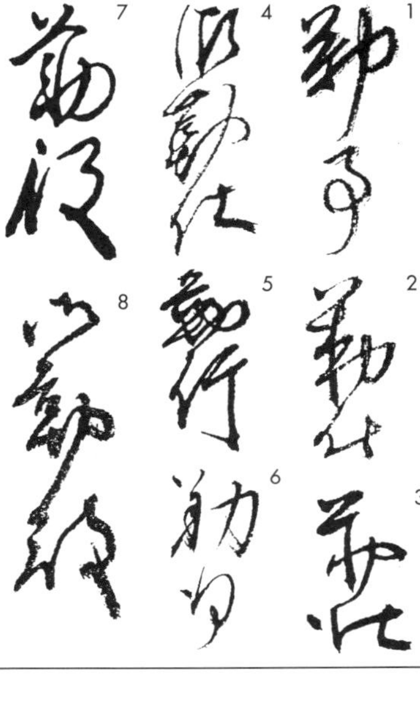

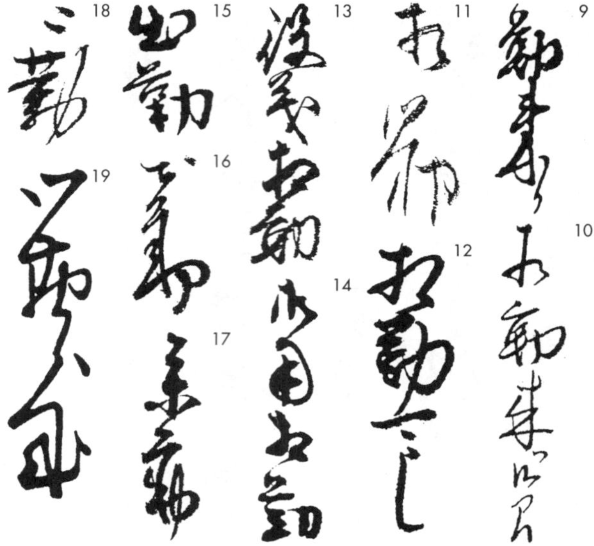

1 勤事（きんじ）　2・3 勤仕（きんし／ごんし）　4 御勤仕（おごんし／ごきんし）　5・6 勤行（ごんぎょう）　7 勤役（つとめやく／きんやく）　8 御勤役（おつとめやく／ごきんやく）

9 勤来リ（つとめきたり）　10 相勤来リ候　間（あいつとめきたりそうろうあいだ）　11 相勤（あいつとめ）　12 相勤可レ申候（あいつとめもうすべくそうろう）

13 役義相勤（やくぎあいつとめ）　14 御用相勤（ごようあいつとめ）　15・16 出勤（しゅっきん）　17 参勤（さんきん）　18 御勤（おつとめ）　19 御勤被レ成（おつとめなされ）

113 【勝】

ショウ／かつ
かち・まさる
すぐれる

【用例】

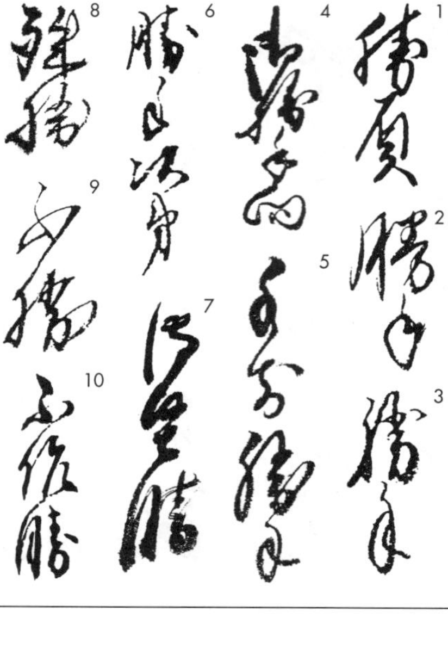

1 勝負（しょうぶ）　2・3 勝手（かって）　4 御勝手向（おかってむき）　5 手前勝手（てまえかって）　6 勝手次第（かってしだい）

7 御堅勝（ごけんしょう）　8 殊勝（しゅしょう）　9 不勝（ふしょう）　10 不作勝（ふさくがち）

114 勧（勸）

カン
すすめ

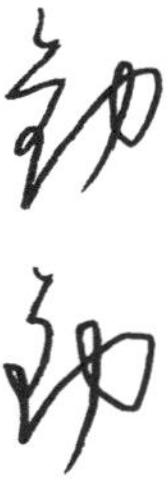

【用例】

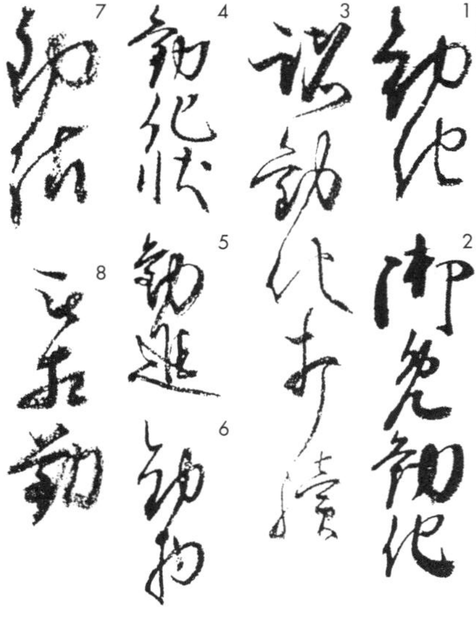

1 勧化（かんげ）
2 御免勧化（ごめんかんげ）
3 諸勧化打續（しょかんげうちつづき）
4 勧化状（かんげじょう）
5 勧進（かんじん）
6 勧物（かんぶつ）
7 勧請（かんじょう）
8 被二相勧一（あいすすめられ）

115 勢

セ
セイ
いきおい

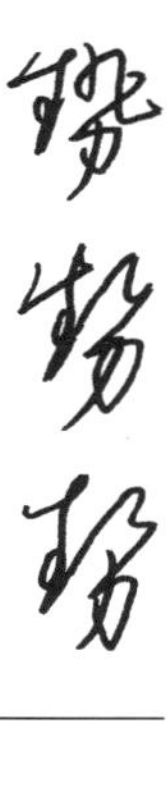

【用例】

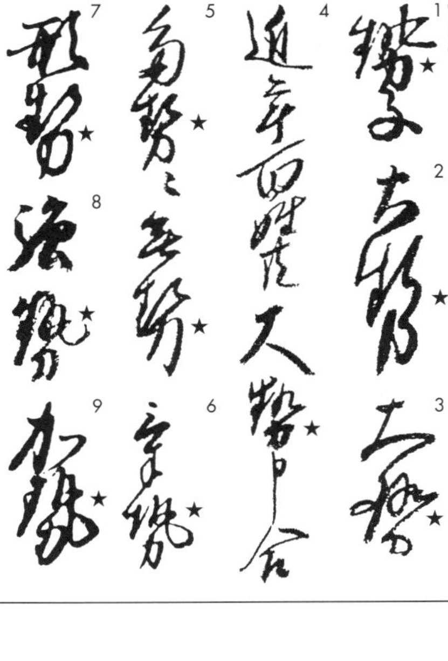

1 勢子（せこ）
2・3 大勢（おおぜい）
4 近年百姓共大勢申合（きんねんひゃくしょうどもおおぜいもうしあわせ）
5 多勢二無勢（たぜいにぶぜい）
6 氣勢（きせい）
7 形勢（けいせい）
8 強勢（きょうせい・ごうせい）
9 加勢（かせい）

116

勿

モチ
なかれ

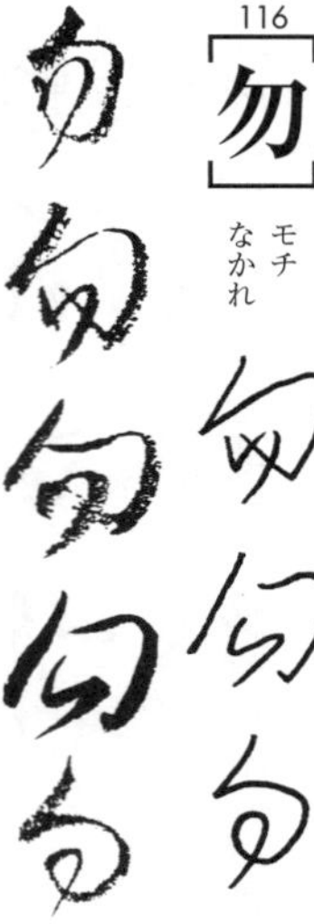

【用例】

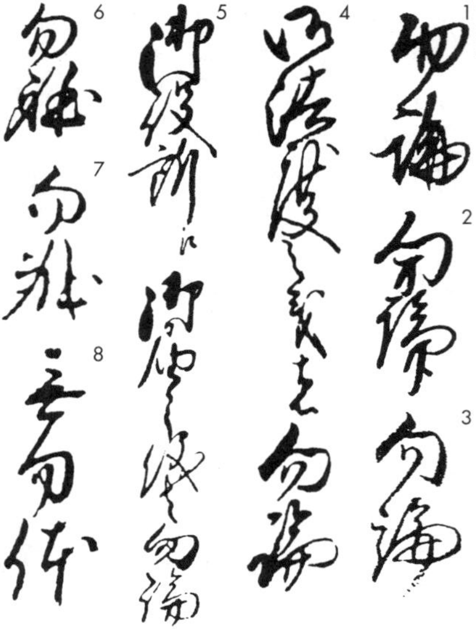

1～3 勿論（もちろん） 4 御法度之義者勿論（ごはっとのぎはもちろん） 5 御役所江御届之儀者勿論（おやくしょへおとどけのぎはもちろん） 6・7 勿躰（もったい） 8 無二勿体一（もったいなく）

117

匁

もんめ

【用例】

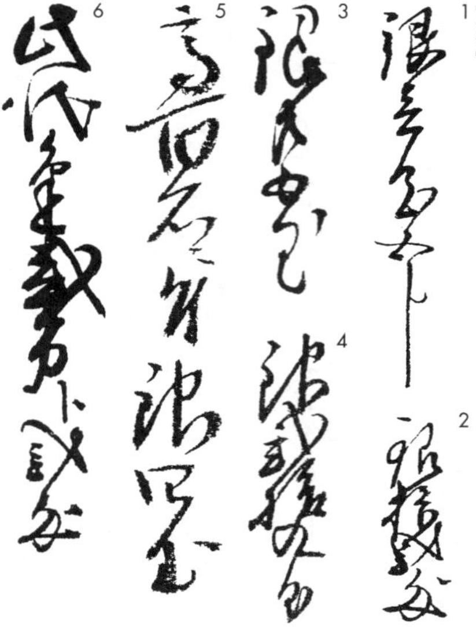

1 銀壱匁五分（ぎんいちもんめごぶ） 2 銀拾弐匁（ぎんじゅうにもんめ） 3 銀廿五匁（ぎんにじゅうごもんめ） 4 銀弐拾九匁（ぎんにじゅうきゅうもんめ） 5 高百石ニ付銀四匁（たかひゃっこくにつきぎんよんもんめ） 6 此代金弐分ト弐匁（このだいきんにぶとにもんめ）

118 [化]

カ　ケ　ばかす

【用例】

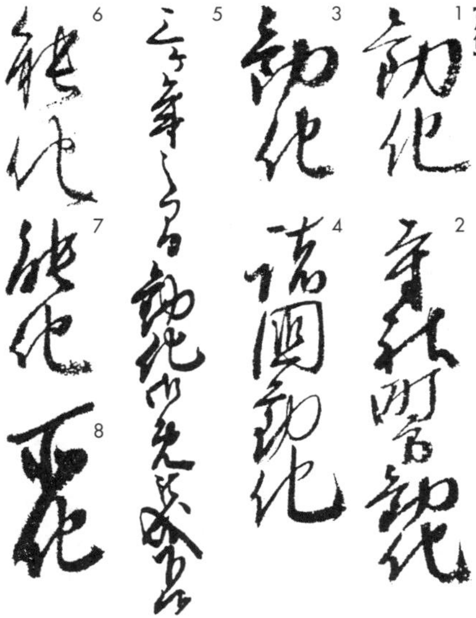

1 勧化(かんげ)　2 寺社(じしゃ)・町方勧化(まちかたかんげ)　3 勧化(かんげ)　4 諸國勧化(しょこくかんげ)　5 三ケ年之間勧化御免被二成下一候(さんかねんのあいだかんげごめんなしくだされそうろう)　6・7 能化(のうけ・のうげ)　8 所化(しょけ)

119 [北]

ホク　きた

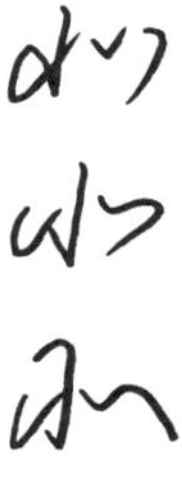

【用例】

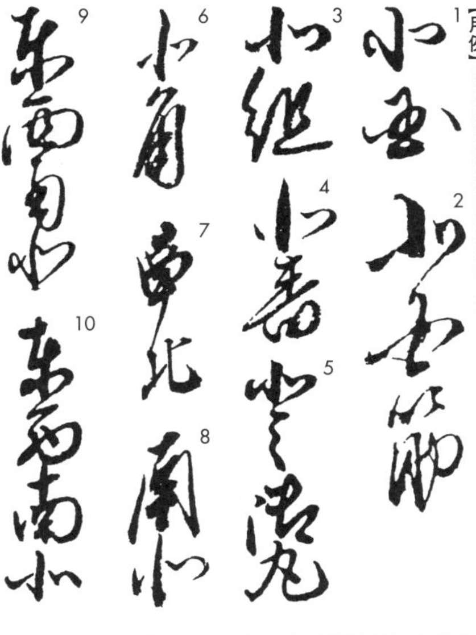

1 北国(ほっこく)　2 北国筋(ほっこくすじ)　3 北組(きたぐみ)　4 北番(きたばん)　5 北之御丸(きたのおんまる)　6 北角(きたかど)　7・8 南北(なんぼく)　9・10 東西南北(とうざいなんぼく)

120 医（醫）

イ
くすし

【用例】

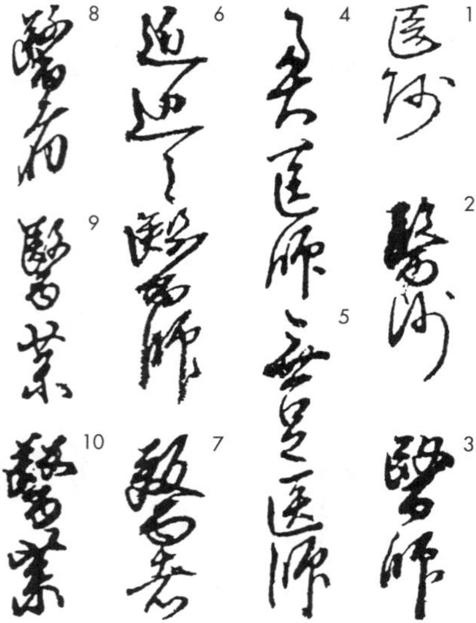

1 医師（いし） 2・3 醫師（いし） 4 奥医師（おくいし） 5 無足医師（むそくいし） 6 近辺之醫師（きんぺんのいし）
7・8 醫者（いしゃ） 9・10 醫薬（いやく）

121 廿

ジュウ
にじゅう

【用例】

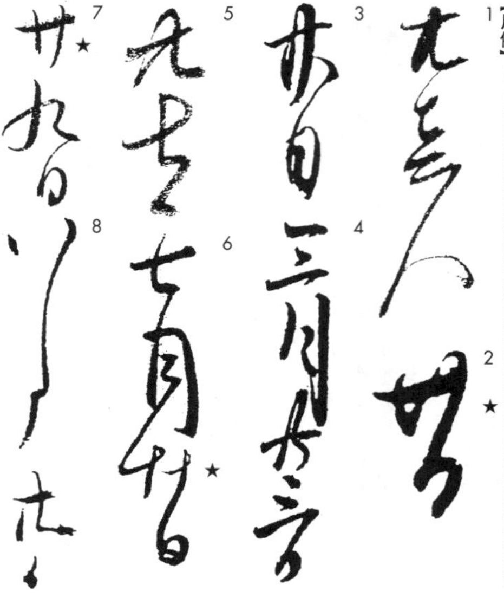

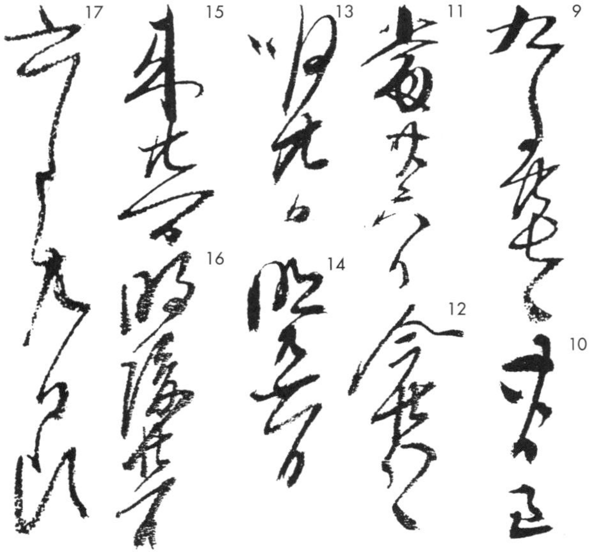

1 廿壱人（にじゅういちにん）　2・3 廿日（はつか）　4 三月廿三日（さんがつにじゅうさんにち）　5 廿七日（にじゅうしちにち）　6 七月廿日（しちがつはつか）
7 廿九日（にじゅうくにち）　8 八月廿日（はちがつはつか）　9 九月廿七日（くがつにじゅうしちにち）　10 廿日過（はつかすぎ）　11 當 廿六日（とうにじゅうろくにち）
12 今廿八日（いまにじゅうはちにち）　13 明廿日（あくるはつか）　14 明 廿 六日（あくるにじゅうろくにち）　15 来廿一日（きたるにじゅういちにち）
16 明後廿一日（みょうごにじゅういちにち）　17 六月廿日頃（ろくがつはつかごろ）

122 【升】 ショウ ます

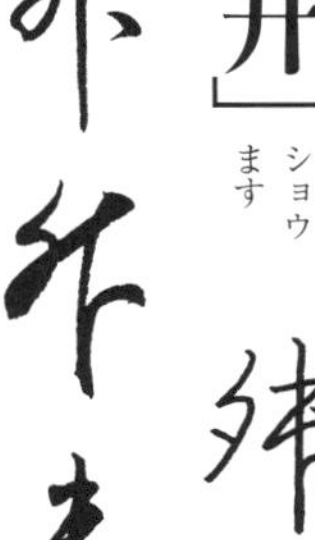

【用例】

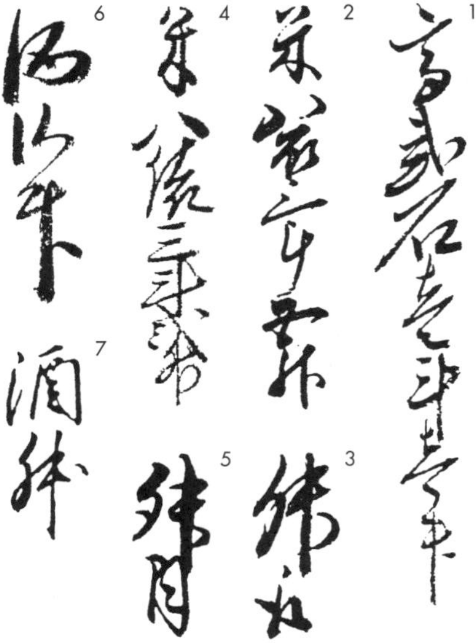

1 高弐石壱斗壱升（たかにこくいっといっしょう）　2 米八石三斗五升（こめはっこくさんとごしょう）　3 升取（ますとり）
4 米八俵三斗弐升（こめはっぴょうさんとにしょう）　5 升目（ますめ）　6 酒弐升（さけにしょう）　7 酒升（さかます）

123 【半】

ハン
なかば

【用例】

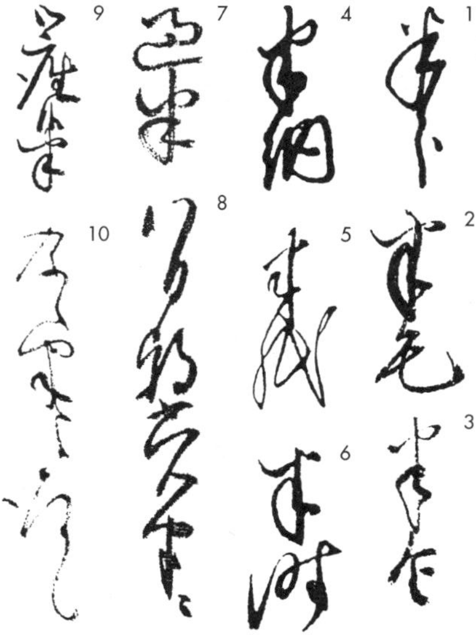

1 半分(はんぶん) 2 半毛(はんもう) 3 半金(はんきん) 4 半納(はんのう) 5 半紙(はんし) 6 半時(はんどき) 7 過半(かはん)
8 八日朝六ツ半ニ(ようかあさむつはんに) 9 御座候半(ござそうらわん)
10 及候半与存候(およびそうらわんとぞんじそうろう)

124 【卒】

ソツ
おわる

【用例】

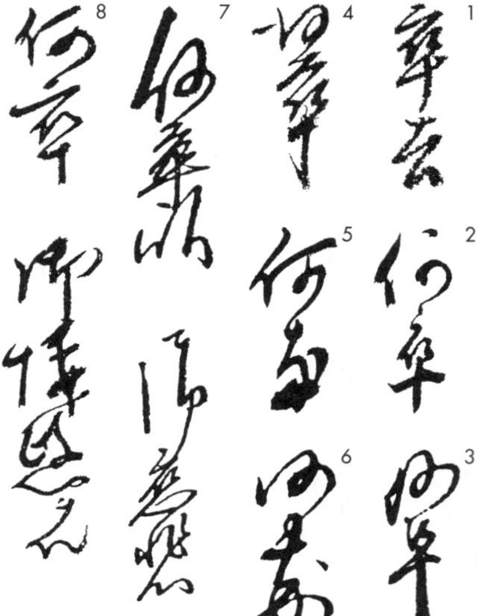

1 卒去(そっきょ) 2～6 何卒(なにとぞ) 7 何卒以二御慈悲一(なにとぞごじひをもって) 8 何卒(なにとぞ) 御憐愍ヲ以(ごれんびんをもって)

125 [南] ナン ナ みなみ

【用例】

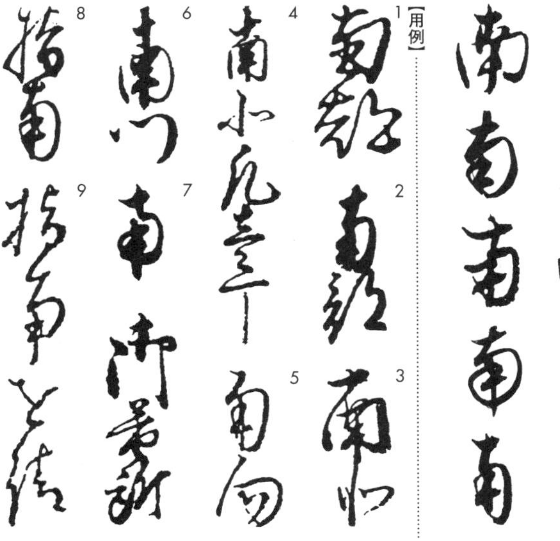

1 南都(なんと) 2 南部(なんぶ) 3 南北(なんぼく) 4 南北凡壱丁(なんぼくおよそいっちょう) 5 南向(みなみむき) 6 南門(みなみもん)
7 南(みなみ) 御番所(おばんしょ) 8 指南(しなん) 9 指南を請(しなんをうけ)

126 [博] ハク バク ひろい

【用例】

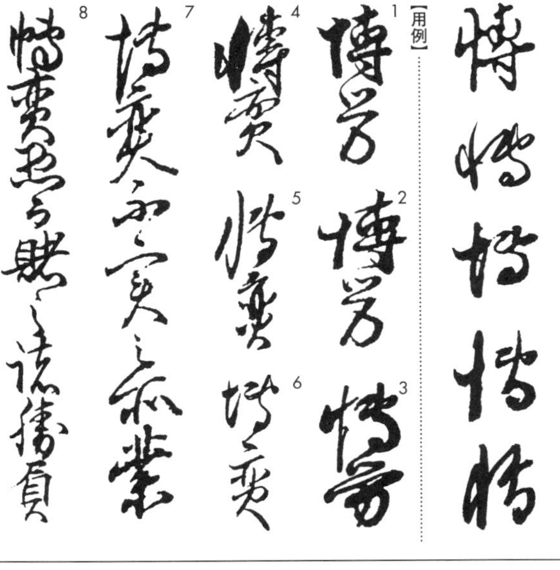

1～3 博労(ばくろう) 4～6 博奕(ばくえき) 7 博奕不実之所業(ばくえきふじつのしょぎょう)
8 博奕惣而賭之諸勝負(ばくえきそうじてかけのしょしょうぶ)

127 卯

ボウ　う

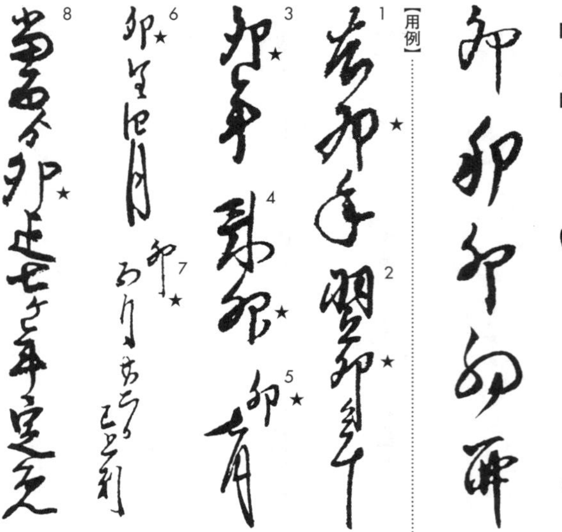

【用例】

1 去卯年（さるうどし）　2 翌卯年（よくうどし）　3 卯年（うどし）　4 来卯（きたるう）　5 卯七月（うしちがつ）　6 卯閏四月（ううるうしがつ）　7 卯五月廿二日巳上刻（うごがつにじゅうににちみのじょうこく）　8 当酉ゟ卯迄七ケ年定免（とうとりよりうまでしちかねんじょうめん）

128 印

イン　しるし

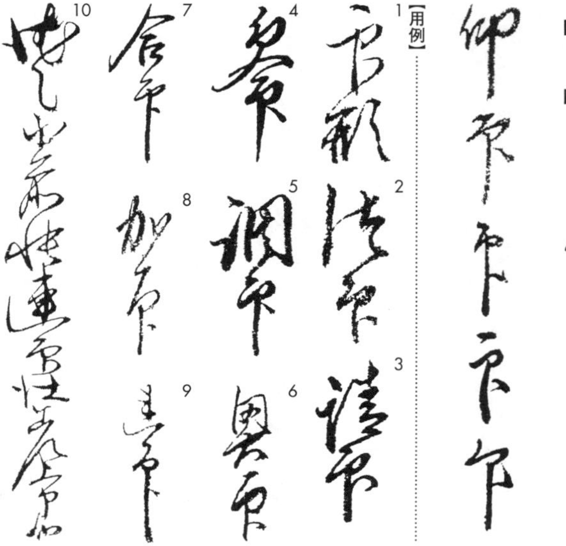

【用例】

1 印形（いんぎょう）　2 法印（ほういん）　3 請印（うけいん）　4 受印（うけいん）　5 調印（ちょういん）　6 奥印（おくいん）　7 合印（あいいん・あいじるし）　8 加印（かいん）　9 連印（れんいん）　10 依レ之小前帳連印仕差上申候（これによりこまえちょうれんいんつかまつりさしあげもうしそうろう）

129 却

キャク
かえって

【用例】

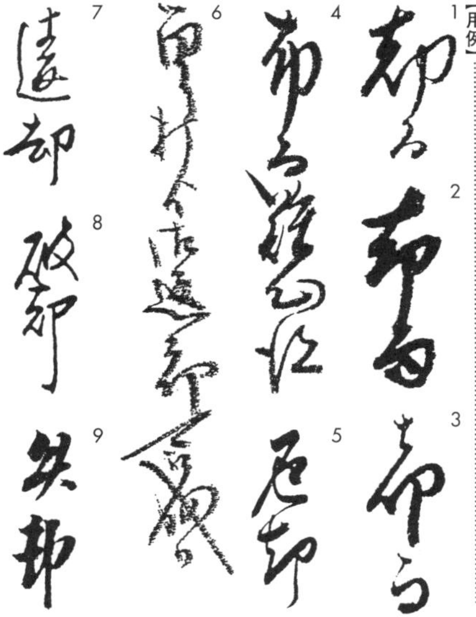

1〜3 却而（かえって）　4 却而難二心得一（かえってこころえがたく）　5 返却（へんきゃく）
6 留リ村〻御返却可レ被レ成候（とまりむらよりごへんきゃくなさるべくそうろう）　7 違却（いきゃく）　8 破却（はきゃく）
9 失却（しっきゃく）（※「失脚」の誤用）

130 即

ソク
すなわち

【用例】

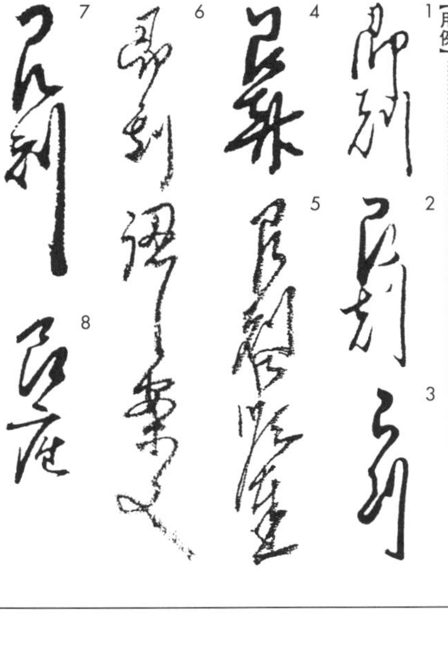

1〜4 即刻（そっこく）
5 即刻御順達（そっこくごじゅんたつ）
6 即刻 認 候 案文（そっこくしたためそうろうあんぶん）
7 即刻（そっこく）
8 即座（そくざ）

131
厘
リン

【用例】

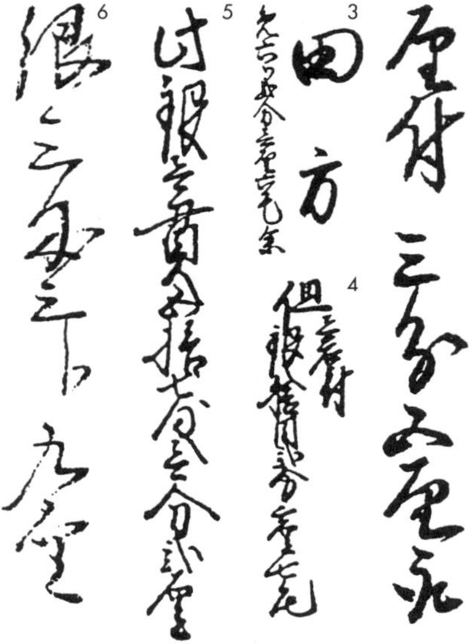

1 厘付　2 三分五厘取　3 田方免六ツ弐分壱厘六毛余
4 但壱石ニ付銀八拾目弐分三厘七毛
5 此銀壱貫五拾七匁壱分弐厘　6 銀三匁三分九厘

132
去
キョ
コ
さる

【用例】

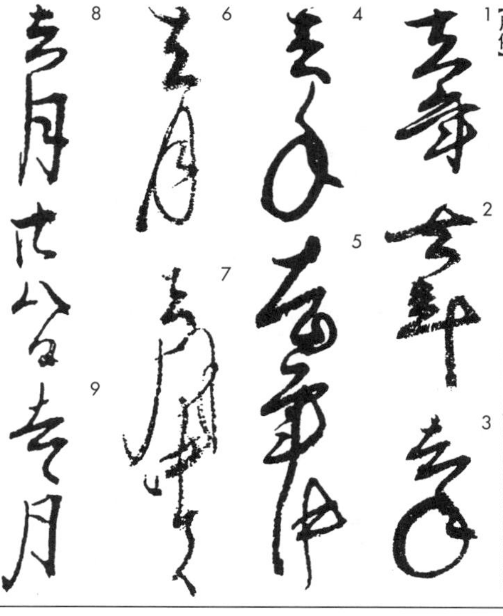

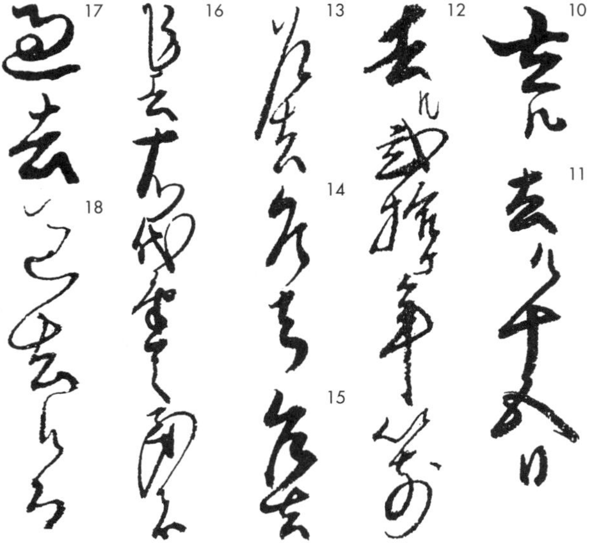

1～4 去年（さるとし・きょねん）　5 去年中（さるとしじゅう・きょねんちゅう）　6 去月（さるつき・きょげつ）　7 去月中者（さるつきちゅうは・きょげつちゅうは）　8 去月廿八日（さるつきにじゅうはちにち・きょげつにじゅうはちにち）　9 去々月（きょきょげつ）　10 去ル（さる）　11 去ル十五日（さるじゅうごにち）　12 去ル弐拾ヶ年以前（さるにじゅっかねんいぜん）　13～15 乍ㇾ去（さりながら）　16 乍ㇾ去右代金之義者（さりながらみぎだいきんのぎは）　17 過去（かこ・すぎさる）　18 過去候而（すぎさりそうろうて）

133 参（參）

サン　シン　まいる

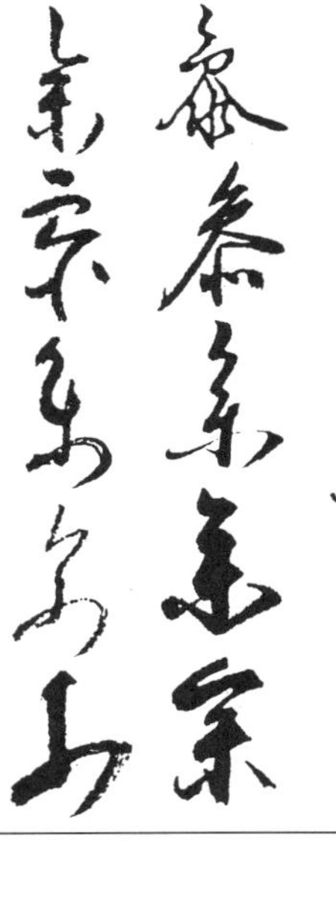

【用例】

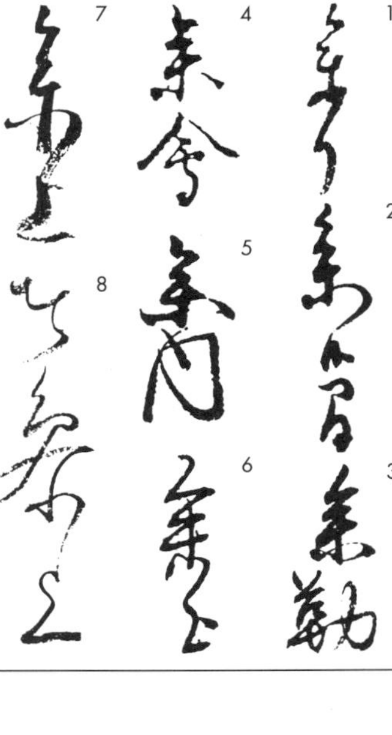

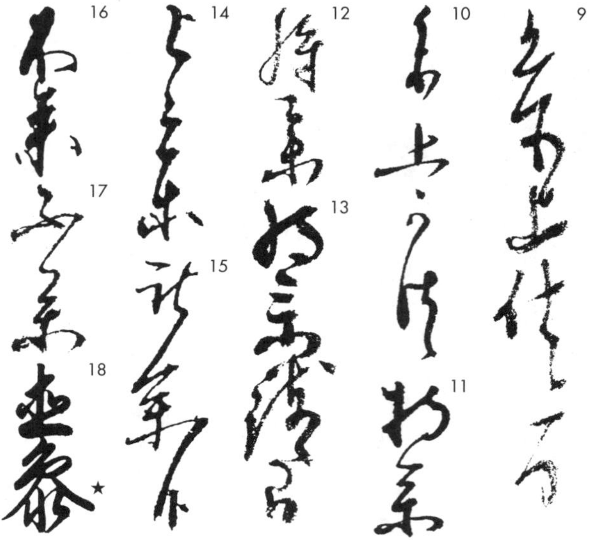

1 参り（まい） 2 参候間（まいりそうろうあいだ） 3 参勤（さんきん） 4 参會（さんかい） 5 参内（さんだい） 6・7 参上（さんじょう）
8 奉二参上一（さんじょうたてまつる） 9 参上仕候間（さんじょうつかまつりそうろうあいだ） 10 参上可レ仕候（さんじょうつかまつるべくそうろう）
11・12 持参（じさん） 13 持参致候間（じさんいたしそうろうあいだ） 14 被レ参（まいられ） 15 被レ参候（まいられそうろう） 16・17 不参（ふさん）
18 直参（じきさん）

134 [反] ハン タン そる

【用例】

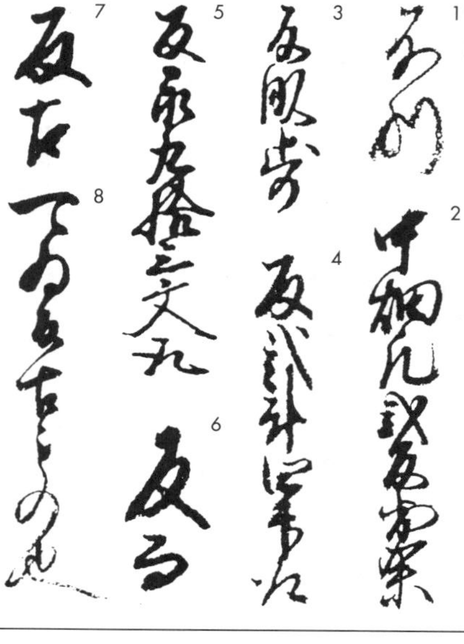

1 反別（たんべつ） 2 中畑凡弐反歩余（ちゅうはたおよそにたんぶあまり） 3 反畝歩（たんせぶ） 4 反弐斗四升取（たんにとよんしょうどり）
5 反永九拾三文取（たんえいきゅうじゅうさんもんどり） 6 反而（かえって） 7 反古（ほご） 8 可レ為二反古一もの也（ほごたるべきものなり）

135

取

シュ
とる
とり

【用例】

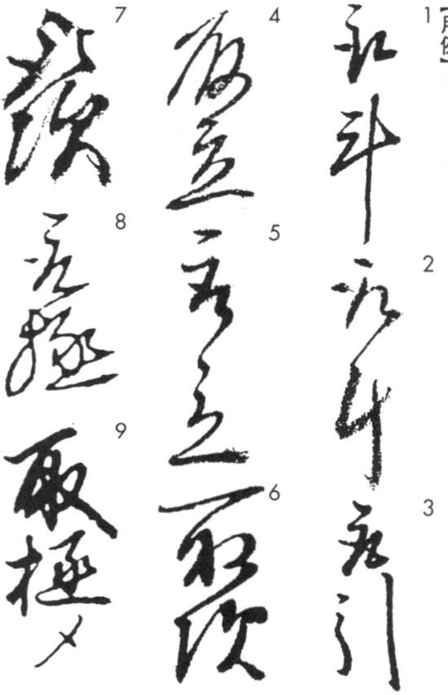

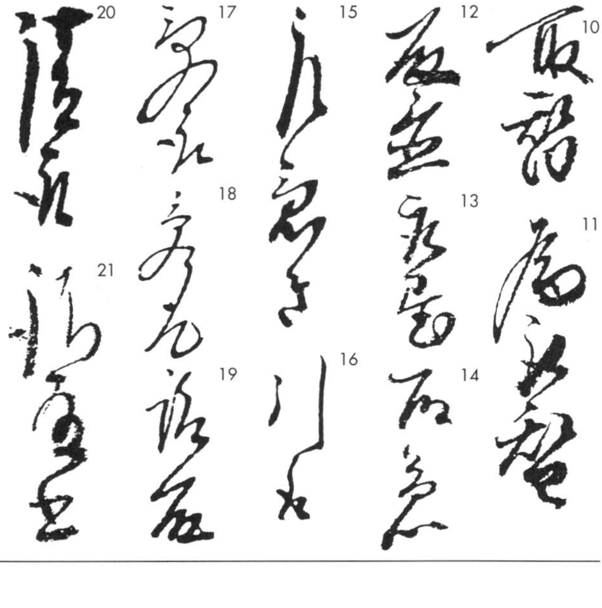

1・2 取計（とりはからい）
3 取引（とりひき）
4・5 取立（とりたて）
6・7 取次（とりつぎ）
8 取極（とりきめ）
9 取極メ（とりきめ）
10 取替（とりかえ）
11 為二取替一（とりかわし・とりかわせ）
12・13 取置（とりおく）
14 取急（とりいそぎ）
15 取急き（とりいそぎ）
16 引取（ひきとり）
17・18 受取（うけとり）
19・20 請取（うけとり）
21 請取書（うけとりしょ・うけとりがき）

136

受

ジュ
うける
うけ

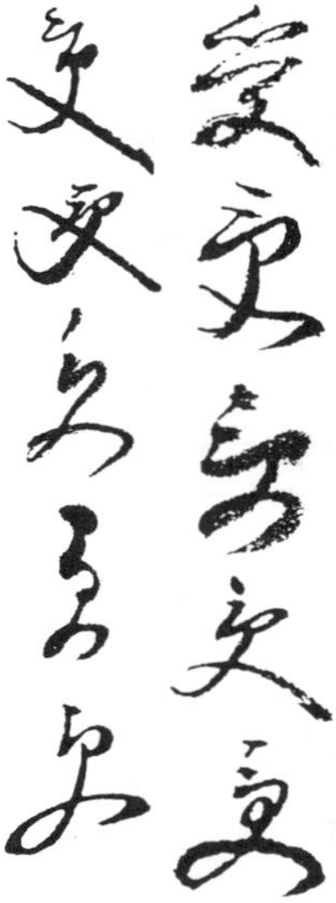

【用例】

1 2 3 4 5 6

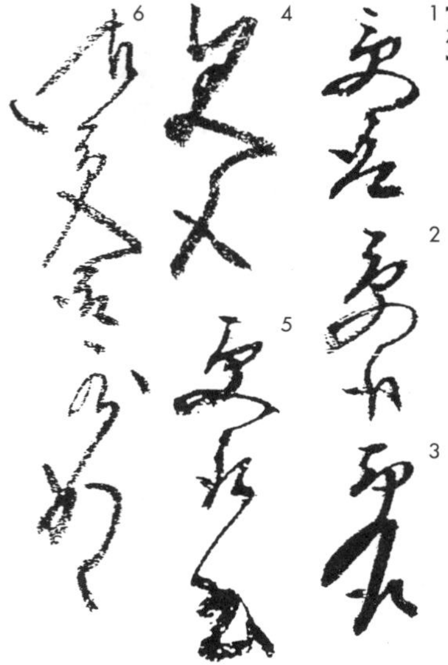

7 8 9 10 11 12 13 14 15 16 17

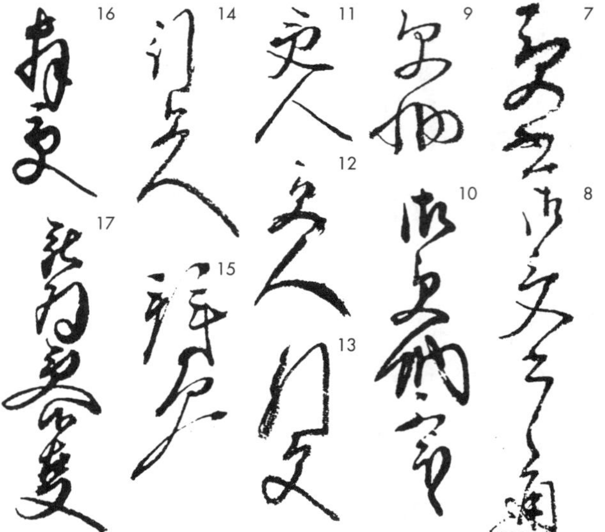

1～4 受取(うけとり)　5 受取書(うけとりがき・うけとりしょ)　6 御受取可レ被レ成候(おうけとりなさるべくそうろう)　7 受書(うけがき・うけしょ)

8 御受書之通(おうけしょのとおり)　9 受納(じゅのう)　10 御受納可レ被レ下候(ごじゅのうくださるべくそうろう)　11・12 受人(うけにん)

13 引受(ひきうけ)　14 引受人(ひきうけにん)　15・16 拝受(はいじゅ)　17 被レ為レ受候事(うけさせられそうろうこと)

137

口

コウ ク くち

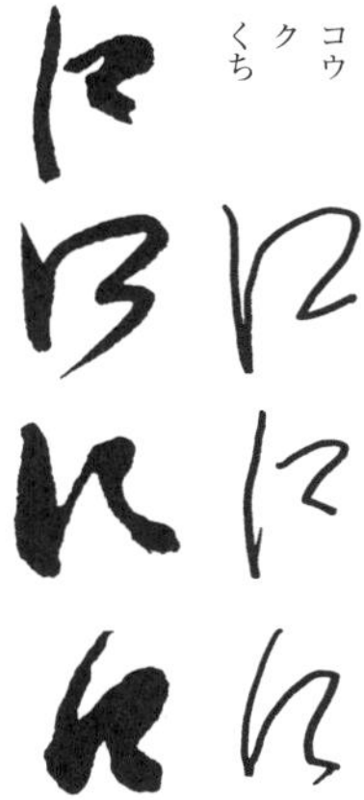

【用例】

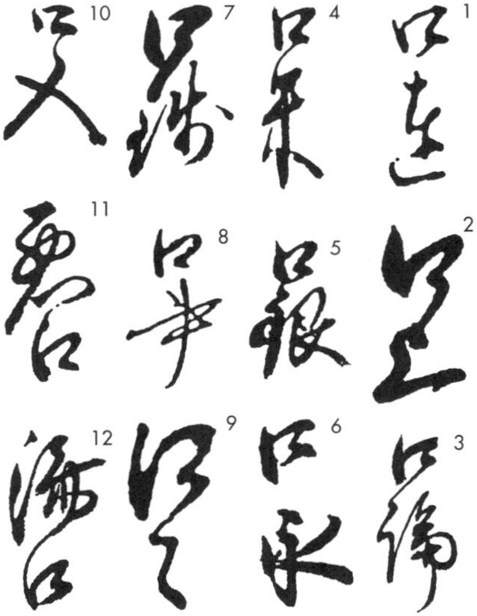

1 口達(くたつ)
2 口上(こうじょう)
3 口論(こうろん)
4 口米(くちまい)
5 口銀(くちぎん)
6 口永(くちえい)
7 口銭(こうせん/くちぜに)
8 口書(くちがき)
9 口々(くちぐち)
10 口入(くちいれ)
11 悪口(あっこう/わるぐち)
12 済口(すみくち)

138

可

カ べし

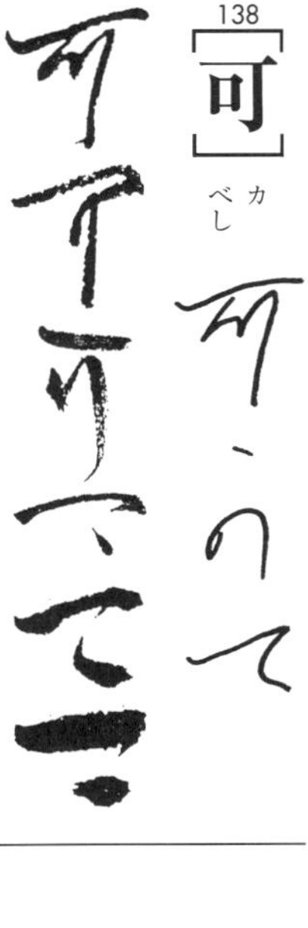

【用例】

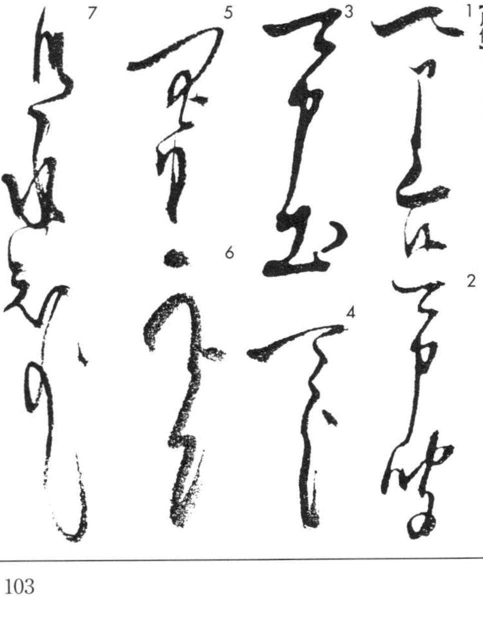

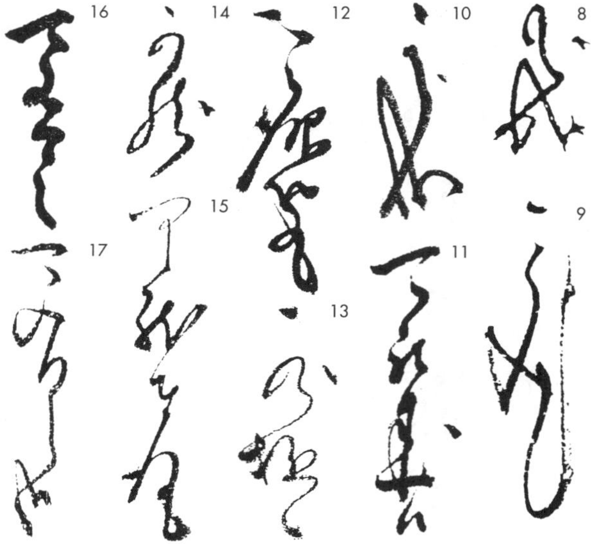

1 可㆓申上㆒候（もうしあぐべくそうろう）　2 可㆓申聞㆒（もうしきかすべし）　3 可㆓申出㆒（もうしいずべし）　4～6 可ㇾ被ㇾ下候（くださるべくそうろう）
7 御承知可ㇾ被ㇾ下候（ごしょうちくださるべくそうろう）　8 可ㇾ被ㇾ成（なさるべく）　9 可ㇾ被ㇾ成候（なさるべくそうろう）　10 可ㇾ被ㇾ成（なさるべく）
11 可ㇾ被ㇾ成候（なさるべくそうろう）　12 可ㇾ被㆓仰聞㆒候（おおせきかさるべくそうろう）　13 可ㇾ被ㇾ遊候（あそばさるべくそうろう）　14 可ㇾ然（しかるべし）
15 可ㇾ然奉ㇾ存候（しかるべくぞんじたてまつりそうろう）　16 可ㇾ有ㇾ之（これあるべし）　17 可ㇾ有ㇾ之哉（これあるべきや）

139 [古]

コ
ふるい
いにしえ

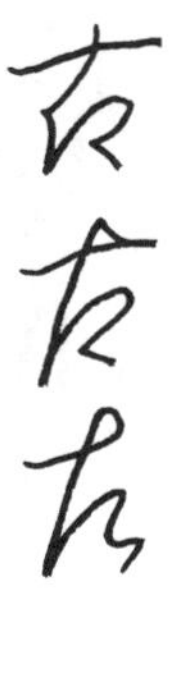

【用例】

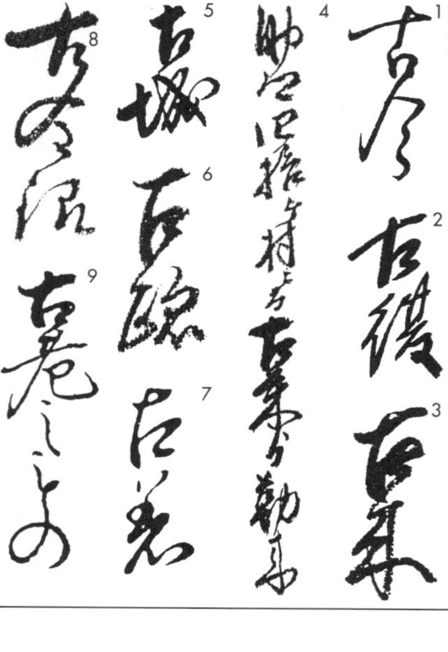

1 古今（ここん）　2 古復（こふく）　3 古来（こらい）　4 助郷四拾ケ村ニ而古来ゟ勤来（すけごうよんじゅっかそんにてこらいよりつとめきたる）
5 古城（こじょう）　6 古跡（こせき）　7 古着（ふるぎ）　8 古金銀（こきんぎん）　9 古老之もの（ころうのもの）

140 只

シ　ただ

【用例】

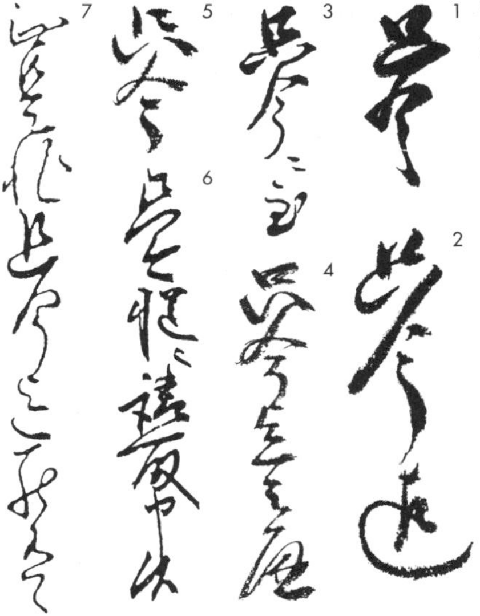

1 只今（ただいま）　2 只今迄（ただいままで）　3 只今二至（ただいまにいたり）　4 只今迄之通（ただいままでのとおり）　5 只今（ただいま）
6 只今慥ニ請取申候（ただいまたしかにうけとりもうしそうろう）　7 無二是非一只今迄罷有候（ぜひなくただいままでまかりありそうろう）

141 召

ショウ　めす

【用例】

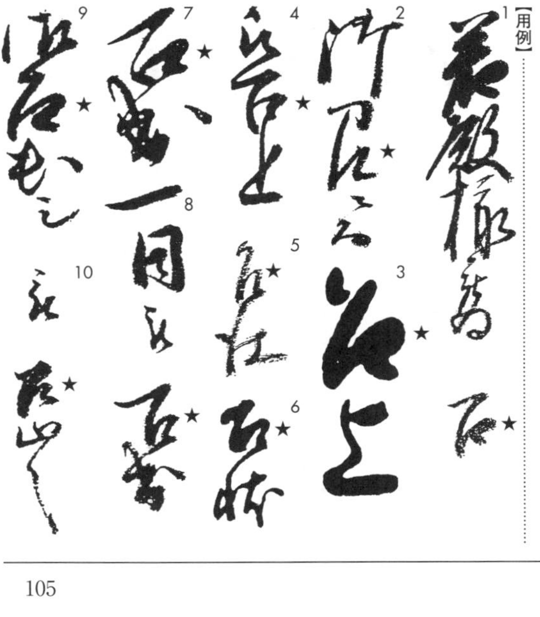

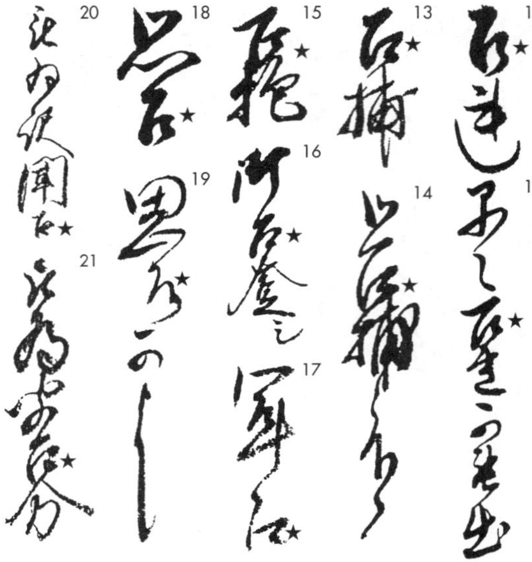

1 若殿様被レ為レ召（わかとのさまめさせられ） 2 御召ニ而（おめしにて） 3 召上（めしあげ） 4 被二召上一（めしあげられ） 5 召仕（めしつかい）
6 召状（めしじょう） 7 召出（めしいだす） 8 一同被二召出一（いちどうめしいだされ） 9 御召出シ（おめしだし）
10 被二召出一（めしいだされ） 11 召連（めしつれ） 12 早々召連可二罷出一（そうそうめしつれまかりいづべく） 13 召捕（めしとらえ・めしとり）
14 御召捕被レ下候（おめしとりくだされそうろう） 15 召抱（めしかかえ） 16 御召登シ（おめしのぼし） 17 聞召（きこしめす） 18 思召（おぼしめす）
19 思召可レ被レ下候（おぼしめしくださるべくそうろう） 20 被レ為レ訳二聞召一（きこしめしわけせられ） 21 被レ為二聞召分一（きこしめしわけさせられ）

142 ［右］

ウ
ユウ
みぎ

【用例】

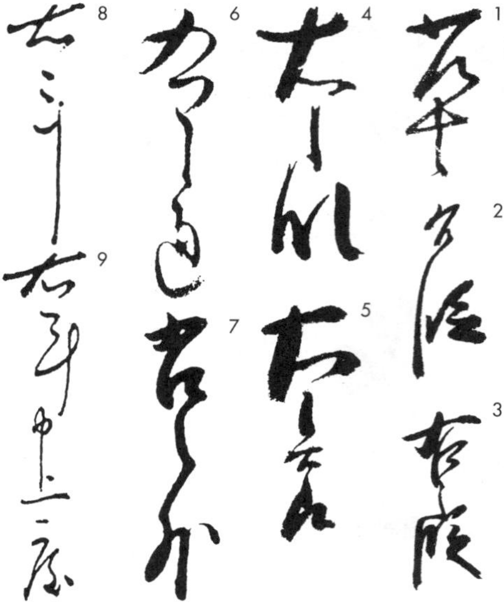

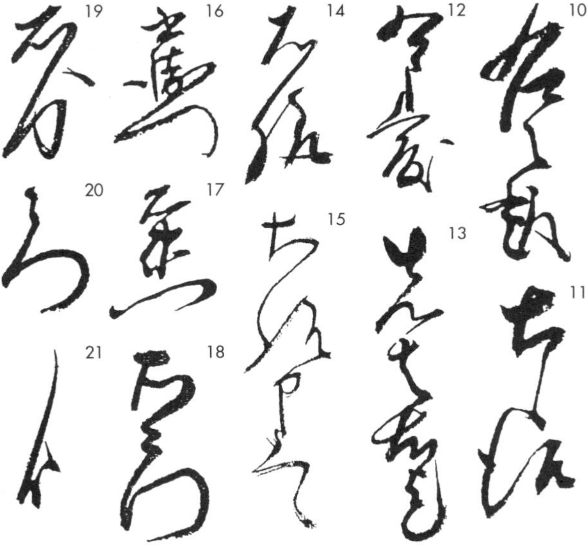

1 右者（みぎは） 2 右段（みぎだん） 3・4 右之段（みぎのだん） 5 右之節（みぎのせつ） 6 右之通（みぎのとおり） 7 右之外（みぎのほか）
8 右計（みぎばかり） 9 右計申上度（みぎばかりもうしあげたく） 10・11 右之趣（みぎのおもむき） 12 右申上度（みぎもうしあげたく）
13 先者右迄（まずはみぎまで） 14 右様（みぎよう） 15 右様申上候（みぎようもうしあげそうろう） 16～21 右衛門（えもん）

143 各

カク
おのおの

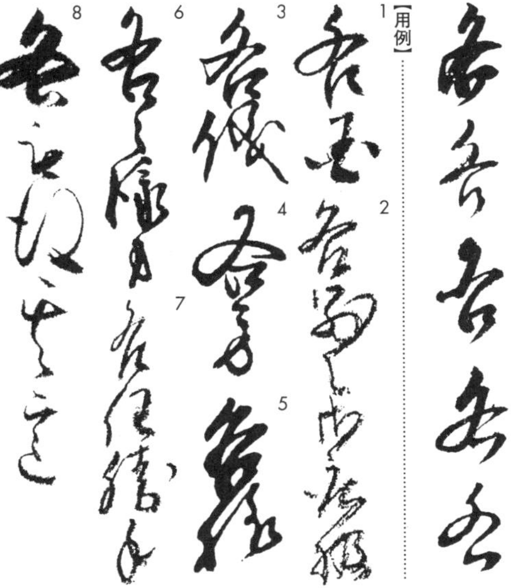

【用例】

1 各国（かっこく） 2 各別之御取扱（かくべつのおとりあつかい） 3 各儀（おのおのかくぎ） 4 各方（おのおのがた） 5 各様（おのおのさま）
6 各々様方（おのおのさまがた） 7 各任ニ勝手一（おのおのかってにまかせ） 8 各被レ得ニ其意一（おのおのそのいをえられ）

144 向

コウ・キョウ
むく・むかい
むこう・むき

【用例】

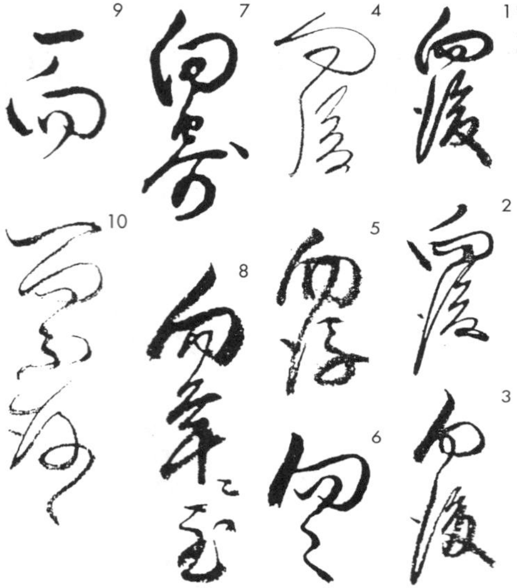

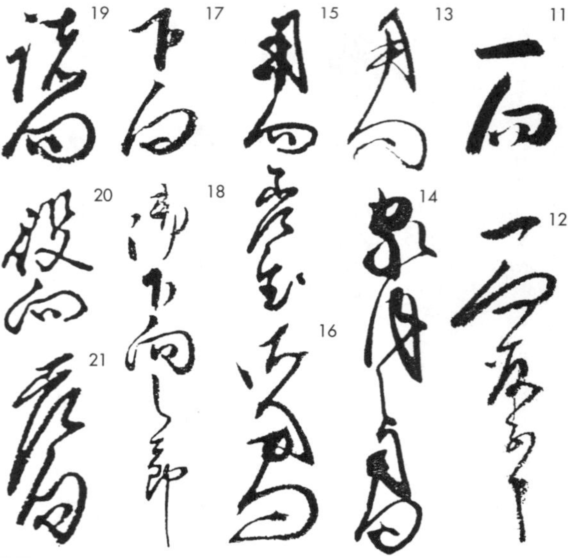

1〜5 向後(こうご／きょうこう)
6 向々(むきむき)
7 向寄(むこうより)
8 向年ニ至(こうねんにいたり)
9 一向(いっこう)
10 一向不レ存候(いっこうぞんぜずそうろう)
11 一向(いっこう)
12 一向存不レ申(いっこうぞんじもうさず)
13 用向(ようむき)
14 家内之用向(かないのようむき)
15 用向差置(ようむきさしおき)
16 御用向(ごようむき)
17 下向(げこう)
18 御下向之節(おげこうのせつ)
19 諸向(しょむき)
20 役向(やくむき)
21 差向(さしむき)

145 【合】

ゴウ・ガッ
あう
あわす

【用例】

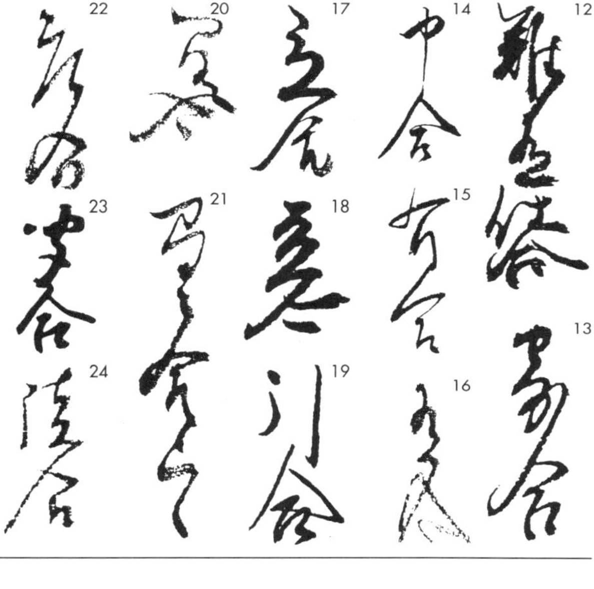

1・2 組合(くみあい)　3 割合(わりあい)　4・5 掛合(かけあい)　6・7 懸合(かけあい)　8 出合(であい)
9 見合(みあい・みあわせ)　10 仕合(しあわせ)　11・12 難レ有仕合(ありがたきしあわせ)　13 寄合(よりあい)　14 申合(もうしあわせ)　15・16 有合(ありあわせ)
17・18 立合(たちあい)　19 引合(ひきあい・ひきあわす)　20 間ニ合(まにあい)　21 間ニ合候ハ、(まにあいそうらわば)　22 差合(さしあい)
23 聞合(ききあわす)　24 談合(だんごう)

146 同

ドウ
おなじ

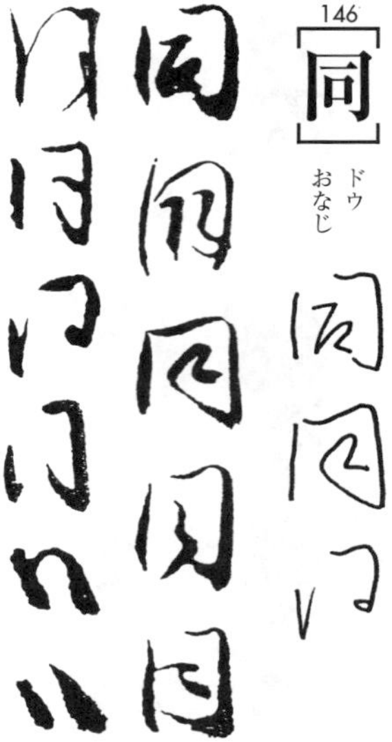

【用例】

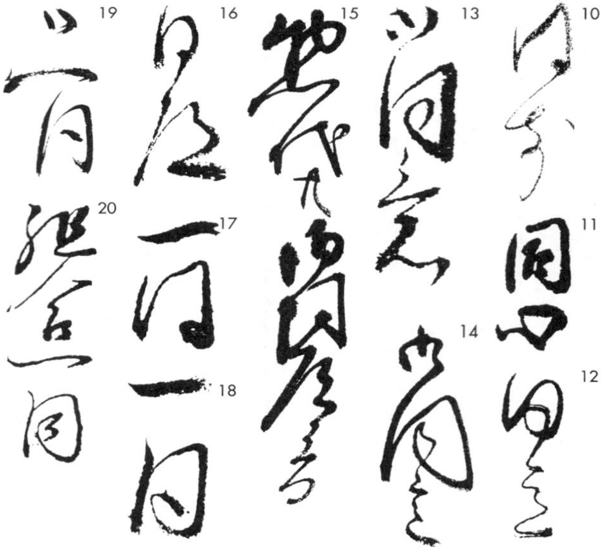

1 同人（どうにん） 2 同役（どうやく） 3・4 同様（どうよう） 5・6 同所（どうしょ） 7 同然（どうぜん） 8〜10 同前（どうぜん）
11 同心（どうしん） 12 同意（どうい） 13・14 御同意（ごどうい） 15 惣代共御同道二而（そうだいどもごどうどうにて） 16 同道（どうどう）
17・18 一同（いちどう） 19 御一同（ごいちどう） 20 組合一同（くみあいいちどう）

147
名
メイ
ミョウ
な

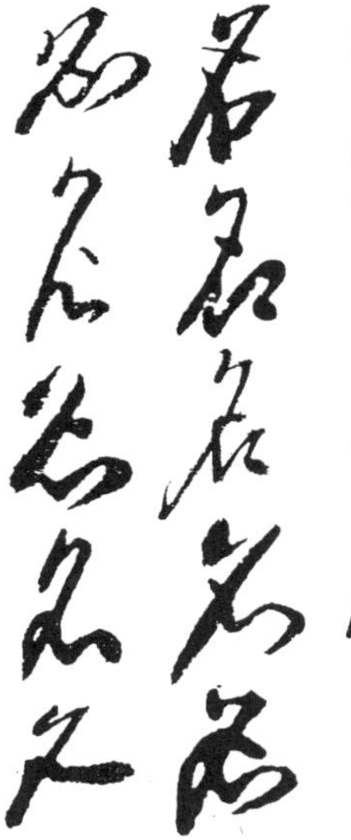

【用例】

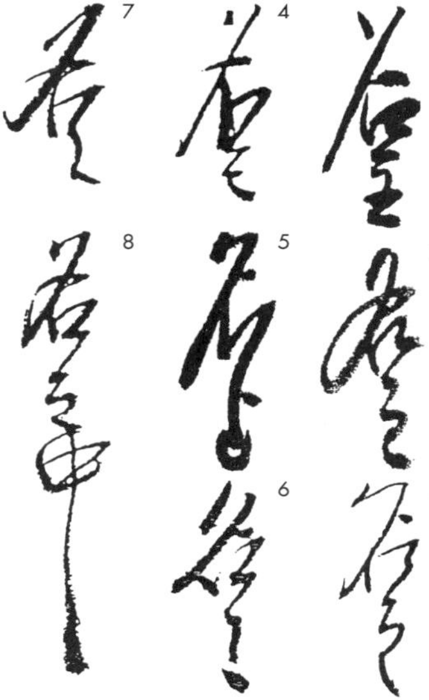

1 2 3 4 5 6 7 8

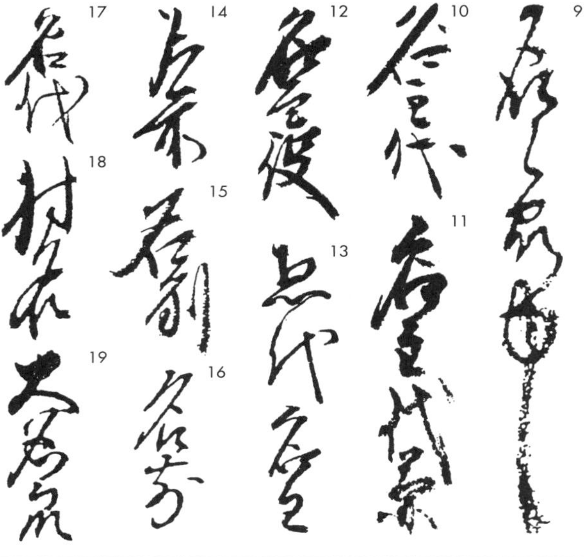

9 10 11 12 13 14 15 16 17 18 19

1～7 名主（なぬし）
8 名主中（なぬしちゅう）
9 名主衆中（なぬししゅうちゅう）
10 名主代（なぬしだい）
11 名主代兼（なぬしだいけん）
12 名主役（なぬしやく）
13 惣代名主（そうだいなぬし）
14～16 名前（なまえ）
17 名代（みょうだい）
18 村名（むらめい・そんめい）
19 大名衆（だいみょうしゅう）

148 【含】

ガン ふくみ ふくむ

【用例】

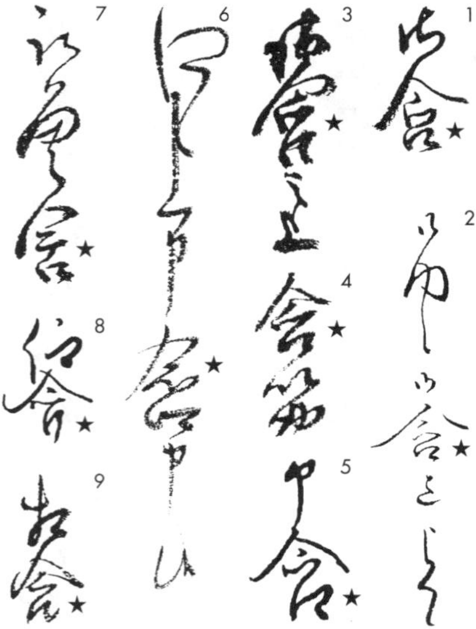

1 御含（おふくみ）
2 御内々御含迄申上候（おないないおふくみまでもうしあげそうろう）
3 御含之上（おふくみのうえ）
4 含筋（ふくみすじ）
5 申含（もうしふくむ）
6 口上申含申候（こうじょうもうしふくみもうしそうろう）
7 被二差含一（さしふくまれ）
8 仰含（おおせふくむ）
9 相含（あいふくむ）

149 【吟】

ギン

【用例】

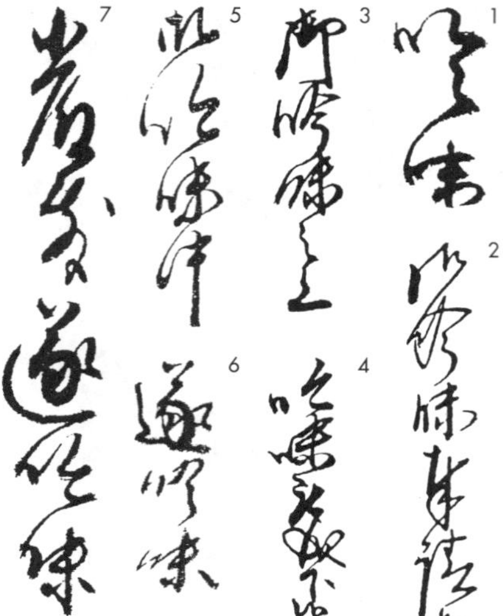

1 吟味（ぎんみ）
2 御吟味奉レ請候（ごぎんみうけたてまつりそうろう）
3 御吟味之上（ごぎんみのうえ）
4 吟味被二成下一候処（ぎんみなしくだされそうろうところ）
5 御吟味中（ごぎんみちゅう）
6 遂二吟味一（ぎんみをとげ）
7 嚴敷遂二吟味一（きびしくぎんみをとげ）

150 [呉] ゴ くれ

【用例】

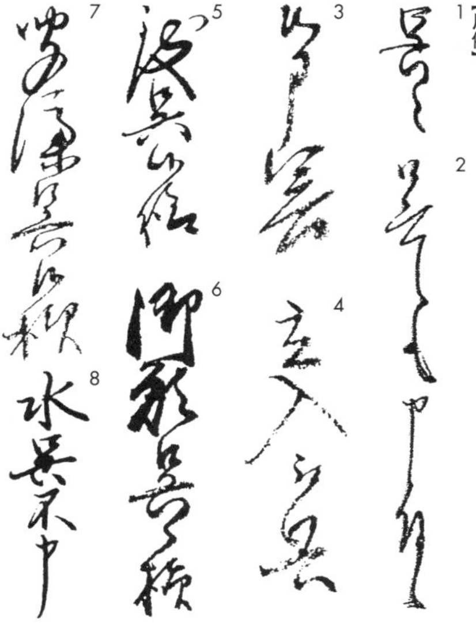

1 呉々(くれぐれ)　2 呉々も(くれぐれも)申付候(もうしつけそうろう)　3 被二申呉一(もうしくれられ／もうしくりゃれ)　4 立入被レ呉(たちいりくれられ／たちいりくりゃれ)

5 致呉候様(いたしくれそうろうよう)　6 御願呉候様(おねがいくれそうろうよう)　7 聞済呉候様(ききすましくれそうろうよう)　8 水呉不レ申(みずくれもうさず)

151 [否] ヒ いな いなや

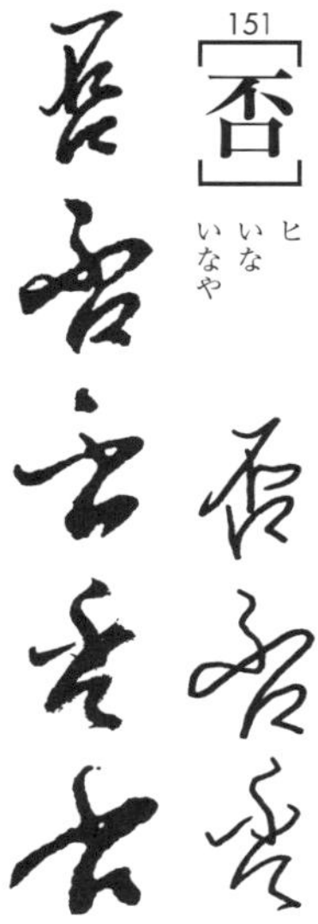

【用例】

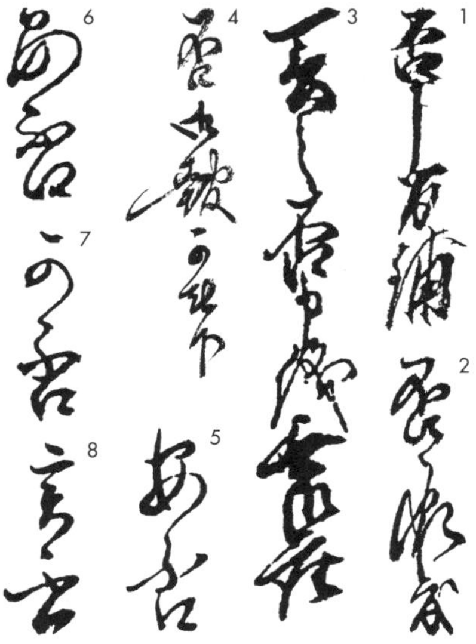

1 否申間鋪(いなもうすまじく)　2 否　承度(いなうけたまわりたく)　3 一言之否申儀無二御座一(いちごんのいなもうすぎござなく)

4 否御報可レ被レ下(いなのごほうくださるべく)　5・6 安否(あんぴ)　7 可否(かひ)　8 実否(じっぴ)

152 咎

キュウ／とが
とがめ
とがめる

【用例】

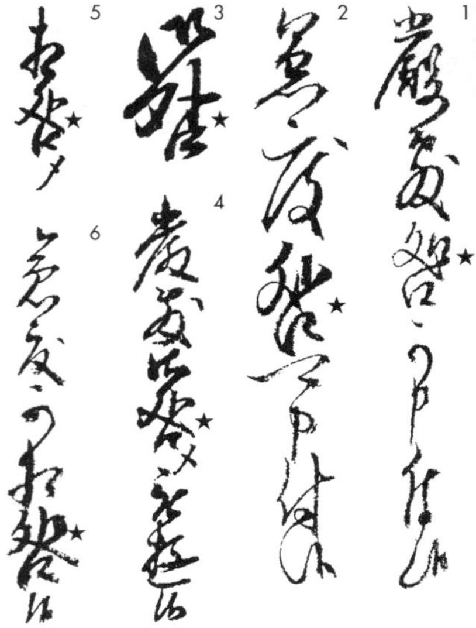

1 嚴敷咎可二申付一候（きびしくとがもうしつくべくそうろう）
2 急度咎可二申付一候（きっととがもうしつくべくそうろう）
3 御咎（おとがめ）
4 嚴敷御咎メ被ㇾ遊候（きびしくおとがめあそばされそうろう）
5 相咎メ（あいとがめ）
6 急度可二相咎一候（きっとあいとがむべくそうろう）

153 呼

コ
よぶ

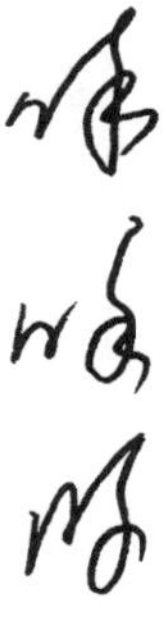

【用例】

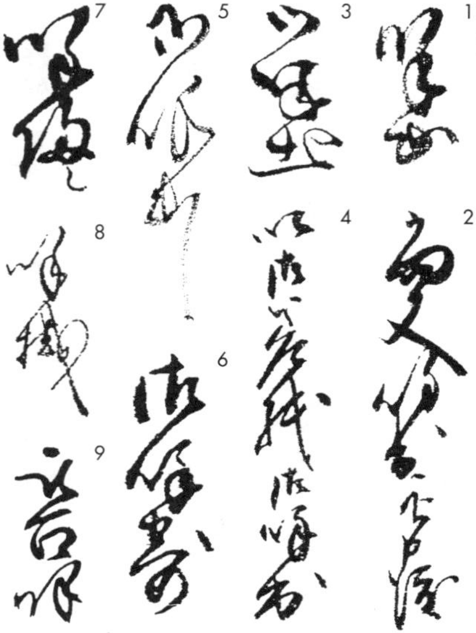

1 呼出（よびだし）
2 尚又呼出可ㇾ被二申渡一（なおまたよびだしもうしわたさるべく）
3 御呼出（およびだし）
4 以二御差紙一御呼出（おさしがみをもっておよびだし）
5 御呼出し（およびだし）
6 御呼寄（およびよせ）
7 呼帰し（よびかえ）
8 呼掛（よびかけ）
9 被二召呼一（めしよばれ）

154 咄

トツ　はなし　はなす

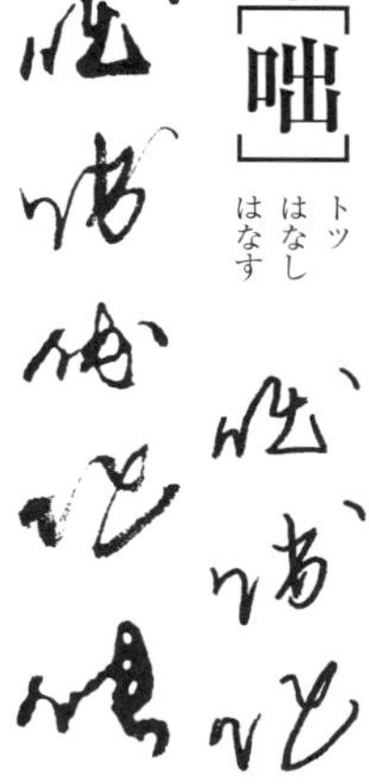

【用例】

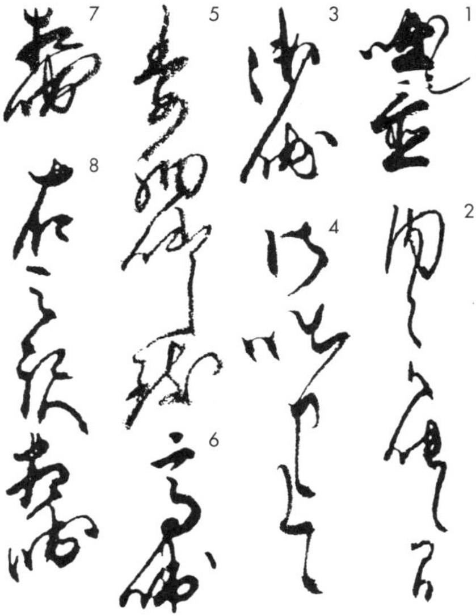

1 咄シ置(はなしおく)　2 内々御咄候間(ないないおはなしそうろうあいだ)　3 御咄(おはなし)　4 御咄申上候(おはなしもうしあげそうろう)　5 委細咄し致(いさいはなしいたし)　6 高咄(たかばなし)　7 相咄(あいはなす)　8 右之訳相咄(みぎのわけあいはなし)

155 味

ミ・ビ　あじ　あじわう

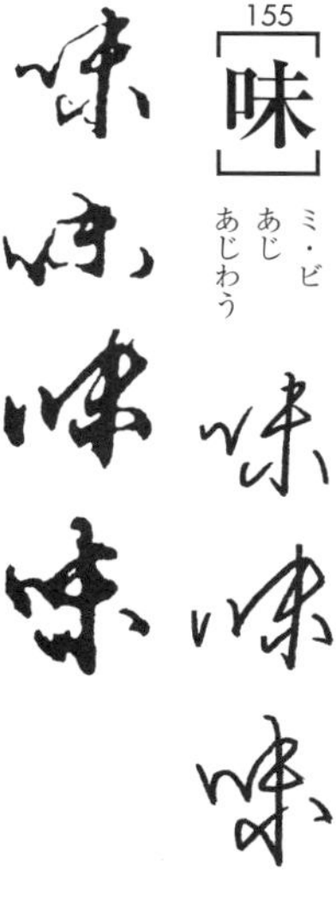

【用例】

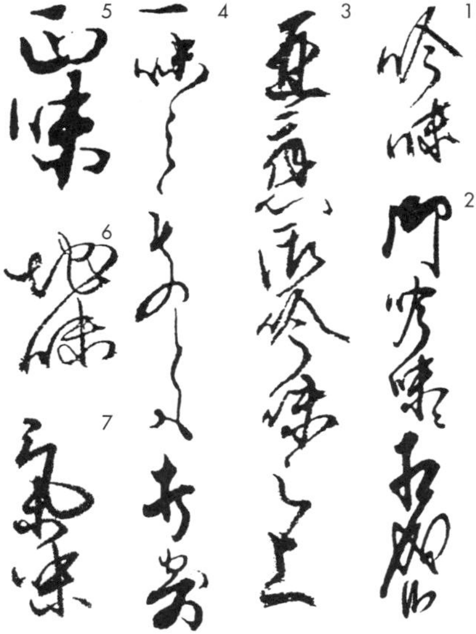

1 吟味(ぎんみ)　2 御吟味ニ相成候(ごぎんみにあいなりそうろう)　3 再應御吟味之上(さいおうごぎんみのうえ)　4 一味之ものとも打寄(いちみのものどもうちより)　5 正味(しょうみ)　6 地味(じみ)　7 氣味(きみ)

156 和

ワ・カ
やわらぐ
なごむ

【用例】

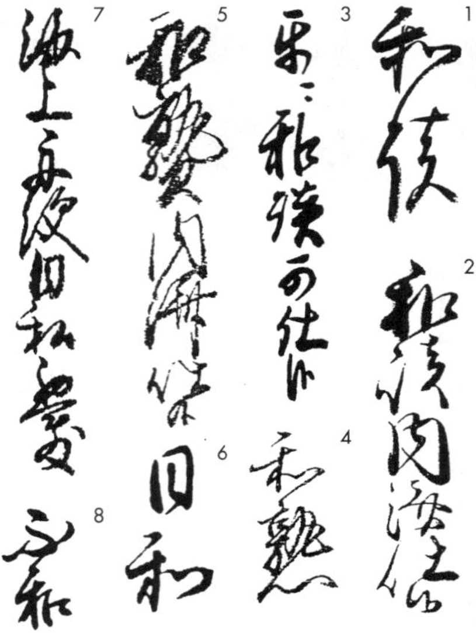

1 和談（わだん）　2 和談内済仕候（わだんないさいつかまつりそうろう）　3 互ニ和談可ㇾ仕候（たがいにわだんつかまつるべくそうろう）　4 和熟（わじゅく）　5 和熟内済仕候（わじゅくないさいつかまつりそうろう）　6 日和（ひより）　7 海上舟便日和悪敷（かいじょうふなびんひよりあしく）　8 不和（ふわ）

157 哉

サイ
かな
や

【用例】

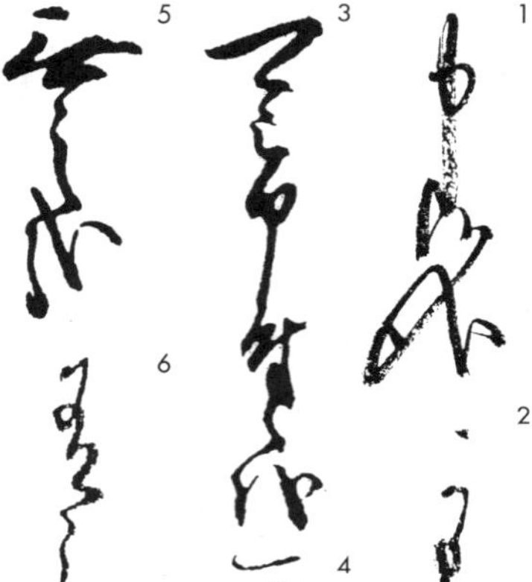

1　2　3　4　5　6

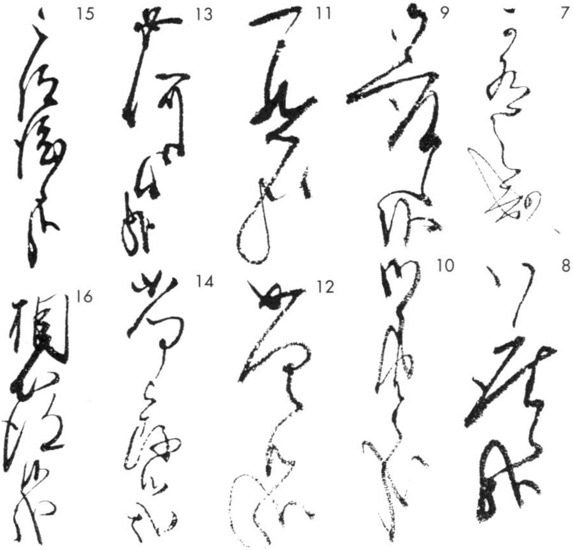

1 申候哉（もうしそうろうや）　2 可レ申哉（もうすべきや）　3 可レ被二申付一候哉（もうしつけらるべくそうろうや）　4 可レ仕哉（つかまつるべきや）
5 無レ之哉（これなきや）　6 有レ之候哉（これありそうろうや）　7 可レ有レ之哉（これあるべきや）　8・9 御座候哉（ござそうろうや）
10 御坐候哉（ござそうろうや）　11 可レ然哉（しかるべきや）　12・13 如何ニ候哉（いかがにそうろうや）　14 如何被レ存候哉（いかがにぞんぜられそうろうや）
15 被二仰渡一候哉（おおせわたされそうろうや）　16 相心得候哉（あいこころえそうろうや）

158 【品】

ヒン　ホン　しな

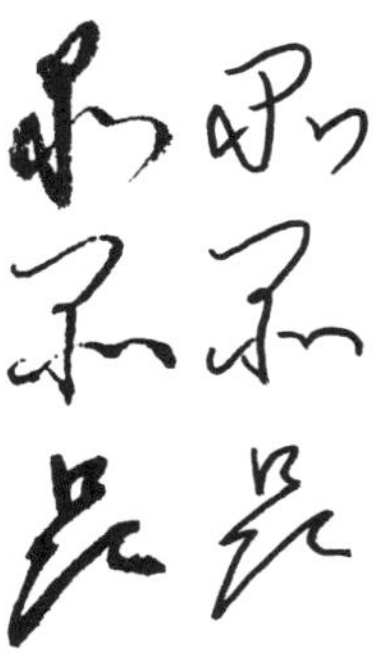

【用例】

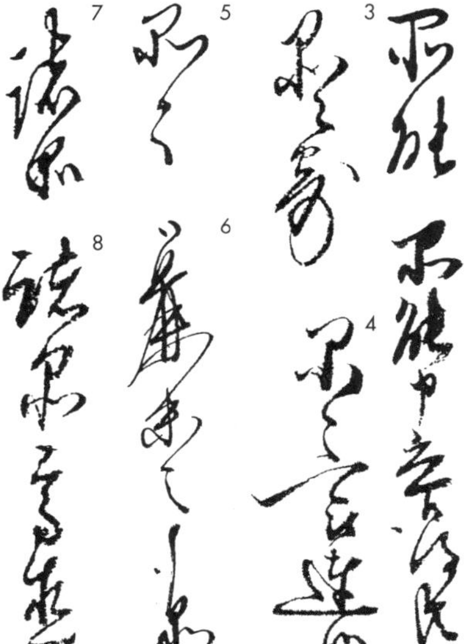

1 品能（しなよし）　2 品能申立候得共（しなよくもうしたてそうらえども）　3 品ニ寄（しなにより）　4 品々可レ被レ達候（しなじなたっさるべくそうろう）
5 品々（しなじな）　6 御麁末之御品（おそまつのおしな）　7 諸品（しょしな）　8 諸品高直（しょしなこうじき／たかね）

159

員

イン
かず

【用例】

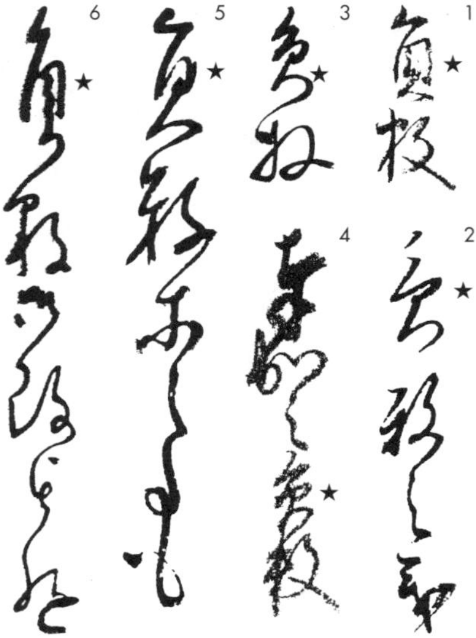

1 員数（いんずう） 2 員数之義（いんずうのぎ） 3 員数（いんずう） 4 奉加之員数（ほうがのいんずう） 5 員数等之事も（いんずうなどのこと） 6 員数御改被レ遊（いんずうおあらためあそばされ）

160

唐

トウ
もろこし
から

【用例】

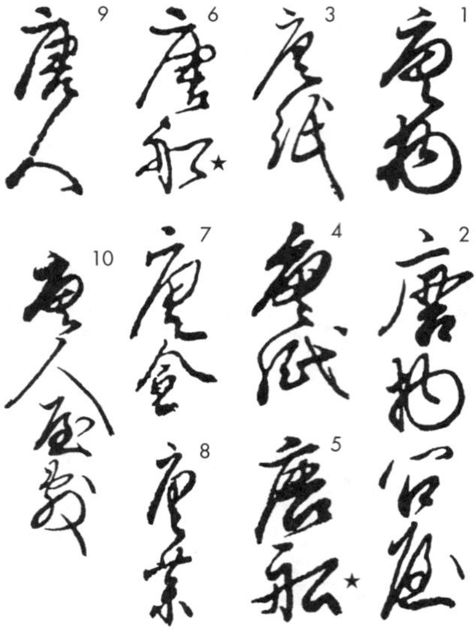

1 唐物（からもの） 2 唐物問屋（からものといや） 3・4 唐紙（からかみ） 5・6 唐船（からふね） 7 唐金（からかね） 8 唐薬（からくすり） 9 唐人（とうじん） 10 唐人屋敷（とうじんやしき）

161 [啓] ケイ ひらく もうす

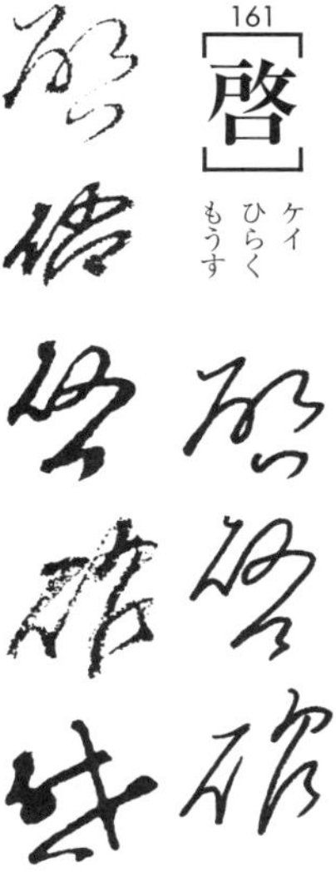

【用例】

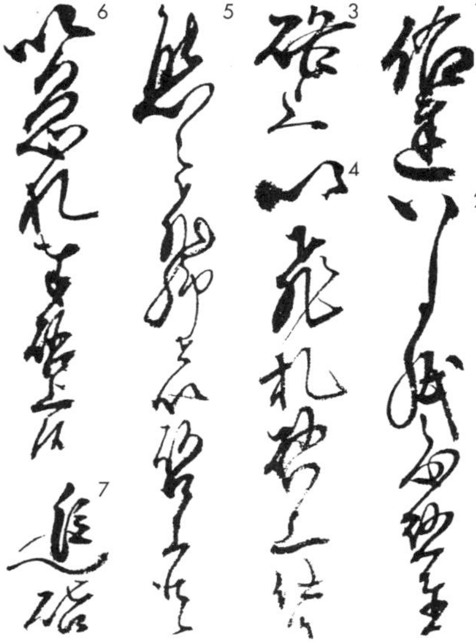

1 啓達(けいたつ)
2 以㆓手紙㆒致㆓啓達㆒(てがみをもってけいたついたし)
3 啓上(けいじょう)
4 以㆓飛札㆒啓上仕候(ひさつをもってけいじょうつかまつりそうろう)
5 態々飛脚を以啓上仕候(わざわざひきゃくをもってけいじょうつかまつりそうろう)
6 以㆓愚札㆒奉㆓啓上㆒候(ぐさつをもってけいじょうたてまつりそうろう)
7 追啓(ついけい)

162 [商] ショウ あきない あきなう

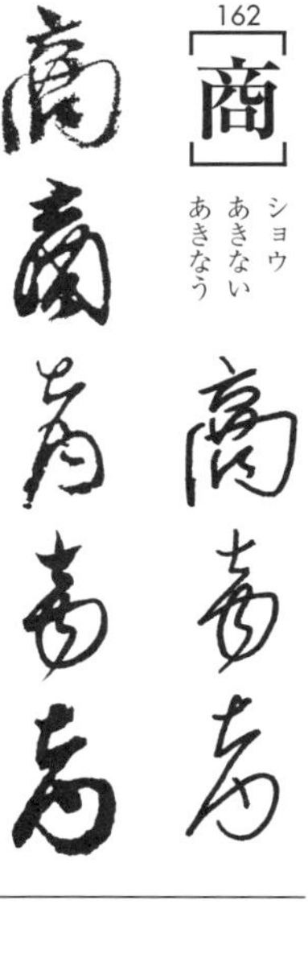

【用例】

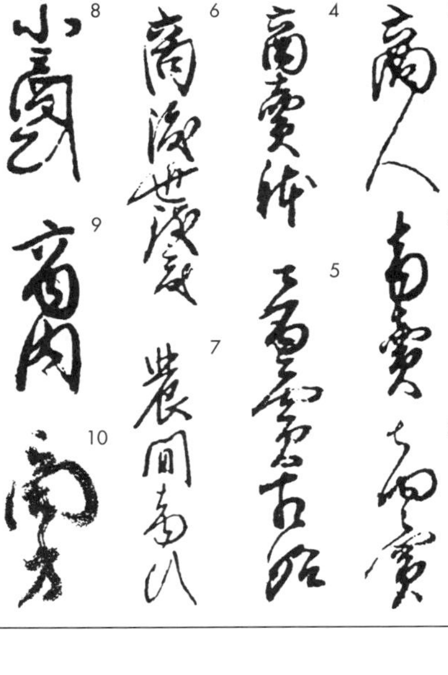

1 商人(しょうにん)
2・3 商賣(しょうばい)
4 商賣躰(しょうばいてい)
5 商賣相始(しょうばいあいはじめ)
6 商渡世致度(あきないとせいいたしたく)
7 農間商ひ(のうまあきない)
8 小商ひ(こあきない)
9 商内(あきない)
10 商方(あきないかた)

163 問

モン
とう
とん

【用例】

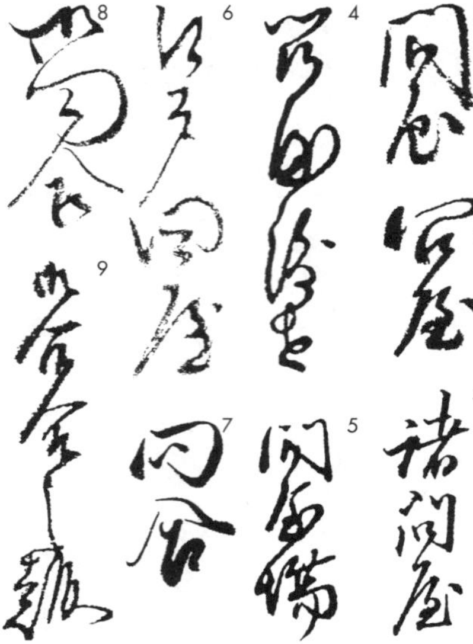

1・2 問屋（とんや／といや）
3 諸問屋（しょどいや）
4 問屋渡世（といやとせい）
5 問屋場（といやば）
6 江戸問屋（えどといや）
7 問合（といあわす）
8 御問合（おといあわせ）
9 御問合之趣（おといあわせのおもむき）

164 喜

キ
よろこび
よろこぶ

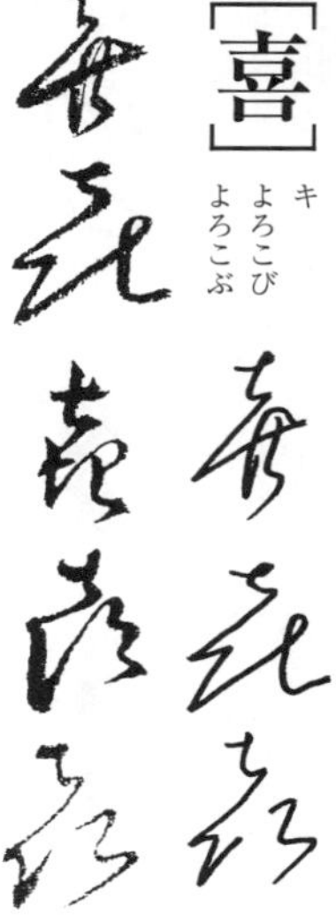

【用例】

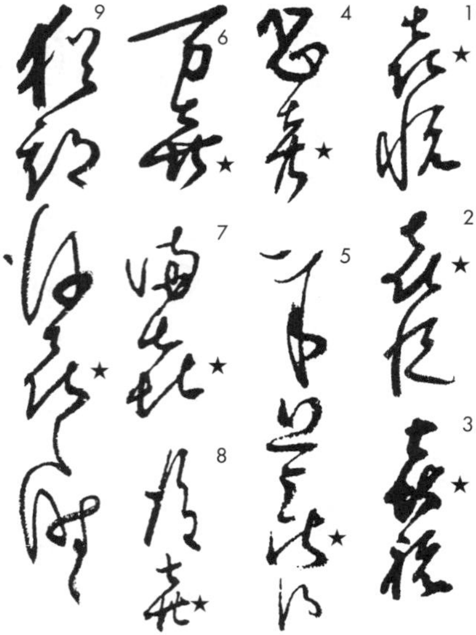

1・2 喜悦（きえつ）
3 喜祝（きしゅく）
4 恐喜（きょうき）
5 奉二恐喜一候（きょうきたてまつりそうろう）
6 万喜（ばんき）
7 満喜（まんき）
8 後喜（こうき）
9 猶期二後喜之時一候（なおこうきのときをごしそうろう）

165

喰

ソン
くらう
くう

【用例】

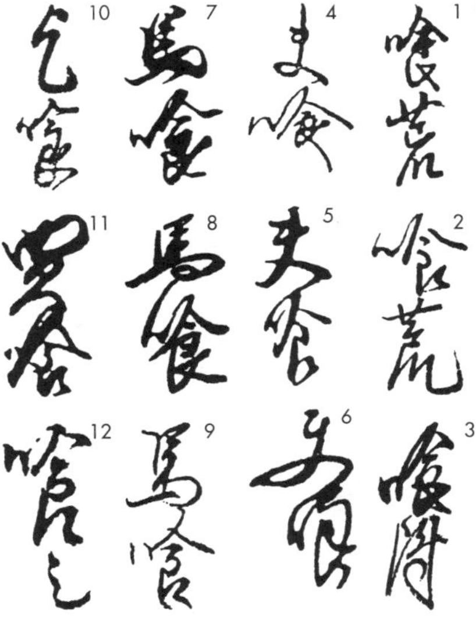

1・2 喰荒(くいあらす)　3 喰附(くいつく)　4～6 夫喰(ぶじき)　7～9 馬喰(ばくろう)　10 乞喰(こじき)　11 買喰(かいぐい)　12 喰シ(しょくし)

166

喧

ケン
かまびすしい

【用例】

1～3 喧嘩(けんか)　4 喧吪(けんか)　5 喧吪口論(けんかこうろん)　6 喧吪(けんか)　7 喧吪口論(けんかこうろん)　8 喧敷(かまびすしく)　9 喧敷御座候(かまびすしくござそうろう)

167
善
ゼン　よい　よく

【用例】

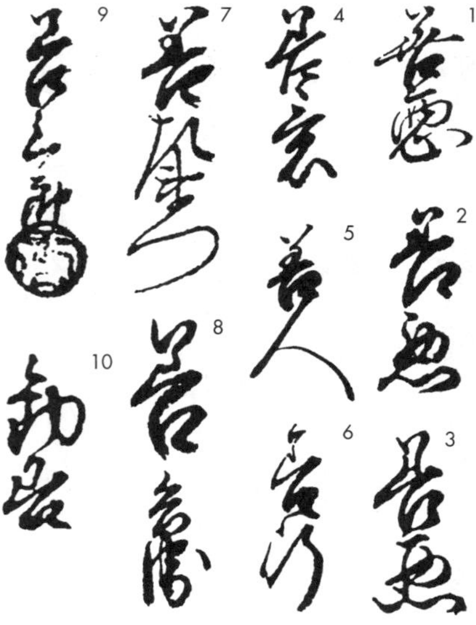

1〜3 善悪（ぜんあく）　4 善意（ぜんい）　5 善人（ぜんにん）　6 善行（ぜんこう）　7 善左衛門（ぜんざえもん）　8 善兵衛（ぜんべえ）　9 善三郎（ぜんざぶろう）　10 勧善（かんぜん）

168
嘩（吪）
カ　かまびすしい

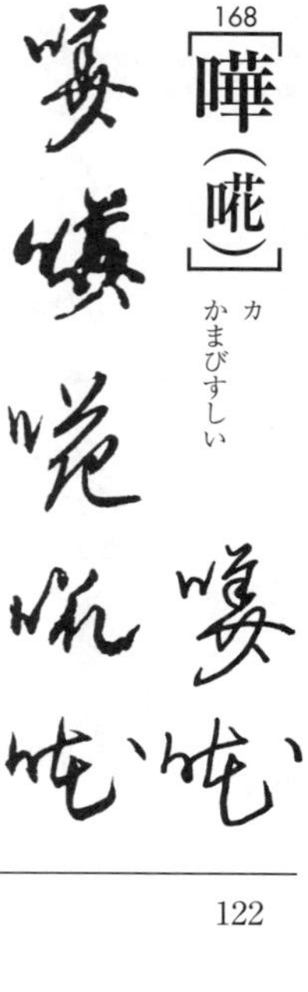

【用例】

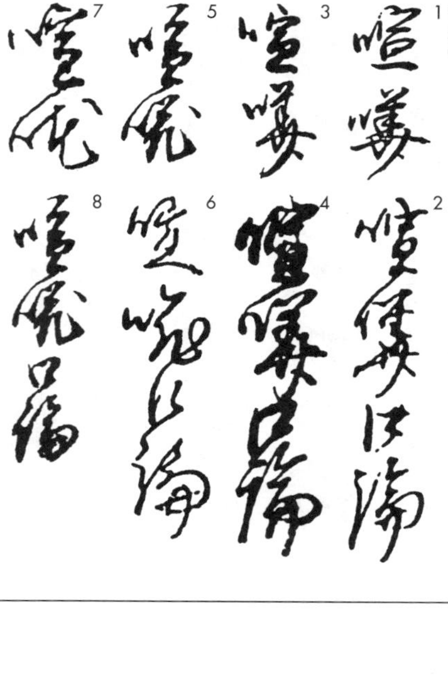

1 喧嘩（けんか）　2 喧嘩口論（けんかこうろん）　3 喧嘩（けんか）　4 喧嘩口論（けんかこうろん）　5 喧吪（けんか）　6 喧吪口論（けんかこうろん）　7 喧吪（けんか）　8 喧吪口論（けんかこうろん）

169 器

キ
うつわ

【用例】

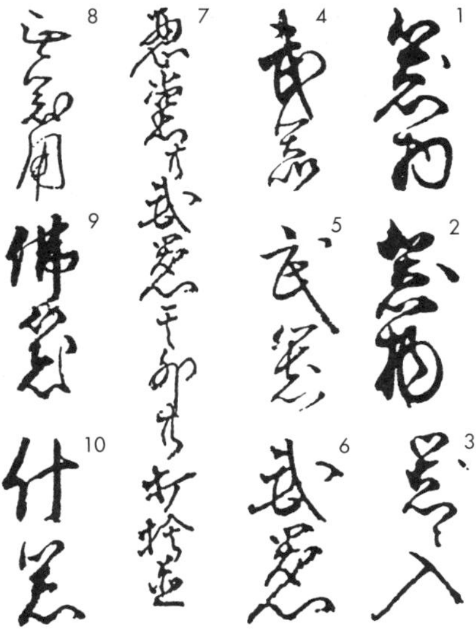

1・2 器物（きぶつ）　3 器二入（うつわにいれ）　4～6 武器（ぶき）　7 悪党共武器其外共打捨置（あくとうどもぶきそのほかともうちすておき）　8 無器用（ぶきよう）　9 佛器（ぶっき）　10 什器（じゅうき）

170 囲（圍）

イ
かこむ
かこう

【用例】

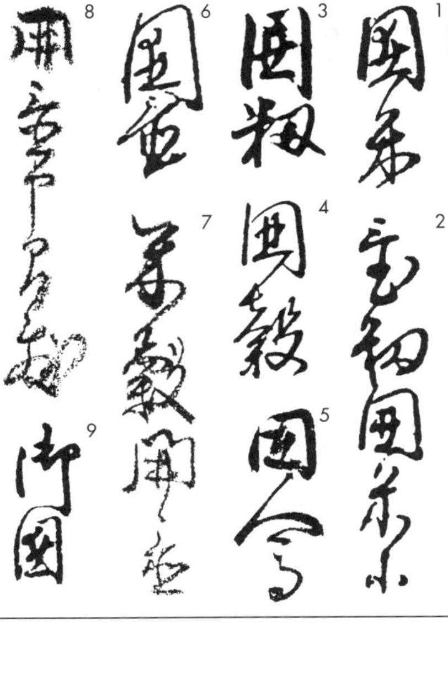

1 囲米（かこいまい）　2 置籾・囲米等（おきもみ・かこいまいなど）　3 囲籾（かこいもみ）　4 囲穀（かこいこく）　5 囲人馬（かこいじんば）　6 囲置（かこいおく）　7 米穀囲置（べいこくかこいおき）　8 囲置申間敷（かこいおきもうすまじく）　9 御囲（おかこい）

171 困

コン
こまる

【用例】

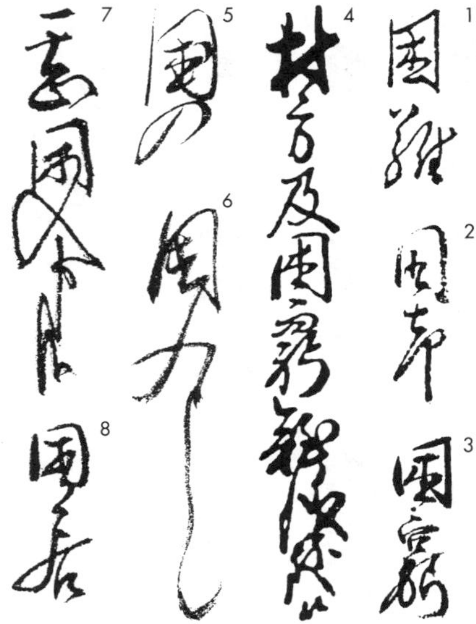

1 困難（こんなん） 2 困却（こんきゃく） 3 困窮（こんきゅう） 4 村方及二困窮一難儀致候（むらかたこんきゅうにおよびなんぎいたしそうろう） 5 困入（こまりいる） 6 困入申候（こまりいりもうしそうろう） 7 甚困入申候（はなはだこまりいりもうしそうろう） 8 困居（こまりおる）

172 図（圖）

ト
ズ
はかる

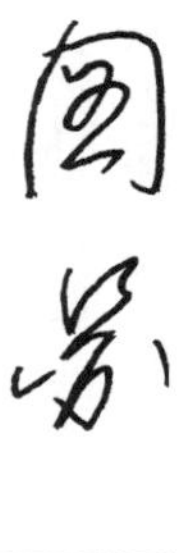

【用例】

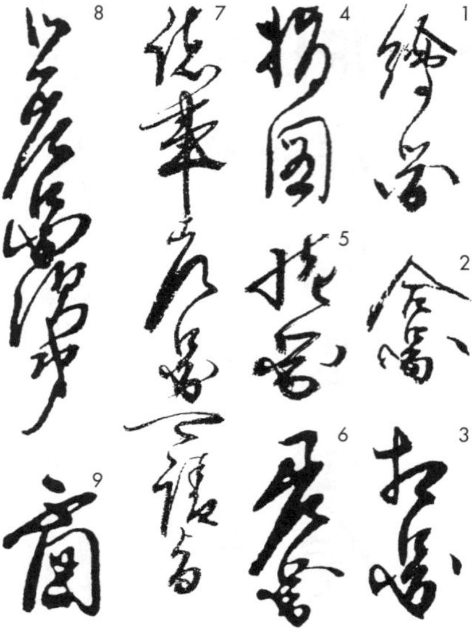

1 繪圖（えず） 2 合圖（あいず） 3 相圖（あいず） 4 指図（さしず） 5 指圖（さしず） 6 差圖（さしず） 7 諸事差圖可レ請旨（しょじさしずうくべきむね） 8 御差圖次第（おさしずしだい） 9 不レ図（はからず）／不図（ふと）

173
固
コ
かためる
かたい

【用例】

1～3 堅固(けんご) 4・5 御堅固(ごけんご) 6 弥(いよいよ)御家内御堅固(ごかないごけんご)ニ被レ成二御座一(ござなされ)候由(そうろうよし)
7 各様(おのおのさま)御揃(おそろい)愈(いよいよ)御堅固(ごけんご)被レ成二御座一(ござなされ)

174
国(國)
コク
くに

【用例】

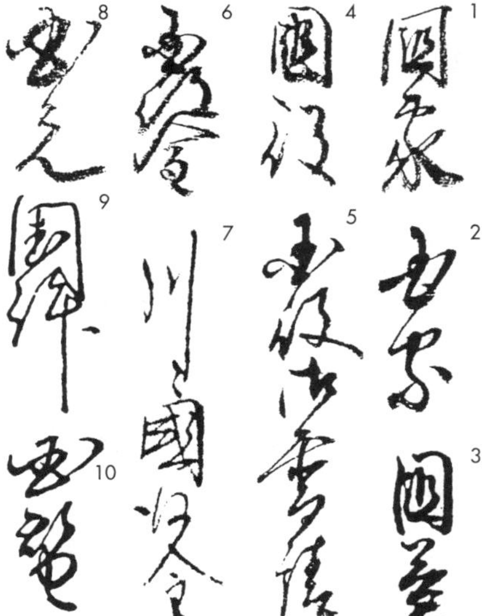

1 國家(こっか) 2 国家(こっか) 3 國益(こくえき) 4 國役(くにやく) 5 国役御普請(くにやくごふしん) 6 国役金(くにやくきん)
7 川々國役金(かわがわくにやくきん) 8 国元(くにもと) 9 国許(くにもと) 10 国替(くにがえ) 11 国持大名(くにもちだいみょう)
12 同国同郡(どうこくどうぐん) 13 諸國(しょこく) 14 近國(きんこく) 15 遠国(おんごく) 16 廻国(かいこく) 17 在國(ざいこく) 18 帰国(きこく)
19 他國(たこく) 20 本国(ほんごく) 21 生国(しょうごく) 22 西国(さいごく) 23 外国(がいこく) 24 異國(いこく)
25 異国船渡来可レ致茂難レ計(いこくせんとらいいたすべくもはかりがたく)

175

[土]

ド　ト　つち

【用例】

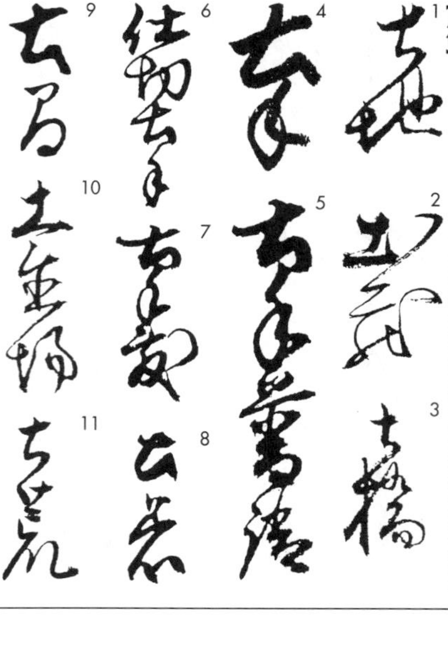

1 土地(とち) 2 土蔵(どぞう) 3 土橋(どばし) 4 土手(どて) 5 土手普請(どてぶしん) 6 仕切土手(しきりどて)
7 土手敷(どてしき) 8 土着(どちゃく) 9 土間(どま) 10 土置場(つちおきば) 11 土荒(つちあれ)

176

[在]

ザイ　ある　あり

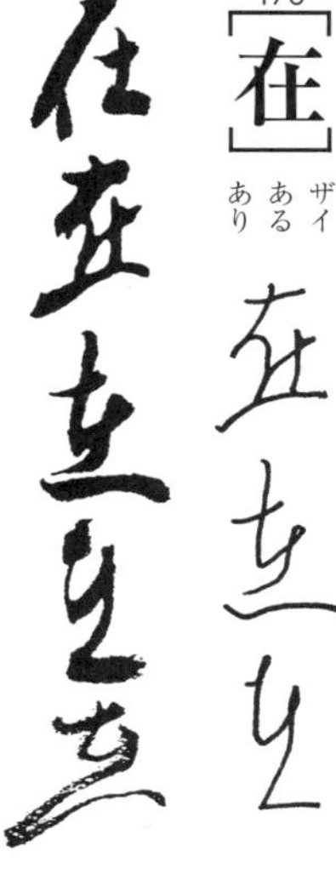

【用例】

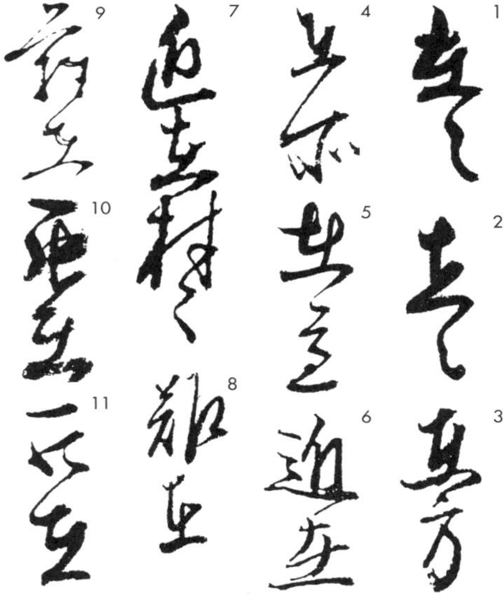

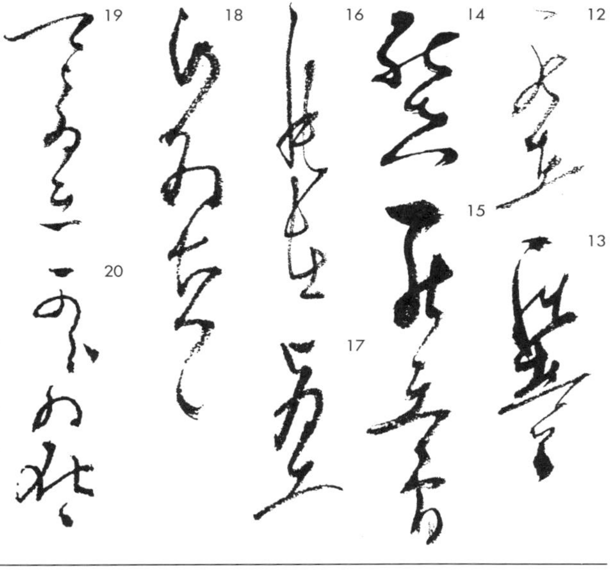

1・2 在々(ざいざい)　3 在方(ざいかた)　4 在所(ざいしょ)　5 在邊(ざいへん)　6 近在(きんざい)　7 近在村々(きんざいむらむら)

8・9 難レ在(ありがたし)　10〜12 罷在(まかりあり)　13 罷在候間(まかりありそうろうあいだ)　14 罷在(まかりあり)

15 罷在候間(まかりありそうろうあいだ)　16 罷在(まかりあり)　17 被レ為レ在(あらせられ)　18 被レ為レ在候(あらせられそうろう)

19 可レ被レ為レ在(あらせらるべし)　20 可レ被レ為レ在候(あらせらるべくそうろう)

177
【地】
ジチ

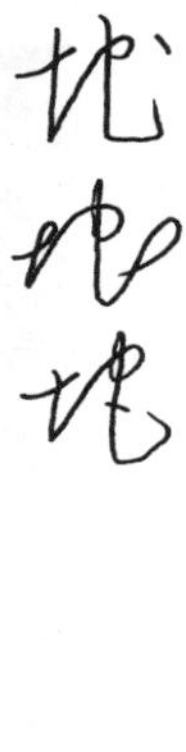

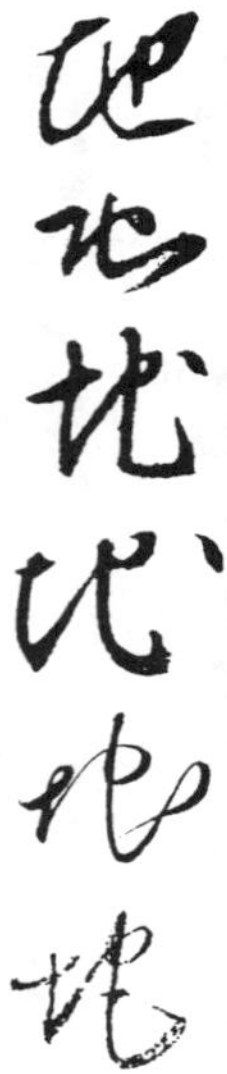

【用例】

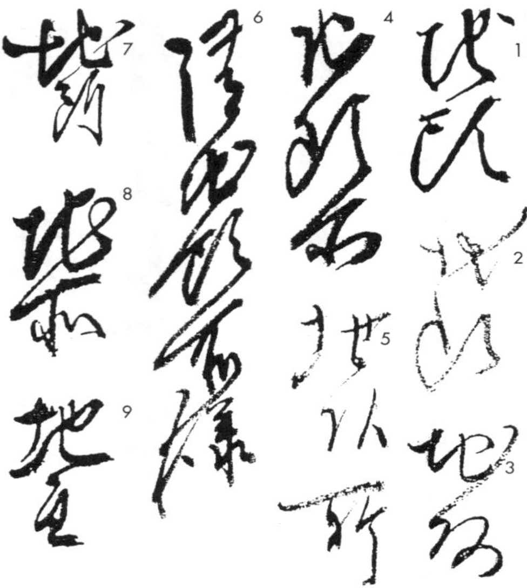

1～3 地頭(じとう)　4・5 地頭所(じとうしょ)　6 御地頭所様(ごじとうしょさま)　7・8 地所(じしょ)　9・10 地主(じぬし)
11 地方(じかた)　12 地廻り(じまわり)　13 地借(じがり)　14 請地(うけち)　15 當地(とうち)　16 當地之者(とうちのもの)　17 其地(そのち)
18～20 其御地(そのおんち)　21 田地(でんち)

178

【坐】

ザ
すわる

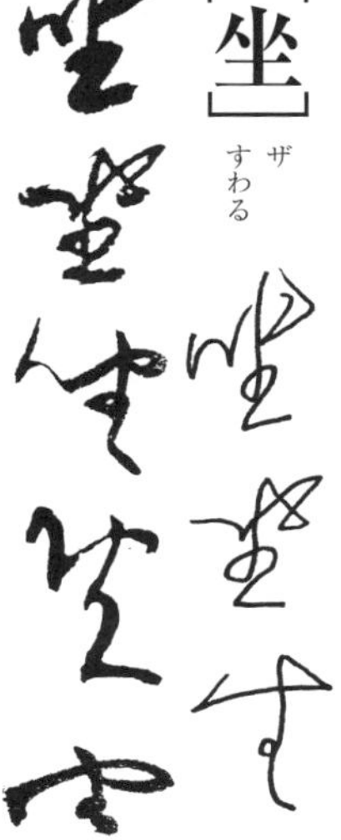

【用例】

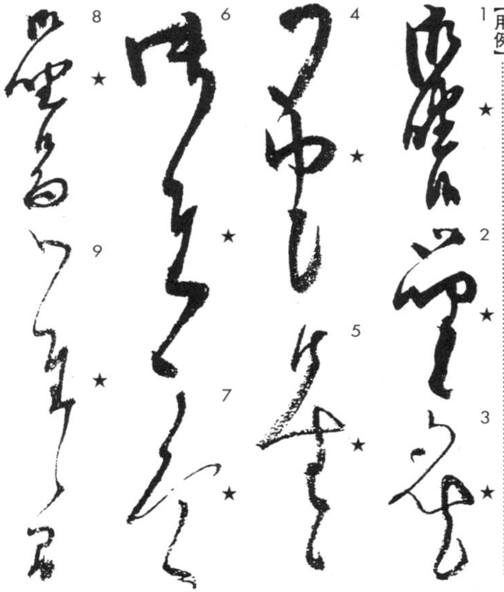

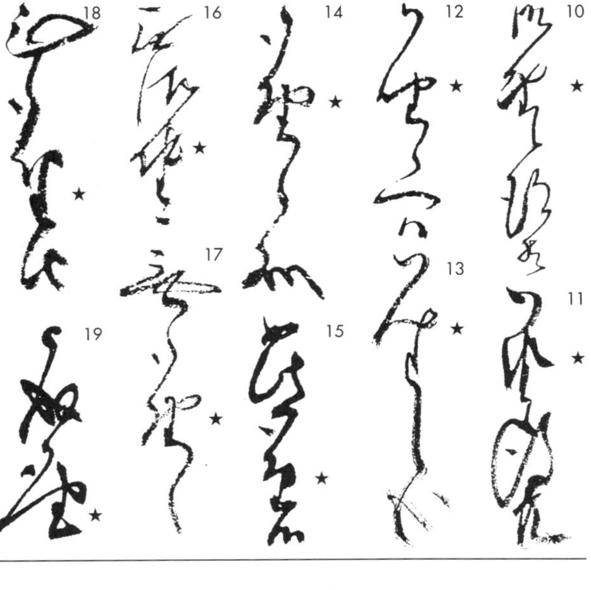

1～7 御坐候（ござそうろう）　8 御坐候而（ござそうらいて／ござそうろうて）　9 御坐候間（ござそうろうあいだ）　10・11 御坐候得共（ござそうらえども）

12 御坐候ヘハ（ござそうらえば）　13 御坐候哉（ござそうろうや）　14 御坐候処（ござそうろうところ）　15 如レ此御坐候（かくのごとくにござそうろう）

16・17 無二御坐一候（ござなくそうろう）　18 無二御坐一由（ござなきよし）　19 被レ成二御坐一（ござなされ）

179 【城】 ジョウ しろ

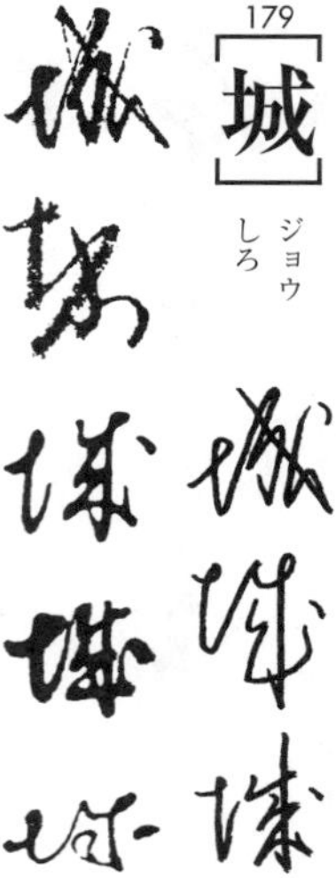

【用例】

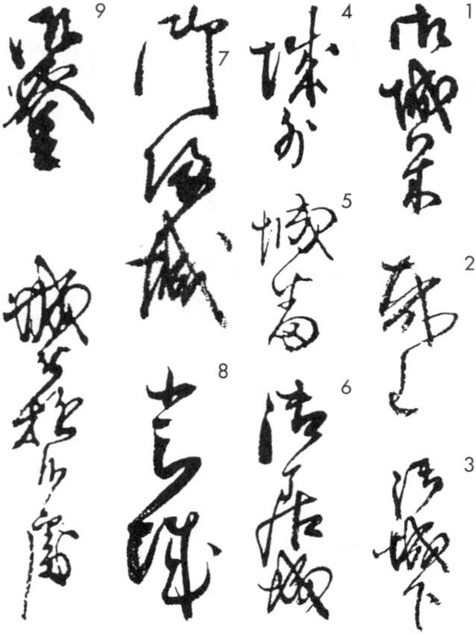

1 御城米（ごじょうまい） 2 城主（じょうしゅ） 3 御城下（ごじょうか） 4 城外（じょうがい） 5 城番（じょうばん） 6 御居城（ごきょじょう） 7 御帰城（ごきじょう） 8 登城（とじょう） 9 御登城被レ遊候處（ごとじょうあそばされそうろうところ）

180 【埒】 ラチ ラツ

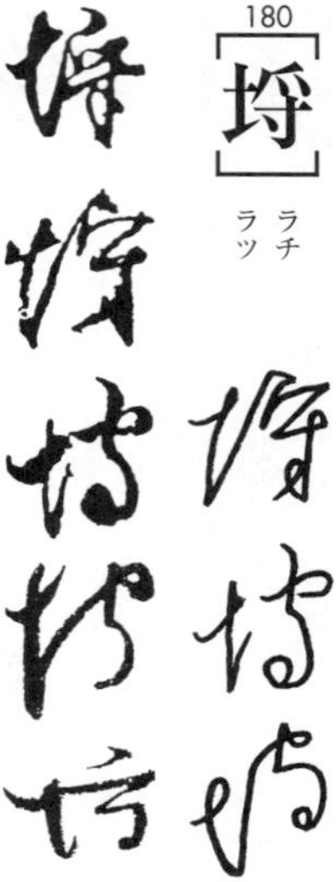

【用例】

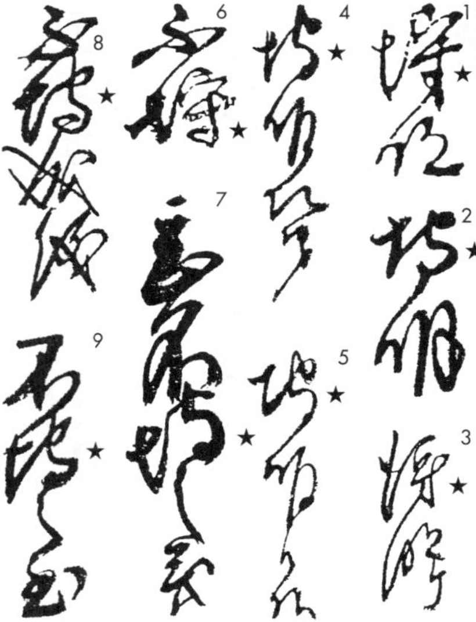

1・2 埒明（らちあけ） 3 埒明ケ（らちあけ） 4 埒明次第（らちあけしだい） 5 埒明候様（らちあけそうろうよう） 6 不埒（ふらち） 7 甚不埒之義（はなはだふらちのぎ） 8 不埒成儀（ふらちなるぎ） 9 不埒之至（ふらちのいたり）

181
堀
クツ
ほり

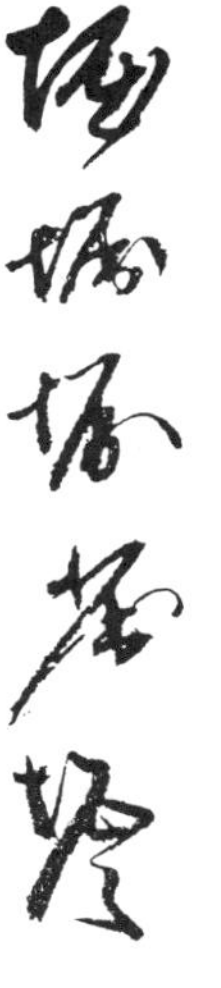

【用例】

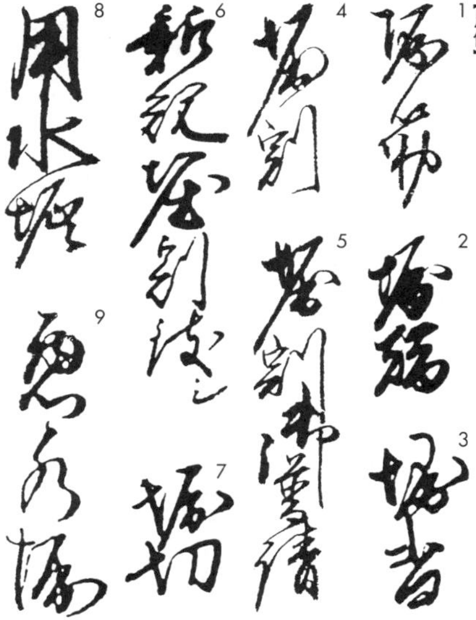

1 堀筋　2 堀端　3 堀替　4 堀割　5 堀割御普請
6 新規堀割致シ　7 堀切　8 用水堀　9 悪水堀

182
執
シツ
シュウ
とる

【用例】

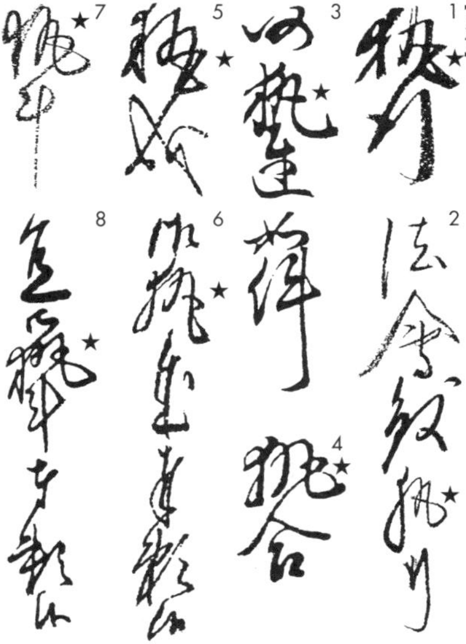

1 執行　2 法會致二執行一　3 仍執達如レ件　4 執合　5 執成
6 御執成奉レ頼候　7 執計　8 宜御執計奉レ頼候

183 堂

ドウ

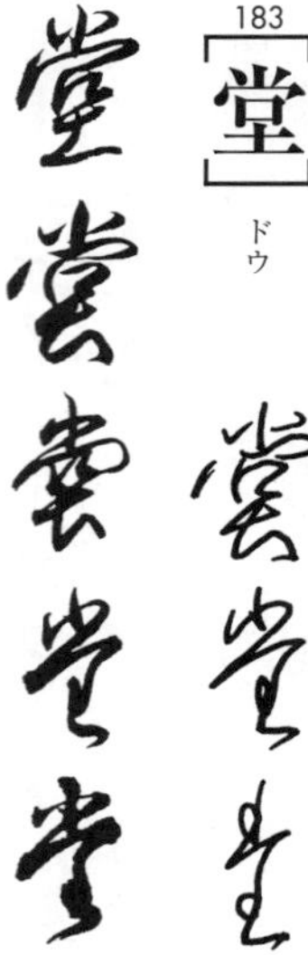

【用例】

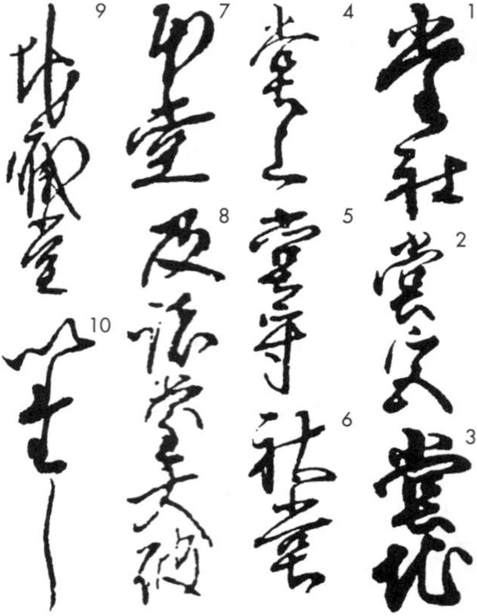

1 堂社（どうしゃ）　2 堂宮（どうみや）　3 堂地（どうち）　4 堂上（どうじょう）　5 堂守（どうもり）　6 社堂（しゃどう）　7 本堂（ほんどう）　8 及二諸堂大破一（しょどうたいはにおよび）　9 地蔵堂（じぞうどう）　10 いたし

184 堅

ケン
かたい
かたく

【用例】

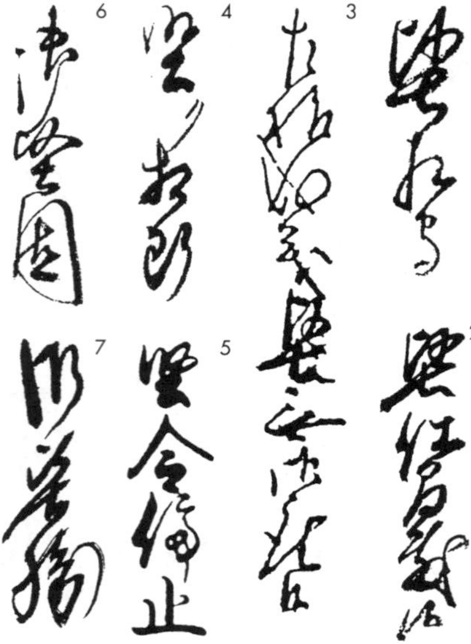

1 堅相守（かたくあいまもり）　2 堅仕間敷候（かたくつかまつるまじくそうろう）　3 左様成義堅無二御座一候（さようなるぎかたくござなくそうろう）　4 堅ク相断（かたくあいことわり）　5 堅令二停止一（かたくちょうじせしめ）　6 御堅固（ごけんご）　7 御堅勝（ごけんしょう）

185 場

ジョウ
ば

【用例】

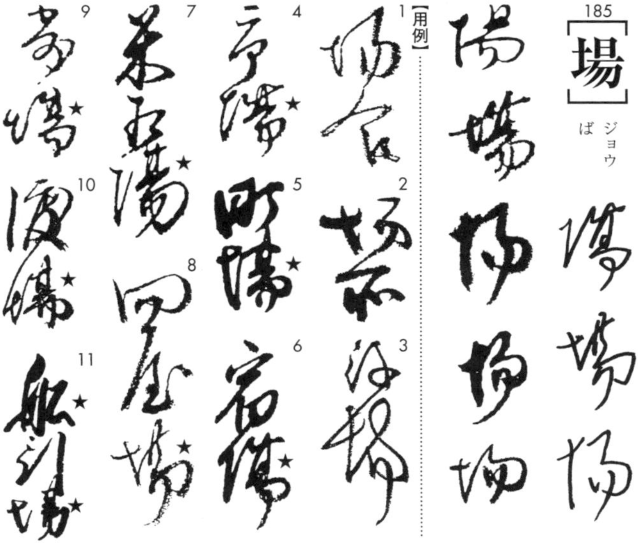

1 場合(ばあい) 2 場所(ばしょ) 3 役場(やくば) 4 市場(いちば) 5 町場(まちば) 6 宿場(しゅくば) 7 米相場(こめそうば)
8 問屋場(といやば) 9 寄場(よせば) 10 渡場(わたしば) 11 船引場(ふなひきば)

186 堤

テイ
タイ
つつみ

【用例】

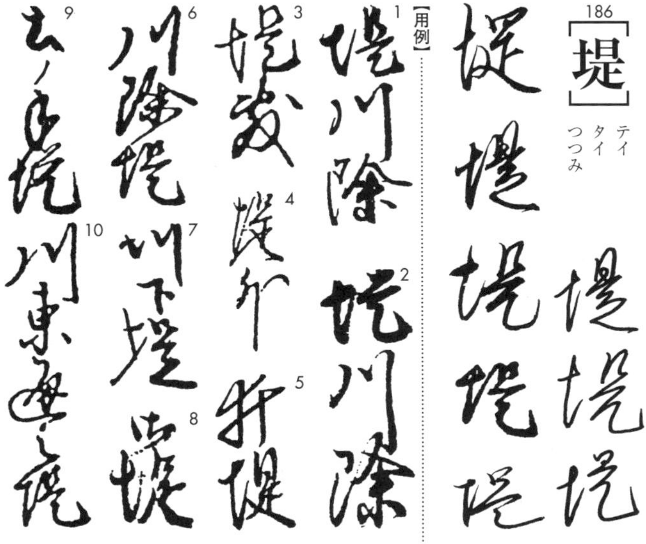

1・2 堤川除(つつみかわよけ) 3 堤敷(つつみしき) 4 堤外(つつみそと) 5 井堤(いづつみ) 6 川除堤(かわよけづつみ) 7 川下堤(かわしたづつみ)
8 御堤(おつつみ) 9 土手堤(どてづつみ) 10 川東通之堤(かわひがしどおりのつつみ)

187 【報】

ホウ　むくいる

【用例】

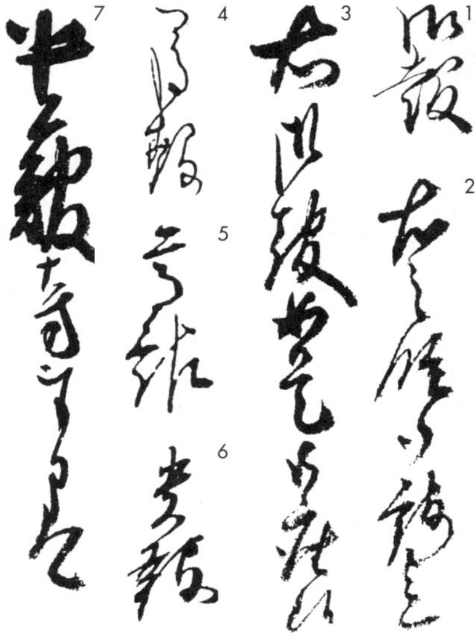

1 御報(ごほう)　2 右之段御報迄(みぎのだんごほうまで)　3 右御報如レ是御座候(みぎごほうかくのごとくにござそうろう)　4・5 尊報(そんぽう)

6 貴報(きほう)　7 貴報旁奉二申上一候(きほうかたがたもうしあげたてまつりそうろう)

188 【塩(鹽)】

エン　しお

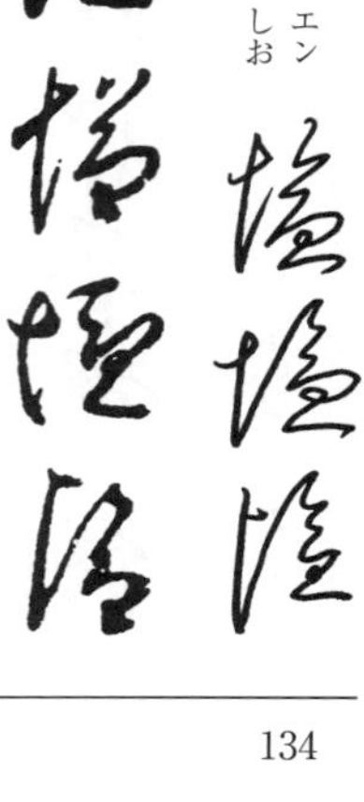

【用例】

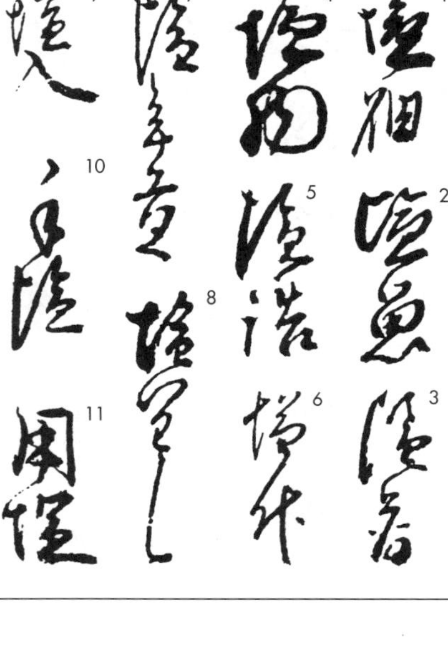

1 塩畑(しおばた)　2 塩魚(しおざかな)　3 塩荷(しおに)　4 塩物(しおもの)　5 塩詰(しおづめ)　6 塩代(しおだい)　7 塩年貢(しおねんぐ)

8 塩(しお)いわし　9 塩入(しおいり)　10 手塩(てしお)　11 用塩(ようしお)

189 境

ケイ
キョウ
さかい

【用例】

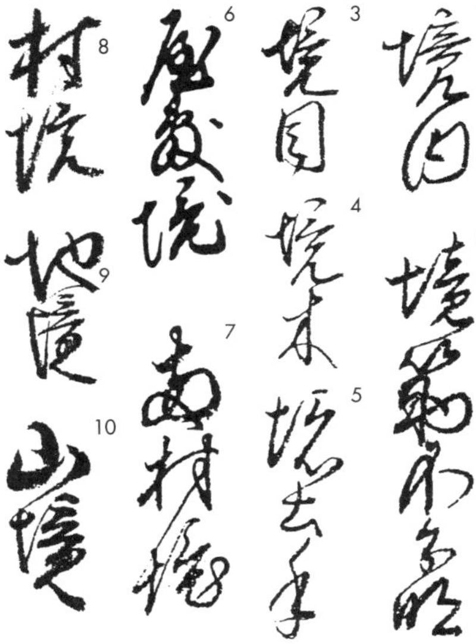

1 境内(けいだい)
2 境筋不分明(さかいすじふぶんみょう)
3 境目(さかいめ)
4 境木(さかいぎ)
5 境土手(さかいどて)
6 屋敷境(やしきざかい)
7 両村境(りょうむらざかい)
8 村境(むらざかい)
9 地境(じざかい)
10 山境(やまざかい)

190 増(增)

ゾウ・ソウ
ます
ふえる

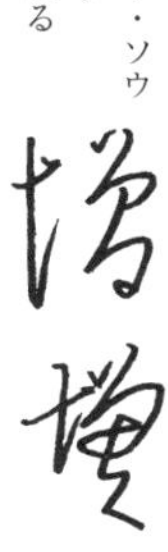

【用例】

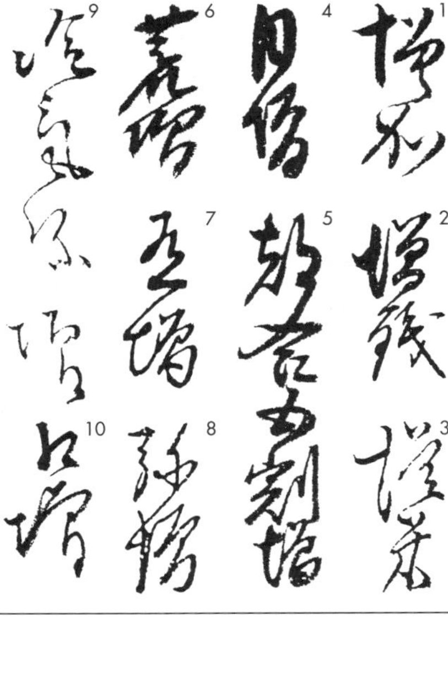

1 増加(ぞうか)
2 増銭(ましせん)
3 増米(ましまい)
4 日増(ひまし)
5 都合五割増(つごうごわりまし)
6 荒増(あらまし)
7 有増(あらまし)
8 弥増(いやまし)
9 冷気弥増(れいきいやまし)
10 相増(あいます)

191【墨】

ボク
モク
すみ

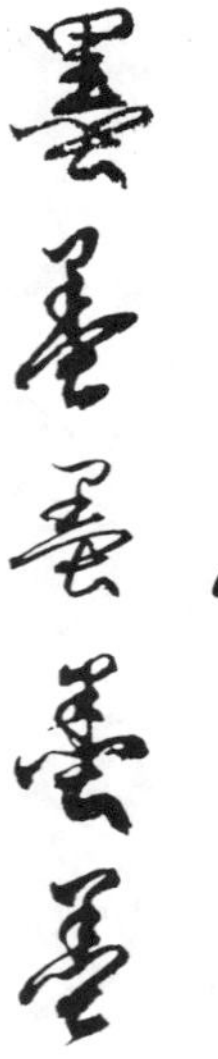

【用例】

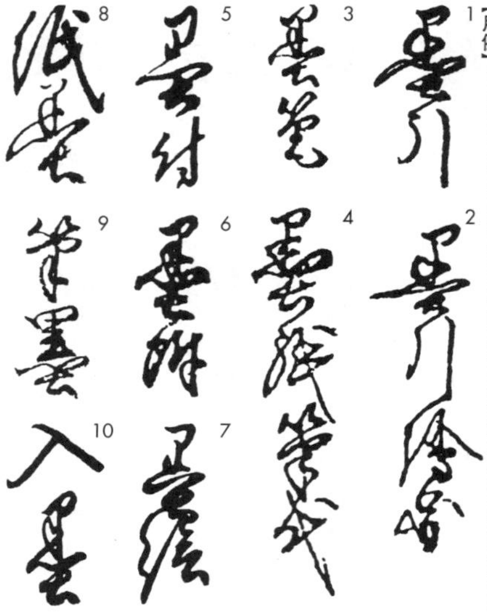

1 墨引（すみひき）
2 墨引繪圖（すみひきえず）
3 墨筆（すみふで）
4 墨紙筆代（すみかみふでだい）
5 墨付（すみつき）
6 墨附（すみつき）
7 墨絵（すみえ）
8 紙墨（かみすみ）
9 筆墨（ひつぼく／ふですみ）
10 入墨（いれずみ）

192【壱(壹)】

イチ
イツ
ひとつ

【用例】

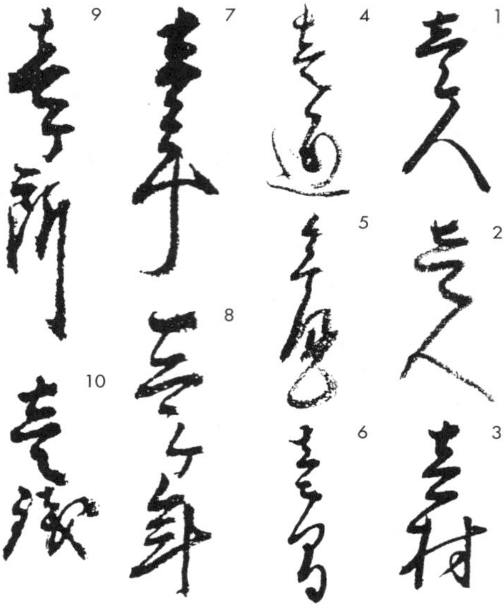

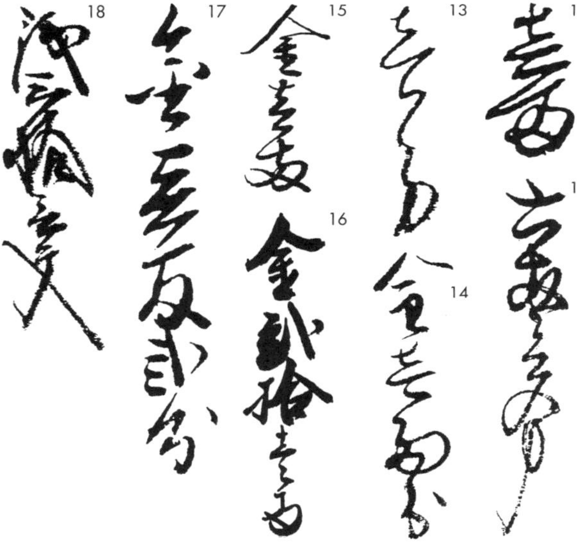

1・2 壱人（いちにん） 3 壱村（いっそん） 4・5 壱通（いっつう） 6 壱間（いっけん） 7 壱年（いちねん） 8 壱ケ年（いっかねん） 9 壱ケ所（いっかしょ） 10 壱銭（いっせん） 11 壱両（いちりょう） 12 六両（ろくりょう） 壱分（いちぶ） 13 壱分（いちぶ） 14 金壱両分（きんいちりょうぶ） 15 金壱両（きんいちりょう） 16 金弐拾壱両（きんにじゅういちりょう） 17 金壱両弐分（きんいちりょうにぶ） 18 銭三拾壱文（ぜにさんじゅういちもん）

193 売（賣）

バイ
うる

【用例】

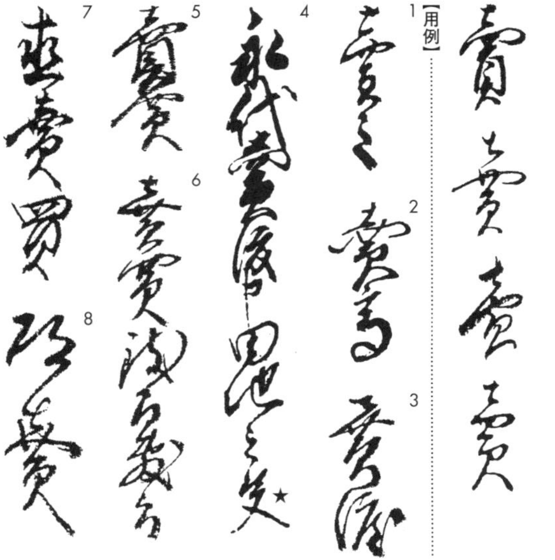

1 賣主（うりぬし） 2 賣高（うりだか） 3 賣渡（うりわたす） 4 永代賣渡申田地之事（えいだいうりわたしもうすでんちのこと） 5 賣買（うりかい・ばいばい） 6 賣買致間敷旨（ばいばいいたすまじきむね） 7 直賣買（じきばいばい） 8 道賣（みちうり）

194 変(變)

ヘン
かわる

【用例】

1 変事(へんじ)　2 大変(たいへん)　3 相変儀茂無レ之候処(あいかわるぎもこれなくそうろうところ)　4 不二相変一(あいかわらず)
5 無二異変一(いへんなく)　6 異変(いへん)　7 事変(じへん)　8 違変(いへん)

195 夏

カ
ゲ
なつ

【用例】

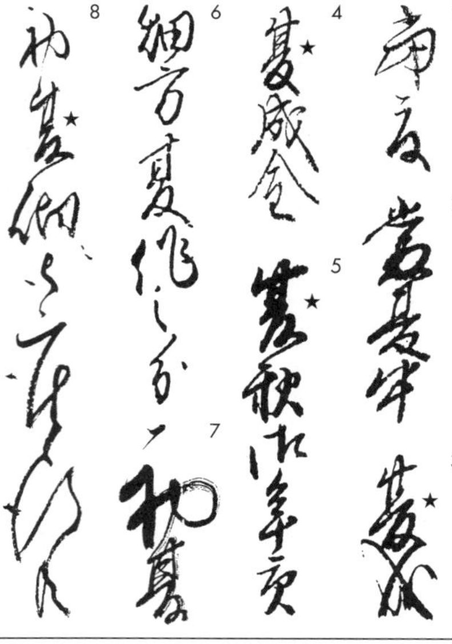

1 當夏(とうなつ)　2 當夏中(とうなつじゅう)　3 夏成(なつなり)　4 夏成金(なつなりきん)　5 夏秋御年貢(なつあきおねんぐ)
6 畑方夏作之分(はたかたなつさくのぶん)　7 初夏(しょか)　8 初夏砌ニ御座候得共(しょかのみぎりにござそうらえども)

196
【外】

ガイ・ゲ
そと・ほか
はずれる

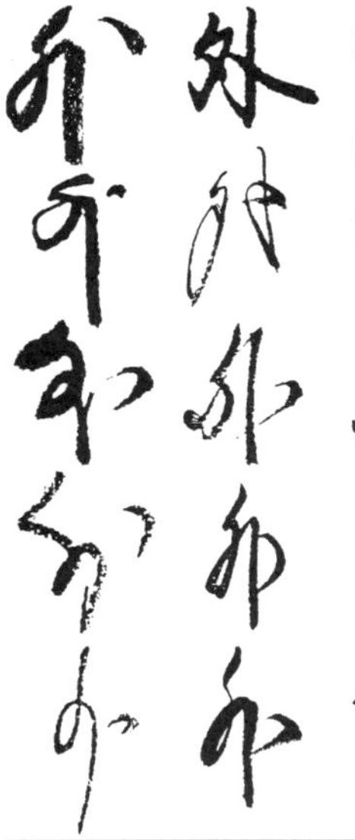

【用例】

1 2 3 4 5 6 7 8

9 10 11 12 13 14 15 16 17 18

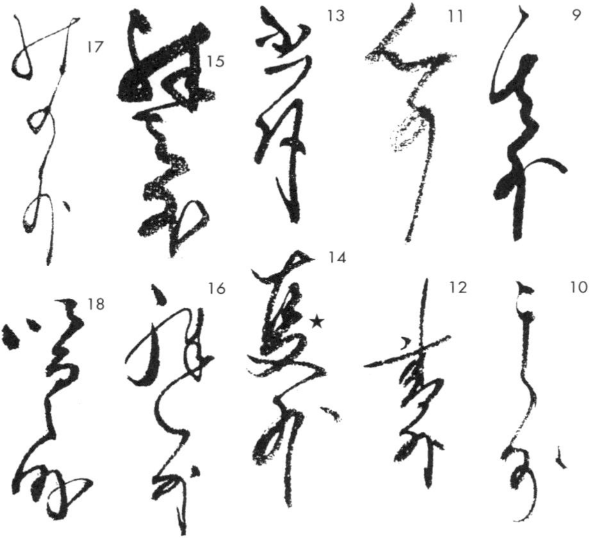

1 外聞(がいぶん) 2 外見(がいけん) 3 外連(はずれ) 4 存外(ぞんがい) 5～10 其外(そのほか) 11 心外(しんがい)

12・13 書外(しょがい) 14 事外(ことのほか) 15・16 殊之外(ことのほか) 17 殊の外(ことのほか) 18 以而之外(もってのほか)

197 多

タ
おおい

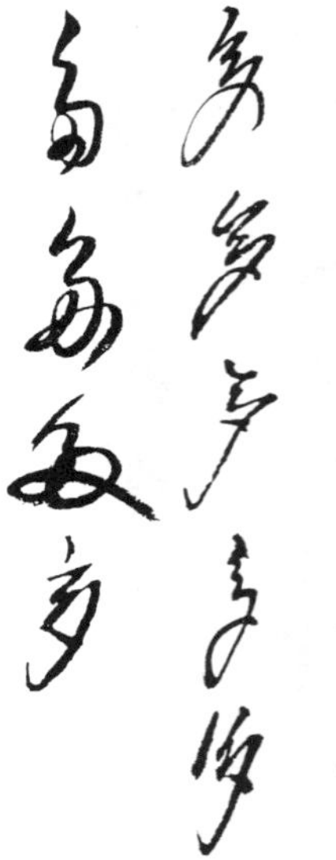

【用例】

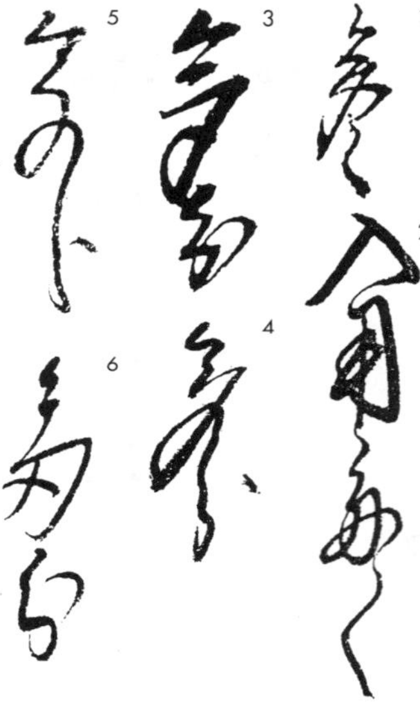

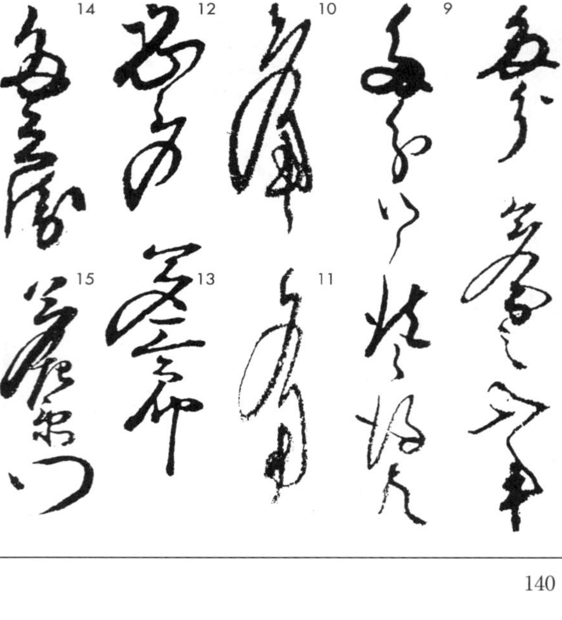

1 多（おお）く　2 入用（にゅうよう）多（おお）く　3～7 多分（たぶん）　8 多分之入用（たぶんのにゅうよう）　9 多分御座候得共（たぶんにござそうらえども）　10・11 多用（たよう）　12 恐多（おそれおおく）　13 多三郎（たさぶろう）　14 多兵衛（たへえ）　15 多左衛門（たざえもん）

198 ［夜］

ヤ　よ　よる

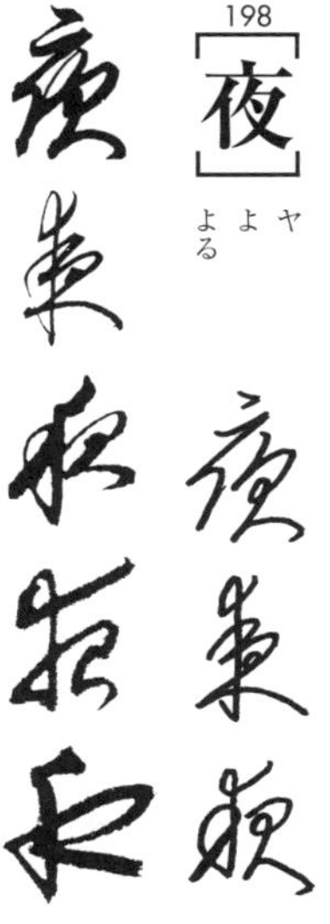

【用例】

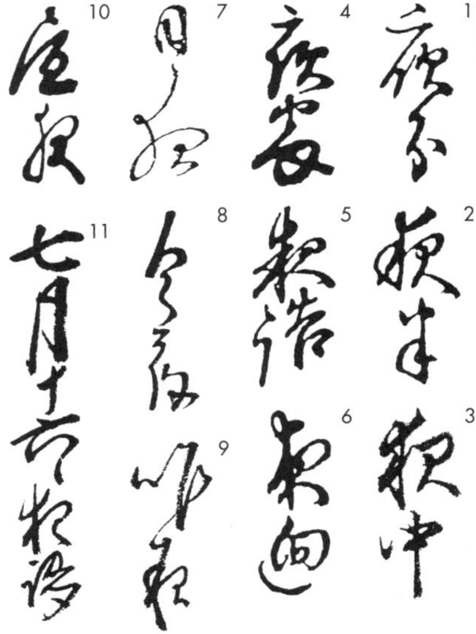

1 夜分(やぶん)　2 夜半(やはん)　3 夜中(よなか)　4 夜番(よばん・やばん)　5 夜詰(よづめ)　6 夜廻(よまわり)　7 日夜(にちや)　8 今夜(こんや)　9 昨夜(さくや)　10 昼夜(ちゅうや)　11 七月十六日夜認メ(しちがつじゅうろくにちよるしたため)

199 ［夥］

カ　おびただしい

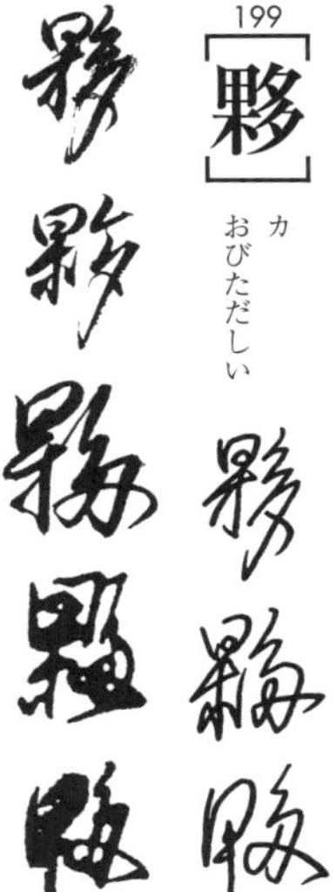

【用例】

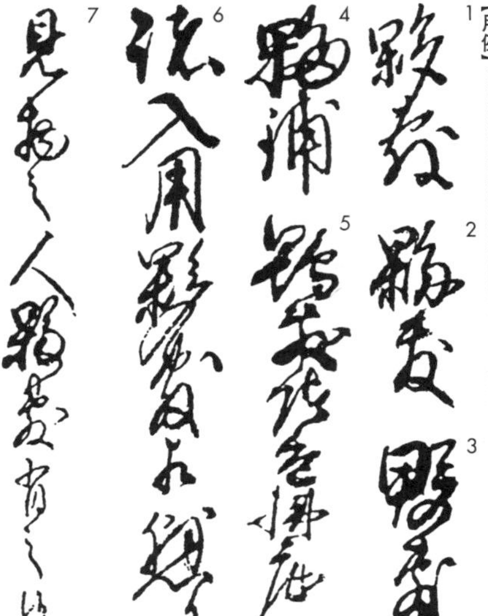

1〜3 夥敷(おびただしく)　4 夥鋪(おびただしく)　5 夥敷諸色拂底(おびただしくしょしきふってい)　6 諸入用夥敷相懸リ(しょにゅうようおびただしくあいかかり)　7 見物之人夥敷有レ之候(けんぶつのひとおびただしくこれありそうろう)

200 [太]

タ・タイ
ふとい
はなはだ

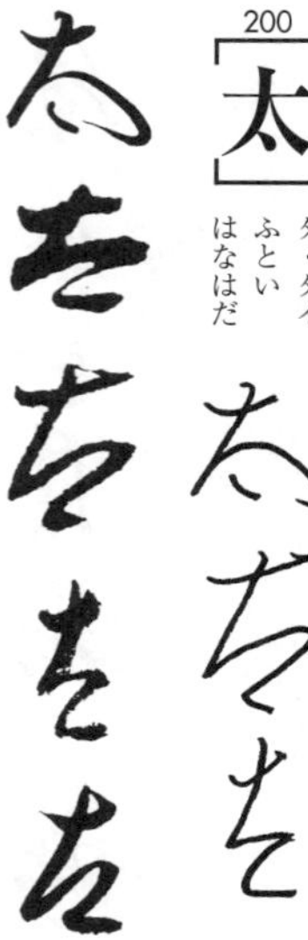

【用例】

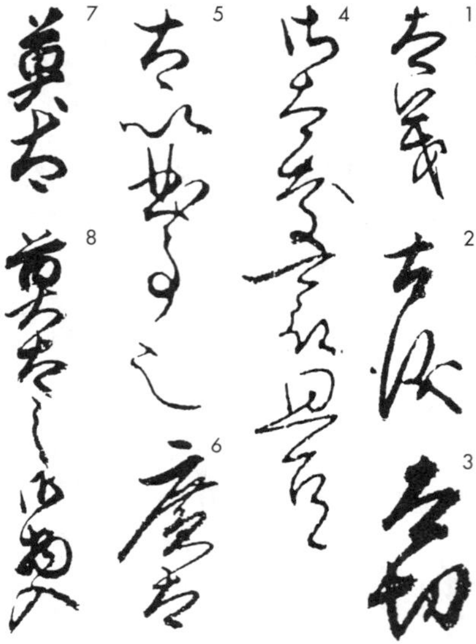

1 太義　2 太儀　3 太切　4 御太慶可ㇾ被㆓思召㆒候
5 太以曲事也　6 廣太　7 莫太　8 莫太之御物入

201 [天]

テン
あめ

【用例】

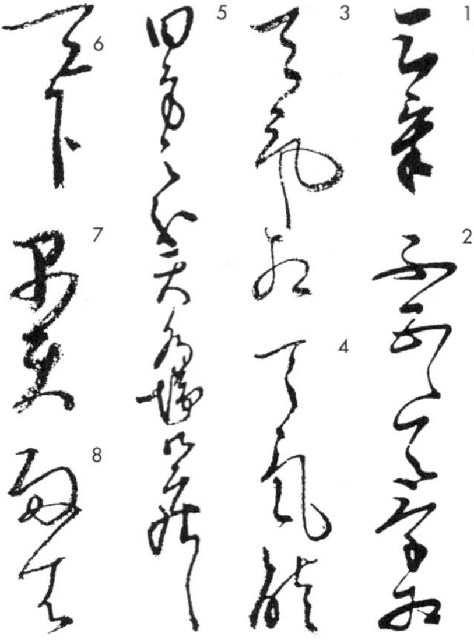

1 天氣　2 不正之天氣相　3 天気相　4 天気能
5 田方之義天水場御座候　6 天下　7 早天　8 雨天

202 [夫]

フ・ブ
おっと
それ

【用例】

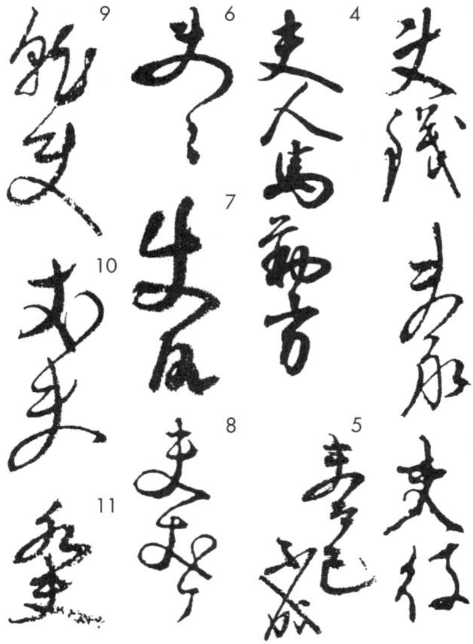

1 夫銭(ぶせん) 2 夫永(ぶえい) 3 夫役(ぶやく) 4 夫人馬勤方(ぶじんばつとめかた) 5 夫而已不レ成(それのみならず) 6 夫々(それぞれ) 7 夫故(それゆえ) 8 夫丈ケ(それだけ) 9 就レ夫(それにつき) 10 丈夫(じょうぶ) 11 水夫(かこ)

203 [失]

シツ
うしなう

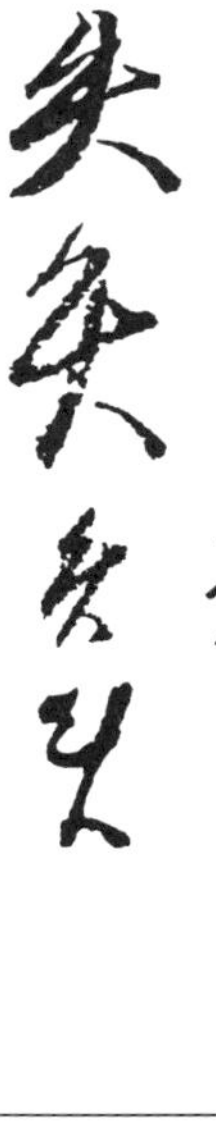

【用例】

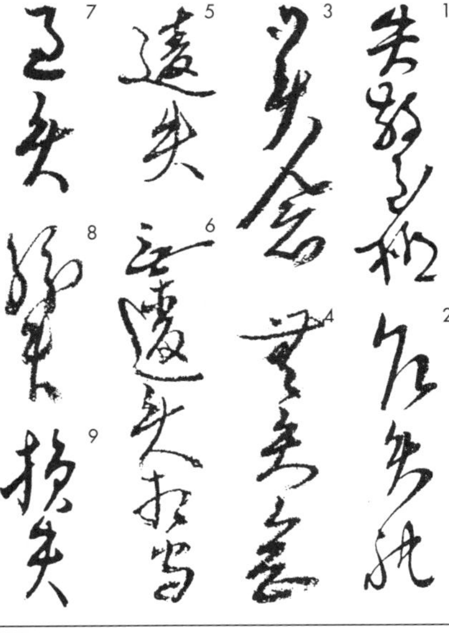

1 失敬至極(しっけいしごく) 2 乍二失禮一(しつれいながら) 3 御失念(ごしつねん) 4 無二失念一(しつねんなく) 5 遺失(いしつ) 6 無二遺失一相守(いしつなくあいまもり) 7 過失(かしつ) 8 紛失(ふんしつ) 9 損失(そんしつ)

204

【奉】

ホウ・ブ
たてまつる

【用例】

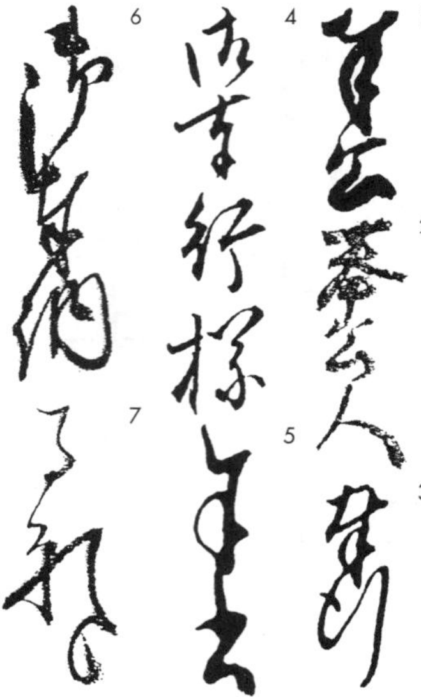

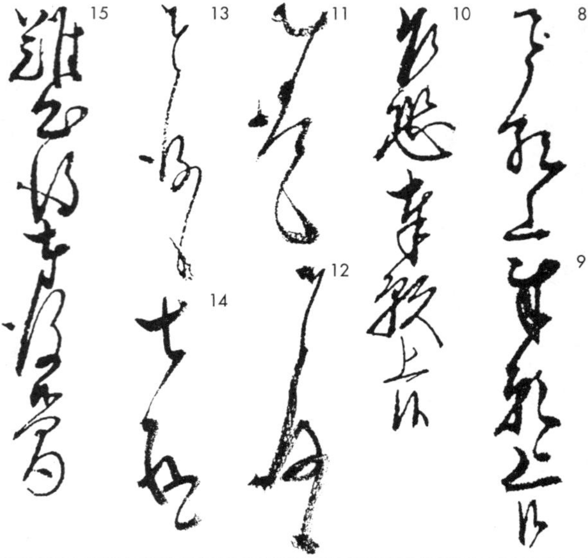

1 奉公（ほうこう）　2 奉公人（ほうこうにん）　3 奉行（ぶぎょう）　4 御奉行様（おぶぎょうさま）　5 奉書（ほうしょ）
6 御奉納（ごほうのう）　7 奉レ願候（ねがいたてまつりそうろう）　8 奉二願上一（ねがいあげたてまつる）　9 奉二願上一候（ねがいあげたてまつりそうろう）
10 乍レ恐奉二願上一候（おそれながらねがいあげたてまつりそうろう）　11～14 奉レ存候（ぞんじたてまつりそうろう）
15 難二心得一奉レ存候間（こころえがたくぞんじたてまつりそうろう）

205

奥（奧）

オク
オウ

【用例】

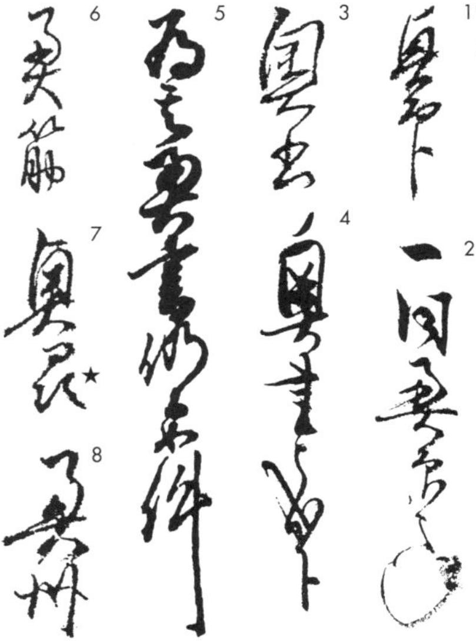

1 奥印（おくいん） 2 一同奥印之趣（いちどうおくいんのおもむき） 3 奥書（おくがき） 4 奥書被成下（おくがきなしくだされ） 5 為其奥書仍而如件（そのためおくがきよってくだんのごとし） 6 奥筋（おくすじ） 7・8 奥州（おうしゅう）

206

如

ニョ
ジョ
ごとし

【用例】

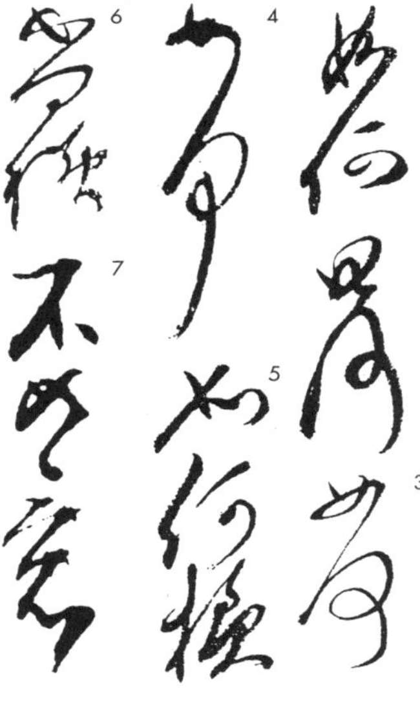

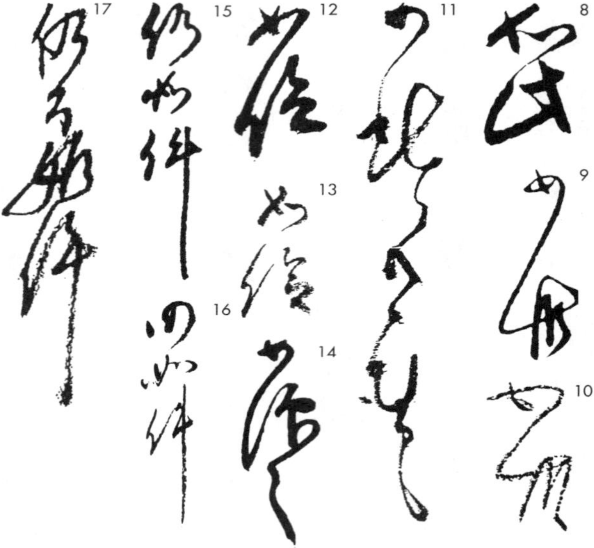

1～4 如何(いかん・いかが)　5・6 如何様(いかよう)　7 不如意(ふにょい)　8～10 如レ此(かくのごとし)
11 如レ此ニ御坐候(かくのごとくにござそうろう)　12・13 如レ仰(おおせのごとく)　14 如ニ仰之一(おおせのごとく)　15・16 仍如レ件(よってくだんのごとし)
17 仍而如レ件(よってくだんのごとし)

207 [妨]

ボウ
ホウ
さまたげる

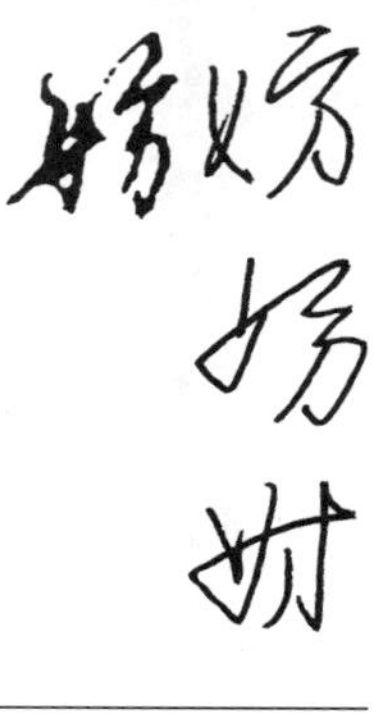

【用例】

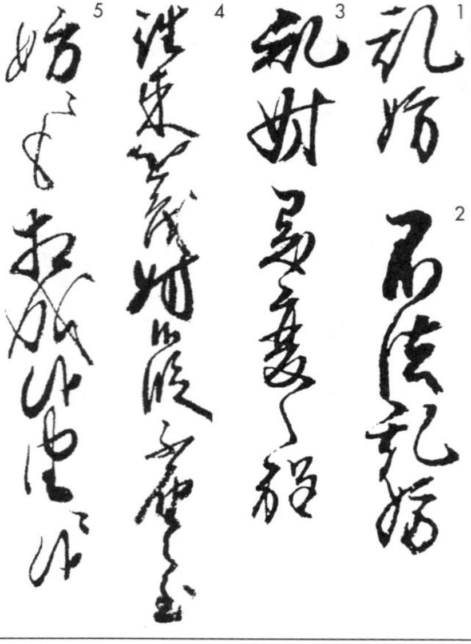

1 乱妨(らんぼう)　2 不法乱妨(ふほうらんぼう)　3 乱妨異変之程(らんぼういへんのほど)
4 往来を茂妨候段不届之至(おうらいをさまたげそうろうだんふとどきのいたり)　5 妨ニも相成候由ニ候(さまたげにもあいなりそうろうよしにそうろう)

208 【委】

イ
ゆだねる
くわしい

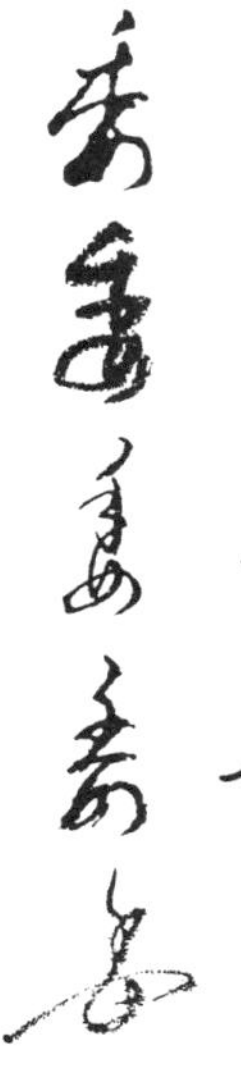

【用例】

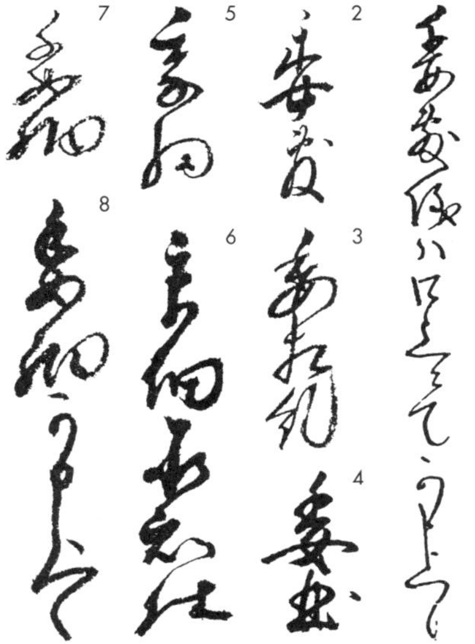

1 委敷儀(くわしきぎ)八口上(はこうじょう)ニて可二申上一候(もうしあぐべくそうろう)　2 委敷(くわしく)　3 委 相糺(くわしくあいただし)　4 委曲(いきょく)

5 委細(いさい)　6 委細承知 仕(いさいしょうちつかまつり)　7 委細(いさい)　8 委細可二申上一候(いさいもうしあぐべくそうろう)

209 【始】

シ
はじめる

【用例】

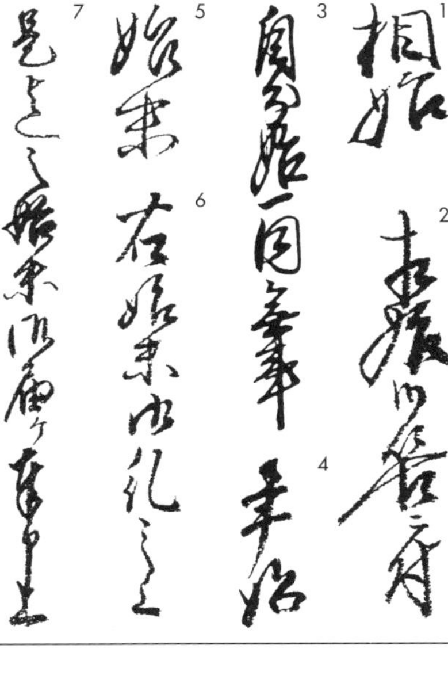

1 相始(あいはじめ)　2 相始候筈ニ付(あいはじめそうろうはずにつき)　3 自分始一同無事(じぶんはじめいちどうぶじ)　4 年始(ねんし)　5 始末(しまつ)

6 右始末御糺之上(みぎしまつおただしのうえ)　7 是迄之始末御届ケ奉二申上一(これまでのしまつおとどけもうしあげたてまつり)

210

姓

セイ
ショウ
かばね

【用例】

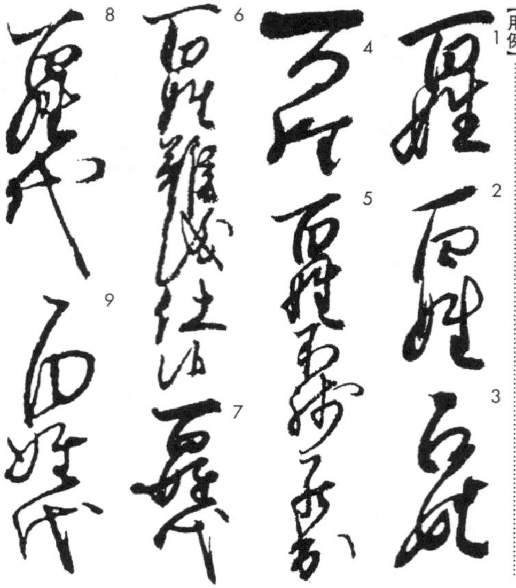

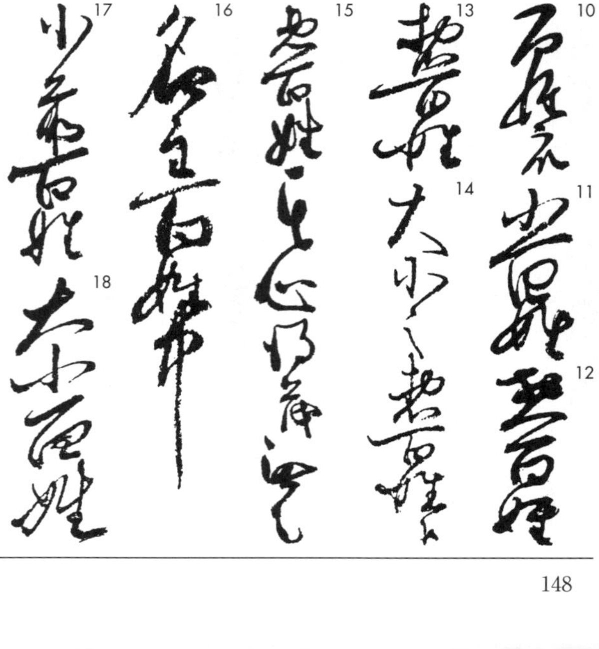

1〜4 百姓(ひゃくしょう) 5 百姓不レ残罷出(ひゃくしょうのこらずまかりいで) 6 百姓難儀仕候(ひゃくしょうなんぎつかまつりそうろう)
7〜9 百姓代(ひゃくしょうだい) 10 百姓衆(ひゃくしょうしゅう) 11 小百姓(こびゃくしょう) 12・13 惣百姓(そうびゃくしょう)
14 大小之惣百姓江(だいしょうのそうびゃくしょうへ) 15 惣百姓其心得茂無レ之(そうびゃくしょうそのこころえもこれなく)
16 名主百姓中(なぬしひゃくしょうちゅう) 17 小前百姓(こまえびゃくしょう) 18 大小百姓(だいしょうひゃくしょう)

211 【威】

イ
おどす
おどし

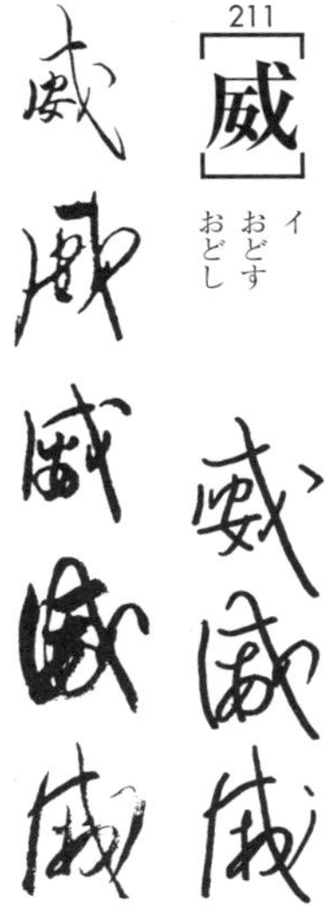

【用例】

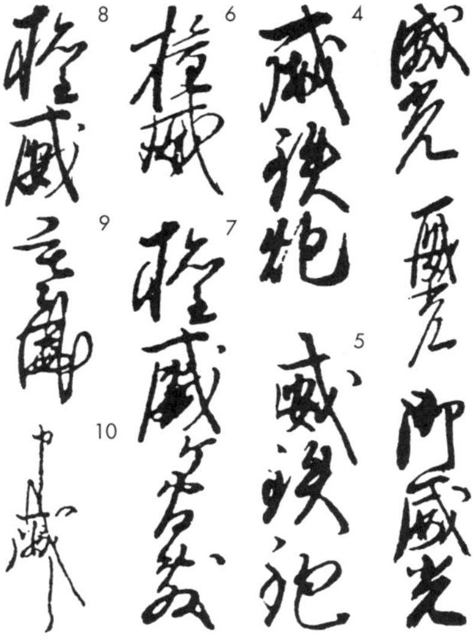

1・2 威光（いこう）　3 御威光（ごいこう）　4・5 威鉄炮（おどしでっぽう）　6 権威（けんい）　7 権威ケ間敷（けんいがましく）　8 権威（けんい）　9 寒威（かんい）　10 申威し（もうしおどし）

212 【嫌】

ケン
ゲン
きらう

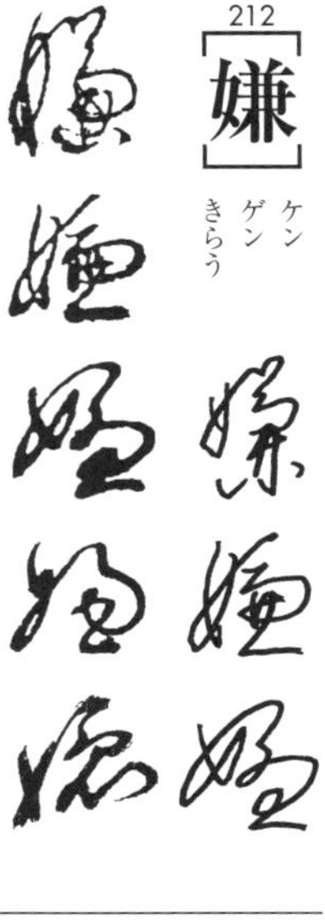

【用例】

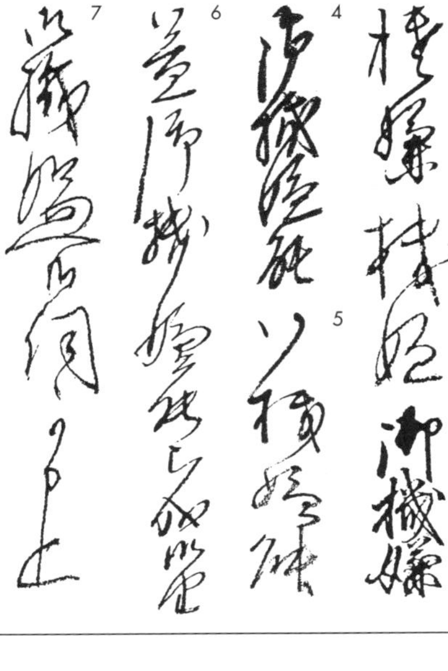

1・2 機嫌（きげん）　3 御機嫌（ごきげん）　4・5 御機嫌能（ごきげんよく）　6 益御機嫌能被レ成二御坐一（ますますごきげんよくござなされ）　7 御機嫌御伺可二申上一（ごきげんおうかがいもうしあぐべく）

213

【存】

ソン
ゾン

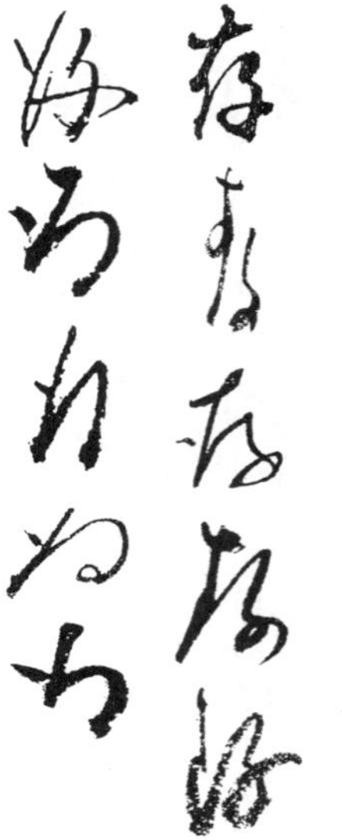

【用例】

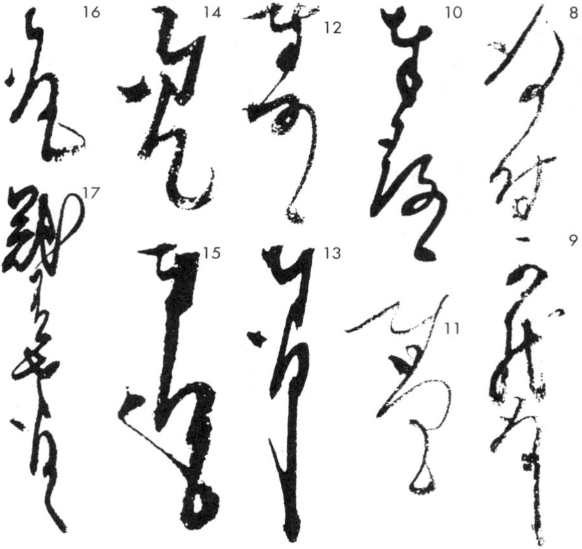

1・2存知（ぞんじ）　3存外（ぞんがい）　4・5存寄（ぞんじより）　6存之通（ぞんじのとおり）　7御存之儀二而（ごぞんじのぎにて）

8存付（ぞんじつき）　9可レ然存候（しかるべくぞんじそうろう）　10〜16奉レ存候（ぞんじたてまつりそうろう）

17難レ有奉レ存候（ありがたくぞんじたてまつりそうろう）

214 ［孫］

ソン
まご

【用例】

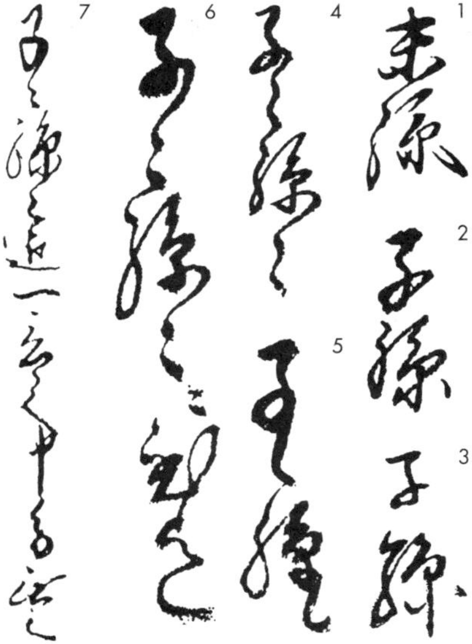

1 末孫（まっそん）　2・3 子孫（しそん）　4・5 子々孫々（ししそんそん）　6 子々孫々二至迄（ししそんそんにいたるまで）

7 子々孫々迄一言之申分無レ之（ししそんそんまでいちごんのもうしわけこれなく）

215 ［安］

アン
やすい

【用例】

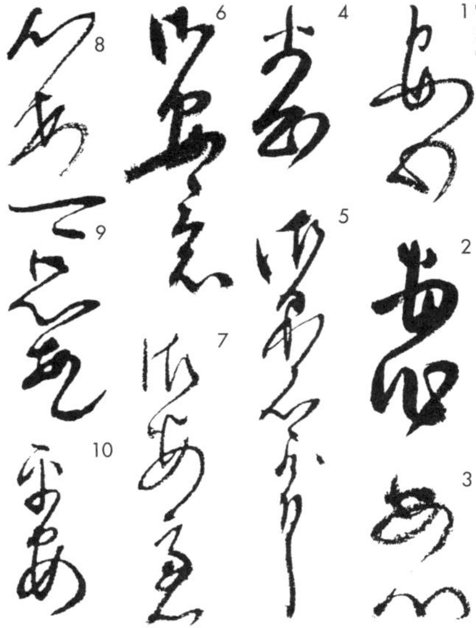

1〜4 安心（あんしん）　5 御安心可レ被レ下候（ごあんしんくださるべくそうろう）　6 御安意（ごあんい）　7 御安慮（ごあんりょ）　8 心安（こころやすし）

9 可二御心安一候（おこころやすかるべくそうろう）　10 平安（へいあん）

216 守

シュ／もり　まもる　かみ

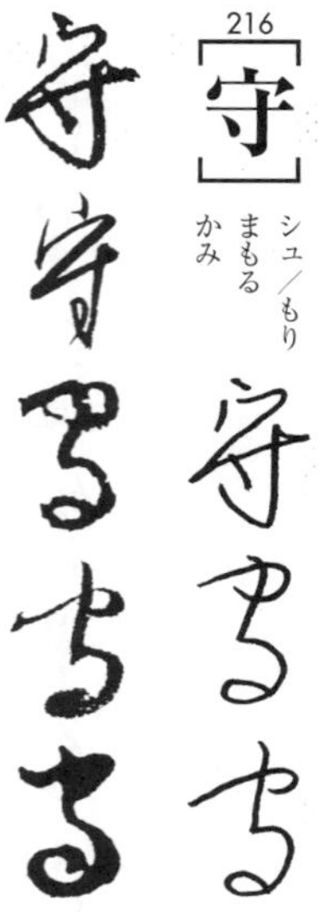

【用例】

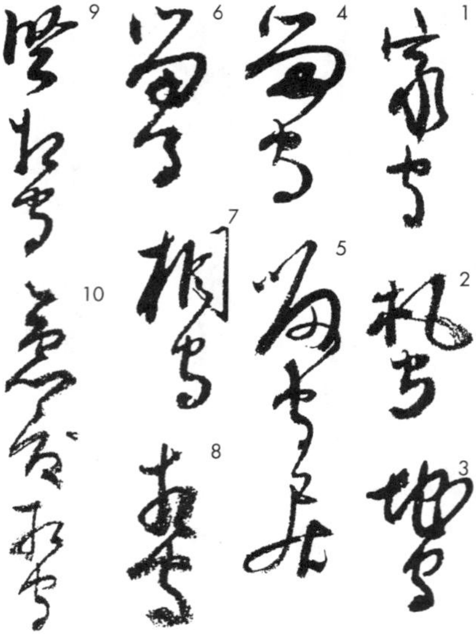

1 家守(いえもり／やもり)　2 札守(ふだもり)　3 地守(じもり)　4 留守(るす)　5 留守居(るすい)　6 留守(るす)　7・8 相守(あいまもる)　9 堅相守(かたくあいまもり)　10 急度相守(きっとあいまもり)

217 宅

タク

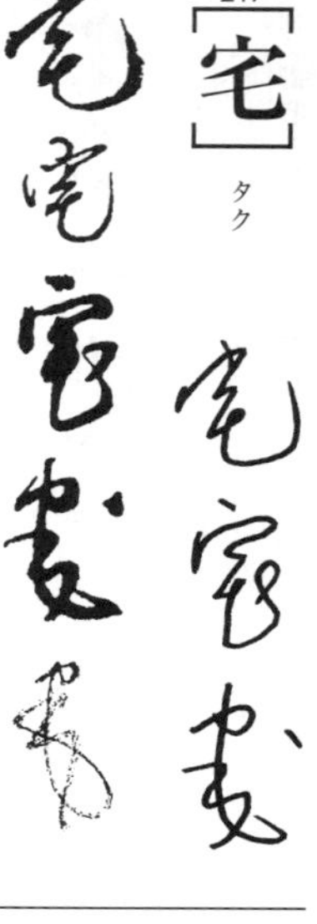

【用例】

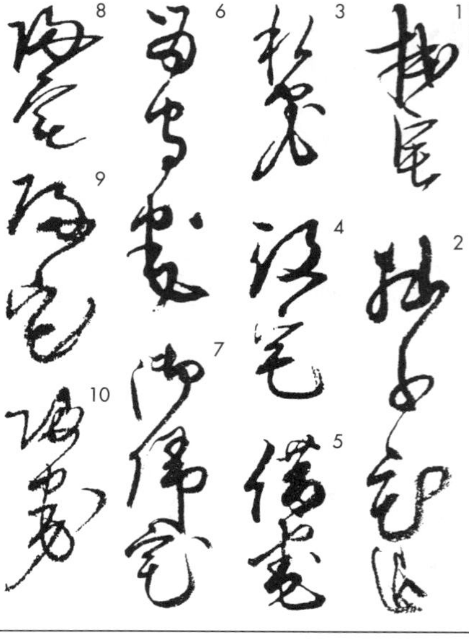

1 拙宅(せったく)　2 拙子宅迄(せっしたくまで)　3 私宅(わたくしたく)　4 役宅(やくたく)　5 借宅(しゃくたく)　6 留守宅(るすたく)　7 御帰宅(ごきたく)　8～10 帰宅(きたく)

218 官

カン

【用例】

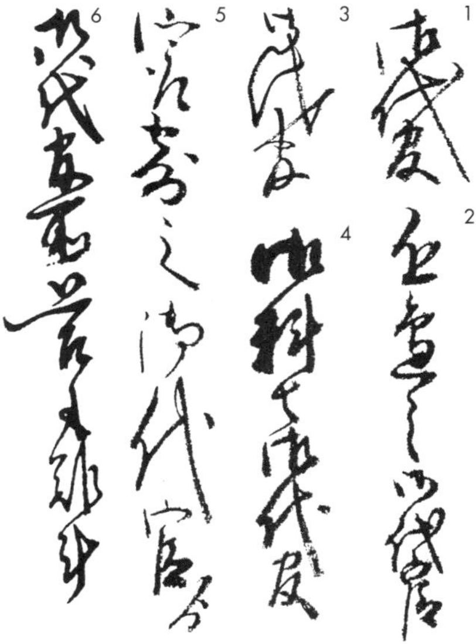

1 御代官（おだいかん）　2 近邊之御代官（きんぺんのおだいかん）　3 御代官（おだいかん）　4 御料者御代官（ごりょうはおだいかん）
5 最寄之御代官ゟ（もよりのおだいかんより）　6 御代官所思召も難ㇾ計（おだいかんしょおぼしめしもはかりがたく）

219 宜

ギ
よろしい
よろしく

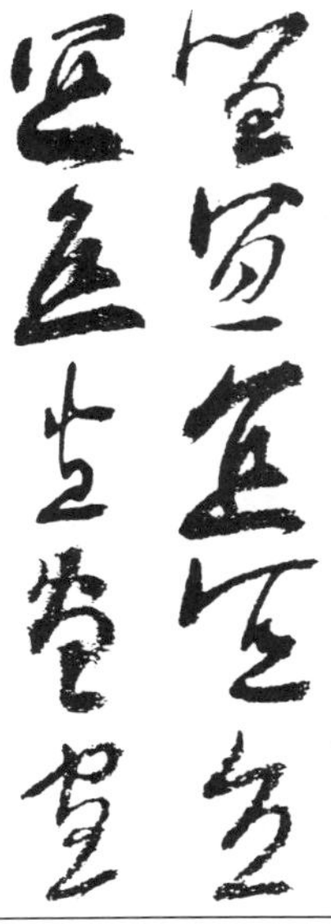

【用例】

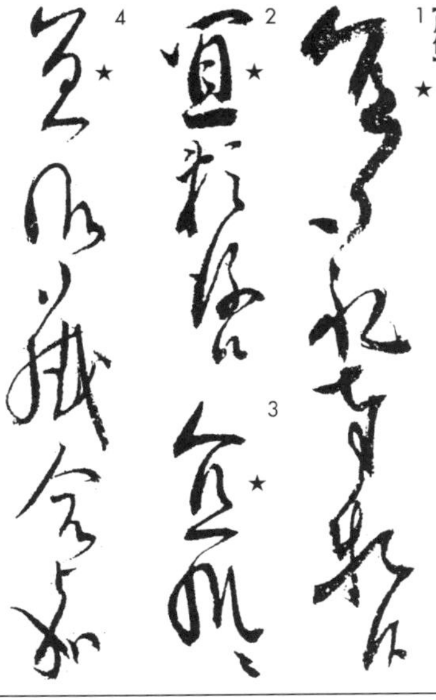

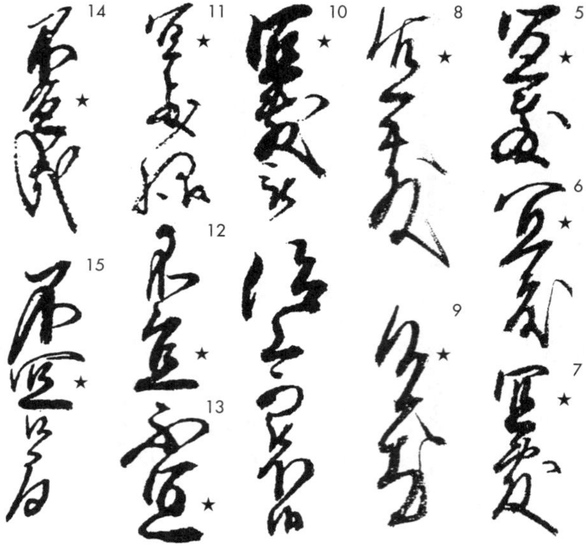

1 宜御礼奉レ頼候（よろしくおれいたのみたてまつりそうろう） 2 宜頼存候（よろしくたのみぞんじそうろう） 3 宜様ニ（よろしきように）
4 宜様御掛合被レ成（よろしきようおかけあいなされ） 5～9 宜敷（よろしく） 10 宜敷被二仰上一可レ被レ下候（よろしくおおせあげられくださるべくそうろう）
11 宜敷様（よろしきよう） 12・13 不レ宜（よろしからず） 14 不レ宜哉（よろしからずや） 15 不レ宜候間（よろしからずそうろうあいだ）

220 [実(實)]

ジツ
み
みのる

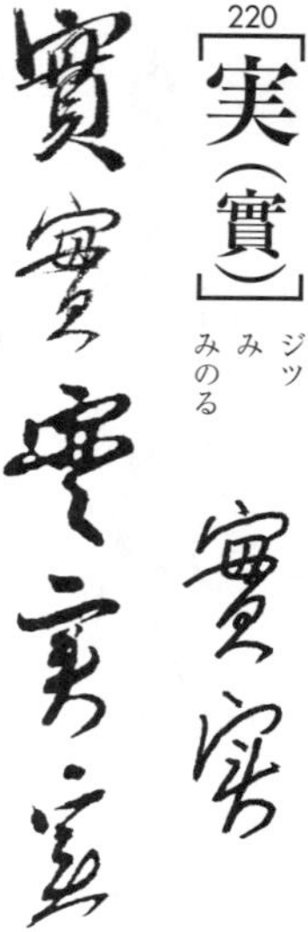

【用例】

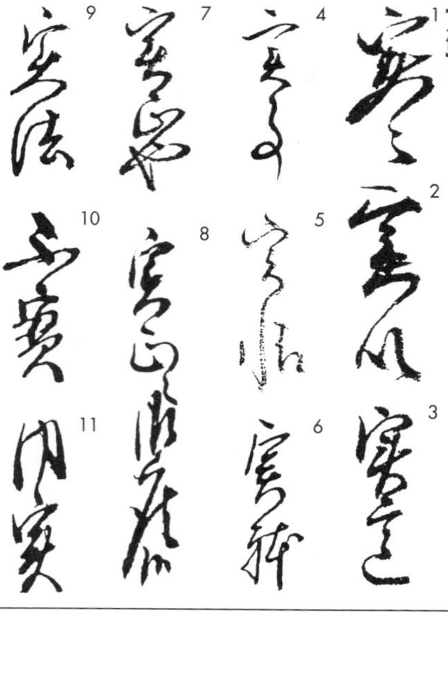

1 実々（じつじつ） 2 実以（じつをもって） 3 実意（じつい） 4 実事（じつじ） 5 実情（じつじょう） 6 実躰（じってい）
7 実正也（じっしょうなり） 8 実正ニ御座候（じっしょうにござそうろう） 9 実法（みのり） 10 不實（ふじつ） 11 内実（ないじつ）

221 [宗]

シュウ
ソウ
むね

【用例】

1 宗旨（しゅうし）
2 宗旨人別御改（しゅうしにんべつおあらため）
3 宗旨寺請状之事（しゅうしてらうけじょうのこと）
4 宗門（しゅうもん）
5 宗門帳（しゅうもんちょう）
6 他宗（たしゅう）
7 御法度宗門之者壱人も無レ之候（ごはっとしゅうもんのものいちにんこれなくそうろう）

222 [定]

テイ・ジョウ
さだめる
さだめ

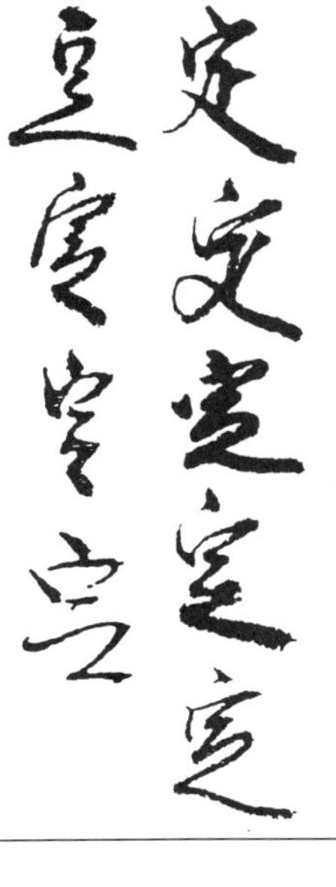

【用例】

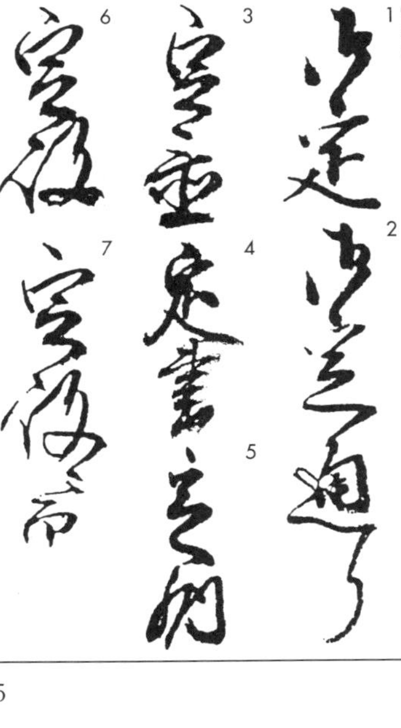

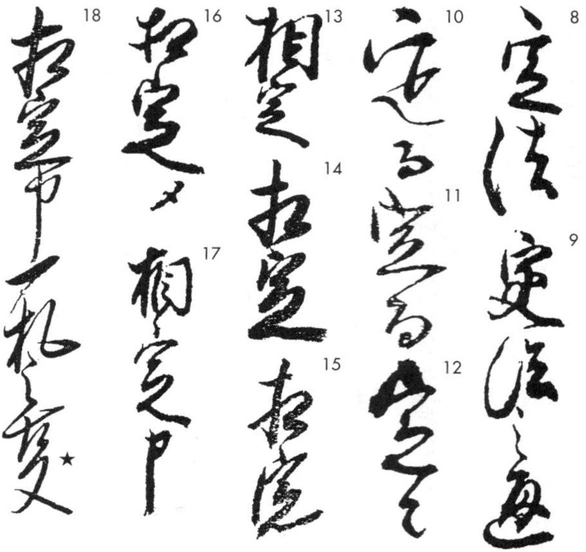

1 御定(おさだめ)　2 御定通リ(おさだめどおり)　3 定置(さだめおく)　4 定書(さだめがき)　5 定納(じょうのう)　6 定役(じょうやく)
7 定役二而(じょうやくにて)　8 定法(じょうほう)　9 定法之通(じょうほうのとおり)　10・11 定而(さだめて)　12 定て(さだめ)
13～15 相定(あいさだむ)　16 相定メ(あいさだめ)　17 相定申(あいさだめもうす)　18 相定申一札之事(あいさだめもうすいっさつのこと)

223 [宥]

ユウ
ゆるす
なだめる

【用例】

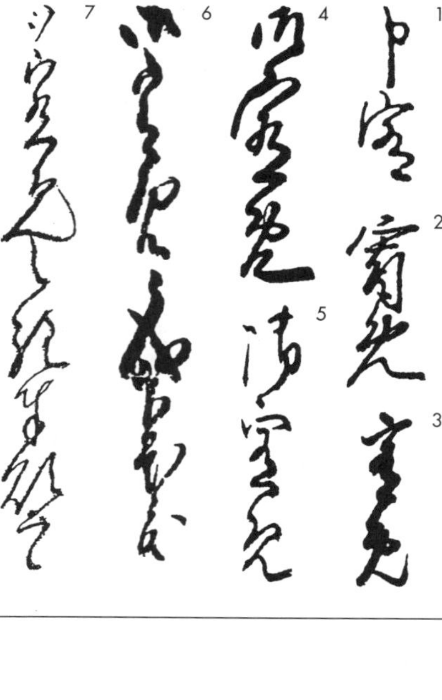

1 申宥(もうしなだめる)　2・3 宥免(ゆうめん)　4・5 御宥免(ごゆうめん)　6 御宥免被二成下置一度(ごゆうめんなしくだしおかれたく)
7 御宥免之程奉二願上一候(ごゆうめんのほどねがいあげたてまつりそうろう)

224 【家】

カ・ケ　いえ　や

【用例】

1 2 3 4 5 6 7 8 9 10

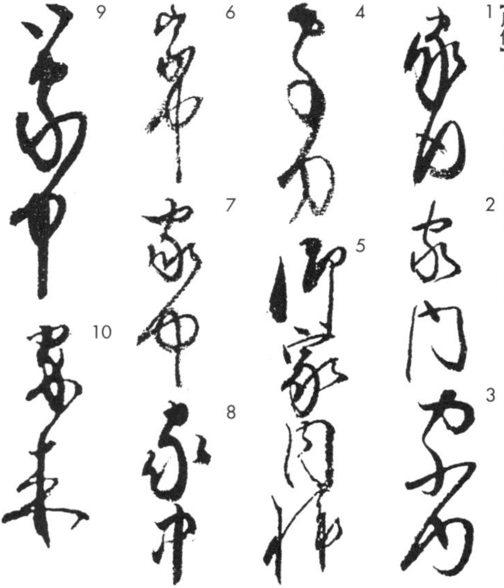

11 12 13 14 15 16 17 18 19 20 21 22 23

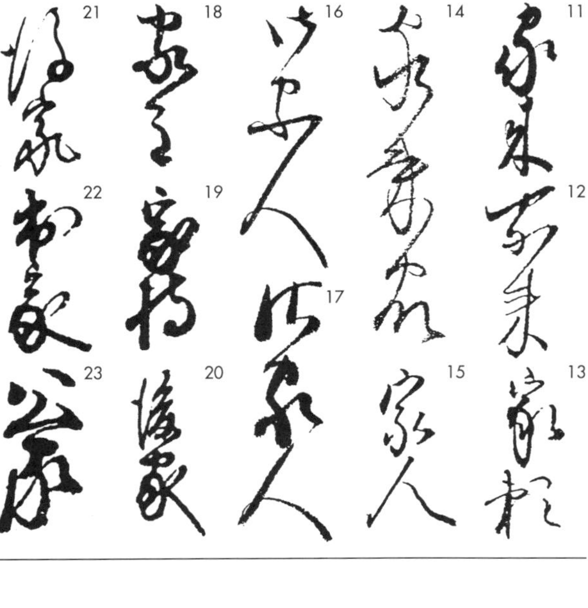

1〜4 家内（かない）　5 御家内様（ごかないさま）　6〜8 家中（かちゅう）　9 御家中（ごかちゅう）　10〜12 家来（けらい）

13 家頼（けらい）　14 家来衆（けらいしゅう）　15 家人（けにん）　16・17 御家人（ごけにん）　18 家主（いえぬし・やぬし）　19 家持（いえもち）

20・21 後家（ごけ）　22 出家（しゅっけ）　23 公家（くげ）

225

[宮]

キュウ
ク・グウ
みや

【用例】

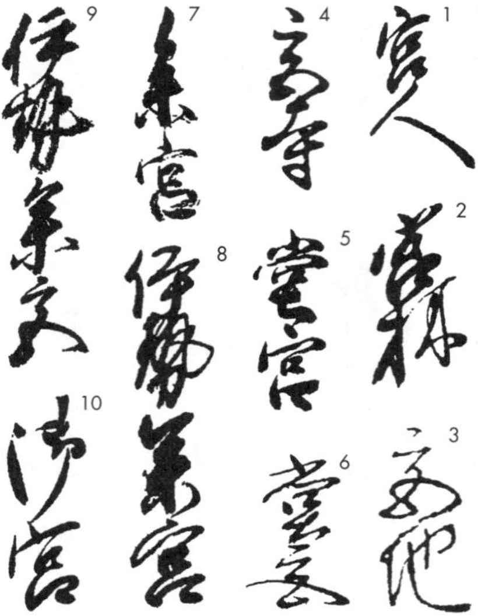

1 宮人（みやびと） 2 宮林（みやばやし） 3 宮地（みやじ） 4 宮寺（みやでら） 5・6 堂宮（どうみや） 7 参宮（さんぐう） 8・9 伊勢参宮（いせさんぐう） 10 御宮（おみや）

226

[寅]

イン
とら

【用例】

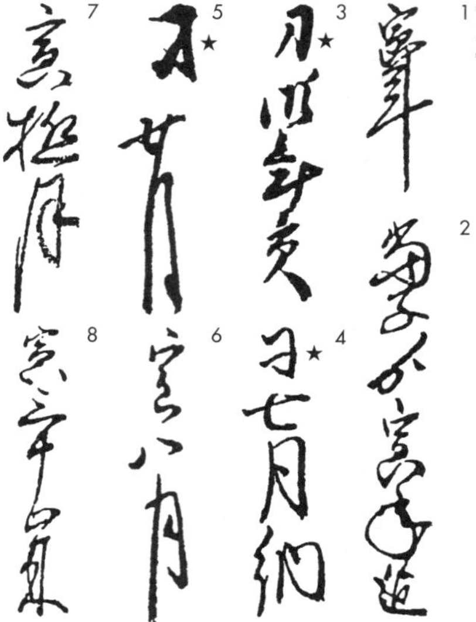

1 寅年（とらどし） 2 当子ゟ寅年迄（とうねよりとらどしまで） 3 寅御年貢（とらおねんぐ） 4 寅七月納（とらしちがつおさめ） 5 寅五月（とらごがつ） 6 寅八月（とらはちがつ） 7 寅極月（とらきょくげつ） 8 寅三十歳（とらさんじゅっさい）

227 【寄】

キ／よる よせる よせ

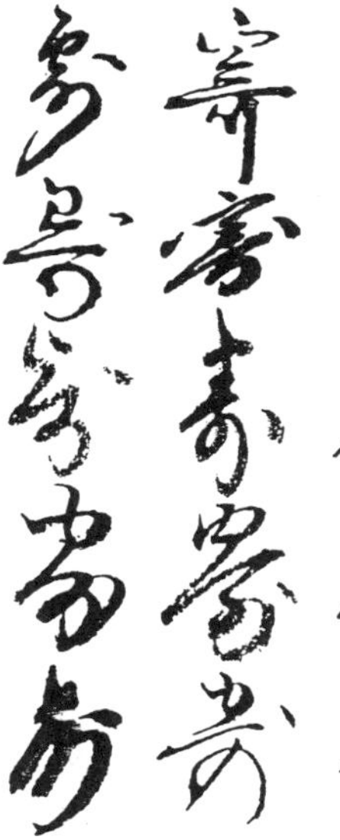

【用例】

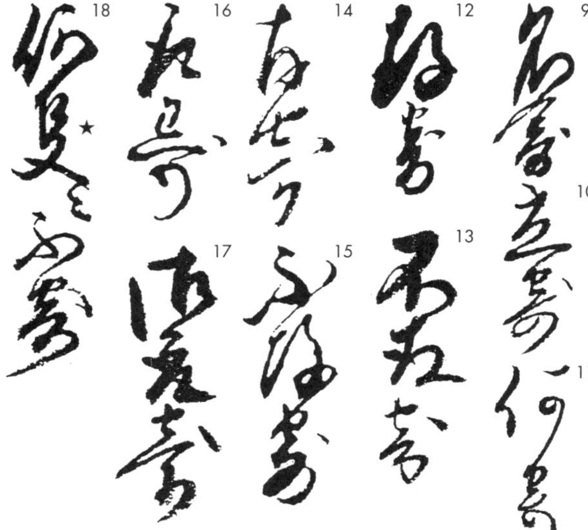

1・2 寄合（よりあい）　3 寄會（よりあい）　4 寄進（きしん）　5・6 最寄（もより）　7 年寄（としより）　8 手寄（てより）　9 名寄（なよせ）

10 立寄（たちよる）　11 何寄（なにより）　12 存寄（ぞんじより）　13 不㆓存寄㆒（ぞんじよらず）　14 存寄（ぞんじより）　15 不㆓存寄㆒（ぞんじよらず）

16 取寄（とりよせ）　17 御取寄（おとりよせ）　18 何事ニ不レ寄（なにごとによらず）

228
宿

シュク
やどる
やど

【用例】

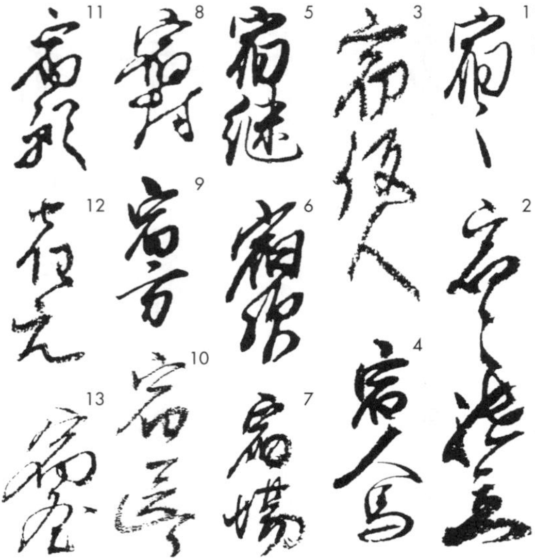

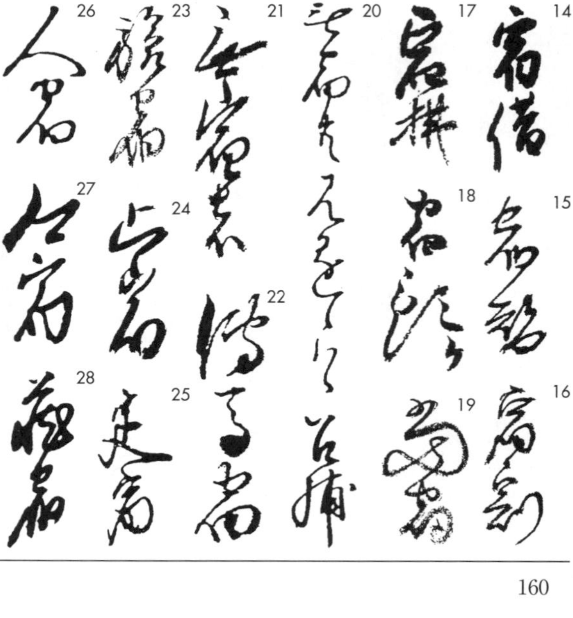

1 宿々（しゅくしゅく）
2 宿々継立（しゅくしゅくつぎたて）
3 宿役人（しゅくやくにん）
4 宿人馬（しゅくじんば）
5 宿継（しゅくつぎ）
6 宿次（しゅくつぎ）
7 宿場（しゅくば）
8 宿村（しゅくそん）
9 宿方（しゅくがた）
10 宿送リ（しゅくおくり）
11 宿願（しゅくがん）
12 宿元（やどもと）
13 宿屋（やどや）
14 宿借（やどがり）
15 宿替（やどがえ）
16 宿割（やどわり）
17 宿拂（やどばらい）
18 宿預ケ（やどあずけ）
19 當宿（とうしゅく）
20 無宿共見懸候ハヽ、召捕（むしゅくどもみかけそうらわばめしとらえ）
21 無宿者（むしゅくもの）
22 傳馬宿（てんましゅく）
23 旅宿（りょしゅく）
24 止宿（ししゅく）
25 定宿（じょうやど）
26 人宿（ひとやど）
27 郷宿（ごうやど）
28 蔵宿（くらやど）

229
【寒】
カン
さむい

【用例】

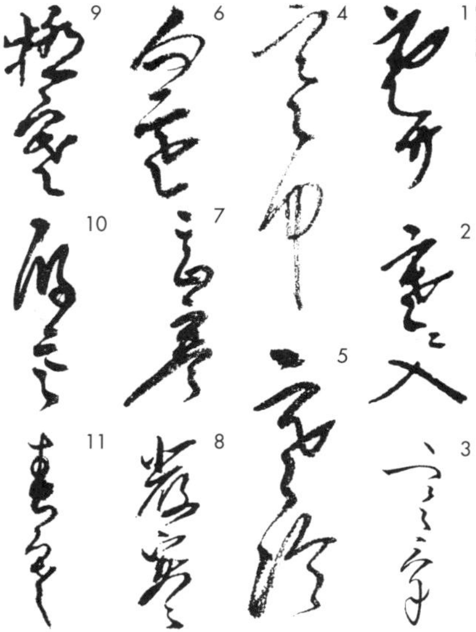

1 寒サ（さむさ） 2 寒二入（かんにいり） 3 寒氣（かんき） 4 寒中（かんちゅう） 5 寒冷（かんれい） 6 向寒（こうかん） 7 甚寒（じんかん） 8 嚴寒（げんかん） 9 極寒（ごくかん） 10 餘寒（よかん） 11 春寒（しゅんかん）

230
【察】
サツ
さっする

【用例】

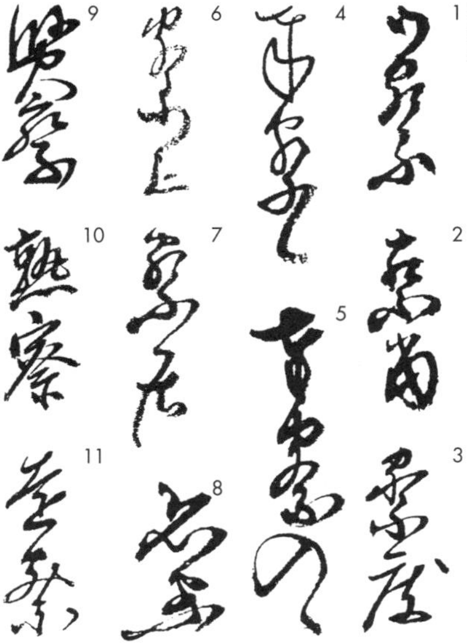

1 御察（おさっし） 2 察當（さっとう・さっと） 3 察度（さっと） 4 奉レ察候（さっしたてまつりそうろう） 5 奉ニ察入一候（さっしいりたてまつりそうろう） 6 察上（さっしあぐ） 7 察居（さっしおる） 8 恐察（きょうさつ） 9 賢察（けんさつ） 10 熟察（じゅくさつ） 11 遠察（えんさつ）

231 【審】

シン
つまびらか

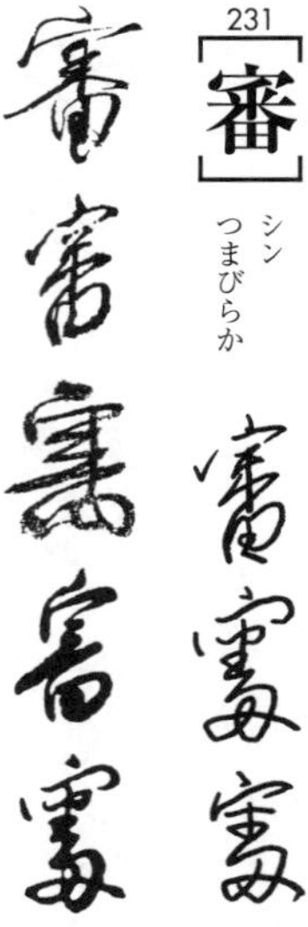

【用例】

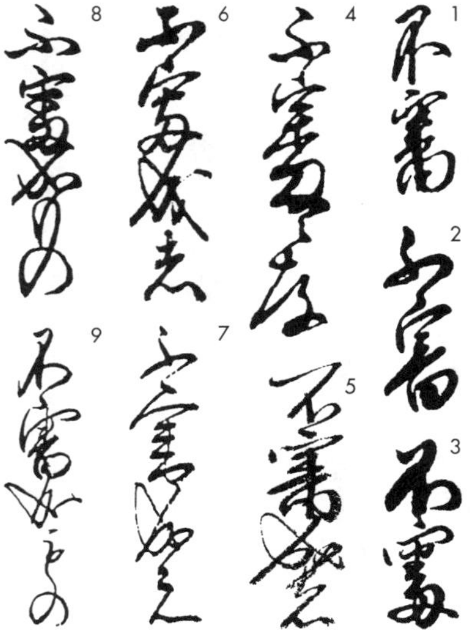

1～3 不審（ふしん）
4 不審二存（ふしんにぞんじ）
5～7 不審成者（ふしんなるもの）
8・9 不審成もの（ふしんなるもの）

232 【寺】

ジ
てら

【用例】

1・2 寺院（じいん）
3 寺社（じしゃ）
4 従二寺社御奉行所一（じしゃおぶぎょうしょより）
5 寺社領（じしゃりょう）
6 寺請状（てらうけじょう）
7 寺領（じりょう）
8 貴寺（きじ）
9 旦那寺（だんなでら）

233 対(對)

タイ ツイ

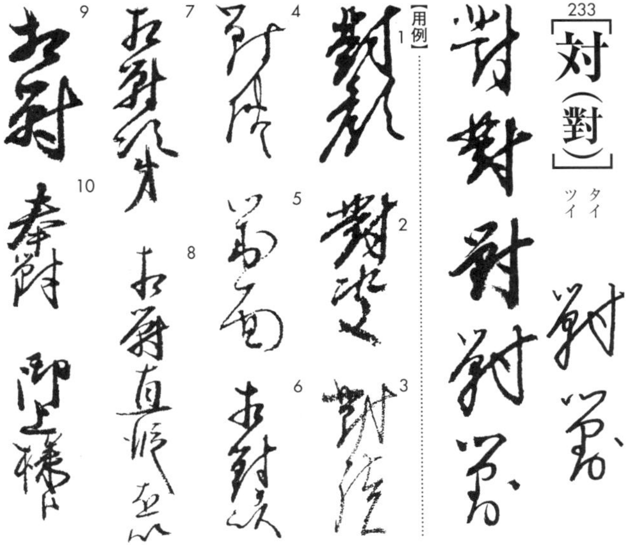

【用例】

1 對顔(たいがん) 2 對決(たいけつ) 3・4 對談(たいだん) 5 對面(たいめん) 6 相對ヲ以(あいたいをもって) 7 相對次第(あいたいしだい) 8 相對直段を以(あいたいねだんをもって) 9 相對(あいたい) 10 奉ㇾ對二御上様江一(おんうえさまへたいしたてまつり)

234 専(專)

セン もっぱら

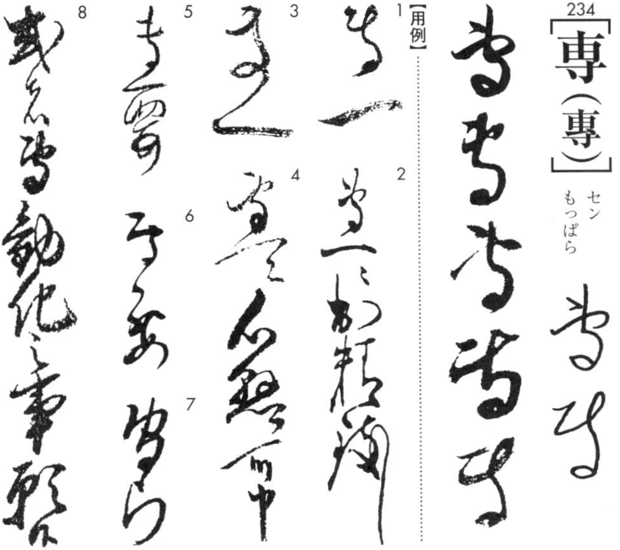

【用例】

1 専一(せんいつ) 2 専一ニ出精致し(せんいつにしゅっせいいたし) 3 専一(せんいつ) 4 専一ニ心懸ケ可ㇾ申(せんいつにこころがけもうすべく) 5・6 専要(せんよう) 7 専ら(もっぱら) 8 或者 専 勧化之事 願 候(あるいはもっぱらかんげのことねがいそうろう)

235
将（將）
ショウ
ソウ
はた

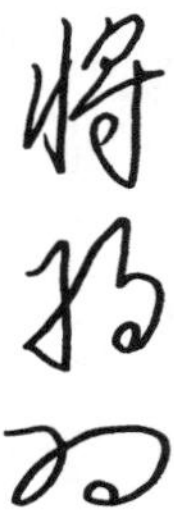

【用例】

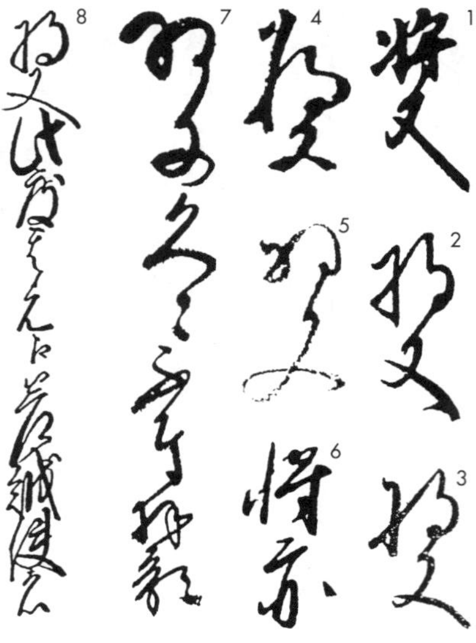

1～5 将又(はたまた)　6 将亦(はたまた)　7 将又久々不レ奉二拝顔一(はたまたひさびさはいがんたてまつらず)
8 将又此度其元江差二越使者一(はたまたこのたびそこもとへししゃをさしこし)

236
尋
ジン
たずねる
ひろ

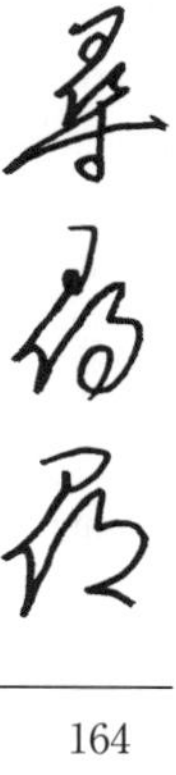
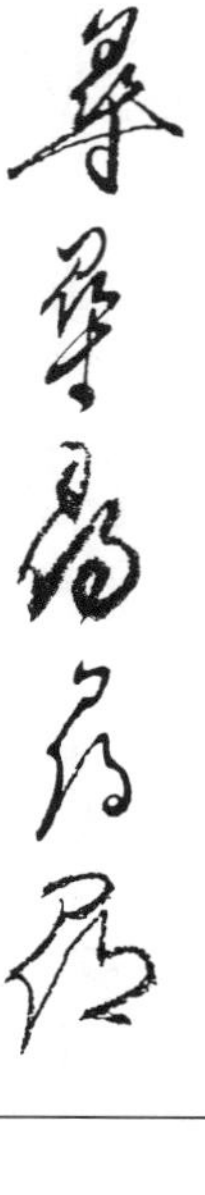

【用例】

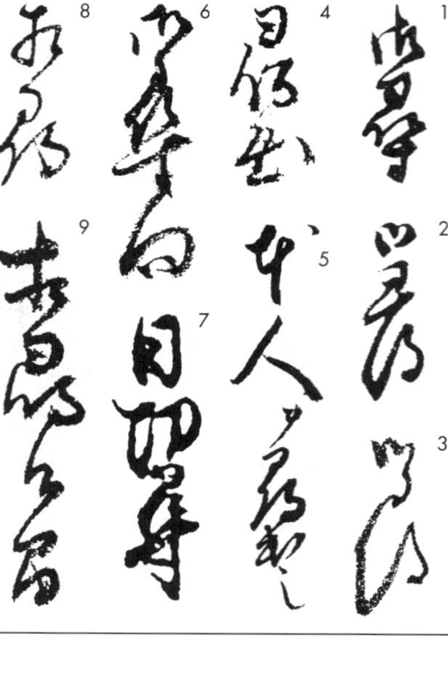

1～3 御尋(おたずね)　4 尋出(たずねいだす)
5 本人ヲ尋出し(ほんにんをたずねいだし)
6 御尋向(おたずねむき)
7 日切尋(ひぎりたずね)
8 相尋(あいたずね)
9 相尋候間(あいたずねそうろうあいだ)

237 尊

ソン／みこと
とうとい
たっとい

【用例】

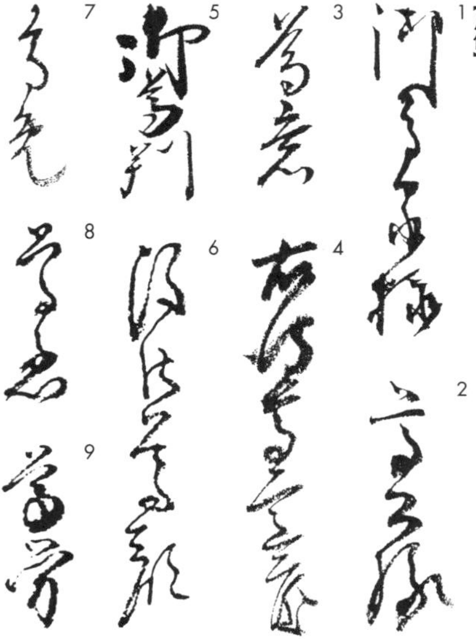

1 御尊家様（ごそんかさま）　2 尊公様（そんこうさま）　3 尊意（そんい）　4 右得二尊意一度（みぎそんいをえたく）　5 御尊判（ごそんぱん）　6 得二御尊顔一（ごそんがんをえ）　7 尊免（そんめん）　8 尊慮（そんりょ）　9 尊労（そんろう）

238 当（當）

トウ
あてる・あたる
あて・まさに

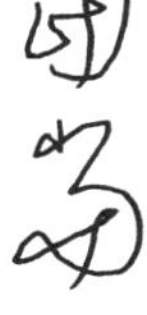

【用例】

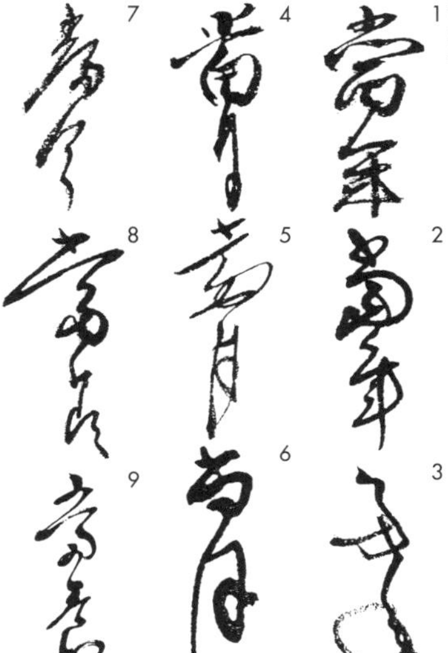

1~3 當年(とうねん)　4~6 當月(とうげつ)　7 當今(とうこん)　8・9 當節(とうせつ)　10 當分(とうぶん)　11 當分之内(とうぶんのうち)

12・13 當村(とうそん・とうむら)　14 當地(とうち)　15・16 當方(とうほう)　17・18 當人(とうにん)　19 當用(とうよう)　20 當座(とうざ)

21 手當(てあて)　22 引當(ひきあて)

239 尚

ショウ
ひさしい
なお

【用例】

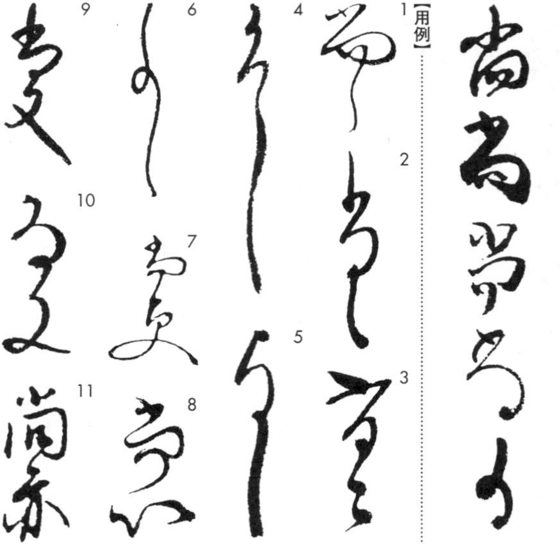

1~6 尚々(なおなお)　7 尚更(なおさら)　8 尚以(なおもって)　9・10 尚又(なおまた)　11 尚亦(なおまた)

240 尤

ユウ
もっとも

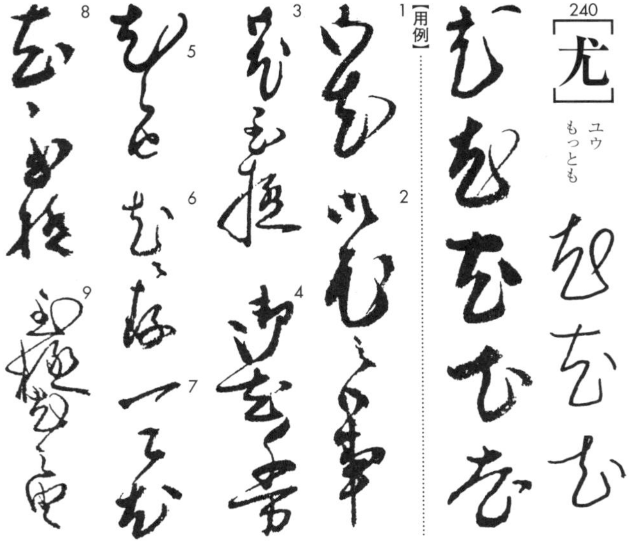

【用例】

1 御尤(ごもっとも)　2 御尤之御事(ごもっとものおんこと)　3 御尤至極(ごもっともしごく)　4 御尤千万(ごもっともせんばん)　5 尤之由(もっとものよし)　6 尤ニ存(もっともにぞんじ)　7 一々尤(いちいちもっとも)　8 尤至極(もっともしごく)　9 至極尤之由(しごくもっとものよし)

241 就

シュウ
シュ／つく
ついては

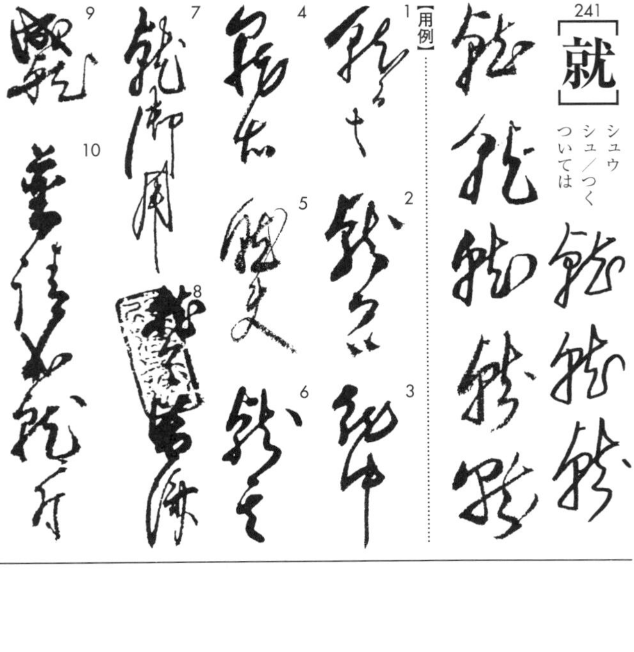

【用例】

1 就而者(ついては)　2 就而ハ(ついては)　3 就中(なかんずく)　4 就レ右(みぎにつき)　5 就レ夫(それにつき)　6 就レ其(それにつき)　7 就二御用一(ごようにつき)　8 就レ令二皆済(かいさいせしむにつき)　9 成就(じょうじゅ)　10 普請成就二付(ふしんじょうじゅにつき)

242 尽（盡）

ジン
つくす
ことごとく

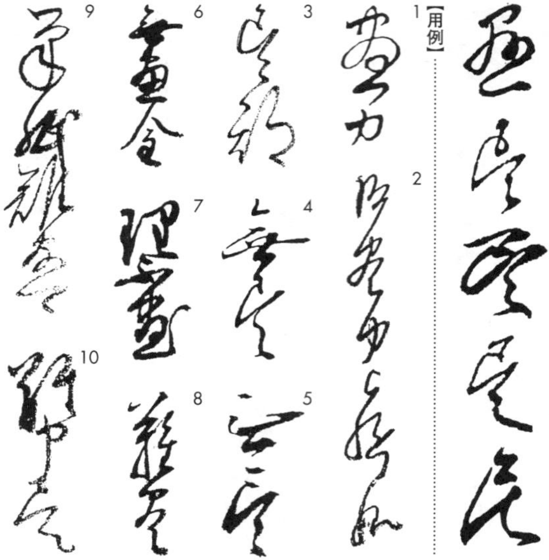

【用例】

1 盡力（じんりょく）　2 御尽力被レ遊候様（ごじんりょくあそばされそうろうよう）　3 尽期（じんご）　4・5 無尽（むじん）　6 無盡金（むじんきん）

7 理不盡（りふじん）　8 難レ尽（つくしがたく）　9 筆紙難レ盡候（ひっしにつくしがたくそうろう）　10 難ニ申尽一（もうしつくしがたく）

243 届

カイ
とどけ・とどく
とどける

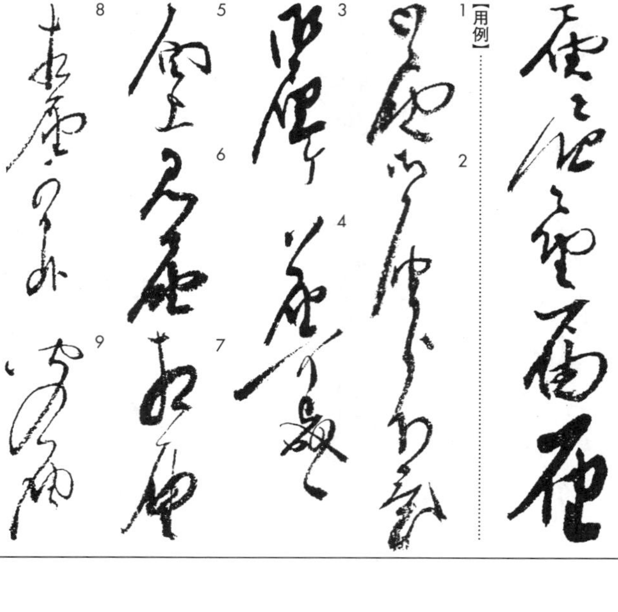

【用例】

1 御届(おとどけ)　2 御届被二下置一(おとどけくだしおかれ)　3 御届ケ(おとどけ)　4 御届可レ被レ成候(おとどけなさるべくそうろう)
5 届上(とどけあげ)　6 見届(みとどけ)　7 相届(あいとどけ)　8 相届可レ申候(あいとどけもうすべくそうろう)　9 聞届(ききとどけ)
10 御聞届被レ遊(おききとどけあそばされ)　11・12 行届(ゆきとどく)　13 行届候様(ゆきとどきそうろうよう)　14 行届不レ申(ゆきとどきもうさず)
15 不行届(ふゆきとどき)／不二行届一(ゆきとどかず)　16 不二行届一候而者(ゆきとどかずそうろうては)　17 承届(うけとどけ)　18 不届(ふとどき)
19 不届千万(ふとどきせんばん)

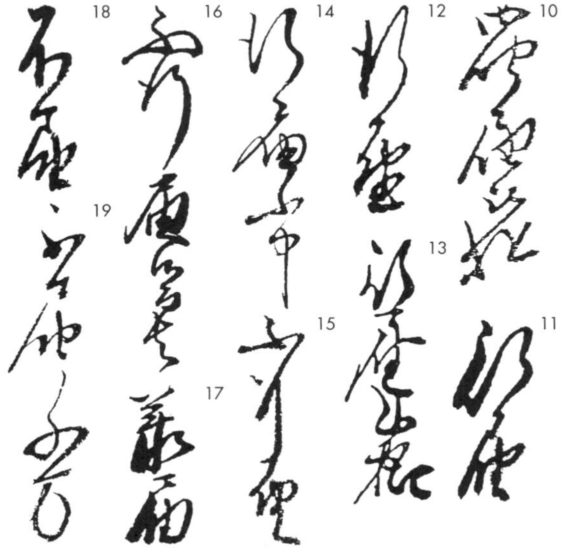

244 ［居］

キョ／いる
おる
すえ

【用例】

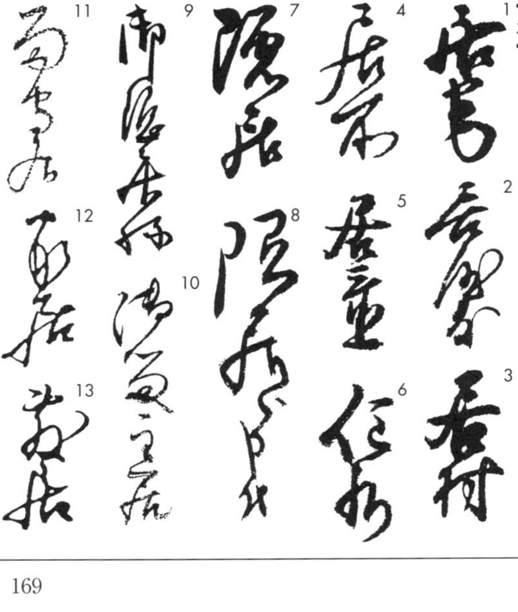

1 居宅（きょたく） 2 居屋敷（いやしき） 3 居村（いむら） 4 居所（きょしょ・いどころ） 5 居置（すえおく） 6 住居（じゅうきょ） 7 隠居（いんきょ）

8 隠居被二申付一（いんきょもうしつけられ） 9 御隠居様（ごいんきょさま） 10 御留主居（おるすい） 11 留守居（るすい） 12 家居（いえい）

13 敷居（しきい） 14 芝居（しばい） 15 出居（でい・いでおり） 16 罷居（まかりおり） 17 申居（もうしおり） 18 故障申居候（こしょうもうしおりそうろう）

19 参居（まいりおり） 20 承居（うけたまわりおり） 21 致居（いたしおり） 22 困リ居（こまりおり） 23 扣居（ひかえおり） 24 察居（さっしおり）

25 心配仕居（しんぱいつかまつりおり） 26 見居江（みすえ）

245 ［屋］

オク　や　やね

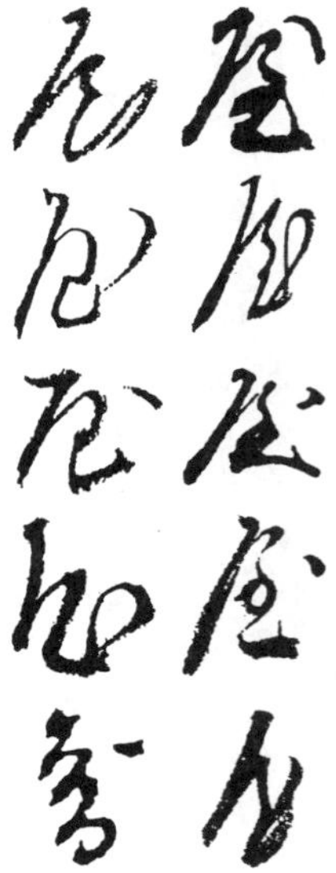

【用例】

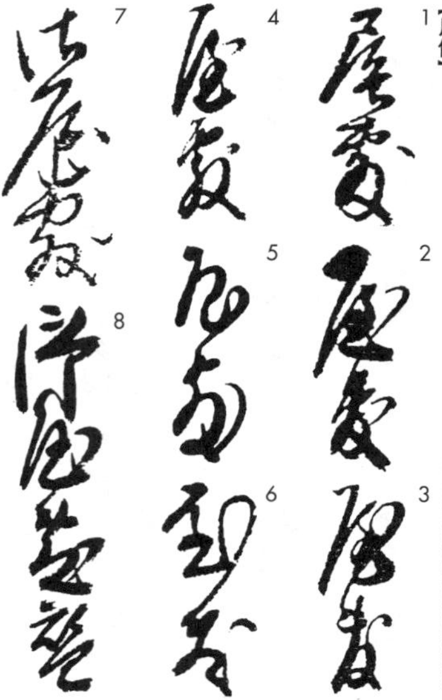

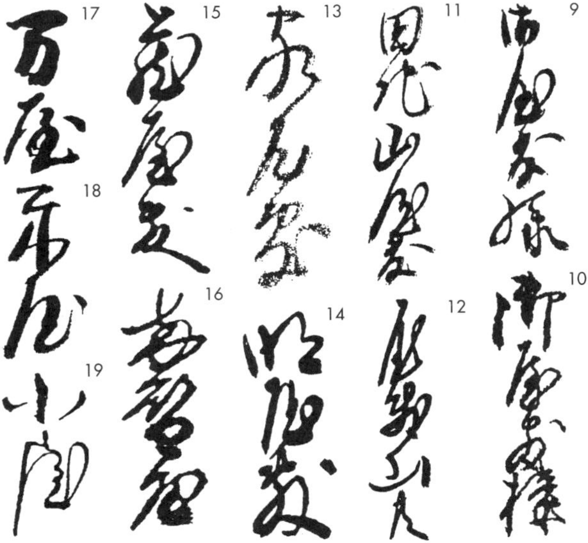

1〜6 屋敷（やしき）　7 御屋敷（おやしき）　8 御屋敷替（おやしきがえ）　9・10 御屋敷様（おやしきさま）
11 田地（でんち）・山（やま）・屋敷（やしき）　12 屋敷（やしき）・山共（やまとも）　13 家屋敷（いえやしき）　14 明屋敷（あきやしき）
15 蔵屋敷（くらやしき）　16 両替屋（りょうがえや）　17 万屋（よろずや）　18 米屋（こめや）　19 小屋（こや）

246 【屹】

キツ　ギツ　そばだつ

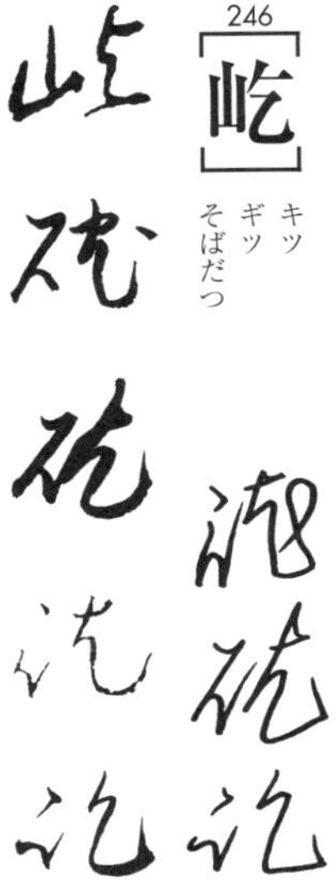

【用例】

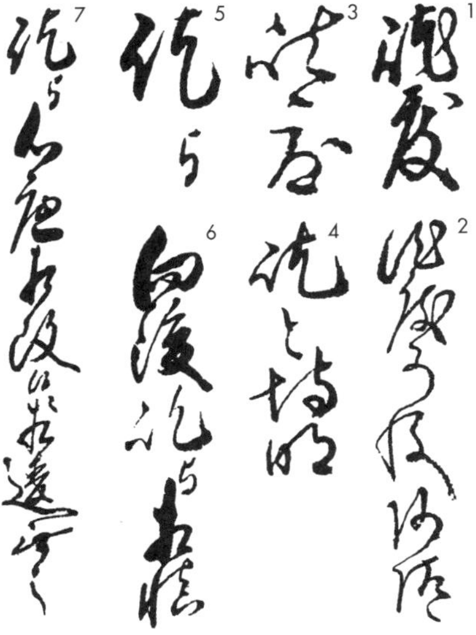

1 屹度（きっと）　2 屹度可レ及二沙汰一候（きっとさたにおよぶべくそうろう）　3 屹度（きっと）　4 屹と埒明（きっとらちあけ）　5 屹与（きっと）
6 向後屹与相慎（こうごきっとあいつつしみ）　7 屹与心底相改候ニ相違無レ之（きっとしんていあいあらためそうろうにそういこれなく）

247 州

シュウ
ス
くに

【用例】

1 八州御取締（はっしゅうおとりしまり） 2・3 関八州（かんはっしゅう） 4 九州（きゅうしゅう）・四国（しこく） 5 武州（ぶしゅう） 6 信州（しんしゅう） 7 長州（ちょうしゅう）

248 左

サ
ひだり

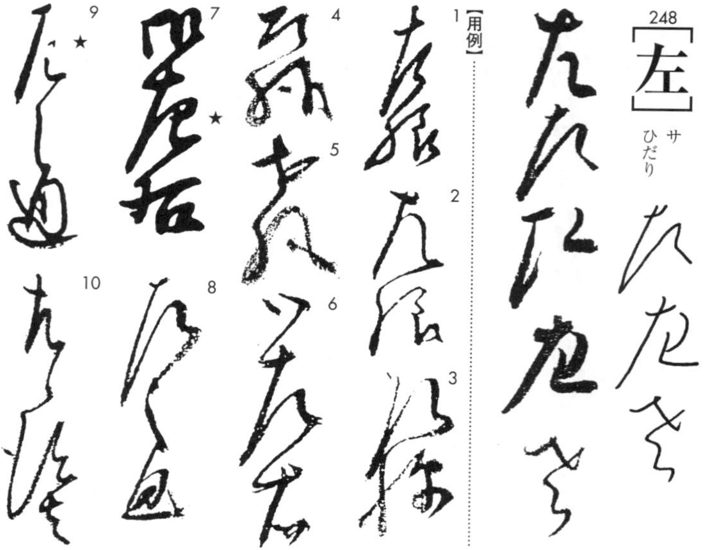

【用例】 1 2 3 4 5 6 7 8 9 10

1～5 左様（さよう）　6・7 御左右（ごそう）　8・9 左之通（さのとおり）　10・11 左候得者（さそうらえば）　12 左候へ者（さそうらえば）

13 左候而者（さそうらいては／さそうろうては）　14 左候而ハ（さそうらいては／さそうろうては）　15 左候ハ、（さそうらわば）　16 左ニ申上候（さにもうしあげそうろう）

17～22 左衛門（さえもん／ざえもん）

249 ［差］

サ　さす　さし

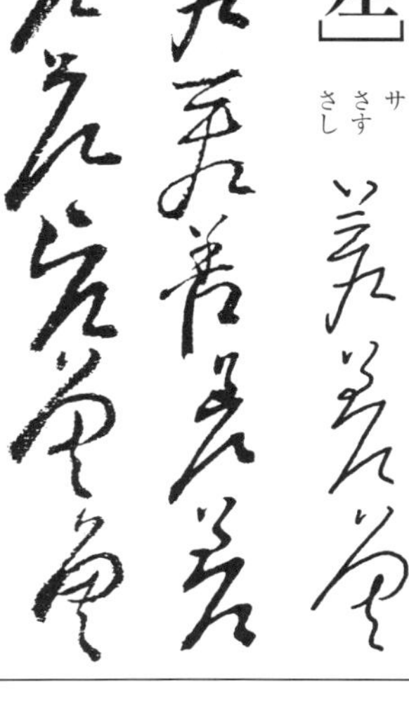

【用例】

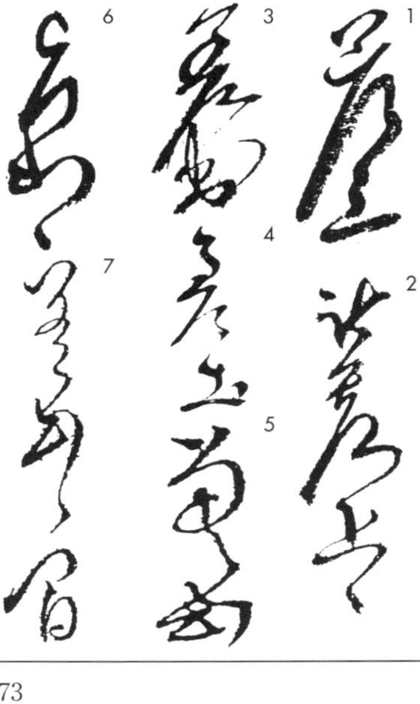

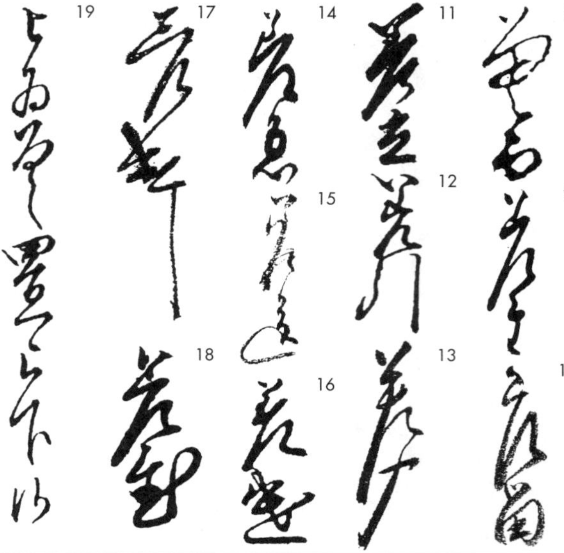

1 差上（さしあげ） 2 被二差上一候（さしあげられそうろう） 3～5 差出（さしだす） 6 差出候（さしだしそうろう） 7 差出候間（さしだしそうろうあいだ） 8 差而（さして） 9 差重（さしおもる） 10 差留（さしとめ） 11 差立（さしたて） 12 差引（さしひき） 13 差入（さしいれ） 14 差急（さしいそぎ） 15 差送（さしおくり） 16 差遣（さしつかわす） 17 差遣し（さしつかわし） 18 差置（さしおく） 19 被レ為二差置一被レ下候（さしおかせられくだされそうろう）

250 [已]

イ／のみ
すでに
やむ

【用例】

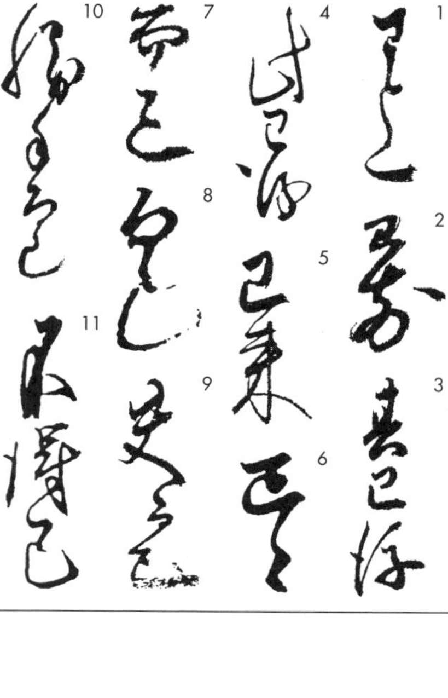

1 已上（いじょう） 2 已前（いぜん） 3 其已後（それいご） 4 此已後（これいご） 5 已来（いらい） 6 已二（すでに） 7・8 而已（のみ） 9 夫而已（それのみ） 10 勝手而已（かってのみ） 11 不レ得レ已（やむをえず）

251 市

シ
いち

【用例】

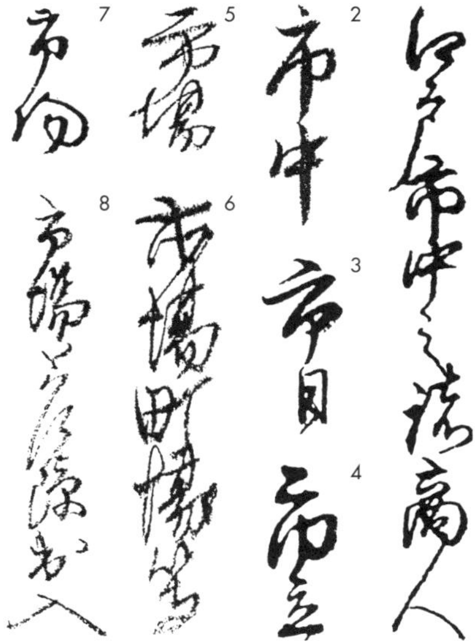

1 江戸市中之諸商人（えどしちゅうのしょしょうにん）　2 市中（しちゅう）　3 市日（いちび）　4 市立（いちだて）　5 市場（いちば）　6 市場・町場等（いちば・まちばなど）　7 市場（いちば）　8 市場差障出入（いちばさしさわりでいり）

252 師

シ
もろ

【用例】

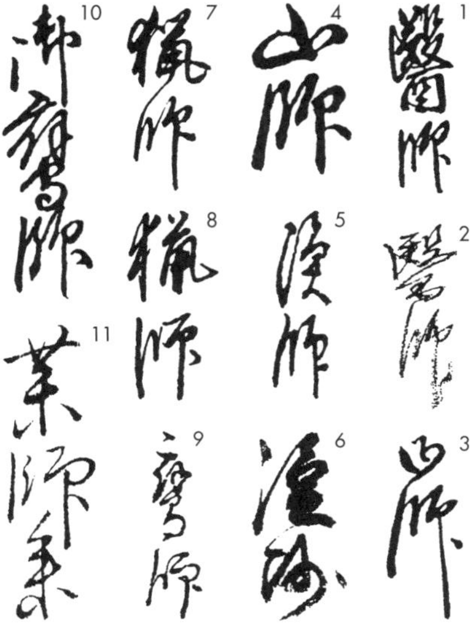

1・2 醫師（いし）　3 御師（おし）　4 山師（やまし）　5・6 漁師（りょうし）　7・8 猟師（りょうし）　9 鷹師（たかし）　10 御鷹師（おたかし）　11 薬師参（やくしまいり）

253 常

ジョウ
つね
とこ

【用例】

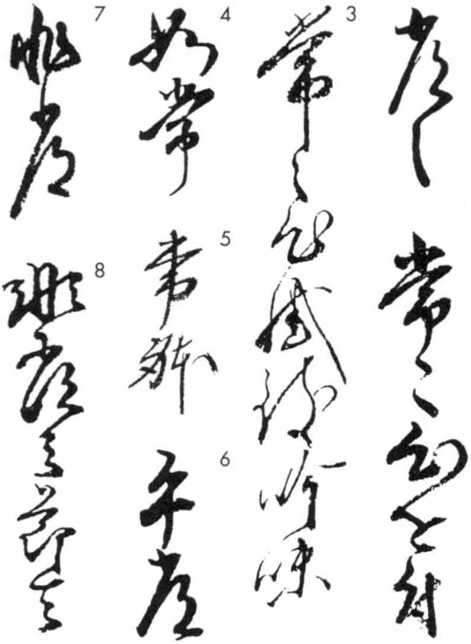

1 常々（つねづね）
2 常々心を付（つねづねこころをつけ）
3 常々心掛致二吟味一（つねづねこころがけぎんみいたし）
4 如レ常（つねのごとし）
5 常躰（じょうたい）
6 平常（へいじょう）
7 非常（ひじょう）
8 非常之節者（ひじょうのせつは）

254 帳

チョウ
とばり

【用例】

1 人別帳（にんべつちょう）
2 五人組帳（ごにんぐみちょう）
3 名寄帳（なよせちょう）
4 内見帳（ないけんちょう／ないみちょう）
5 日〆帳（ひじめちょう）
6 通帳（つうちょう／かよいちょう）
7 割帳（わりちょう）
8 留帳（とめちょう）
9 帳面（ちょうめん）
10 帳付（ちょうづけ）
11 帳外（ちょうはずれ／ちょうがい）

255 【平】

ヘイ
ビョウ
たいら・ひら

【用例】

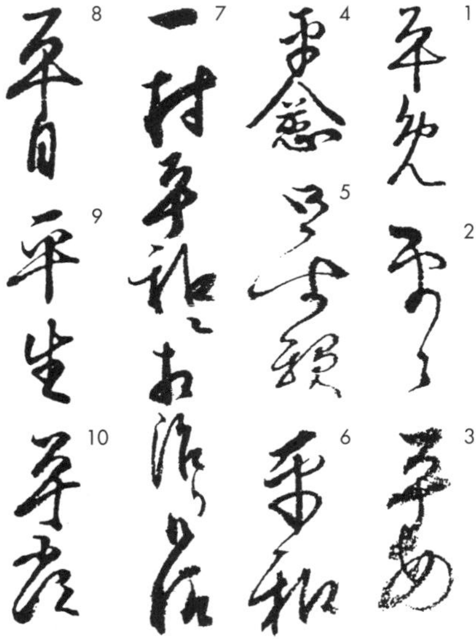

1 平免　2 平二　3 平安　4 平愈（※「瘉」の誤用）　5 御平穏
6 平和　7 一村平和ニ相治リ候様　8 平日　9 平生　10 平常

256 【年】

ネン
とし

【用例】

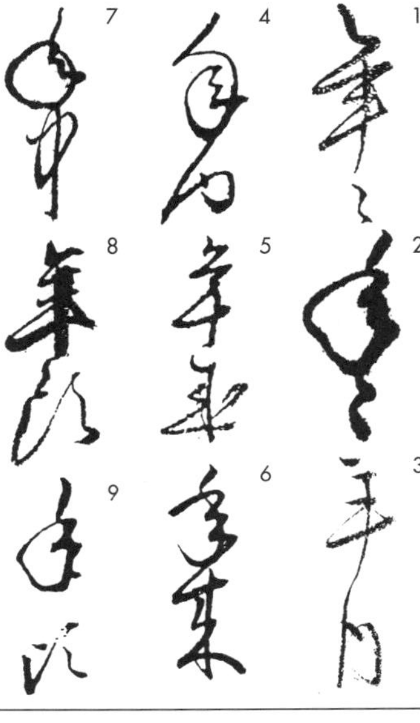

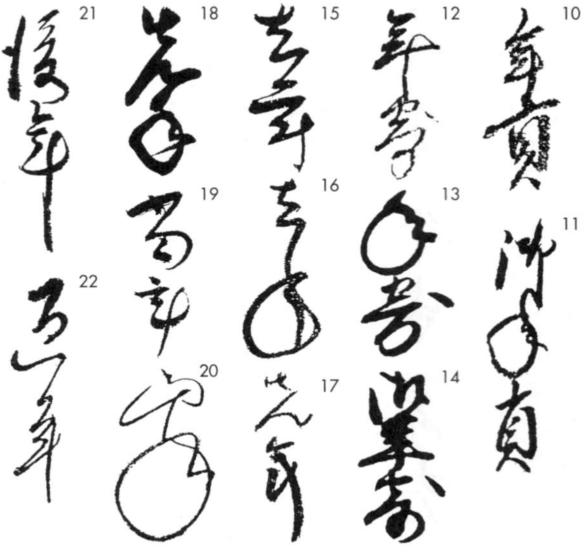

1・2 年々（ねんねん）　3・4 年内（ねんない）　5・6 年来（ねんらい）　7 年中（ねんちゅう・ねんじゅう）　8・9 年頭（ねんとう）

10 年貢（ねんぐ）　11 御年貢（おねんぐ）　12・13 年寄（としより）　14 御年寄（おとしより）　15・16 去年（さるとし）　17・18 先年（せんねん・きょねん）

19・20 當年（とうねん）　21 後年（こうねん）　22 過年（かねん）

257

【幷(并)】

ヘイ・ヒョウ　ならぶ　ならびに

【用例】

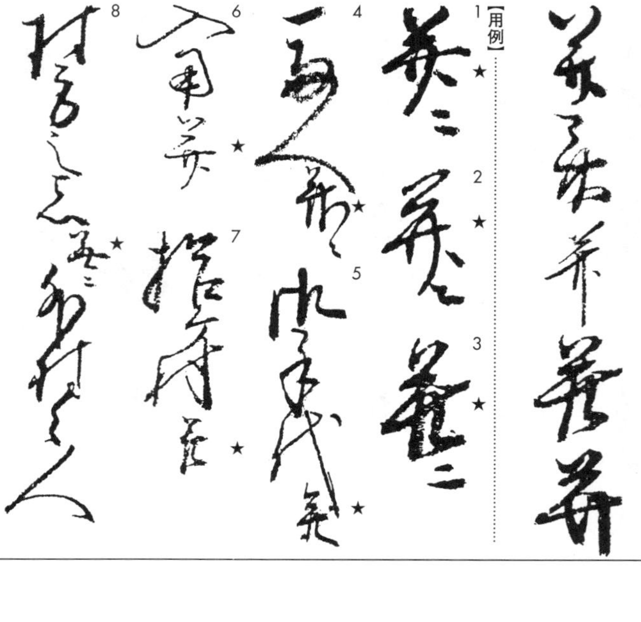

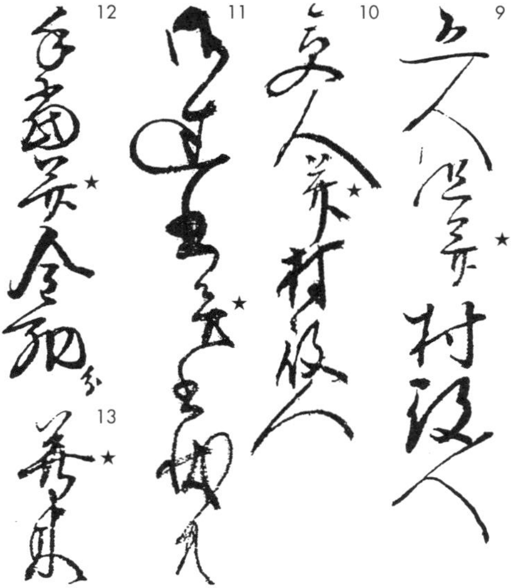

1〜3 幷二（ならびに）　4 一両人幷二（いちりょうにんならびに）　5 御手代幷（おてだいならびに）　6 入用幷（にゅうようならびに）

7 拾ケ村幷（じゅっかそんならびに）　8 村方之者幷ニ外村々人（むらかたのものならびにほかむらむらびと）　9 五人組 幷 村役人（ごにんぐみならびにむらやくにん）

10 受人 幷 村役人（うけにんならびにむらやくにん）　11 御達書 幷 書状共（おたっしがきならびにしょじょうとも）　12 手當 幷 金納分（てあてならびにきんのうぶん）

13 幷木（なみき）(並木の誤用)

258 幾

キ
いく

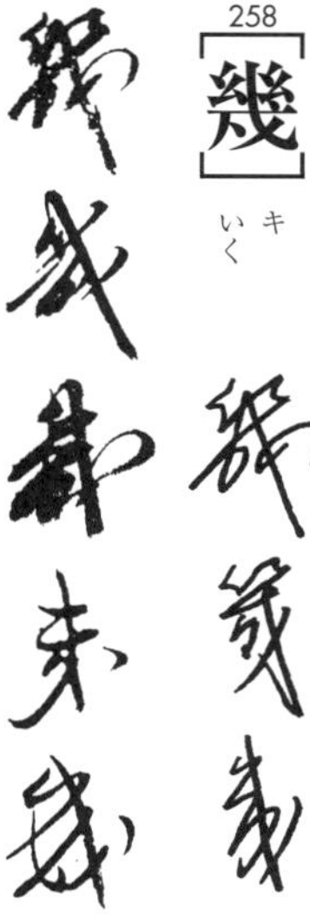

【用例】

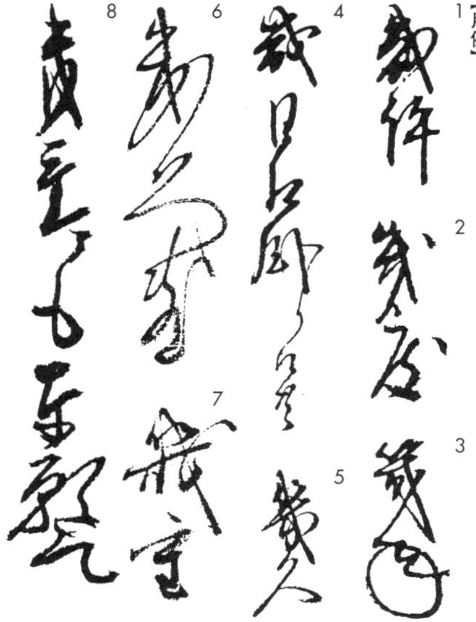

1 幾許（いくばく）　2 幾度（いくど）　3 幾年（いくねん）　4 幾日相掛リ候共（いくにちあいかかりそうろうとも）　5 幾久（いくひさし）　6 幾久敷（いくひさしく）

7 幾重（いくえ）　8 幾重ニも奉二願上一候（いくえにもねがいあげたてまつりそうろう）

259 広(廣)

コウ
ひろい

【用例】

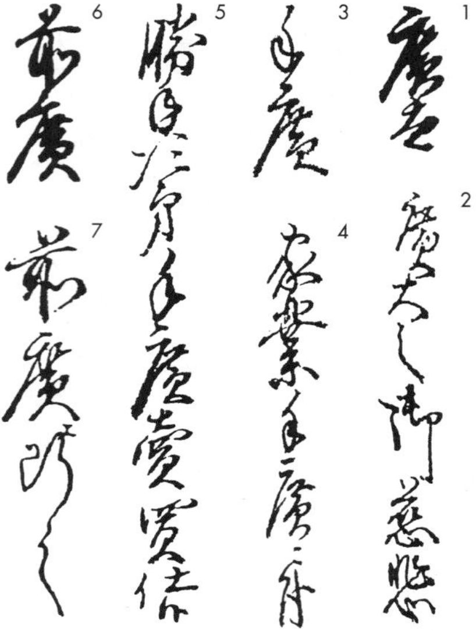

1 廣太(こうだい)　2 廣大之御慈悲(こうだいのごじひ)　3 手廣(てびろ)　4 家業手廣ニ付(かぎょうてびろにつき)
5 勝手次第手廣賣買　仕　候(かってしだいてびろばいばいつかまつりそうろう)　6 前廣(まえびろ)　7 前廣ニ断レ之(まえびろにこれをことわり)

260 庄

ソウ
ショウ

【用例】

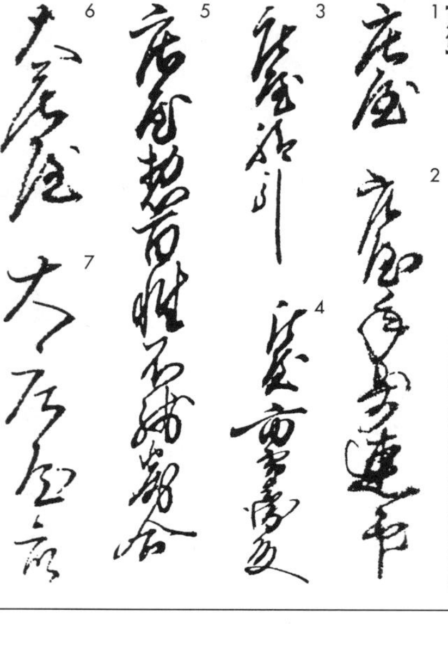

1 庄屋(しょうや)　2 庄屋・年寄連印(しょうや・としよりれんいん)　3 庄屋給引(しょうやきゅうびき)　4 庄屋市郎兵衛殿(しょうやいちろうべいどの)
5 庄屋・惣百性不レ残寄合(しょうや・そうびゃくしょうのこらずよりあい)　6 大庄屋(おおじょうや)　7 大庄屋衆(おおじょうやしゅう)

261 序 ジョ ついで

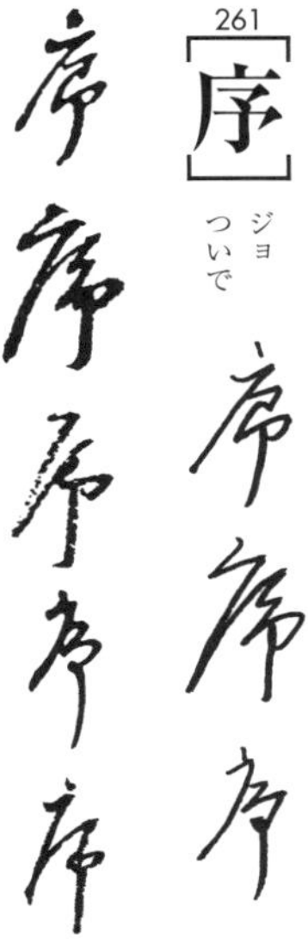

【用例】

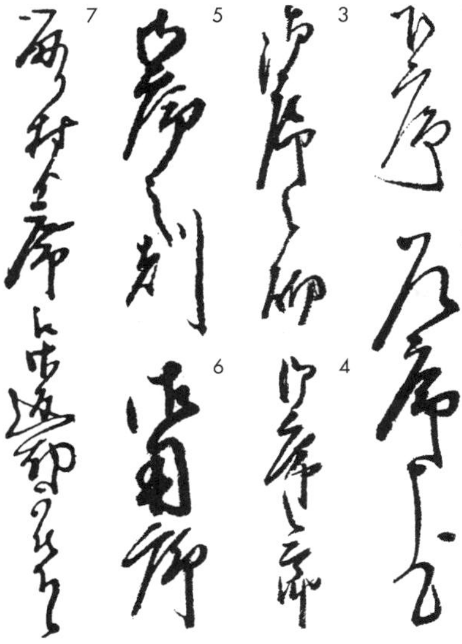

1 乍レ序（ついでながら）　2 乍レ序申上候（ついでながらもうしあげそうろう）　3 御序之砌（おついでのみぎり）　4 御序之節（おついでのせつ）　5 御序之刻（おついでのとき）　6 御用序（ごようついで）　7 留リ村ゟ序江御返却可レ被レ下候（とまりむらよりついでへごへんきゃくくださるべくそうろう）

262 底 テイ そこ

【用例】

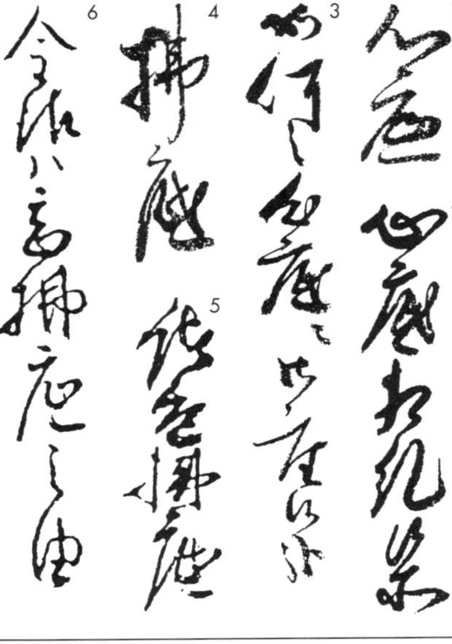

1 心底（しんてい）　2 心底相糺候所（しんていあいただしそうろうところ）　3 如何之心底ニ御座候哉（いかがのしんていにござそうろうや）　4 拂底（ふってい）　5 諸色拂底（しょしきふってい）　6 金銀ハ甚拂底之由（きんぎんははなはだふっていのよし）

263 店

テン
みせ
たな

【用例】

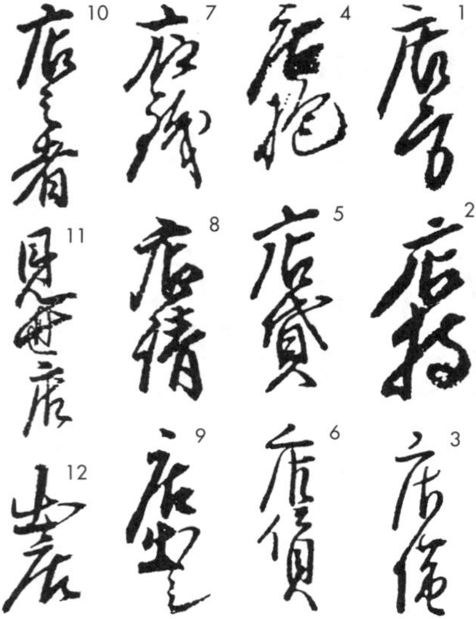

1 店方（たなかた）
2 店持（たなもち）
3 店借（たながり）
4 店抱（たながかえ）
5 店貸（たながし）
6 店賃（たなちん）
7 店銭（たなせん）
8 店請（たなうけ）
9 店出シ（たなだし）
10 店之者（たなのもの）
11 見世店（みせだな）
12 出店（でみせ）

264 府

フ

【用例】

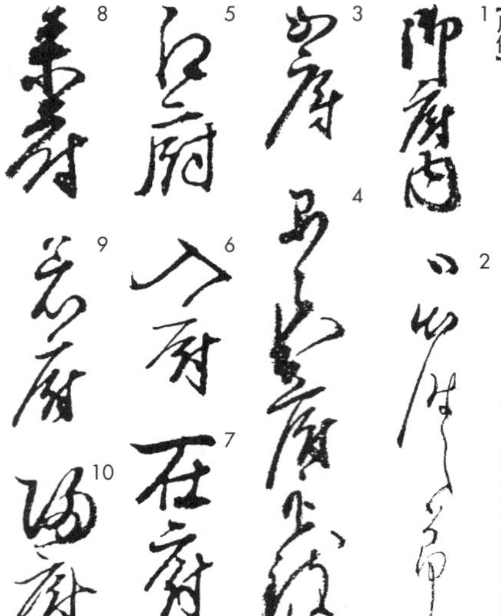

1 御府内（ごふない）
2 御出府之節（ごしゅっぷのせつ）
3 出府（しゅっぷ）
4 早々出府可レ被レ致候（そうそうしゅっぷいたさるべくそうろう）
5 江府（こうふ）
6 入府（にゅうふ）
7 在府（ざいふ）
8 参府（さんぷ）
9 着府（ちゃくふ）
10 帰府（きふ）

265

【度】

ド・タク　ト／たび　たい

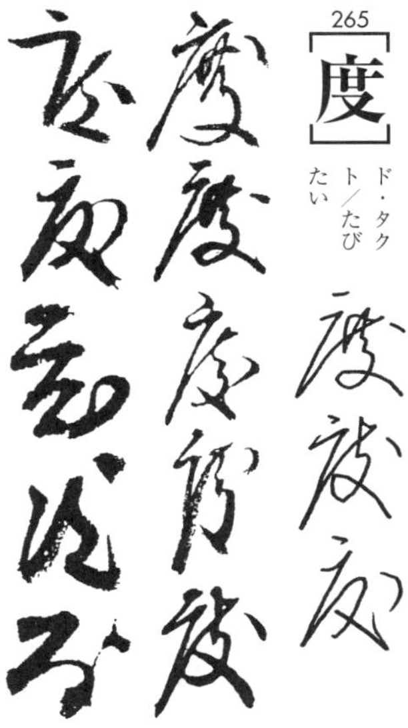

【用例】

1 2 3 4 5 6 7 8

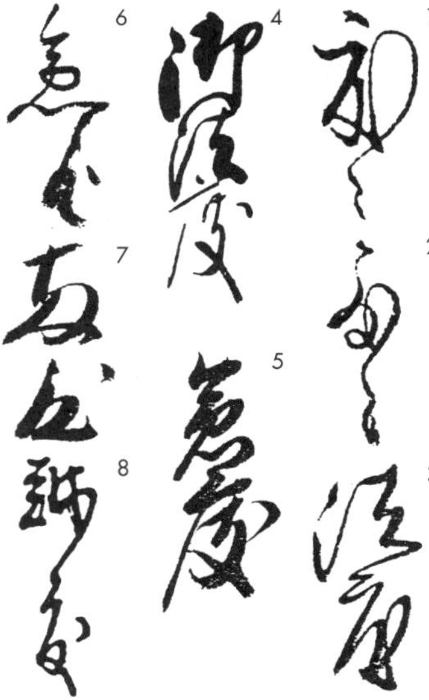

9 10 11 12 13 14 15 16 17 18 19

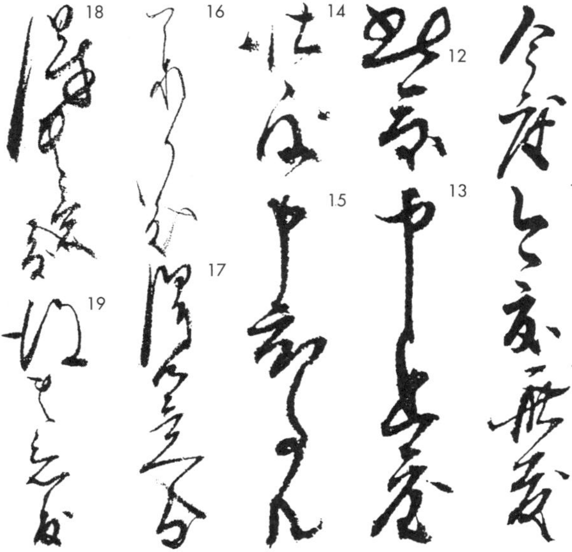

1・2 度々（たびたび）　3 法度（はっと）　4 御法度（ごはっと）　5・6 急度（きっと）　7 両度（りょうど）　8 越度（おちど）
9・10 今度（こんど）　11・12 此度（このたび・こたび）　13 申上度（もうしあげたく）　14 仕　度（つかまつりたく）　15 申　度事共（もうしたきことども）
16 承り度（うけたまわりたく）　17 得二御意一度（ぎょいをえたく）　18・19 得二貴意一度（きいをえたく）

266
【座】
ザ
すわる

【用例】

1 2 3 4 5 6 7 8 9 10

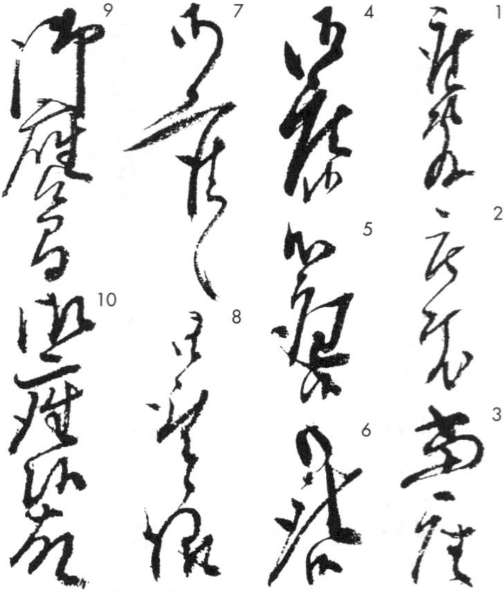

11 12 13 14 15 16 17 18 19

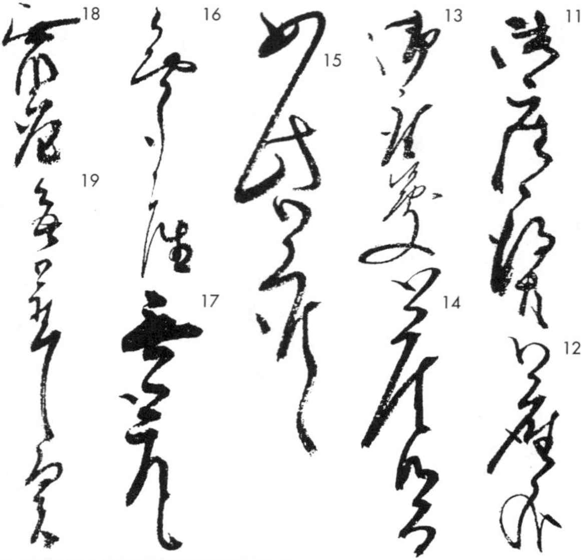

1・2 座敷（ざしき）　3 當座（とうざ）　4〜7 御座候（ござそうろう）　8 御座候様（ござそうろうよう）　9 御座候間（ござそうろうあいだ）
10 御座候故（ござそうろうゆえ）　11 御座候得共（ござそうらえども）　12 御座候哉（ござそうろうや）　13 御座候處（ござそうろうところ）
14 御座候而（ござそうらいて／ござそうろうて）　15 如レ此御座候（かくのごとくにござそうろう）　16 無二御座一（ござなく）　17 無二御座一候（ござなくそうろう）
18 無二御座一（ござなく）　19 無二御座一候而者（ござなくそうらいては／ござなくそうろうては）

267 庭

テイ
にわ
ば

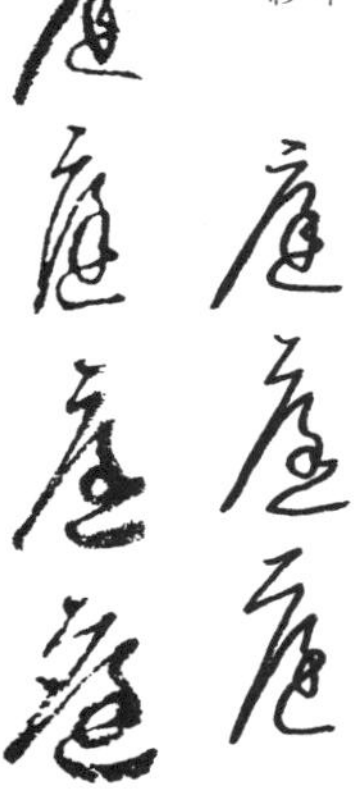

【用例】

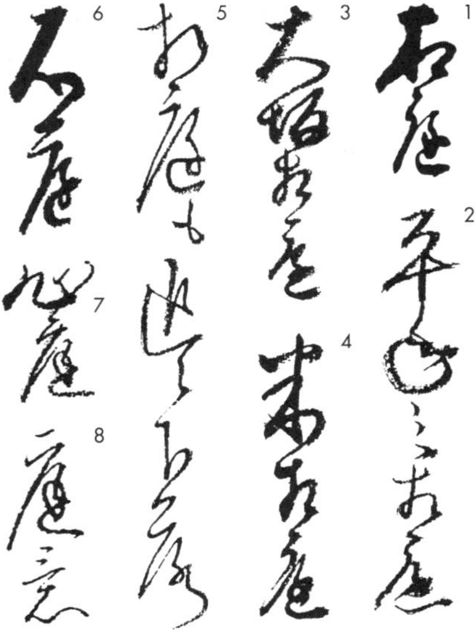

1 相庭（そうば）
2 平年之相庭（へいねんのそうば）
3 大坂相庭（おおさかそうば）
4 米相庭（こめそうば）
5 相庭も追々下落（そうばもおいおいげらく）
6・7 心庭（しんてい）
8 庭意（ていい）

268 廉

レン
かど

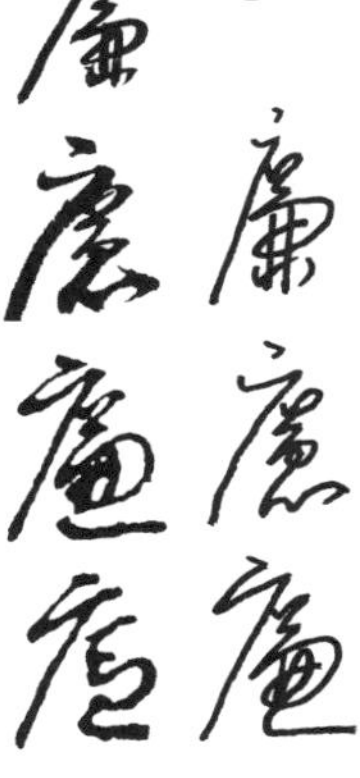

【用例】

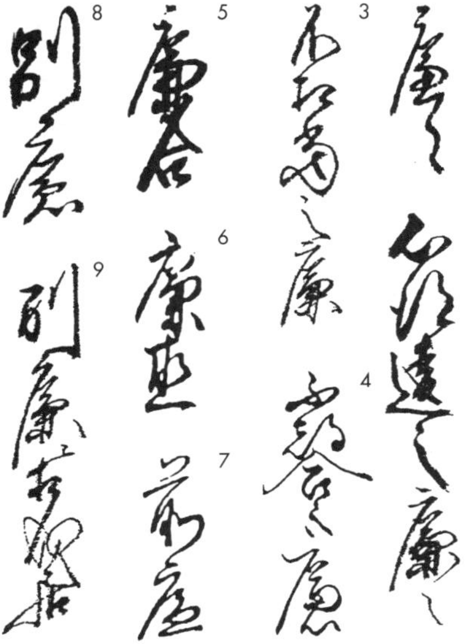

1 廉々（かどかど）
2 心得違之廉々（こころえちがいのかどかど）
3 不相当之廉（ふそうとうのかど）
4 不都合之廉（ふつごうのかど）
5 廉合（かどあい）
6 廉直（れんちょく）
7 前廉（まえかど）
8 別廉（べつかど）
9 別廉ニ相成居（べつかどにあいなりおり）

269 延

エン
のびる
のべ

【用例】

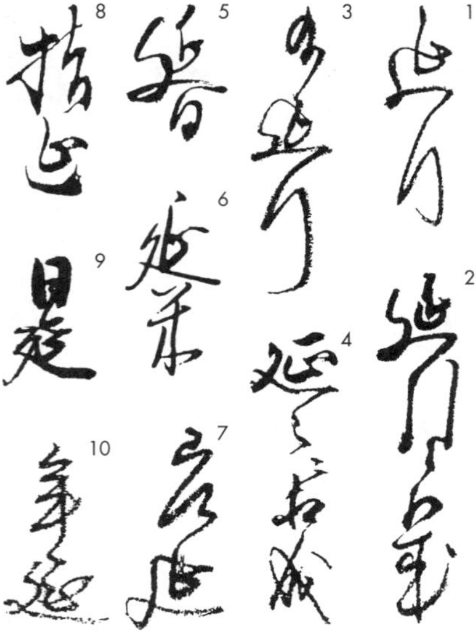

1 延引(えんいん)
2 延引二相成(えんいんにあいなり)
3 及二延引一(えんいんにおよび)
4 延々二相成(のびのびにあいなり)
5 延日(えんじつ)
6 延米(のべまい)
7 差延(さしのべ)
8 指延(さしのべ)
9 日延(ひのべ)
10 年延(としのべ)

270 廻

カイ・エ
めぐる・まわり
まわる

【用例】

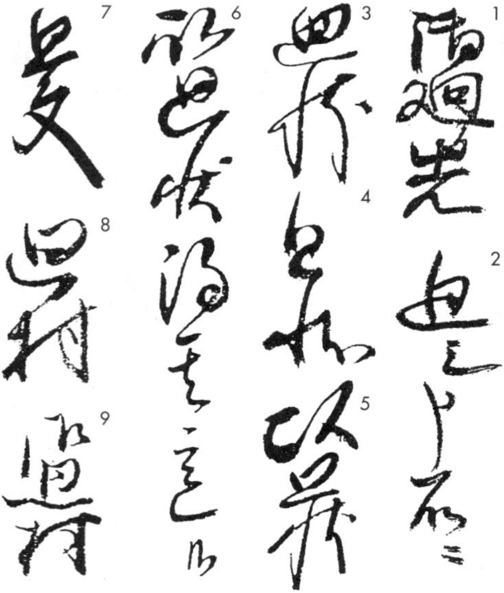

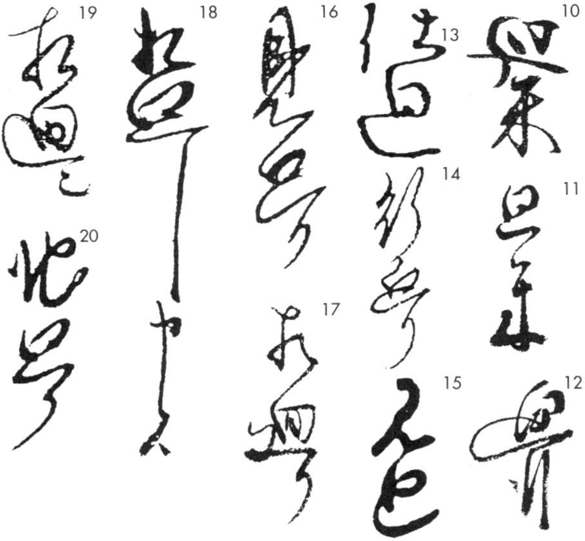

1 御廻リ先（おまわりさき） 2 廻シ申所ニ（まわしもうすところに） 3・4 廻状（かいじょう） 5 以㆓廻状㆒（かいじょうをもって）
6 以㆓廻状㆒得㆓其意㆒候（かいじょうをもってそのいをえそうろう） 7 廻文（かいぶん） 8 廻村（かいそん） 9 御廻村（ごかいそん） 10・11 廻米（かいまい）
12 廻行（かいぎょう） 13 仕廻（しまう） 14 行廻リ（ゆきまわり） 15 見廻（みまわり） 16 見廻リ（みまわり） 17 相廻リ（あいまわり）
18 相廻し申候（あいまわしもうしそうろう） 19 相廻シ（あいまわし） 20 地廻リ（じまわり）

271

弁

ベン
わきまえる

【用例】

1 弁居（わきまえおる） 2 相弁（あいわきまえ） 3 得与相弁（とくとあいわきまえ） 4 弁利（べんり） 5 弁理（べんり）
6 弁別（べんべつ） 7 弁納（べんのう） 8 弁金（べんきん） 9 弁當（べんとう） 10 勘弁（かんべん） 11 用弁（ようべん） 12 不㆑弁（わきまえず）

272
弐(貳)
ニ・ジ
ふたつ

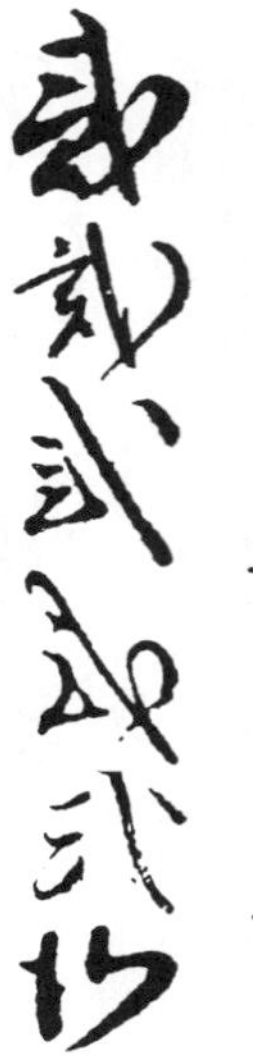

【用例】

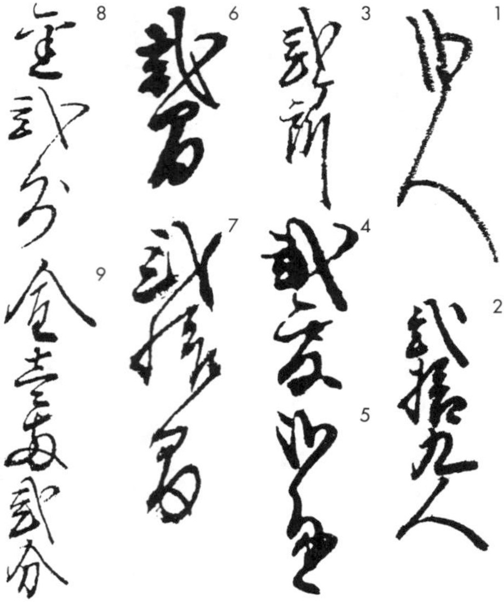

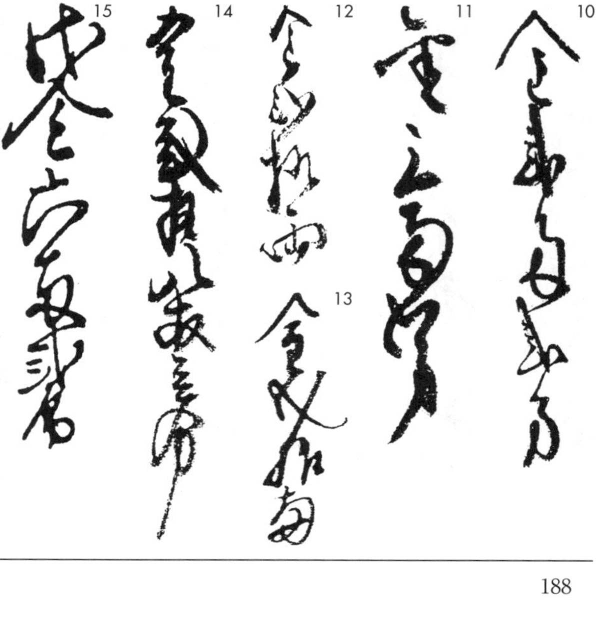

1 弐人（ふたり／ににん） 2 弐拾九人（にじゅうくにん） 3 弐ヶ所（にしょ） 4 弐度（ふたたび／にど） 5 弐通（ふたとおり／につう） 6 弐間（にけん） 7 弐拾間（にじゅっけん）
8 金弐分（きんにぶ） 9 金壱両弐分（きんいちりょうにぶ） 10 金弐両弐分（きんにりょうにぶ） 11 金三両弐分（きんさんりょうにぶ）
12・13 金弐拾両（きんにじゅうりょう） 14 金弐拾八両壱分（きんにじゅうはちりょういちぶ） 15 代金六両弐分（だいきんろくりょうにぶ）

273

引

イン
ひく

【用例】

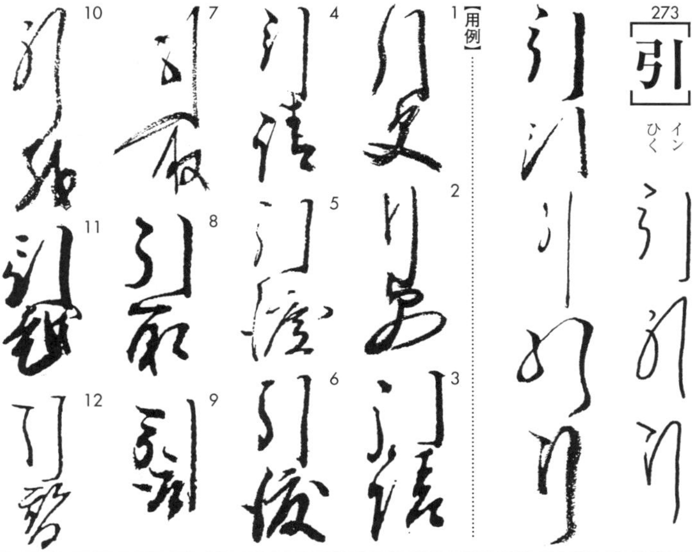

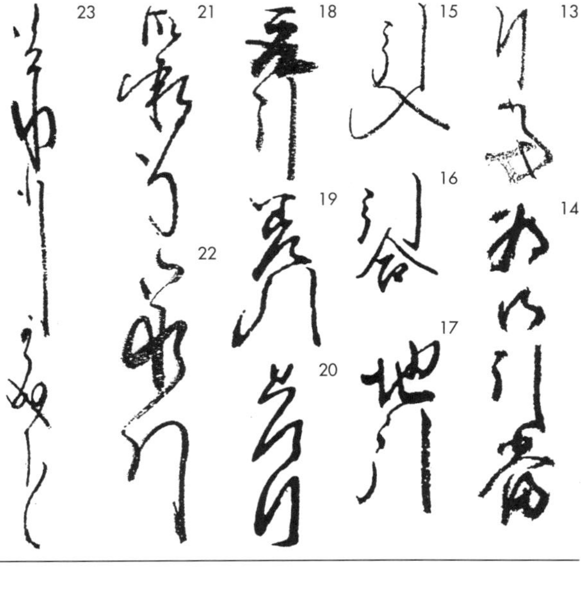

1・2 引受（ひきうけ） 3・4 引請（ひきうけ） 5・6 引渡（ひきわたし） 7〜9 引取（ひきとり） 10・11 引越（ひっこし）

12 引替（ひきかえ） 13 引當（ひきあて） 14 為二御引當一（おひきあてとして） 15 引入（ひきいれ） 16 引合（ひきあい） 17 地引（じびき） 18 取引（とりひき）

19・20 差引（さしひき） 21・22 御承引（ごしょういん） 23 御承引可レ被二成下一候（ごしょういんなしくださるべくそうろう）

274 弥(彌)

ビ・ミ
や
いよいよ

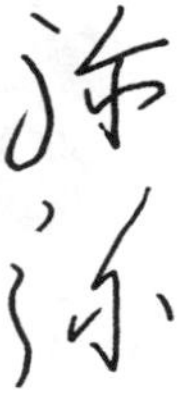

【用例】

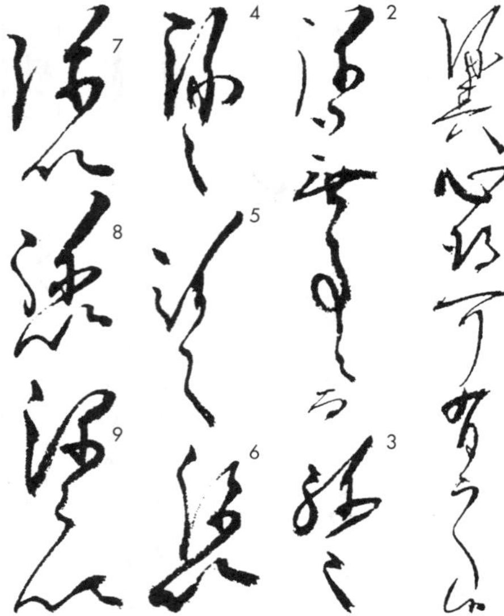

1–9

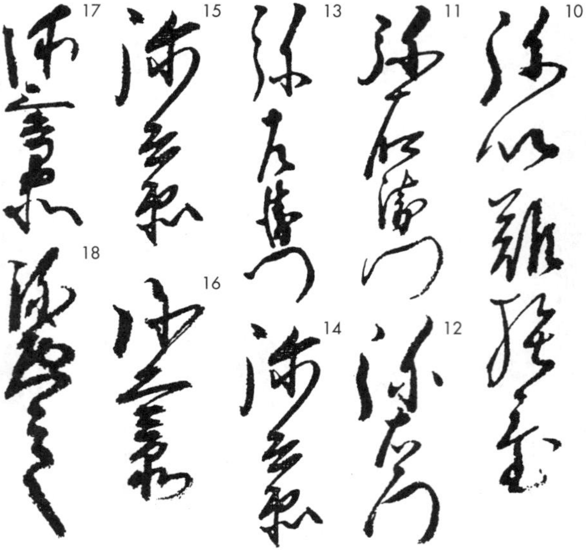

10–18

1 弥其心得可二有之一候（いよいよそのこころえこれあるべくそうろう） 2 弥御無事ニ而（いよいよごぶじにて） 3〜5 弥々（いよいよ） 6〜8 弥以（いよいよもって） 9 弥々以（いよいよもって） 10 弥以難二捨置一（いよいよもってすておきがたく） 11・12 弥右衛門（やえもん） 13 弥左衛門（やざえもん） 14・15 弥兵衛（やへえ） 16 弥二兵衛（やじべえ） 17 弥三兵衛（やそべえ） 18 弥惣兵衛（やそうべえ）

275 強

キョウ・ゴウ
つよい
しいる

【用例】

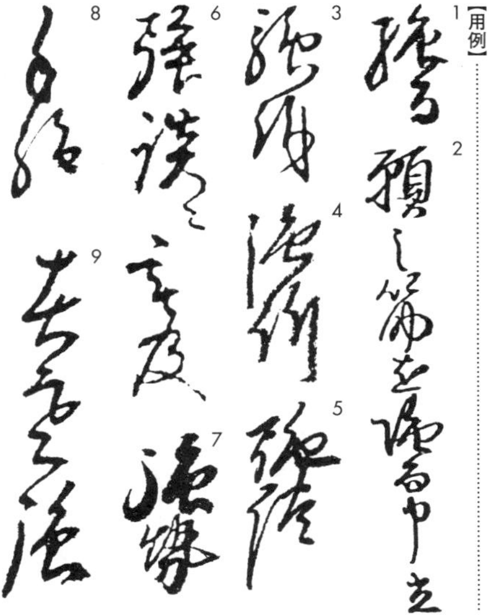

1 強而（しいて） 2 願之筋を強而申立（ねがいのすじをしいてもうしたて） 3・4 強訴（ごうそ） 5 強談（ごうだん） 6 強談ニ被レ及（ごうだんにおよばれ） 7 強勢（ごうせい） 8 手強（てごわ） 9 春寒強（しゅんかんつよし）

276 張

チョウ
はる

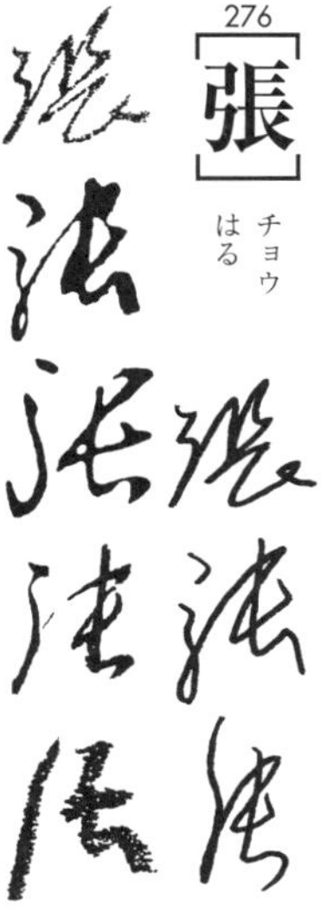

【用例】

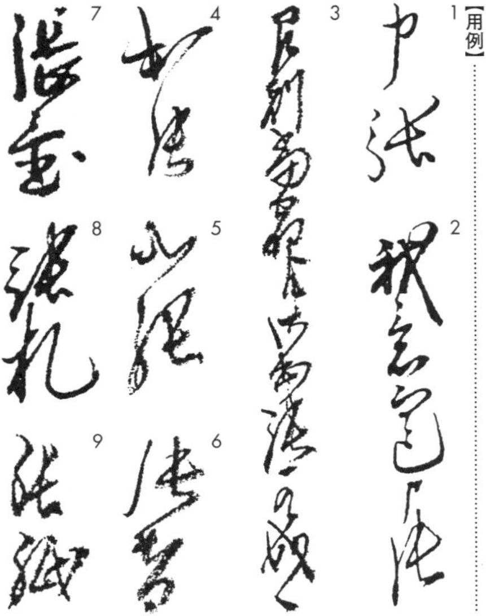

1 申張（もうしはる） 2 我意而已申張（がいのみもうしはり） 3 即刻當宿江御出張可レ被レ成候（そっこくとうしゅくへごしゅっちょうなさるべくそうろう／おでばりなさるべくそうろう） 4・5 出張（しゅっちょう／でばり） 6 張替（はりかえ） 7 張置（はりおく） 8 張札（はりふだ） 9 張紙（はりがみ）

277

形

ギョウ
ケイ／かた
かたち

【用例】

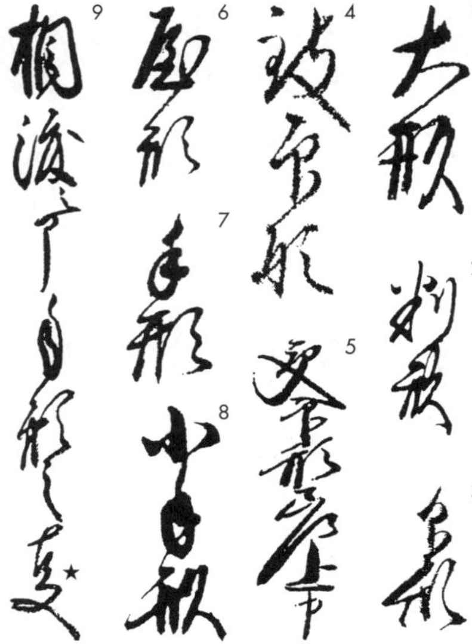

1 大形（おおぎょう）　2 判形（はんぎょう）　3 印形（いんぎょう）　4 致二印形一（いんぎょういたし）　5 受印形差上申（うけいんぎょうさしあげもうす）　6 屋形（やかた）
7 手形（てがた）　8 小手形（こてがた）　9 相渡シ申手形之事（あいわたしもうすてがたのこと）

278

役

ヤク
エキ

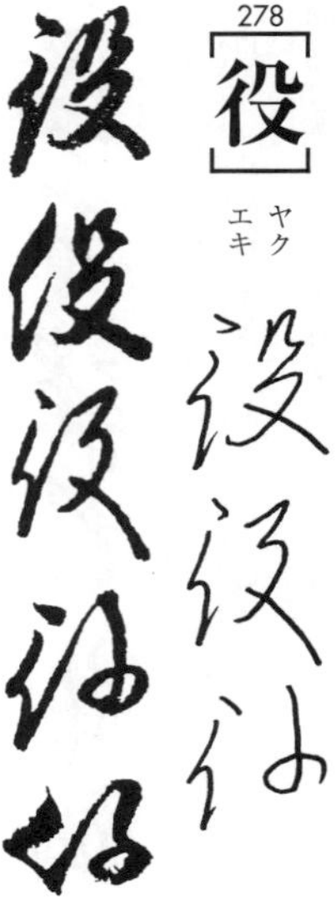

【用例】

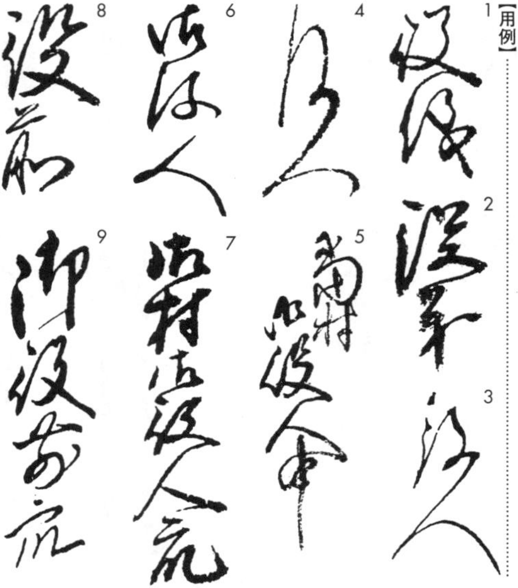

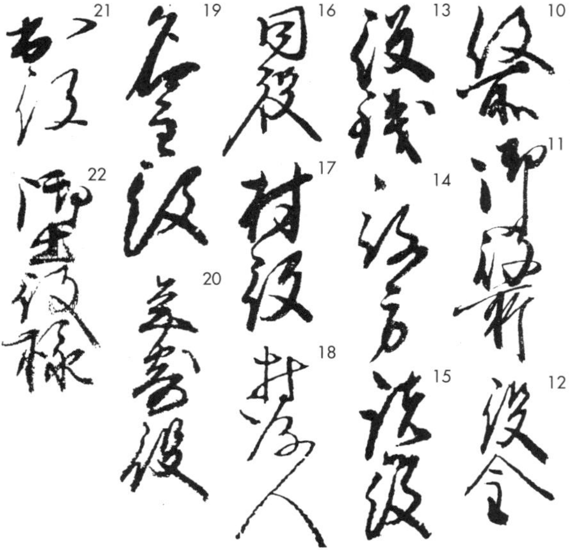

1 役儀（やくぎ） 2 役義（やくぎ） 3・4 役人（やくにん） 5 當村御役人中（とうそん／とうむらおやくにんちゅう） 6 御役人（おやくにん）
7 御村御役人衆（おんむらおやくにんしゅう） 8 役前（やくまえ） 9 御役前衆（おやくまえしゅう） 10 役所（やくしょ） 11 御役所（おやくしょ）
12 役金（やくきん） 13 役銭（やくせん） 14 役方（やくかた） 15 諸役（しょやく） 16 同役（どうやく） 17 村役（むらやく） 18 村役人（むらやくにん）
19 名主役（なぬしやく） 20 年寄役（としよりやく） 21 出役（でやく／しゅつやく） 22 御出役様（おでやくさま／ごしゅつやくさま）

279
［往］
オウ
いく・ゆく
いにしえ

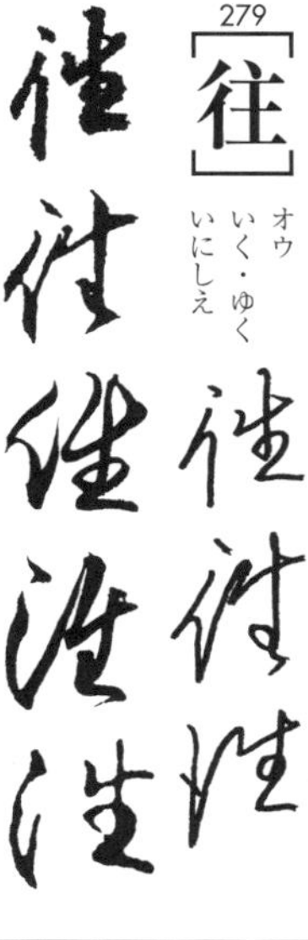

【用例】

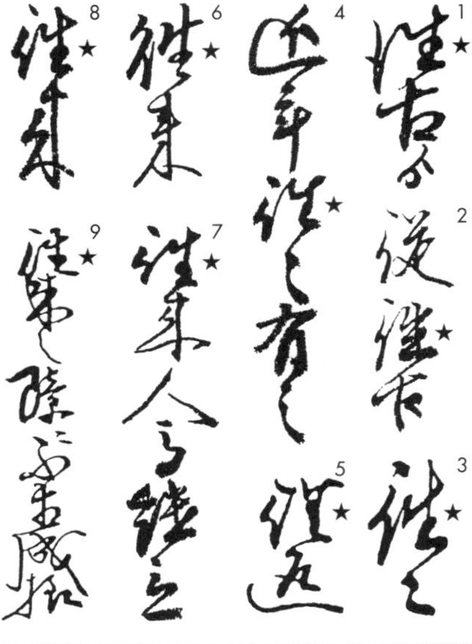

1 往古ゟ（おうこより） 2 従二往古一（おうこより） 3 往々（ゆくゆく／おうおう） 4 近年往々有レ之（きんねんおうおうこれあり） 5 往返（おうへん）
6 往来（おうらい） 7 往来人馬継立（おうらいじんばつぎたて） 8 往来（おうらい）
9 往来之障ニ不二相成一様（おうらいのさわりにあいならざるよう）

280 彼

ヒ
かれ
かの

【用例】

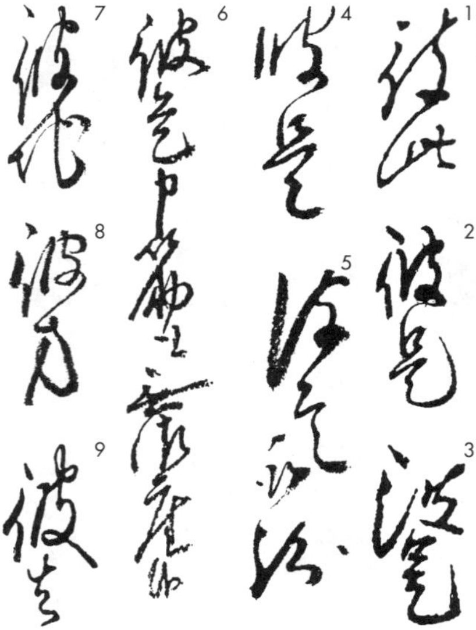

1 彼此（かれこれ）　2〜4 彼是（かれこれ）　5 彼是取紛（かれこれとりまぎれ）　6 彼是申筋も無二御座一候（かれこれもうすすじもござなくそうろう）
7 彼地（かのち）　8 彼方（かなた）　9 彼者（かのもの）

281 徊

カイ
さまよう

【用例】

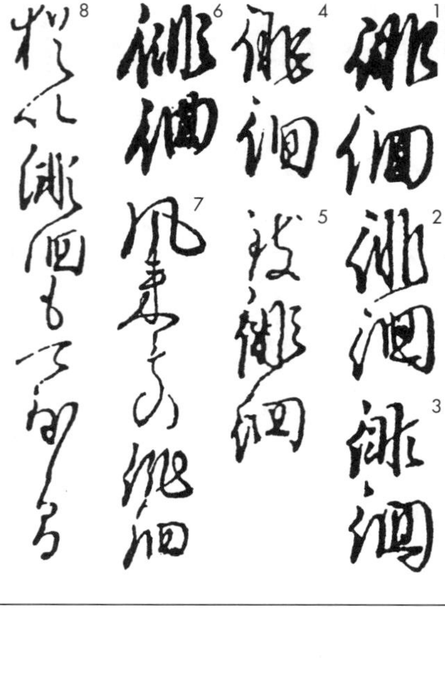

1〜4 徘徊（はいかい）　5 致二徘徊一（はいかいいたし）　6 徘徊（はいかい）　7 風来もの徘徊（ふうらいものはいかい）
8 猶以徘徊も可レ致候間（なおもってはいかいもいたすべくそうろうあいだ）

282

後

ゴ・コウ
のち・あと
うしろ

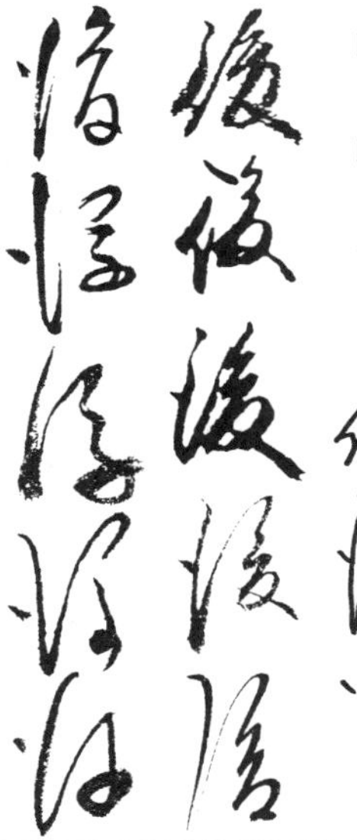

【用例】

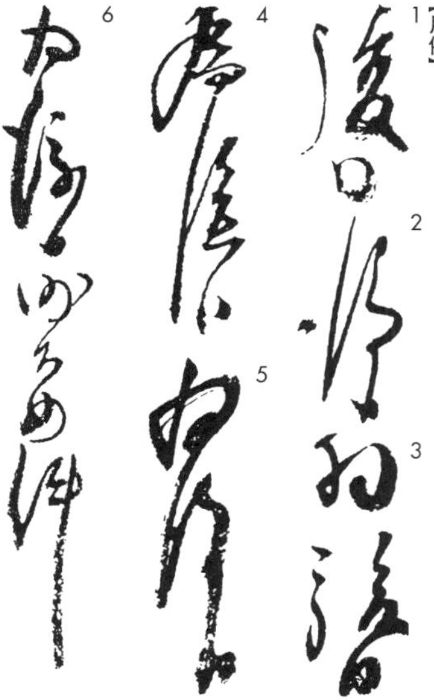

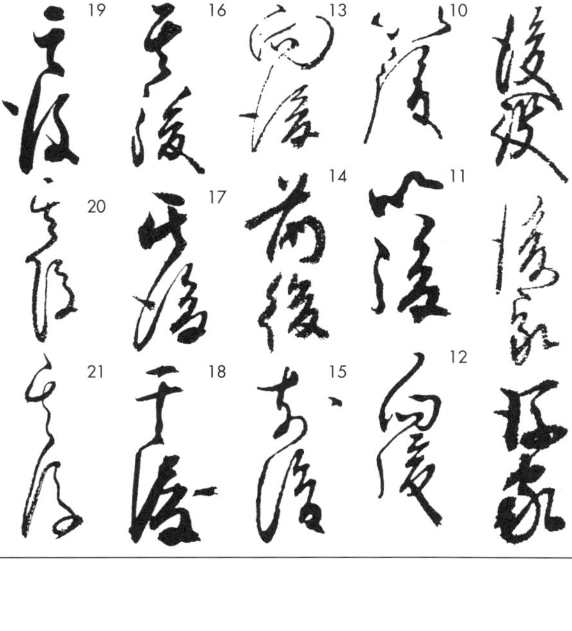

1・2後日(ごじつ)　3〜5為二後日一(ごじつのため)　6為二後日一仍而如レ件(ごじつのためよってくだんのごとし)　7後役(あとやく)

8・9後家(ごけ)　10・11以後(いご)　12・13向後(きょうこう)(こうご)　14・15前後(ぜんご)　16〜21其後(そのご)

283 【待】

タイ
ダイ
まつ

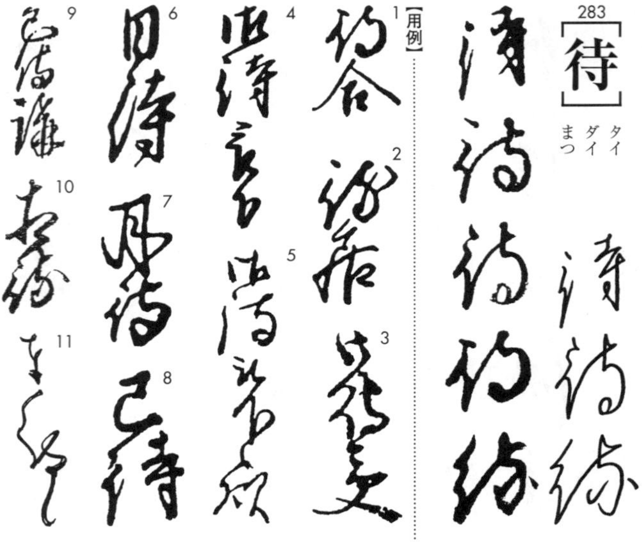

【用例】

1 待合(まちあう)　2 待居(まちおる)　3 御待受(おまちうけ)　4 御待被レ下(おまちくだされ)　5 御待被レ下候様(おまちくだされそうろうよう)
6 日待(ひまち)　7 月待(つきまち)　8 巳待(みまち)　9 巳待講(みまちこう)　10 相待(あいまつ)　11 奉レ待候(まちたてまつりそうろう)

284 【従(從)】

ジュウ・ショウ
より・よる
したがう

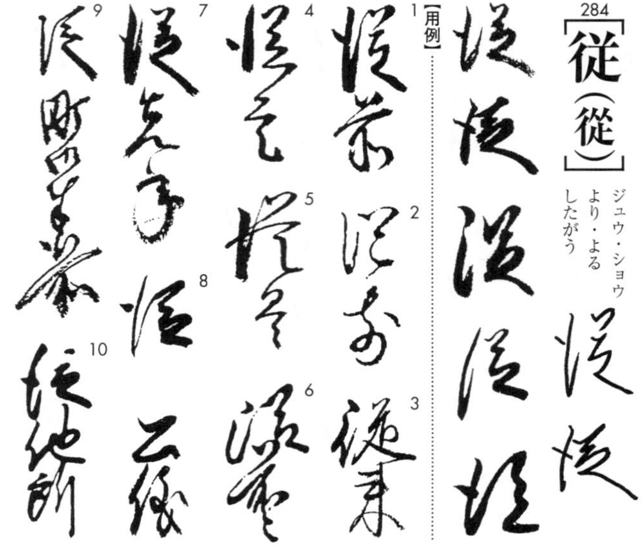

【用例】

1・2 従前(じゅうぜん)　3 従来(じゅうらい)　4・5 従レ是(これより)　6 従二前々一(まえまえより)　7 従二先年一(せんねんより)
8 従二公儀一(こうぎより)　9 従二町御奉行所一(まちおぶぎょうしょより)　10 従二他所一(たしょより・よそより)

285 [徒]

ト・ズ
かち
いたずらに

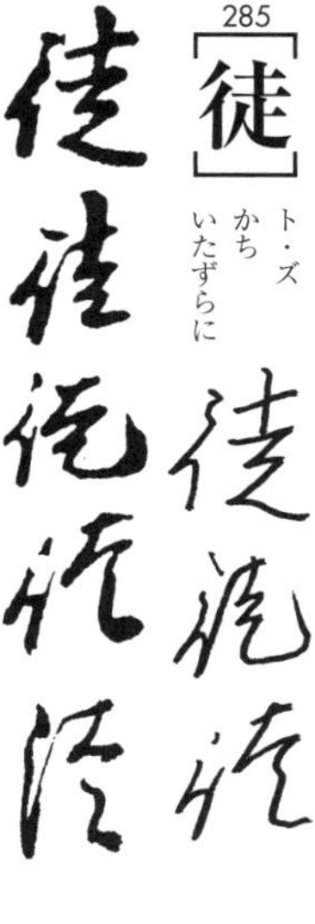

【用例】

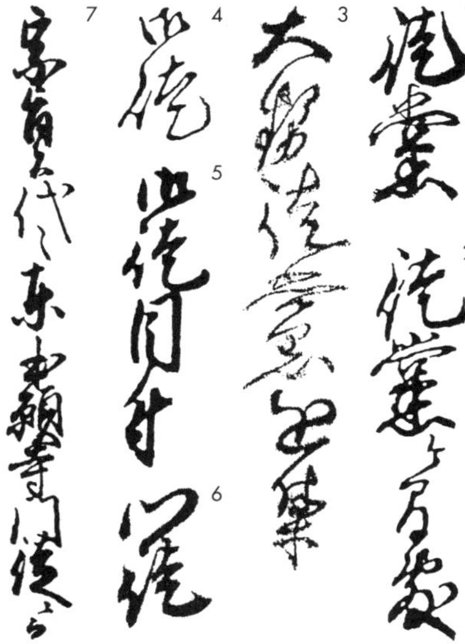

1 徒黨（ととう）　2 徒黨ケ間敷（ととうがましく）　3 大勢徒黨を集（おおぜいととうあつめ）　4 御徒（おかち）　5 御徒目付（おかちめつけ）
6 門徒（もんと）　7 宗旨者代々東本願寺門徒二而（しゅうしはだいだいひがしほんがんじもんとにて）

286 [得]

トク
える
うる

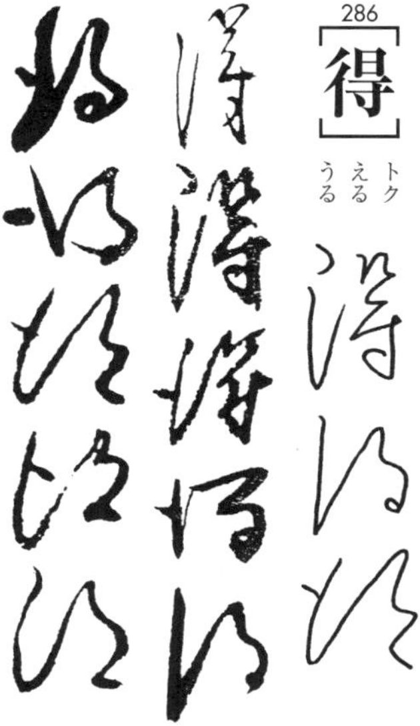

【用例】

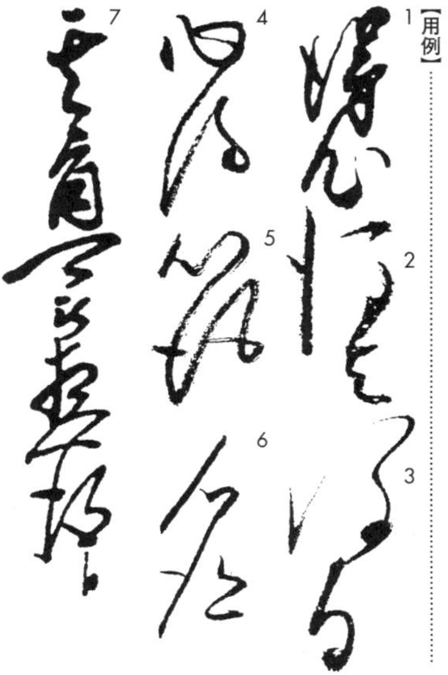

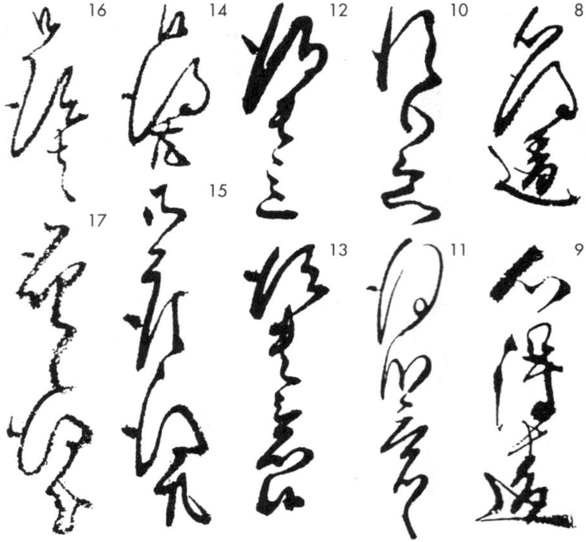

1 得心(とくしん) 2・3 得与(とくと) 4〜6 心得(こころえ) 7 其旨可レ被二相心得一候(そのむねあいこころえらるべくそうろう)
8・9 心得違(こころえちがい) 10 得二御意一(ぎょいをえ) 11 得二御意一候(ぎょいをえそうろう) 12 得二貴意一(きいをえ)
13 得二貴意一候(きいをえそうろう) 14 候得共(そうらえども) 15 御座候得共(ござそうらえども) 16 候得者(そうらえば)
17 御坐候得者(ござそうらえば)

287
【徘】
ハイ
さまよう

【用例】

1〜4 徘徊(はいかい) 5 徘徊いたし(はいかい) 6 村々近邊徘徊致し(むらむらきんぺんはいかいいたし)
7 数多致二徘徊一候故(あまたはいかいいたしそうろうゆえ)

288

御

ゴ・ギョ
おん
お・み

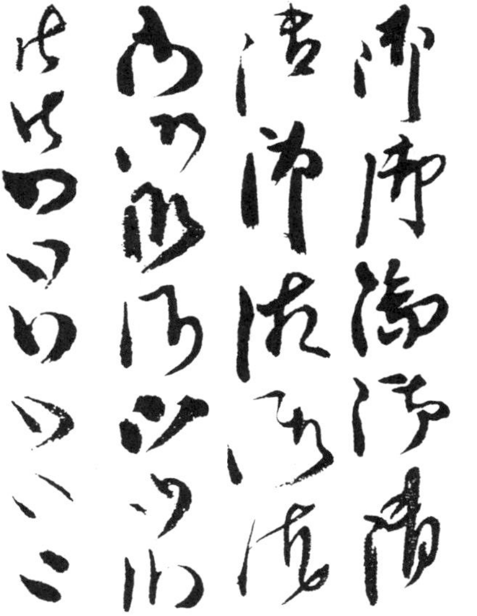

【用例】

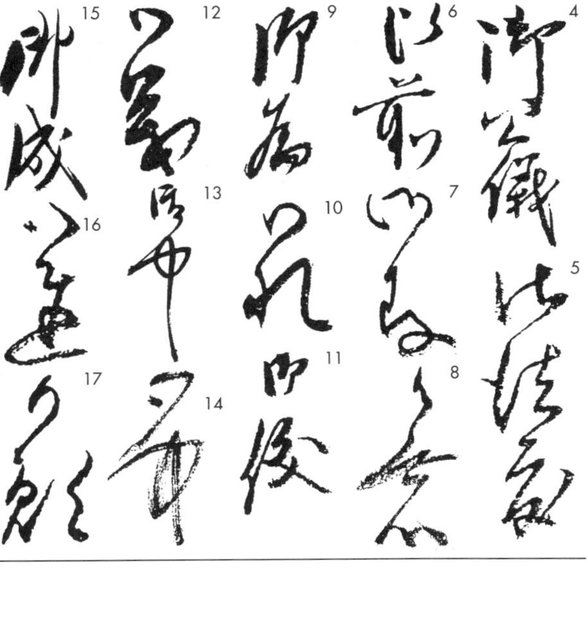

1・2 御意(ぎょい)　3 御用(ごよう)　4 御公儀(ごこうぎ)　5 御法度(ごはっと)　6 御前(ごぜん・おまえ)
7 御存(ごぞんじ)　8 御無心(ごむしん)　9 御為(おんため)　10 御礼(おれい)　11 御儀(おんぎ)　12 御義(おんぎ)
13・14 御中(おんちゅう)　15 御成(おなり)　16 御達(おたっし)　17 御願(おねがい)

289 復

フク
かえる
また

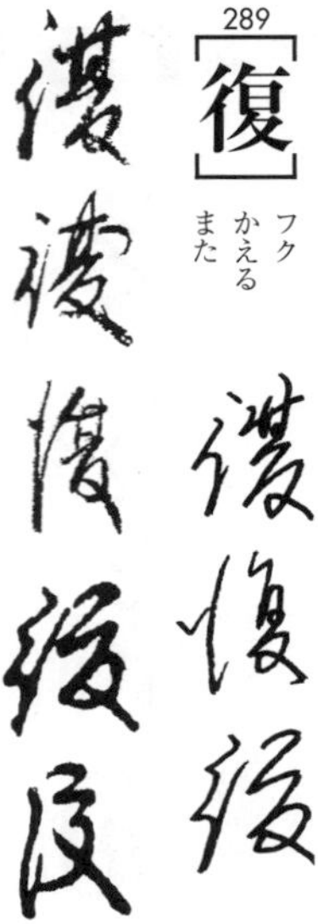

【用例】

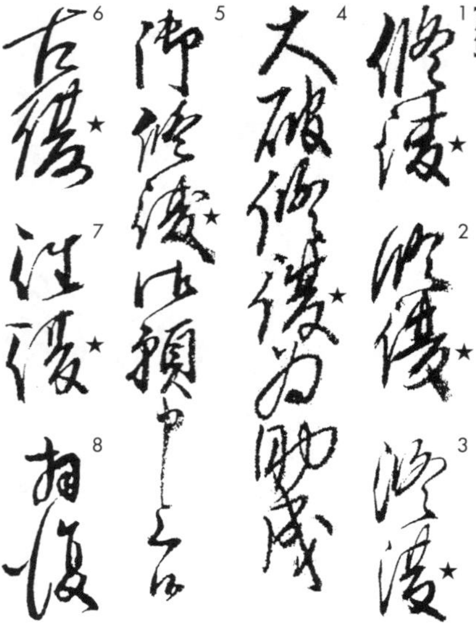

1～3 修復（しゅうふく） 4 大破修復為二助成一（たいはしゅうふくじょせいとして） 5 御修復御願申上候（ごしゅうふくおねがいもうしあげそうろう） 6 古復（こふく） 7 往復（おうふく） 8 拝復（はいふく）

290 徳

トク

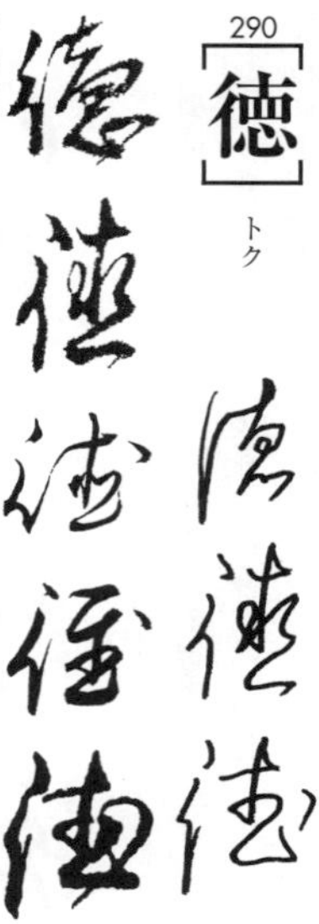

【用例】

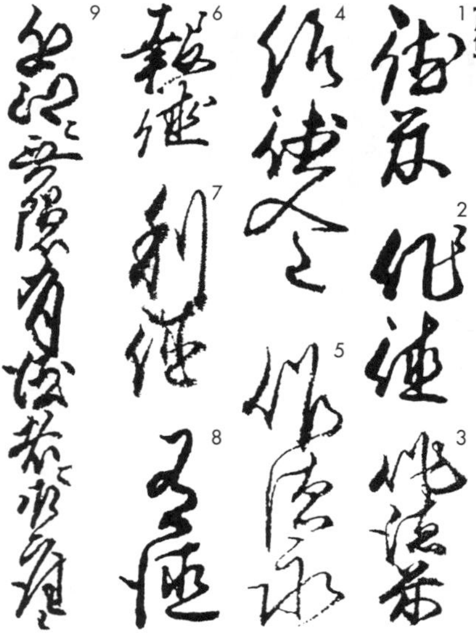

1 徳米（とくまい） 2 作徳（さくとく） 3 作徳米（さくとくまい） 4 作徳金（さくとくきん） 5 作徳永（さくとくえい） 6 報徳（ほうとく） 7 利徳（りとく） 8 有徳（うとく） 9 近郷ニ無レ隠有徳者ニ御座候（きんごうにかくれなきうとくものにござそうろう）

291 厳(嚴)

ゲン
ゴン
きびしい

【用例】

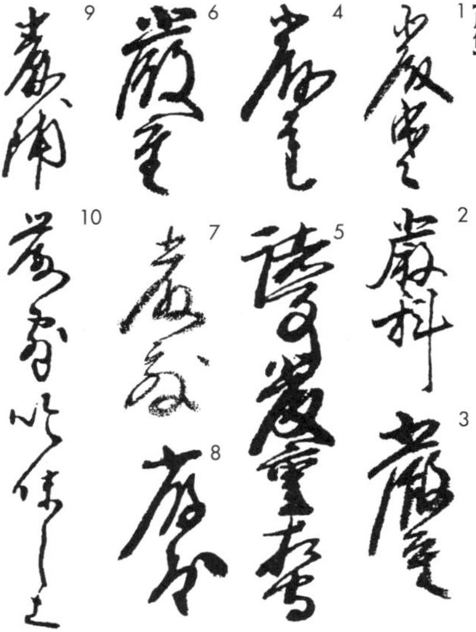

1 嚴寒(げんかん) 2 嚴科(げんか) 3・4 嚴重(げんじゅう) 5 諸事嚴重相守(しょじげんじゅうにあいまもり) 6 嚴重(げんじゅう)
7・8 嚴敷(きびしく) 9 嚴鋪(きびしく) 10 嚴敷吟味之上(きびしくぎんみのうえ)

292 心

シン
こころ

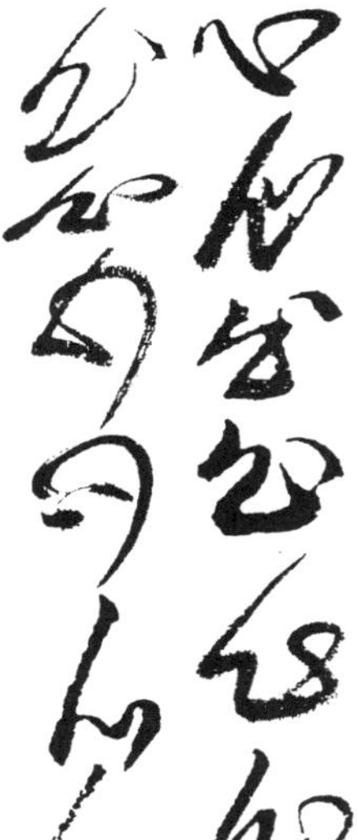

【用例】

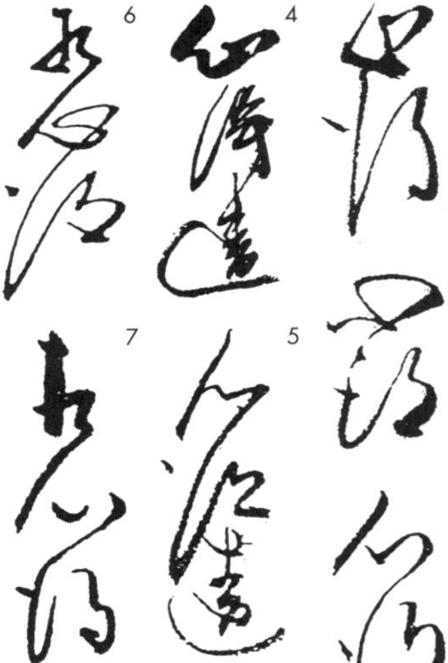

1～3心得(こころえ)　4・5心得違(こころえちがい)　6・7相心得(あいこころえ)　8難二心得一(こころえがたし)
9難二心得一旨(こころえがたきむね)　10心懸(こころがけ)　11相心懸候様(あいこころがけそうろうよう)　12心掛(こころがけ)　13心掛ケ(こころがけ)
14心付(こころづけ)　15心持(こころもち)　16心外(しんがい)　17心願(しんがん)　18無心(むしん)　19用心(ようじん)　20同心(どうしん)

293 ［必］

ヒツ
かならず

【用例】

1必々(ひつひつ)　2必々無二間違一頼入候(ひつひつまちがいなくたのみいりそうろう)　3必至(ひっし)
4必至迷惑仕候処(ひっしめいわくつかまつりそうろうところ)　5必至与(ひっしと)　6必至与差支(ひっしとさしつかえ)　7必定(ひつじょう)
8必定之事ニ付(ひつじょうのことにつき)

294 応(應)

オウ／あたる
こたえる
まさに

【用例】

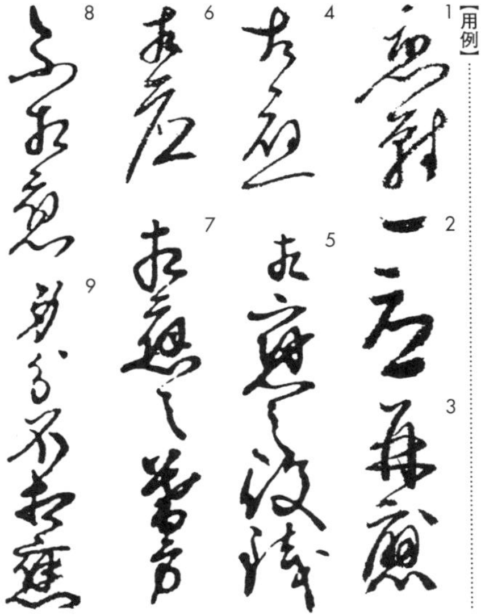

1 應對（おうたい）　2 一應（いちおう）　3 再應（さいおう）　4 相應（そうおう）　5 相應之役銭（そうおうのやくせん）　6 相應（そうおう）　7 相應之暮方（そうおうのくらしかた）　8 不相應（ふそうおう）　9 身分不相應（みぶんふそうおう）

295 快

カイ
ケ
こころよい

【用例】

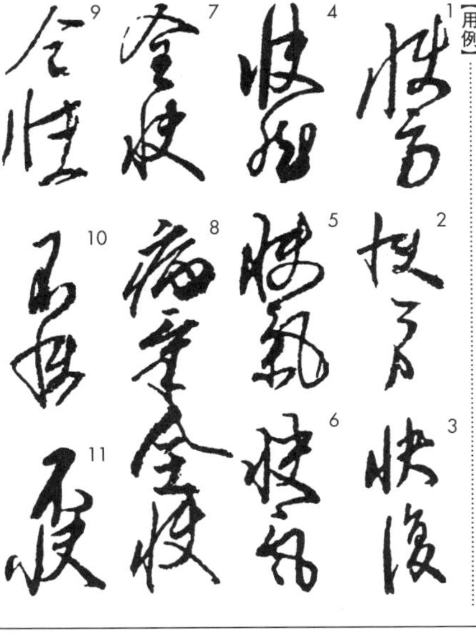

1・2 快方（かいほう）　3 快復（かいふく）　4 快然（かいぜん）　5・6 快氣（かいき）　7 全快（ぜんかい）　8 病氣全快（びょうきぜんかい）　9 全快（ぜんかい）　10・11 不快（ふかい）

296 忝

テン
かたじけない

【用例】

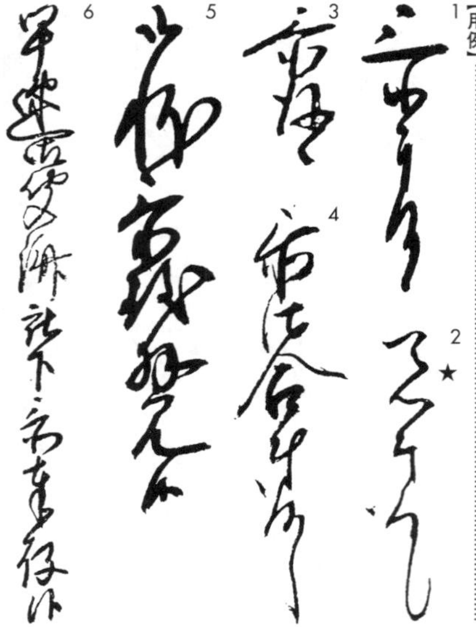

1・2 忝奉レ存候（かたじけなくぞんじたてまつりそうろう）　3 忝存候（かたじけなくぞんじそうろう）
4 忝仕合奉レ存候（かたじけなきしあわせにぞんじたてまつりそうろう）　5 御状忝致二拝見一候（ごじょうかたじけなくはいけんいたしそうろう）
6 早速御聞済被レ下忝奉レ存候（さっそくおききすましくだされかたじけなくぞんじたてまつりそうろう）

297 念

ネン
おもう
ねんじる

【用例】

1 為レ念（ねんのため）　2 為二後念一（ごねんのため）　3 念入（ねんいり／ねんをいれ）　4 被レ入レ念（ねんをいれられ）　5 入念（にゅうねん）／入レ念（ねんをいれ）
6 存念（ぞんねん）　7 無念（むねん）　8 残念（ざんねん）　9 残念至極（ざんねんしごく）　10 不念至極（ふねんしごく）

298 【怪】

カイ
ケ
あやしい

【用例】

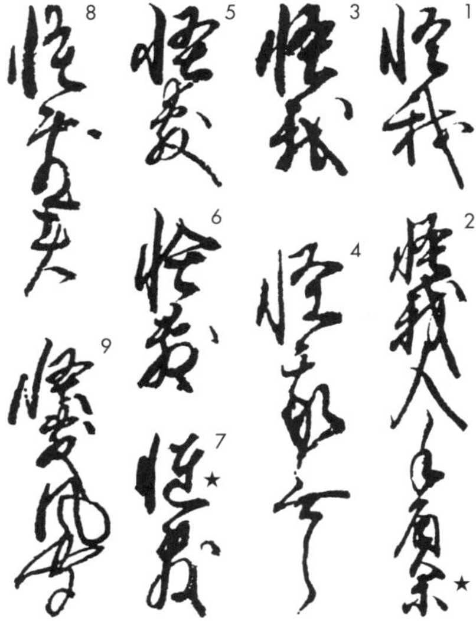

1 怪我（けが）　2 怪我人手負等（けがにんておいなど）　3 怪我（けが）　4 怪我無レ之（けがこれなく）　5〜7 怪敷（あやしく）　8 怪敷者（あやしきもの）　9 怪敷風聞（あやしきふうぶん）

299 【急】

キユウ
いそぐ

【用例】

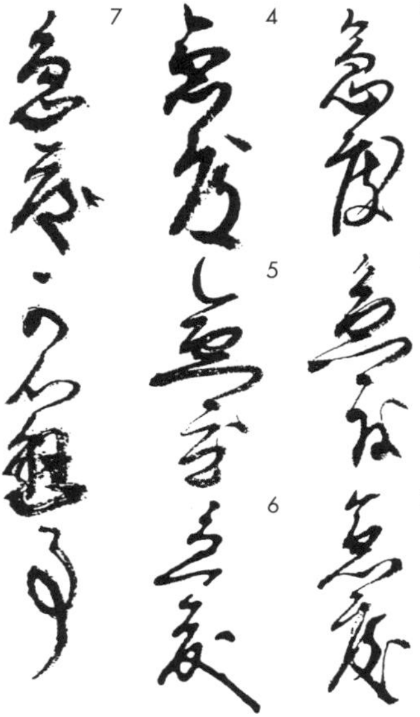

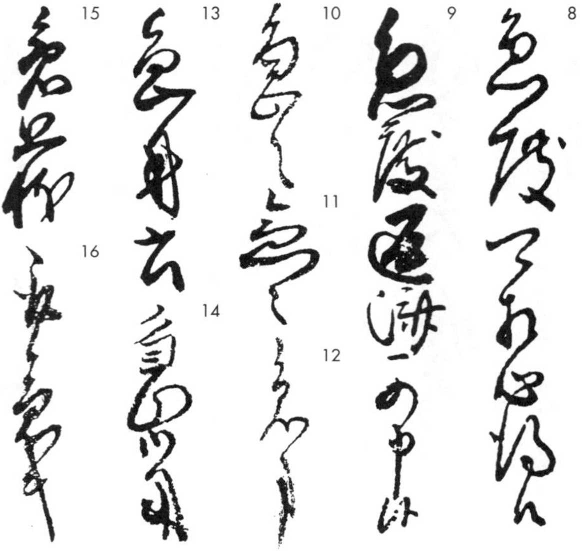

1～6急度（きっと）　7急度可ニ心懸一事（きっとこころがくべきこと）　8急度可ニ相心得一候（きっとあいこころうべくそうろう）

9急度返済可レ申候（きっとへんさいもうすべくそうろう）　10・11急々（きゅうきゅう）　12急用（きゅうよう）　13急用書（きゅうようがき）

14急御用（いそぎごよう／きゅうごよう）　15急廻状（いそぎかいじょう／きゅうかいじょう）　16取急キ（とりいそぎ）

300 ［思］

シ　おもう　おぼす

【用例】

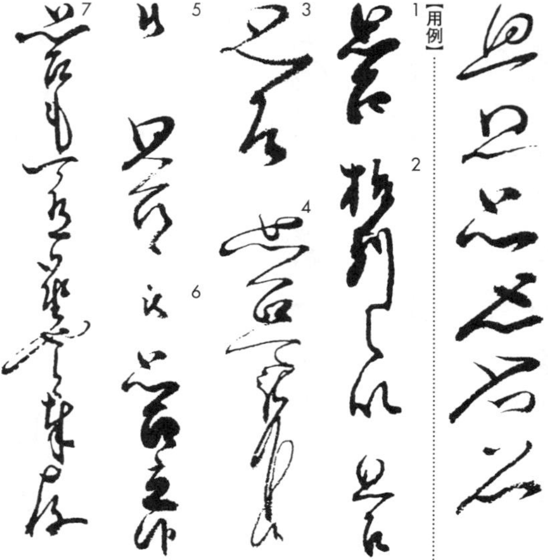

1思召（おぼしめす／おぼしめし）　2格別之以ニ思召（かくべつのおぼしめしをもって）　3思召（おぼしめし）　4思召可レ被レ下候（おぼしめしくださるべくそうろう）

5被ニ思召一候（おぼしめされそうろう）　6被ニ思召立一候（おぼしめしたてられそうろう）

7思召も可レ有ニ御坐一やと奉レ存（おぼしめしもござあるべきやとぞんじたてまつり）

301 性

セイ
ショウ

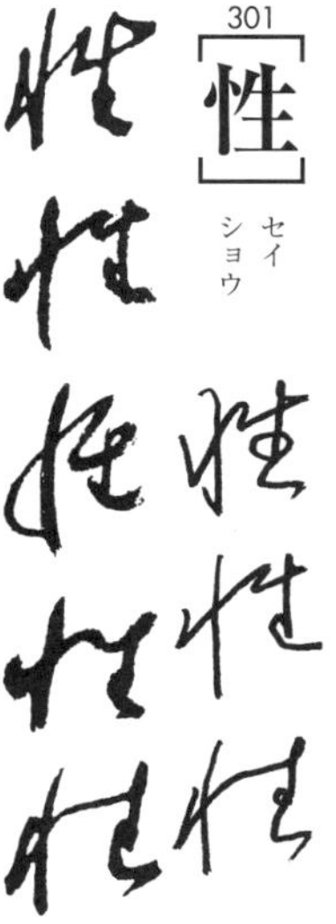

【用例】

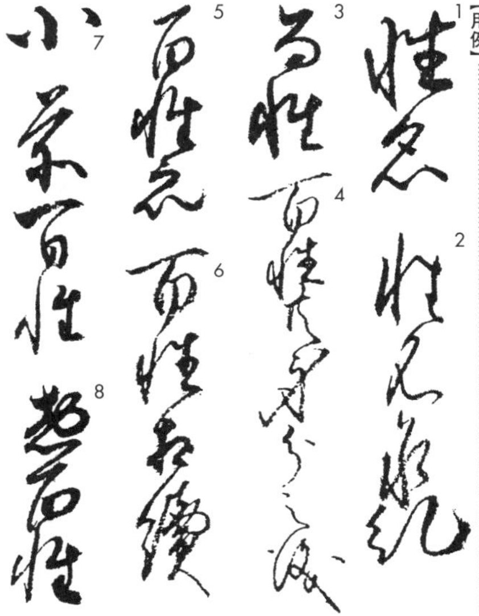

1 性名(せいめい) 2 性名承札(せいめいうけただし) 3 百性(ひゃくしょう) 4 百性共身分之儀(ひゃくしょうどもみぶんのぎ) 5 百性衆(ひゃくしょうしゅう) 6 百性相續(ひゃくしょうそうぞく) 7 小前百性(こまえびゃくしょう) 8 惣百性(そうびゃくしょう)

302 怠

タイ
おこたる
なまける

【用例】

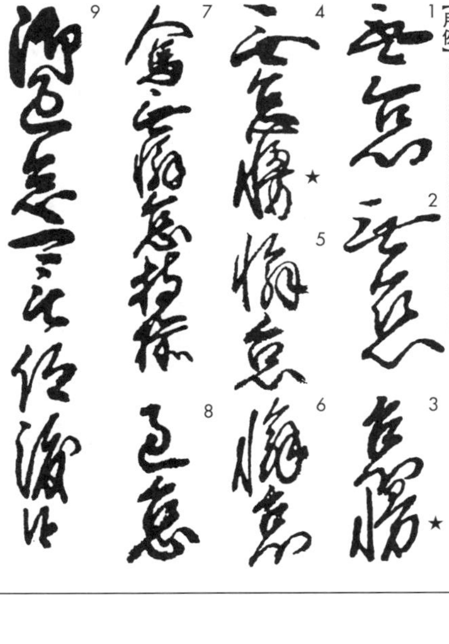

1・2 無レ怠(おこたりなく) 3 怠慢(たいまん) 4 無二怠慢一(たいまんなく) 5・6 懈怠(けたい) 7 人馬無二懈怠一持揃(じんばけたいなくもちそろえ) 8 過怠(かたい) 9 御過怠可レ被二仰渡一候(おかたいおおせわたさるべくそうろう)

303 恩

オン

【用例】

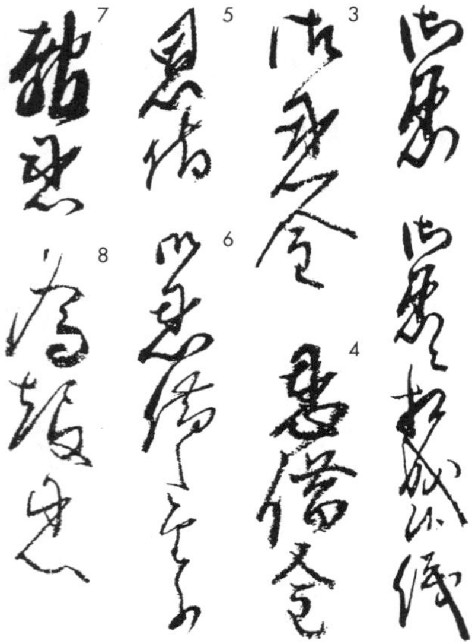

1 御恩（ごおん） 2 御恩二相成候儀（ごおんにあいなりそうろうぎ） 3 御恩金（ごおんきん） 4 恩借金（おんしゃくきん） 5 恩借（おんしゃく） 6 御恩借之金子（ごおんしゃくのきんす） 7 報恩（ほうおん） 8 為二報恩一（ほうおんのため／ほうおんとして）

304 恐

キョウ
おそれ・おそれる
おそらく

【用例】

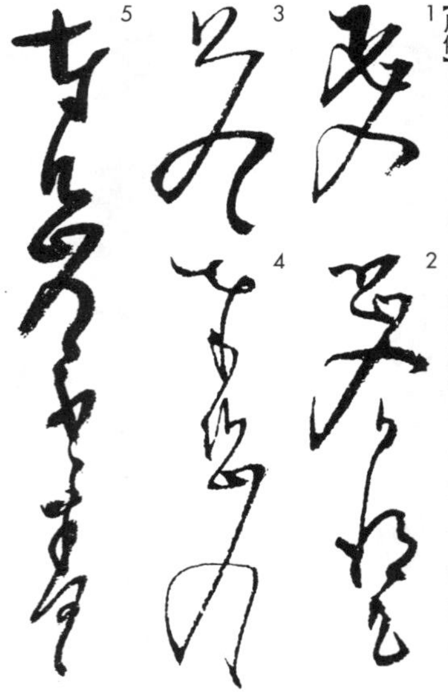

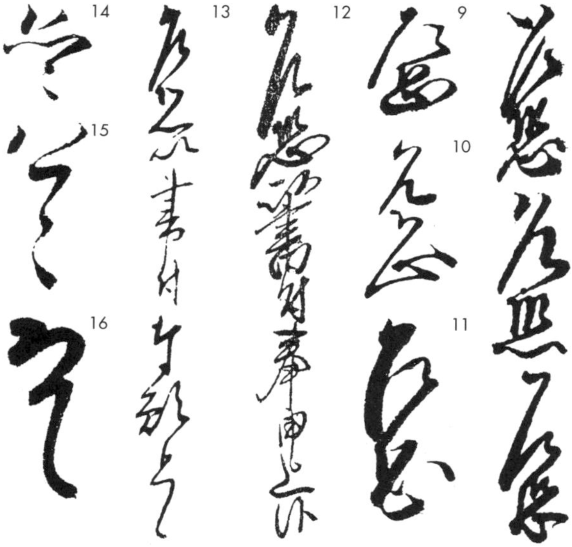

1 恐入(おそれいる) 2 恐入候得共(おそれいりそうらえども) 3 恐入候(おそれいりそうろう) 4 奉二恐入一候(おそれいりたてまつりそうろう)

5 奉二恐入一候義ニ奉レ存候(おそれいりたてまつりそうろうぎにぞんじたてまつりそうろう) 6～11 乍レ恐(おそれながら)

12 乍レ恐以二書付一奉二申上一候(おそれながらかきつけをもってもうしあげたてまつりそうろう)

13 乍レ恐以二書付一奉二願上一候(おそれながらかきつけをもってねがいあげたてまつりそうろう)

14～16 恐々(きょうきょう)

305

悪(惡)

アク・オ
わるい
あし

【用例】

1 悪黨(あくとう) 2 悪言(あくごん・あくげん) 3 悪病(あくびょう) 4 悪風(あくふう) 5 悪水(あくすい) 6 悪米(あくまい) 7 悪事(あくじ)

8・9 悪敷(あしく) 10 悪口(わるぐち・あっこう) 11 悪者(わるもの) 12 不レ悪(あしからず)

306 悦

エツ
よろこぶ
よろこび

【用例】

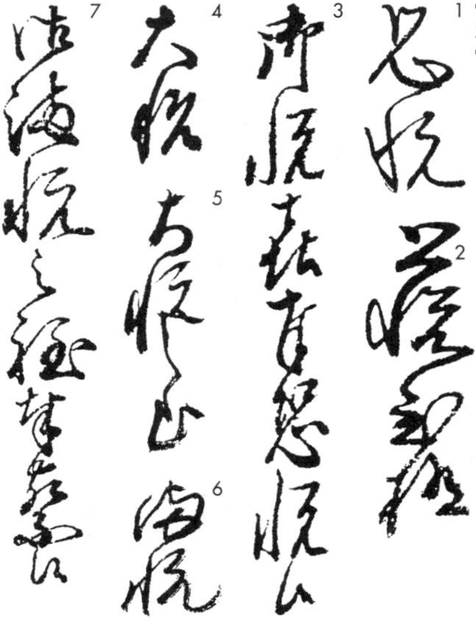

1 恐悦(きょうえつ)　2 恐悦至極(きょうえつしごく)　3 御悦喜(ごえつき)奉二恐悦一候(きょうえつにたてまつりそうろう)　4 大悦(たいえつ)
5 大悦之至(たいえつのいたり)　6 満悦(まんえつ)
7 御満悦之程(ごまんえつのほど)奉レ察(さっしたてまつり)候(そうろう)

307 悉

シツ
ことごとく

【用例】

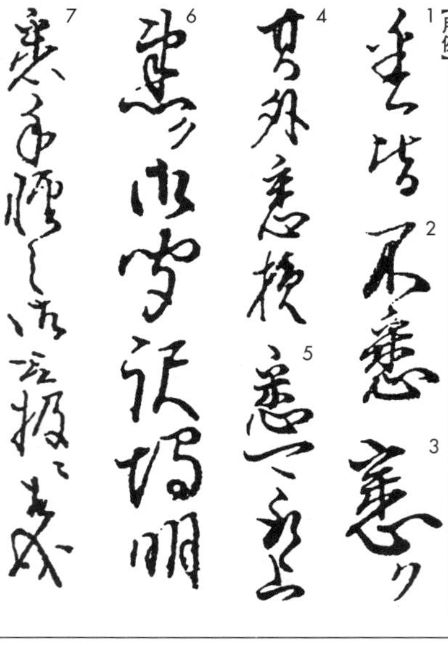

1 悉皆(しっかい)　2 不悉(ふしつ)　3 悉ク(ことごとく)　4 其外(そのほか)悉(ことごとく)損(そんじ)　5 悉(ことごとく)可二取上一(とりあぐべく)
6 悉ク(ことごとく)御聞訳埒明(おききわけらちあけ)
7 悉手軽之御取扱ニ相成(ことごとてがるのおとりあつかいにあいなり)

308 情

セイ ジョウ なさけ

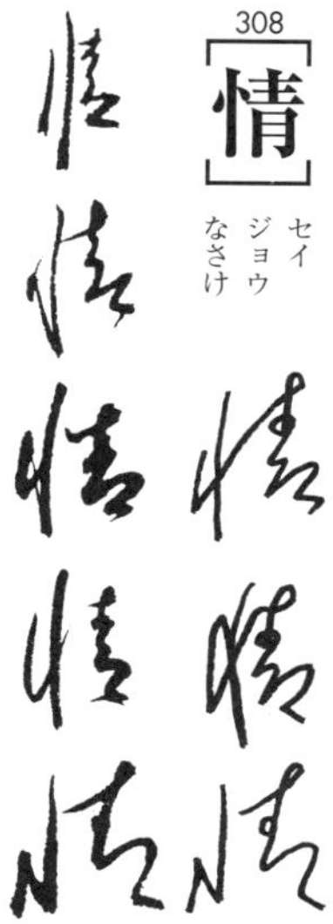

【用例】

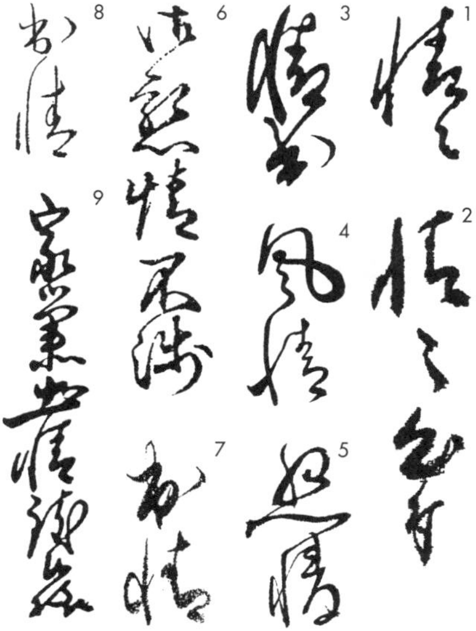

1 情々(せいぜい)　2 情々心付(せいぜいこころづけ)　3 情出(せいだし)　4 風情(ふぜい)　5 懇情(こんじょう)　6 御懇情不ㇾ浅(ごこんじょうあさからず)　7・8 出情(しゅっせい)　9 家業出情致候様(かぎょうしゅっせいいたしそうろうよう)

309 悴

スイ せがれ

【用例】

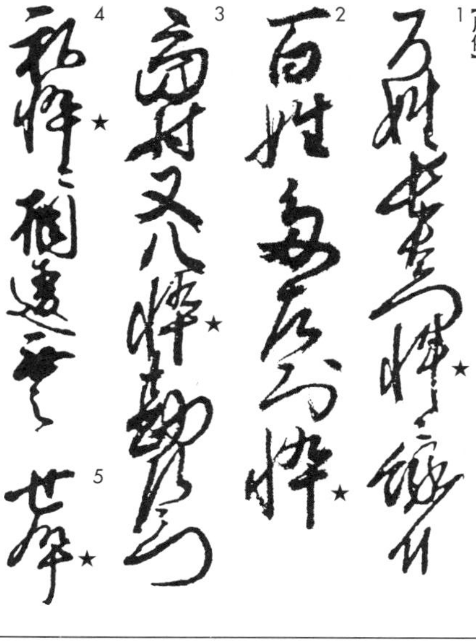

1 百姓長右衛門悴ニ縁付(ひゃくしょうちょうえもんせがれにえんづき)　2 百姓多左衛門悴(ひゃくしょうたざえもんせがれ)　3 當村又八悴勘左衛門(とうそんまたはちせがれかんざえもん)　4 私悴ニ相違無ㇾ之(わたくしせがれにそういこれなく)　5 世悴(せがれ)

310

惣

ソウ
そうじて

【用例】

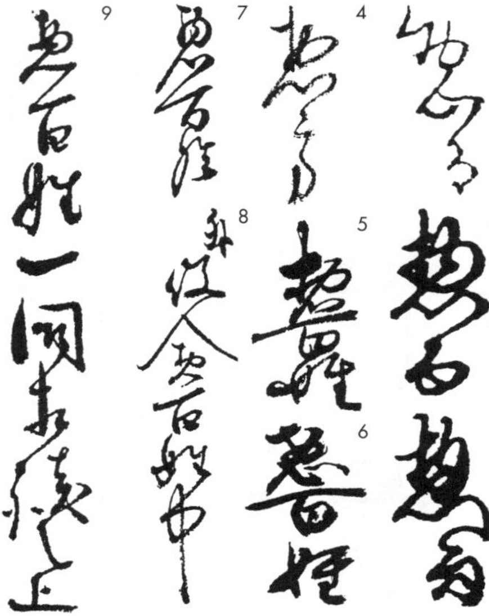

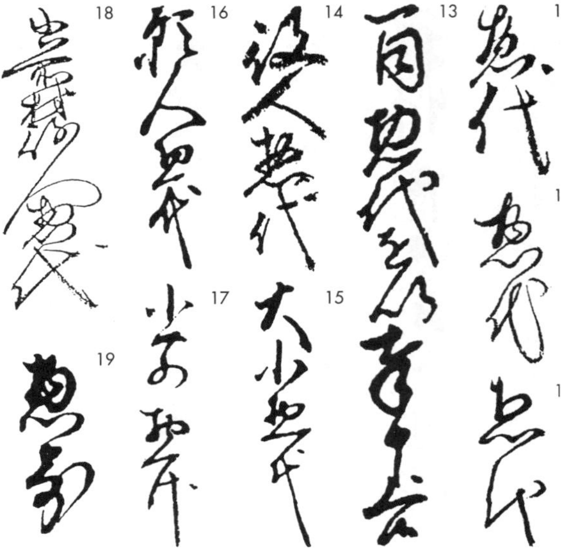

1～3 惣而（すべて・そうじて）　4 惣方（そうかた）　5～7 惣百姓（そうびゃくしょう）　8 外役人・惣百姓中（ほかやくにん・そうびゃくしょうちゅう）
9 惣百姓　一同相談之上（そうびゃくしょう　いちどうそうだんのうえ）　10～12 惣代（そうだい）
13 一同惣代を以　奉二申上一候（いちどうそうだいをもって　もうしあげたてまつりそうろう）　14 役人惣代（やくにんそうだい）　15 大小惣代（だいしょうそうだい）
16 願人惣代（ねがいにん・がんにんそうだい）　17 小前惣代（こまえそうだい）　18 小前・村役人惣代（こまえ・むらやくにんそうだい）　19 惣寄（そうよせ）

311 【悲】

ヒ
かなしい

【用例】

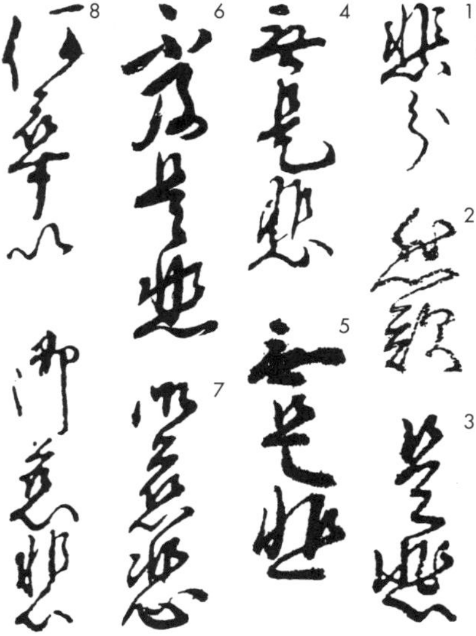

1 悲分（ひぶん）（※「非分」の誤用）　2 悲歎（ひたん）　3 是悲（ぜひ）　4・5 無二是悲一（ぜひなく）　6 不レ及二是悲一（ぜひにおよばず）　7 御慈悲（ごじひ）　8 何卒以二御慈悲一（なにとぞごじひをもって）

312 【惑】

ワク
まどう

【用例】

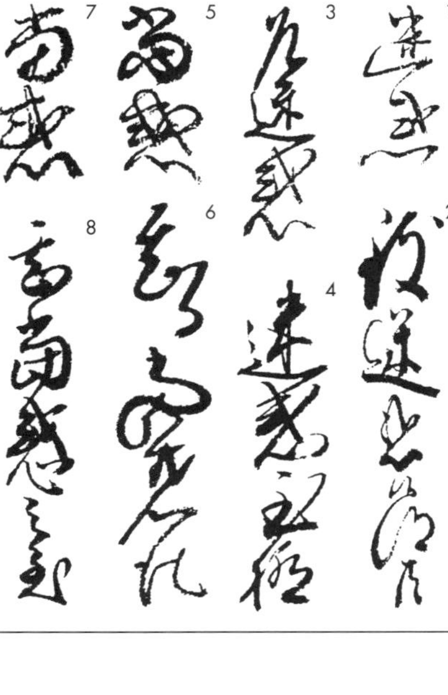

1 迷惑（めいわく）　2 致二迷惑一候得共（めいわくいたしそうらえども）　3 乍二迷惑一（めいわくながら）　4 迷惑至極（めいわくしごく）　5 當惑（とうわく）　6 甚夕當惑仕（はなはだとうわくつかまつり）　7 當惑（とうわく）　8 甚 當惑之至（はなはだとうわくのいたり）

313 ［愛］

アイ／めでる
いつくしむ
いとしい

【用例】

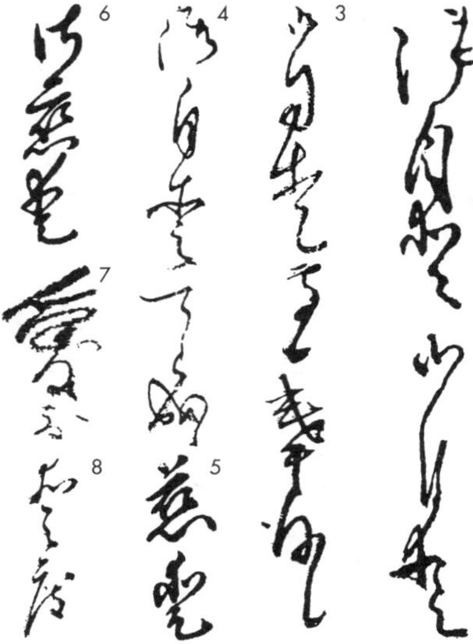

1・2 御自愛（ごじあい） 3 御自愛専一奉レ存候（ごじあいせんいつにぞんじたてまつりそうろう） 4 御自愛可レ被レ成候（ごじあいなさるべくそうろう） 5 慈愛（じあい） 6 御慈愛（ごじあい） 7・8 愛度（めでたく）

314 ［意］

イ／こころ

【用例】

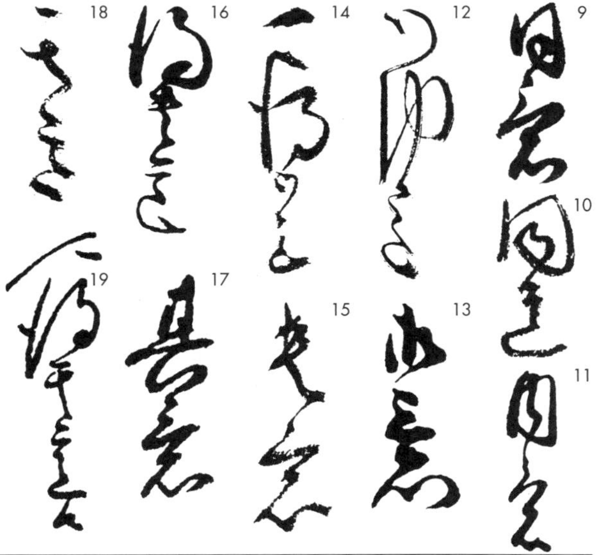

1 意外（いがい） 2·3 意趣（いしゅ） 4·5 趣意（しゅい） 6 存意（ぞんい） 7 不如意（ふにょい） 8 用意（ようい）

9·10 同意（どうい） 11 内意（ないい） 12 御内意（ごないい） 13 御意（ぎょい） 14 可レ得二御意一（ぎょいをうべく） 15 貴意（きい）

16 得二貴意一（きいをえ） 17·18 其意（そのい） 19 可レ得二其意一候（そのいをうべくそうろう）

315 愚

グ
おろか

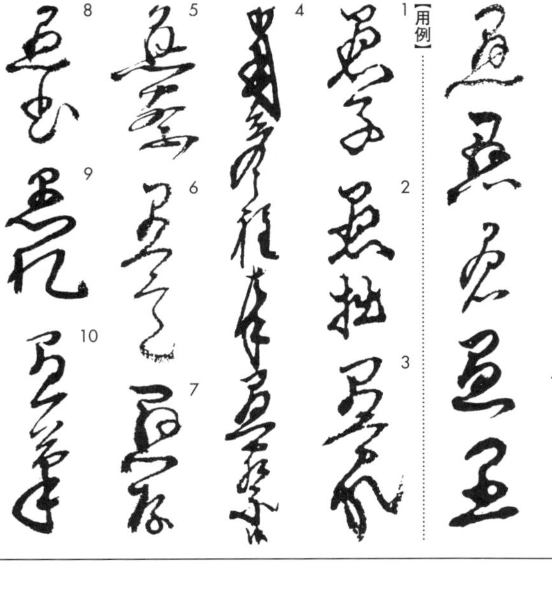

【用例】

1 愚子（ぐし） 2 愚拙（ぐせつ） 3 愚家（ぐか） 4 御用多之程 奉二愚察一候（ごようたのほどぐさったてまつりそうろう）

5 愚察（ぐさつ） 6 愚意（ぐい） 7 愚存（ぐぞん） 8 愚書（ぐしょ） 9 愚札（ぐさつ） 10 愚筆（ぐひつ）

316

慈

ジ

いつくしむ

【用例】

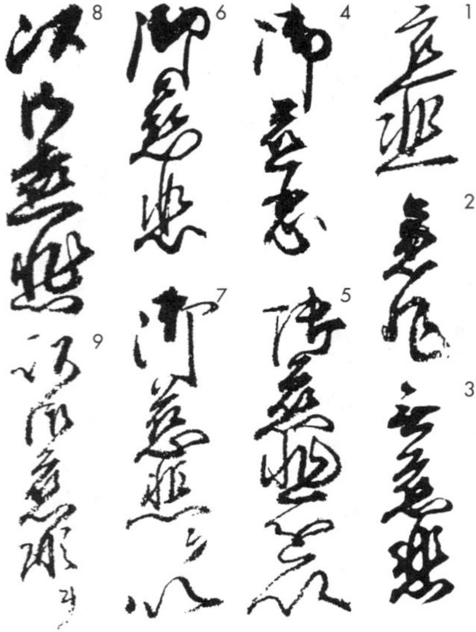

1 慈悲(じひ)　2 慈非(じひ)（※「慈悲」の誤用）　3 無慈悲(むじひ)　4 御慈悲(ごじひ)　5 御慈悲を以(ごじひをもって)　6 御慈悲(ごじひ)　7 御慈悲ヲ以(ごじひをもって)　8 以二御慈悲一(ごじひをもって)　9 以二御慈非ヲ一(ごじひをもって)

317

愍

ビン

ミン

あわれむ

【用例】

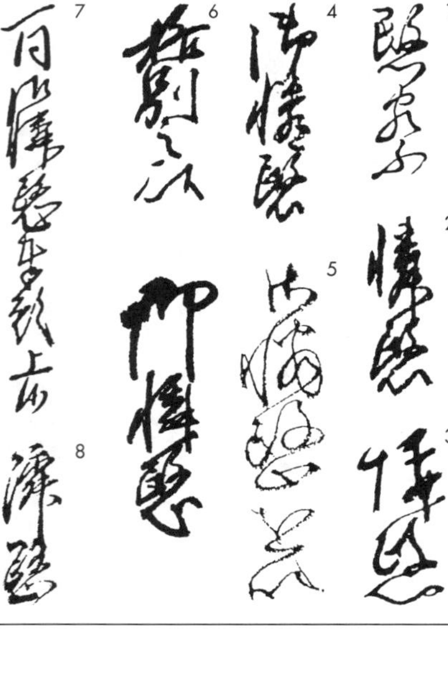

1 愍察(びんさつ)　2・3 憐愍(れんびん)　4 御憐愍(ごれんびん)　5 御憐愍を以(ごれんびんをもって)　6 格別之以二御憐愍一(かくべつのごれんびんをもって)　7 一同御憐愍奉二願上一候(いちどうごれんびんねがいあげたてまつりそうろう)　8 隣愍(れんびん)（※「憐愍」の誤用）

318 愈

ユ
いよいよ

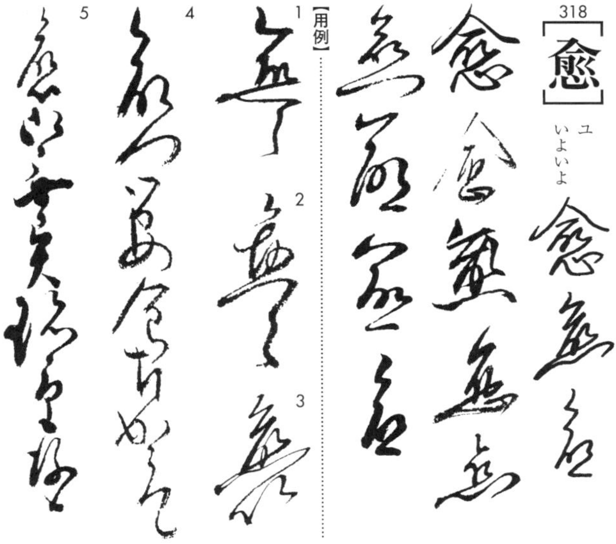

【用例】

1・2 愈々（いよいよ） 3 愈以（いよいよもって） 4 愈御安全奉レ賀候（いよいよごあんぜんにがしたてまつりそうろう） 5 愈御無異珍重存候（いよいよごぶいちんちょうにぞんじそうろう）

319 慎(愼)

シン
つつしむ

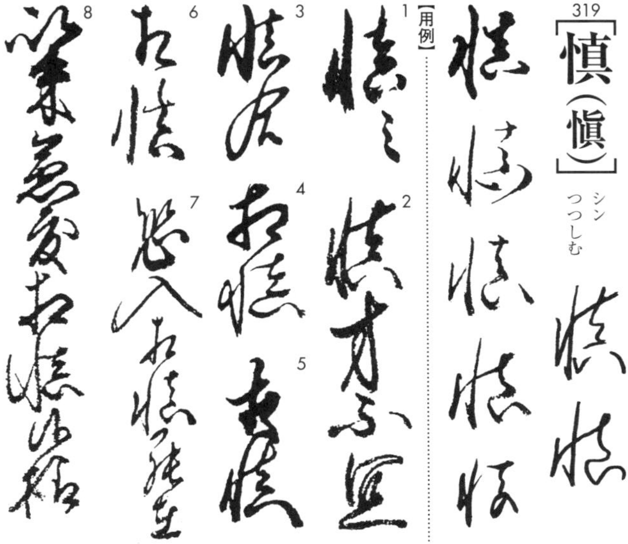

【用例】

1 慎ミ（つつしみ） 2 慎方不レ宜（つつしみかたよろしからず） 3 慎合（つつしみあう） 4～6 相慎（あいつつしみ） 7 恐入相慎罷在（おそれいりあいつつしみまかりあり） 8 以来急度相慎候様（いらいきっとあいつつしみそうろうよう）

320 態

タイ
わざと
わざわざ

【用例】

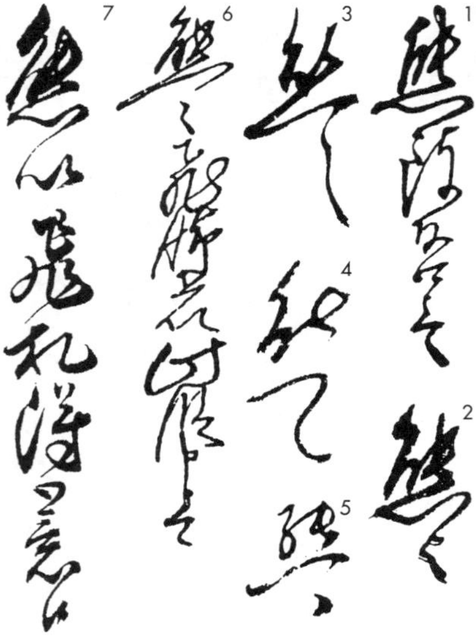

1 態致二啓上一候　2 態与　3～5 態々
6 態々飛脚を以此段申上候　7 態以二飛札一得二御意一候

321 慶

ケイ
よろこぶ

【用例】

1 御慶　2 改年之御慶　3 御慶賀　4 御心慶　5 御同慶　6 余慶
7 大慶　8 誠ニ大慶至極

322 【慥】

ゾウ
たしか
たしかに

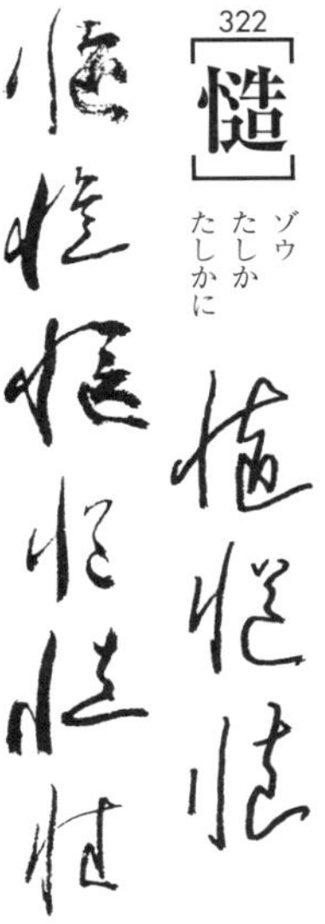

【用例】

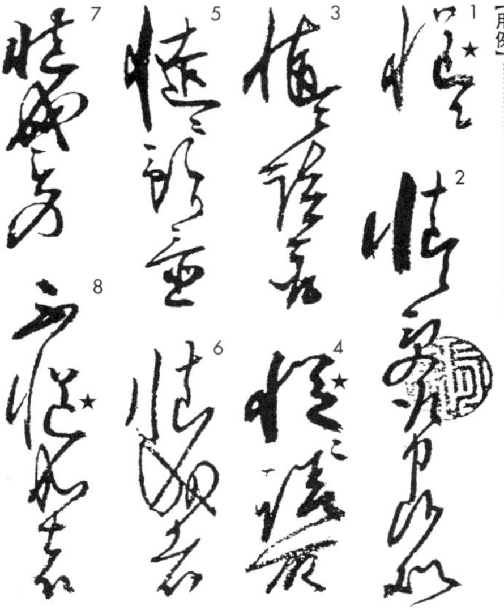

1 慥二(たしかに)　2 慥二受取申候処(たしかにうけとりもうしそうろうところ)　3・4 慥二請取(たしかにうけとり)　5 慥二預リ置(たしかにあずかりおき)　6 慥成者(たしかなるもの)　7 慥成もの(たしかなる)　8 不慥成者(ふたしかなるもの)／不二慥成一者(たしかならざるもの)

323 【慢】

マン

【用例】

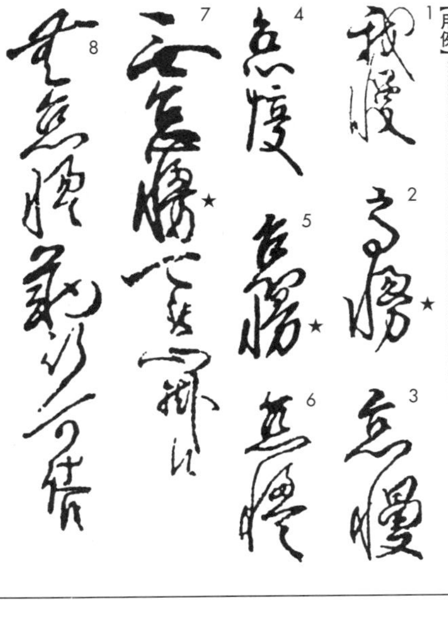

1 我慢(がまん)　2 高慢(こうまん)　3～6 怠慢(たいまん)　7 無二怠慢一可レ被二心掛一候(たいまんなくこころがけらるべくそうろう)　8 無二怠慢一勤行可レ仕候(たいまんなくごんぎょうつかまつるべくそうろう)

324 慮

リョ
おもんぱかる

【用例】

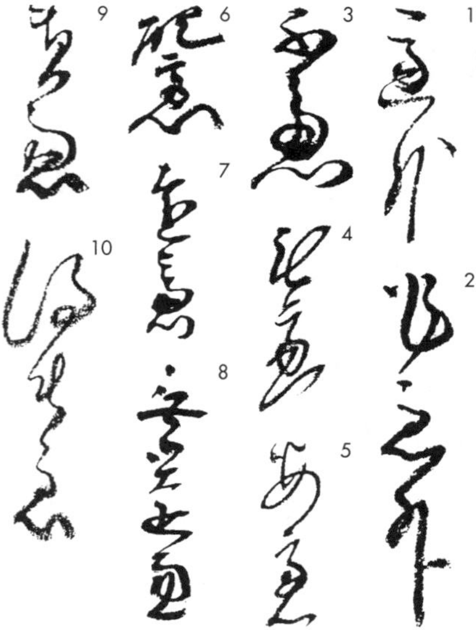

1 慮外（りょがい）
2 乍二慮外一（りょがいながら）
3 不慮（ふりょ）
4 無慮（むりょ・ぶりょ）
5 安慮（あんりょ）
6 配慮（はいりょ）
7 遠慮（えんりょ）
8 無二御遠慮一（ごえんりょなく）
9 貴慮（きりょ）
10 得二貴慮一（きりょをえ）

325 憚

タン
はばかる

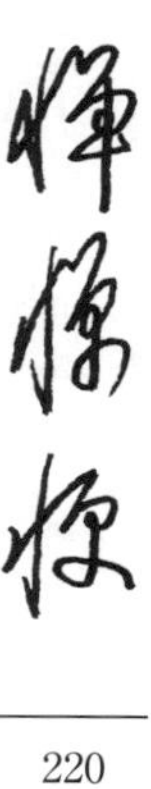

【用例】

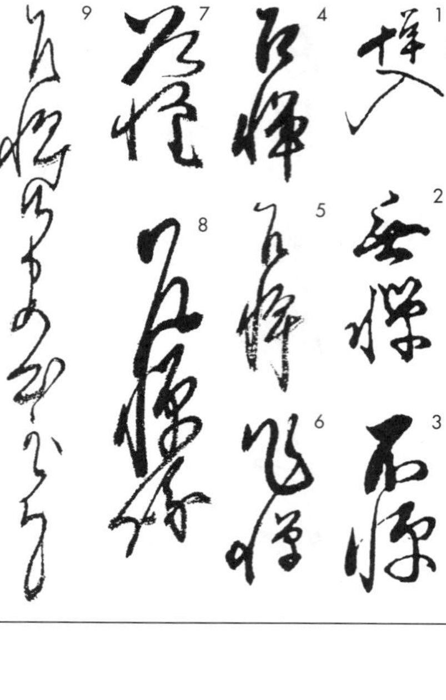

1 憚入（はばかりいる）
2 無レ憚（はばかりなく）
3 不レ憚（はばからず）
4～7 乍レ憚（はばかりながら）
8 乍二憚様一（はばかりさまながら）
9 乍レ憚御安心可レ被レ下候（はばかりながらごあんしんくださるべくそうろう）

326
憐
レン
あわれむ

【用例】

1・2 御憐愍(ごれんびん)　3 御憐愍薄く難儀仕候(ごれんびんうすくなんぎつかまつりそうろう)　4 憐察(れんさつ)　5 御憐察御沙汰(ごれんさつのごさた)
6 御憐察(ごれんさつ)　7 憐家(りんか)(※「隣」の誤用)

327
懇
コン
ねんごろ

【用例】

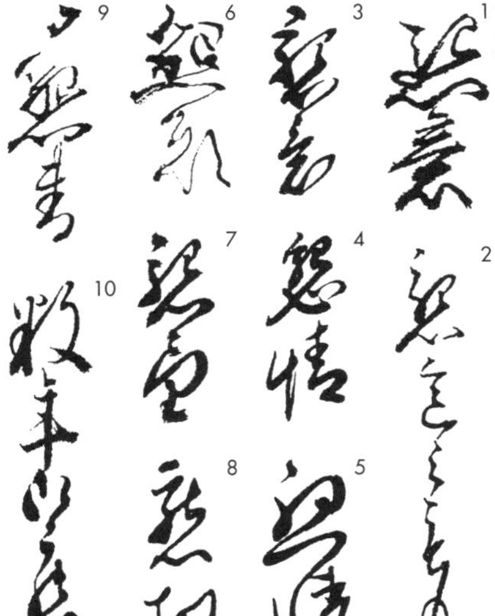

1 懇意(こんい)　2 懇意之もの(こんいの)　3 懇意(こんい)　4・5 懇情(こんじょう)　6 懇願(こんがん)　7 懇望(こんもう)
8 懇切(こんせつ)　9 御懇書(ごこんしょ)　10 数年御懇(すうねんおねんごろ)

328
懸
ケン・ケ
かける
かかる

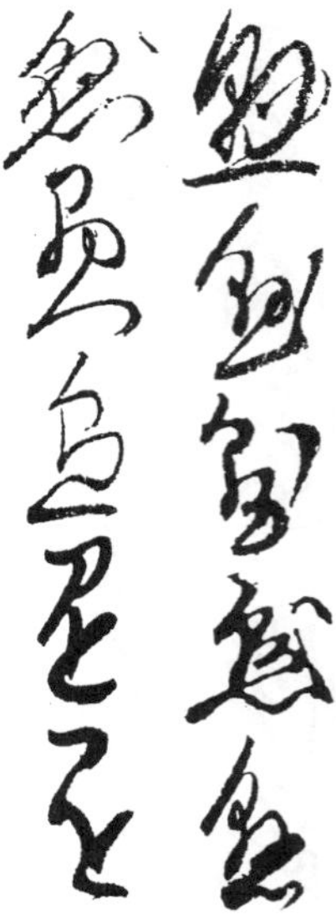

【用例】

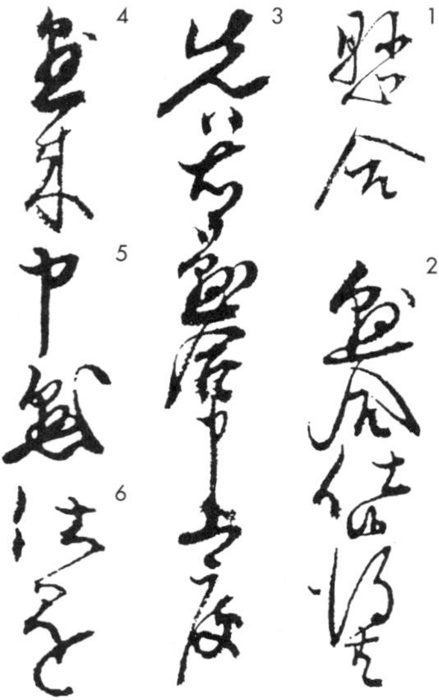

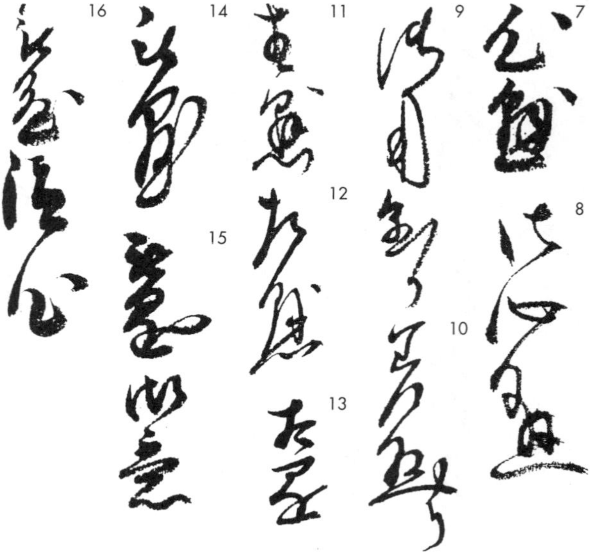

1 懸合(かけあい)　2 懸合仕候得共(かけあいつかまつりそうらえども)　3 先ハ右御懸合申上度(まずはみぎおかけあいもうしあげたく)　4 懸来(かけきたる)
5 申懸(もうしかけ)　6 仕懸(しかけ)　7 心懸(こころがけ)　8 御心懸(おこころがけ)　9 御用懸リ(ごようがかり)　10 差懸リ(さしかかり)
11～13 相懸(あいかかる)　14 被レ懸(かけられ)　15 被レ懸二御意一(ぎょいをかけられ)　16 被レ懸二御心一(おこころをかけられ)

329 [戌]

ジュツ
いぬ

【用例】

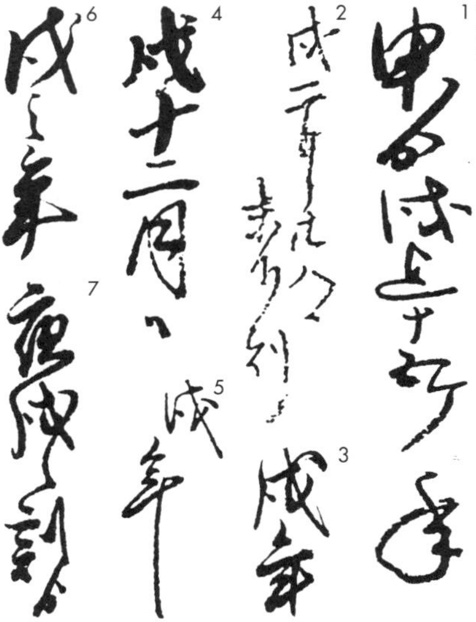

1 申ゟ戌迄十五ヶ年　2 戌二月廿八日未下刻　3 戌年　4 戌十二月日　5 戌年　6 戌之年　7 夜戌之刻ゟ

330 [成]

セイ
ジョウ
なる・なす

【用例】

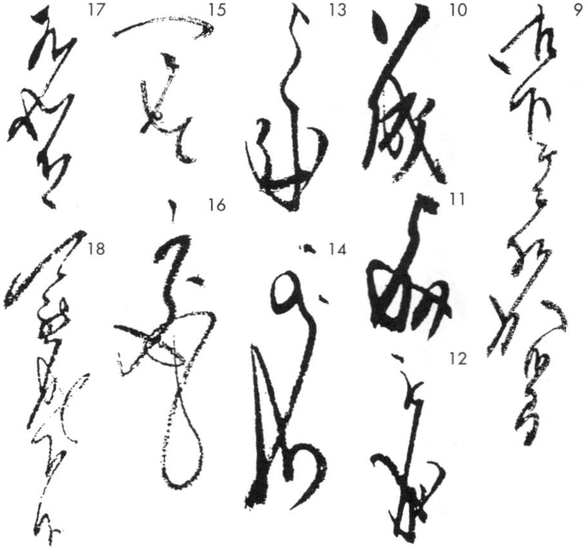

1・2 成行(なりゆき)　3 成程(なるほど)　4・5 罷成(まかりなる)　6 申成(もうしなす)　7・8 相成(あいなる)

9 御下ケニ相成候間(おさげにあいなりそうろうあいだ)　10 御成(おなり)　11〜13 被レ成(なされ)　14 可レ被レ成(なさるべく)

15・16 可レ被レ成候(なさるべくそうろう)　17・18 可レ被二成下一候(なしくださるべくそうろう)

331

[我]

ガ　われ　わが

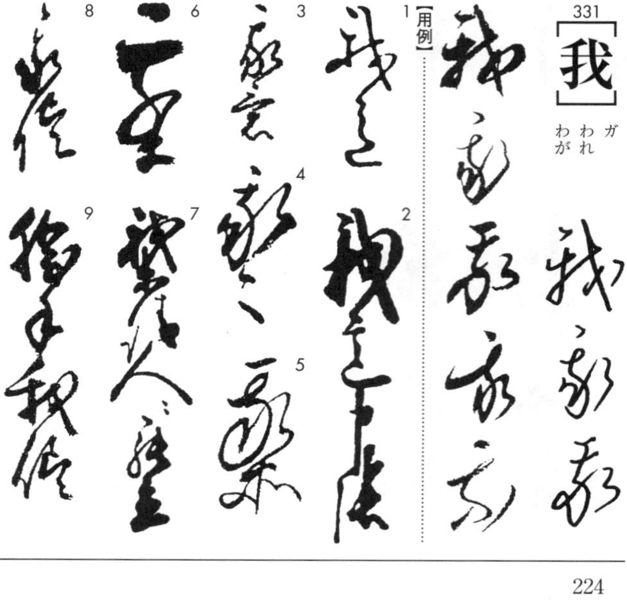

【用例】

1 我意(がい)　2 我意申張(がいもうしはり)　3 我意(がい)　4 我々(われわれ)　5・6 我等(われら)

7 我等請人ニ罷立(われらうけにんにまかりたち)　8 我儘(わがまま)　9 勝手我儘(かってわがまま)

332 【或】

ワク
あるいは
ある

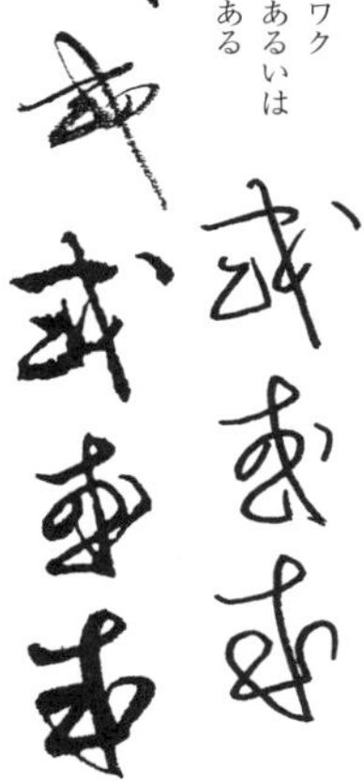

【用例】

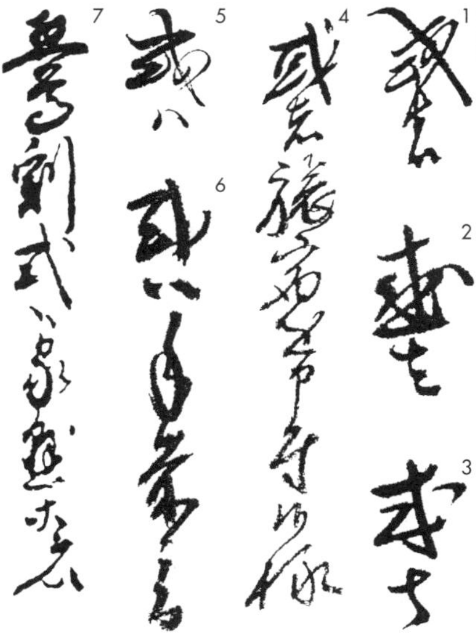

1～3 或者（あるいは）　4 或者旅宿を申付候様（あるいはりょしゅくをもうしつけそうろうよう）　5 或ハ（あるいは）　6 或ハ手前ニ而（あるいはてまえにて）
7 惣高割或ハ家懸等ヲ以（そうたかわりあるいはいえがけなどをもって）

333 【戴】

タイ
いただく

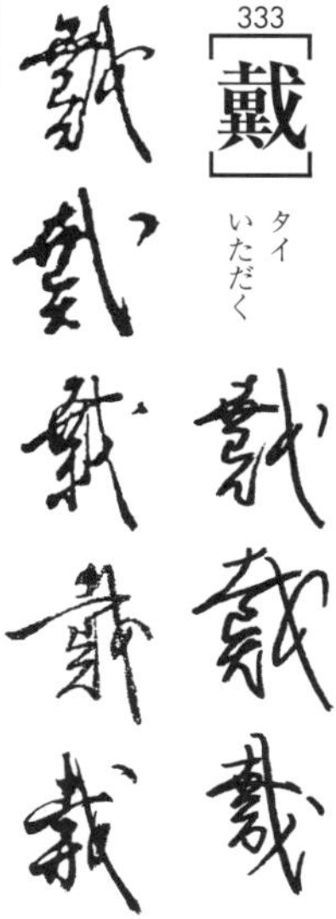

【用例】

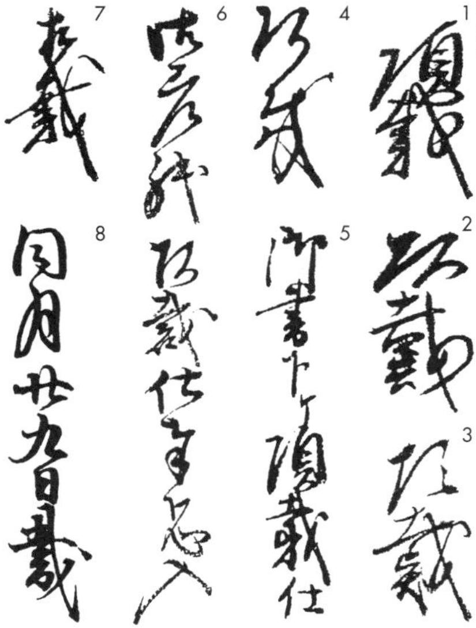

1～4 頂戴（ちょうだい）　5 御書下ケ頂戴仕（おかきさげちょうだいつかまつり）
6 御差紙頂戴仕奉ニ恐入ー（おさしがみちょうだいつかまつりおそれいりたてまつり）　7 相戴（あいいただき）　8 同月廿九日戴（どうつきにじゅうくにちいただき）

334 【戸】

とコ

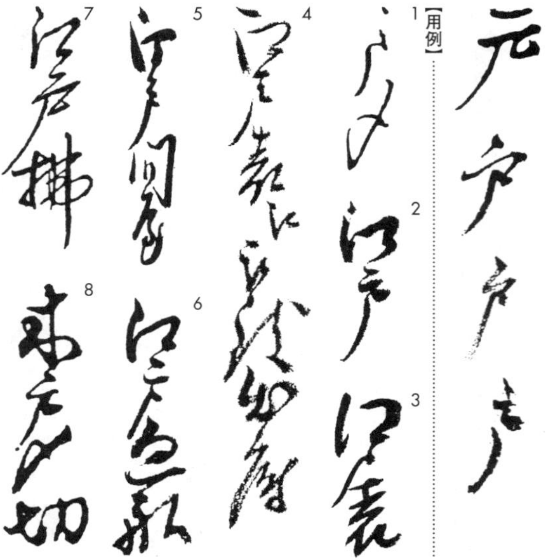

【用例】

1 戸〆（とじめ） 2 江戸（えど） 3 江戸表（えどおもて） 4 江戸表江被レ致二出府一（えどおもてへしゅっぷいたされ） 5 江戸問屋（えどといや） 6 江戸廻船（えどかいせん） 7 江戸拂（えどばらい） 8 木戸〆切（きどしめきり）

335 【戻（戾）】

レイ もどる もどす

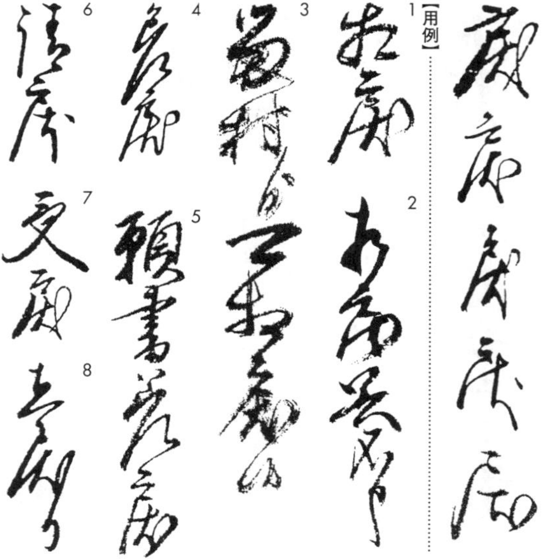

【用例】

1 相戻（あいもどす） 2 相戻呉不レ申（あいもどしくれもうさず） 3 留村ゟ可二相戻一候（とまりむらよりあいもどすべくそうろう） 4 差戻（さしもどす） 5 願書差戻（がんしょさしもどし） 6 請戻（うけもどす） 7 受戻（うけもどす） 8 立戻リ（たちもどり）

336 所 ショ ところ

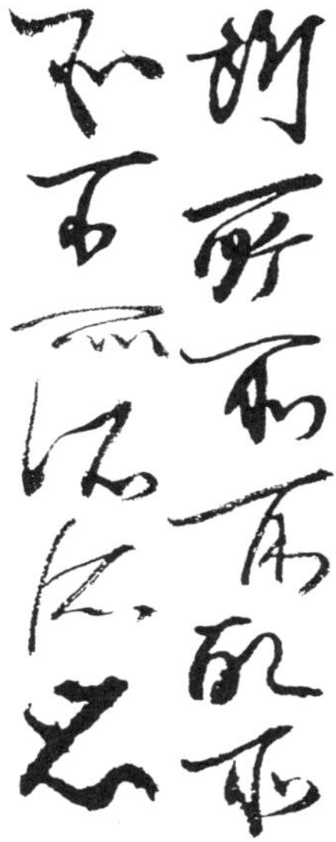

【用例】

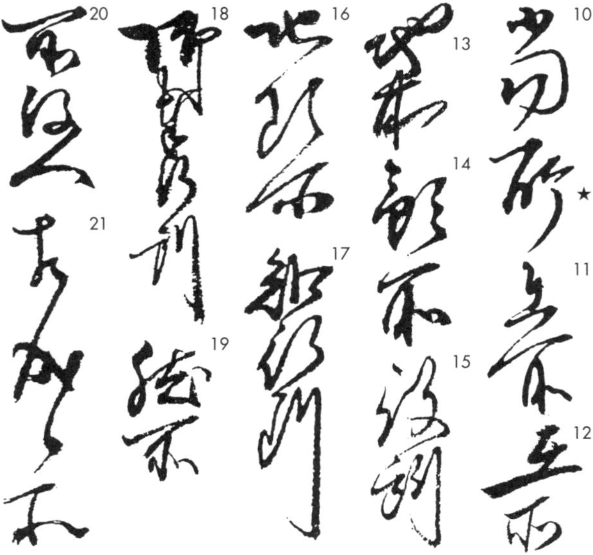

1・2 所々（しょしょ）　3・4 所持（しょじ）　5・6 所置（しょち）　7 所存（しょぞん）　8 所願（しょがん）　9 一所（いっしょ）

10 當所（とうしょ）　11・12 在所（ざいしょ）　13 地所（じしょ）　14 預所（あずかりしょ）　15 役所（やくしょ）　16 地頭所（じとうしょ）

17 知行所（ちぎょうしょ）　18 御奉行所（おぶぎょうしょ）　19 然所（しかるところ）　20 所役人（ところやくにん）　21 相成候所（あいなりそうろうところ）

337

手

たて シュ

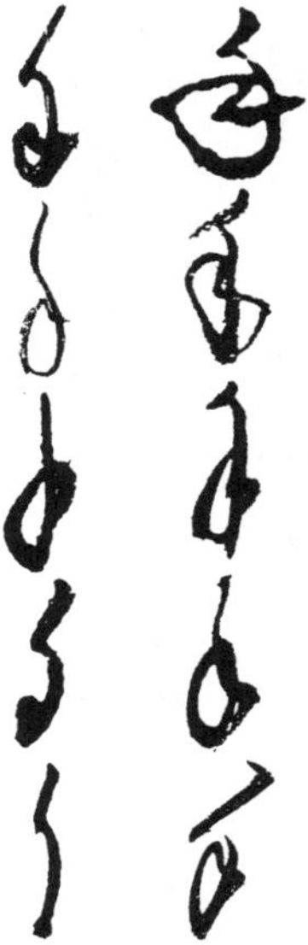

【用例】

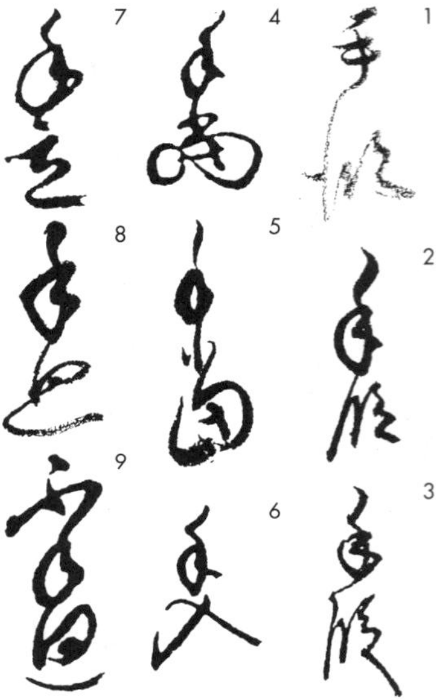

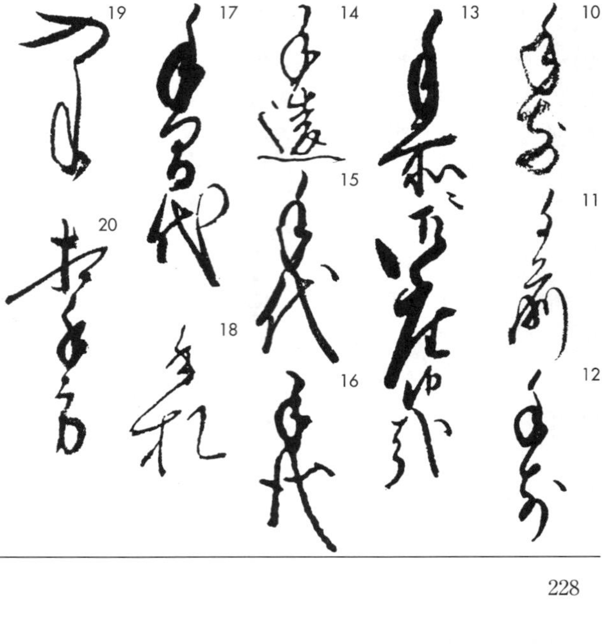

1～3 手段(しゅだん)　4・5 手當(てあて)　6 手入(ていれ)　7 手立(てだて)　8 手廻(てまわし)
9 不手廻(ふてまわし)／不二手廻一(てまわらず)　10～12 手前(てまえ)　13 手前ニ御座候哉(てまえござそうろうや)　14 手違(てちがい)
15・16 手代(てだい)　17 手間代(てまだい)　18 手札(しゅさつ・てふだ)　19 入手(にゅうしゅ)　20 相手方(あいてかた)

338
打
ダ
チョウ
うつ

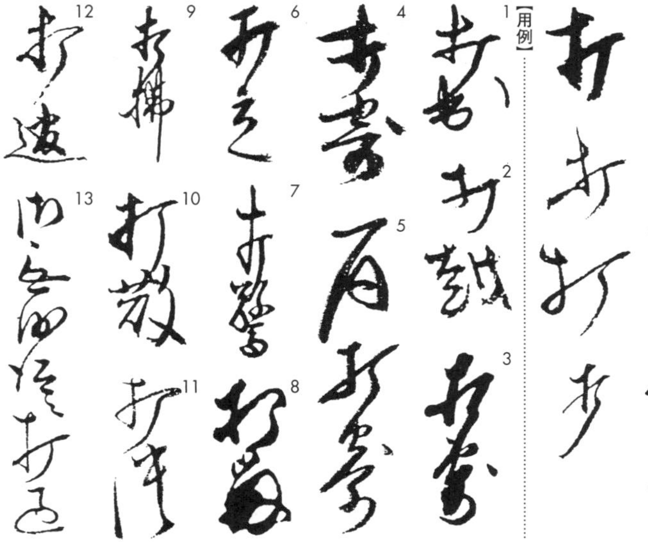

【用例】

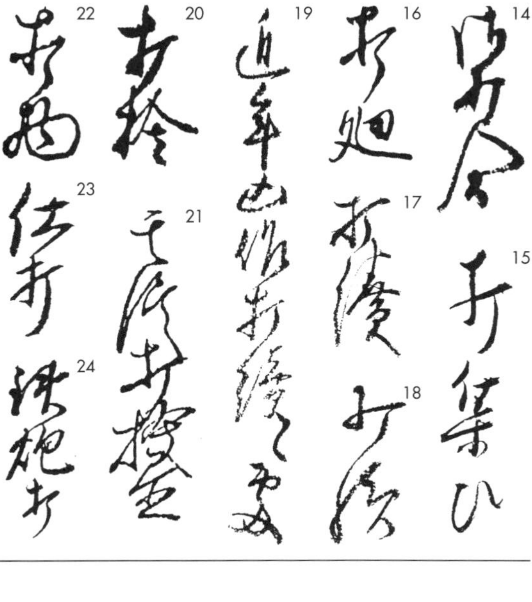

1 打出(うちだす)　2 打越(うちこす)　3・4 打寄(うちよる)　5 一同打寄(いちどううちより)　6 打立(うちたつ)　7 打驚(うちおどろく)
8 打留(うちどめ)　9 打拂(うちはらう)　10 打散(うちちらす)　11 打潰(うちつぶす)　12 打過(うちすぐ)　13 御無沙汰ニ打過(ごぶさたにうちすぎ)
14 御打合(おうちあわせ)　15 打集ひ(うちつどう)　16 打廻(うちまわす)　17・18 打續(うちつづく)
19 近年凶作打續候處(きんねんきょうさくうちつづきそうろうところ)　20 打捨(うちすて)　21 其儘打捨置(そのままうちすておく)　22 打物(うちもの)
23 仕打(しうち)　24 鉄炮打(てっぽううち)

339 払（拂）

フツ　はらう

【用例】

1 拂底（ふってい）　2 拂米（はらいまい）　3 拂方（はらいかた）　4 諸拂（しょばらい）　5 請拂（うけはらい）　6 賣拂（うりはらい）　7 取拂（とりはらう）　8 押拂（おしはらう）　9 悪水拂（あくすいばらい）　10 追拂（おいはらい）　11 所拂（ところばらい）　12 郷中拂（ごうちゅうばらい）

340 扣

コウ　ひかえる

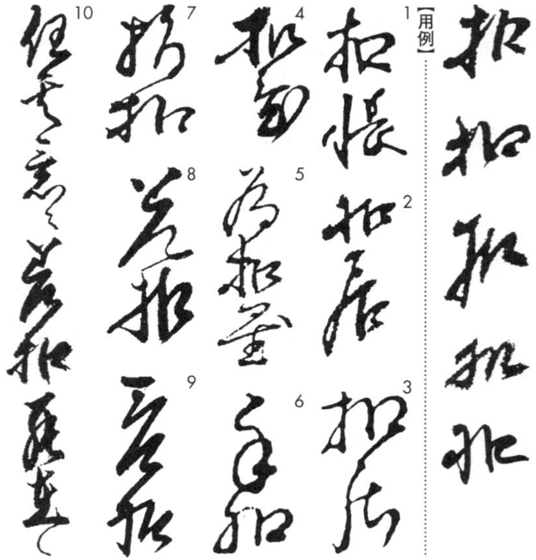

【用例】

1 扣帳（ひかえちょう）　2・3 扣居（ひかえおる）　4 扣置（ひかえおく）　5 為二扣置一（ひかえおかせ）　6 手扣（てびかえ）　7 指扣（さしひかえ）　8・9 差扣（さしひかえ）　10 任二其意一差扣罷在候（そのいにまかせさしひかえまかりありそうろう）

341 扨

サ
さて

【用例】

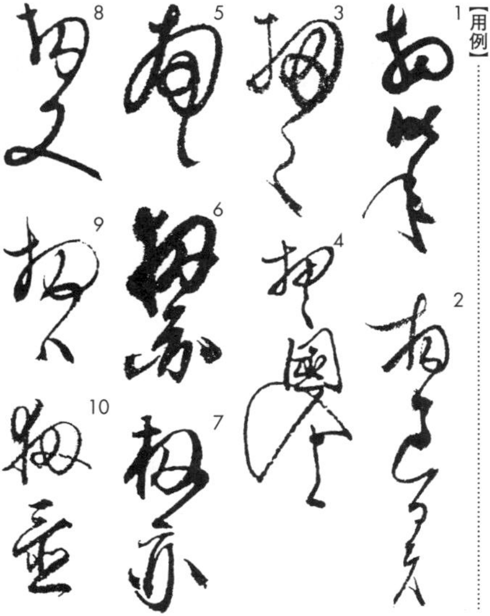

1 扨(さて)、昨年(さくねん)
2 扨(さて)、過日者(かじつは)
3 扨々(さてさて)
4 扨々困入申候(さてさてこまりいりもうしそうろう)
5 扨々(さてさて)
6・7 扨亦(さてまた)
8 扨又(さてまた)
9 扨ハ(さては)
10 扨置(さておき)

342 扱

キュウ／こく
あつかう
あつかい

【用例】

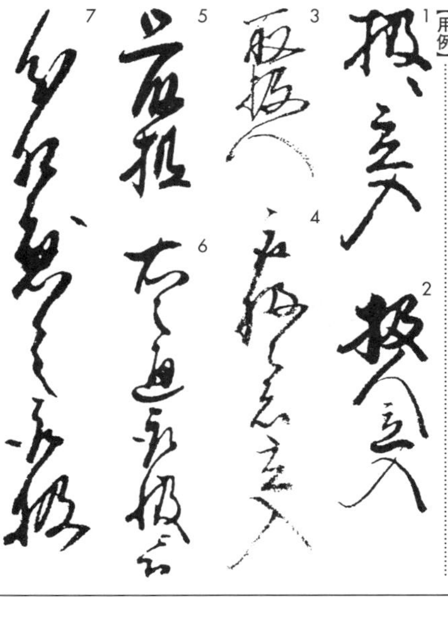

1 扱ニ立入(あつかいにたちいり)
2 扱人立入(あつかいにんたちいり)
3 取扱人(とりあつかいにん)
4 取扱之者立入(とりあつかいのものたちいり)
5 御取扱(おとりあつかい)
6 右之通取扱ニ而(みぎのとおりとりあつかいにて)
7 分相應之取扱(ぶんそうおうのとりあつかい)

343
【承】
ショウ
うける
うけたまわる

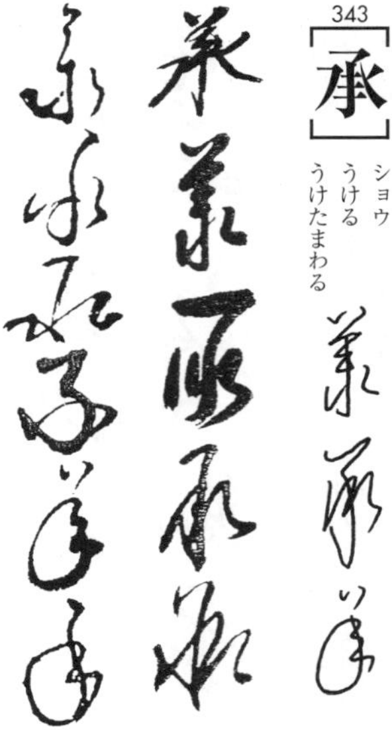

【用例】

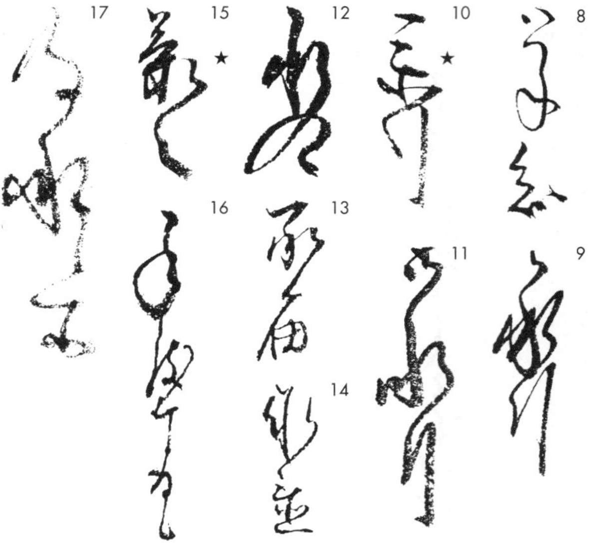

1 承り(うけたまわり)　2 承候共(うけたまわりそうろうとも)　3～6 承知(しょうち)　7 奉二承知一候(しょうちたてまつりそうろう)
8 御承知(ごしょうち)　9・10 承引(しょういん)　11 御承引(ごしょういん)　12 承合(うけあう)　13 承届(うけとどけ)　14 承置(うけおく)
15 承レ之(これをうけたまわり)　16 承度奉レ存候(うけたまわりたくぞんじたてまつりそうろう)　17 及レ承候所(うけたまわるにおよびそうろうところ)

344 折

セツ
おり
おる

【用例】

1 折々(おりおり)
2〜4 折節(おりふし)
5 折柄(おりがら)
6 折合(おりあい)
7 折入而(おりいって)
8 折入御詫申上(おりいっておわびもうしあげ)
9 折能(おりよく)
10 折悪敷(おりあしく)

345 抜

バツ
ぬく

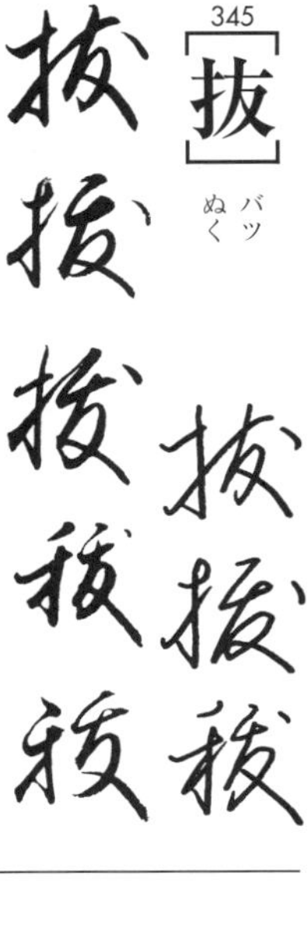

【用例】

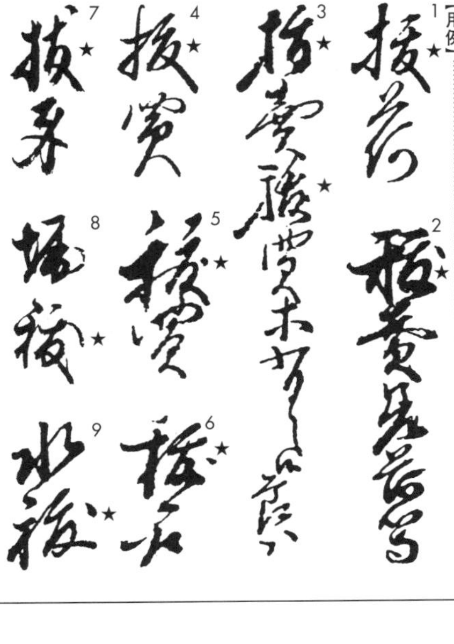

1 抜荷(ぬけに)
2 抜賣差荷等(ぬけうりさしになど)
3 抜賣抜買等有之候節ハ(ぬけうりぬけがいなどこれありそうろうせつは)
4・5 抜買(ぬけがい)
6 抜取(ぬきとり)
7 抜身(ぬきみ)
8 堀抜(ほりぬき)
9 水抜(みずぬき)

346 扶

フ
たすける

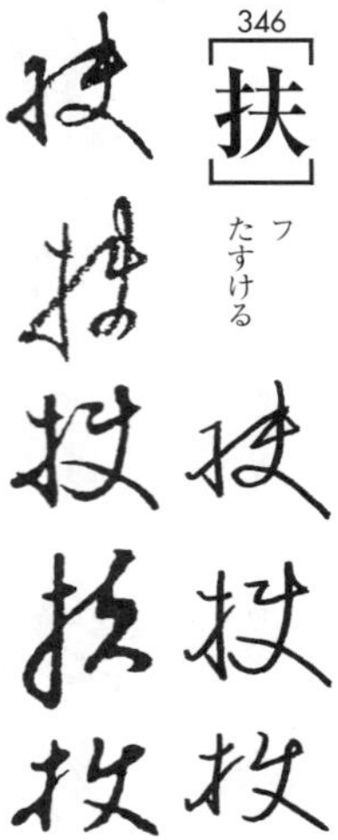

【用例】

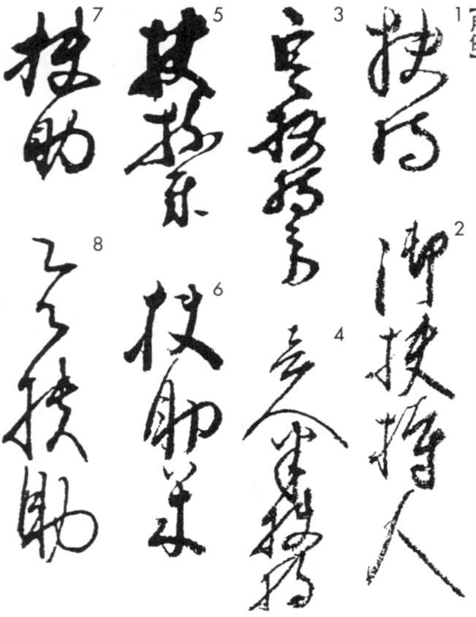

1 扶持（ふち） 2 御扶持人（ごふちにん） 3 定扶持方（ていぶちかた） 4 壱人半扶持（いちにんはんぶち） 5 扶持米（ふちまい） 6 扶助米（ふじょまい） 7 扶助（ふじょ） 8 令二扶助一（ふじょせしめ）

347 抔

ホウ
など

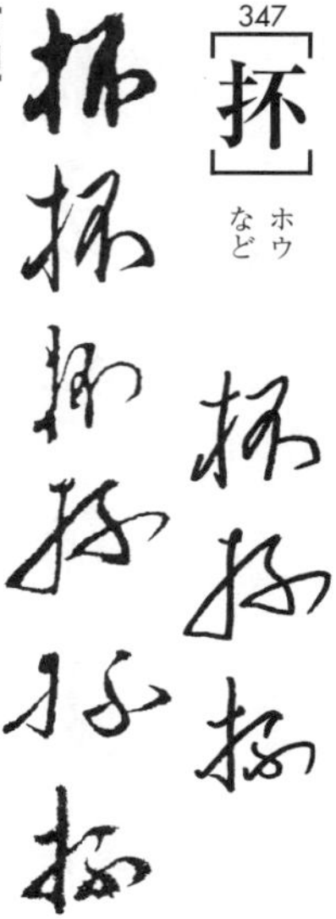

【用例】

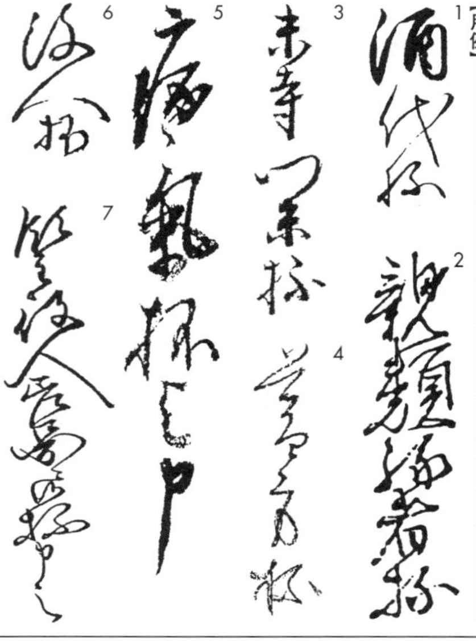

1 酒代抔（さかだいなど） 2 親類・縁者抔（しんるい・えんじゃなど） 3 末寺・門末抔（まつじ・もんまつなど） 4 暮方抔（くらしかたなど） 5 病氣抔与申（びょうきなどともうし） 6 役人抔（やくにんなど） 7 領主・役人差圖ニ候抔申レ之（りょうしゅ・やくにんさしずにそうろうなどこれをもうし）

348 押

オウ
おす

【用例】

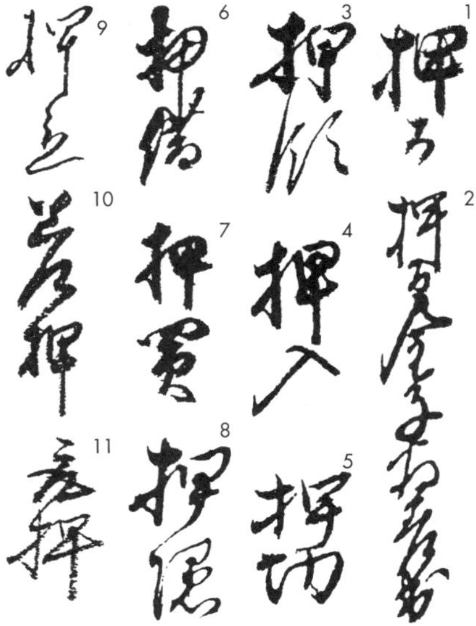

1 押而(おして)　2 押而金子為二差出一(おしてきんすさしださせ)　3 押領(おうりょう)　4 押入(おしいる)　5 押切(おしきり)　6 押借(おしがり)　7 押買(おしがい)　8 押隠(おしかくす)　9 押立(おしたて)　10 差押(さしおさえ)　11 取押(とりおさえ)

349 拠(據)

キョ・コ
よんどころ
よる

【用例】

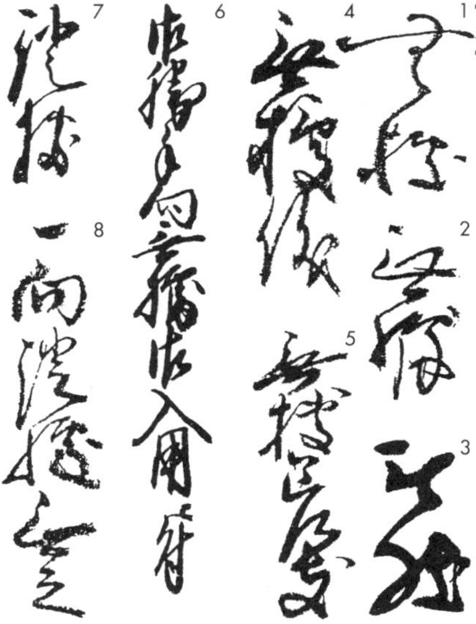

1〜3 無レ據(よんどころなく)　4 無レ據儀(よんどころなきぎ)　5 無レ據差支(よんどころなくさしつかえ)　6 御勝手向無レ據御入用ニ付(おかってむきよんどころなきごにゅうようにつき)　7 証據(しょうこ)　8 一向証據無レ之(いっこうしょうここれなく)

350 拙

セツ
つたない

【用例】

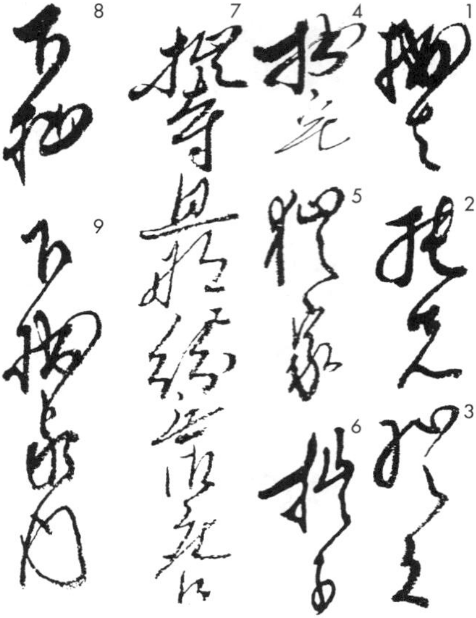

1〜3 拙者(せっしゃ)　4 拙宅(せったく)

5 拙家(せっけ・せっか)

6 拙子(せっし)

7 拙寺旦那ニ紛無二御座一候(せつじだんなにまぎれござなくそうろう)

8 下拙(げせつ)　9 下拙家内(げせつかない)

351 担(擔)

タン
になう
かつぐ

【用例】

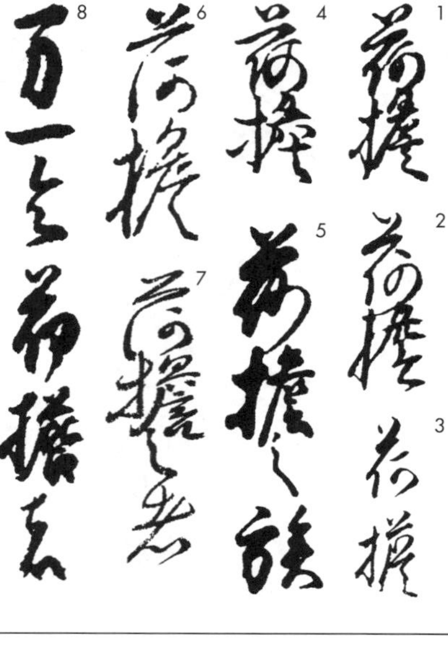

1〜4 荷擔(かたん)

5 荷擔之族(かたんのやから)

6 荷擔(かたん)

7 荷擔之者(かたんのもの)

8 万一令二荷擔一者(まんいちかたんせしむれば)

352

拝(拜)

ハイ
おがむ

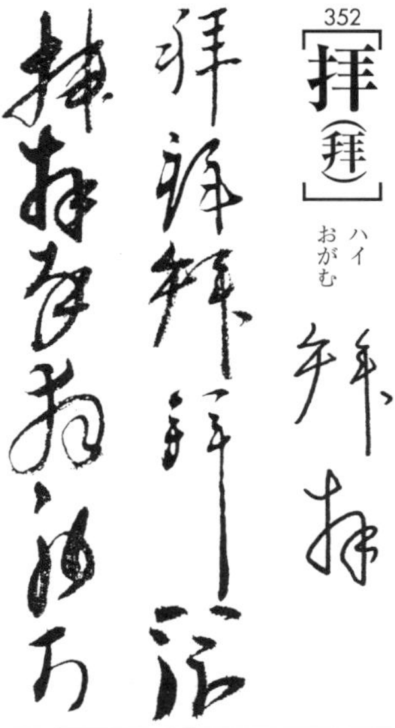

【用例】

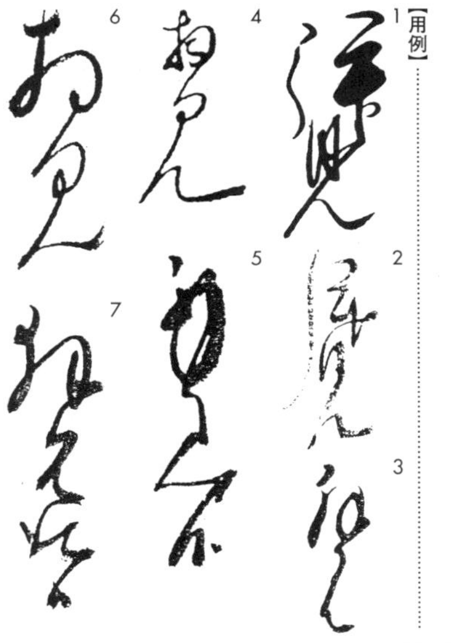

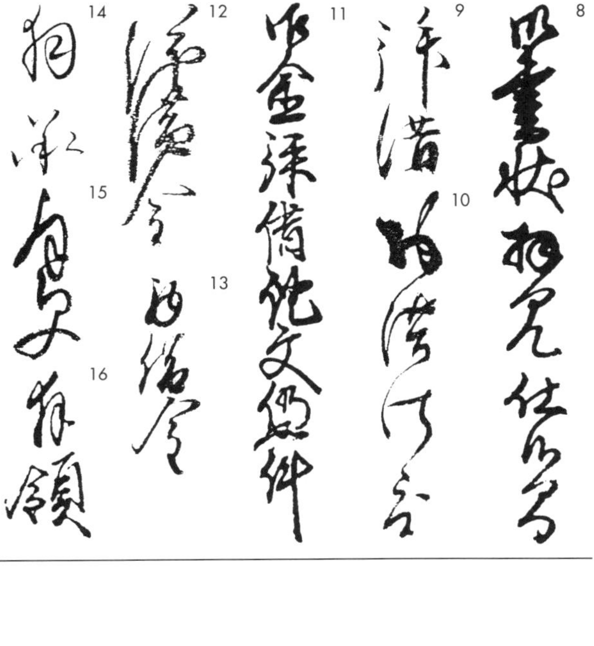

1～4 拝見(はいけん)　5 拝見候(はいけんそうろう)　6 拝見(はいけん)　7 拝見仕候(はいけんつかまつりそうろう)
8 御書状拝見仕候間(ごしょじょうはいけんつかまつりそうろうあいだ)　9 拝借(はいしゃく)　10 拝借仕度(はいしゃくつかまつりたく)
11 御金拝借證文仍如レ件(おかねはいしゃくしょうもんよってくだんのごとし)　12・13 拝借金(はいしゃくきん)　14 拝承(はいしょう)　15 拝受(はいじゅ)
16 拝領(はいりょう)

353 披

ヒ
ひらく

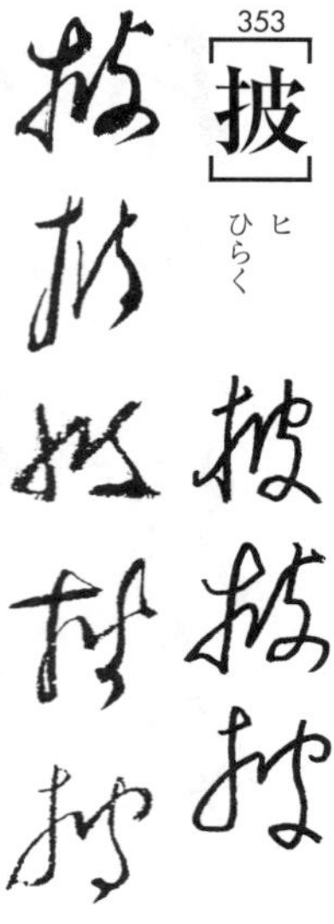

【用例】

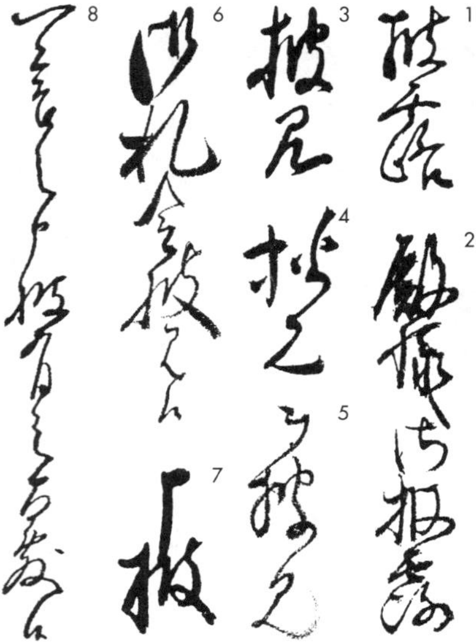

1 披露(ひろう) 2 殿様(とのさま)へ御披露(ごひろう) 3・4 披見(ひけん) 5 奉二披見一(ひけんたてまつる)
6 御札令二披見一候(ぎょさつひけんせしめそうろう) 7 申披(もうしひらく) 8 一言之申披有レ之間敷候(いちごんのもうしひらきこれあるまじくそうろう)

354 抱

ホウ
いだく
かかえる

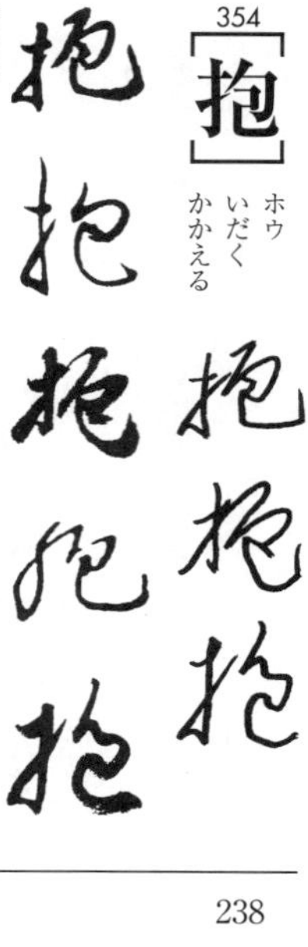

【用例】

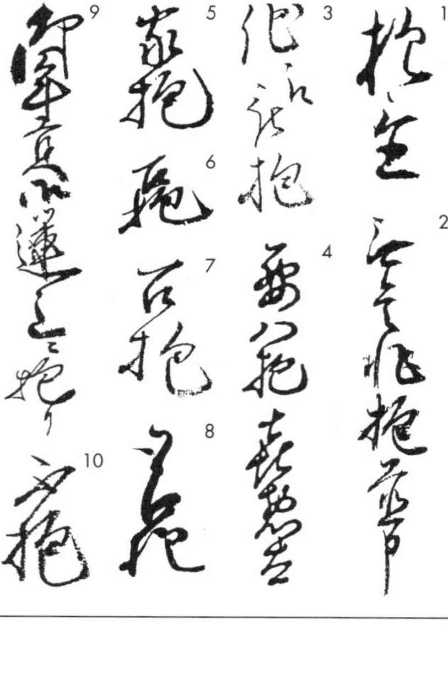

1 抱置(かかえおく) 2 無二是非一抱置申(ぜひなくかかえおきもうし) 3 他江被レ抱(ほかへかかえられ) 4 要八抱喜惣太(ようはちかかえきそうた) 10 不レ抱(かかわらず)
5 家抱(けほう) 6・7 召抱(めしかかえ) 8 御召抱(おめしかかえ) 9 御年貢御運上ニ抱リ(おねんぐごうんじょうにかかわり)

355 拶

サツ

【用例】

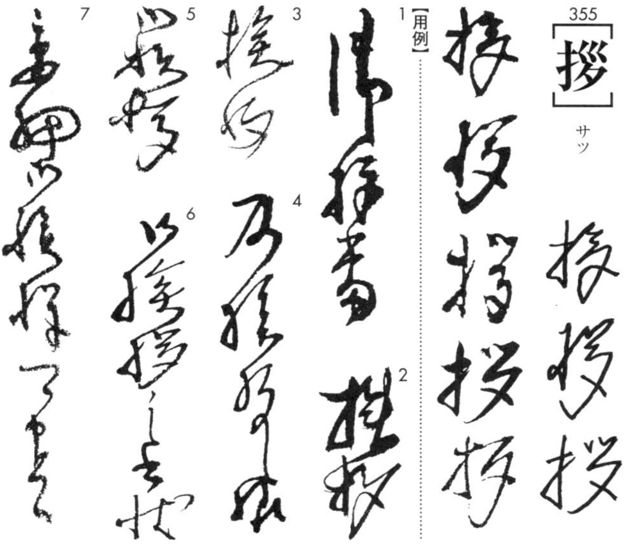

1 御拶當（ごさっとう） 2・3 挨拶（あいさつ） 4 及二挨拶一候様（あいさつにおよびそうろうよう） 5 御挨拶（ごあいさつ）
6 御挨拶之書状（ごあいさつのしょじょう） 7 委細御挨拶可二申上一候（いさいごあいさつもうしあぐべくそうろう）

356 指

シ
さす
ゆび

【用例】

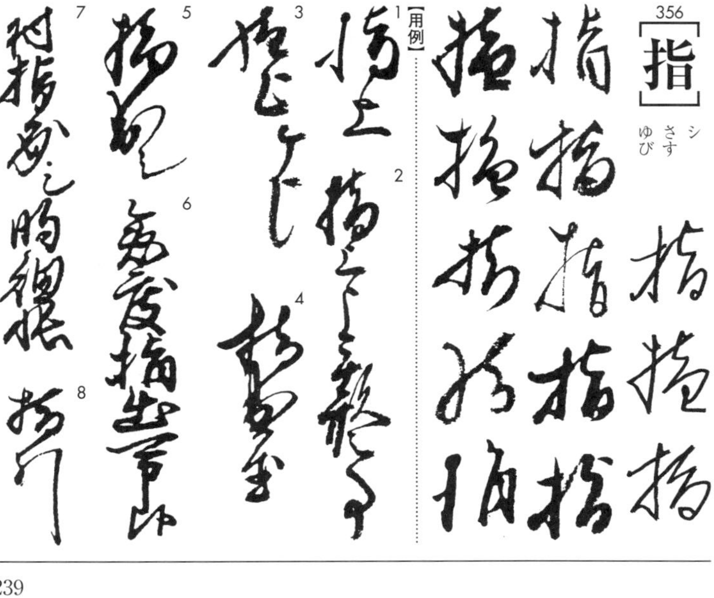

1 指上(さしあぐ)　2 指上申手形之事(さしあげもうすてがたのこと)　3 指上ケ申候(さしあげもうしそうろう)　4 指出置(さしだしおく)
5 指出シ(さしだし)　6 急度指出可レ申候(きっとさしだしもうすべくそうろう)　7 村指出シ明細帳(むらさしだしめいさいちょう)　8 指引(さしひき)
9 指置(さしおく)　10 指圖(さしず)　11 指構(さしかまい)　12 指詰(さしつまる)　13 指支(さしつかえ)　14 指障(さしさわり)　15 指遣(さしつかわす)
16 指越(さしこす)　17 指押(さしおさえ)　18 指添(さしぞえ)　19 指急(さしいそぎ)　20 指留(さしとめ・さしとどむ)　21 指村(さしむら)　22 指紙(さしがみ)
23 脇指(わきざし)

357

持

ジ　もつ　もち

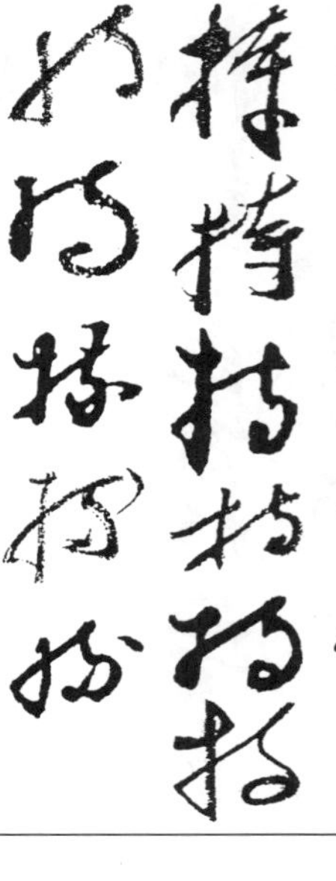

【用例】

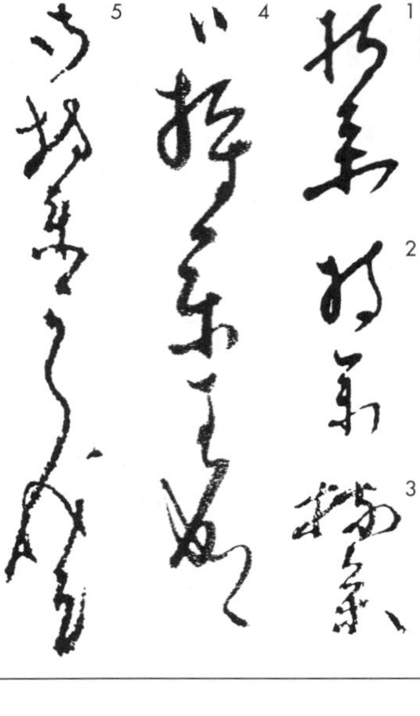

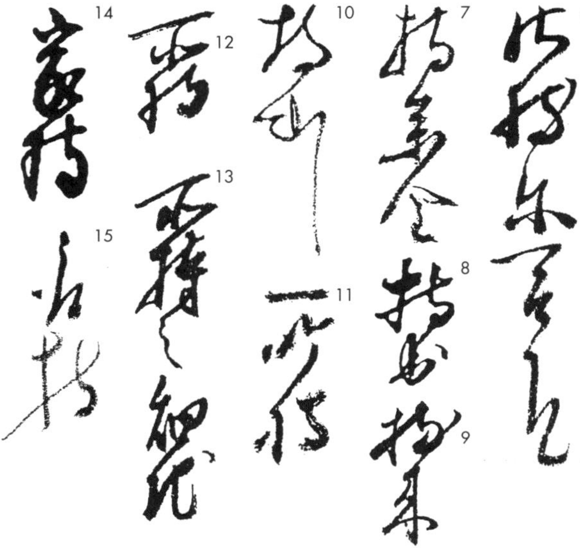

1～3 持参(じさん) 4 御持参可レ被レ成候(ごじさんなさるべくそうろう) 5 御持参可レ被二成下一候(ごじさんなしくださるべくそうろう)

6 御持参可レ被レ下候(ごじさんくださるべくそうろう) 7 持参金(じさんきん) 8 持出(もちだす) 9 持来(もちきたる) 10 持出し(もちだし)

11・12 所持(しょじ) 13 所持之畑地(しょじのはたち) 14 家持(いえもち) 15 取持(とりもち)

358 拾

シュウ
ジュウ
ひろう

【用例】

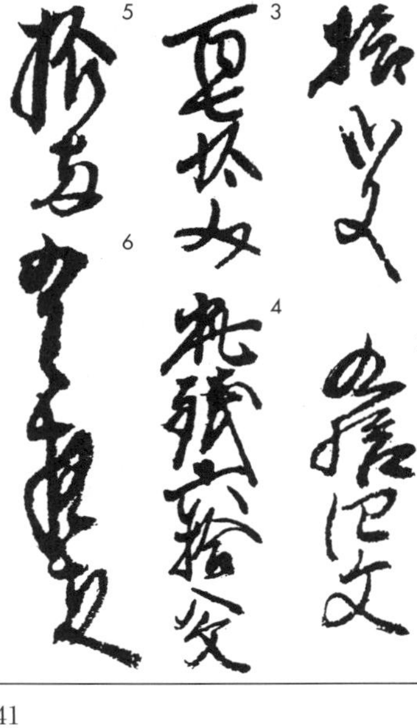

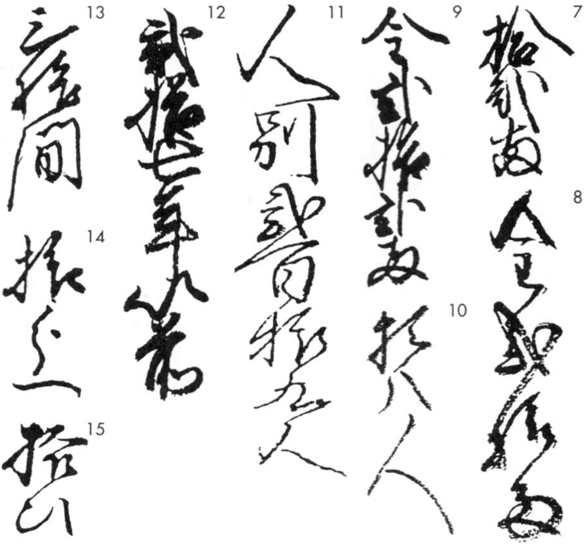

1 拾弐文(じゅうにもん) 2 九拾四文(きゅうじゅうよんもん) 3 百七拾文(ひゃくななじゅうもん) 4 此銭六拾八文(このぜにろくじゅうはちもん) 5 拾両(じゅうりょう) 6 金拾両(きんじゅうりょう) 7 拾弐両(じゅうにりょう) 8 金弐拾両(きんにじゅうりょう) 9 金弐拾弐両(きんにじゅうにりょう) 10 拾八人(じゅうはちにん) 11 人別弐百拾九人(にんべつにひゃくじゅうくにん) 12 弐拾七年以前(にじゅうしちねんいぜん) 13 三拾間(さんじゅっけん) 14 拾分一(じゅうぶいち) 15 拾ひ(ひろ)

359 【挨】 アイ

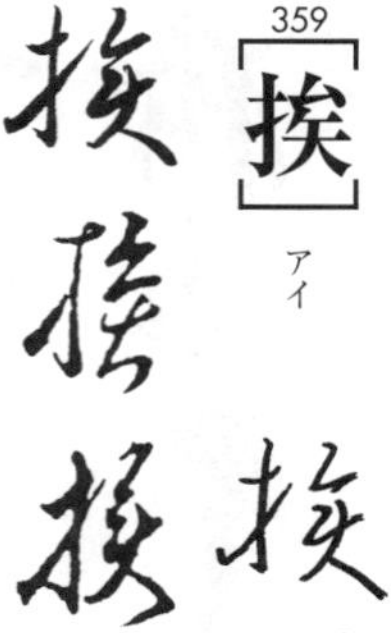

【用例】

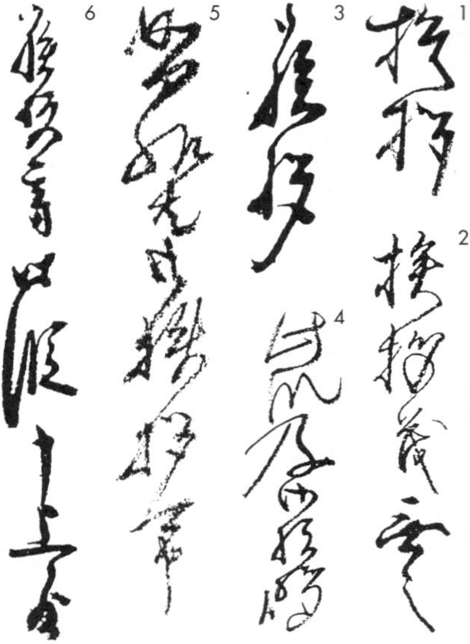

1 挨拶(あいさつ) 2 挨拶茂無レ之(あいさつもこれなく) 3 御挨拶(ごあいさつ) 4 此段及二御挨拶一候(このだんごあいさつにおよびそうろう) 5 如何様共御挨拶可レ申(いかようともごあいさつもうすべく) 6 御挨拶旁 此段申上度(ごあいさつかたがたこのだんもうしあげたく)

360 振

シン
ふる

【用例】

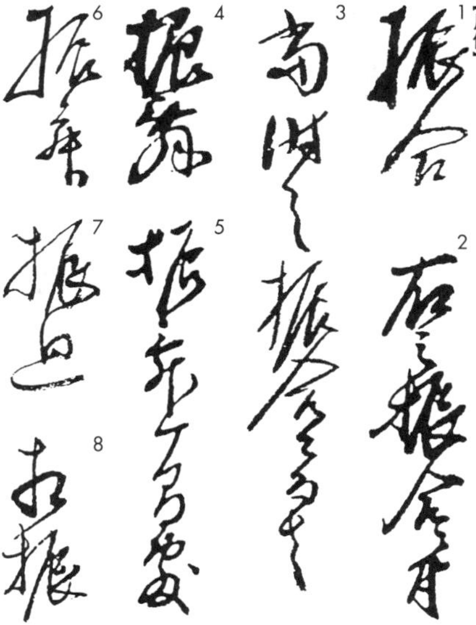

1 振合(ふりあい)　2 右之振合ニ付(みぎのふりあいにつき)　3 當時之振合ニ而者(とうじのふりあいにては)　4 振舞(ふるまい)　5 振舞ケ間敷(ふるまいがましく)　6 振舞(ふるまい)　7 振廻(ふるまい)　8 相振(あいふる)

361 捕

ホ・ブ
とる
とらえる

【用例】

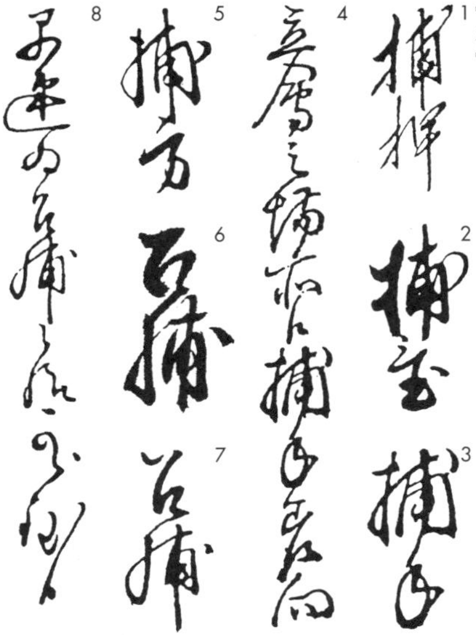

1 捕押(とりおさえ)　2 捕置(とりおく／とらえおく)　3 捕手(とりて)　4 立會之場所江捕手差向(たちあいのばしょへとりてさしむけ)　5 捕方(とらえかた)　6・7 召捕(めしとらえ／めしとり)　8 早速為二召捕一候様可レ被レ致候(さっそくめしとらせそうろうよういたさるべくそうろう)

362

【掛】

カイ・ケ
かけ・かける
かかる・かかり

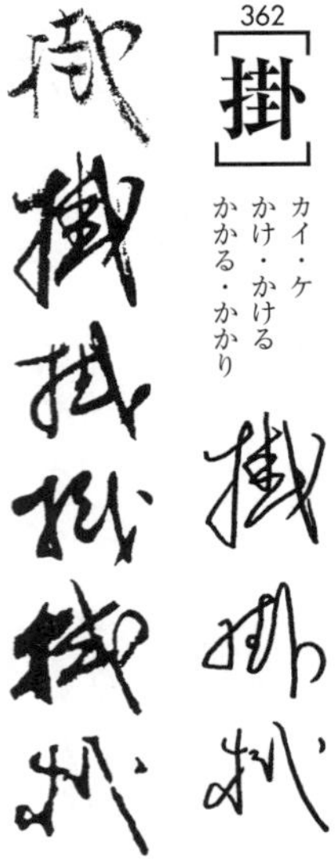

【用例】

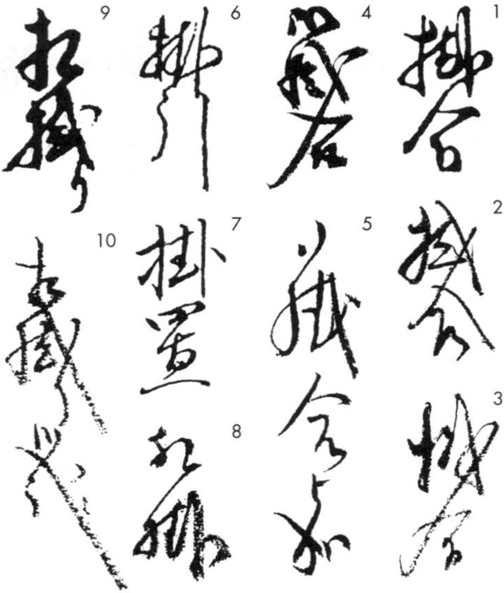

1 2 3 4 5 6 7 8 9 10

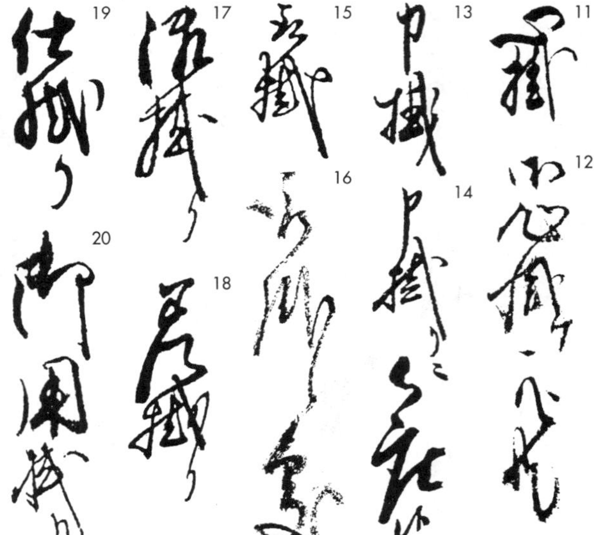

11 12 13 14 15 16 17 18 19 20

1～3 掛合（かけあい）　4 御掛合（おかけあい）　5 御掛合被レ成（おかけあいなされ）　6 掛引（かけひき）　7 掛置（かけおく）　8 相掛（あいかかる）

9 相掛リ（あいかかり）　10 相掛リ候哉（あいかかりそうろうや）　11 心掛（こころがけ）　12 御心掛ケ可レ被レ成候（おこころがけなさるべくそうろう）　13 申掛（もうしかけ）

14 申掛リニ御座候（もうしかかりにござそうろう）　15 取掛（とりかかり）　16 取　掛　候　處（とりかかりそうろうところ）　17 御掛リ（おかかり）

18 差掛リ（さしかかり）　19 仕掛リ（しかかり）　20 御用掛リ（ごようがかり）

363

捨

シャ
すてる

【用例】

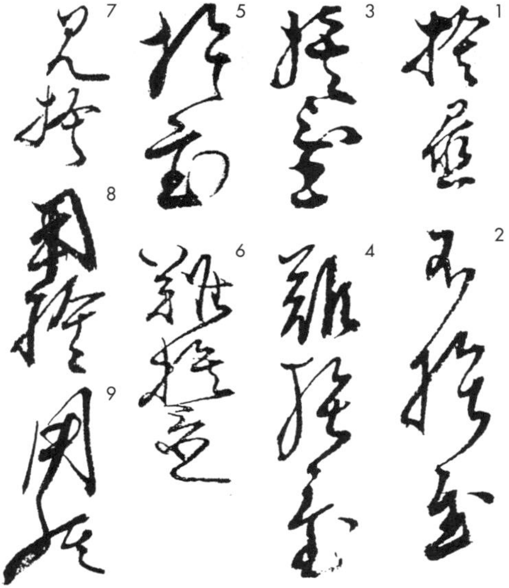

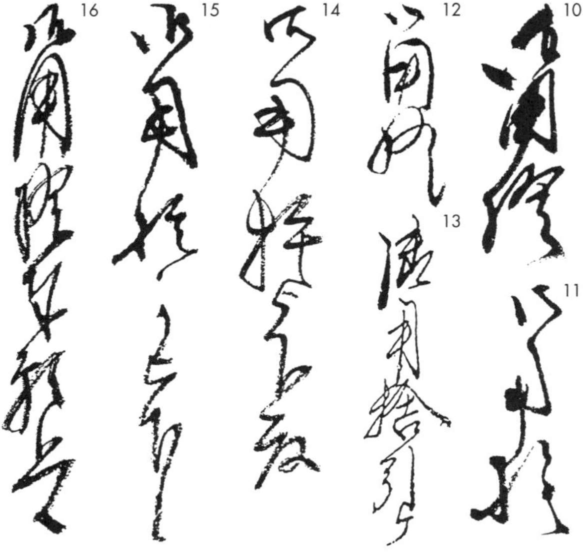

1 捨置(すておく)　2 不㆓捨置㆒(すておかず)　3 捨置(すておく)　4 難㆓捨置㆒(すておきがたく)　5 捨置(すておく)　6 難㆓捨置㆒(すておきがたく)

7 見捨(みすて)　8・9 用捨(ようしゃ)　10〜12 御用捨(ごようしゃ)　13 御用捨引ケ(ごようしゃびけ)

14 御用捨被㆑下度(ごようしゃくだされたく)

15 御用捨可㆑被㆑下候(ごようしゃくださるべくそうろう)

16 御用捨奉㆓願上㆒候(ごようしゃねがいあげたてまつりそうろう)

364 【掠】

リャク リョウ かすめる

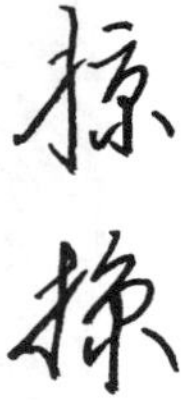

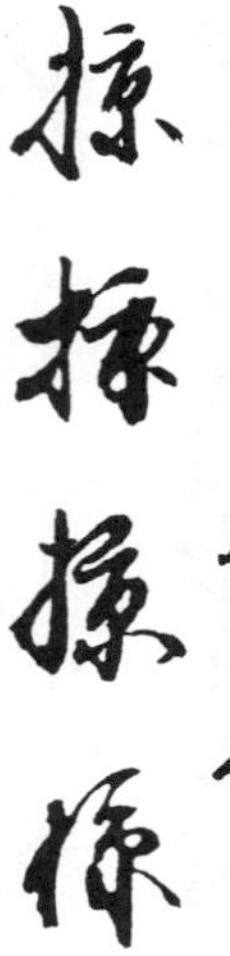

【用例】

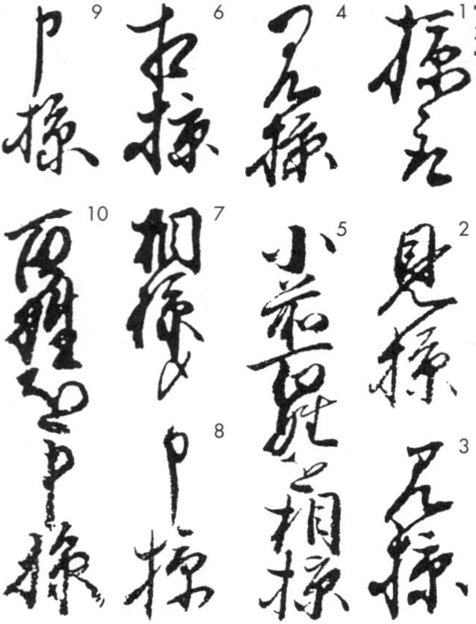

1 掠取（かすめとる） 2〜4 見掠（みかすむ） 5 小前百姓（こまえびゃくしょう）を相掠（あいかすめ） 6 相掠（あいかすむ） 7 相掠メ（あいかすめ） 8・9 申掠（もうしかすむ） 10 百姓（ひゃくしょう）を申掠（もうしかすめ）

365 【揃】

セン そろい そろう

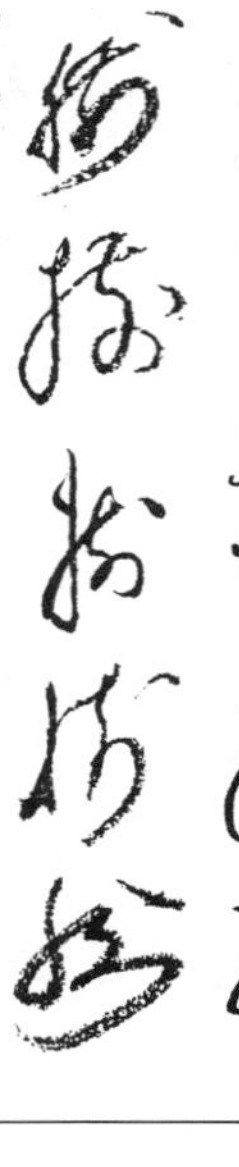

【用例】

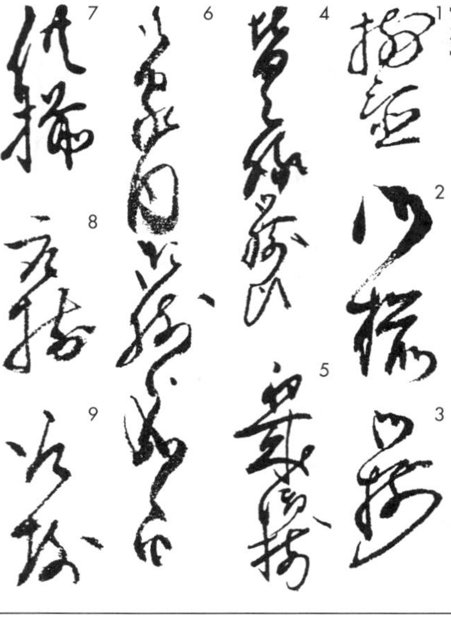

1 揃置（そろえおく） 2・3 御揃（おそろい） 4 皆々様御揃ひ（みなみなさまおそろい） 5 被レ成二御揃一（おそろいなされ） 6 御家内御揃被レ成候由（ごかないおそろいなされそうろうよし） 7 供揃（ともぞろえ） 8・9 取揃（とりそろえ）

366 [損]

ソン
そこなう

【用例】

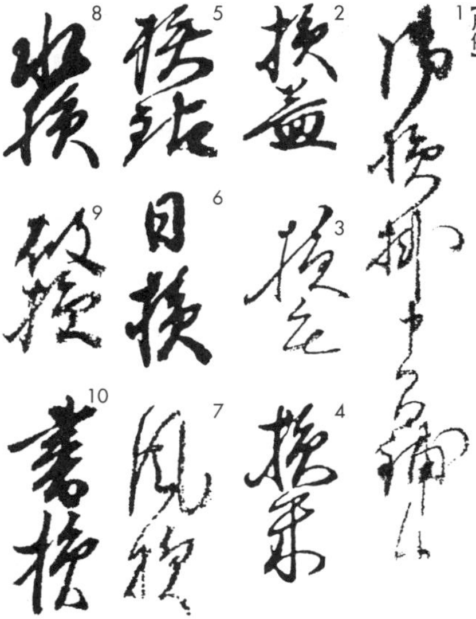

1 御損掛申間鋪候（ごそんかけもうすましくそうろう） 2 損益（そんえき） 3 損毛（そんもう） 4 損米（そんまい） 5 損銀（そんぎん） 6 日損（にっそん） 7 風損（ふうそん） 8 水損（すいそん） 9 破損（はそん） 10 書損（かきそんず）

367 [撰]

サン
セン
えらぶ

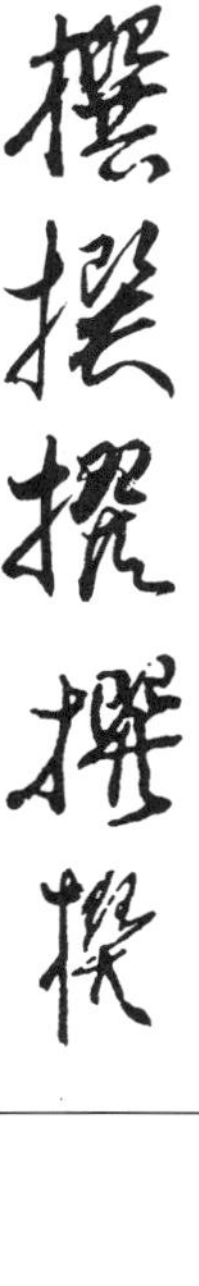

【用例】

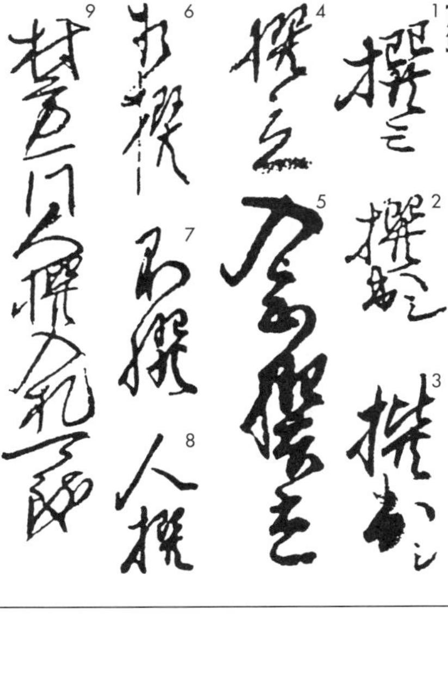

1 撰ミ（えらみ） 2・3 撰出シ（えらびだし） 4 撰立（えらびたて） 5 入念撰立（にゅうねんえらびたて） 6 相撰（あいえらび） 7 不レ撰（えらばず） 8 人撰（じんせん） 9 村方一同人撰入札可レ致（むらかたいちどうじんせんにゅうさついたすべく）

368
[操]
ソウ
あやつる
みさお

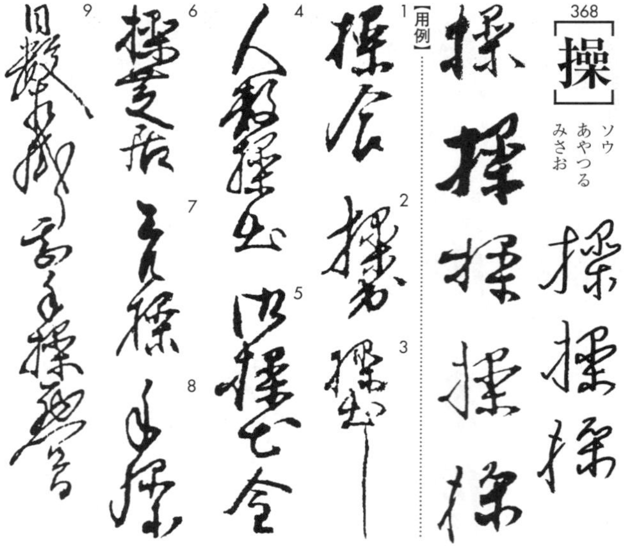

【用例】

1 操合(くりあわせ)
2 操出(くりだす)
3 操出し(くりだし)
4 人数操出(にんずうくりだし)
5 御操出金(おくりだしきん)
6 操芝居(あやつりしばい)
7 差操(さしくり)
8 手操(たぐり)
9 日数相掛リ 甚 手操 悪 候 間(にっすうあいかかり はなはだ たぐりあしくそうろうあいだ)

369
[支]
シ
ささえる
つかえる

【用例】

1 支度(したく)
2 支配(しはい)
3 御支配(ごしはい)
4 手支(てづかえ)
5・6 差支(さしつかえ)
7 無二差支一(さしつかえなく)
8 甚 差支(はなはださしつかえ)
9 御年貢上納差支(おねんぐじょうのうにさしつかえ)

370

改

カイ
あらためる
あらため

【用例】

1 改年（かいねん） 2 改名（かいめい） 3 改而（あらためて） 4 御改メ（おあらため） 5 宗門人別御改（しゅうもんにんべつおあらため） 6 相改（あいあらため）
7 風儀相改（ふうぎあいあらため） 8 宗門改帳（しゅうもんあらためちょう） 9 四月十三日改（しがつじゅうさんにちあらため）

371

故

コ
ゆえ

【用例】

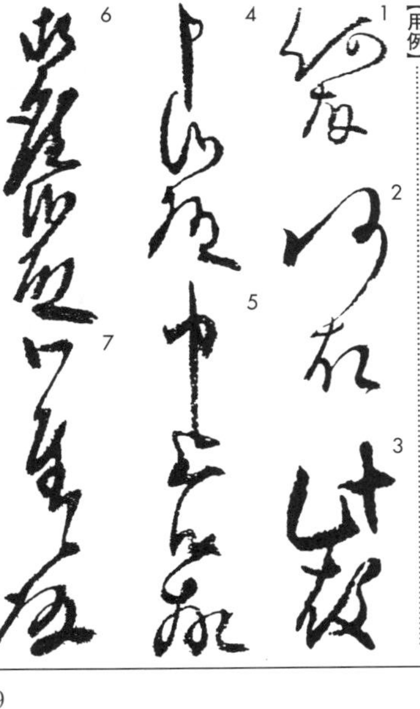

1 2 3 4 5 6 7

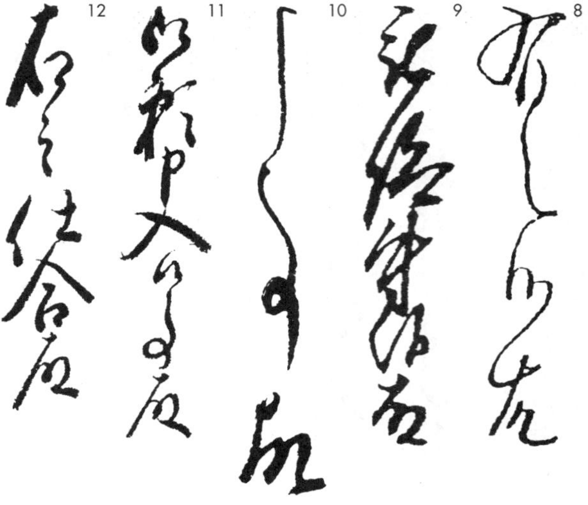

1・2 何故（なにゆえ） 3 此故（これゆえ） 4 申候故（もうしそうろうゆえ） 5 申上候故（もうしあげそうろうゆえ） 6 御座候故（ござそうろうゆえ） 7 御坐候故（ござそうろうゆえ） 8 有レ之候故（これありそうろうゆえ） 9 被ニ仰付一候故（おおせつけられそうろうゆえ） 10 申事故（もうすことゆえ） 11 御頼申入候事故（おたのみもうしいれそうろうことゆえ） 12 右之仕合故（みぎのしあわせゆえ）

372

救

キュウ・ク　グ／すくい　すくう

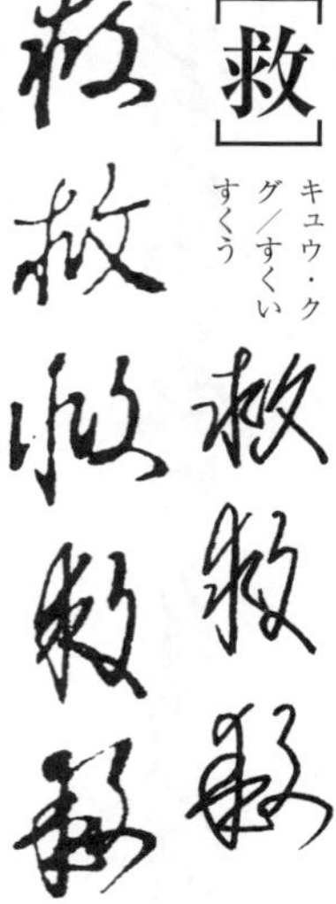

【用例】

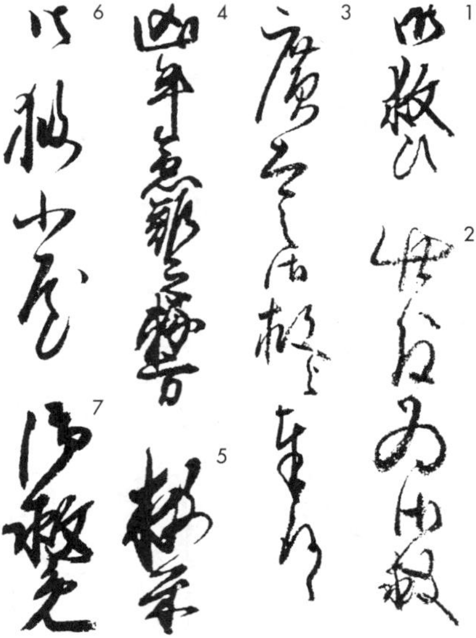

1 御救ひ（おすくい） 2 此度為ニ御救一（このたびおすくいとして） 3 廣太之御救与奉レ存候（こうだいのおすくいとぞんじたてまつりそうろう） 4 凶年急難之救方（きょうねんきゅうなんのすくいかた） 5 救米（すくいまい） 6 御救小屋（おすくいごや） 7 御救免（おすくいめん）

373
教
キョウ
おしえる

【用例】

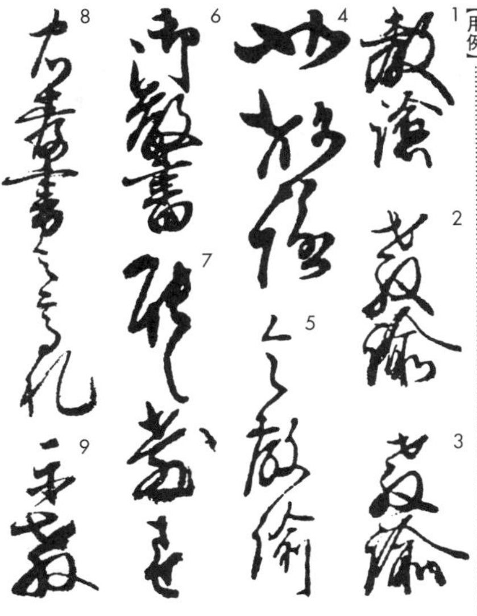

1～3 教諭(きょうゆ) 4 如二教諭一(きょうゆのごとく) 5 令二教諭一(きょうゆせしめ) 6 御教書(みきょうしょ) 7 能々(よくよく) 教(おしえ)させ
8 忠教(ちゅうきょう) 書之高札(しょのこうさつ) 9 示教(じきょう)

374
敢
カン
あえて

【用例】

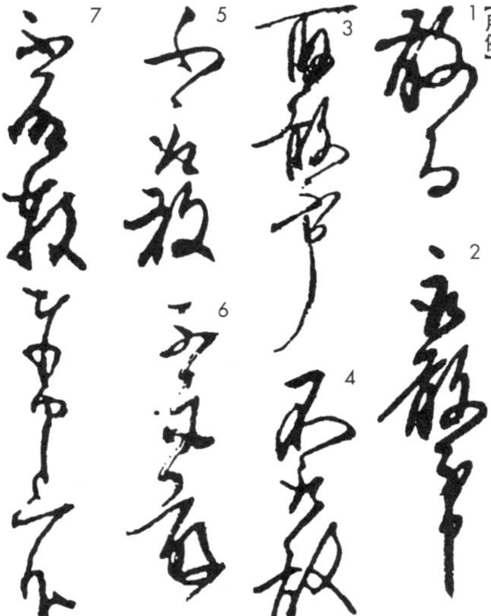

1 敢而(あえて) 2・3 取敢不レ申(とりあいもうさず) 4～6 不二取敢一(とりあえず)
7 不二取敢一(とりあえず)奉二申上一(もうしあげたてまつり)候(そうろう)

375 敬

ケイ
キョウ
うやまう

【用例】

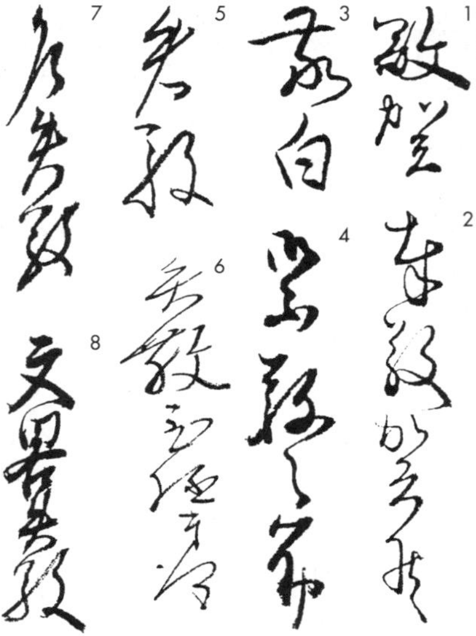

1 敬賀（けいが）
2 奉㆓敬賀㆒候（けいがたてまつりそうろう）
3 敬白（けいはく）
4 御不敬之筋（ごふけいのすじ）
5 失敬（しっけい）
6 失敬至極 奉㆑存候（しっけいしごくにぞんじたてまつりそうろう）
7 乍㆓失敬㆒（しっけいながら）
8 文略失敬（ぶんりゃくしっけい）

376 散

サン
ちる
ちらす

【用例】

1 散々（さんざん）
2 散田（さんでん）
3 散乱（さんらん）
4 逃散之儀者堅ク停止ニ候（ちょうさんのぎはかたくちょうじにそうろう）
5 逃散（ちょうさん）
6 退散（たいさん）
7 離散（りさん）
8 分散（ぶんさん）
9 取散（とりちらす）
10 追散し（おいちらし）

377 数(數)

スウ・ス
かず
かぞえる

【用例】

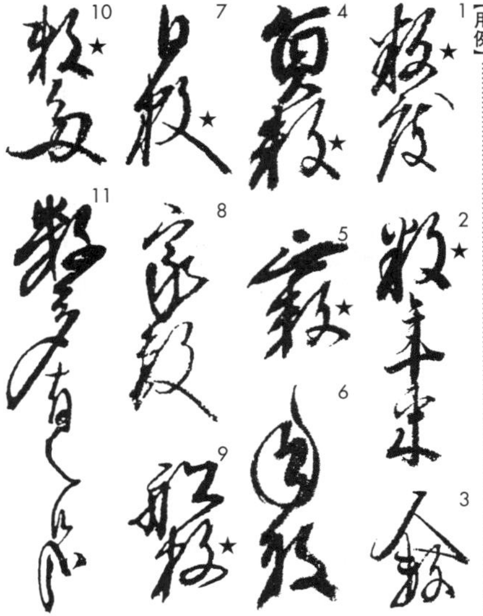

1 数度(すうど)
2 数年来(すうねんらい)
3 人数(にんずう)
4 員数(いんずう)
5 無数(むすう)
6 年数(ねんすう)
7 日数(にっすう)
8 家数(いえかず)
9 船数(ふなかず)
10 数多(あまた)
11 数多有レ之候哉(あまたこれありそうろうや)

378 敷

フ
しき
しく

【用例】

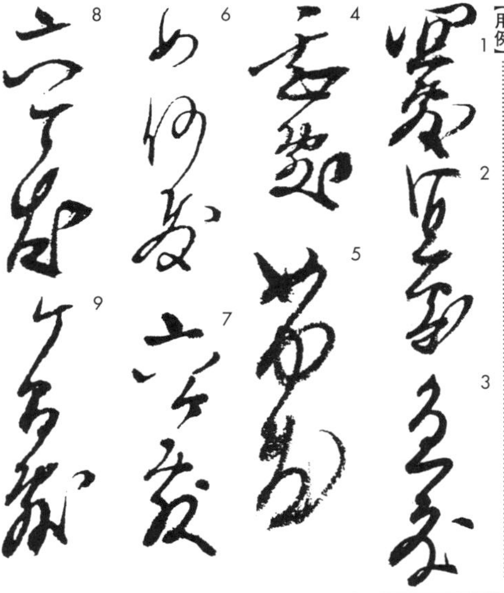

10 11 12 13 14 15 16 17 18

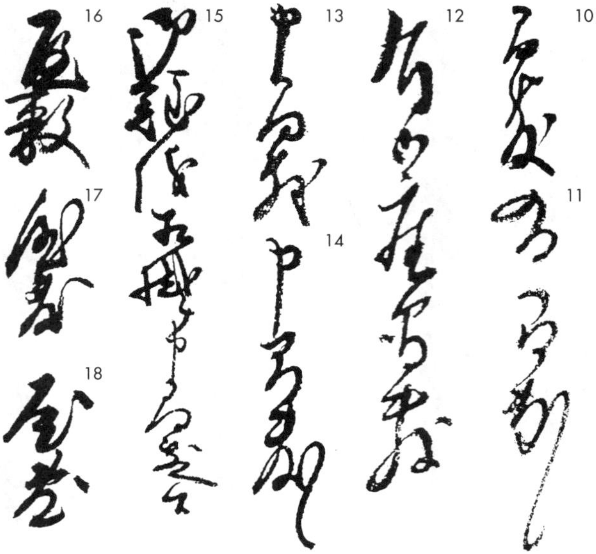

1〜3 宜敷(よろしく)　4 甚敷(はなはだしく)　5・6 如何敷(いかがわしく)　7・8 六ケ敷(むつかしく)　9 ケ間敷(がましく)

10 間敷(まじく)　11 有間敷候(あるまじくそうろう)　12 有二御座一間敷(ござあるまじく)　13 申間敷(もうすまじく)　14 申間敷候(もうすまじくそうろう)

15 御難儀相懸ケ申間敷候(ごなんぎあいかけもうすまじくそうろう)　16〜18 屋敷(やしき)

379 ［文］

ブン
モン
ふみ

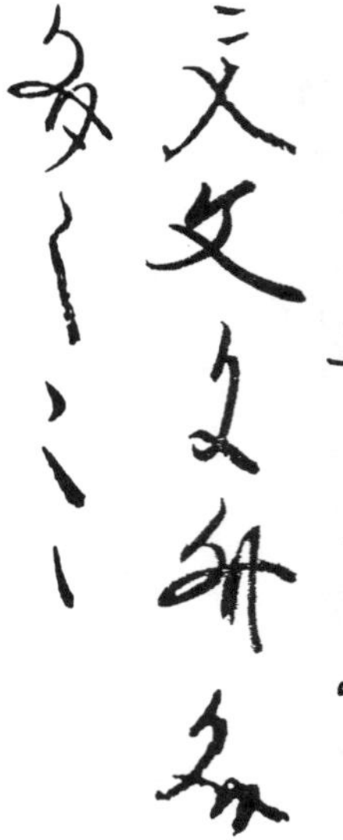

【用例】

1 2 3 4 5 6 7

1 御文被レ下（おふみくだされ） 2 文通（ぶんつう） 3 御文通可レ被レ下候（おぶんつうくだされるべくそうろう） 4 廻文（かいぶん） 5・6 前文（ぜんぶん）
7 証文（しょうもん） 8 證文（しょうもん） 9 御請證文（おうけしょうもん） 10 證文（しょうもん） 11 済口證文（すみくちしょうもん）
12 為二後日一證文仍而如レ件（ごじつのためしょうもんよってくだんのごとし） 13 壱文（いちもん） 14 銭十弐文（ぜにじゅうにもん） 15 三拾文（さんじゅうもん）
16 弐百七十弐文（にひゃくななじゅうにもん）

380
斗
ト

【用例】

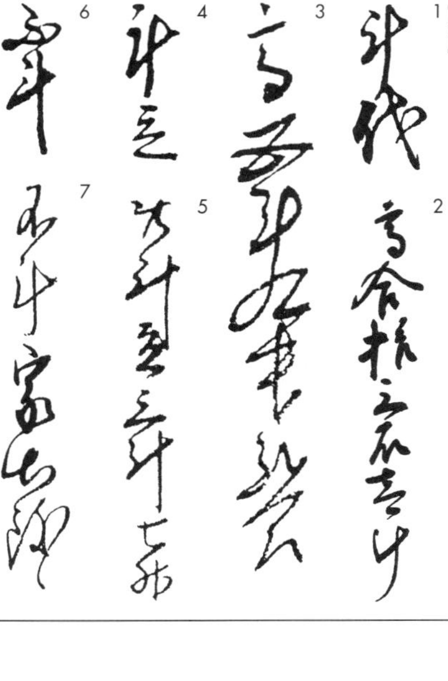

1 斗代（とだい） 2 高合拾三石壱斗（たかあわせてじゅうさんこくいっと） 3 高五斗九升弐合（たかごときゅうしょうにごう） 4 斗立（とだて）
5 此斗立三斗七升（このとだてさんとななしょう） 6 不斗（ふと） 7 不斗家出致候（ふといえでいたしそうろう）

381 料

リョウ
はかる

【用例】

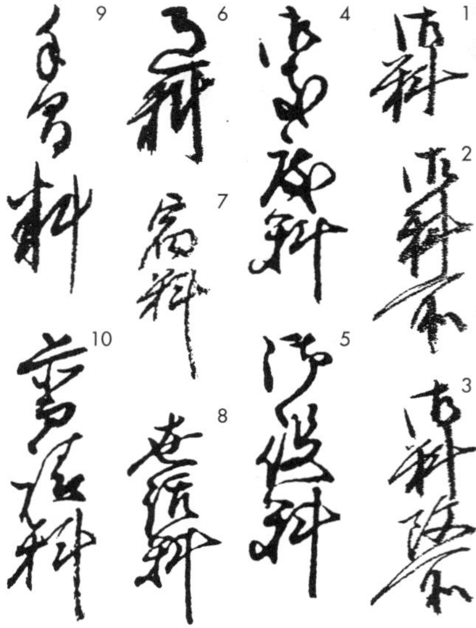

1 御料(ごりょう)　2 御料所(ごりょうしょ)　3 御料改所(ごりょうあらためしょ)　4 御支度料(おしたくりょう)　5 御役料(おやくりょう)　6 過料(かりょう)　7 宿料(やどりょう)　8 世話料(せわりょう)　9 手間料(てまりょう)　10 普請料(ふしんりょう)

382 断(斷)

ダン／たつ
ことわる
ことわり

【用例】

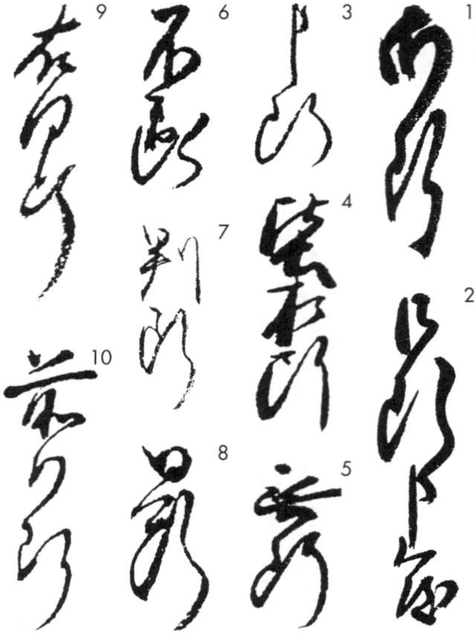

1 御断(おことわり)　2 御断申上度(おことわりもうしあげたく)　3 申断(もうしことわり)　4 堅相断(かたくあいことわり)　5 無断(むだん)／無レ断(ことわりなく)　6 不断(ふだん)　7 判断(はんだん)　8 同断(どうだん)　9 右同断(みぎどうだん)　10 前同断(まえどうだん)

383
斯

シ
これ
かく

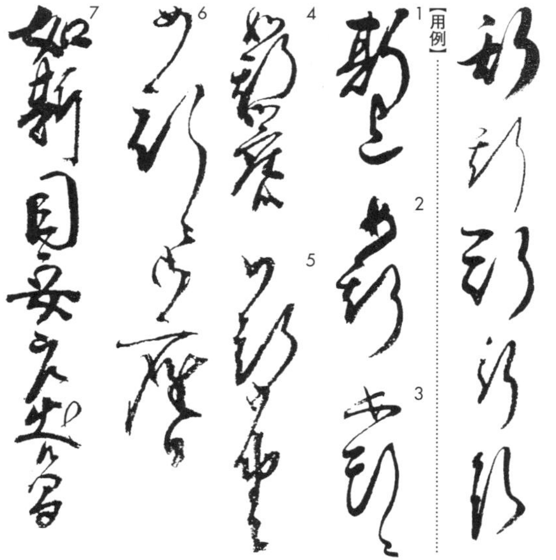

【用例】

1 斯迄（かくまで）　2 如レ斯（かくのごとし）　3 如レ斯ニ（かくのごとくに）　4 如レ斯御座候（かくのごとくにござそうろう）　5 如レ斯御坐候（かくのごとくにござそうろう）　6 如レ斯ニ御座候（かくのごとくにござそうろう）　7 如レ斯目安差出候間（かくのごとくめやすさしだしそうろうあいだ）

384
新

シン／にい
あたらしい
あらた

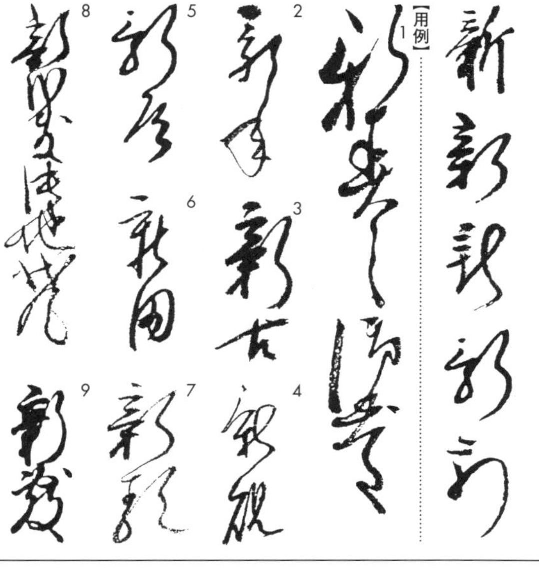

【用例】

1 新春之御慶（しんしゅんのぎょけい）　2 新年（しんねん）　3 新古（しんこ）　4 新規（しんき）　5 新道（しんどう）　6 新田（しんでん）　7 新類（しんるい）（※「親類」の誤用）　8 新川敷潰地代金（しんかわしきつぶれちだいきん）　9 新敷（あたらしく）

385

[方]

ホウ かた

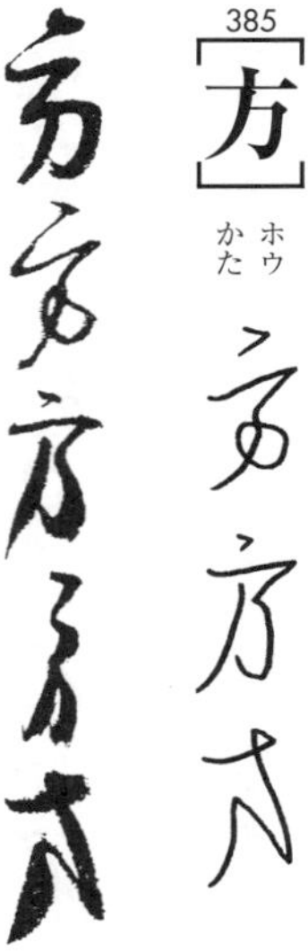

【用例】

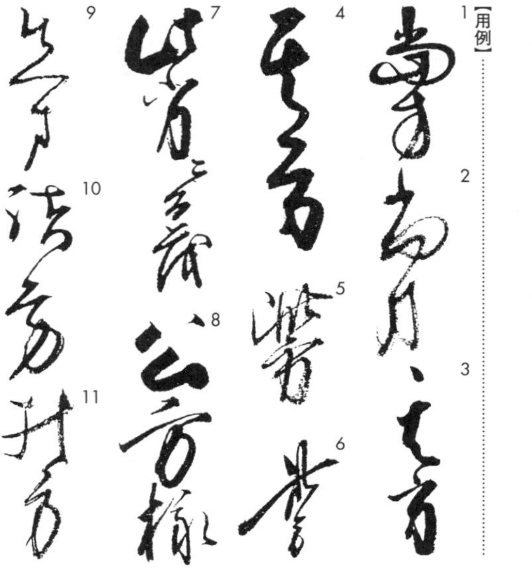

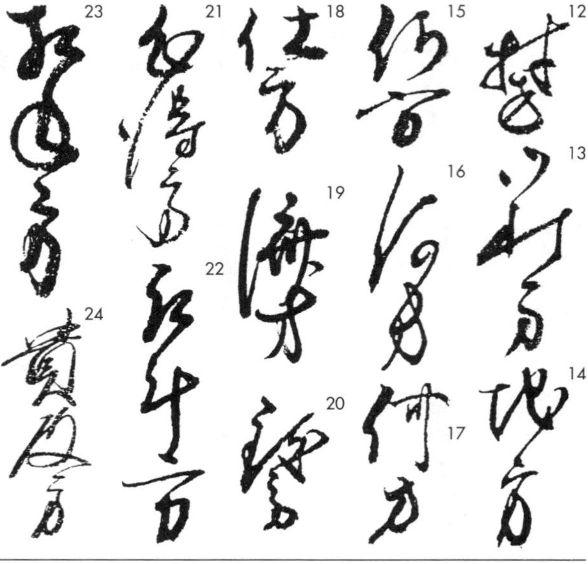

1・2 當方(とうほう) 3・4 其方(そのほう) 5・6 此方(このほう・こなた) 7 此方二而茂(このほうにても) 8 公方様(くぼうさま)

9 先方(せんぽう) 10 諸方(しょほう) 11・12 村方(むらかた) 13 御村方(おんむらかた) 14 地方(じかた) 15～17 何方(いずかた)

18 仕方(しかた) 19 済方(すましかた) 20 致方(いたしかた) 21 心得方(こころえがた) 22 取計方(とりはからいかた) 23 相手方(あいてかた)

24 貴殿方(きでんかた)

386 於

オ
おいて

【用例】

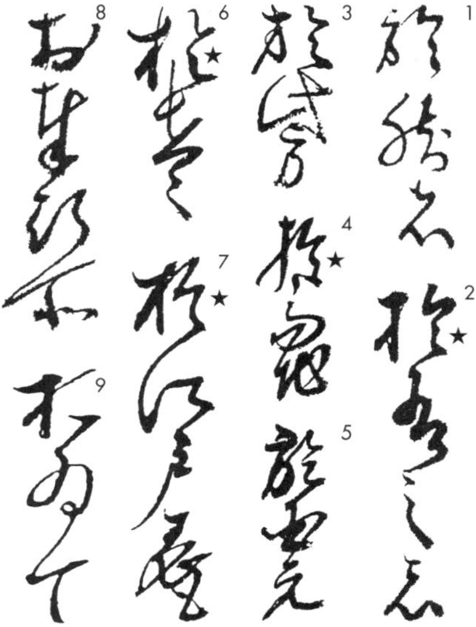

1 於レ然者（しかるにおいては） 2 於レ有レ之者（これあるにおいては） 3 於二此方一（こなたにおいて／このほうにおいて） 4 於二當地一（とうちにおいて） 5 於二国元一（くにもとにおいて）
6 於二在々一（ざいざいにおいて） 7 於二江戸表一も（えどおもてにおいて） 8 於二奉行所一（ぶぎょうしょにおいて） 9 おゐて

387 施

シ・イ・セ
ほどこす
しく

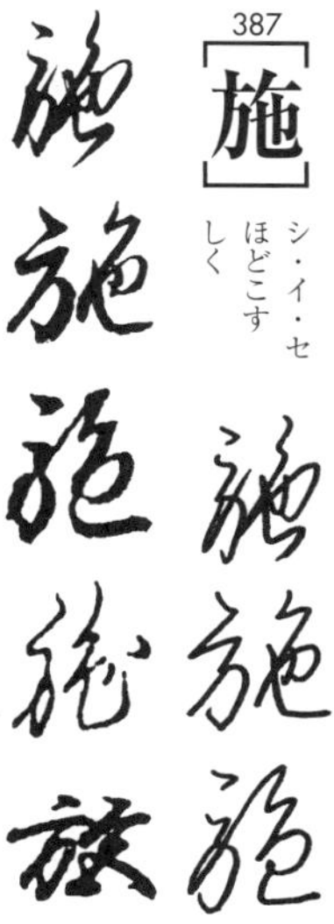

【用例】

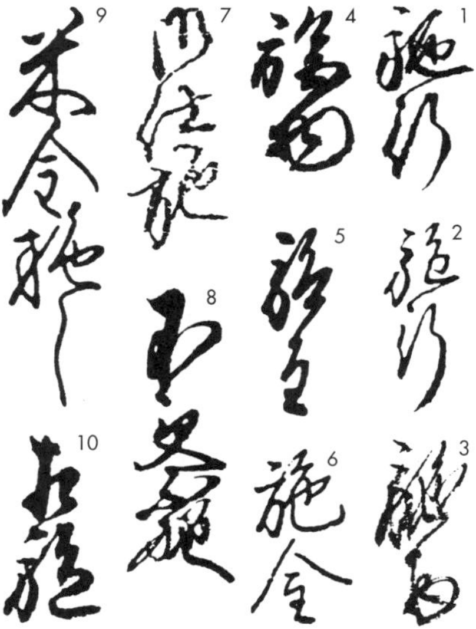

1・2 施行（せぎょう） 3・4 施物（せもつ） 5 施主（せしゅ） 6 施金（せきん）
7 御仕施（おしきせ）（※「四季施」「仕着せ」の誤用） 8 不受不施（ふじゅふせ）
9 米金施し（べいきんほどこし） 10 相施（あいほどこし）

388 旁

ボウ
かたわら
かたがた

【用例】

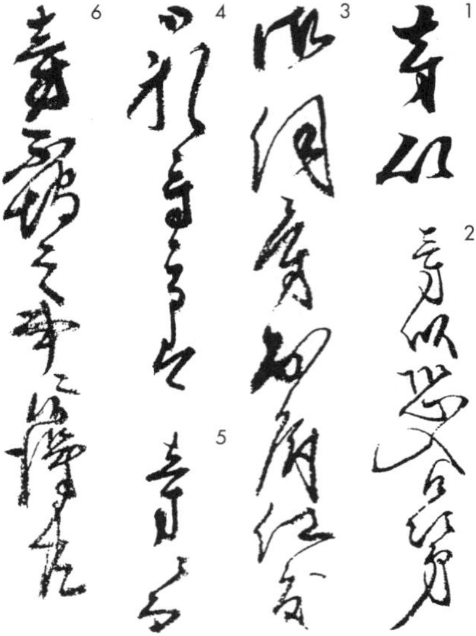

1 旁以（かたがたもって）
2 旁以恐入候次第（かたがたもっておそれいりそうろうしだい）
3 御伺旁出府仕度（おうかがいかたがたしゅっぷつかまつりたく）
4 御礼旁可二申上一候（おれいかたがたもうしあぐべくそうろう）
5 旁ニ而（かたがたにて）
6 旁不埒之事ニ候得共（かたがたふらちのことにそうらえども）

389 旅

リョ
たび

【用例】

1 旅行（りょこう）
2 旅用（りょよう）
3 御旅中（ごりょちゅう）
4 御旅宿（ごりょしゅく）
5 旅宿江到着仕（りょしゅくへとうちゃくつかまつり）
6 旅宿（りょしゅく）
7 旅人方（たびにんかた）
8 旅籠（はたご）
9 旅籠賃（はたごちん）
10 旅籠屋（はたごや）

390 【族】

ゾク
やから

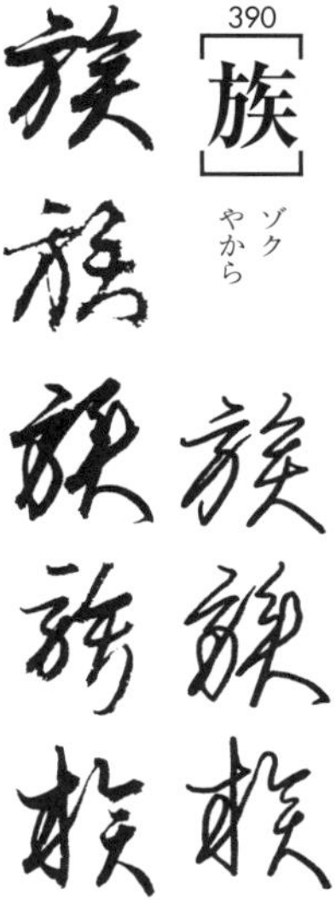

【用例】

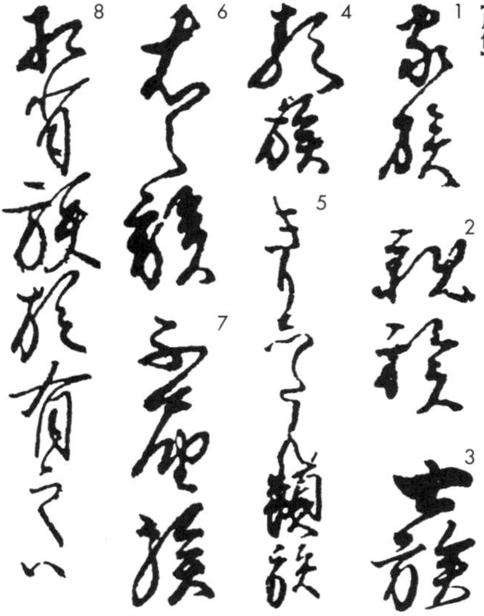

1 家族（かぞく）　2 親族（しんぞく）　3 士族（しぞく）　4 類族（るいぞく）　5 きりしたん類族（るいぞく）　6 右之族（みぎのやから）

7 不届族（ふとどきのやから）　8 相背族於レ有レ之ハ（あいそむくやからこれあるにおいては）

391 【既】

キ
すでに

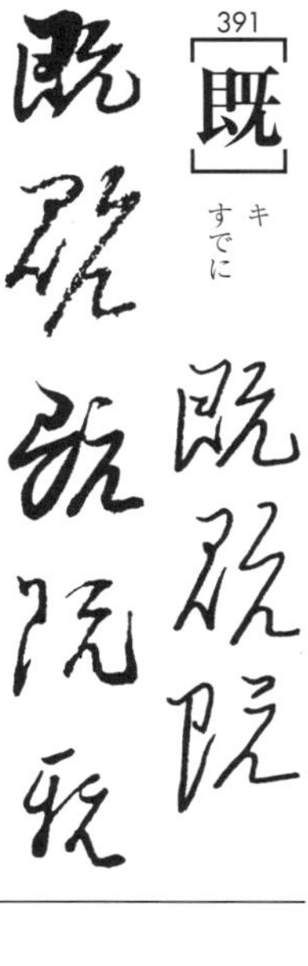

【用例】

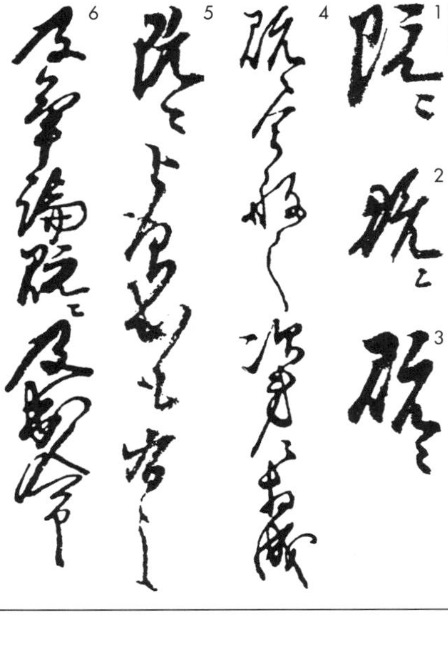

1～3 既ニ（すでに）　4 既ニ今般之次第ニ相成（すでにこんぱんのしだいにあいなり）

5 既ニ被二仰出一も有レ之（すでにおおせいだされもこれあり）　6 及二争論一、既ニ及二出入一可レ申（そうろんにおよび、すでにでいりにおよびもうすべく）

392

【日】

ニチ ジツ ひ・か

【用例】

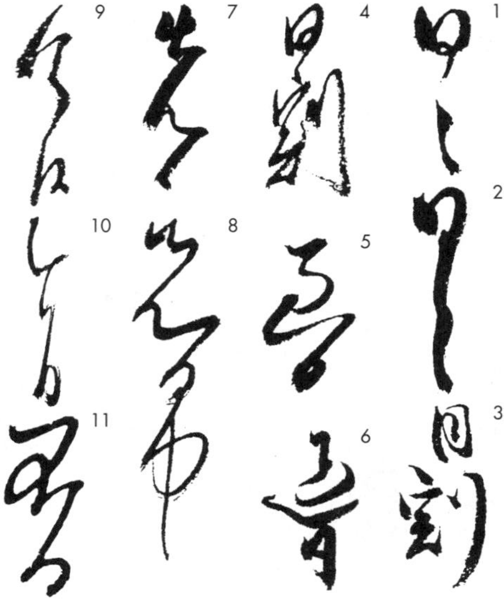

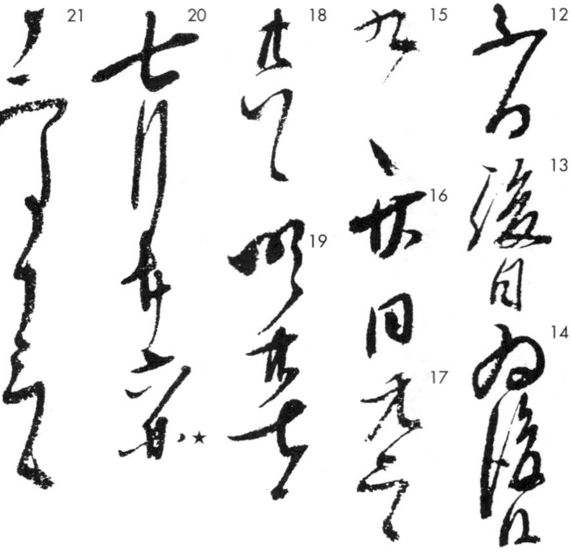

1・2 日々（ひび）　3・4 日割（ひわり）　5・6 過日（かじつ）　7 先日（せんじつ）　8 先日中（せんじつちゅう）　9・10 今日（こんにち／きょう）

11・12 不日（ふじつ）　13 後日（ごじつ）　14 為二後日一（ごじつのため）　15 九日（ここのか）　16 廿日（はつか）　17 廿三日（にじゅうさんにち）

18 廿八日（にじゅうはちにち）　19 明廿七日（あくるにじゅうしちにち）　20 七月廿六日（しちがつにじゅうろくにち）　21 十二月十三日（じゅうにがつじゅうさんにち）

393 【旦】 タン ダン

【用例】

1 旦中（だんちゅう） 2・3 旦那（だんな） 4 旦那寺（だんなでら） 5 旦方寄合（だんかたよりあい） 6 旦家江頼、勧化等致し（だんかへ かんげ などいたし） 7 旦家（だんか） 8 一旦（いったん） 9 離旦（りだん）

394 【旨】 シ むね

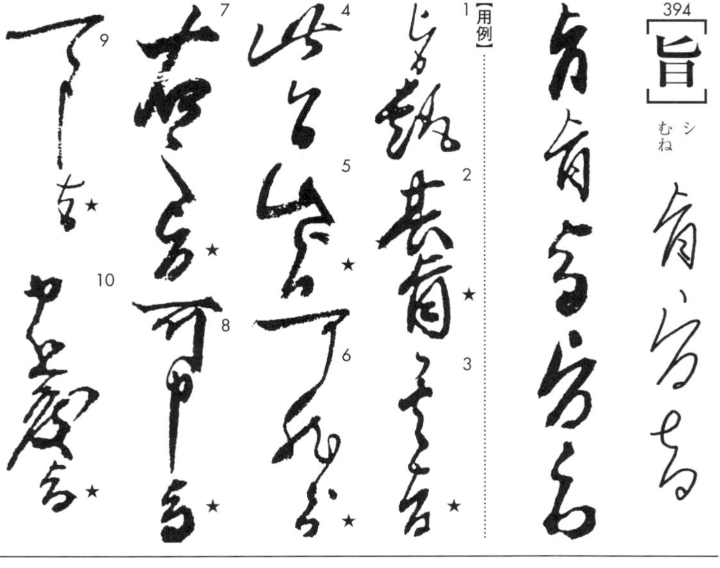

【用例】

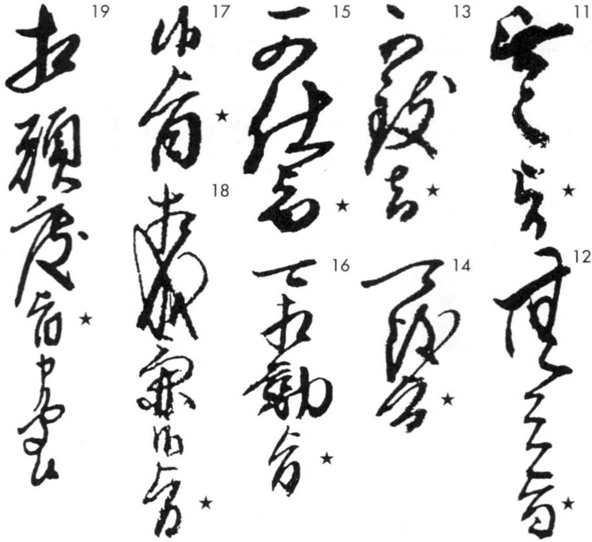

1 旨趣（ししゅ） 2・3 其旨（そのむね） 4・5 此旨（このむね） 6 可レ然旨（しかるべきむね） 7 右之旨（みぎのむね）
8・9 可レ申旨（もうすべきむね） 10 申上度旨（もうしあげたきむね） 11・12 無レ之旨（これなきむね） 13・14 可レ致旨（いたすべきむね）
15 可レ仕旨（つかまつるべきむね） 16 可二相勤一旨（あいつとむべきむね） 17 候旨（そうろうむね） 18 相成兼候旨（あいなりかねそうろうむね）
19 相願度旨申聞候（あいねがいたきむねもうしきかせそうろう）

395
早
ソウ
サッ／さ
はやい

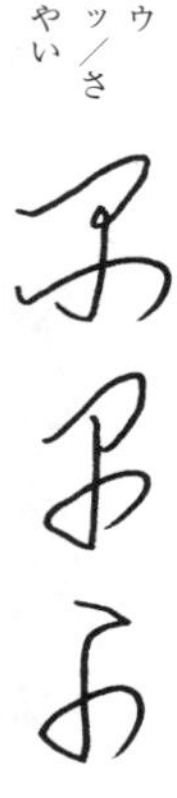

【用例】

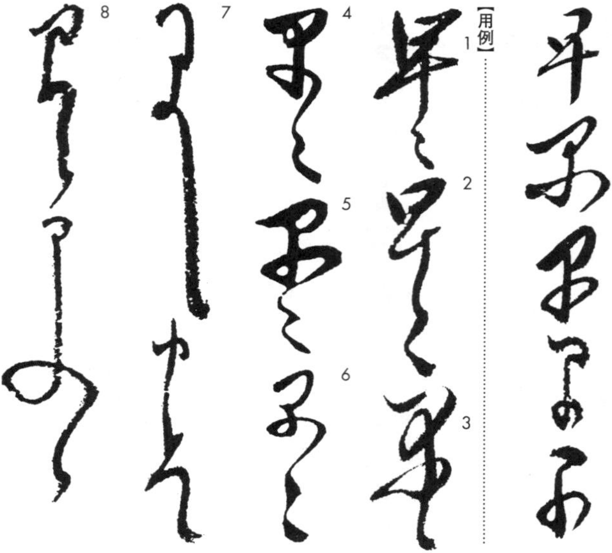

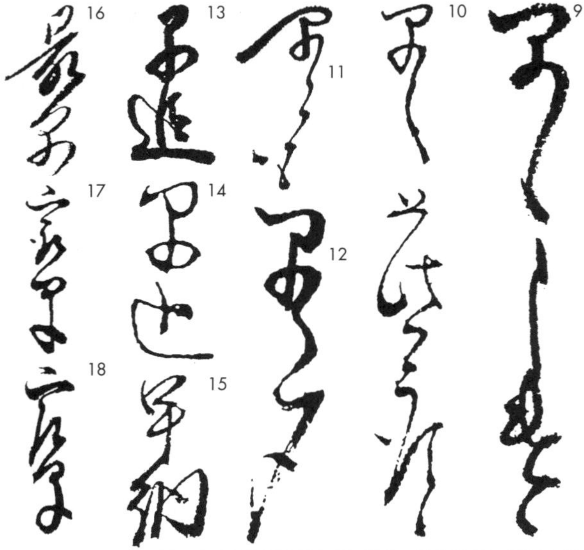

1～6早々(そうそう)　7早々申上候(そうそうもうしあげそうろう)　8早々申入候(そうそうもうしいれそうろう)
9早々申遣候(そうそうもうしつかわしそうろう)　10早々如ㇾ此御座候(そうそうかくのごとくにござそうろう)　11・12早々以上(そうそういじょう)
13・14早追(はやおい)　15早納(はやおさめ)　16～18最早(もはや)

396

明

メイ・ミョウ・ミン
あかるい・あきらか
あける・あくる

【用例】

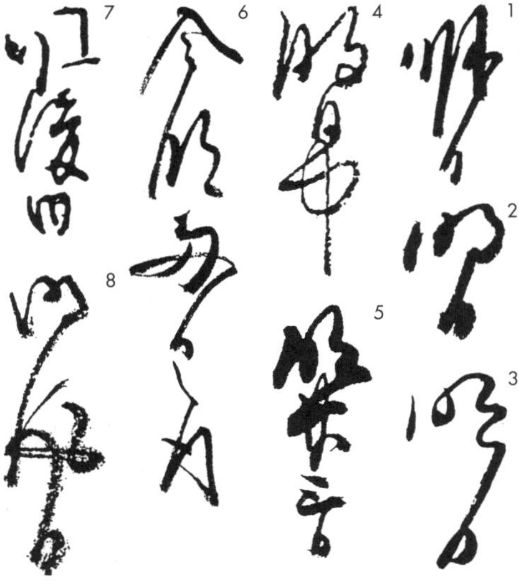

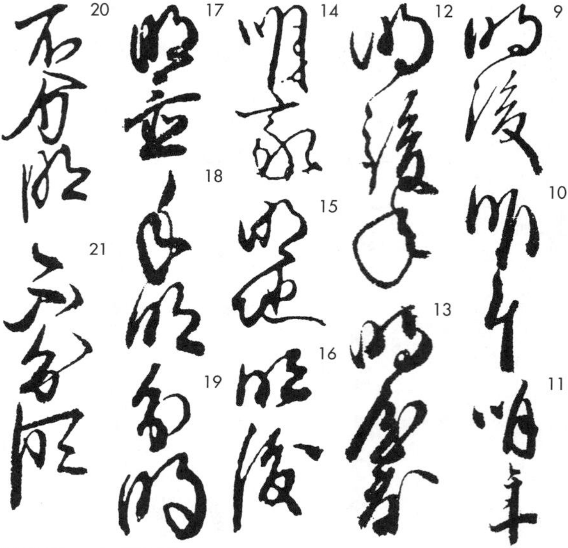

1〜3明日（あす・みょうにち） 4明日中（あすじゅう・みょうにちじゅう） 5明廿三日（あくるにじゅうさんにち） 6今明両日之内（こんみょうりょうじつのうち）
7・8明後日（みょうごにち） 9明後（みょうご） 10・11明年（みょうねん・あくるとし） 12明後年（みょうごねん） 13明屋敷（あきやしき）
14明家（あきや） 15明地（あきち） 16明渡（あけわたす） 17明置（あけおく） 18手明（てあき） 19分明（ぶんめい・ぶんみょう）
20・21不分明（ふぶんめい・ふぶんみょう）

397 ［昨］ サク

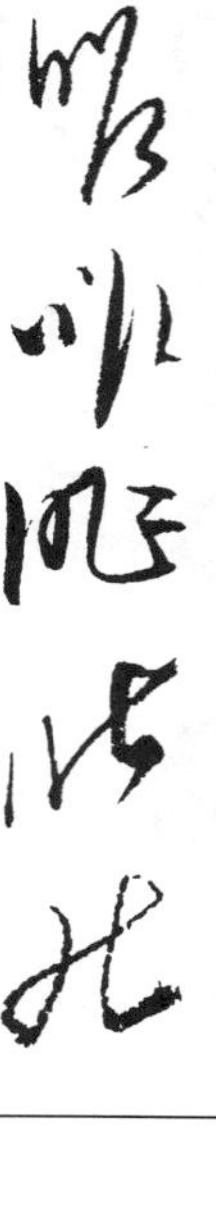

【用例】

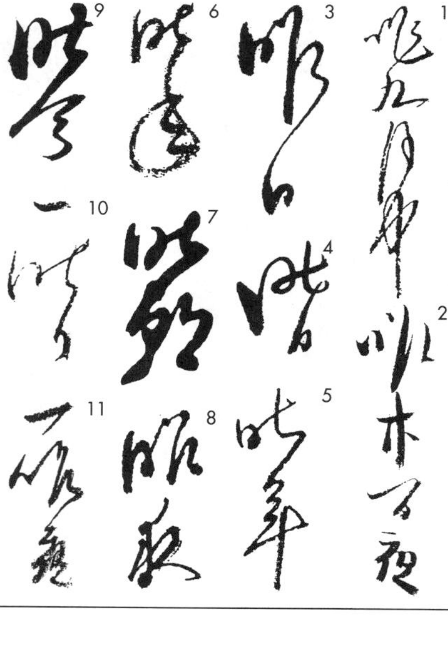

1昨九月中（さくくがつちゅう） 2昨廿一日夜（さくにじゅういちにちよる） 3・4昨日（さくじつ） 5・6昨年（さくねん） 7昨朝（さくちょう）
8昨夜（さくや） 9昨今（さっこん） 10一昨日（いっさくじつ） 11一昨夜（いっさくや）

398 【春】

シュン
はる

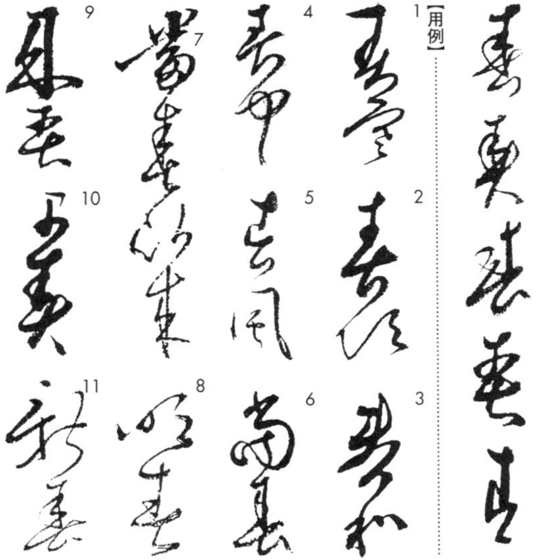

1 春寒（しゅんかん）
2 春冷（しゅんれい）
3 春和（しゅんわ）
4 春中（しゅんちゅう）
5 春風（しゅんぷう）
6 當春（とうしゅん）
7 當春以来（とうしゅんいらい）
8 明春（みょうしゅん）
9 来春（らいしゅん）
10 早春（そうしゅん）
11 新春（しんしゅん）

399 【是】

ゼ
これ

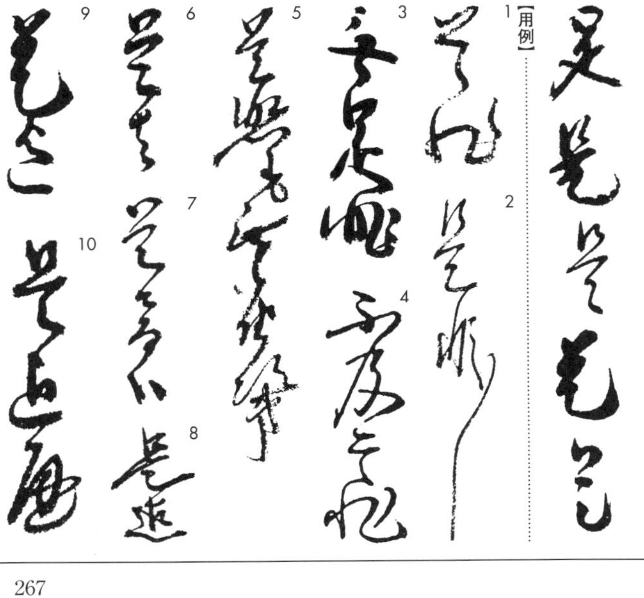

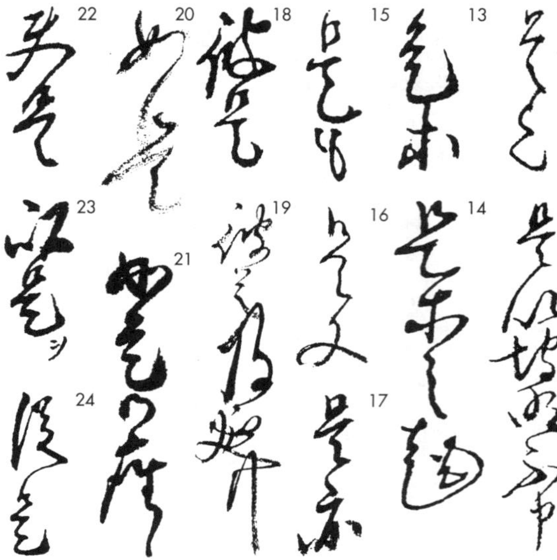

1 是非(ぜひ)
2 是非〳〵(ぜひぜひ)
3 無二是非一(ぜひなく)
4 不レ及二是非一(ぜひにおよばず)
5 是悲も無二御坐一次第(ぜひもござなきしだい)
6 是者(これは)
7 是二而八(これにては)
8・9 是迄(これまで)
10 是迄通(これまでどおり)
11 是迄(これまで)
12 是以二埒明不レ申(これをもってらちあけもうさず)
13 是等(これら)
14 是等之趣(これらのおもむき)
15 是も(これ)
16 是又(これまた)
17 是亦(これまた)
18 彼是(かれこれ)
19 彼是及二延引一(かれこれえんいんにおよび)
20 如レ是(かくのごとし)
21 如レ是御座候(かくのごとくにござそうろう)
22 夫是(それこれ)
23 以二是ヲ一(これをもって)
24 従レ是(これより)

400 昼(晝)

チュウ
ひる

【用例】

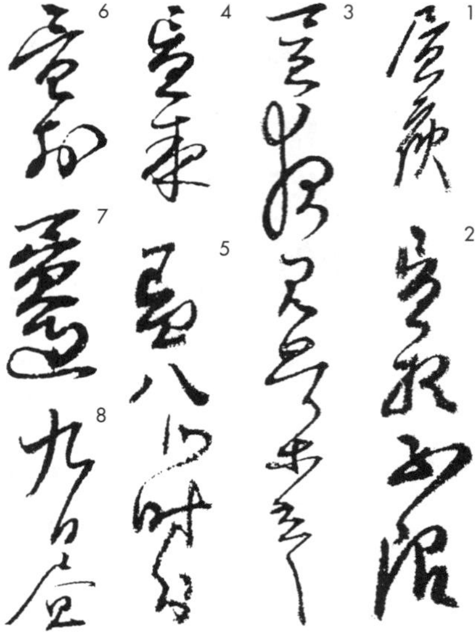

1 昼夜(ちゅうや)
2 昼夜不レ限(ちゅうやにかぎらず)
3 昼夜見廻リ等有レ之(ちゅうやみまわりなどこれあり)
4 昼夜(ちゅうや)
5 昼八ツ時分(ひるやつじぶん)
6 昼前(ひるまえ)
7 昼過(ひるすぎ)
8 九日昼(ここのかひる)

401

時

ジ
とき

【用例】

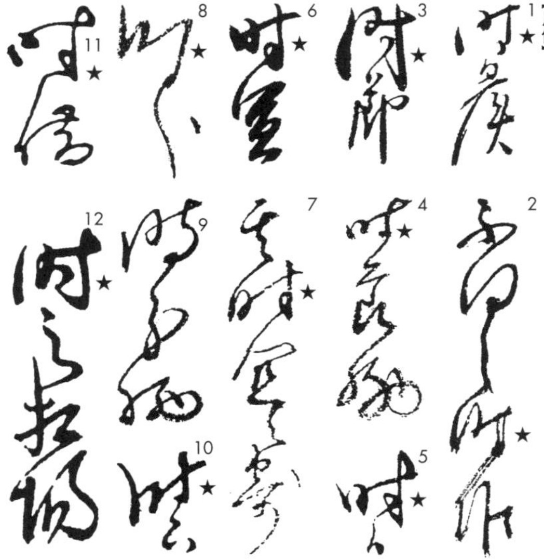

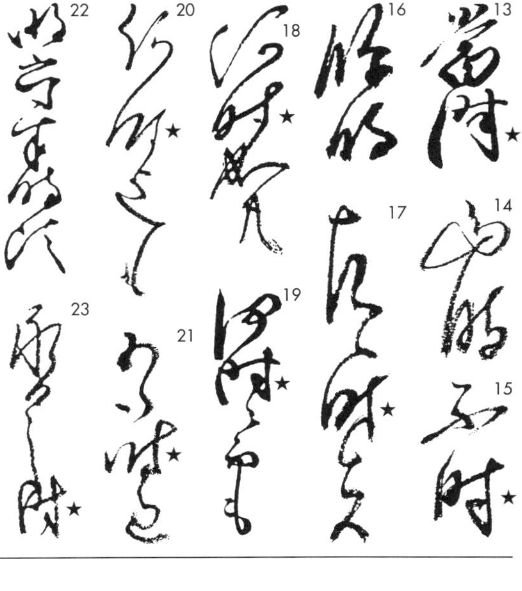

1 時候（じこう） 2 不同之時候（ふどうのじこう） 3 時節（じせつ） 4 時節柄（じせつがら） 5 時日（じじつ） 6 時宜（じぎ）
7 其時宜ニ寄（そのじぎにより） 8 時分（じぶん） 9 時分柄（じぶんがら） 10 時下（じか） 11 時借（ときがり・じしゃく） 12 時之相場（ときのそうば）
13・14 當時（とうじ） 15 不時（ふじ） 16 臨時（りんじ） 17 左候時者（さそうろうときは） 18 何時成共（なんどきなりとも）
19 何時ニ而も（なんどきにても） 20 何時迄も（なんどきまでも） 21 五ツ時過（いつつどきすぎ） 22 明六ツ半時頃（あけむつはんどきごろ）
23 永日之時（えいじつのとき）

402

晦

カイ
つごもり
みそか

【用例】

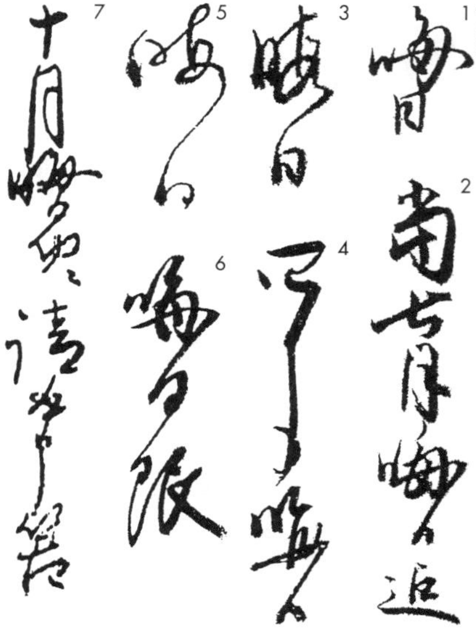

1 晦日（みそか）　2 當七月晦日迄（とうしちがつみそかまで）　3 晦日（みそか）　4 四月晦日（しがつみそか）　5 晦日（みそか）　6 晦日限（みそかぎり）
7 十月晦日切ニ請取申筈（じゅうがつみそかぎりにうけとりもうすはず）

403

暑

ショ
あつい

【用例】

1 暑中（しょちゅう）　2・3 暑氣（しょき）　4 段々暑ニ向ひ（だんだんしょにむかひ）　5 向暑（こうしょ）　6 大暑（たいしょ）　7 甚暑（じんしょ）
8 嚴暑（げんしょ）　9 極暑（ごくしょ）　10 残暑（ざんしょ）　11 薄暑（はくしょ）

404 【普】

フ
あまねし

【用例】

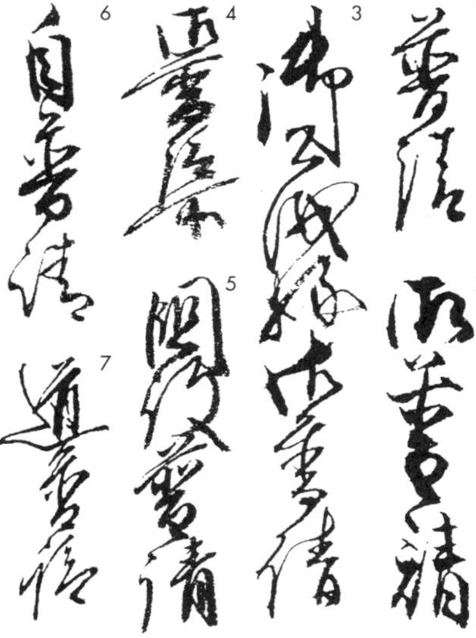

1 普請(ふしん) 2 御普請(ごふしん) 3 御公儀様御普請(ごこうぎさまごふしん) 4 御普請所(ごふしんしょ) 5 國役普請(くにやくふしん) 6 自普請(じふしん) 7 道普請(みちぶしん)

405 【暇】

カ
ひま
いとま

【用例】

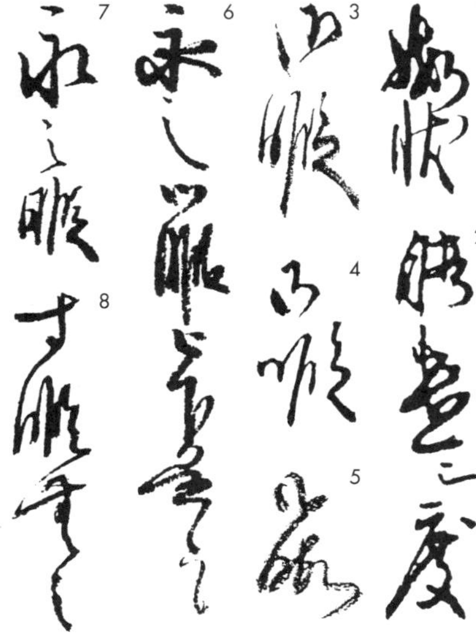

1 暇状(いとまじょう) 2 暇遣シ度(いとまつかわしたく) 3～5 御暇(おいとま) 6 永之御暇被二下置一候ハ、(えいのおいとまくだしおかれそうらわば) 7 永之暇(えいのいとま) 8 寸暇無レ之(すんかこれなく)

406 ［暮］

ボ／くれ
くれる
くらす

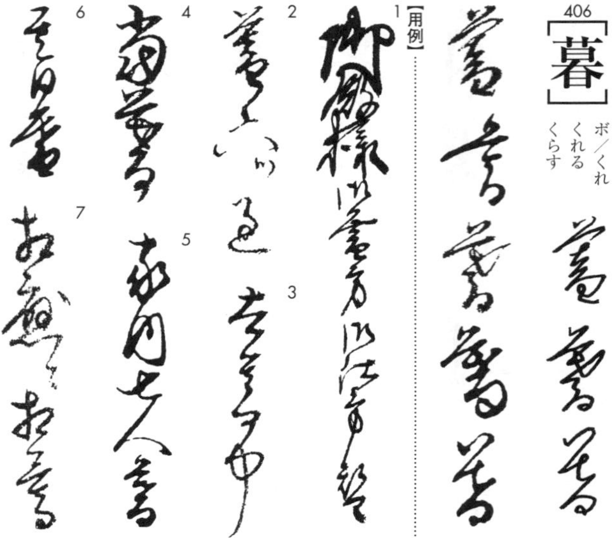

【用例】

1 御殿様御暮方御仕方替（おとのさまおくらしかたごしほうがえ）
2 暮六ツ過（くれむつすぎ）
3 去暮中（さるくれちゅう）
4 當暮（とうくれ）
5 家内七人暮（かないしちにんぐらし）
6 其日暮（そのひぐらし）
7 相應ニ相暮（そうおうにあいくらし）

407 ［暫］

ザン
しばらく

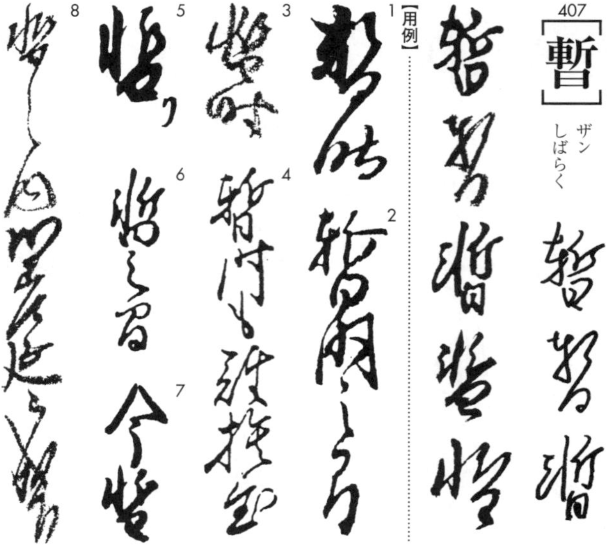

【用例】

1 暫時（ざんじ）
2 暫時之間（ざんじのあいだ）
3 暫時（ざんじ）
4 暫時も難㆓捨置㆒（ざんじもすておきがたく）
5 暫ク（しばらく）
6 暫之間（しばらくのあいだ）
7 今暫（いましばらく）
8 暫之内御差延被㆓成下㆒（しばらくのうちおさしのべなしくだされ）

408 【曲】

キョク
まがる
くせ

【用例】

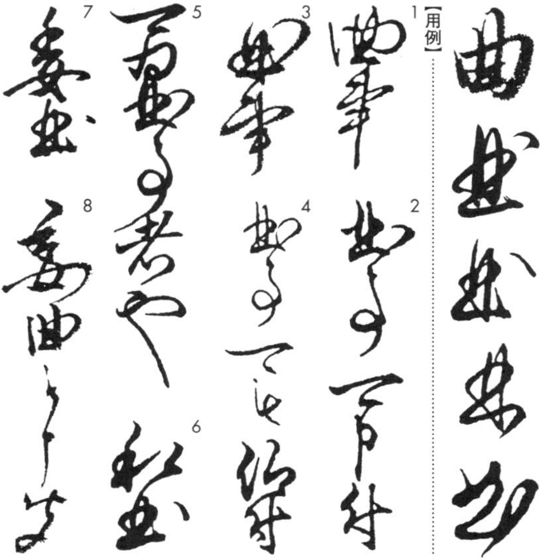

1 曲事　2 曲事可㆓申付㆒　3 曲事　4 曲事可㆑被㆓仰付㆒
5 可㆑為㆓曲事㆒者也　6 私曲　7 委曲　8 委曲被㆓申聞㆒

409 【更】

コウ
さら
ふける

【用例】

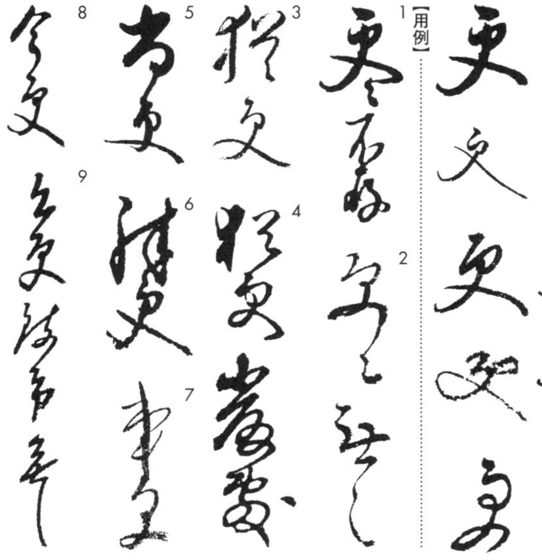

1 更二不㆑存　2 更二無㆑之　3 猶更　4 猶更嚴敷　5 尚更
6 殊更　7 事更（※「殊更」の誤用）　8 今更　9 今更致方無㆑之

410 【書】 ショ かく

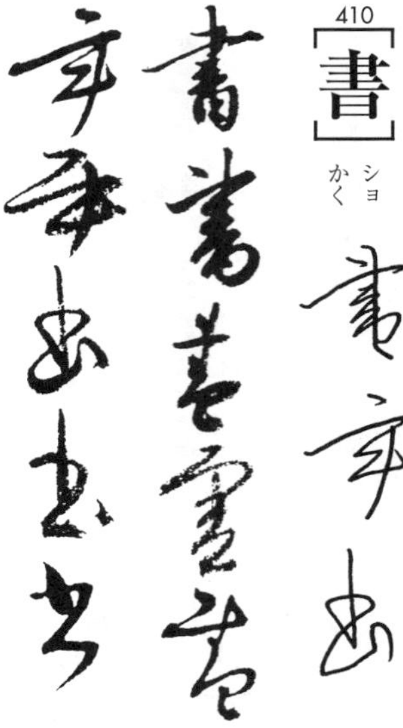

【用例】

1 2 3 4 5 6 7 8 9

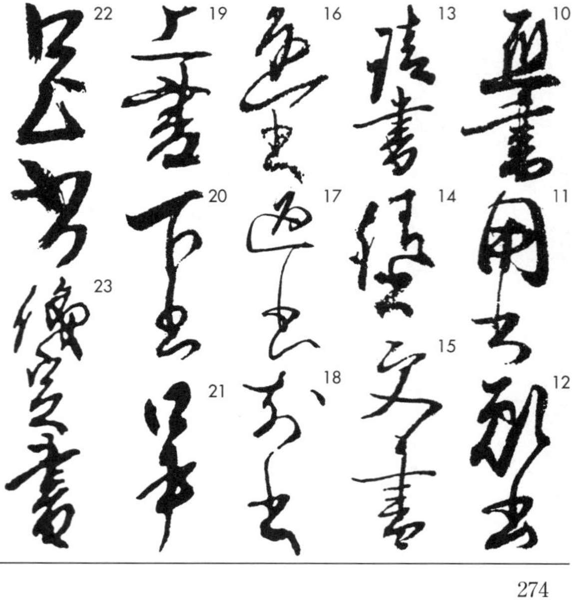

10 11 12 13 14 15 16 17 18 19 20 21 22 23

1〜4 書付(かきつけ)　5 書中(しょちゅう)　6 書外(しょがい)　7 書札(しょさつ)　8 書上(かきあげ)　9 一書(いっしょ)

10 直書(じきしょ)　11 用書(ようしょ)　12 願書(がんしょ)　13・14 請書(うけがき/うけしょ)　15 受書(うけがき/うけしょ)　16・17 返書(へんしょ)

18 前書(まえがき)　19 上書(うわがき/じょうしょ)　20 下書(したがき)　21 口書(くちがき)　22 口上書(こうじょうがき/こうじょうしょ)　23 儀定書(ぎじょうしょ)

411
【最】
サイ
もっとも

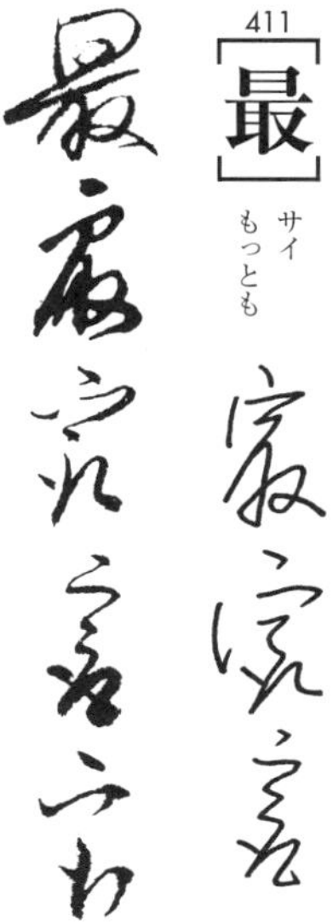

【用例】

1 2★ 3★ 4★ 5 6★ 7 8★ 9★

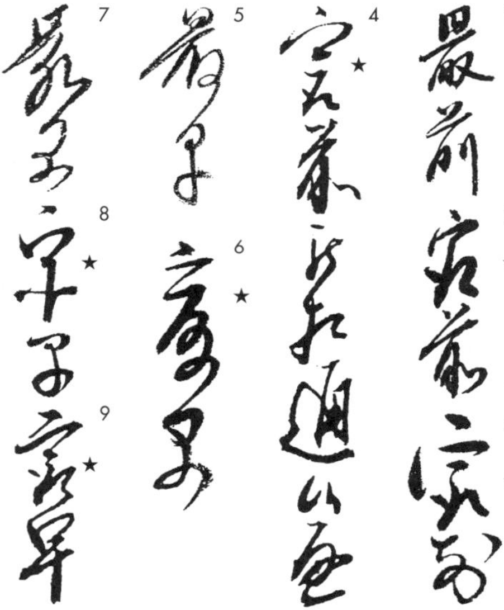

10★ 11★ 12★ 13★ 14★ 15★

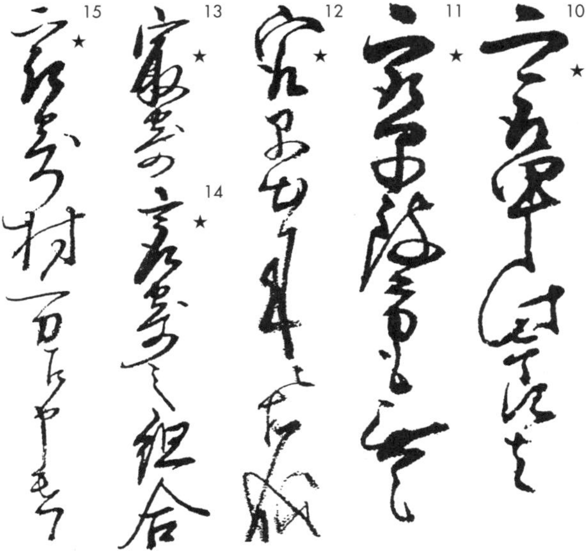

1～3最前（さいぜん）　4最前被二相通一候通（さいぜんあいとおされそうろうとおり）　5～9最早（もはや）　10最早此節者（もはやこのせつは）
11最早致方も無レ之（もはやいたしかたこれなく）　12最早出来ニ相成（もはやしゅったいにあいなり）　13最寄（もより）　14最寄之組合（もよりのくみあい）
15最寄村方江申遣候（もよりむらかたへもうしつかわしそうろう）

412 曾

ソ・ソウ
かつて
すなわち

【用例】

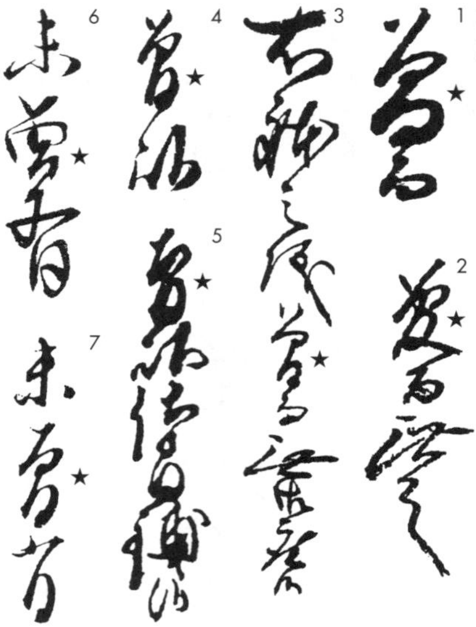

1 曾而（かつて）　2 曾而無レ之（かつてこれなく）　3 右躰之儀曾而無二御座一候（みぎていのぎかつてござなくそうろう）　4 曾以（かつてもって）
5 曾以仕間鋪候（かつてもってつかまつるまじくそうろう）　6・7 未曾有（みぞう）

413 替

タイ・テイ
かえる
かわる

【用例】

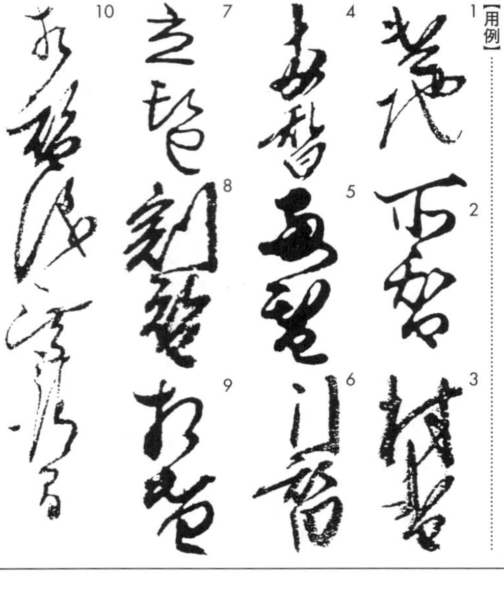

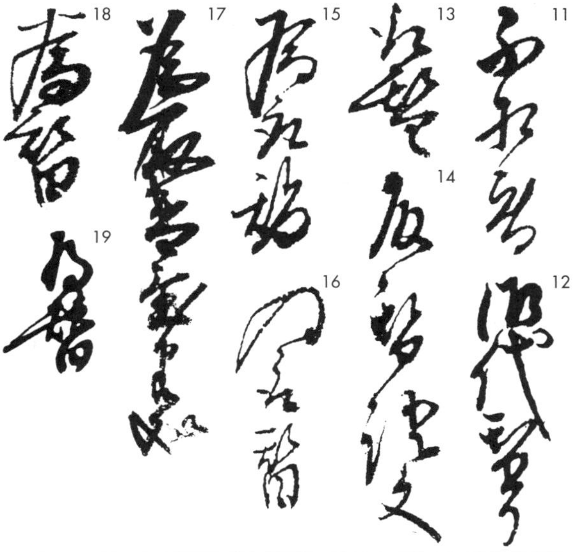

1 替地（かえち）　2 所替（ところがえ）　3 村替（むらがえ）　4・5 両替（りょうがえ）　6 引替（ひきかえ）　7 立替（たてかえ）　8 割替（わりかえ）
9 相替（あいかわる）　10 相替儀無二御座一候間（あいかわるぎござなくそうろうあいだ）　11 不二相替一（あいかわらず）　12 御代替り（おだいがわり）
13 取替（とりかえ）　14 取替證文（とりかえしょうもん）　15・16 為二取替一（とりかわせ／とりかわし）　17 為二取替一置申候処（とりかわしおきもうしそうろうところ）
18・19 為替（かわせ／かわし）

414 月

ゲツ　ガツ　つき

【用例】

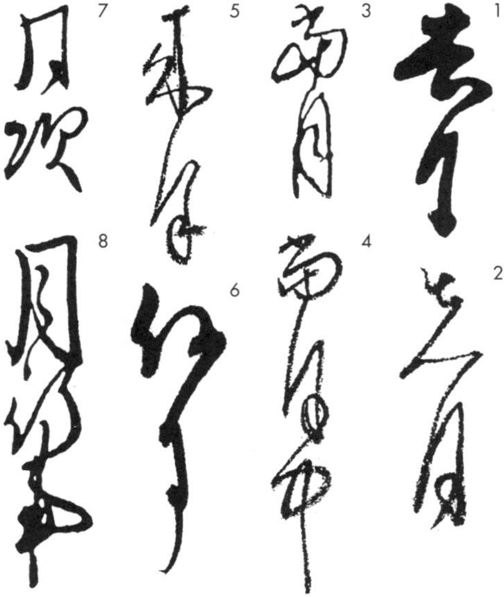

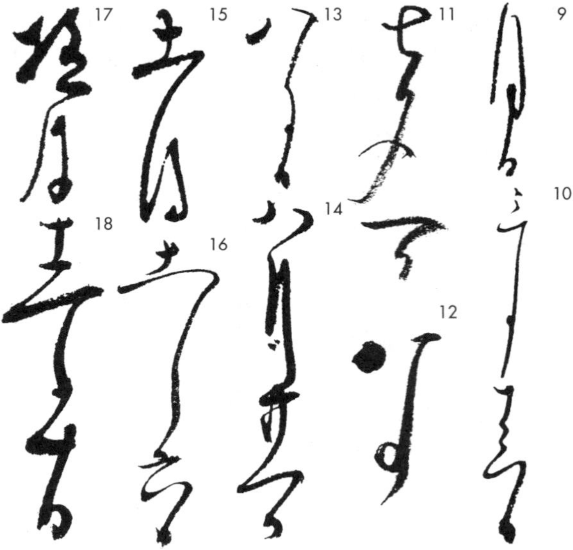

1 去月（さるつき／きょげつ） 2 先月（せんげつ） 3 當月（とうげつ） 4 當月中（とうげつちゅう） 5 来月（らいげつ） 6 何月（なんがつ） 7 月次（つきなみ）
8 月行司（がちぎょうじ／つきぎょうじ） 9 月日（がっぴ） 10 三月十三日（さんがつじゅうさんにち） 11 七月一日（しちがつついたち） 12 八月（はちがつ） 13 八月日（はちがつじつ）
14 八月廿一日（はちがつにじゅういちにち） 15 十一月（じゅういちがつ） 16 十一月六日（じゅういちがつむいか） 17 極月（ごくげつ）
18 十二月十日（じゅうにがつとおか）

415
［有］
ユウ　ウ　ある

【用例】

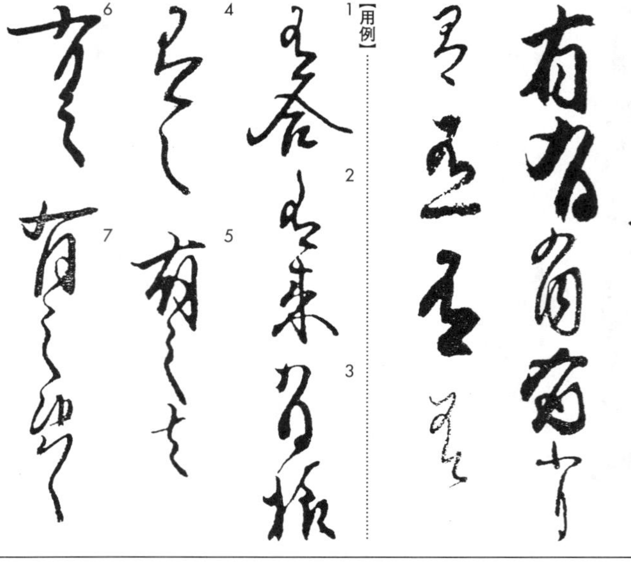

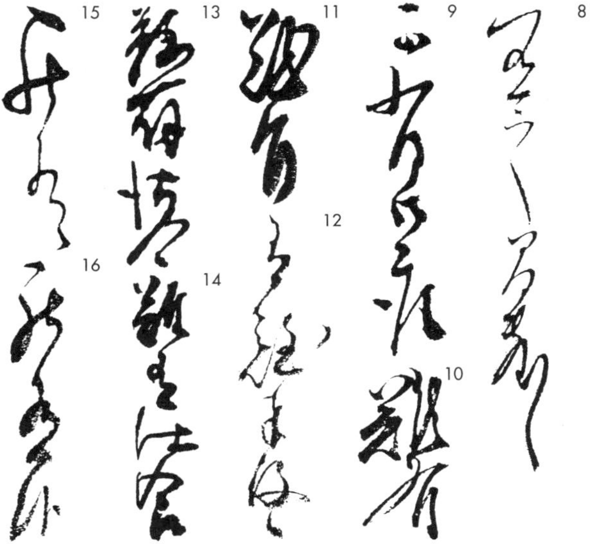

1 有合（ありあわせ） 2 有来（ありきたり） 3 有様（ありさま） 4 有レ之（これあり） 5 有レ之者（これあらば） 6 有レ之（これあり）

7 有レ之候ハヽ（これありそうらわば） 8 有レ之間敷候（これあるまじくそうろう） 9 可レ有二御座一（ござあるべく） 10・11 難レ有（ありがたし）

12 有難奉レ存候（ありがたくぞんじたてまつりそうろう） 13・14 難レ有仕合（ありがたきしあわせ） 15・16 罷有候（まかりありそうろう）

416 【服】 フク

【用例】

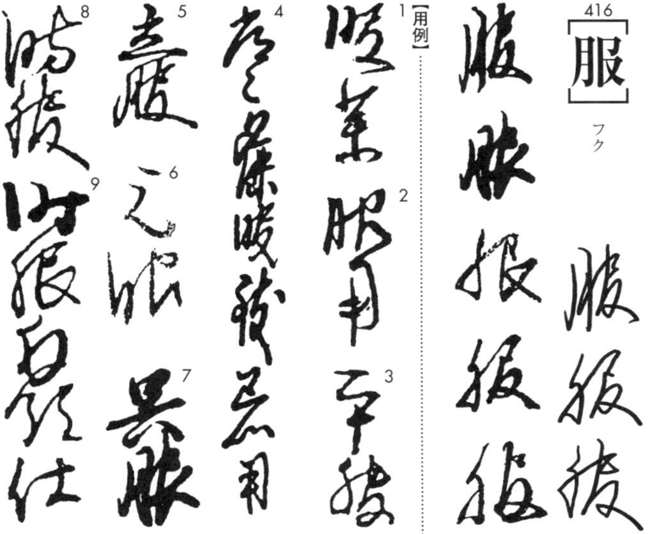

1 服薬（ふくやく） 2 服用（ふくよう） 3 平服（へいふく） 4 常々麁服致二着用一（つねづねそふくちゃくよういたし）

5 立服（りっぷく）（※「立腹」の誤用） 6 元服（げんぷく） 7 呉服（ごふく） 8 時服（じふく）

9 時服拝領仕（じふくはいりょうつかまつり）

417 朔

サク
ついたち

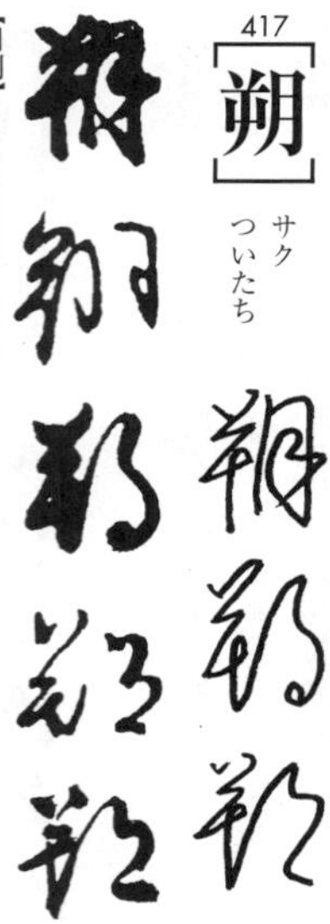

【用例】

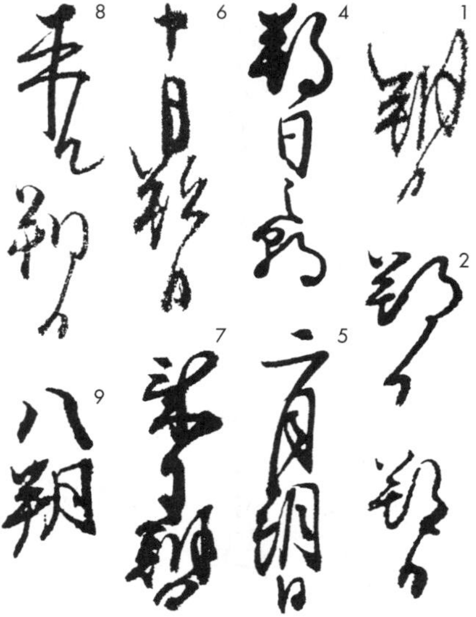

1〜3 朔日（ついたち）
4 朔日之朝（さくじつ／ついたちのあさ）
5 二月朔日（にがつついたち）
6 十月朔日（じゅうがつついたち）
7 来月朔日（らいげつついたち）
8 来ル朔日（きたるついたち）
9 八朔（はっさく）

418 望

ボウ・モウ
のぞむ
のぞみ

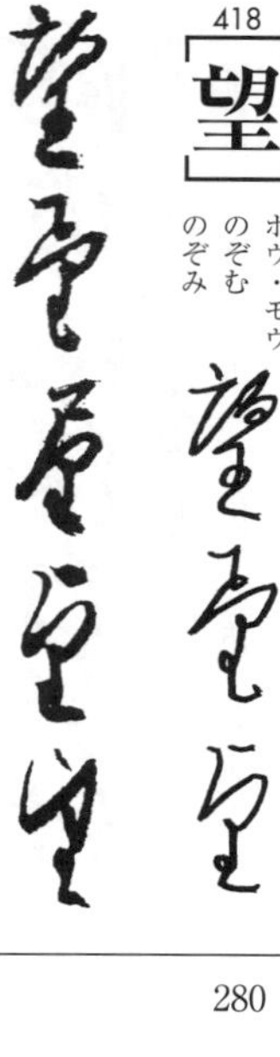

【用例】

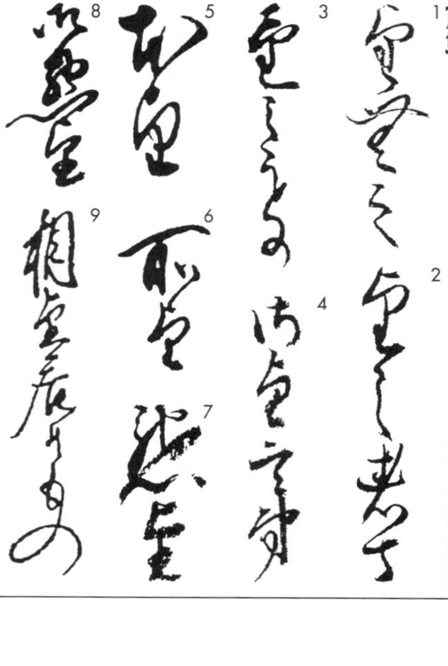

1 望無レ之（のぞみこれなく）
2 望之者（のぞみのものは）
3 望之もの（のぞみの）
4 御望次第（おのぞみしだい）
5 本望（ほんもう）
6 所望（しょもう）
7 懇望（こんもう）
8 御懇望（ごこんもう）
9 相望居候もの（あいのぞみおりそうろう）

419 期

キ・ゴ
きす
ごす

【用例】

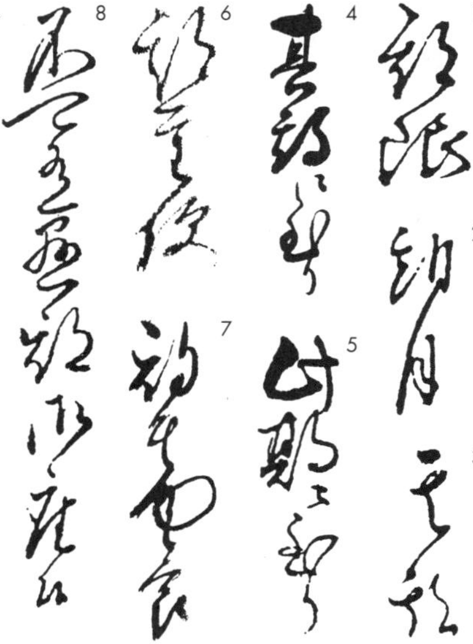

1 期限（きげん） 2 期月（きげつ） 3 其期（そのご） 4 其期二至リ（そのごにいたり） 5 此期二至リ（このごにいたり）
6 期二重便一（じゅうびんをごす） 7 期二貴面一候節（きめんをごしそうろうせつ） 8 不レ可レ有二盡期御座一候（じんごござあるべからずそうろう）

420 朝

チョウ
あさ

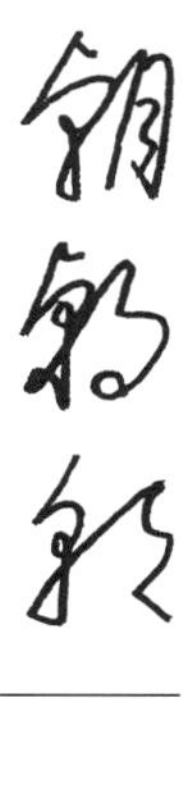

【用例】

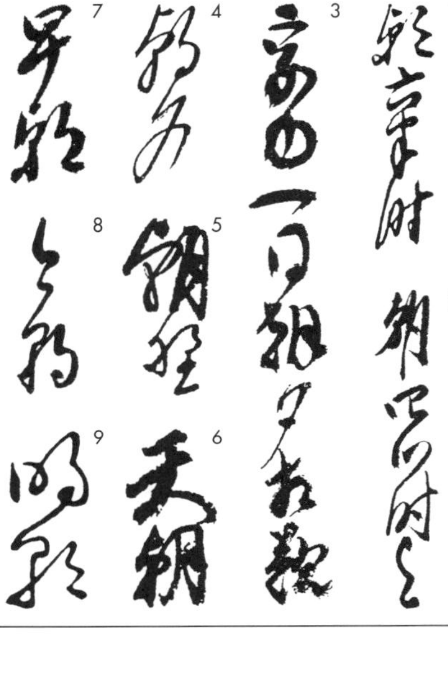

1 朝六半時（あさむつはんどき） 2 朝四ツ時迄（あさよっつどきまで） 3 家内一同朝夕相歎（かないいちどうあさゆうあいなげき） 4 朝夕（ちょうせき／あさゆう） 5 朝野（ちょうや）
6 天朝（てんちょう） 7 早朝（そうちょう） 8 今朝（こんちょう／けさ） 9 明朝（みょうちょう）

421

本

ホン
もと

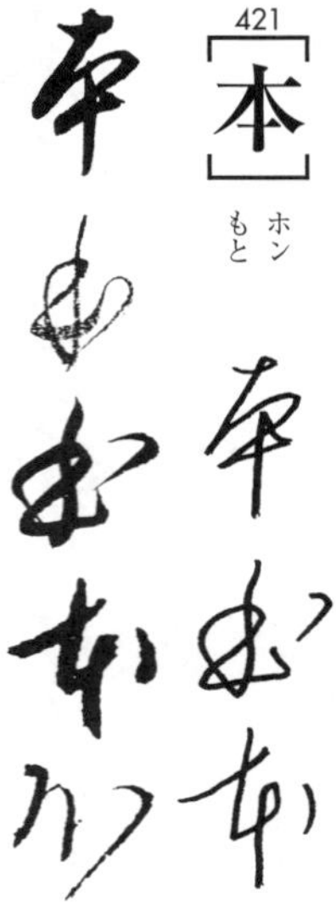

【用例】

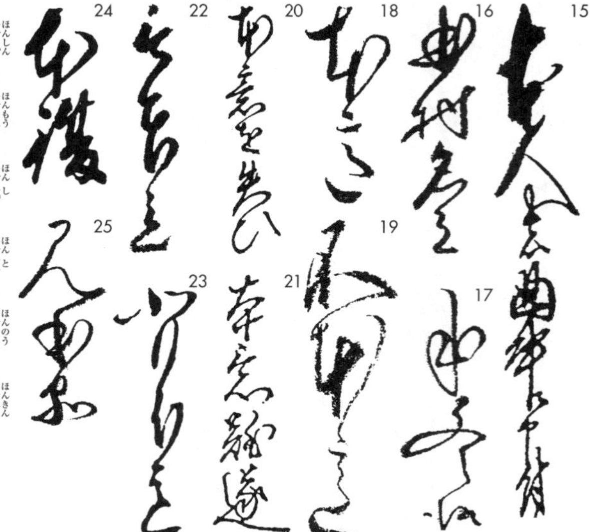

1 本心(ほんしん) 2 本望(ほんもう) 3 本紙(ほんし) 4 本途(ほんと) 5 本納(ほんのう) 6 本金(ほんきん)
7 本金返済之儀(ほんきんへんさいのぎ) 8 本銀(ほんぎん) 9 本田畑(ほんでんぱた) 10 本高(ほんだか) 11 本馬(ほんば) 12 本家(ほんけ)
13 本尊(ほんぞん) 14 本寺(ほんじ) 15 本人者曲事ニ申付(ほんにんはくせごとにもうしつけ) 16 本村名主(ほんそんなぬし) 17 本文之趣(ほんもんのおもむき)
18 本意(ほんい) 19 不本意(ふほんい) 20 本意を失ひ(ほんいをうしない) 21 本意難レ遂(ほんいをとげがたく) 22 無二本意一(ほんいなく)
23 背二本意一(ほんいにそむき) 24 本復(ほんぷく) 25 見本品(みほんひん)

422 【未】 ミ・ビ いまだ ひつじ

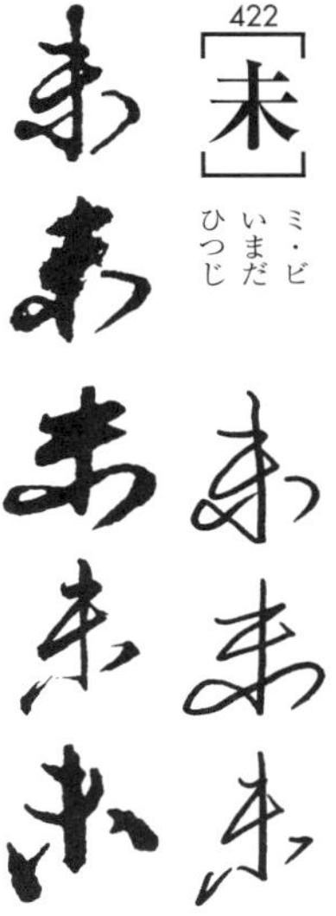

【用例】

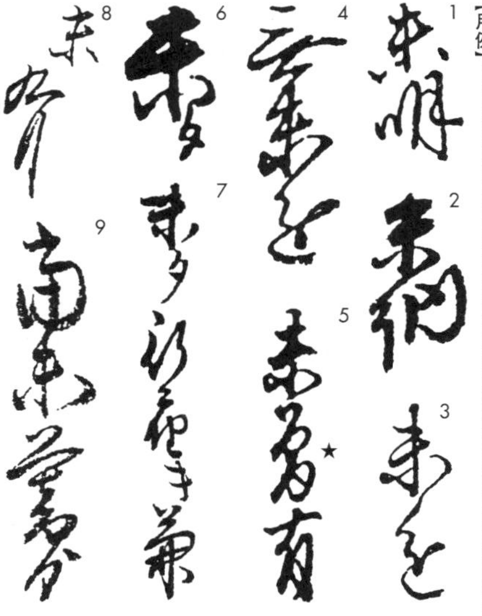

1 未明(みめい)　2 未納(みのう)　3 未進(みしん)　4 無二未進一(みしんなく)　5 未曾有(みぞう)　6 未夕(いまだ)　7 未夕行届キ兼(いまだゆきとどきかね)　8 未九月(ひつじくがつ)　9 當未暮ゟ(とうひつじくれより)

423 【条(條)】 ジョウ

【用例】

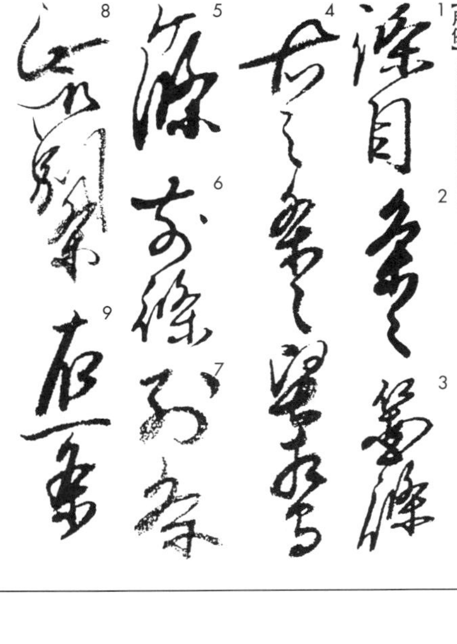

1 條目(じょうもく)　2 条々(じょうじょう)　3 箇條(かじょう)　4 右之条々堅相守(みぎのじょうじょうかたくあいまもり)　5 ケ條(かじょう)　6 前條(ぜんじょう)　7 別条(べつじょう)　8 無二御別条一(ごべつじょうなく)　9 右一条(みぎいちじょう)

424 [束]

ソク
つか・たば
たばねる

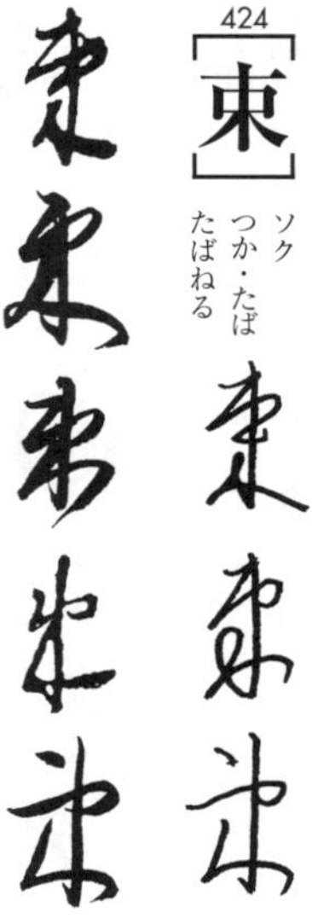

【用例】

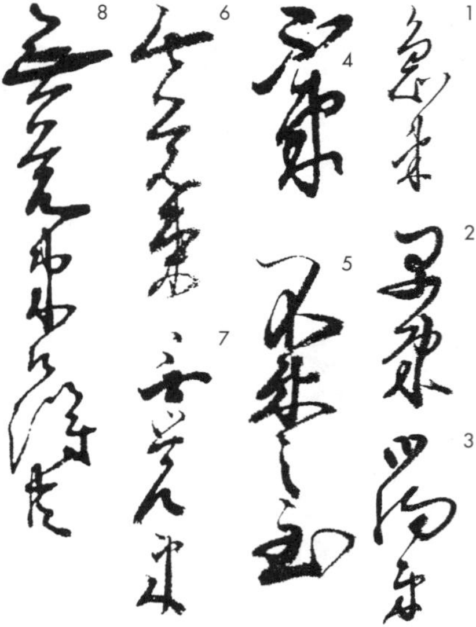

1 急束（きゅうそく） 2 早束（さっそく） 3 御約束（おやくそく） 4 不束（ふつつか） 5 不束之至（ふつつかのいたり） 6・7 無㆓覚束㆒（おぼつかなく）
8 無㆓覚束㆒候得共（おぼつかなくそうらえども）

425 [村]

ソン
むら

【用例】

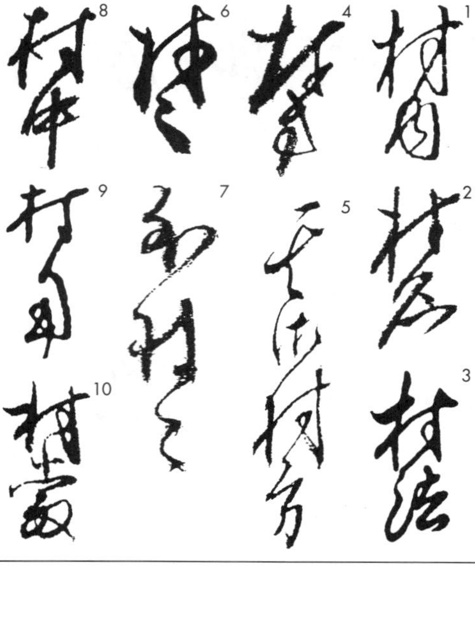

1 村内(そんない)　2 村名(むらめい・そんめい)　3 村法(そんぽう)　4 村方(むらかた)　5 其御村方(そのおんむらかた)　6 村々(むらむら)　7 外村々(ほかむらむら)
8 村中(むらじゅう・そんちゅう)　9 村用(むらよう)　10 村當(むらあて)　11 村入用(むらにゅうよう)　12 村送リ(むらおくり)　13 村役人(むらやくにん)
14 村役人共(むらやくにんとも)　15 村割(むらわり)　16 當村(とうそん)　17 外村(ほかむら)　18 廻村(かいそん)　19 其村(そのむら)　20 其御村(そのおんむら)
21 留村(とまりむら)　22 留り村(とまむら)

426 来(來)

ライ・タイ
くる
きたる

【用例】

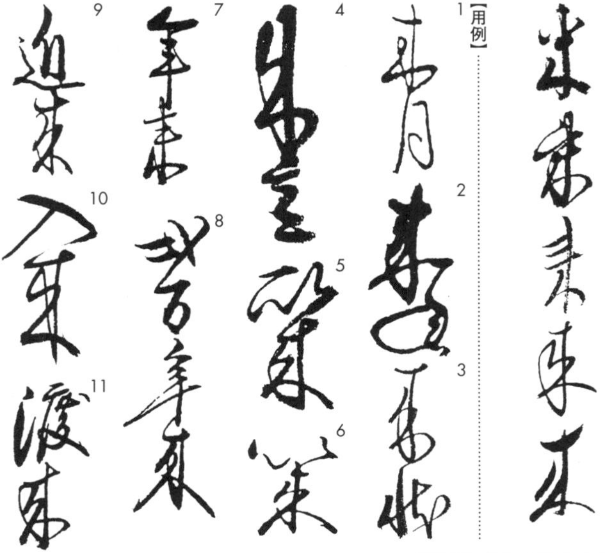

12 13 14 15 16 17 18 19 20 21 22 23 24

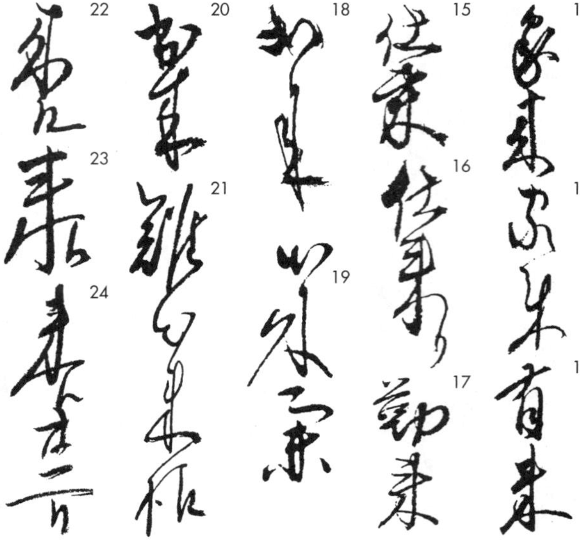

1 来月（らいげつ） 2 来年（らいねん） 3 来状（らいじょう） 4 来意（らいい） 5・6 以来（いらい） 7 年来（ねんらい） 8 弐百年来（にひゃくねんらい） 9 近来（ちかごろ／きんらい） 10 入来（じゅらい） 11 渡来（とらい） 12・13 家来（けらい） 14 有来（ありきたり） 15 仕来（しきたり） 16 仕来リ（しきたり） 17 勤来（つとめきたり） 18 出来（しゅったい／でき） 19 出来兼（できかね） 20 出来（しゅったい／でき） 21 難二出来一様（できがたきよう） 22・23 来ル（きたる） 24 来ル廿二日（きたるにじゅうににち）

427

［東］

トウ ひがし あずま

【用例】

1 2 3 4 5 6 7

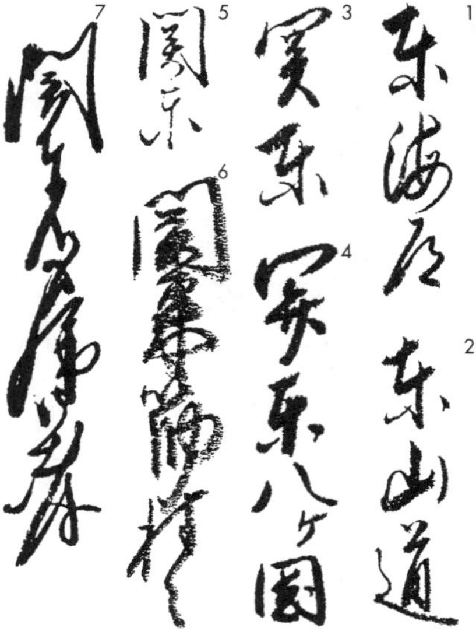

1 東海道（とうかいどう） 2 東山道（とうさんどう） 3 関東（かんとう） 4 関東八ヶ国（かんとうはちかこく） 5 関東（かんとう） 6 関東筋村々（かんとうすじむらむら） 7 関東御取締御出役（かんとうおとりしまりごしゅつやく）

428 林

リン
はやし

【用例】

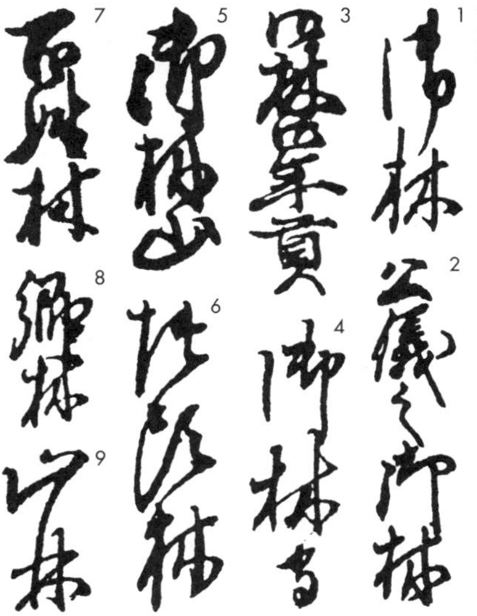

1 御林（おはやし）
2 公儀之御林（こうぎのおはやし）
3 御林御年貢（おはやしおねんぐ）
4 御林守（おはやしもり）
5 御林山（おはやしやま）
6 地頭林（じとうばやし）
7 百姓林（ひゃくしょうばやし）
8 郷林（ごうばやし）
9 山林（さんりん）

429 柄

ヘイ／え
がら
つか

【用例】

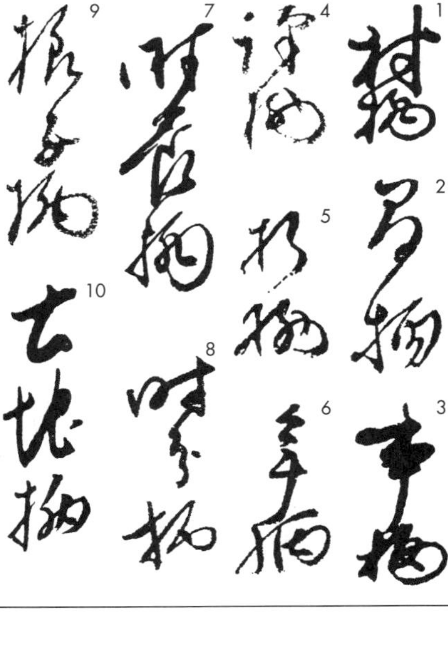

1 村柄（むらがら）
2 間柄（あいだがら）
3 事柄（ことがら）
4 譯柄（わけがら）
5 折柄（おりがら）
6 年柄（としがら）
7 時節柄（じせつがら）
8 時分柄（じぶんがら）
9 様子柄（ようすがら）
10 土地柄（とちがら）

430 案

アン

【用例】

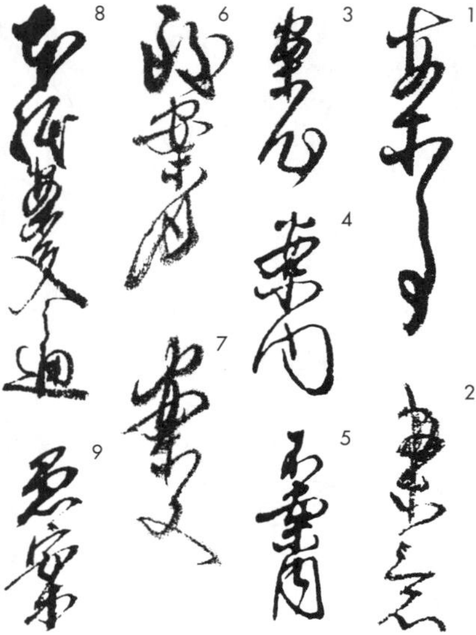

1 案事（あんじ） 2 案意（あんい） 3 案心（あんしん） 4 案内（あんない） 5 不案内（ふあんない） 6 致二案内一（あんないいたし） 7 案文（あんもん） 8 本紙案文之通（ほんしあんもんのとおり） 9 愚案（ぐあん）

431 格

カク
コウ

【用例】

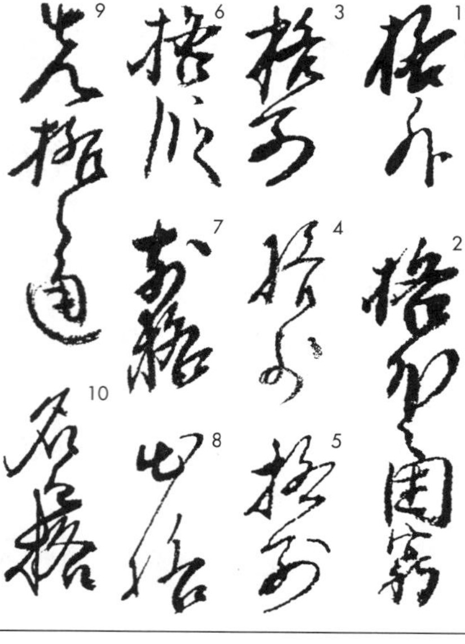

1 格外（かくがい） 2 格外之困窮（かくがいのこんきゅう） 3～5 格別（かくべつ） 6 格段（かくだん） 7 前格（ぜんかく） 8 出格（しゅっかく） 9 先格之通（せんかくのとおり） 10 名主格（なぬしかく）

432 株

シュ
かぶ

【用例】

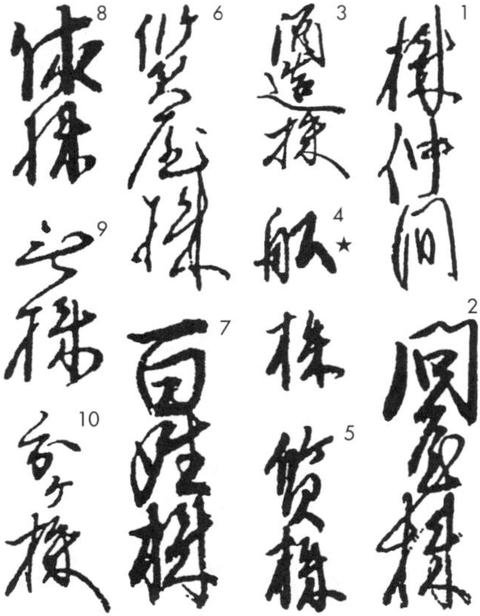

1 株仲間（かぶなかま）
2 問屋株（といやかぶ）
3 酒造株（しゅぞうかぶ）
4 船株（ふなかぶ）
5 質株（しちかぶ）
6 質屋株（しちやかぶ）
7 百姓株（ひゃくしょうかぶ）
8 休株（きゅうかぶ）
9 無株（むかぶ）
10 分ケ株（わけかぶ）

433 検（檢）

ケン
しらべる

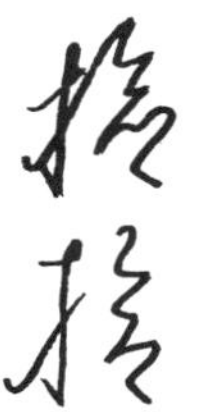

【用例】

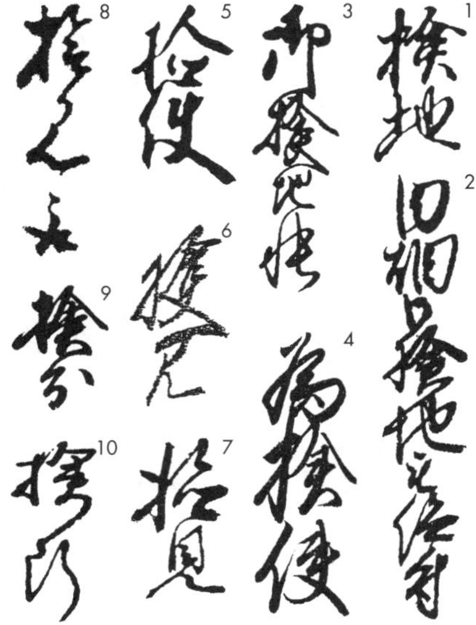

1 検地（けんち）
2 田畑御検地被二仰付一（でんぱたごけんちおおせつけられ）
3 御検地帳（ごけんちちょう）
4 為二検使一（けんしとして）
5 検使（けんし）
6・7 検見（けみ）
8 検見取（けみとり）
9 検分（けんぶん）
10 検断（けんだん）

434 業

ギョウ
ゴウ
わざ

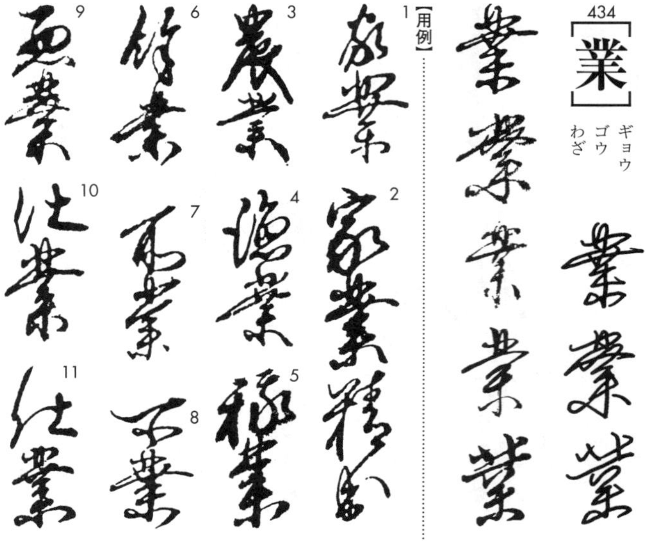

【用例】

1 家業（かぎょう） 2 家業精出（かぎょうせいだし） 3 農業（のうぎょう） 4 漁業（ぎょぎょう） 5 稼業（かぎょう） 6 餘業（よぎょう） 7・8 所業（しょぎょう） 9 悪業（あくぎょう） 10・11 仕業（しわざ）

435 極

キョク・ゴク
きわめる・きわめて
きめる・きめ

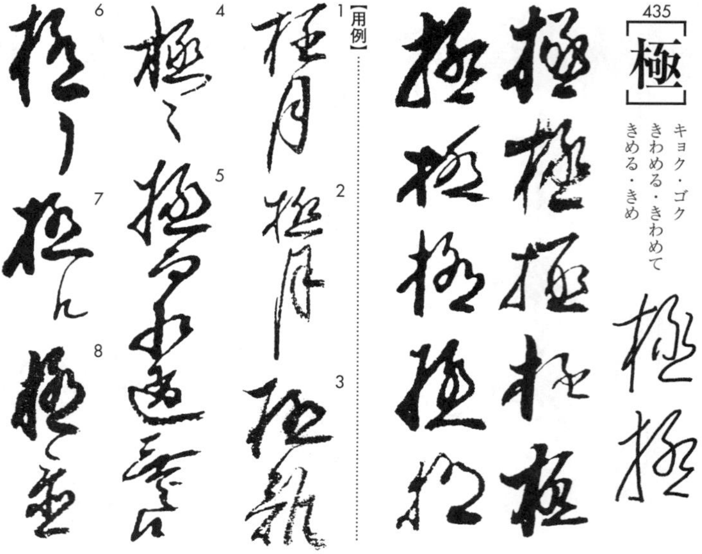

【用例】

1・2 極月(ごくげつ)　3 極難(ごくなん)　4 極々(ごくごく)　5 極而相違無レ之候(きわめてそういこれなくそうろう)　6 極リ(きまり)　7 極ル(きめる)

8 極置(きめおく)　9 見極(みきわめ)　10 相極(あいきめる)　11 相極メ(あいきめ)　12・13 取極(とりきめ)　14 取極リ(とりきまり)

15〜18 至極(しごく)　19 難義至極(なんぎしごく)　20 至極(しごく)　21 不届至極(ふとどきしごく)

436

構

コウ　かまえる　かまい

【用例】

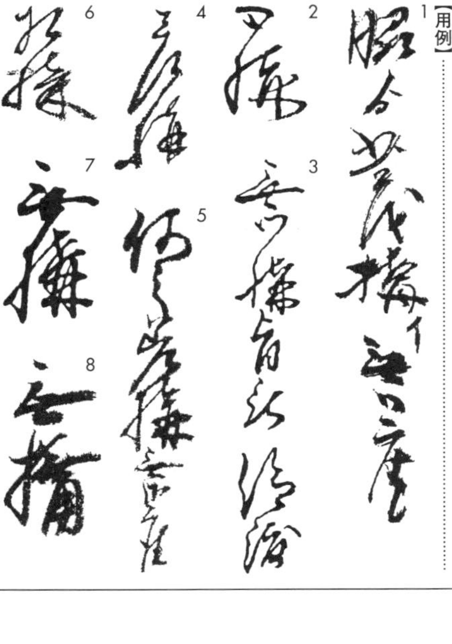

1 脇ゟ少茂構イ無二御座一候(わきよりすこしもかまいござなくそうろう)　2 御構(おかまい)　3 無二御構一旨被二仰渡一(おかまいなきむねおおせわたされ)

4 差構(さしかまい)　5 何之差構無二御座一(なんのさしかまいござなく)　6 相構(あいかまい)　7・8 無レ構(かまいなく)

437
模
モ ボ

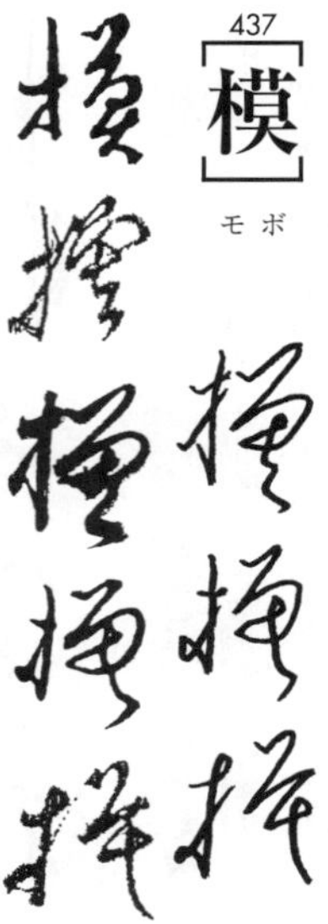

【用例】

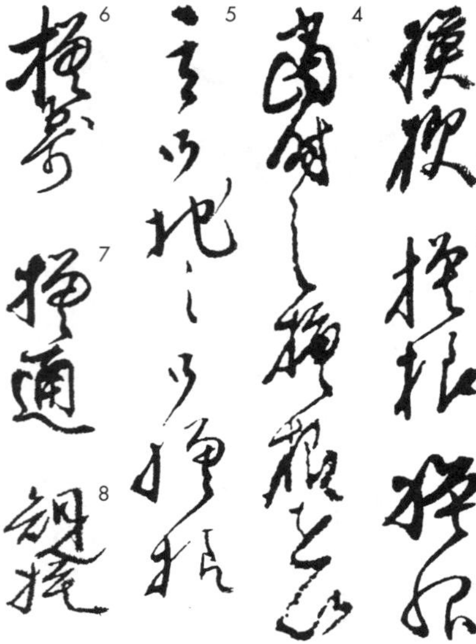

1〜3 模様 4 當時之模様を以 5 其御地之御模様
6 模寄(※「最寄」の誤用) 7 模通 8 規模

438
様(樣)
ヨウ
さま
ざま

【用例】

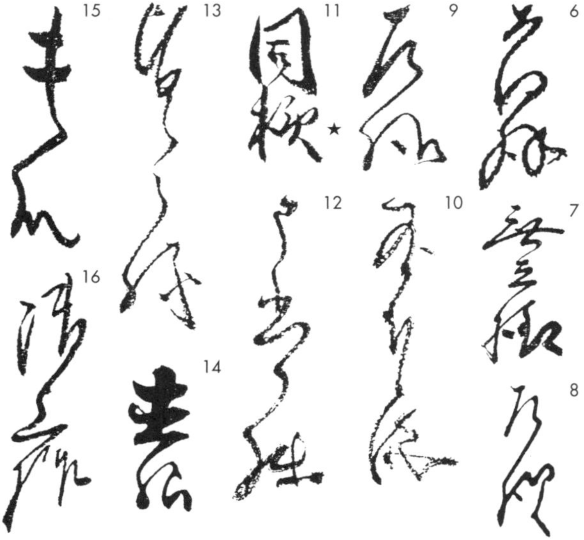

1・2 様子(ようす) 3 ヶ様(かよう) 4 何様(いかよう) 5・6 如何様(いかよう) 7 無レ之様(これなきよう) 8・9 左様(さよう) 10 可レ被レ下候様(くださるべくそうろうよう) 11 同様(どうよう) 12 申出候様(もうしいでそうろうよう) 13 皆々様(みなみなさま) 14 直様(すぐさま) 15 貴様(きよう) 16 御上様(おんうえさま)

439

権(權)

ケン
ゴン

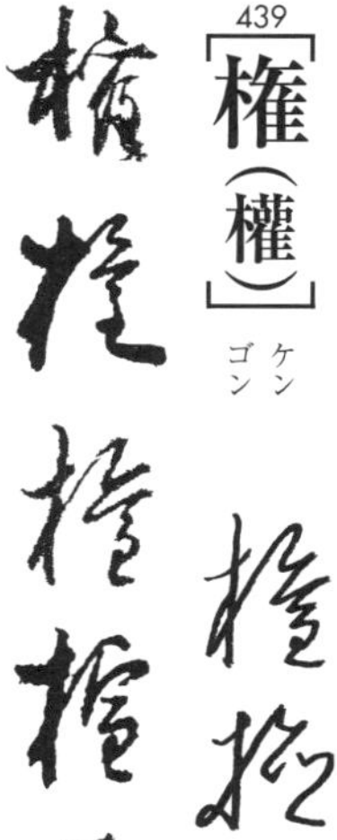

【用例】

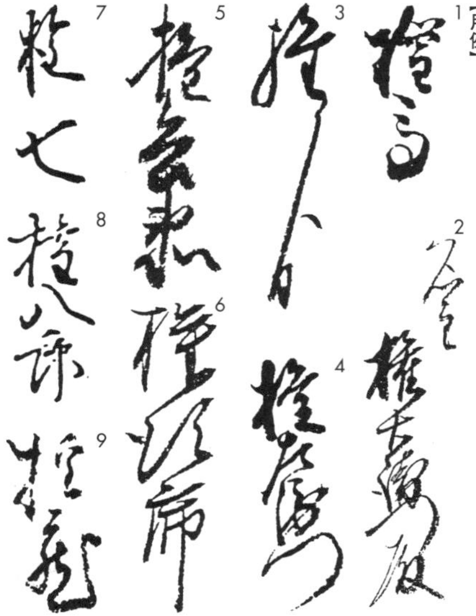

1 権高(けんだか) 2 名主権右衛門殿(なぬしごんえもんどの) 3 権右衛門(ごんえもん) 4 権左衛門(ごんざえもん) 5 権兵衛(ごんべえ) 6 権次郎(ごんじろう) 7 権七(ごんしち) 8 権八郎(ごんぱちろう) 9 権蔵(ごんぞう)

440 機

キ
はた

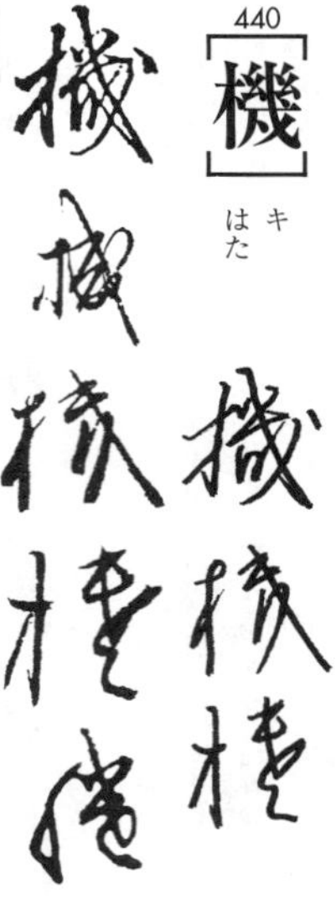

【用例】

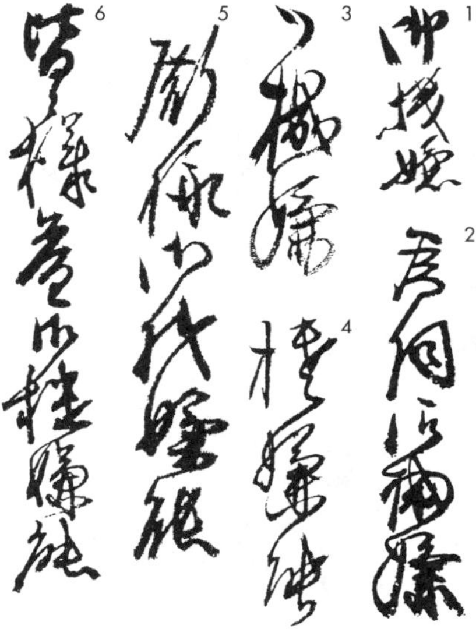

1 御機嫌（ごきげん）　2 為レ伺二御機嫌一（ごきげんうかがいとして）　3 御機嫌（ごきげん）　4 機嫌能（きげんよく）
5 殿様御機嫌能（とのさまごきげんよく）　6 皆々様益御機嫌能（みなみなさまますますごきげんよく）

441 橋

キョウ
はし

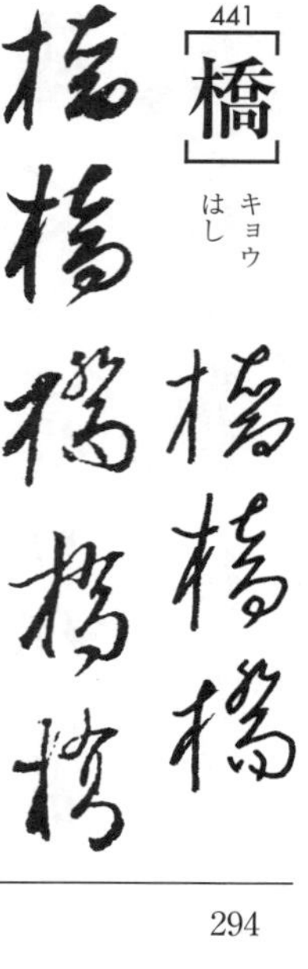

【用例】

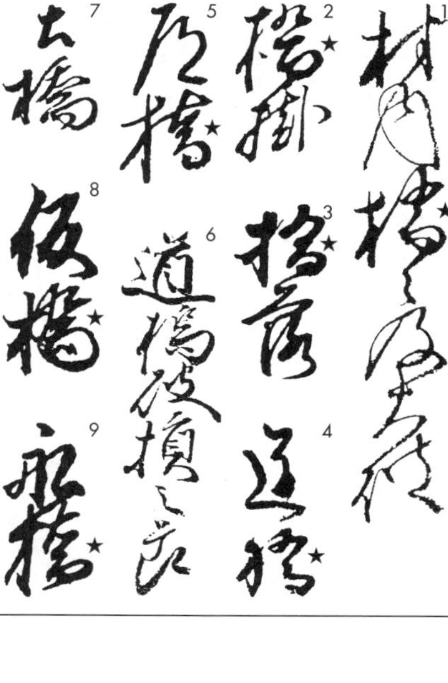

1 村内橋々及二大破一（そんないはしばしたいはにおよび）　2 橋掛（はしかけ）　3 橋落（はしおち）　4・5 道橋（みちはし）
6 道橋破損之節（みちはしはそんのせつ）　7 土橋（どばし）　8 仮橋（かりはし）　9 船橋（ふなばし）

442 欠（缺）

ケツ
かける

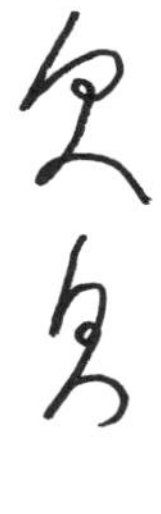

【用例】

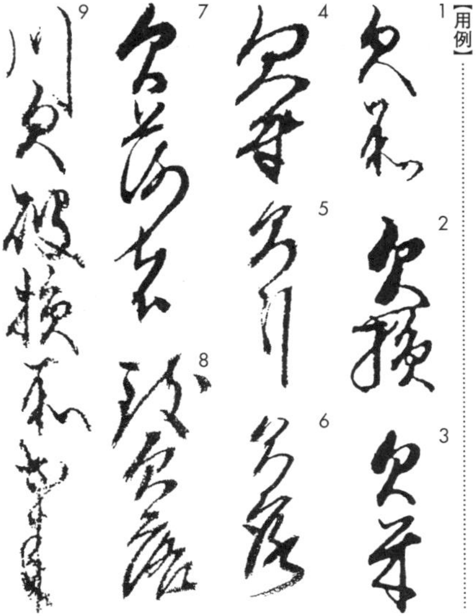

1 欠所（けっしょ）　2 欠損（けっそん）　3 欠米（かんまい・かけまい）　4 欠付（かけつけ）　5 欠引（かけひき）　6 欠落（かけおち）　7 欠落者（かけおちもの）　8 致ニ欠落一（かけおちいたし）　9 川欠破損所出来（かわかけはそんしょしゅったい）

443 次

ジ・シ
つぎ・つぎに
つぐ・ついで

【用例】

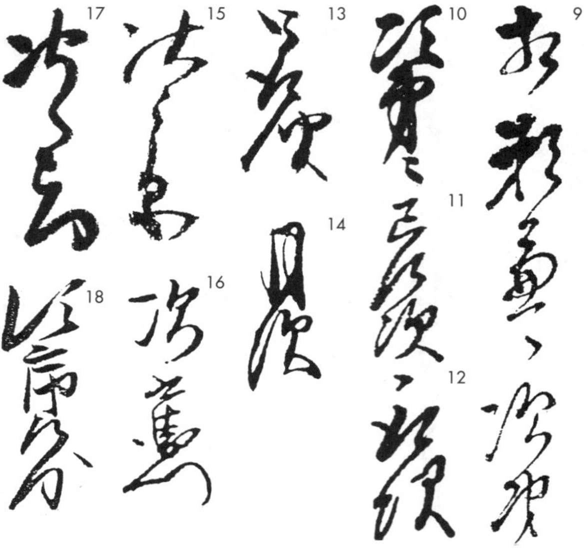

1・2 次二(つぎに)　3 次々(つぎつぎ)　4 次而(ついで)　5~7 次第(しだい)　8 右之次第(みぎのしだい)

9 相頼兼候 次第(あいたのみかねそうろうしだい)　10 次第ニ(しだいに)　11 差次(さしつぎ)　12 取次(とりつぎ)　13 御取次(おとりつぎ)

14 月次(つきなみ)　15 次兵衛(じへえ)　16 次右衛門(じえもん)　17 次郎右衛門(じろうえもん)　18 次郎左衛門(じろうざえもん)

444 ［歌］

カ　うたう　うた

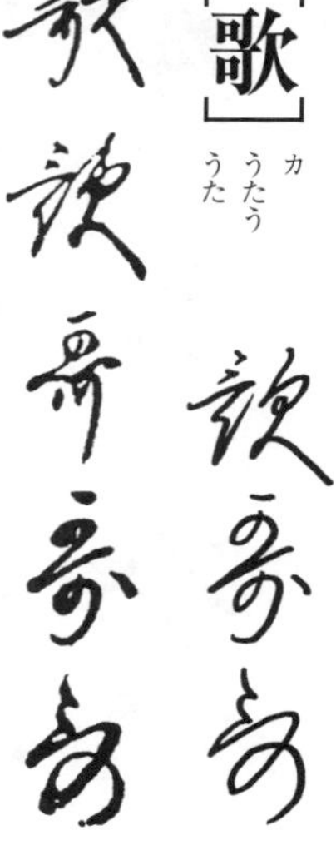

【用例】

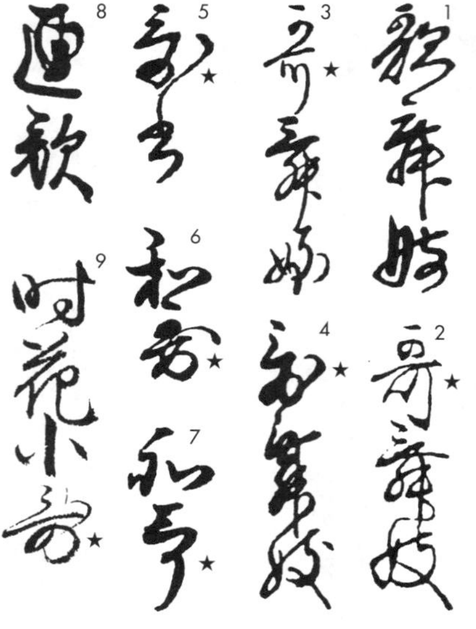

1~4 歌舞妓(かぶき)　5 歌書(かしょ)　6・7 和歌(わか)　8 連歌(れんが)　9 時花小歌(じかこうた)

445 歎

タン
なげく

【用例】

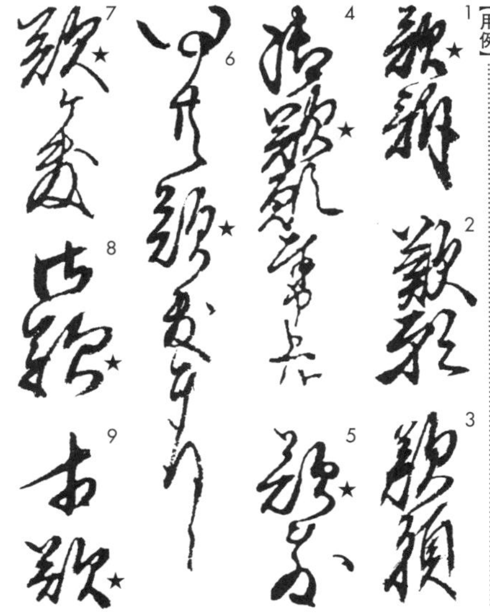

1 歎訴(たんそ)　2・3 歎願(たんがん)　4 御歎願奉二申上一候(ごたんがんもうしあげたてまつりそうろう)　5 歎敷(なげかわしく)　6 何共歎敷奉レ存候(なんともなげかわしくぞんじたてまつりそうろう)　7 歎ケ敷(なげかわしく)　8 御歎(おなげき)　9 相歎(あいなげき)

446 歟

ヨ
か

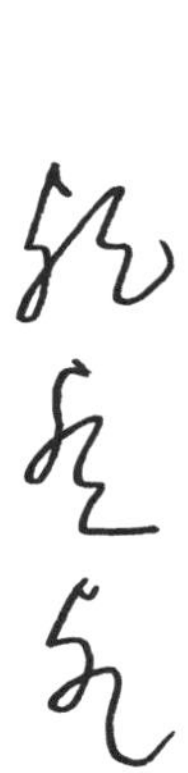

【用例】

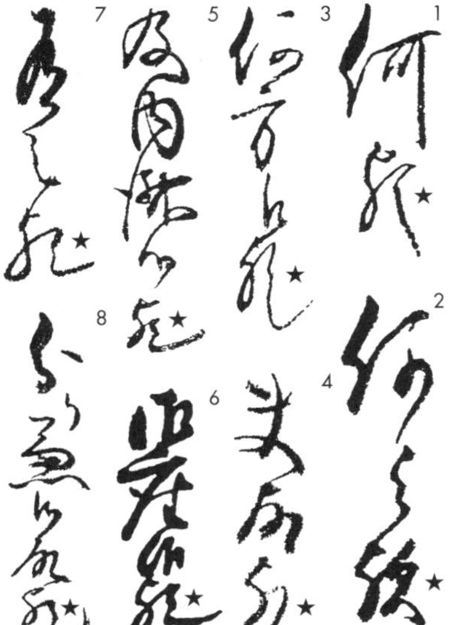

1 何歟(なにか)　2 何与歟(なんとか)　3 何方江歟(いずかたへか)　4 夫故歟(それゆえか)　5 及二内済一候歟(ないさいにおよびそうろうか)　6 御座候歟(ござそうろうか)　7 有レ之歟(これあるか)　8 分リ兼候故歟(わかりかねそうろうゆえか)

447 【止】

シ／やむ
とめる
とどめる

【用例】

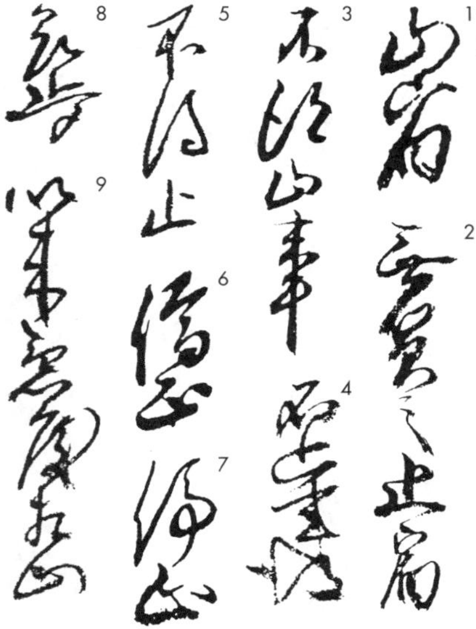

1 止宿(ししゅく)　2 無賃之止宿(むちんのししゅく)　3 不レ得二止事一(やんごとをえず／やむことをえず)　4 不二止事得一(やむことをえず)

5 不レ得レ止(やむをえず)　6・7 停止(ちょうじ)　8 差止メ(さしとめ)　9 以来急度相止(いらいきっとあいやめ)

448 【正】

ショウ
セイ／まさ
ただしい

【用例】

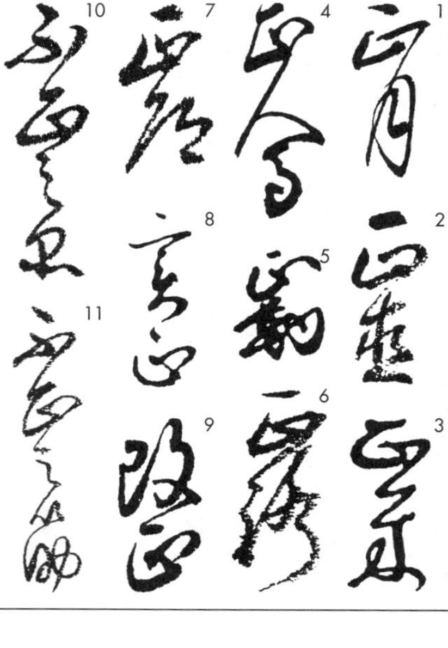

1 正月(しょうがつ)　2 正直(しょうじき)　3 正米(しょうまい)　4 正人馬(しょうじんば)　5 正勤(しょうきん)　6 正路(せいろ)　7 正道(せいどう)

8 実正(じっしょう)　9 改正(かいせい)　10 不正之品(ふせいのしな)　11 不正之筋(ふせいのすじ)

449 【此】 シ この

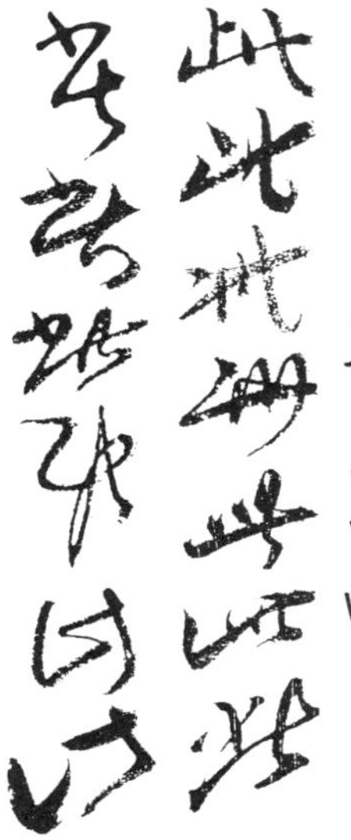

【用例】

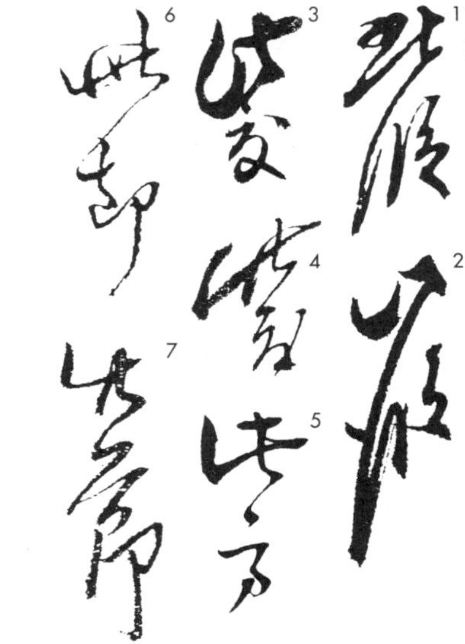

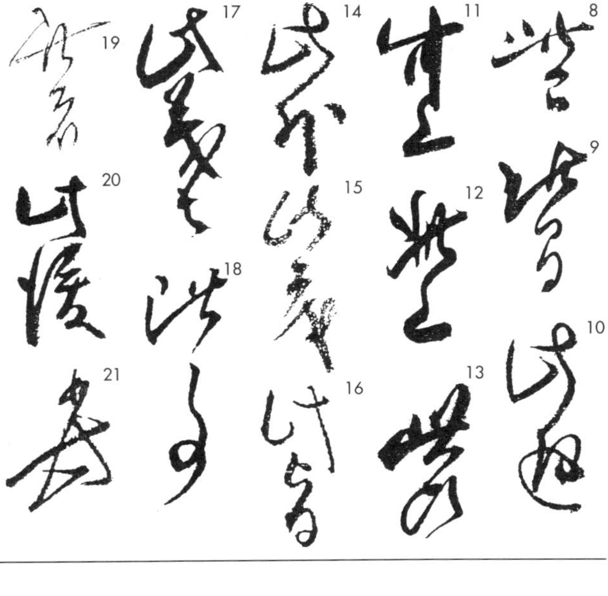

1・2 此段(このだん)　3・4 此度(このたび・こたび)　5 此方(このほう・こなた)　6・7 此節(このせつ)　8・9 此間(このあいだ)　10 此通(このとおり)

11・12 此上(このうえ)　13 此頃(このごろ)　14 此外(このほか)　15 此茂(これも)　16 此旨(このむね)　17 此義者(このぎは)　18 此事(このこと)

19 此者(このもの)　20 此後(こののち)　21 如レ此(かくのごとし)

450 [武]

ブ ム たけし

【用例】

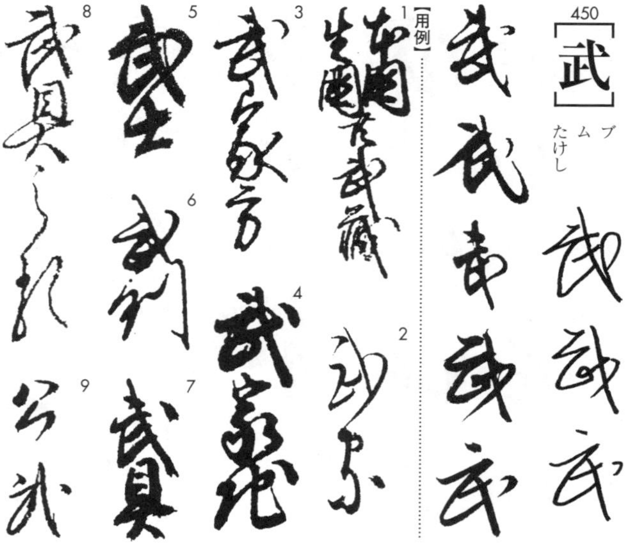

1 本國(ほんごく)・生國(しょうごく)共武蔵(ともむさし) 2 武家(ぶけ) 3 武家方(ぶけかた) 4 武家地(ぶけち) 5 武士(ぶし) 6 武州(ぶしゅう) 7 武具(ぶぐ) 8 武具之類(ぶぐのたぐい) 9 公武(こうぶ)

451 [歩]

ホ・ブ あるく あゆむ

【用例】

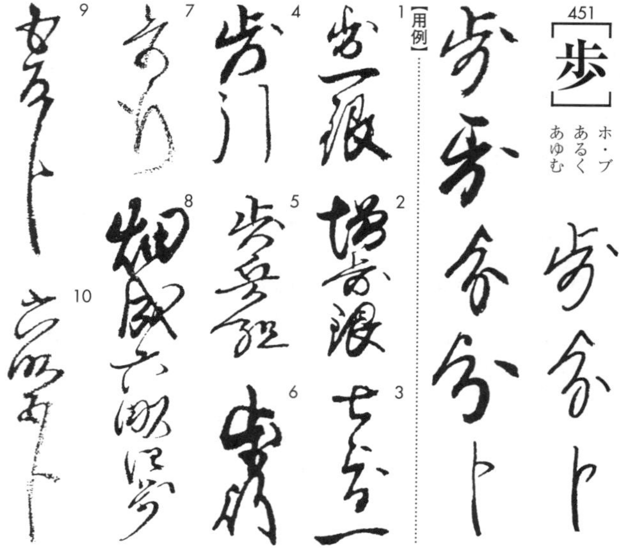

1 歩一銀(ぶいちぎん) 2 増歩銀(ましぶぎん) 3 七歩一(しちぶいち) 4 歩引(ぶびき) 5 歩兵組(ほへいぐみ) 6・7 歩行(あるき/ほこう) 8 畑成六畝四歩(はたなりろくせよんぶ) 9 五反歩(ごたんぶ) 10 六畝五歩(ろくせごぶ)

452 歳

セイ・サイ
とし・ねん
よわい

【用例】

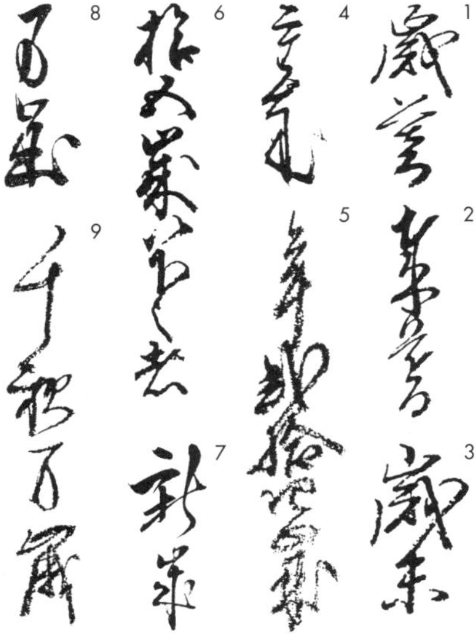

1・2 歳暮（せいぼ）　3 歳末（さいまつ）　4 重歳（ちょうさい）　5 年弐拾四歳（としにじゅうよんさい）　6 拾五歳以下之者（じゅうごさいいかのもの）

7 新歳（しんねん）　8 万歳（ばんぜい・まんざい）　9 千秋万歳（せんしゅうばんぜい）

453 残（殘）

ザン
のこる
のこす

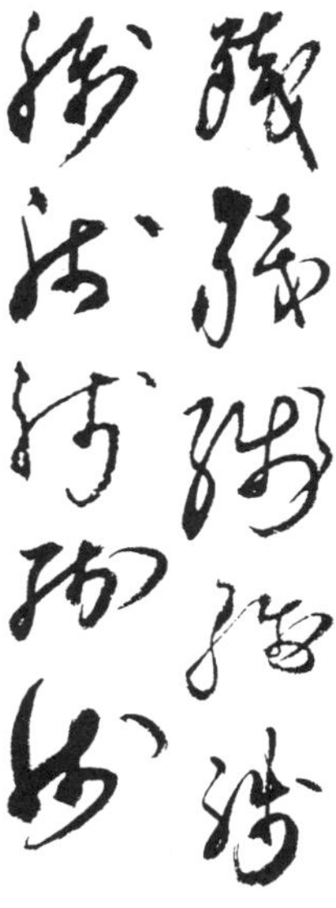

【用例】

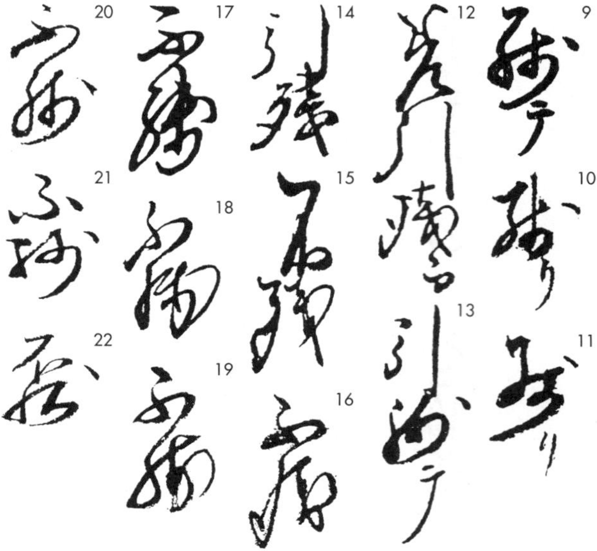

1〜4 残金(ざんきん) 5 残置(のこしおく) 6・7 残而(のこして) 8 残而(のこして) 金弐拾八両(きんにじゅうはちりょう) 9 残テ(のこして)
10・11 残リ(のこり) 12 差引残而(さしひきのこして) 13 引残テ(ひきのこして) 14 引残(ひきのこし) 15〜22 不レ残(のこらず)

454
【殊】
シュ・ジュ
ことに
こと

【用例】

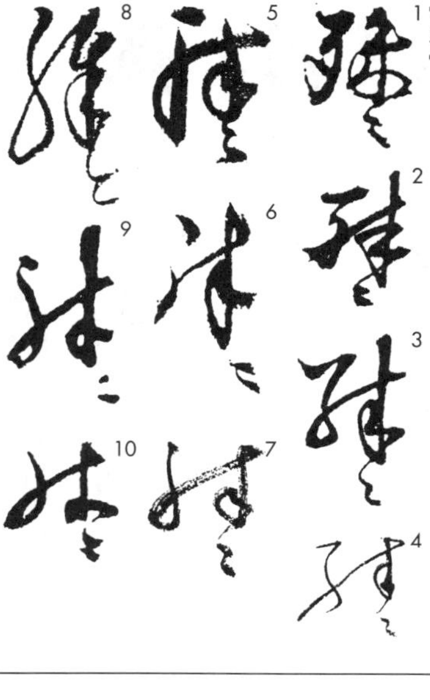

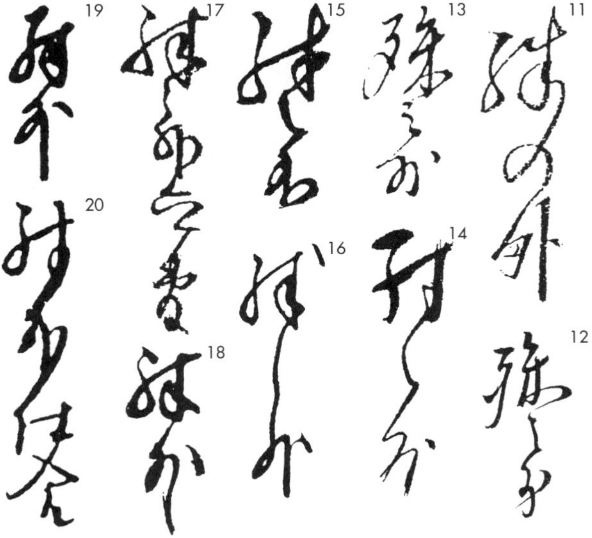

1〜10 殊二（ことに）

11 殊の外（ことのほか）

12〜16 殊之外（ことのほか）

17 殊之外六ケ敷（ことのほかむつかしく）

18・19 殊外（ことのほか）

20 殊外仕合（ことのほかしあわせ）

455 ［段］ ダン

【用例】

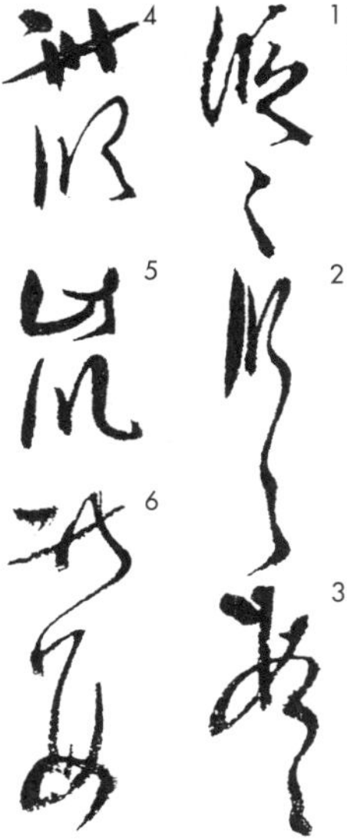

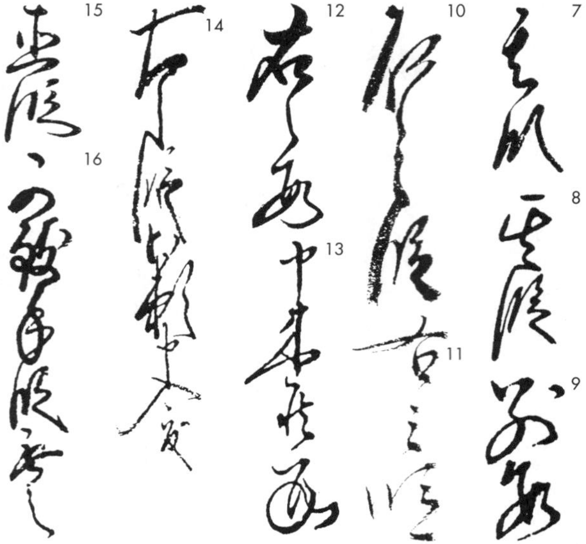

1～3 段々(だんだん)　4～6 此段(このだん)　7・8 其段(そのだん)　9 別段(べつだん)　10～12 右之段(みぎのだん)

13 申来候段(もうしきたりそうろうだん)　14 右之段御頼申入度(みぎのだんおたのみもうしいれたく)　15 直段(ねだん)

16 可レ致手段無レ之(いたすべきしゅだんこれなく)

456

【殿】

デン・テン
との・どの
しんがり

【用例】

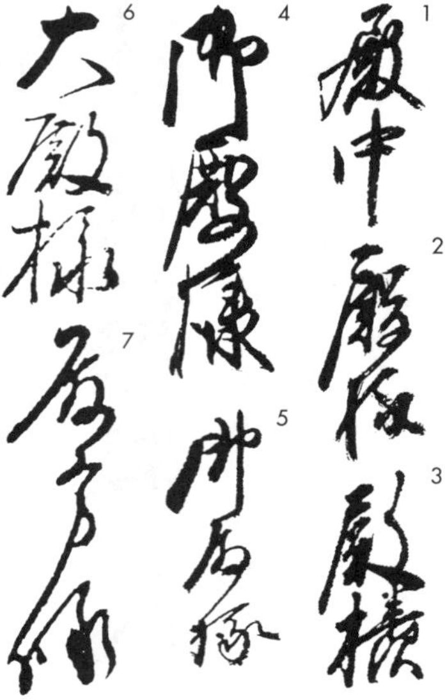

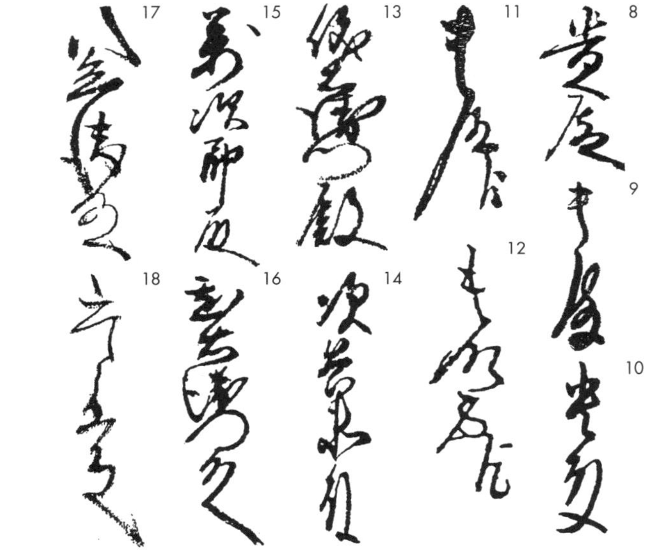

1 殿中(でんちゅう)　2・3 殿様(とのさま)　4・5 御殿様(おとのさま)　6 大殿様(おおとのさま)　7 殿方様(とのがたさま)
8～10 貴殿(きでん)　11 貴殿江(きでんへ)　12 貴殿方江(きでんかたへ)　13 儀右衛門殿(ぎえもんどの)　14 次兵衛殿(じへえどの)
15 萬次郎殿(まんじろうどの)　16 甚右衛門殿(じんえもんどの)　17 八兵衛殿(はちべえどの)　18 六郎兵衛殿(ろくろうべえどの)

457 毎(毎)

マイ・バイ
ごとに
つねに

【用例】

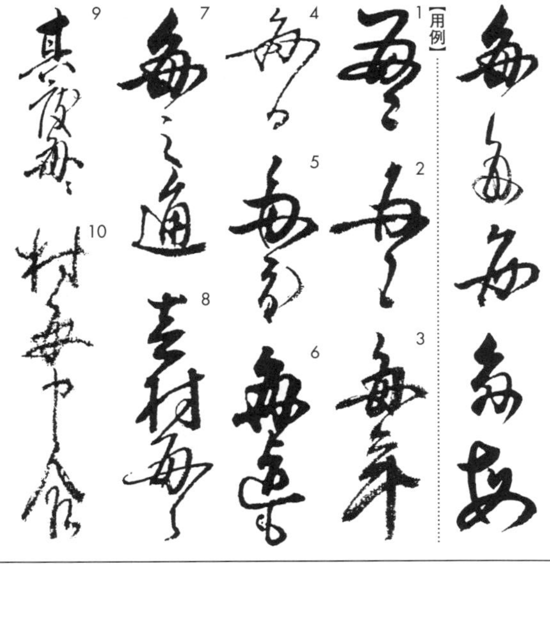

1・2 毎々(まいまい)　3 毎年(まいとし・まいねん)　4 毎日(まいにち)　5 毎度(まいど)　6 毎迄も(いつまでも)　7 毎之通(つねのとおり)
8 壱村毎ニ(いっそんごとに)　9 其度毎ニ(そのたびごとに)　10 村毎 申合(むらごとにもうしあわせ)

458 比

ヒ・ビ
ころ
くらべる

【用例】

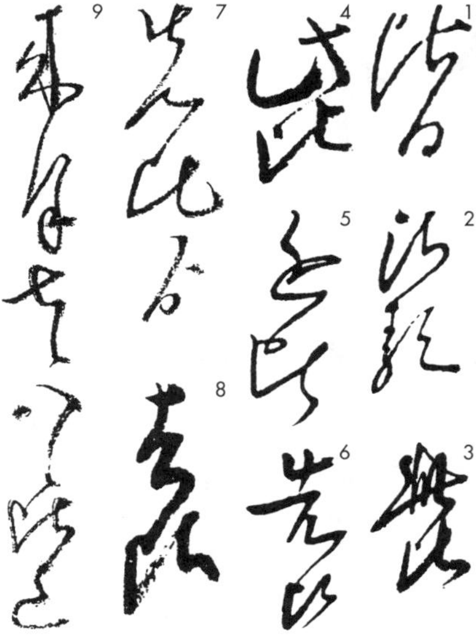

1 比日（けいじつ）　2 比類（ひるい）　3・4 此比（このごろ）　5 近比（ちかごろ）　6 先比（さきごろ）　7 先比ゟ（さきごろより）　8 去比（さるころ）
9 来月七日八日比迄（らいげつなのかようかころまで）

459 毛

モウ
け

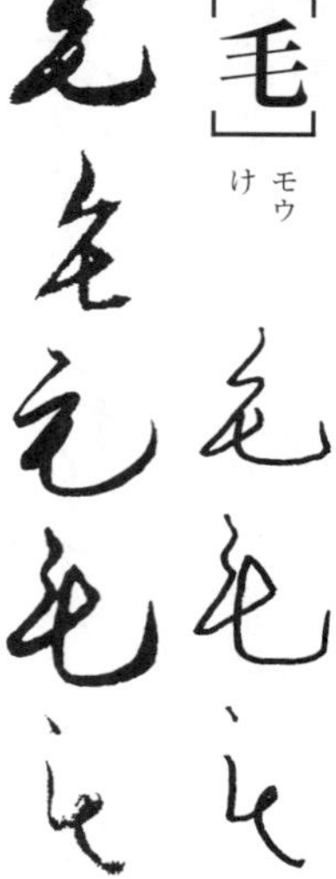

【用例】

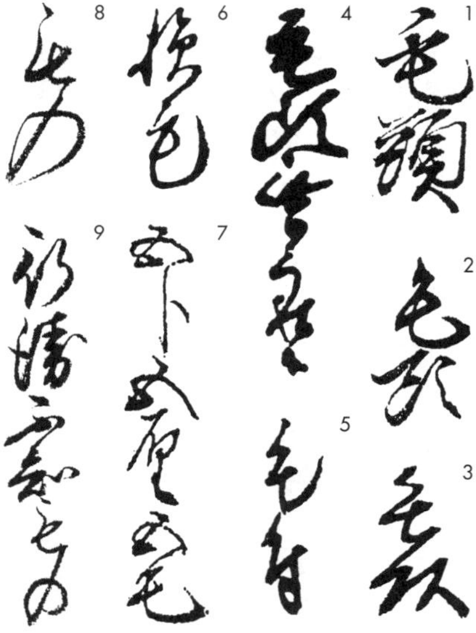

1〜3 毛頭（もうとう）　4 毛頭無ニ御座一候（もうとうござなくそうろう）　5 毛付（けづけ）　6 損毛（そんもう）　7 五分五厘五毛（ごぶごりんごもう）
8 もの　9 行衛不レ知もの（ゆくえしれざるもの）

460 気(氣)

ケキ

【用例】

1 氣に入（きにいる）
2 氣分（きぶん）
3・4 氣遣（きづかい）
5 氣色（けしき）
6 気色（けしき）
7 氣質（きしつ）
8 人氣（じんき）
9 病氣（びょうき）
10 天氣（てんき）
11 時氣（じき）
12 寒氣（かんき）

461 水

スイ
みず

【用例】

1 水論（すいろん）
2 水行（すいぎょう）
3 水損（すいそん）
4 水帳（みずちょう）
5 水主（かこ）
6 水夫（かこ）
7 出水（しゅっすい）
8 用水（ようすい）
9 悪水（あくすい）
10 悪水拂（あくすいばらい）
11 大水（おおみず）
12 餘水（あまりみず）

462

永

エイ
ながい
とこしえに

【用例】

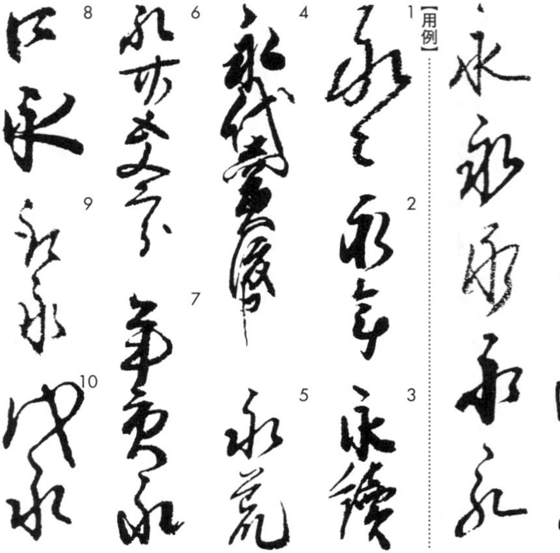

1 永々（えいえい／ながなが） 2 永年（えいねん） 3 永續（えいぞく） 4 永代賣渡申（えいだいうりわたしもうす） 5 永荒（えいあれ） 6 永廿五文二分（えいにじゅうごもんにぶ） 7 年貢永（ねんぐえい） 8 口永（くちえい） 9 取永（とりえい） 10 代永（だいえい）

463

江

コウ
え

【用例】

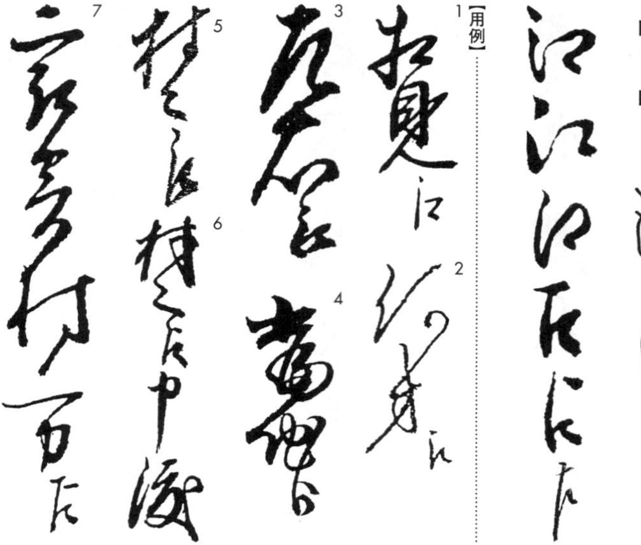

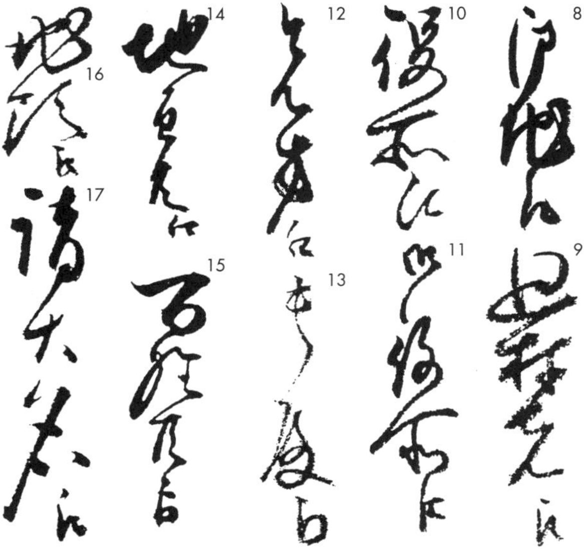

1 相見江（あいみえ） 2 何方江（いずかたへ） 3 左右江（さゆうへ） 4 當地江（とうちへ） 5 村々江（むらむらへ）
6 村々江申渡（むらむらへもうしわたし） 7 最寄村方江（もよりむらかたへ） 8 御地江（おんちへ） 9 廻村先江（かいそんさきへ）
10 役所江（やくしょへ） 11 御役所江（おやくしょへ） 12 先方江（せんぽうへ） 13 貴殿江（きでんへ） 14 地主共江（じぬしどもへ）
15 百姓共江（ひゃくしょうどもへ） 16 地頭江（じとうへ） 17 諸大名江（しょだいみょうへ）

464
決
ケツ・ケチ
きめる
きまる

【用例】

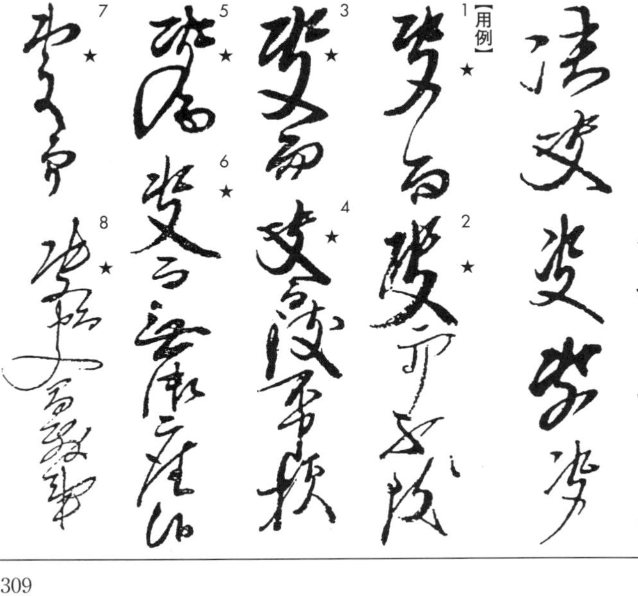

1 決而（けっして） 2 決而不レ致（けっしていたさず） 3 決而（けっして） 4 決而致不レ申様（けっしていたしもうさざるよう） 5 決而（けっして）
6 決而無二御座一候（けっしてござなくそうろう） 7 決而（けっして） 8 決而申入間敷事（けっしてもうしいれまじきこと）
9 決而申付間敷候（けっしてもうしつけまじくそうろう） 10 決而不二相成一事二候（けっしてあいならざることにそうろう） 11 決而御難儀相（けっしてごなんぎあい）
掛ケ申間敷候（かけもうすまじくそうろう） 12・13 決定（けつじょう・けってい） 14 一決（いっけつ） 15 内々決候処（ないないけっしそうろうところ） 16 相決（あいきめる）

465 ［沙］ サ シャ

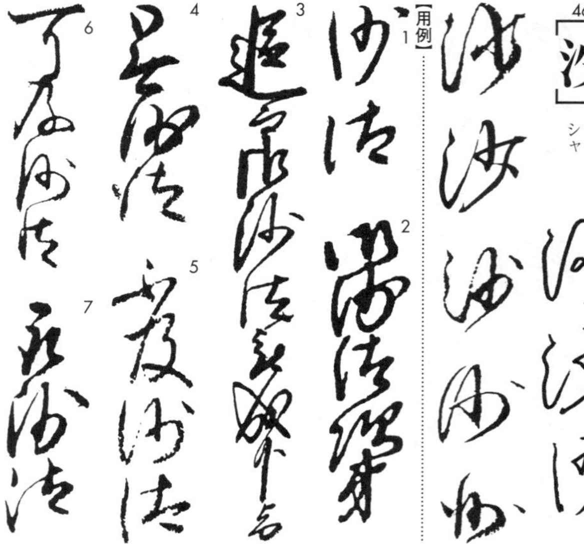

【用例】

1 沙汰（さた） 2 御沙汰次第（ごさたしだい） 3 追而御沙汰被二成下一旨（おってごさたなしくださるむね）
4 御無沙汰（ごぶさた） 5 不レ及二沙汰一（さたにおよばず） 6 可レ及二沙汰一（さたにおよぶべく） 7 取沙汰（とりざた）

466 汰

タ

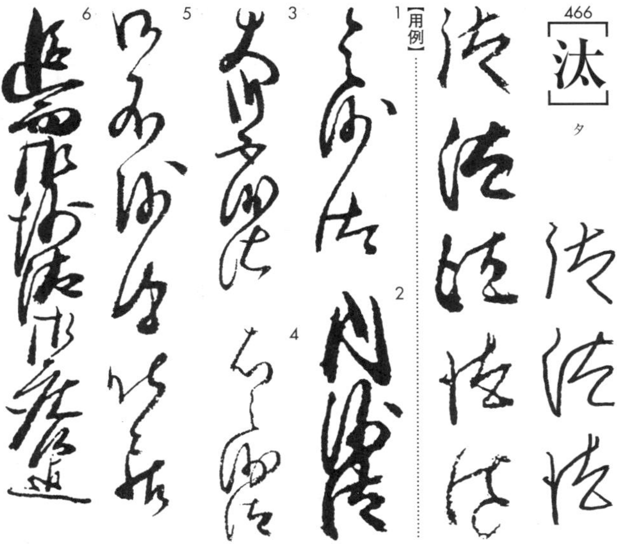

【用例】

1 令二沙汰一（さたせしめ）　2 内沙汰（うちざた）　3 大御不沙汰（だいごぶさた）　4 右之沙汰（みぎのさた）　5 御不沙汰仕居（ごぶさたつかまつりおり）　6 追而御沙汰御座候迄（おってごさたござそうろうまで）

467 治

チ・ジ
おさめる
なおる

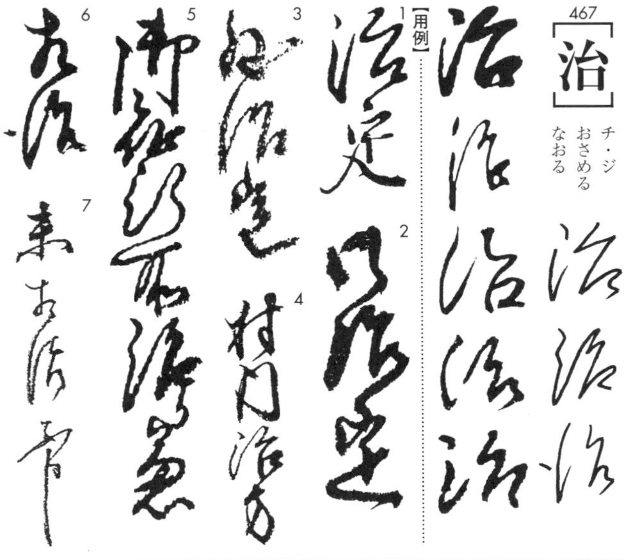

【用例】

1 治定（ちじょう）　2 御治定（ごちじょう）　3 致二治定一（ちじょういたし）　4 村内治方（そんないおさまりかた）　5 御知行所治リ兼（ごちぎょうしょおさまりかね）　6 相治（あいおさめ／あいおさまり）　7 未相治不レ申（いまだあいおさまりもうさず）

468 [法]

ホウ・ハッ
ホッ
のり

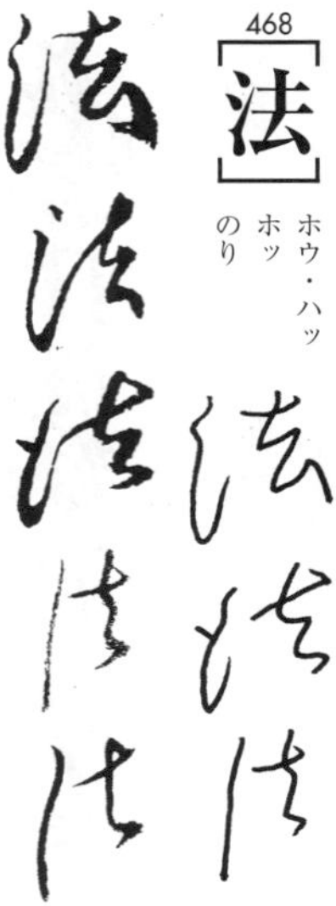

【用例】

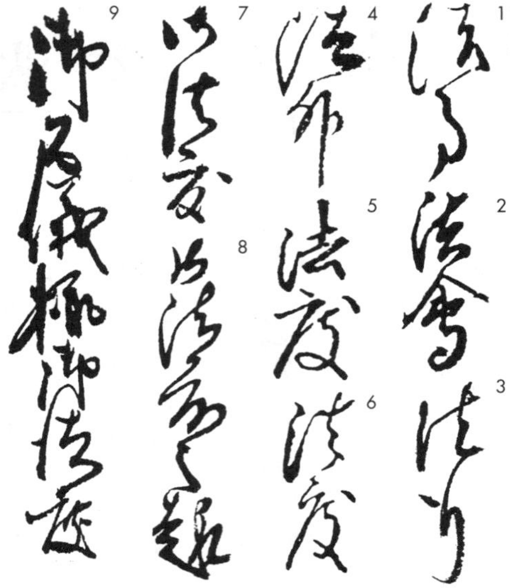

1 法事（ほうじ）　2 法會（ほうえ）　3 法行（ほうぎょう）　4 法外（ほうがい）　5・6 法度（はっと）　7 御法度（ごはっと）

8 御法度之趣（ごはっとのおもむき）　9 御公儀様御法度（ごこうぎさまごはっと）　10 村法（そんぽう）　11 村法等相定（そんぽうなどあいさだめ）

12 無法（むほう）　13 無法之願（むほうのねがい）　14 不法（ふほう）　15 不法出入（ふほうでいり）　16・17 仕法（しほう）

18 定法（じょうほう）　19 御定法（ごじょうほう）　20 御左法（ごさほう）　21 道法（みちのり）

469 油

ユウ
ユ
あぶら

【用例】

1 油断（ゆだん） 2 油断不レ仕様（ゆだんつかまつらざるよう） 3 油断（ゆだん） 4 油断仕間敷（ゆだんつかまつるまじく） 5 無二油断一（ゆだんなく） 6 常々無二油断一（つねづねゆだんなく） 7 無二油断一（ゆだんなく） 8 油屋（あぶらや） 9 水油（みずあぶら）

470 洩

エイ
もれる
もらす

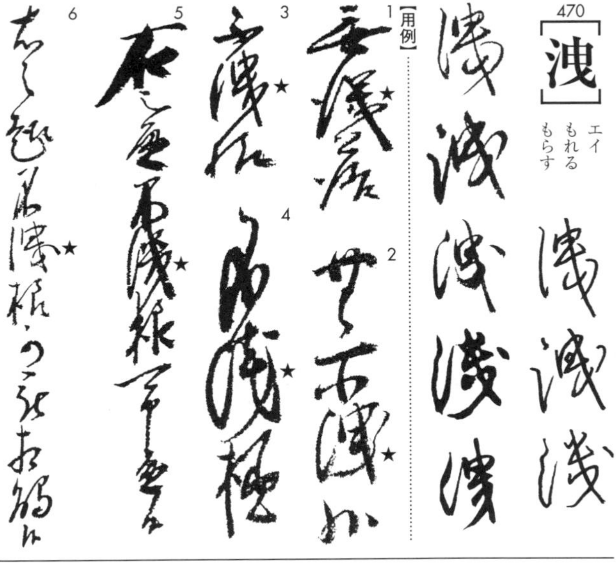

【用例】

1 無二洩落一（もれおとしなく） 2 無二所洩一様（ところもれなきよう） 3・4 不レ洩様（もれざるよう／もらさざるよう） 5 右之通不レ洩様可二申通一候（みぎのとおりもらさざるようもうしとおすべくそうろう） 6 右之趣不レ洩様可レ被二相觸一候（みぎのおもむきもらさざるようあいふれらるべくそうろう）

471 ［海（海）］

カイ
うみ

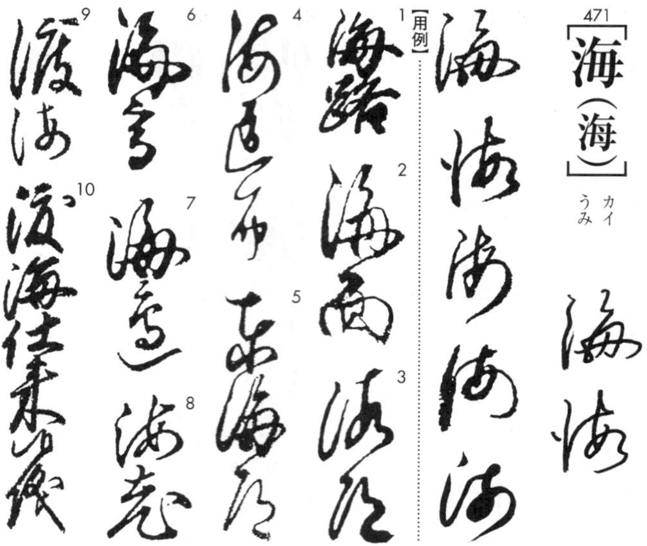

【用例】

1 海路（かいろ） 2 海面（かいめん） 3 海道（かいどう） 4 海道筋（かいどうすじ） 5 東海道（とうかいどう） 6 海高（うみだか） 7 海邊（うみべ） 8 海老（えび） 9 渡海（とかい） 10 渡海仕来候儀（とかいしきたりそうろうぎ）

472 ［津］

シン
つ

【用例】

1 津々浦々（つつうらうら） 2 津留（つどめ） 3・4 津出し（つだし） 5 御城米津出（ごじょうまいつだし） 6 津出米（つだしまい） 7 入津（にゅうしん） 8 江戸入津（えどにゅうしん）

473 浅(淺)

セン
あさい

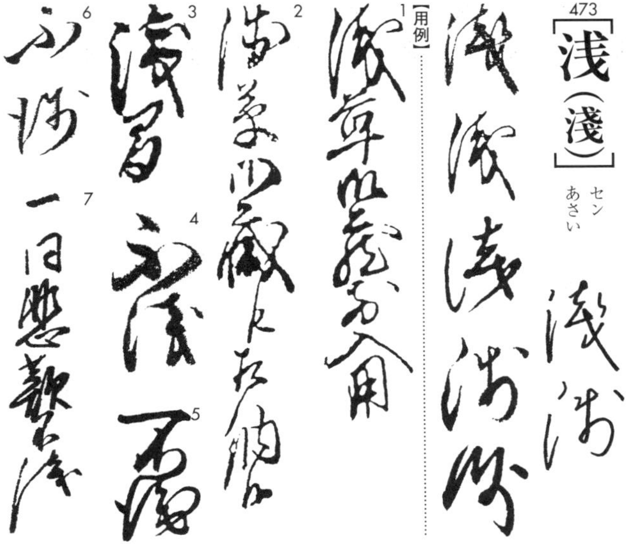

【用例】

1 浅草御蔵前入用（あさくさおくらまえにゅうよう）
2 浅草御蔵江相納候（あさくさおくらへあいおさめそうろう）
3 浅間（せんげん）
4〜6 不レ浅（あさからず）
7 一同悲歎不レ浅（いちどうひたんあさからず）

474 浦

ホ
うら

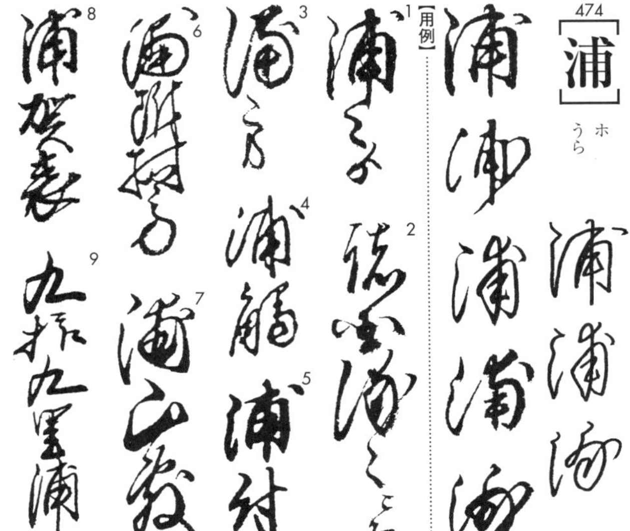

【用例】

1 浦々ゟ（うらうらより）
2 諸国浦々二而（しょこくうらうらにて）
3 浦方（うらかた）
4 浦觸（うらぶれ）
5 浦付（うらつき）
6 浦附村方（うらつきむらかた）
7 浦山敷（うらやましく）
8 浦賀表（うらがおもて）
9 九拾九里浦（くじゅうくりうら）

475

流

リュウ
ル
ながれる

【用例】

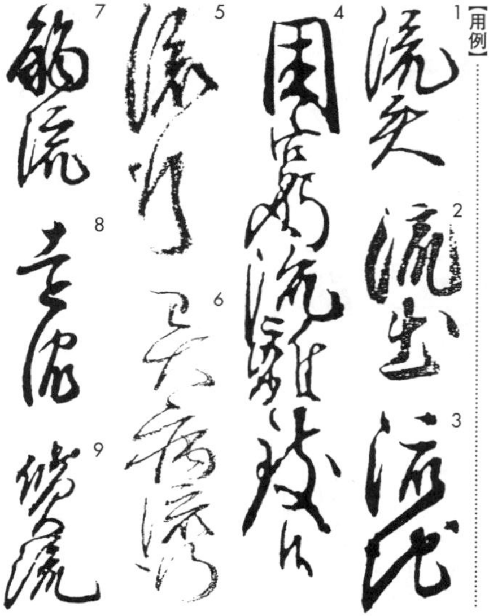

1 流失(りゅうしつ) 2 流出(ながれいで/りゅうしゅつ) 3 流地(ながれち/りゅうち) 4 困窮流離致候(こんきゅうりゅうりいたしそうろう) 5 流行(りゅうこう/はやり) 6 異病流行(いびょうはやり) 7 觸流(ふれながし) 8 遠流(おんる) 9 質流(しちながれ)

476

済(濟)

サイ・セイ
すます・すむ
すみ

【用例】

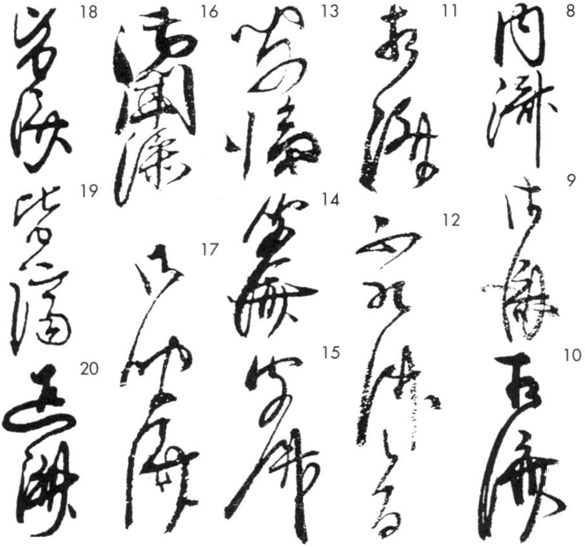

1〜4 済口(すみくち) 5 済口證文(すみくちしょうもん) 6 済方ニ相成(すみかたにあいなり) 7 用済(ようずみ) 8 内済(ないさい) 9 御済(おすまし) 10・11 相済(あいすむ・あいすます) 12 不ニ相済一候間(あいすまさずそうろうあいだ) 13〜15 聞済(ききすます) 16・17 御聞済(おききすまし) 18・19 皆済(かいさい) 20 返済(へんさい)

477 渋(澁)

ジュウ しぶ しぶい

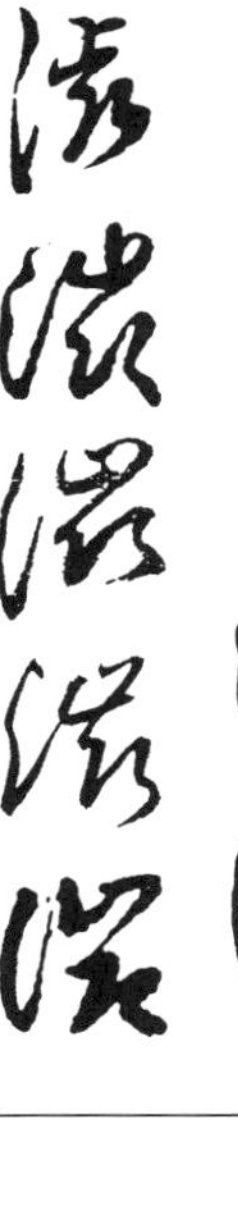

【用例】

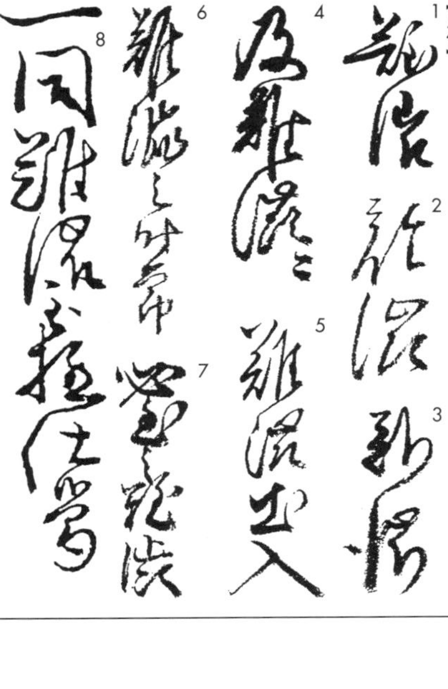

1〜3 難渋(なんじゅう) 4 及ニ難渋一(なんじゅうにおよび) 5 難渋出入(なんじゅうでいり) 6 難澁之時節(なんじゅうのじせつ) 7 必至与難渋(ひっしとなんじゅう) 8 一同難渋至極仕候間(いちどうなんじゅうしごくつかまつりそうろうあいだ)

478 深

シン
ふかい

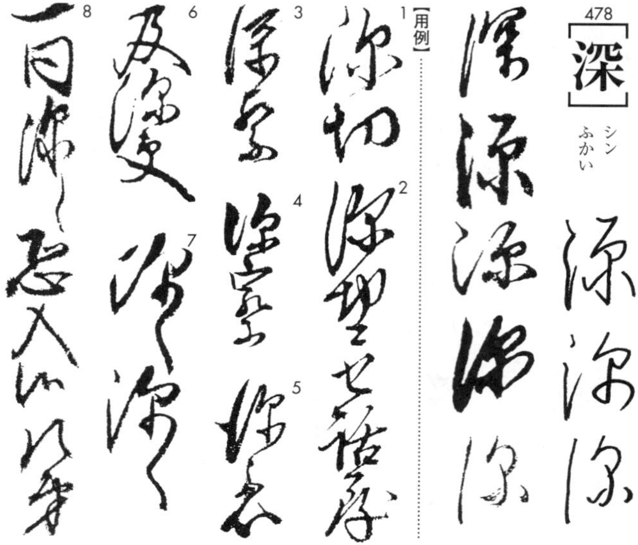

【用例】

1 深切(しんせつ)
2 深切二世話致(しんせつにせわいたし)
3・4 深察(しんさつ)
5 深慮(しんりょ)
6 及二深更一(しんこうにおよび)
7 深く深く(ふかくふかく)
8 一同深く恐入候次第(いちどうふかくおそれいりそうろうしだい)

479 添

テン
そえる
そう

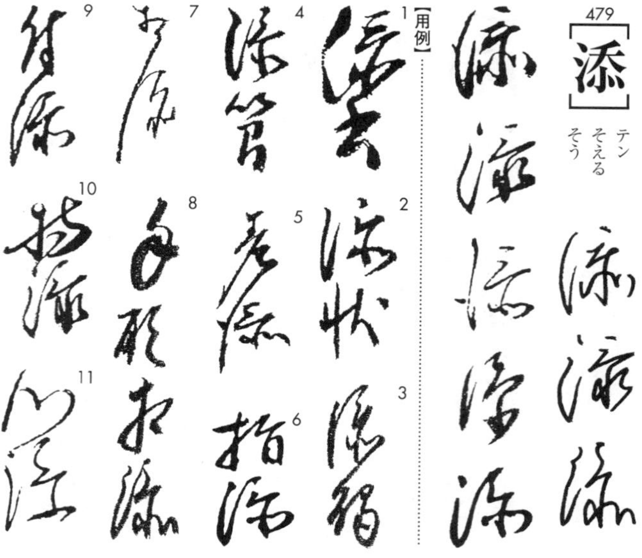

【用例】

1 添書(そえがき)
2 添状(そえじょう)
3 添觸(そえぶれ)
4 添簡(そえかん)
5 差添(さしそえ)
6 指添(さしそえ)
7 相添(あいそえ)
8 手形相添(てがたあいそえ)
9 付添(つきそい)
10 持添(もちそえ)
11 心添(こころぞえ)

480

渡

ト／わたる
わたす
わたし

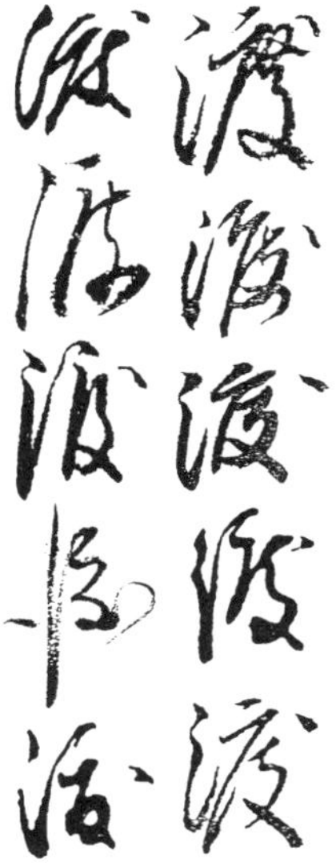

【用例】

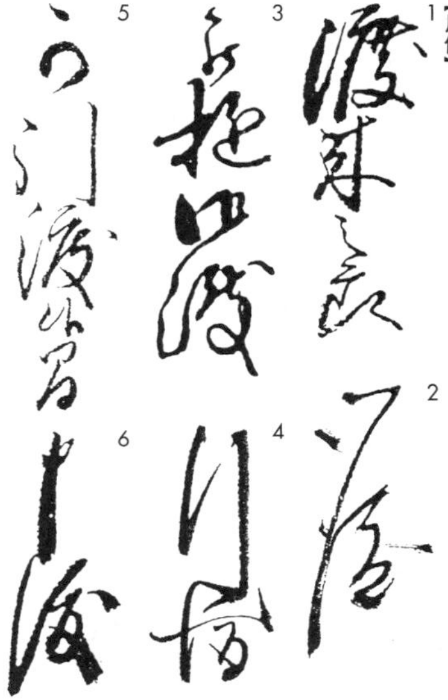

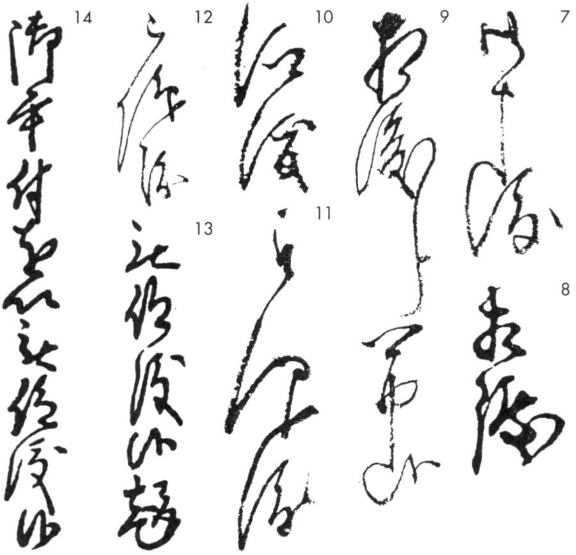

1 渡来之節（とらいのせつ）　2 御渡（おわたし）　3 被レ遊二御渡一（おわたしあそばされ）　4 引渡（ひきわたす）　5 可二引渡一候間（ひきわたすべくそうろうあいだ）

6 申渡（もうしわたす／もうしわたし）　7 御申渡（おもうしわたし）　8 相渡（あいわたす）　9 相渡し可レ申候（あいわたしもうすべくそうろう）　10 仰渡（おおせわたす）

11・12 被二仰渡一（おおせわたされ）　13 被二仰渡一候趣（おおせわたされそうろうおもむき）　14 御書付を以被二仰渡一候（おかきつけをもっておおせわたされそうろう）

481 満(滿)

マン
みちる

【用例】

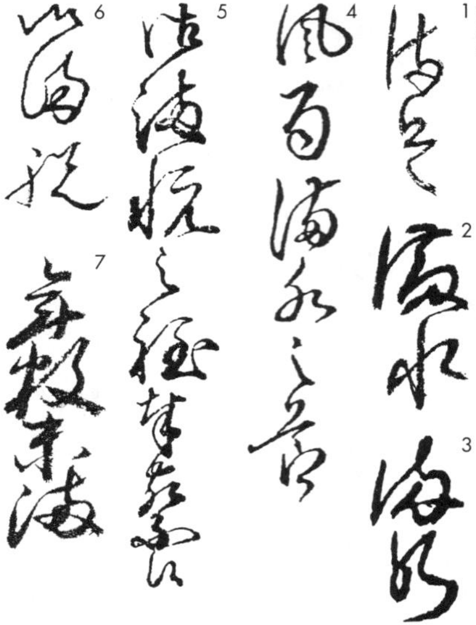

1 満足　2・3 満水　4 風雨満水之節　5 御満悦之程奉レ察候　6 御満悦　7 年数未満

482 滞(滯)

タイ
とどこおる

【用例】

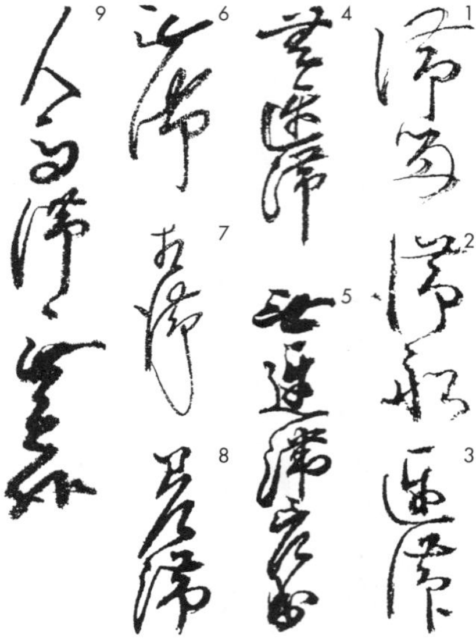

1 滞留　2 滞船　3 遅滞　4 無ニ遅滞一　5 無ニ遅滞一差出　6 無レ滞　7 相滞　8 差滞　9 人馬滞無レ之様

483 漁

リョウ
ギョ
いさり

【用例】

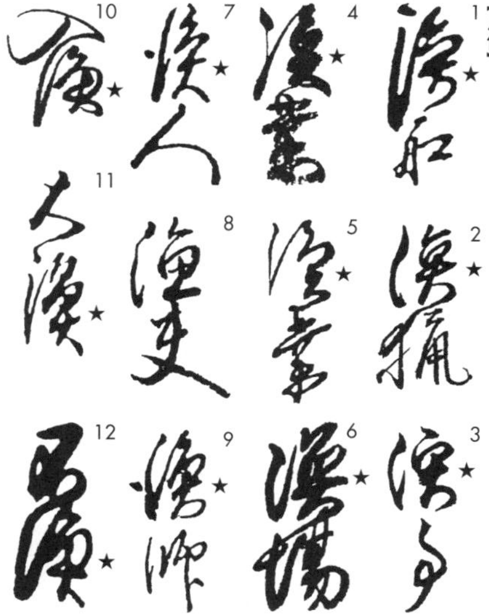

1 漁船(ぎょせん)
2 漁猟(ぎょりょう)
3 漁事(りょうじ)
4・5 漁業(ぎょぎょう)
6 漁場(ぎょば・ぎょじょう)
7 漁人(ぎょじん)
8 漁夫(ぎょふ)
9 漁師(りょうし)
10 入漁(にゅうりょう)
11 大漁(たいりょう)
12 不漁(ふりょう)

484 漸

ゼン
ようやく

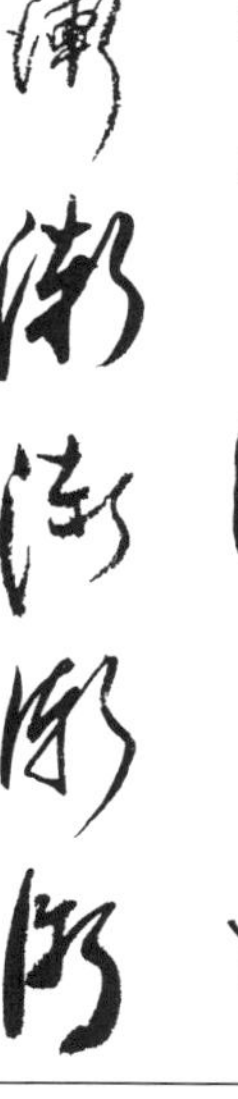

【用例】

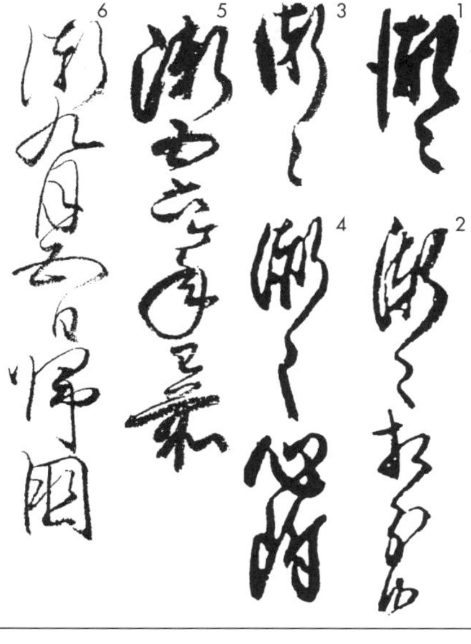

1 漸々(ようよう)
2 漸々相分候(ようようあいわかりそうろう)
3 漸々(ようよう)
4 漸々心附(ようようこころづけ)
5 漸 五六ケ年已前(ようやく ごろくかねんいぜん)
6 漸 九月五日帰國(ようやく くがついつかきこく)

485 潰

カイ
ついえる
つぶれる

【用例】

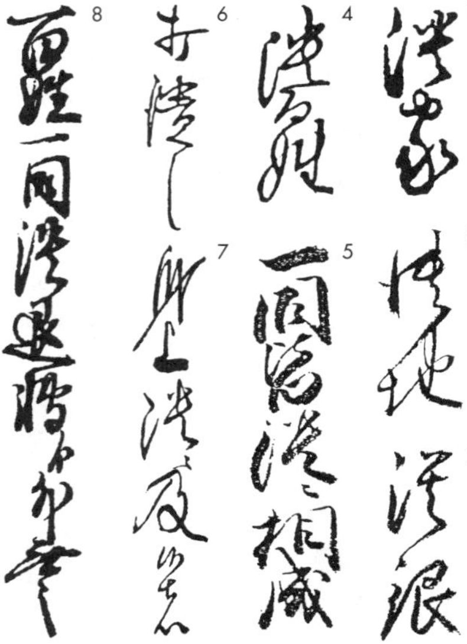

1 潰家(つぶれや)　2 潰地(つぶれち)　3 潰銀(つぶれぎん)　4 潰百姓(つぶれびゃくしょう)　5 一同皆潰ニ相成(いちどうみなつぶれにあいなり)

6 打潰し(うちつぶし)　7 身上潰ニ及候者(しんしょうつぶれにおよびそうろうもの)　8 百姓一同潰退転ゟ外無レ之(ひゃくしょういちどうつぶれたいてんよりほかこれなく)

486 為

イ／せ
なす・たる
ため・として

【用例】

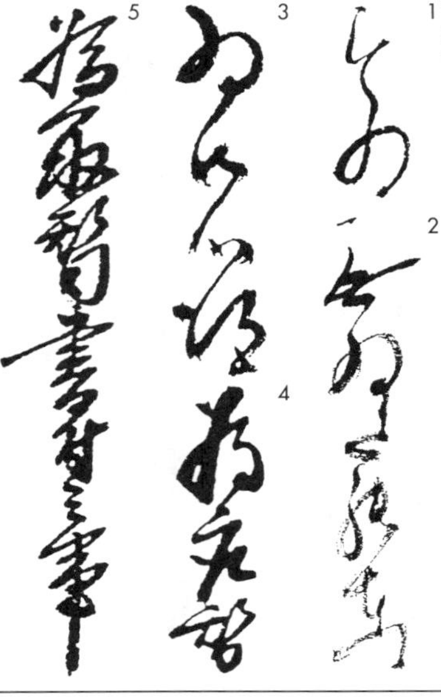

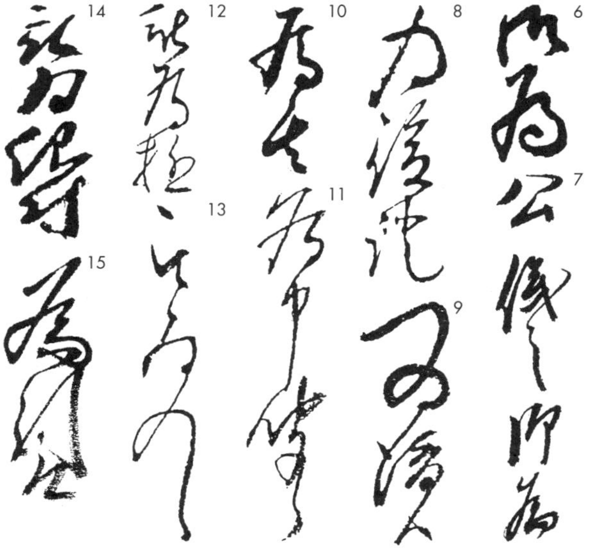

1 無為(ぶい・むい) 2 無為二罷在候(むいにまかりありそうろう) 3 為二御心得一(おこころえのため・おこころえとして) 4 為二取替一(とりかわし・とりかわせ) 5 為二取替一書付之事(とりかわしかきつけのこと) 6 御為(おんため) 7 公儀之御為(こうぎのおんため) 8 為二後證一(ごしょうのため) 9 為二後日一(ごじつのため) 10 為レ其(そのため) 11 為二申聞一候(もうしきかせそうろう) 12 被レ為レ遊(あそばせられ) 13 被レ為レ入候(いらせられそうろう) 14 被レ為二仰付一(おおせつけさせられ) 15 為二引取一(ひきとらせ)

487

【炮】

ホウ

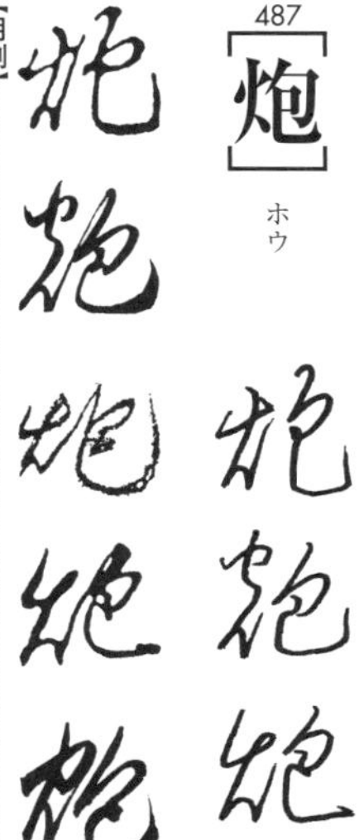

【用例】

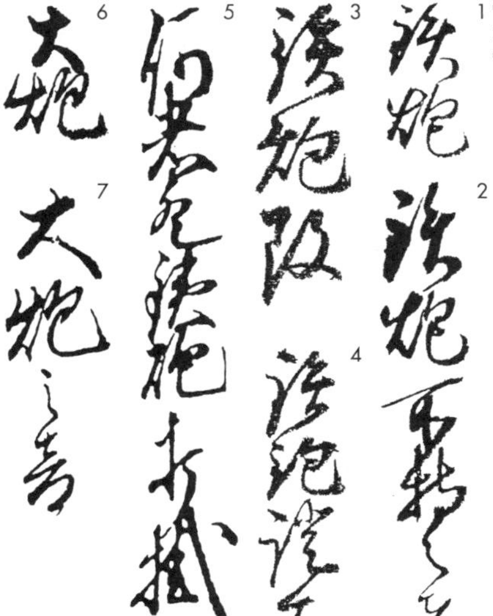

1 鉄炮(てっぽう) 2 鉄炮所持之者(てっぽうしょじのもの) 3 鉄炮改(てっぽうあらため) 4 鉄鉋證文(てっぽうしょうもん)(※「炮」の誤用) 5 何者歟鉄炮打掛(なにものかてっぽううちかけ) 6 大炮(たいほう) 7 大炮之音(たいほうのおと)

488 焼(燒)

ショウ
やく

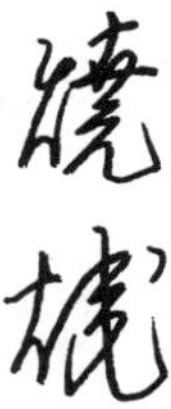

【用例】

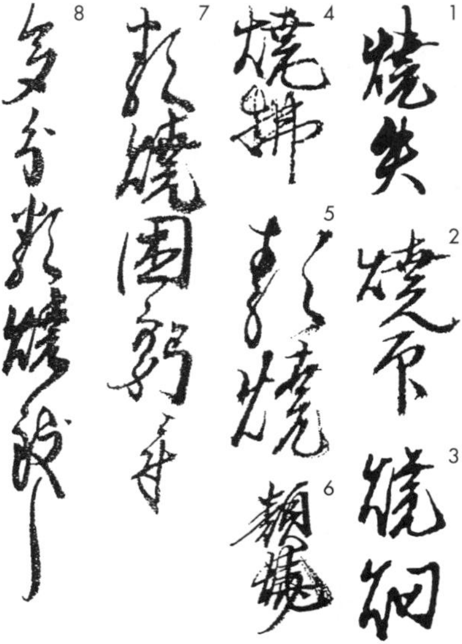

1 焼失(しょうしつ) 2 焼印(やきいん) 3 焼畑(やきはた) 4 焼拂(やきはらい) 5・6 類焼(るいしょう) 7 類焼困窮ニ付(るいしょうこんきゅうにつき) 8 多分類焼致し(たぶんにるいしょういたし)

489 然

ゼン・ネン
しかり・しかして
しかし・しかるに

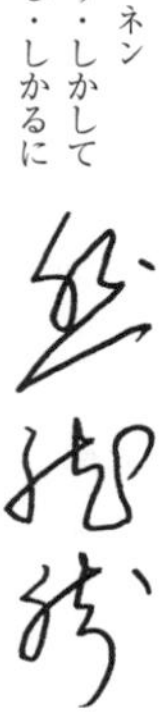

【用例】

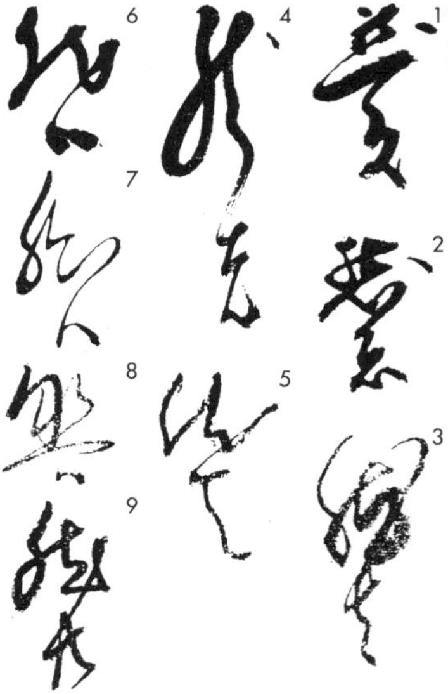

1~5 然者（しかれば・しからば）
6~8 然ハ（しかれば・しからば）
9 然共（しかれども）
10 然連共（しかれども）
11 然ル所（しかるところ）
12 然 所（しかるところ）
13 然る處（しかるところ）
14 然ル処（しかるところ）
15 然ル上者（しかるうえは）
16 然上者（しかるうえは）
17 乍レ然（しかしながら）
18 可レ然（しかるべし）
19 可レ然様（しかるべきよう）
20 可レ然由（しかるべきよし）

490
無
ム・ブ
ない
なし

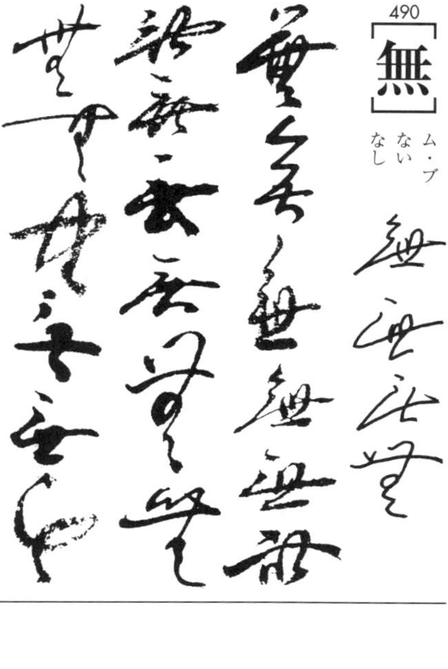

【用例】

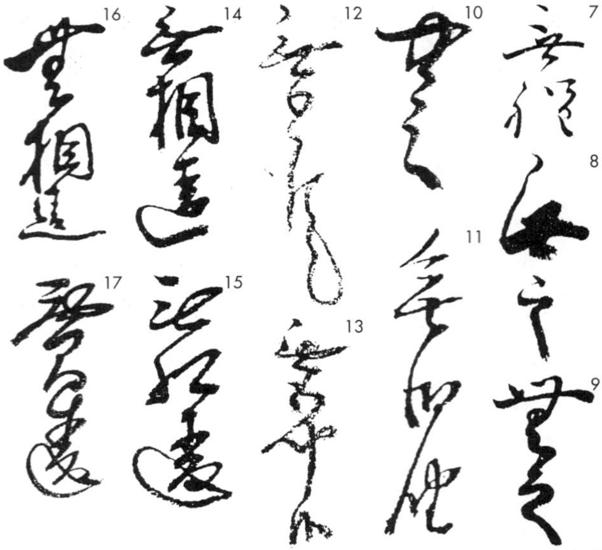

1 無心(むしん)　2 御無心(ごむしん)　3 無用(むよう)　4・5 無事(ぶじ)　6 無為(ぶい・むい)　7 無レ程(ほどなく)
8〜10 無レ之(これなく)　11 無二御坐一(ござなく)　12 無二御座一候(ござなくそうろう)　13 無二御坐一候(ござなくそうろう)
14〜16 無二相違一(そういなく)　17 無二間違一(まちがいなく)

491
【煎】
セン　いる

【用例】

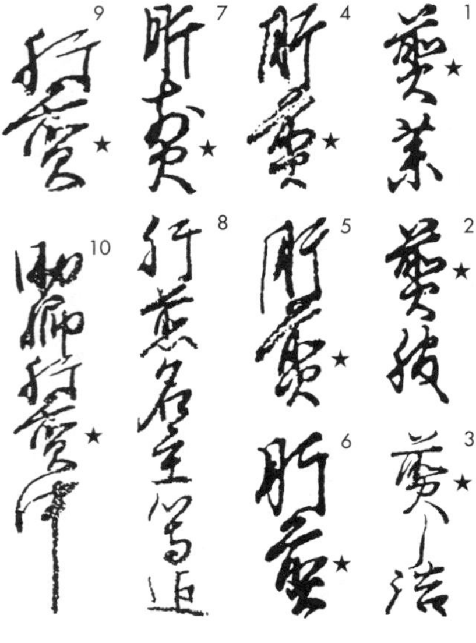

1 煎薬(せんやく)　2 煎服(せんぷく)　3 煎し詰(せんじづめ)　4〜7 肝煎(きもいり)　8 肝煎・名主等迄(きもいり・なぬしなどまで)
9 肝煎(きもいり)　10 助郷肝煎中(すけごうきもいりちゅう)

492 [煩]

ハン
ボン
わずらう

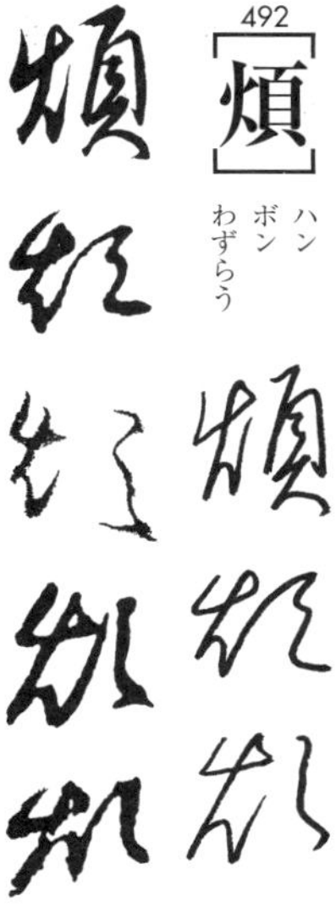

【用例】

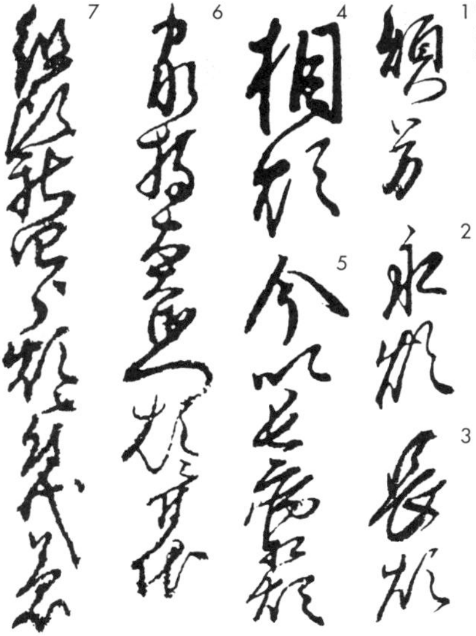

1 煩労(はんろう) 2 永煩(ながわずらい) 3 長煩(ながわずらい) 4 相煩(あいわずらい) 5 今以長病相煩(いまもってちょうびょうあいわずらい) 6 家持太右衛門煩ニ付代(いえもちたえもんわずらいにつきだい) 7 組頭新四郎煩ニ付代兼(くみがしらしんしろうわずらいにつきだいけん)

493 [熟]

ジュク
うれる
つらつら

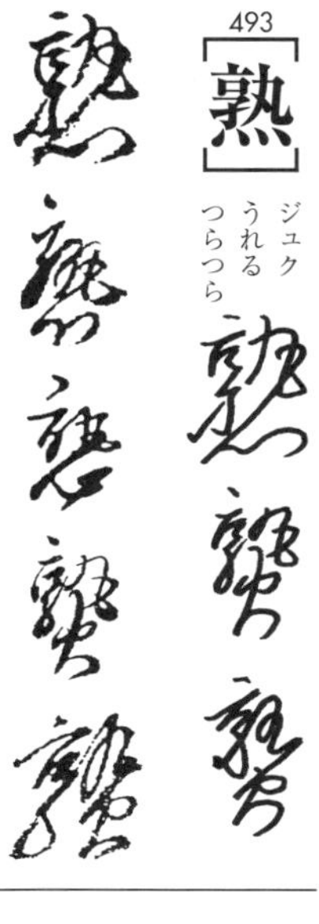

【用例】

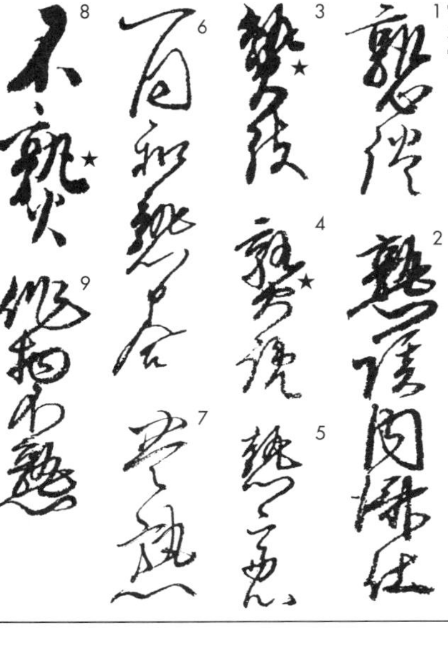

1 熟談(じゅくだん) 2 熟談内済仕(じゅくだんないさいつかまつり) 3 熟談(じゅくだん) 4 熟覧(じゅくらん) 5 熟慮(じゅくりょ) 6 一同和熟申合(いちどうわじゅくもうしあわせ) 7 豊熟(ほうじゅく) 8 不熟(ふじゅく) 9 作物不熟(さくもつふじゅく)

494 【爰】

エン
ここに

【用例】

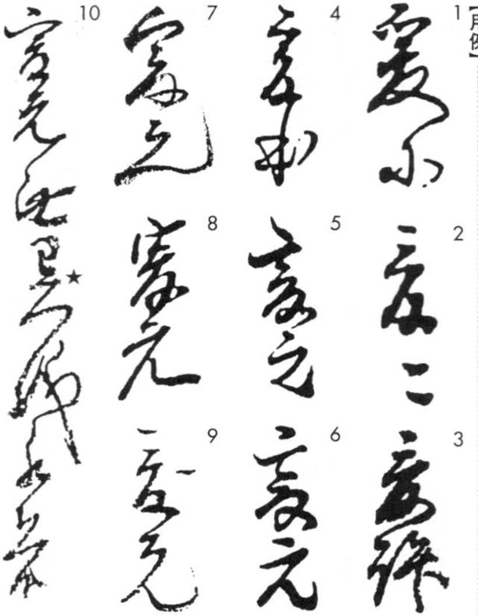

1 爰に(ここ)　2 爰二(ここに)　3 爰許(ここもと)　4 爰本(ここもと)　5～9 爰元(ここもと)

10 爰元無二異儀一罷在候(ここもといぎなくまかりありそうろう)

495 【爾】

ジ・ニ
なんじ
のみ・しか

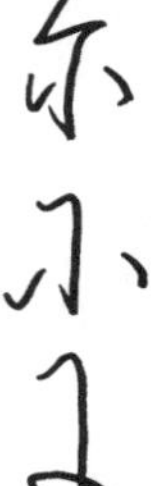

【用例】

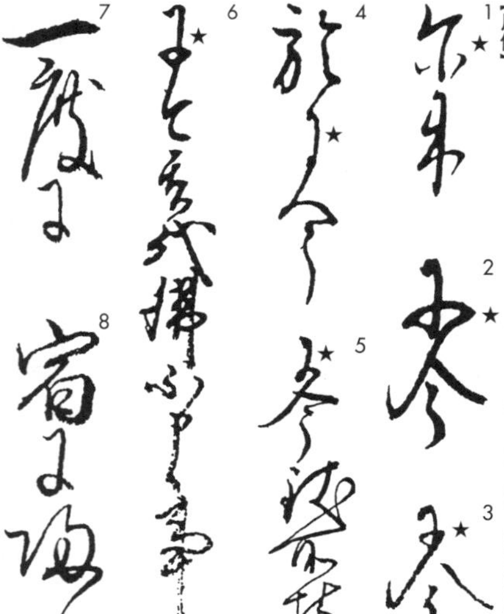

1 爾来(じらい)　2・3 爾今(じこん)／爾レ今(いまに)　4 於二爾今一(じこんにおいて)／於レ爾レ今(いまにおいて)

5 爾今致二所持一(じこんしょじいたし)／爾レ今致二所持一(いまにしょじいたし)　6 爾今其代拂不レ申候事(じこんそのだいはらいもうさずそうろうこと)

／爾レ今其代拂不レ申候事(いまにそのだいはらいもうさずそうろうこと)　7 一度に(いちど)　8 宿に帰候(やどにかえりそうろう)

496 牢 ロウ

【用例】

1～3 牢人(ろうにん)　4 牢屋(ろうや)　5 牢屋敷(ろうやしき)　6 在牢(ざいろう)　7 出牢(しゅつろう)　8 入牢(じゅろう)

9 御吟味中入牢被二仰付一(ごぎんみちゅうじゅろうおおせつけられ)

497 物 モツ ブツ もの

【用例】

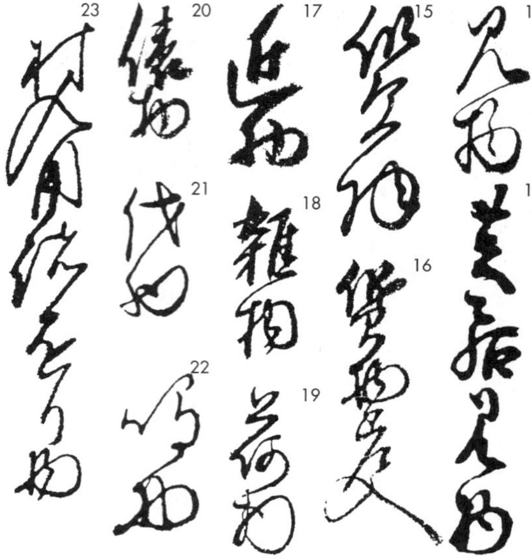

1 物騒(ものさわがし／ぶっそう)　2 物毎(ものごと)　3 物頭(ものがしら)　4 物入(ものいり)　5 存外物入二而(ぞんがいものいりにて)　6・7 物成(ものなり)

8・9 小物成(こものなり)　10 物置小屋(ものおきごや)　11 御物遠二罷過(おものどおにまかりすごし)　12 勧物(かんぶつ)　13 見物(けんぶつ)

14 芝居見物(しばいけんぶつ)　15 質物(しちもつ)　16 質物差入(しちもつさしいれ)　17 進物(しんもつ)　18 雑物(ぞうもつ)　19 荷物(にもつ)

20 俵物(たわらもの)　21 代物(しろもの)　22 鳴物(なりもの)　23 村入用諸懸り物(むらにゅうようしょかかりもの)

498 ［状］ジョウ

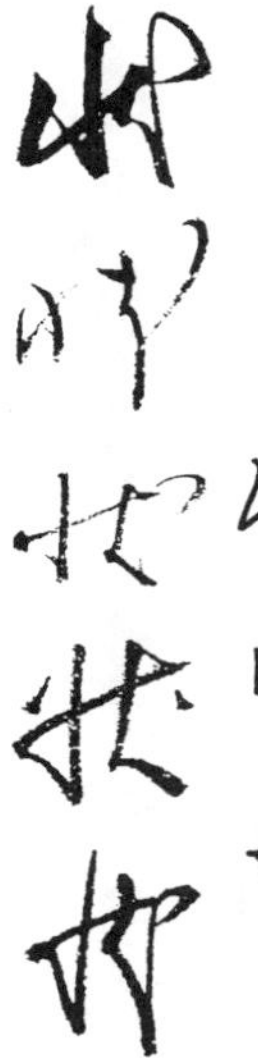

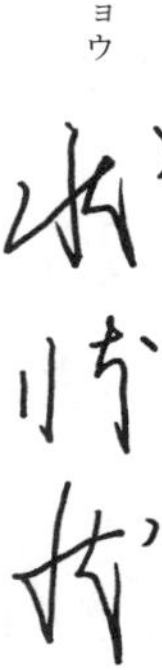

【用例】

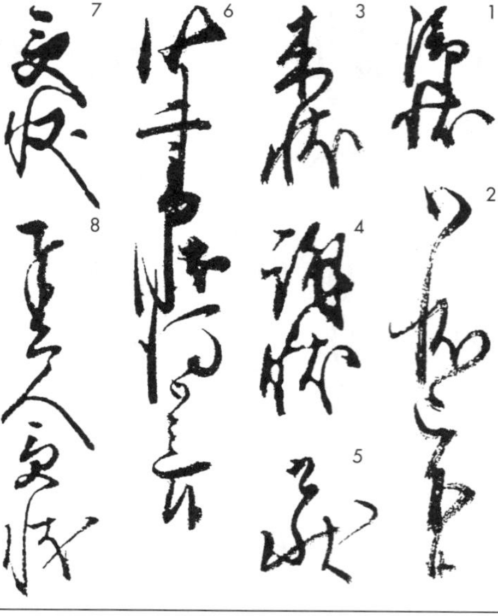

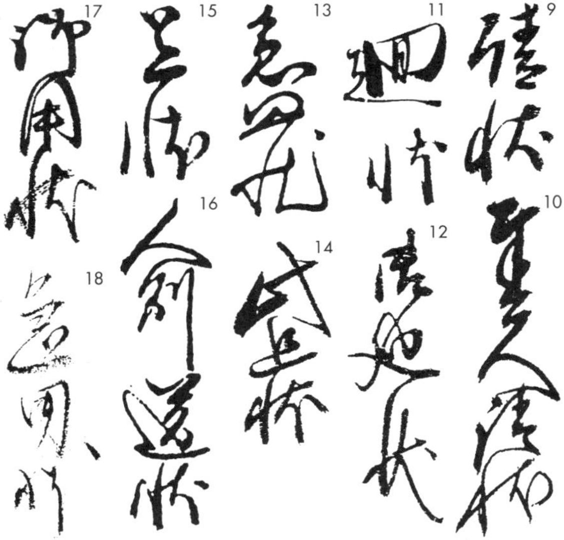

1 御状(ごじょう) 2 御状被レ下候(ごじょうくだされそうろう) 3 来状(らいじょう) 4 訴状(そじょう) 5 書状(しょじょう)

6 以二書状一得二御意一候(しょじょうをもってぎょいをえそうろう) 7 受状(うけじょう) 8 奉公人受状(ほうこうにんうけじょう) 9 請状(うけじょう)

10 奉公人請状(ほうこうにんうけじょう) 11 廻状(かいじょう) 12 御廻状(ごかいじょう) 13 急廻状(いそぎかいじょう／きゅうかいじょう) 14 此廻状(このかいじょう)

15 送状(おくりじょう) 16 人別送状(にんべつおくりじょう) 17 御用状(ごようじょう) 18 急用状(きゅうようじょう)

499

猟

リョウ

【用例】

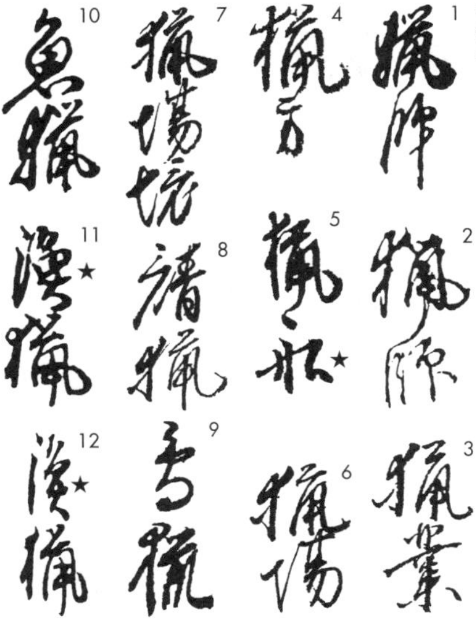

1・2 猟師(りょうし) 3 猟業(りょうぎょう) 4 猟方(りょうかた) 5 猟船(りょうせん／りょうぶね) 6 猟場(りょうば) 7 猟場境(りょうばざかい)

8 諸猟(しょりょう) 9 鳥猟(ちょうりょう) 10 魚猟(ぎょりょう) 11・12 漁猟(ぎょりょう)

500 猶

ユウ
なお

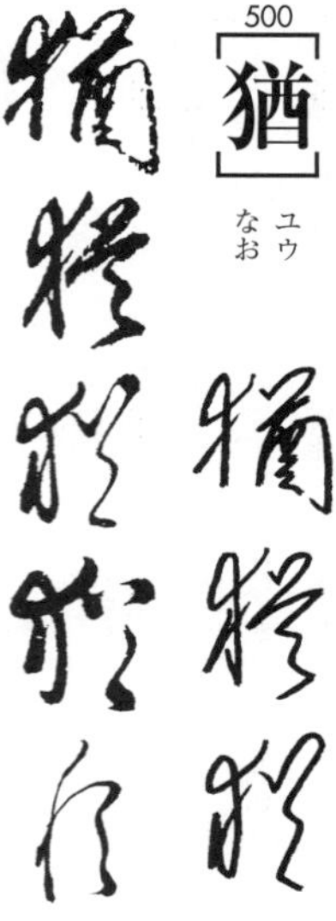

【用例】

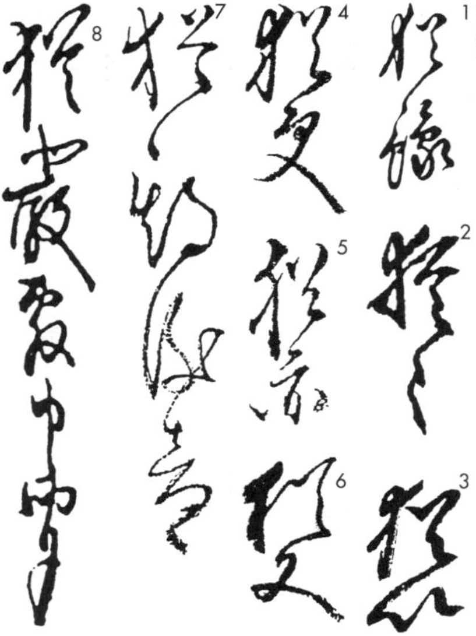

1 猶豫(ゆうよ) 2 猶々(なおなお) 3 猶以(なおもって) 4 猶更(なおさら) 5 猶亦(なおまた) 6 猶又(なおまた) 7 猶期二後音一候(なおこういんをごしそうろう) 8 猶嚴敷申聞(なおきびしくもうしきかせ)

501 猥

ワイ
みだりに

【用例】

1 猥リ(みだり) 2 猥リニ(みだりに) 3 猥成(みだりなる) 4 猥ケ間敷(みだりがましく) 5 猥ニ相成(みだりにあいなり) 6 猥成義無レ之様(みだりなるぎこれなきよう) 7 猥ニ賣買致し(みだりにばいばいいたし)

502 珍

チン
めずらしい

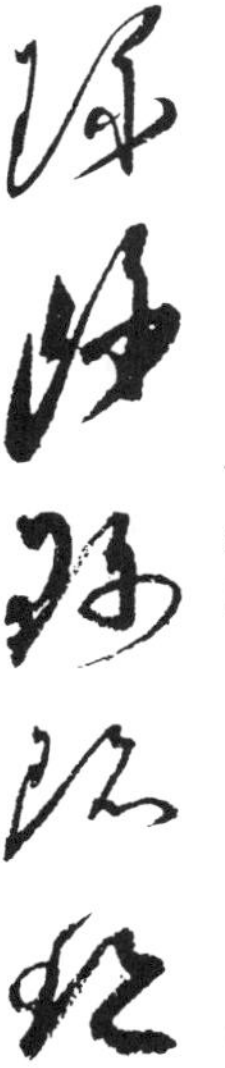

【用例】

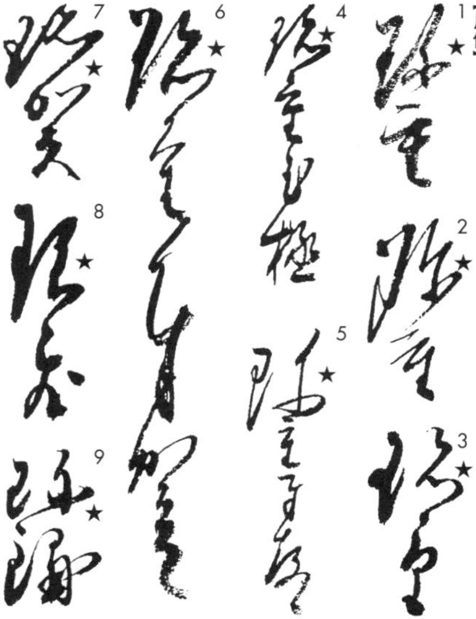

1~3 珍重(ちんちょう)　4 珍重至極(ちんちょうしごく)　5 珍重奉レ存候(ちんちょうにぞんじたてまつりそうろう)
6 珍重奉レ賀候(ちんちょうにがしたてまつりそうろう)　7 珍賀(ちんが)　8 珍敷(めずらしく)　9 珍鋪(めずらしく)

503 理

リ
ことわり

【用例】

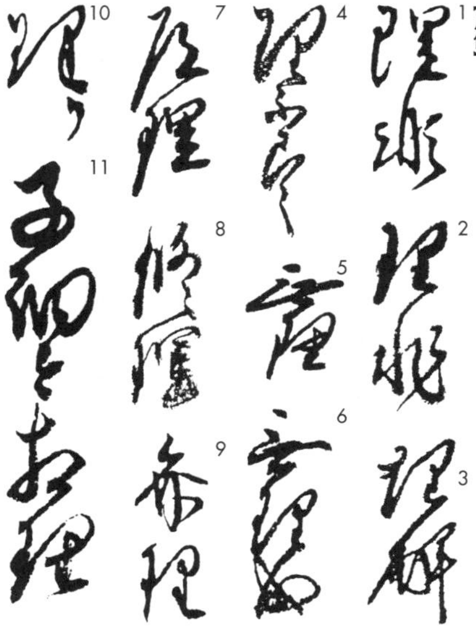

1・2 理非(りひ)　3 理解(りかい)　4 理不尽(りふじん)　5 無理(むり)　6 無理成(むりなる)
7 道理(どうり)　8 修理(しゅうり)　9 弁理(べんり)　10 理リ(ことわり)　11 子細を相理(しさいをあいことわり)

504

甚

ジン
はなはだ
はなはだしい

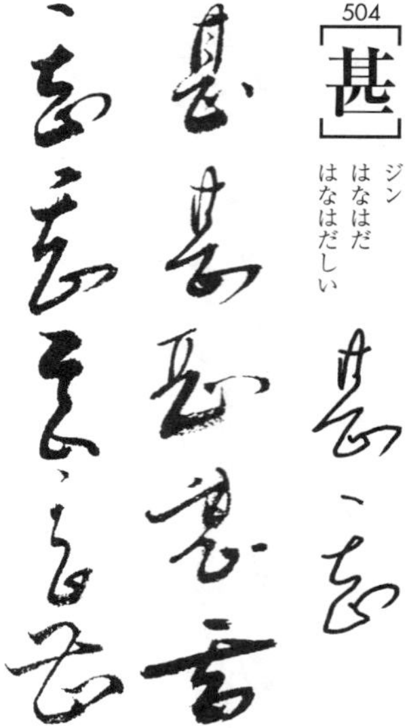

【用例】

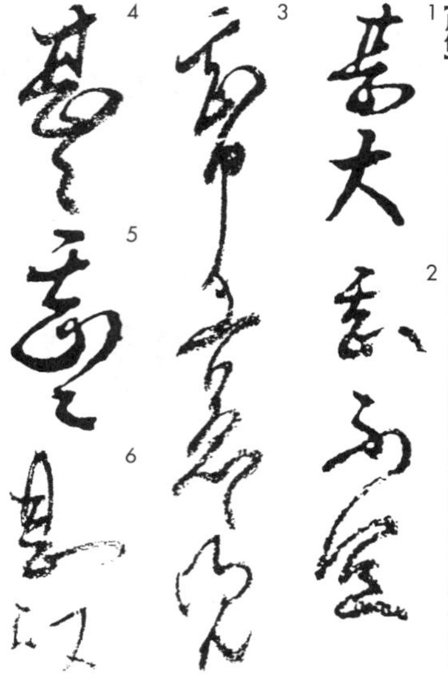

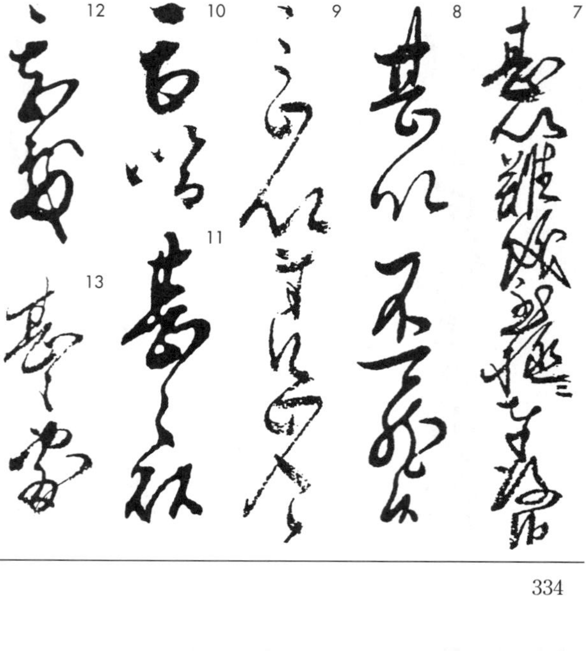

1 甚大（じんだい）　2 甚不ㇾ宜（はなはだよろしからず）　3 甚申上兼候得共（はなはだもうしあげかねそうらえども）　4・5 甚々（はなはだ）

6 甚以（はなはだもって）　7 甚以難儀至極ニ奉ㇾ存候（はなはだもってなんぎしごくにぞんじたてまつりそうろう）

8 甚以不ㇾ可ㇾ然候（はなはだもってしかるべからずそうろう）　9 甚以奉㆓恐入㆒候（はなはだもっておそれいりたてまつりそうろう）　10 甚以而（はなはだもって）

11 甚々以（はなはだもって）　12 甚敷（はなはだしく）　13 甚々敷（はなはだしく）

505
【生】

セイ・ショウ／き
なま・おう・いける
はえる・うまれる

【用例】

1 2 3 4 5 6 7 8 9

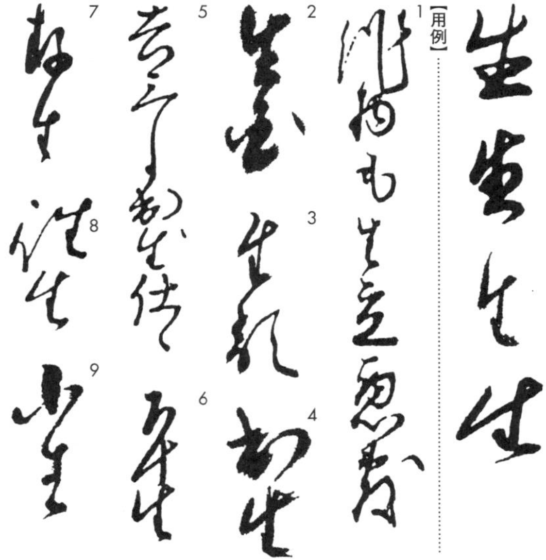

1 作物も生立悪敷（さくもつ おいたち あしく）　2 生国（しょうごく）　3 生類（しょうるい）　4 出生（しゅっせい しゅっしょう）
5 去三月 出生 仕 候（さるさんがつしゅっしょうつかまつりそうろう）　6 平生（へいぜい）　7 存生（ぞんせい）　8 往生（おうじょう）　9 小生（しょうせい）

506
【用】

ヨウ
もちいる

【用例】

1 2 3 4 5 6 7 8 9 10 11

1 用向（ようむき）　2 用事（ようじ）　3 用意（ようい）　4 用立（ようだて）　5 用達（ようたし）　6 用心（ようじん）　7 無用心（ぶようじん）　8 用人（ようにん）　9 用捨（ようしゃ）　10 御用捨（ごようしゃ）　11 無二用捨一（ようしゃなく）　12・13 用済（ようずみ）　14 用談（ようだん）　15 急用（きゅうよう）　16 不用（ふよう）　17 無用（むよう）　18 可レ為二無用一（むようたるべし）　19 借用（しゃくよう）　20 通用（つうよう）　21 入用（にゅうよう）　22 御入用（ごにゅうよう）　23 當用（とうよう）　24 相用（あいもちいる）　25 取用（とりもちいる）

507 【申】

シン　もうす　さる

【用例】

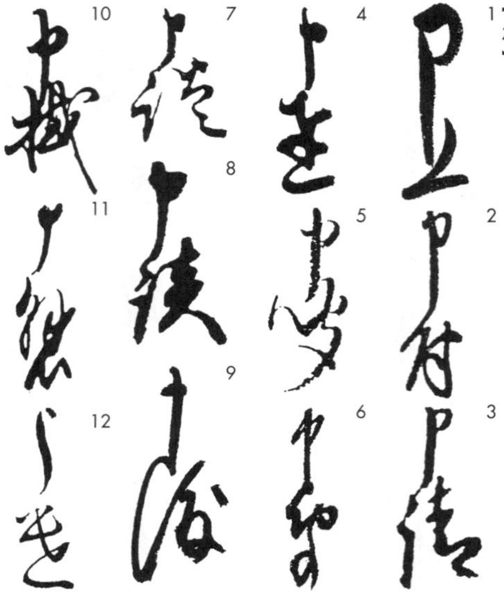

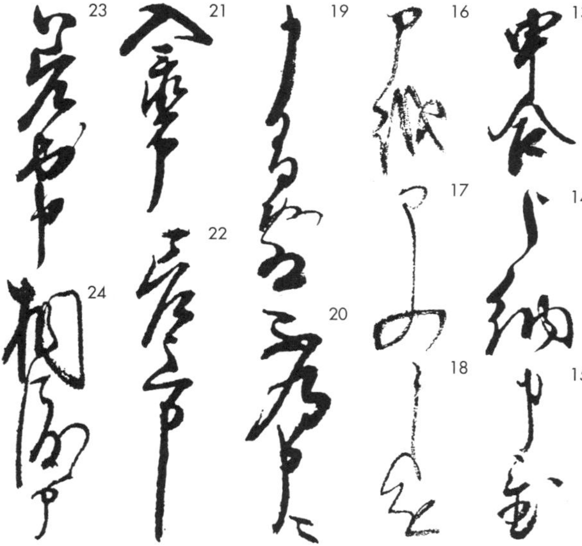

1 申上（もうしあぐ） 2 申付（もうしつく） 3 申請（もうしうく） 4 申達（もうしたっす） 5・6 申聞（もうしきける・もうしきかす） 7・8 申談（もうしだんず）
9 申渡（もうしわたす・もうしわたし） 10 申掛（もうしかけ） 11 申懸（もうしかけ） 12 申遣（もうしつかわす） 13 申合（もうしあわせ） 14 申納（もうしおさめ）
15 申置（もうしおく） 16 申越（もうしこす） 17 申入（もうしいれ） 18 申進（もうしすすむ） 19 申間敷（もうすまじく）
20 不レ及レ申ニ（もうすにおよばず） 21 入置申（いれおきもうす） 22 差上申（さしあげもうす） 23 差出申（さしだしもうす） 24 相渡申（あいわたしもうす）

508 【由】

ユウ・ユ　ユイ　よし・よる

【用例】

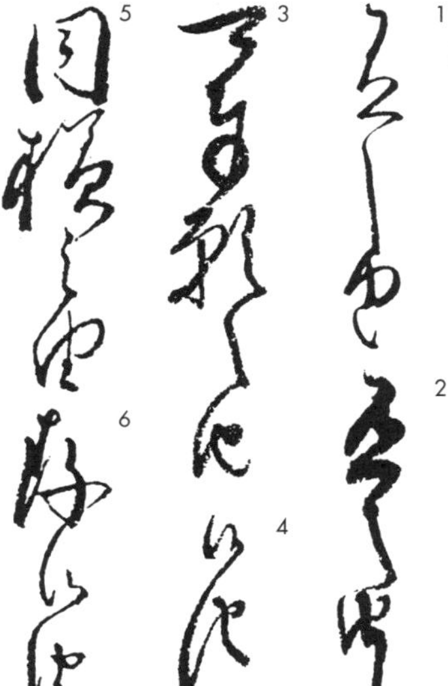

1 有レ之由（これあるよし）　2 有レ之由候（これあるよしにそうろう）　3 可レ奉レ願之由（ねがいたてまつるべきのよし）　4 候由（そうろうよし）
5 同様之由（どうようのよし）　6 存候由（ぞんじそうろうよし）　7 奉レ存候由（ぞんじたてまつりそうろうよし）　8 無二御座一由（ござなきよし）
9 可レ仕候由（つかまつるべくそうろうよし）　10 相成候由（あいなりそうろうよし）　11 被レ遊候由（あそばされそうろうよし）　12 被レ成候由（なされそうろうよし）
13 御心得被レ成候由（おこころえなされそうろうよし）　14 申候由（もうしそうろうよし）　15 不レ申候由（もうさずそうろうよし）

509 【町】 チョウ まち

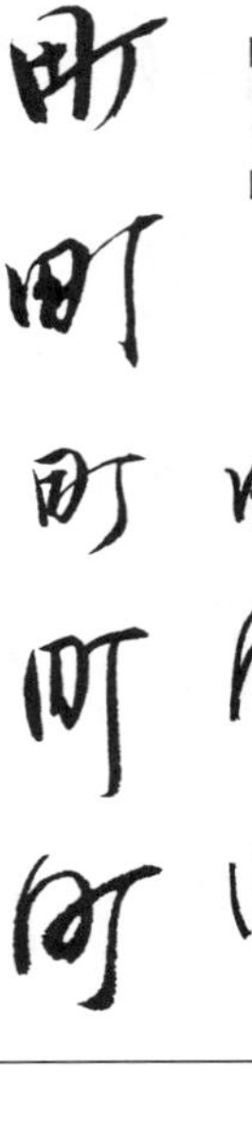

【用例】

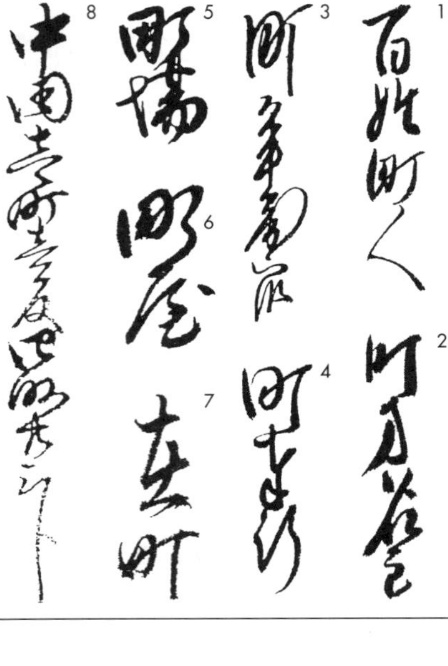

1 百姓町人（ひゃくしょうちょうにん）　2 町方名主（まちかたなぬし）　3 町年寄衆（まちどしよりしゅう）　4 町奉行（まちぶぎょう）　5 町場（まちば）
6 町屋（まちや）　7 在町（ざいちょう）　8 中田壱町壱反四畝廿三歩（ちゅうでんいっちょういったんよんせにじゅうさんぶ）

510 畏

イ
おそれる
かしこまる

【用例】

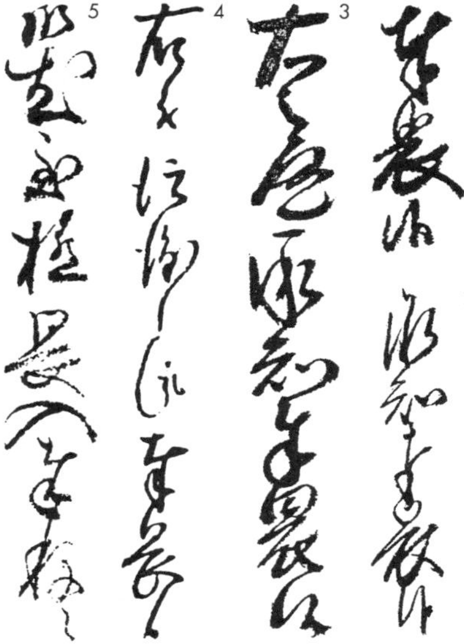

1 奉レ畏候（かしこまりたてまつりそうろう／かしこみたてまつりそうろう）　2 承知奉レ畏候（しょうちかしこみたてまつりそうろう）
3 右之通承知奉レ畏候（みぎのとおりしょうちかしこみたてまつりそうろう）　4 右被二仰渡一候趣奉レ畏候（みぎおおせわたされそうろうおもむきかしこみたてまつりそうろう）
5 御尤至極畏入奉レ存候（ごもっともしごくかしこまりいりぞんじたてまつりそうろう）

511 畝

ボウ
せ
うね

【用例】

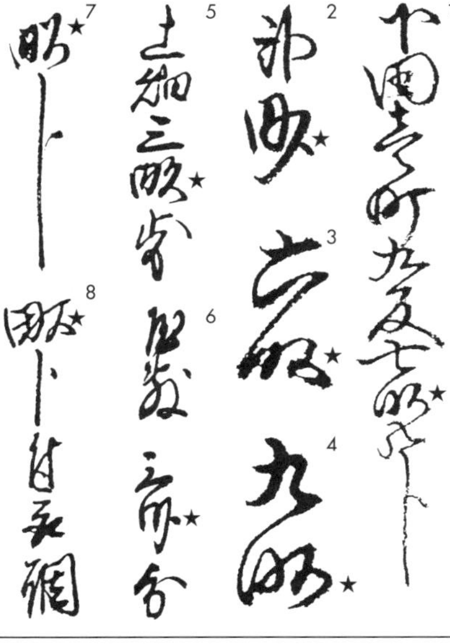

1 下田壱町九反七畝八歩（げでんいっちょうきゅうたんななせはちぶ）　2 弐畝（にせ）　3 六畝（ろくせ）　4 九畝（きゅうせ）
5 上畑三畝歩（じょうはたさんせぶ）　6 屋敷三畝歩（やしきさんせぶ）　7 畝歩（せぶ）
8 畝歩付取調（せぶつきとりしらべ）

512 [留]

リュウ・ル
とどめる・とどめ
とめる・とまる

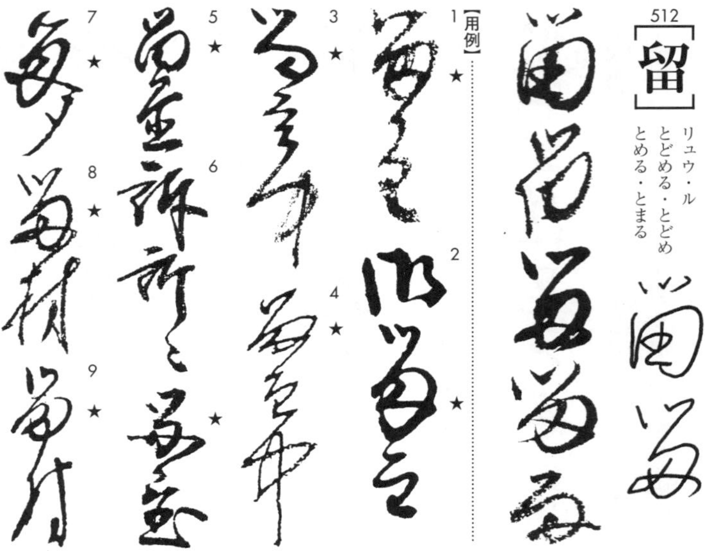

【用例】 1★ 2★ 3★ 4★ 5★ ★ 6 7★ 8★ 9★

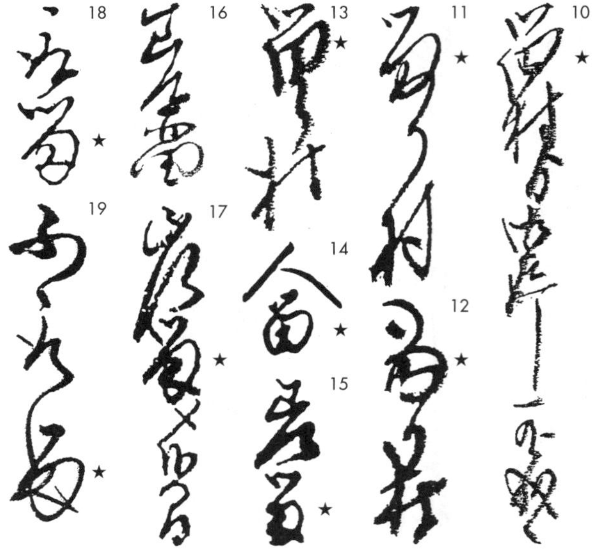

10★ 11★ 12★ 13★ 14★ 15★ 16★ 17★ 18★ ★ 19★

1 留主(るす) 2 御留主(おるす) 3・4 留主中(るすちゅう) 5 留置(とどめおく/とめおく) 6 訴所ニ留置(そしょにとめおく) 7 留メ(とどめ/とめ)
8・9 留村(とまりむら) 10 留村ゟ御返し可被成候(とまりむらよりおかえしなさるべくそうろう) 11～13 留り村(とまりむら) 14 人留(ひとどめ)
15・16 差留(さしとめ) 17 差留メ候間(さしとめそうろうあいだ) 18 取留(とりとめ) 19 不取留(とりとめず)

513 異

イ
こと
ことなる

【用例】

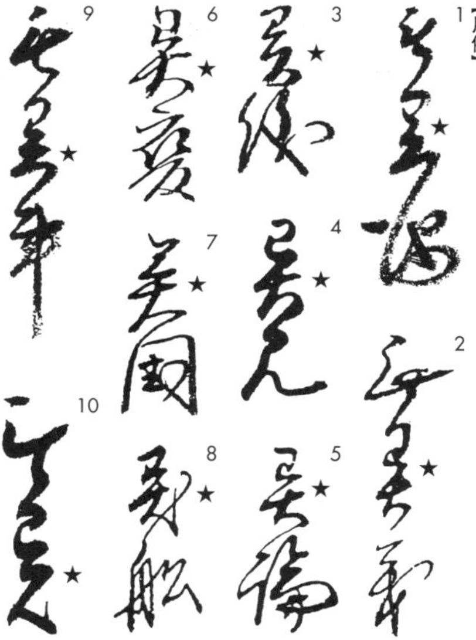

1 無㆓異儀㆒（いぎなく） 2 無㆓異義㆒（いぎなく） 3 異儀（いぎ） 4 異見（いけん） 5 異論（いろん） 6 異変（いへん） 7 異国（いこく） 8 異船（いせん） 9 無㆓異事㆒（いじなく） 10 無異（ぶい）

514 略

リャク
はかる

【用例】

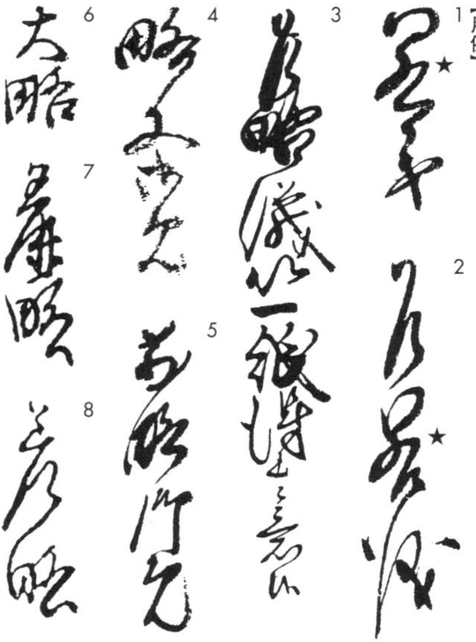

1 略義（りゃくぎ） 2 乍㆓略儀㆒（りゃくぎながら） 3 乍㆓略儀㆒以㆓一紙㆒得㆓貴意㆒候（りゃくぎながらいっしをもってきいをえそうろう） 4 略文御免（りゃくぶんごめん） 5 前略御免（ぜんりゃくごめん） 6 大略（たいりゃく） 7 麁略（そりゃく） 8 差略（さりゃく）

515
畳(疊)

ジョウ
たたむ
たたみ

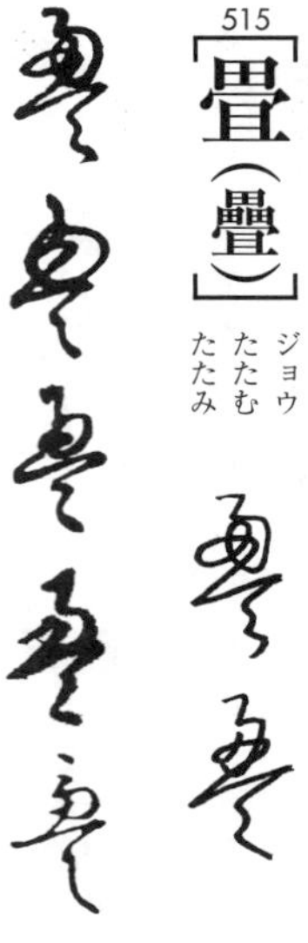

【用例】

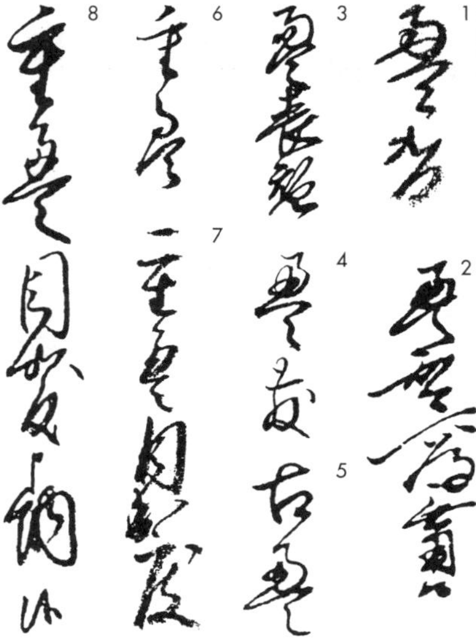

1 畳替（たたみがえ）
2 畳替可レ為ニ無用一候（たたみがえむようたるべくそうろう）
3 畳表替（たたみおもてがえ）
4 畳敷（たたみじき）
5 古畳（ふるだたみ）
6 重畳（ちょうじょう）
7 重畳目出度（ちょうじょうめでたく）
8 重畳目出度申納候（ちょうじょうめでたくもうしおさめそうろう）

516
番

バン
ハン
つがい

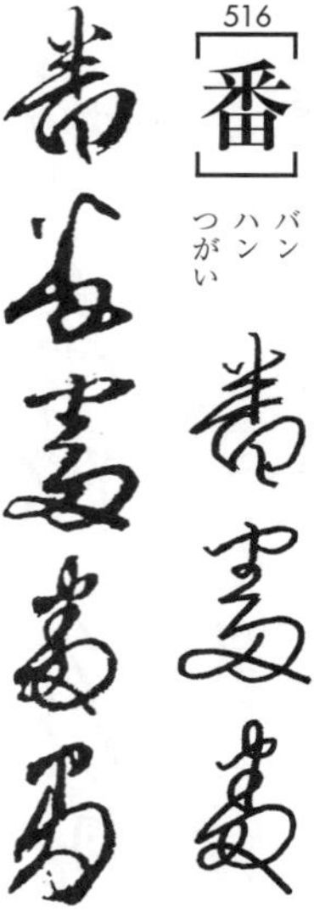

【用例】

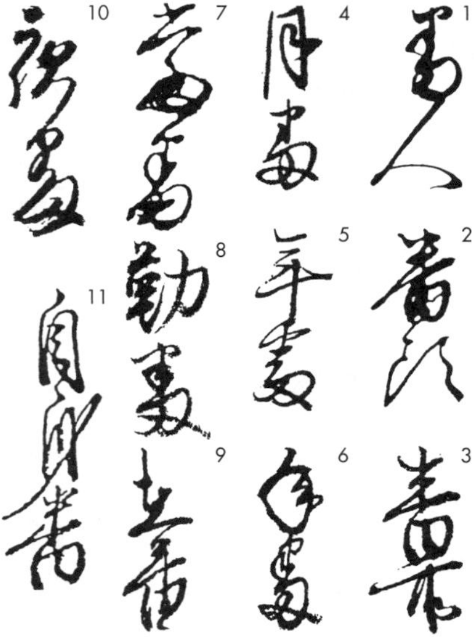

1 番人（ばんにん）
2 番頭（ばんがしら・ばんとう）
3 番所（ばんしょ）
4 月番（つきばん）
5・6 年番（ねんばん）
7 當番（とうばん）
8 勤番（きんばん）
9 在番（ざいばん）
10 夜番（やばん・よばん）
11 自身番（じしんばん）

517 【疋】

ソ・ヒツ
ひき
あし

【用例】

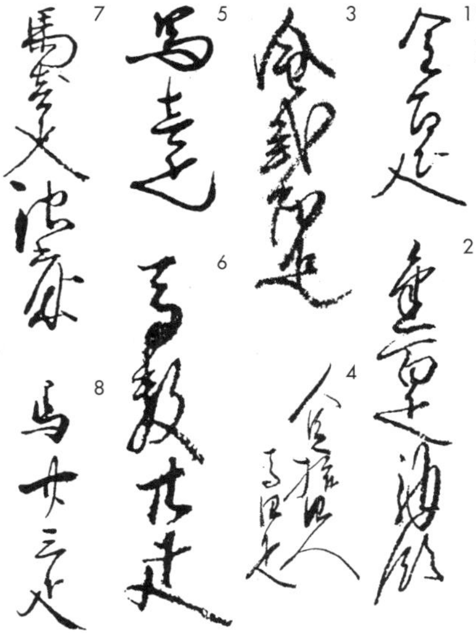

1 金百疋(きんひゃっぴき)　2 金百疋拝領(きんひゃっぴきはいりょう)　3 金弐百疋(きんにひゃっぴき)　4 人足拾四人・馬四疋(にんそくじゅうよにん・うまよんひき)　5 馬壱疋(うまいっぴき)　6 馬数廿疋(うまかずにじゅっぴき)　7 馬壱疋 銀六匁(うまいっぴき ぎんろくもんめ)　8 馬廿三疋(うまにじゅうさんびき)

518 【疎】

ソ
うとい
おろそか

【用例】

1 疎ニ相成(おろそかにあいなり)　2 疎遠(そえん)　3 疎遠ニ奉レ存(そえんにぞんじたてまつり)　4 疎意(そい)　5・6 無二疎意一(そいなく)　7 疎略(そりゃく)　8 疎略ニ仕間敷候(そりゃくにつかまつるまじくそうろう)

519 疑

ギ
うたがう

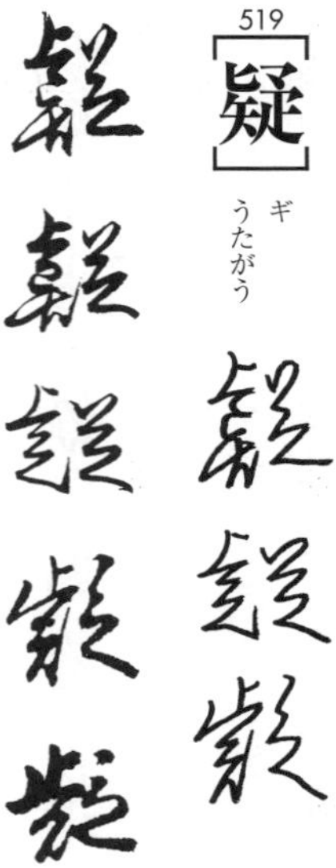

【用例】

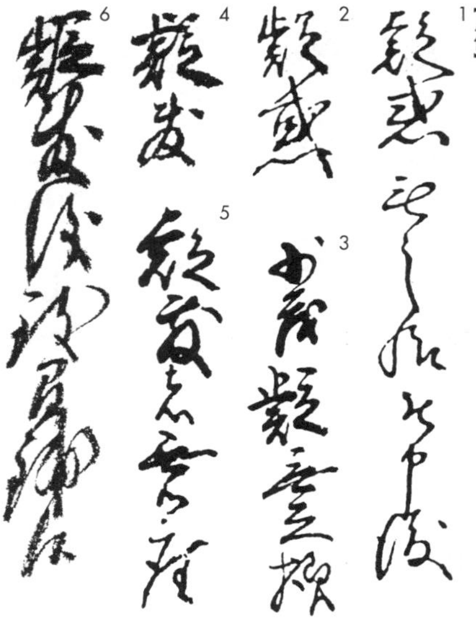

1 疑惑無レ之様被二申渡一（ぎわくこれなきようもうしわたされ）
2 疑惑（ぎわく）
3 少茂疑無レ之様（すこしもうたがいこれなきよう）
4 疑敷（うたがわしく）
5 疑敷者無二御座一（うたがわしきものござなく）
6 疑敷儀致間鋪候（うたがわしきぎいたすまじくそうろう）

520 病

ビョウ・ヘイ
やむ
やまい

【用例】

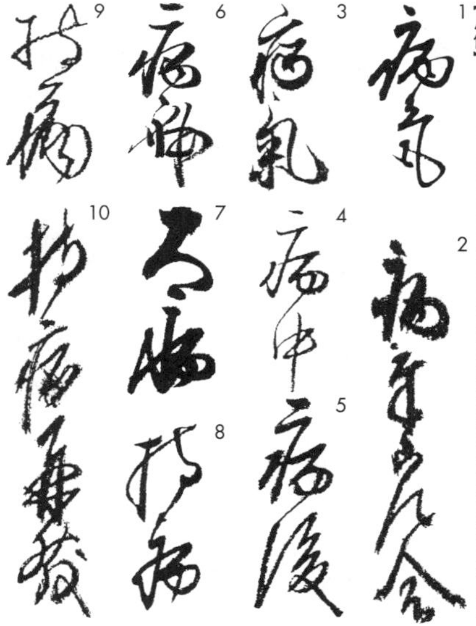

1 病気（びょうき）
2 病氣差合（びょうきさしあい）
3 病氣（びょうき）
4 病中（びょうちゅう）
5 病後（びょうご）
6 病躰（びょうてい）
7 大病（たいびょう）
8・9 持病（じびょう）
10 持病再發（じびょうさいはつ）

521 療

リョウ
いやす

【用例】

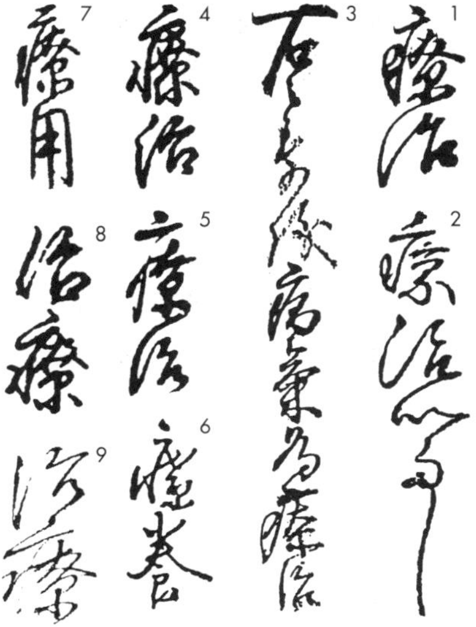

1 療治（りょうじ）　2 療治（りょうじ）いたし　3 右之（みぎの）もの儀病氣（ぎびょうき）為二療治一（りょうじのため）　4・5 療治（りょうじ）　6 療養（りょうよう）　7 療用（りょうよう）　8・9 治療（ちりょう）

522 発(發)

ホツ・ハツ
おこる
ひらく

【用例】

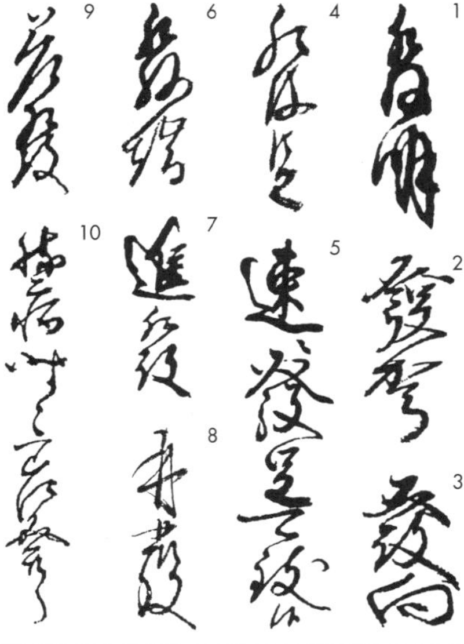

1 發明（はつめい）　2 發駕（はつが）　3 發向（はっこう）　4 發足（ほっそく）　5 速ニ發足可レ致候（すみやかにほっそくいたすべくそうろう）　6 發端（ほったん）　7 進發（しんぱつ）　8 再發（さいはつ）　9 差發（さしおこり）　10 持病時々差発リ（じびょうときどきさしおこり）

523 登

トウ
ト
のぼる

【用例】

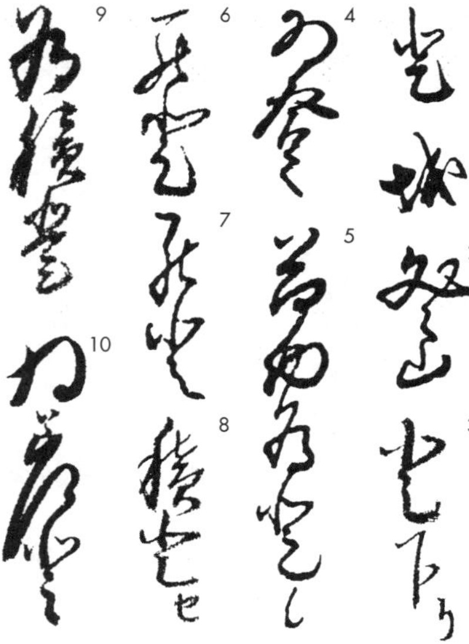

1 登城（とじょう）　2 登山（とざん／とうざん）　3 登下り（のぼりくだり）　4 為レ登（のぼせ）　5 荷物為レ登候（にもつのぼせそうろう）　6・7 罷登（まかりのぼり）　8 積登セ（つみのぼせ）　9 為二積登一（つみのぼせ）　10 為二差登一（さしのぼせ）

524 白

ハク・ビャク
しろ
しろい

【用例】

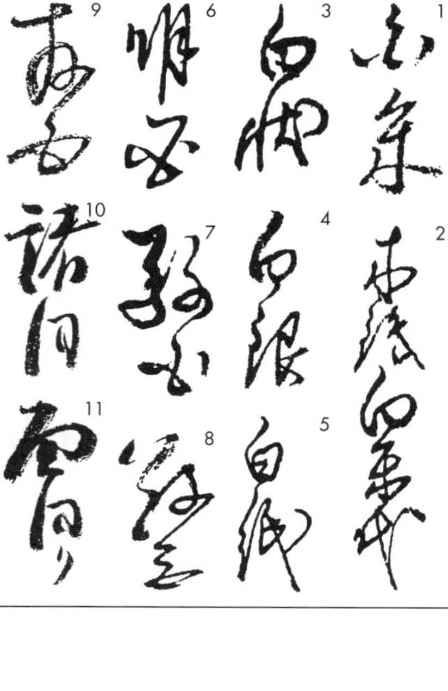

1 白米（はくまい）　2 木銭（きせん）・白米代（はくまいだい）　3 白状（はくじょう）　4 白銀（しろがね／はくぎん）　5 白紙（はくし）　6 明白（めいはく）　7・8 敬白（けいはく）　9 拝白（はいはく）　10 諸白（もろはく）　11 面白ク（おもしろく）

525 百

ヒャク
もも

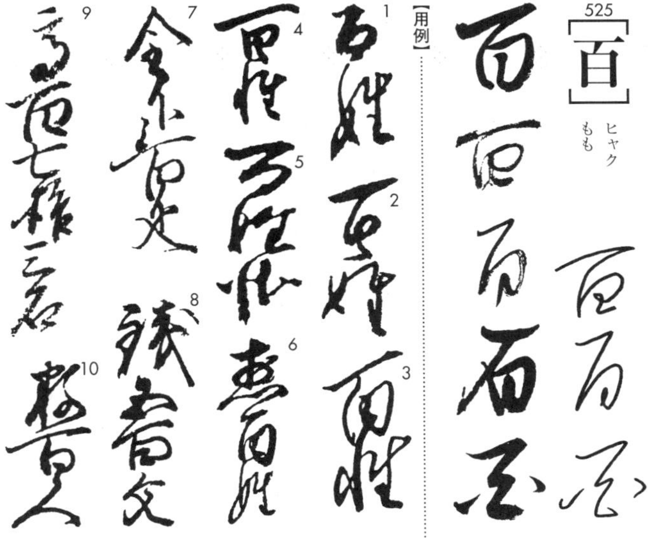

【用例】

1・2 百姓（ひゃくしょう） 3・4 百性（ひゃくしょう） 5 百姓代（ひゃくしょうだい） 6 惣百姓（そうびゃくしょう） 7 金弐百疋（きんにひゃっぴき） 8 銭五百文（ぜにごひゃくもん） 9 高百七拾三石（たかひゃくななじゅうさんごく） 10 数百人（すうひゃくにん）

526 皆

カイ
みな

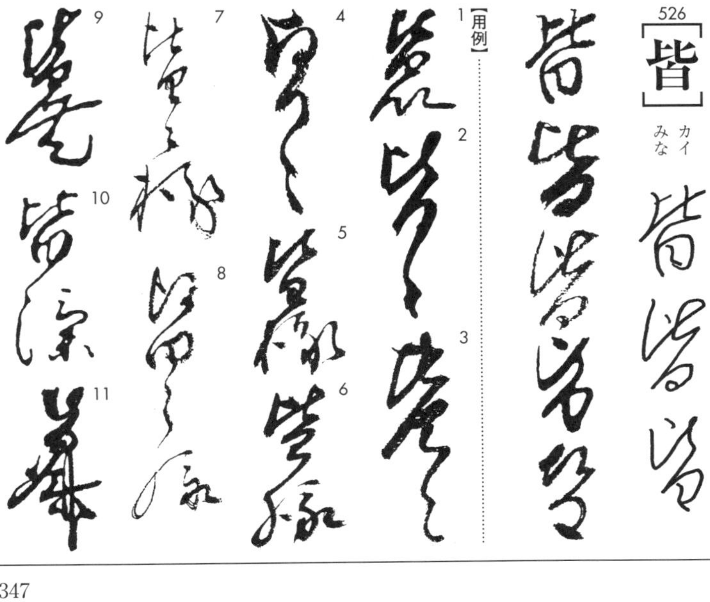

【用例】

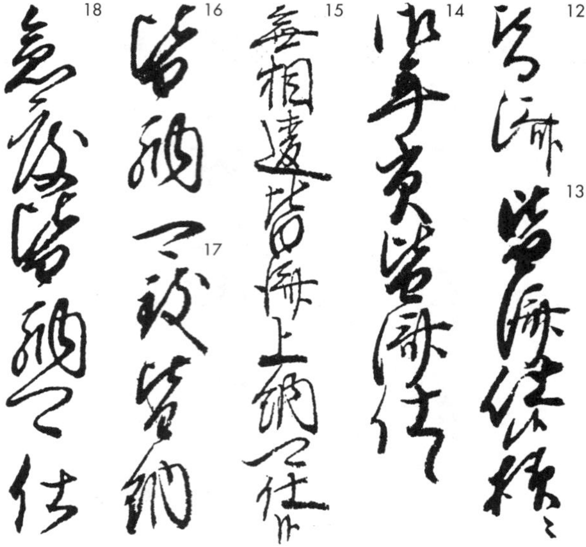

1 皆以(みなもって)　2〜4 皆々(みなみな)　5・6 皆様(みなさま)　7・8 皆々様(みなみなさま)　9 皆無(かいむ)
10〜12 皆済(かいさい)　13 皆済仕候様ニ(かいさいつかまつりそうろうように)　14 御年貢皆済仕候(おねんぐかいさいつかまつりそうろう)
15 無二相違一皆済上納可レ仕候(そういなくかいさいじょうのうつかまつるべくそうろう)　16 皆納(かいのう)　17 可レ致皆納(かいのういたすべく)
18 急度皆納可レ仕(きっとかいのうつかまつるべし)

527 【益】

エキ・ヤク
ます
ますます

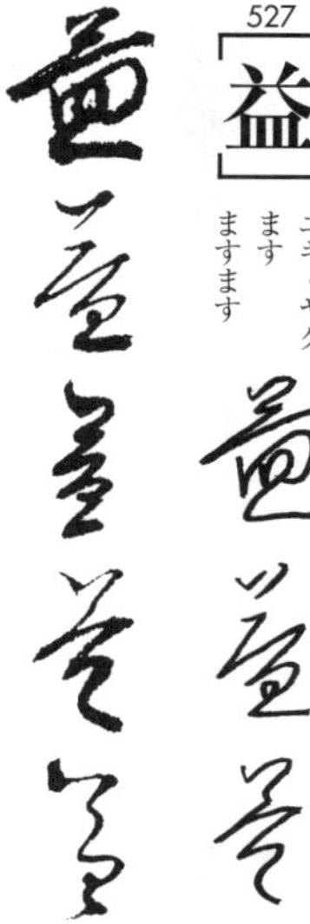

【用例】

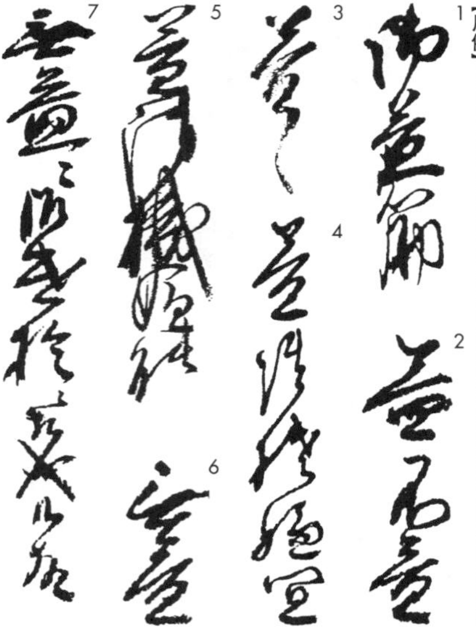

1 御益筋(おえきすじ)　2 益不益(えきふえき)　3 益々(ますます)　4 益 御機嫌宜(ますますごきげんよろしく)　5 益 御機嫌能(ますますごきげんよく)
6 無益(むえき)　7 無益ニ御遣捨ニ相成候故(むえきにおつかいすてにあいなりそうろうゆえ)

528
【直】

チョク・ジキ・ジカ
ただちに・なおす
ただす・すぐ・ね

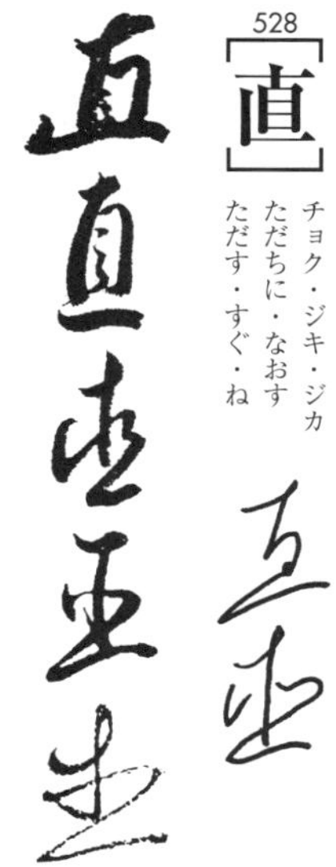

【用例】

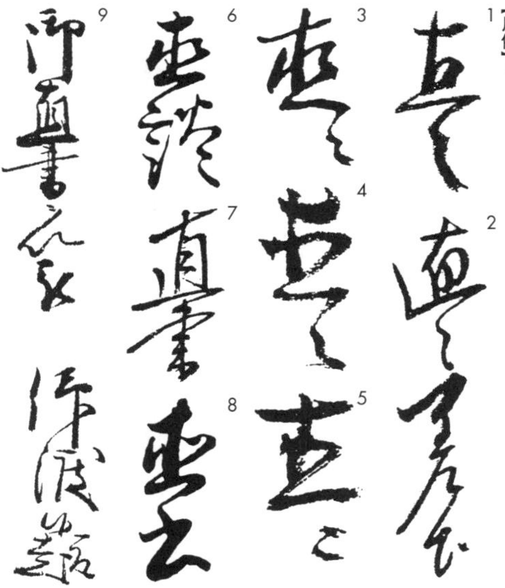

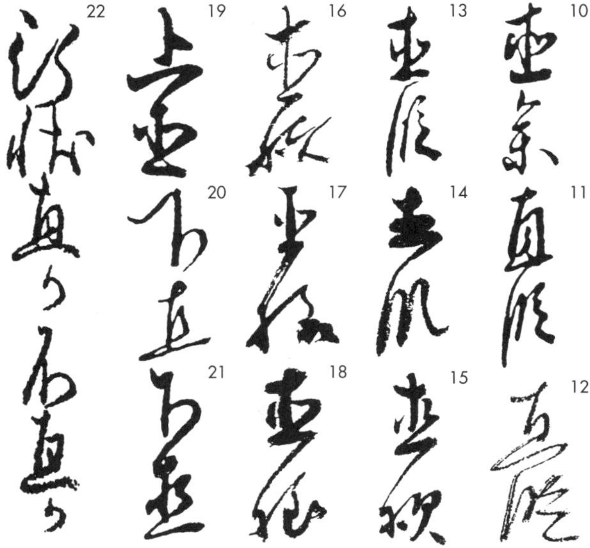

1 直々（じきじき） 2 直々差出（じきじきさしだす） 3〜5 直ニ（じきに／ただちに） 6 直談（じきだん） 7・8 直書（じきしょ）
9 御直書ヲ以被二仰渡一候趣（おじきしょをもっておおせわたされそうろうおもむき） 10 直参（じきさん） 11〜14 直段（ねだん）
15〜18 直様（すぐさま） 19 上直（うわね） 20・21 下直（したね／げじき） 22 行状直り不直り（ぎょうじょうなおりふなおり）

529
【相】
ソウ
ショウ
あい

【用例】

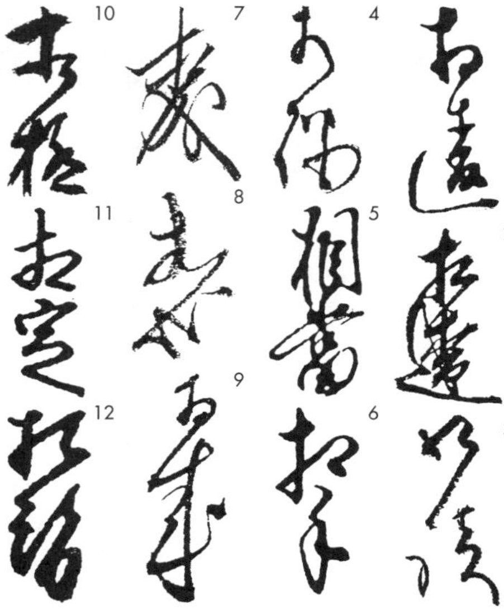

1・2 相違(そうい)
3・4 相談(そうだん)
5 相當(そうとう)
6 相手(あいて)
7〜9 相成(あいなり)
10 相極(あいきめる)
11 相定(あいさだむ)
12 相替(あいかわる)
13 相納(あいおさむ)
14 相済(あいすむ・あいすます)
15 相勤(あいつとむ)
16 相渡(あいわたす)
17 相掛リ(あいかかり)
18 相懸(あいかかる)
19 相聞(あいきこゆ)
20 相達(あいたっす)
21 相返(あいかえす)
22 相願(あいねがう)
23 相頼(あいたのむ)
24 相預(あいあずかる)
25 相知レ(あいしれ)
26 相心得(あいこころえ)

530 真(眞)

シン
ま
まこと

【用例】

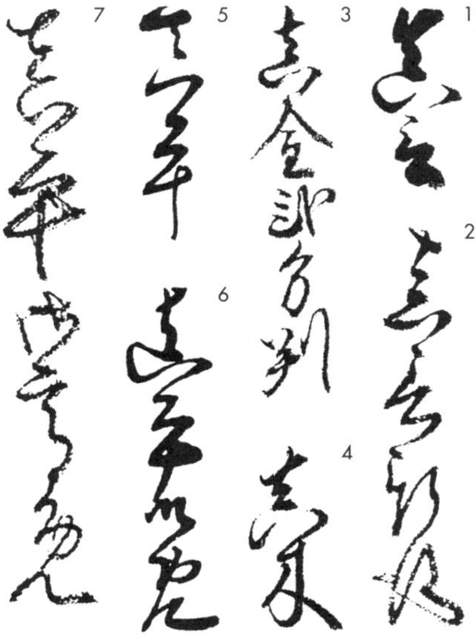

1 真言(しんごん)　2 真言新儀(しんごんしんぎ)　3 真金弐分判(しんきんにぶはん)　4 真木(まき)　5 真平(まっぴら)　6 真平御免(まっぴらごめん)　7 真平御高免(まっぴらごこうめん)

531 睦

ボク
むつまじい

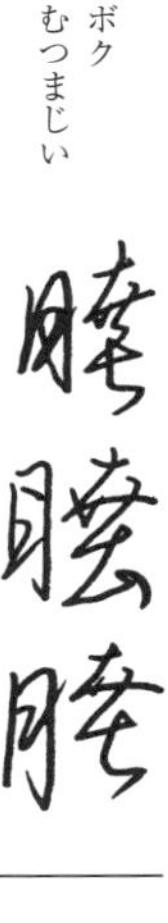

【用例】

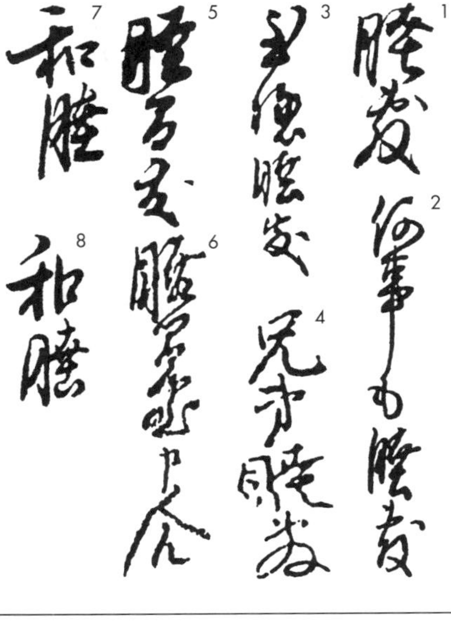

1 睦敷(むつまじく)　2 何事も睦敷(なにごとむつまじく)　3 至極睦敷(しごくむつまじく)　4 兄弟睦敷(きょうだいむつまじく)　5 睦間敷(むつまじく)　6 睦間敷申合(むつまじくもうしあわせ)　7・8 和睦(わぼく)

532
【知】
チ
しる

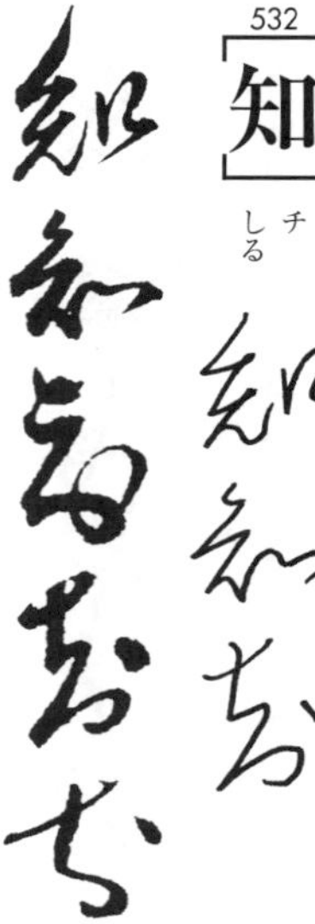

【用例】

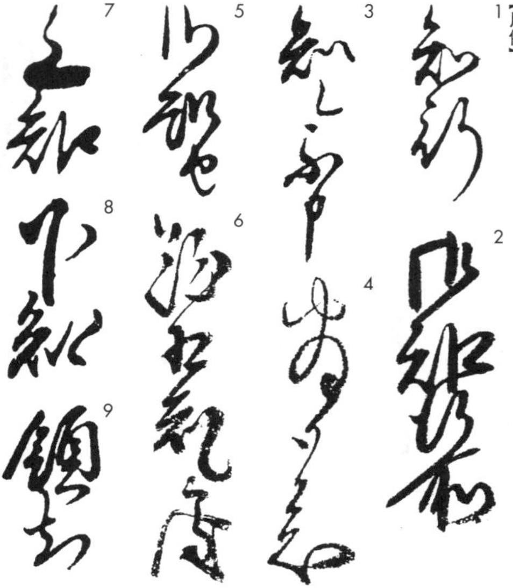

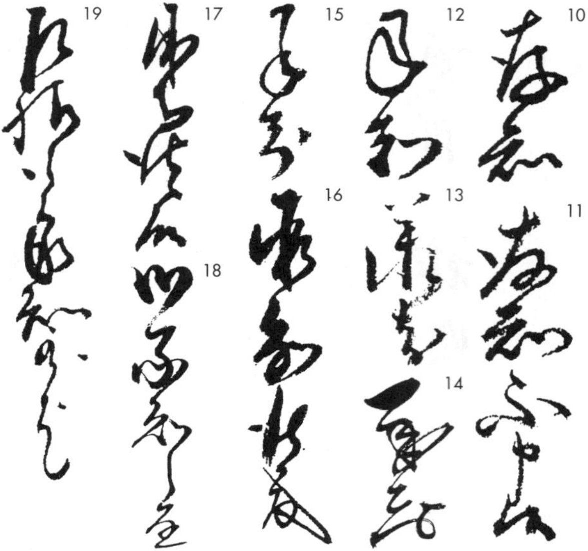

1 知行(ちぎょう)　2 御知行所(ごちぎょうしょ)　3 知レ不レ申(しれもうさず)　4 為二御知一(おしらせ)　5 御知セ(おしらせ)
6 難二相知レ一処(あいしれがたきところ)　7 上知(あげち・じょうち)　8 下知(げち)　9 領知(りょうち)　10 存知(ぞんじ)
11 存知不レ申候(ぞんじもうさずそうろう)　12～15 承知(しょうち)　16 承知仕度(しょうちつかまつりたく)
17 承知仕候故(しょうちつかまつりそうろうゆえ)　18 御承知之通(ごしょうちのとおり)
19 左様御承知可レ被レ下候(さようごしょうちくださるべくそうろう)

533 石

シャク
セキ・コク
いし

【用例】

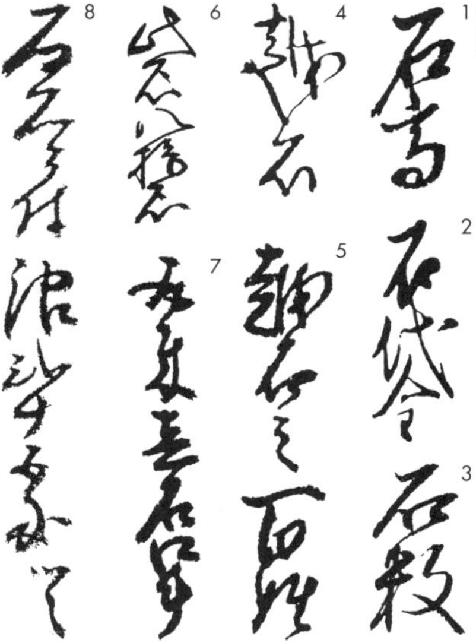

1 石高（こくだか） 2 石代金（こくだいきん） 3 石数（こくすう） 4 越石（こしこく） 5 越石之百姓（こしこくのひゃくしょう）
6 此石八拾石（このこくはちじゅっこく） 7 取米壱石四斗（とりまいいっこくよんと） 8 百石ニ付銀弐十五匁ツヽ（ひゃっこくにつきぎんにじゅうごもんめずつ）

534 砌

セイ
みぎり

【用例】

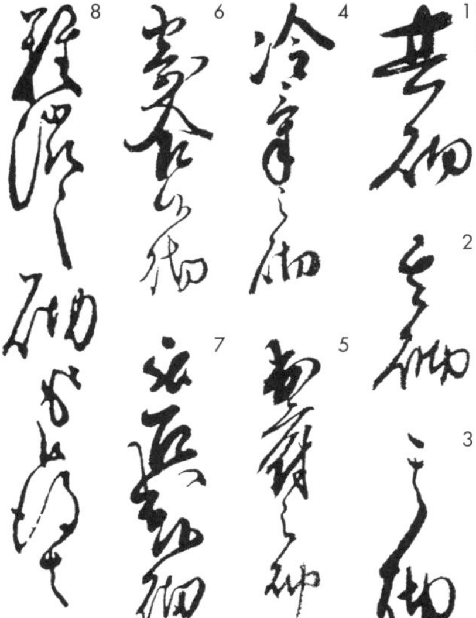

1〜3 其砌（そのみぎり） 4 冷氣之砌（れいきのみぎり） 5 出府之砌（しゅっぷのみぎり） 6 寄合 候 砌（よりあいそうろうみぎり）
7 被二召出一候砌（めしいだされそうろうみぎり） 8 難渋之砌ニも候得者（なんじゅうのみぎりにもそうらえば）

535
破
ハ
やぶる

【用例】

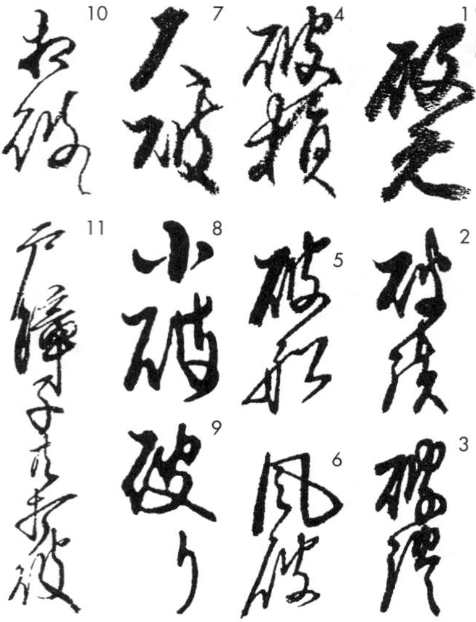

1 破免（はめん）
2・3 破談（はだん）
4 破損（はそん）
5 破船（はせん）
6 風破（ふうは）
7 大破（たいは）
8 小破（しょうは）
9 破リ（やぶり）
10 相破レ（あいやぶれ）
11 戸・障子共打破（と しょうじともうちやぶり）

536
示
シ・ジ
しめす
しめし

【用例】

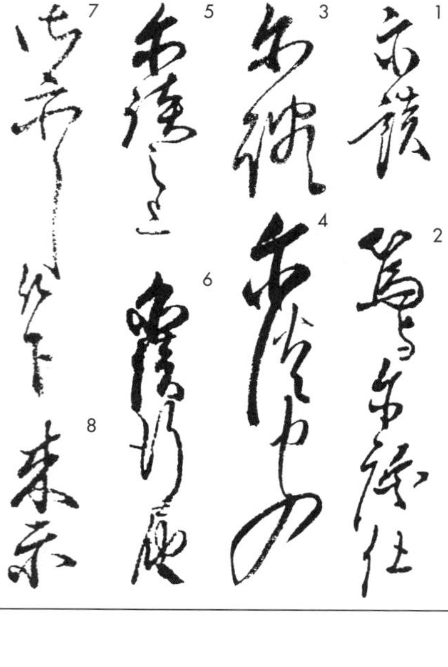

1 示談（じだん）
2 篤与示談仕（とくとじだんつかまつり）
3 示談（じだん）
4 示談申入（じだんもうしいれ）
5 示談之上（じだんのうえ）
6 示談行届（じだんゆきとどき）
7 御示し被レ下（おしめしくだされ）
8 来示（らいじ）

537
礼(禮)
レイ ライ

【用例】

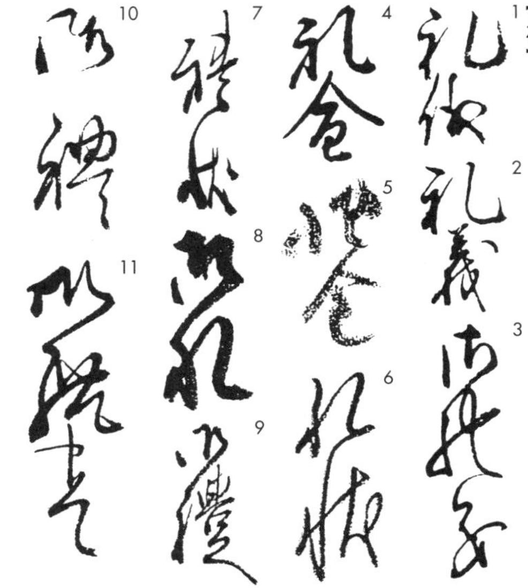

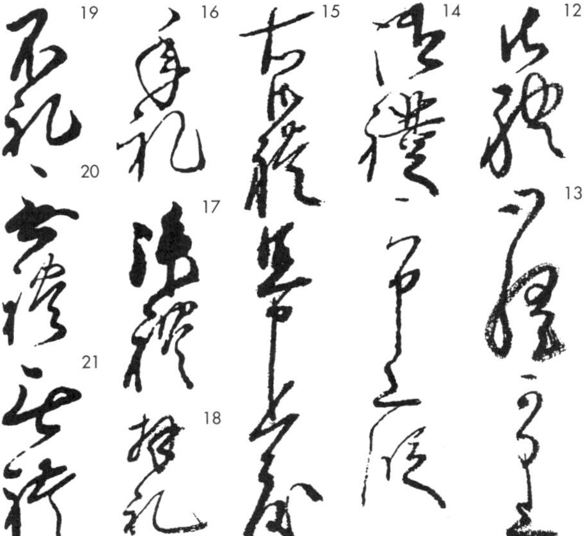

1 礼儀(れいぎ) 2 礼義(れいぎ) 3 御禮義(おれいぎ) 4 礼金(れいきん) 5 禮金(れいきん) 6 礼状(れいじょう) 7 禮状(れいじょう)
8 御礼(おれい) 9・10 御禮(おれい) 11 御禮申上候(おれいもうしあげそうろう) 12 御禮(おれい) 13 御禮可ㇾ申上ㇾ(おれいもうしあぐべし)
14 御禮可ㇾ申上ㇾ段(おれいもうしあぐべきだん) 15 右御禮宜申上度(みぎおれいよろしくもうしあげたく) 16 年礼(ねんれい) 17 拝禮(はいれい)
18 拝礼(はいれい) 19 不礼(ぶれい) 20・21 無禮(ぶれい)

538 【社】

シャ
やしろ
こそ

【用例】

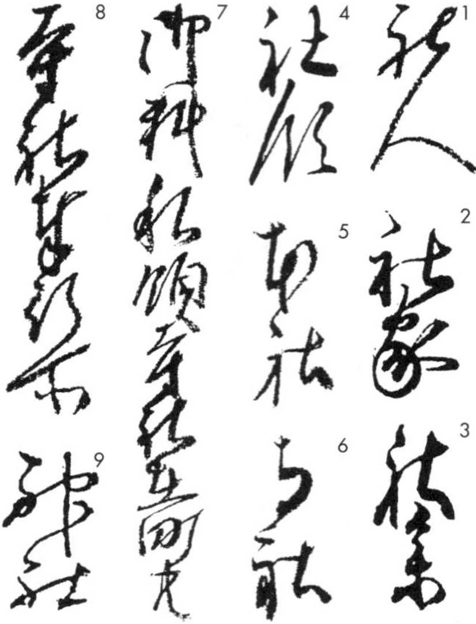

1 社人（しゃじん・しゃにん） 2 社家（しゃけ） 3 社参（しゃさん） 4 社領（しゃりょう） 5 本社（ほんしゃ） 6 寺社（じしゃ）
7 御料（ごりょう）・私領（しりょう）・寺社（じしゃ）・在町共（ざいちょうとも） 8 寺社奉行所（じしゃぶぎょうしょ） 9 神社（じんじゃ）

539 【祝】

シュク・シュウ
いわい
いわう

【用例】

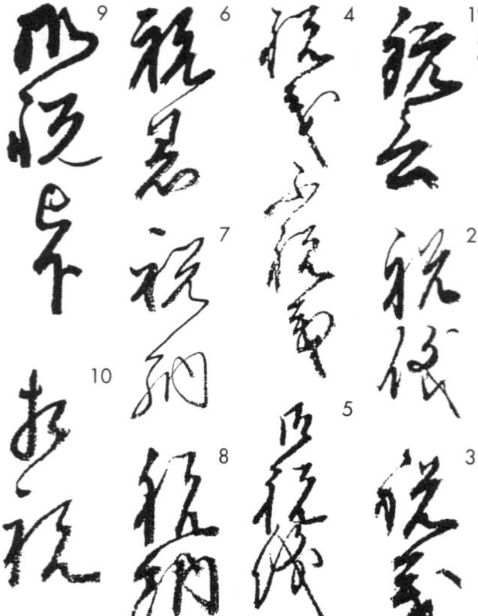

1 祝言（しゅうげん） 2 祝儀（しゅうぎ） 3 祝義（しゅうぎ） 4 祝義不祝義（しゅうぎぶしゅうぎ） 5 御祝儀（ごしゅうぎ） 6 祝着（しゅうちゃく）
7・8 祝納（しゅくのう） 9 御祝被レ下（おいわいくだされ） 10 相祝（あいいわう）

540
神
シン・ジン
かみ・かん
こう

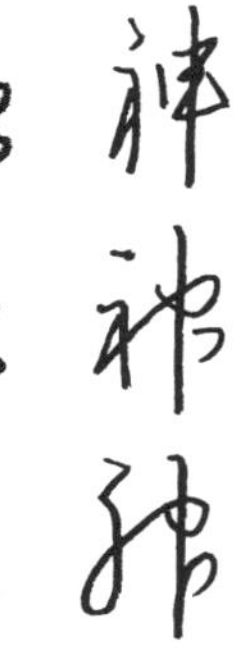

【用例】

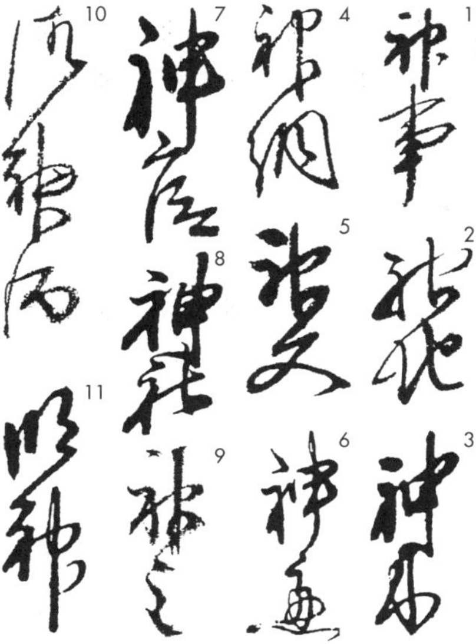

1 神事（しんじ）
2 神地（しんち）
3 神木（しんぼく）
4 神納（しんのう）
5 神文（しんもん）
6 神慮（しんりょ）
7 神官（しんかん）
8 神社（じんじゃ）
9 神主（かんぬし）
10 御神酒（おみき）
11 明神（みょうじん）

541
私
シ
わたくし

【用例】

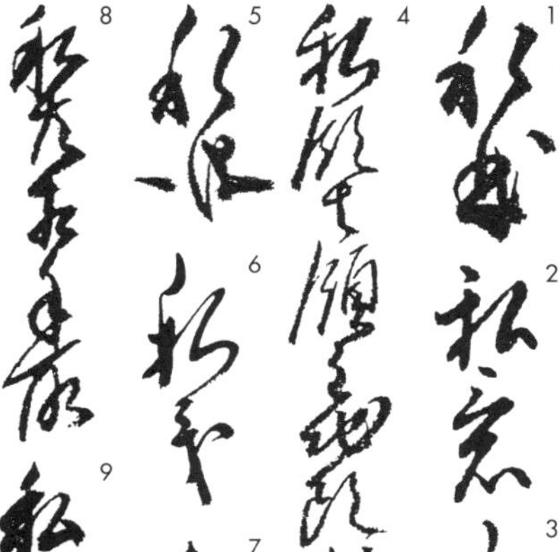

1 私曲（しきょく）
2 私意（しい）
3 私領（しりょう）
4 私領者領主・地頭江申出（しりょうはりょうしゅ・じとうへもうしいで）
5 私儀（わたくしぎ）
6 私義（わたくしぎ）
7 私方（わたくしかた）
8 私共相手取（わたくしどもあいてどり）
9 私持高（わたくしもちだか）

542 【科】

カ
しな
とが

【用例】

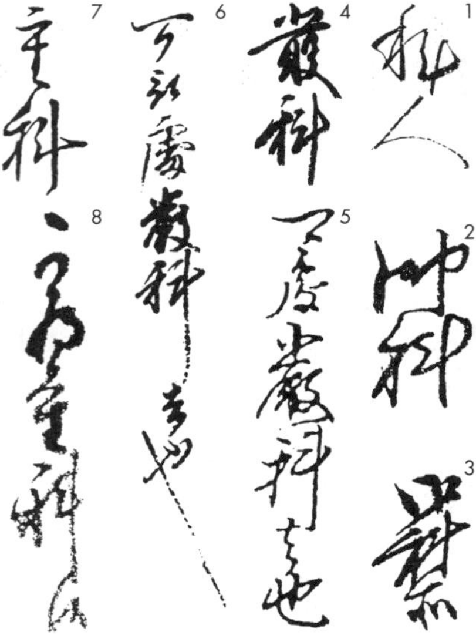

1 科人(とがにん)　2 御科(おとが)　3 御科所(ごりょうしょ)(※「料」の誤用)　4 嚴科(げんか)

5 可レ處二嚴科一者也(げんかにしょすべきものなり)　6 可レ被レ處二嚴科一者也(げんかにしょさるべきものなり)　7 重科(じゅうか)

8 可レ為二重科一候(じゅうかたるべくそうろう)

543 【秋】

シュウ
あき

【用例】

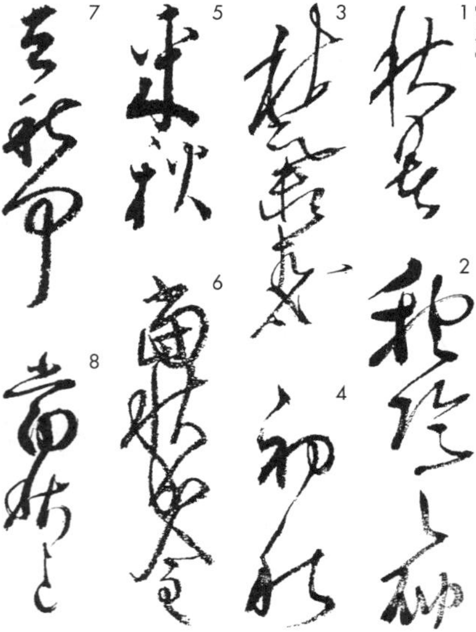

1 秋暑(しゅうしょ)　2 秋冷之砌(しゅうれいのみぎり)　3 秋氣二相成(しゅうきにあいなり)　4 初秋(しょしゅう)　5 来秋(らいしゅう)　6 當秋成金(とうあきなりきん)

7 去秋中(さるあきちゅう)　8 當秋迄(とうあきまで)

544 秣

マツ
まぐさ

【用例】

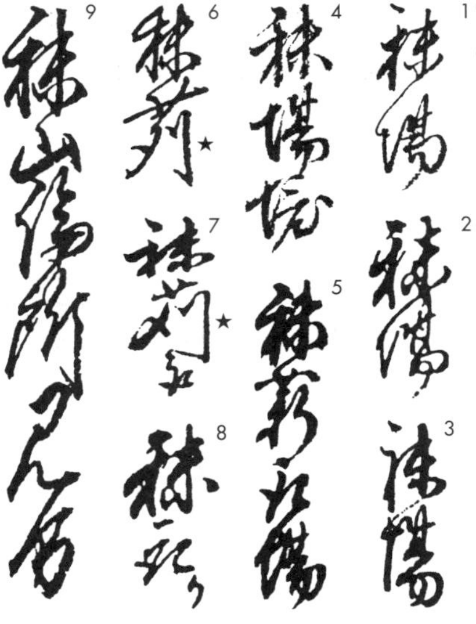

1～3 秣場（まぐさば）　4 秣場境（まぐさばざかい）　5 秣薪取場（まぐさたきぎとりば）　6 秣刈（まぐさかり）　7 秣刈取（まぐさかりとり）　8 秣取リ（まぐさとり）　9 秣山論所見分（まぐささんろんしょけんぶん）

545 移

イ
うつす
うつる

【用例】

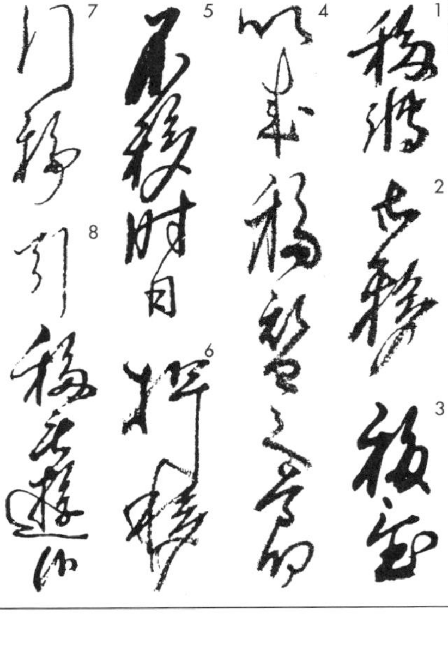

1 移轉（いてん）　2 御移（おうつり）　3 移置（うつしおく）　4 以来移替之節（いらいうつりかわりのせつ）　5 不レ移二時日一（じじつをうつさず）　6 押移（おしうつる）　7 引移（ひきうつる）　8 引移被レ遊候（ひきうつりあそばされそうろう）

546 稀

キ
ケ
まれ

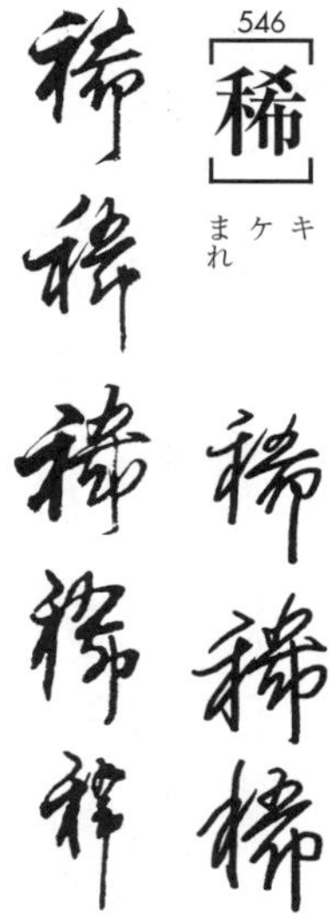

【用例】

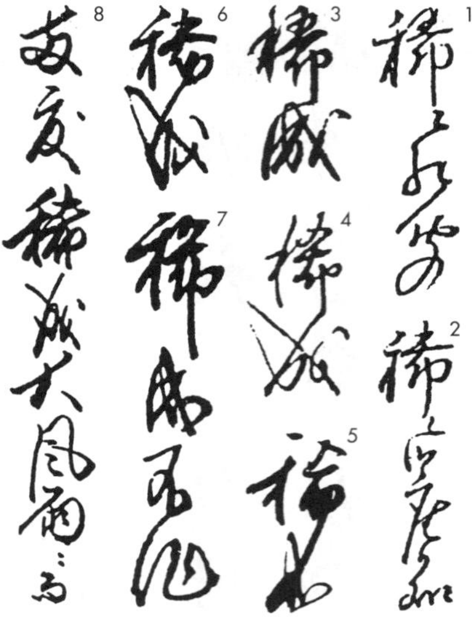

1 稀二相聞（まれにあいきこえ） 2 稀二御座候処（まれにござそうろうところ） 3〜6 稀成（まれなる） 7 稀成不作（まれなるふさく）
8 両度稀成大風雨二而（りょうどまれなるだいふううにて）

547 程

テイ
ほど

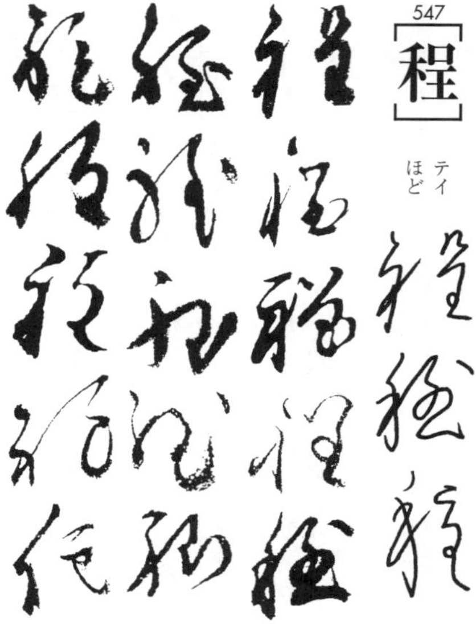

【用例】

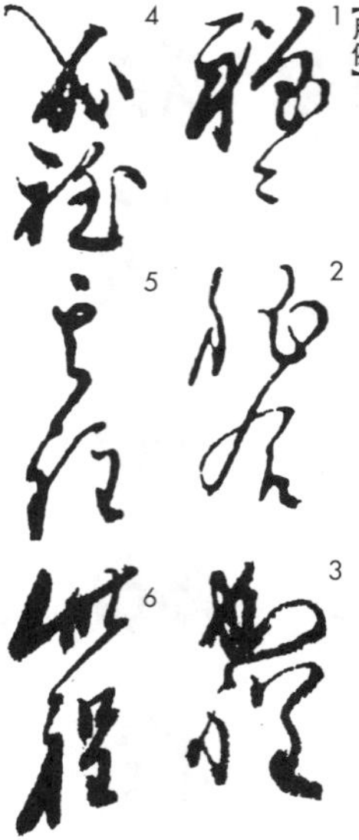

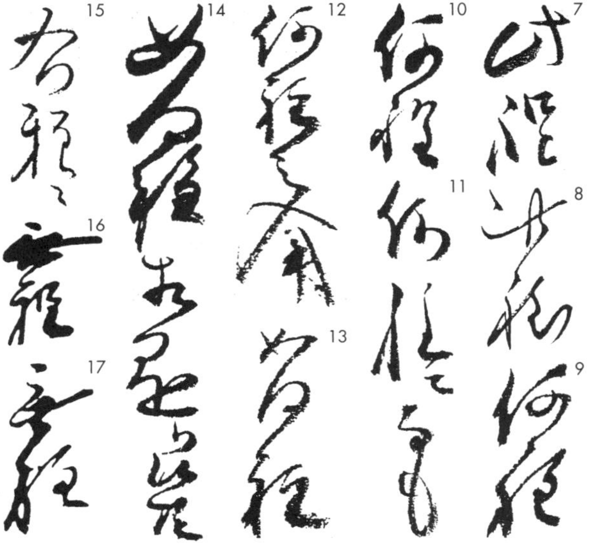

1 程々(ほどほど)　2 程合(ほどあい)　3・4 成程(なるほど)　5 其程(それほど)　6〜8 此程(このほど)　9・10 何程(いかほど)
11 何程二而も(いかほどにても)　12 何程之入用(いかほどのにゅうよう)　13 如何程(いかほど)　14 如何程相懸リ候共(いかほどあいかかりそうろうとも)
15 右程二(みぎほどに)　16・17 無レ程(ほどなく)

548
[穀]
コク

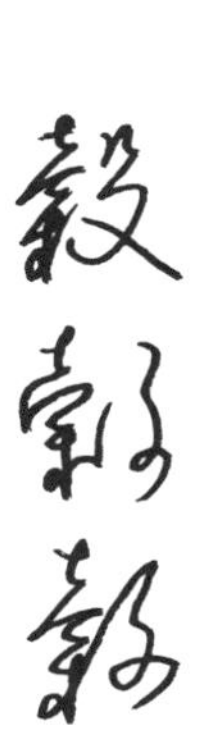

【用例】

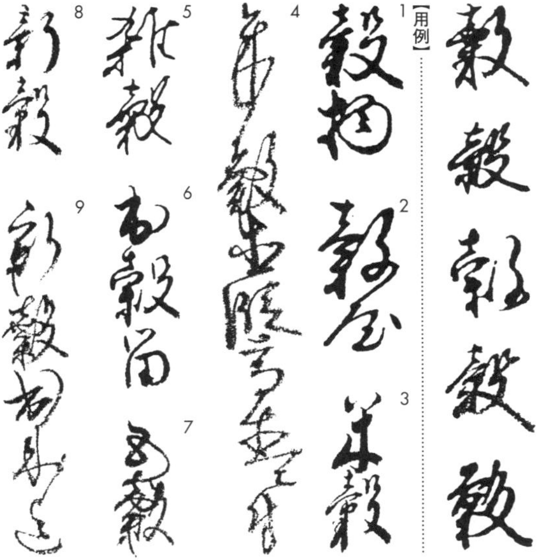

1 穀物(こくもつ)　2 穀屋(こくや)　3 米穀(べいこく)　4 米穀直段高直二付(べいこくねだんこうじきにつき)　5 雑穀(ざっこく)　6 出穀留(しゅっこくどめ)
7 五穀(ごこく)　8 新穀(しんこく)　9 新穀出来迄(しんこくしゅったいまで)

549 種

シュ　たね　くさ

【用例】

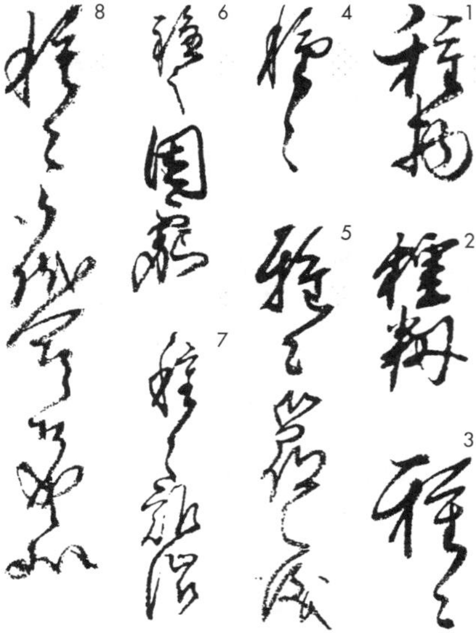

1 種物（たねもの）　2 種籾（たねもみ）　3・4 種々（しゅじゅ）　5 種々御尋之儀（しゅじゅおたずねのぎ）　6 種々困窮（しゅじゅこんきゅう）　7 種々難渋（しゅじゅなんじゅう）　8 種々御掛合二相成候処（しゅじゅおかけあいにあいなりそうろうところ）

550 稲

トウ　いね

【用例】

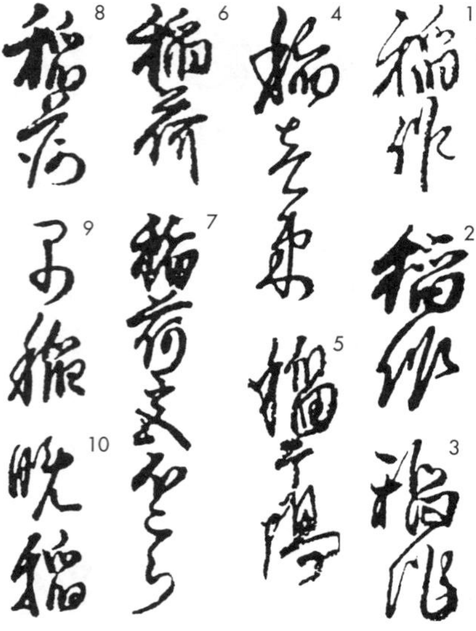

1〜3 稲作（いなさく）　4 稲壱束（いねひとたば）　5 稲干場（いなほしば）　6 稲荷（いなり）　7 稲荷宮（いなりぐう）ほこら　8 稲荷（いなり）　9 早稲（わせ）　10 晩稲（おくて）

551 稼

カ
かせぎ
かせぐ

【用例】

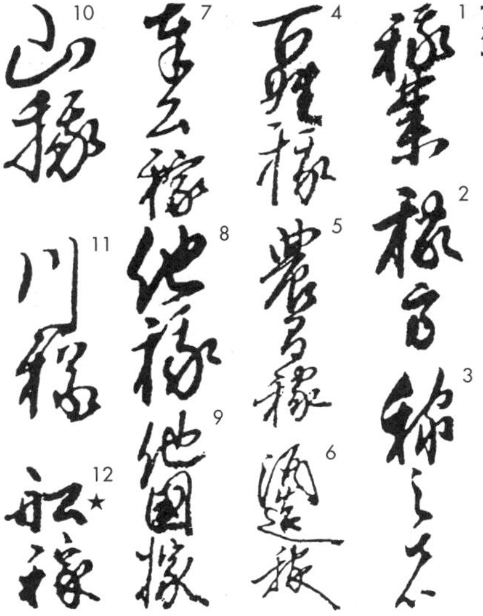

1 稼業(かぎょう) 2 稼方(かせぎかた) 3 稼之者(かせぎのもの) 4 百姓稼(ひゃくしょうかせぎ) 5 農間稼(のうかん のうまかせぎ) 6 酒造稼(しゅぞうかせぎ) 7 奉公稼(ほうこうかせぎ) 8 他稼(たかせぎ) 9 他國稼(たこくかせぎ) 10 山稼(やまかせぎ) 11 川稼(かわかせぎ) 12 船稼(ふなかせぎ)

552 穏(穩)

オン
おだやか

【用例】

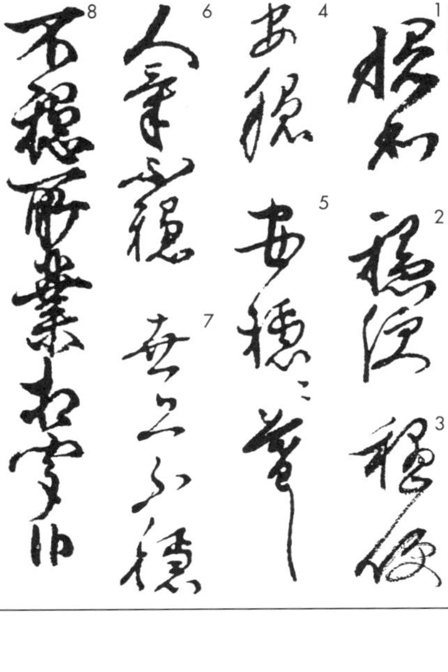

1 穏和(おんわ) 2・3 穏便(おんびん) 4 安穏(あんのん) 5 安穏二暮し(あんのんにくらし) 6 人氣不穏(じんきふおん) 7 世上不穏(せじょうふおん) 8 不穏所業 相聞候(ふおんのしょぎょうあいきこえそうろう)

553 積

セキ・シャク
つむ・つもる
つもり

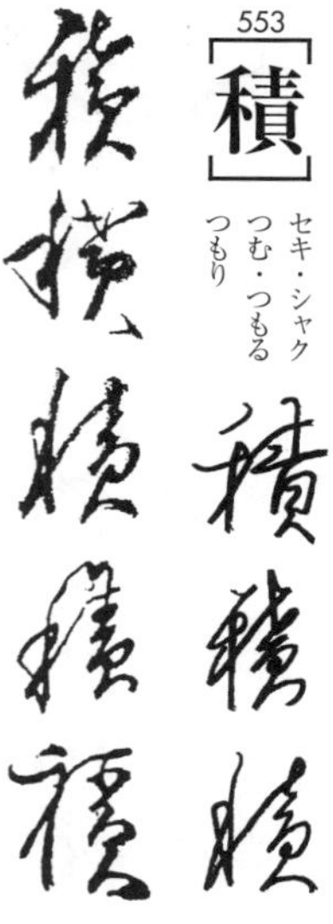

【用例】

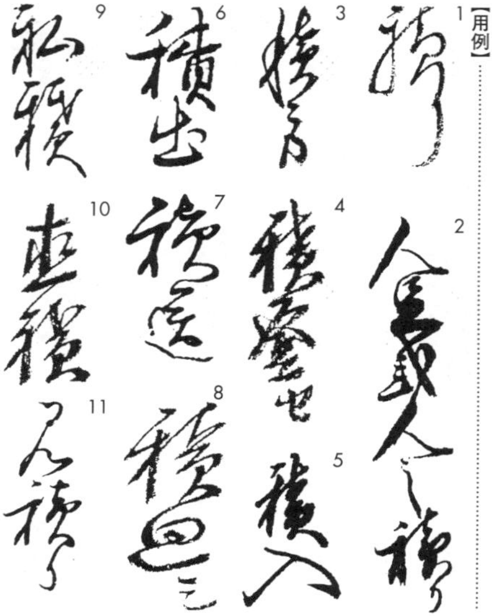

1 積リ（つもり）
2 人足弐人之積リ（にんそくふたりのつもり）
3 積方（つみかた）
4 積登セ（つみのぼせ）
5 積入（つみいれ）
6 積出（つみだす）
7 積送（つみおくり）
8 積廻シ（つみまわし）
9 船積（ふなづみ）
10 直積（じきづみ）
11 見積リ（みつもり）

554 究

キュウ
きわめる
きめる

【用例】

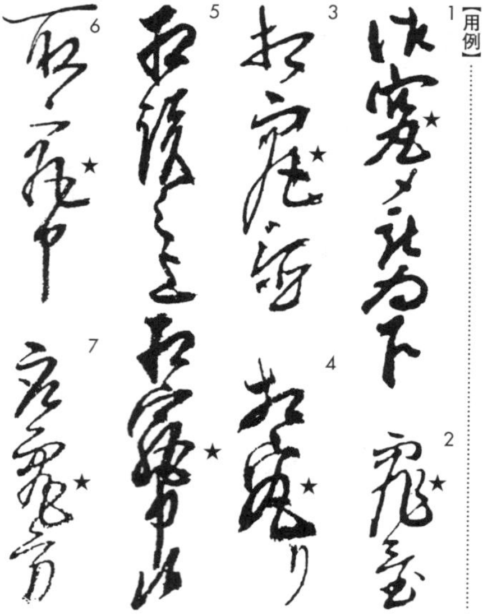

1 御究メ被レ為レ下（おきめくださせられ）
2 究置（きめおく）
3 相究置（あいきめおく）
4 相究リ（あいきまり）
5 相談之上相究申候（そうだんのうえあいきめもうしそうろう）
6 取究申（とりきめもうす）
7 取究方（とりきめかた）

555
【空】
クウ／から
そら・あく
むなしい

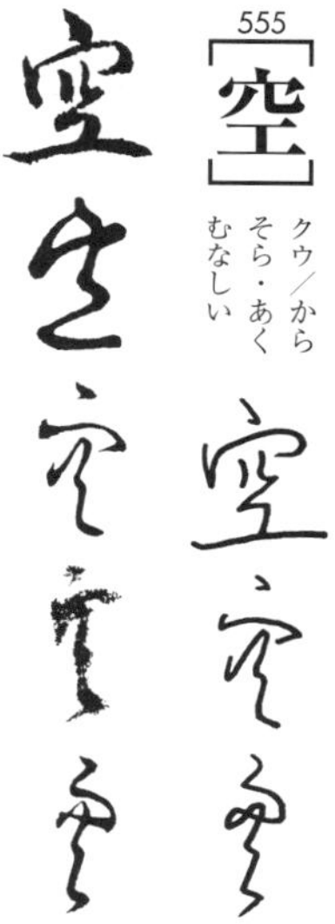

【用例】

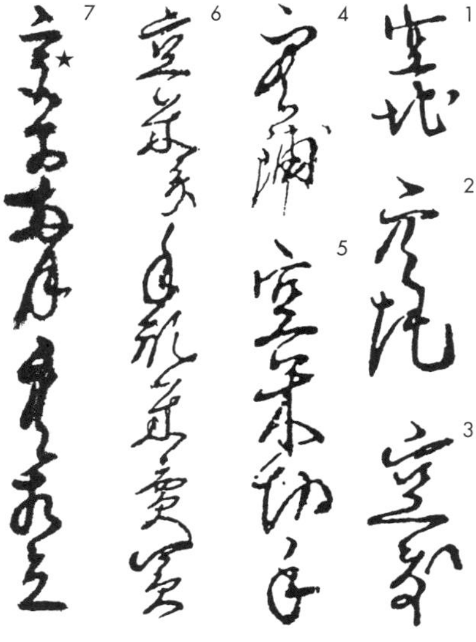

1・2空地(あきち) 3空敷(むなしく) 4空鋪(むなしく) 5空米切手(からまいきって)
6空米(からまい) 并(ならびに) 手形(てがた) 米賣買(まいばいばい) 7最早(もはや) 両月(りょうげつ) 空(むなしく) 相立(あいたち)

556
【突】
トツ
つく

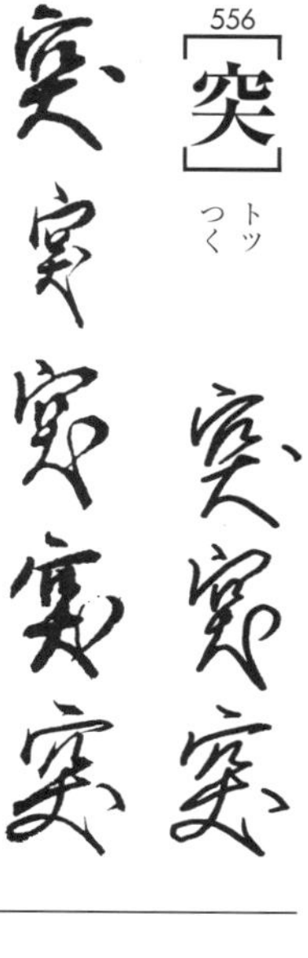

【用例】

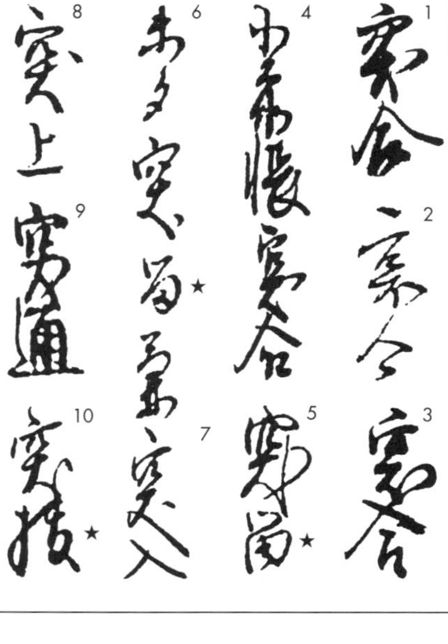

1〜3突合(つきあう) 4小前帳突合(こまえちょうつきあわせ) 5突留(つきとめ) 6未夕突留兼(いまだつきとめかね) 7突入(つきいれ)
8突上(つきあげ) 9突通(つきとおす) 10突抜(つきぬけ)

557
窮
キュウ
きわめる

【用例】

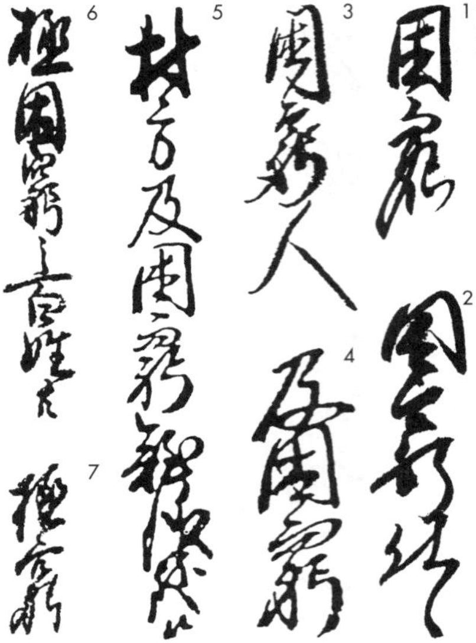

1 困窮（こんきゅう）　2 困窮仕候（こんきゅうつかまつりそうろう）　3 困窮人（こんきゅうにん）　4 及二困窮一（こんきゅうにおよび）
5 村方及二困窮一難儀致候（むらかたこんきゅうにおよびなんぎいたしそうろう）
6 極困窮之百姓共（ごくこんきゅうのひゃくしょうども）
7 極窮（ごくきゅう）

558
立
リュウ
リツ／たつ
たてる

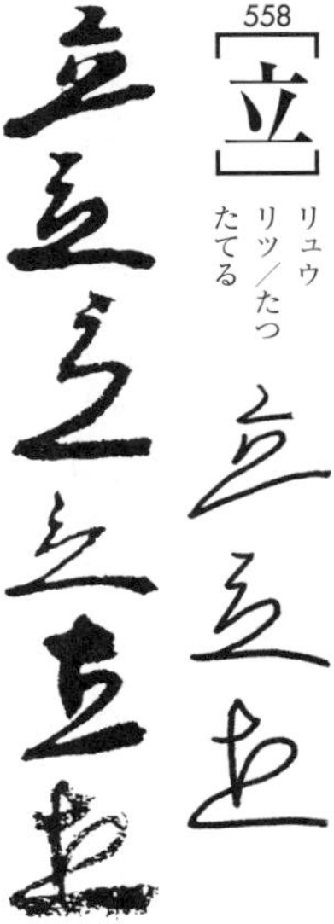

【用例】

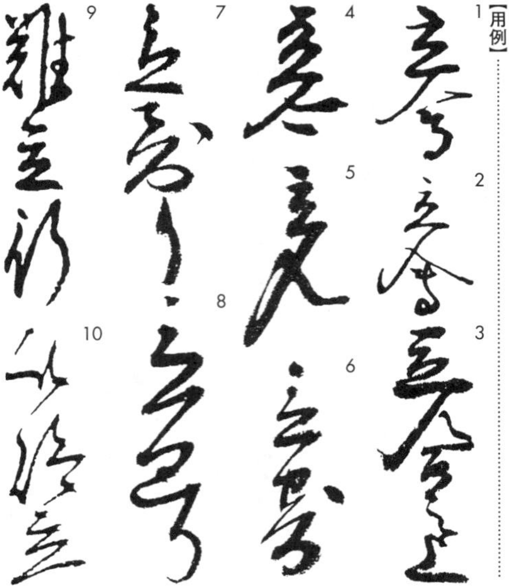

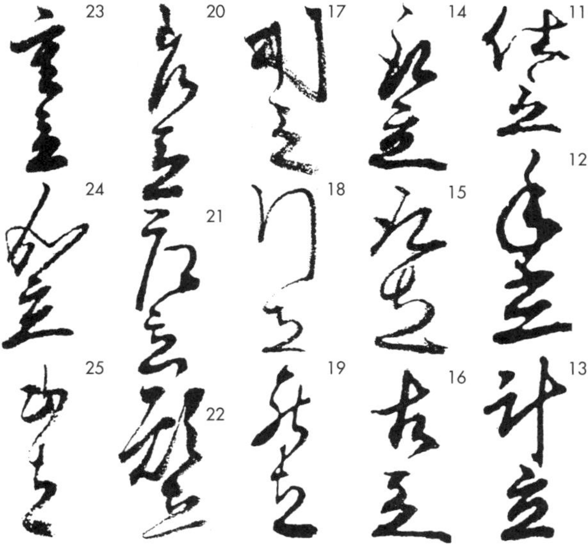

1・2 立會（たちあい） 3 立合之上（たちあいのうえ） 4 立合（たちあい） 5 立入（たちいり） 6 立寄（たちよる）
7 立寄り（たちより） 8 立廻り（たちまわり） 9 難㆓立行㆒（たちゆきがたく） 10 被㆓仰立㆒（おおせたてられ） 11 仕立（したて）
12 手立（てだて） 13 計立（はかりたて） 14・15 取立（とりたて） 16 相立（あいたて） 17 用立（ようだて） 18 引立（ひきたて）
19 罷立（まかりたつ） 20・21 差立（さしたて） 22 願立（ねがいたて） 23 重立（おもだち） 24 成立（なりたち・せいりつ） 25 出立（しゅったつ）

559
［端］
タン
はし・は
はた

【用例】

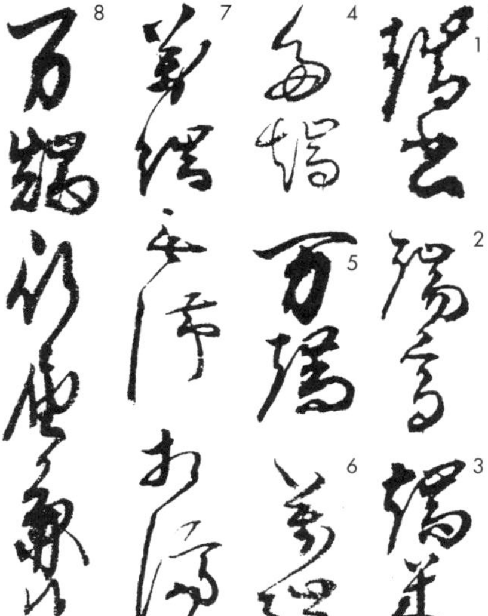

1 端書（はしがき） 2 端高（はしだか） 3 端米（はしまい） 4 多端（たたん） 5 万端（ばんたん） 6 萬端（ばんたん）
7 萬端無㆑滞相済候（ばんたんとどこおりなくあいすみそうろう）
8 万端行届兼候（ばんたんゆきとどきかねそうろう）

560

竹

チク
たけ

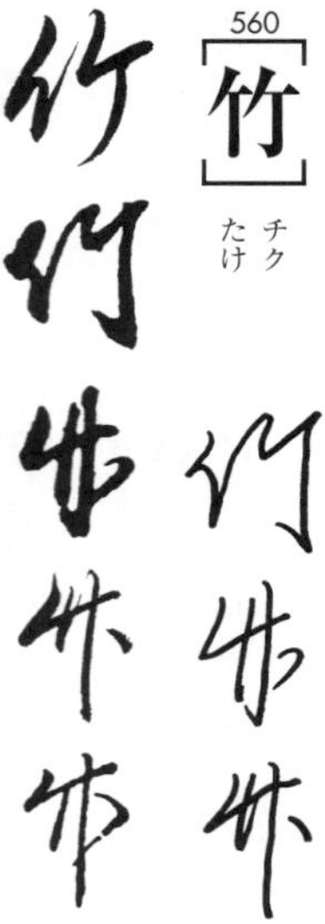

【用例】

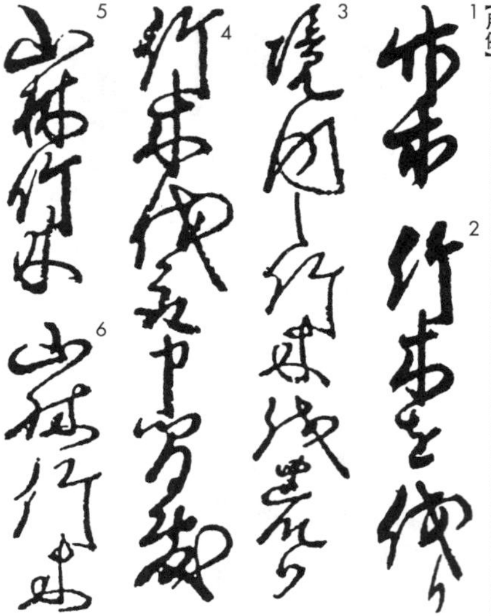

1 竹木（たけぎ・ちくぼく）　2 竹木（たけぎ・ちくぼく）を伐り　3 境内之竹木伐荒候（けいだいのちくぼくきりあらしそうろう）
4 竹木伐取申間敷（たけぎ・ちくぼくきりとりもうすまじく）　5・6 山林竹木（さんりんちくぼく・たけぎ）

561

第

ダイ
テイ

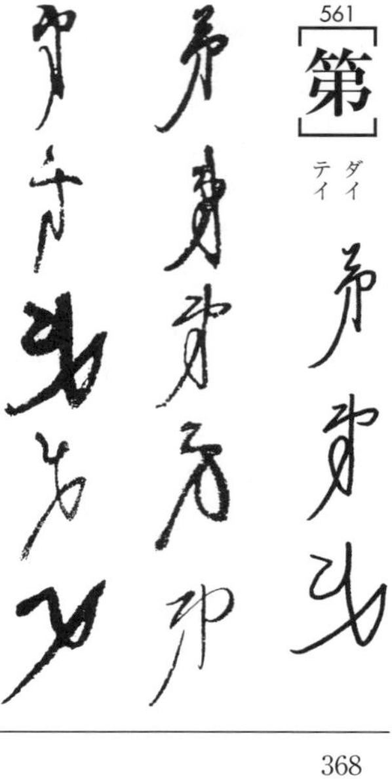

【用例】

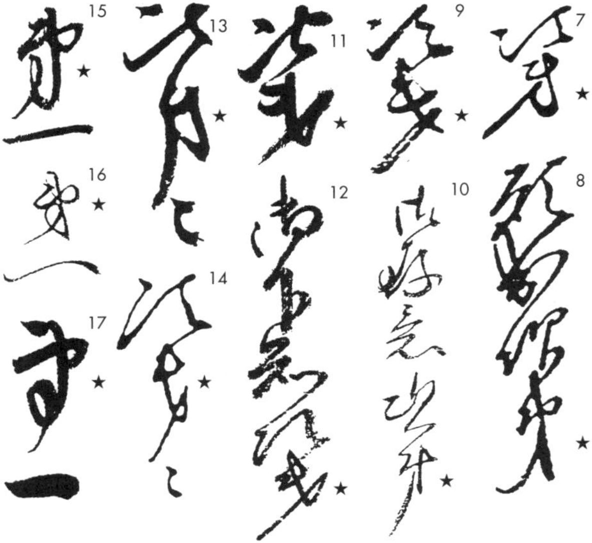

1 次第（しだい） 2 見付次第（みつけしだい） 3 次第（しだい） 4 出来次第（できしだい） 5 次第（しだい） 6 割付次第（わりつけしだい） 7 次第（しだい） 8 願出次第（ねがいいでしだい） 9 次第（しだい） 10 御存意次第（ごぞんいしだい） 11 次第（しだい） 12 御下知次第（おげちしだい） 13・14 次第ニ（しだいに） 15～17 第一（だいいち）

562

【筈】

カツ
はず

【用例】

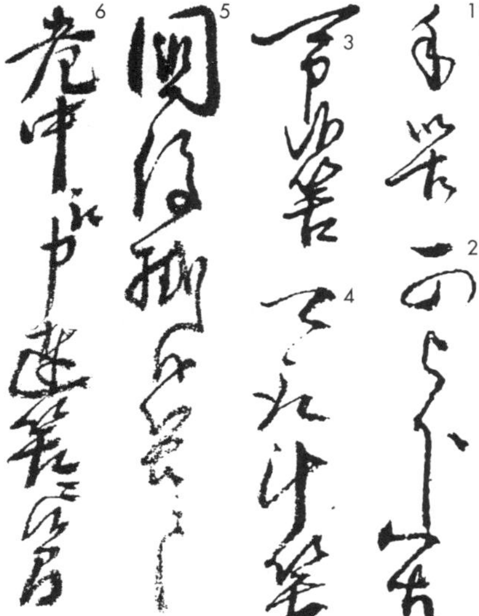

1 手筈（てはず） 2 可レ被レ下筈（くださるべくはず） 3 可レ申候筈（もうすべくそうろうはず） 4 可ニ取計一筈（とりはからうべくはず） 5 國役掛候筈ニ候（くにやくかかりそうろうはずにそうろう） 6 老中江申達筈ニ候間（ろうじゅうへもうしたっすはずにそうろうあいだ）

563
筋
キン
すじ

【用例】

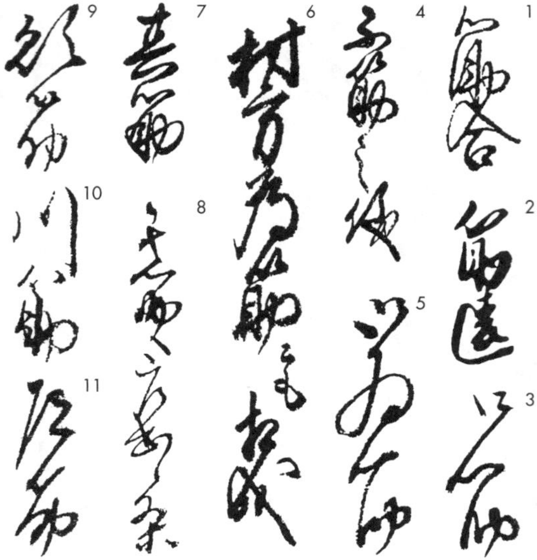

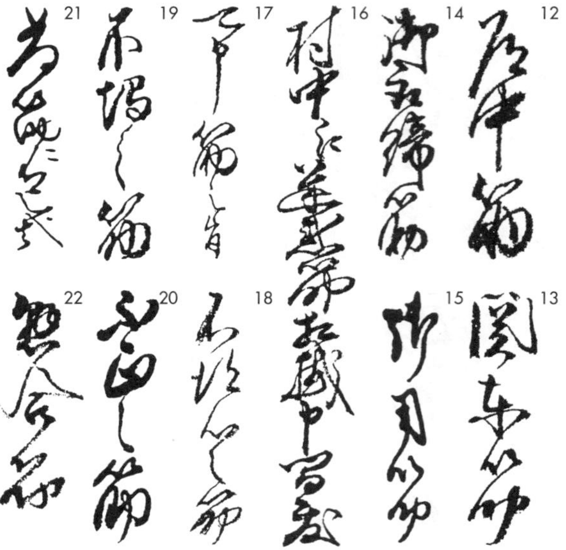

1 筋合(すじあい)　2 筋違(すじちがい)　3 御筋(おんすじ)　4 不筋之儀(ふすじのぎ)　5 御為筋(おためすじ)
6 村方為筋ニも相成(むらかたためすじにもあいなり)　7 其筋(そのすじ)　8 其筋へ差出候条(そのすじへさしだしそうろうじょう)　9 願筋(ねがいすじ)
10 川筋(かわすじ)　11 道筋(みちすじ)　12 道中筋(どうちゅうすじ)　13 関東筋(かんとうすじ)　14 御取締筋(おとりしまりすじ)　15 御用筋(ごようすじ)
16 村中江迷惑筋相掛申間敷(むらじゅうへめいわくすじあいかけもうすまじく)　17 可ㇾ申筋之旨(もうすべきすじのむね)　18 不得心之筋(ふとくしんのすじ)
19 不埒之筋(ふらちのすじ)　20 不正之筋(ふせいのすじ)　21 如何筋ニ有ㇾ之哉(いかがのすじにこれあるや)　22 懸合筋(かけあいすじ)

564
答
トウ
こたえ
こたえる

【用例】

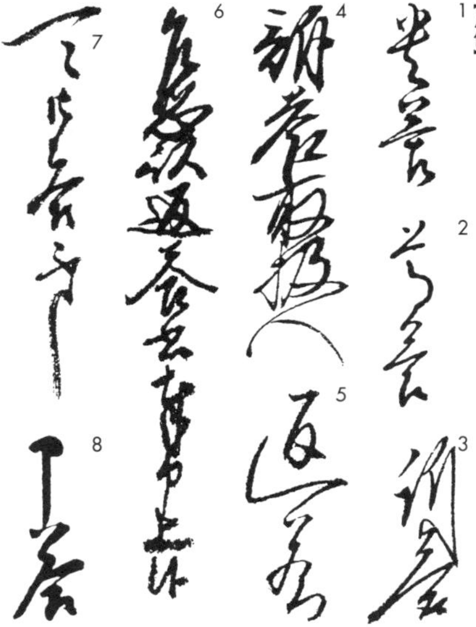

1 貴答（きとう） 2 尊答（そんとう） 3 訴答（そとう） 4 訴答取扱人（そとうとりあつかいにん） 5 返答（へんとう）
6 乍レ恐以二返答書一奉二申上一候（おそれながらへんとうしょをもってもうしあげたてまつりそうろう） 7 一々御答不レ申（いちいちおこたえもうさず）
8 申答（もうしこたえ）

565
等
トウ
ひとしい
など・ら

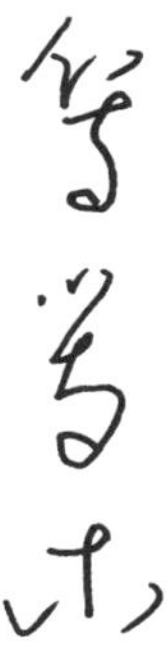

【用例】

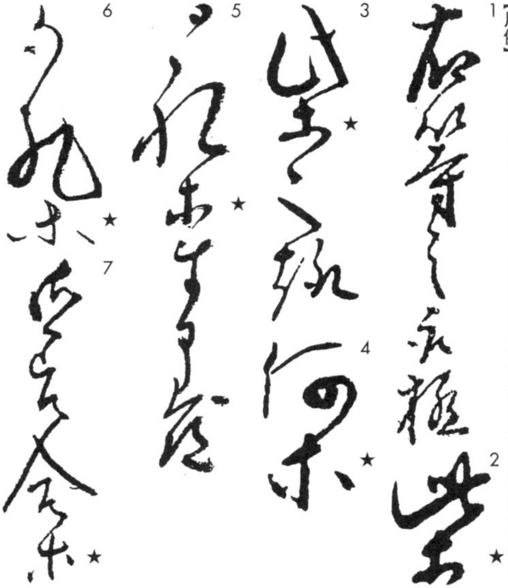

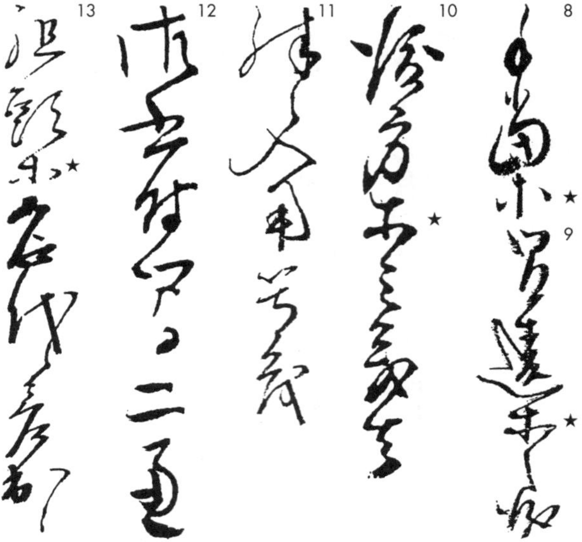

1 右等之取極（みぎなどのとりきめ） 2 此等（これら） 3 此等之趣（これらのおもむき） 4 何等（なんら） 5 御礼等奉二申上一度（おれいなどもうしあげたてまつりたく） 6 御礼等（おれいなど） 7 御差合等（おさしあいなど） 8 手當等（てあてなど） 9 間違等之儀（まちがいなどのぎ） 10 渡方等之義者（わたしかたなどのぎは） 11 殊ニ入用等茂（ことににゅうようなども） 12 御書付等二通（おかきつけなどにつう） 13 組頭等名代ニ差出候（くみがしらなどみょうだいにさしだしそうろう）

566 ［筆］

ヒツ ふで

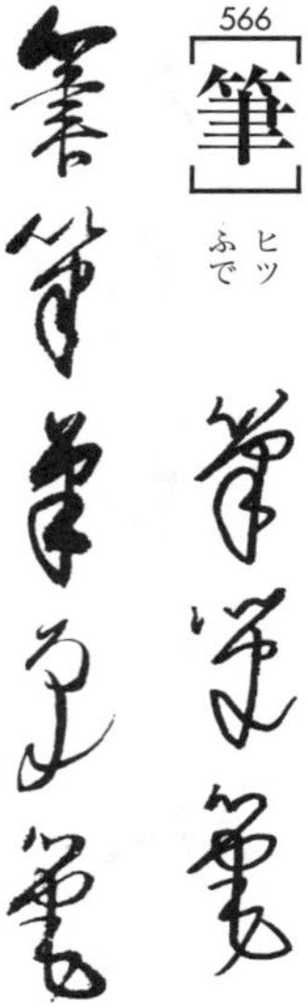

【用例】

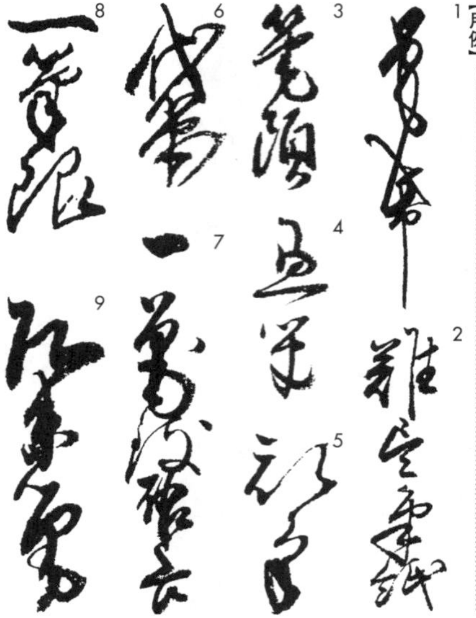

1 筆紙（ひっし） 2 難レ尽二筆紙一（ひっしにつくしがたく） 3 筆頭（ひっとう） 4 愚筆（ぐひつ） 5 乱筆（らんぴつ） 6 代筆（だいひつ） 7 一筆致二啓上一候（いっぴつけいじょういたしそうろう） 8 一筆限（いっぴつぎり） 9 乍二末筆一（まっぴつながら）

567
【節】
セツ　セチ　ふし

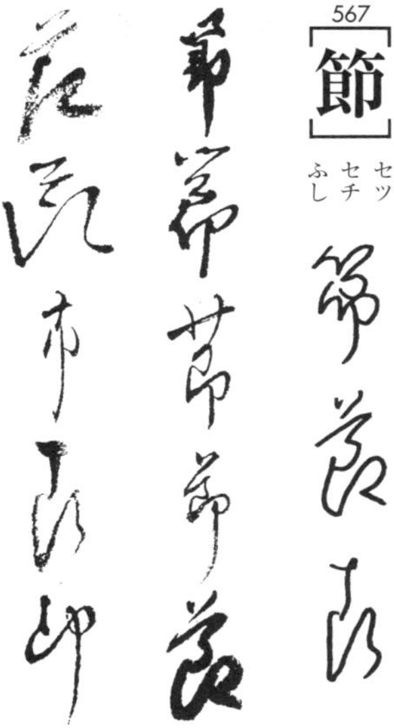

【用例】

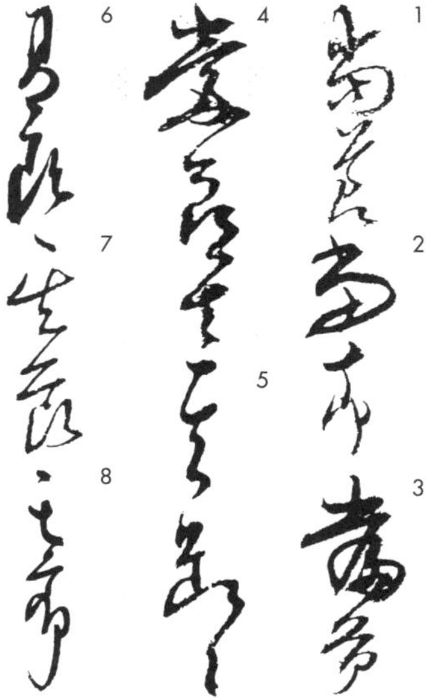

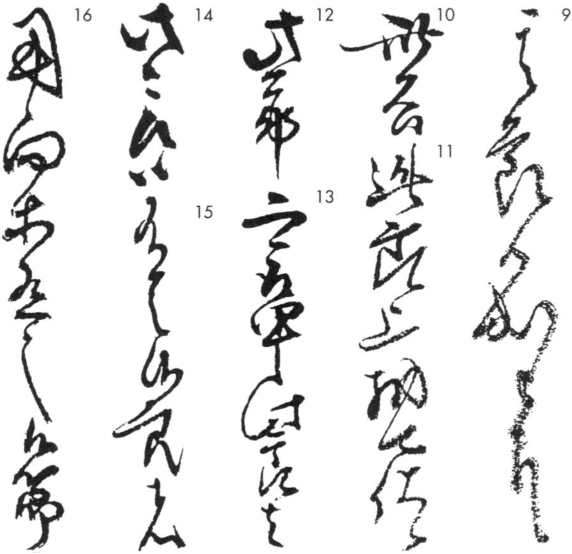

1～3 當節（とうせつ）　4 當節者（とうせつは）　5 其節者（そのせつは）　6～8 其節（そのせつ）
9 其節御出被ㇾ下候（そのせつおいでくだされそうろう）　10 此節（このせつ）　11 此節上納可ㇾ仕候（このせつじょうのうつかまつるべくそうろう）
12 此節（このせつ）　13 最早此節者（もはやこのせつは）　14 此節ハ（このせつは）　15 有ㇾ之候節者（これありそうろうせつは）
16 用向等有ㇾ之候節（ようむきなどこれありそうろうせつ）

568 箇

コ カ

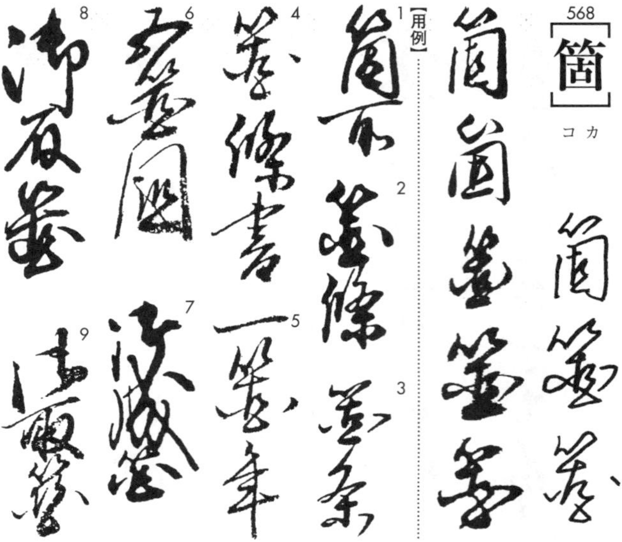

【用例】

1 箇所（かしょ） 2 箇條（かじょう） 3 箇条（かじょう） 4 箇條書（かじょうがき） 5 一箇年（いっかねん） 6 五箇國（ごかこく） 7 御成箇（おなりか） 8・9 御取箇（おとりか）

569 篤

トク
あつい

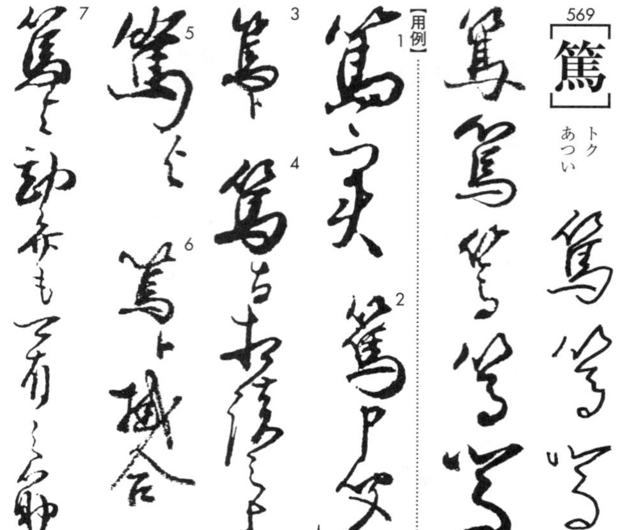

【用例】

1 篤実（とくじつ） 2 篤申聞（とくともうしきかせ） 3 篤ト（とくと） 4 篤与相談之上（とくとそうだんのうえ） 5 篤与（とくと） 6 篤ト掛合（とくとかけあい） 7 篤与勘弁も可レ有レ之筋（とくとかんべんもこれあるべきすじ）

570 簡

カン
ケン
ふだ

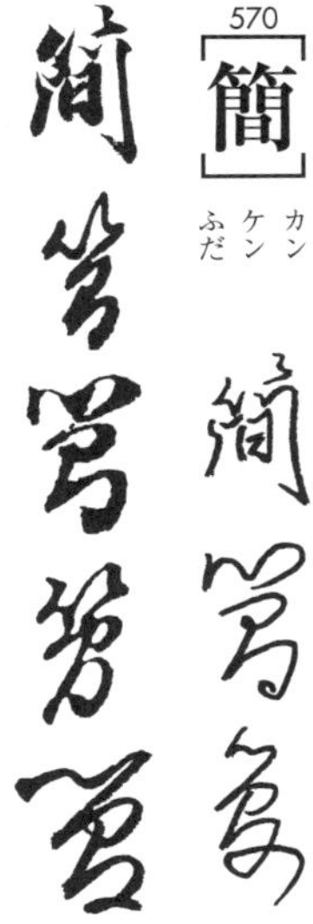

【用例】

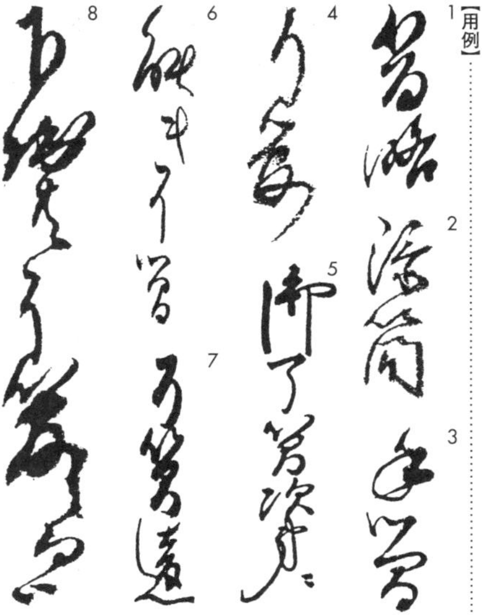

1 簡略（かんりゃく） 2 添簡（そえかん） 3 手簡（しゅかん） 4 了簡（りょうけん） 5 御了簡次第ニ（ごりょうけんしだいに）
6 能キ了簡（よきりょうけん） 7 了簡違（りょうけんちがい） 8 下拙共了簡ニ而ハ（げせつどもりょうけんにては）

571 籠

ロウ
かご
こもる

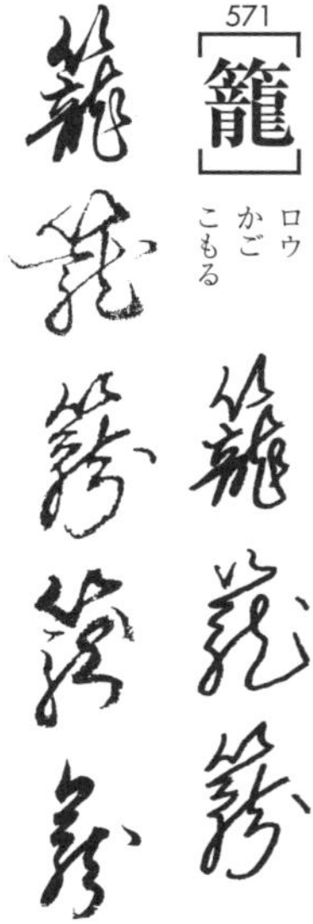

【用例】

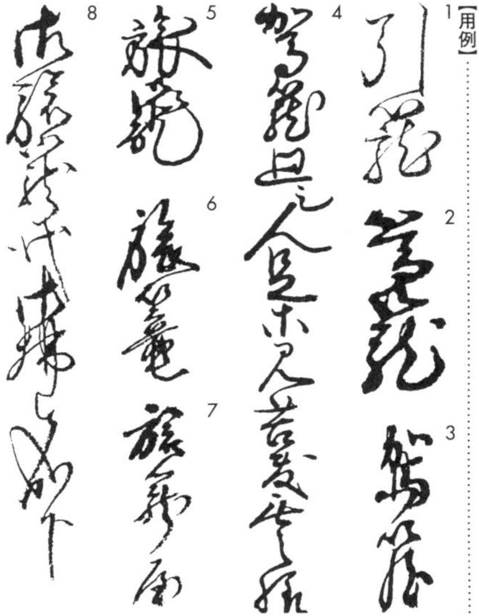

1 引籠（ひきこもる） 2・3 駕籠（かご） 4 駕籠廻シ人足等見苦敷無レ之様（かごまわしにんそくなどみぐるしくこれなきよう） 5 旅籠（はたご）
6 旅籠（はたご） 7 旅籠屋（はたごや） 8 御旅籠代御拂被二成下一（おはたごだいおはらいなしくだされ）

572 籾

もみ

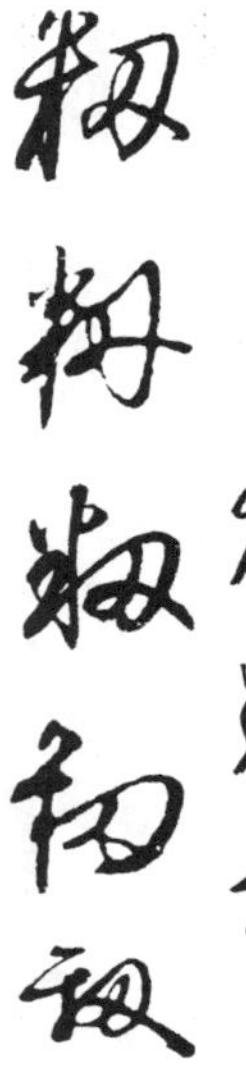

【用例】

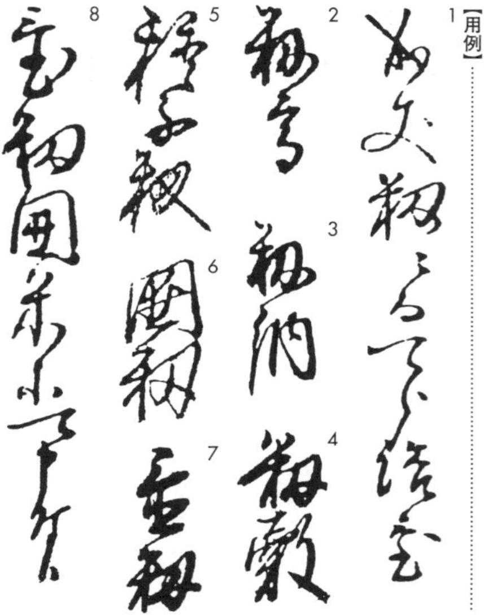

1 成丈籾二而可レ被二詰置一（なるたけもみにてつめおかるべく）
2 籾高（もみだか）
3 籾納（もみおさめ）
4 籾穀（もみこく）
5 種子籾（しゅしもみ・たねこもみ）
6 囲籾（かこいもみ）
7 置籾（おきもみ）
8 置籾・囲米等可二申付一候（おきもみ・かこいまいなどもうしつくべくそうろう）

573 精

セイ
ショウ

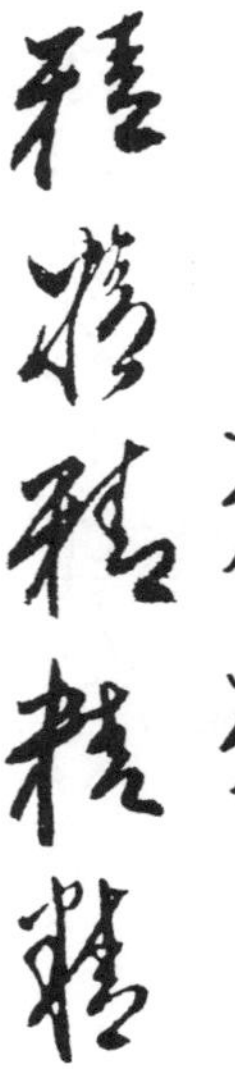

【用例】

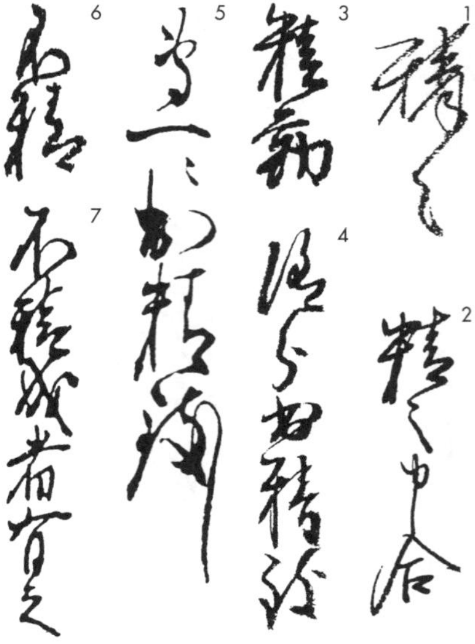

1 精々（せいぜい）
2 精々申合（せいぜいもうしあわせ）
3 精勤（せいきん）
4 随分出精致（ずいぶんしゅっせいいたし）
5 専一二出精致し（せんいつにしゅっせいいたし）
6 不精（ぶしょう）
7 不精成者有レ之（ぶしょうなるものこれあり）

574 糾

キュウ
ただす

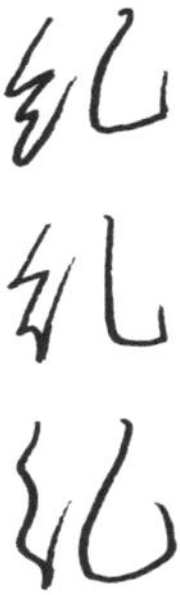

【用例】

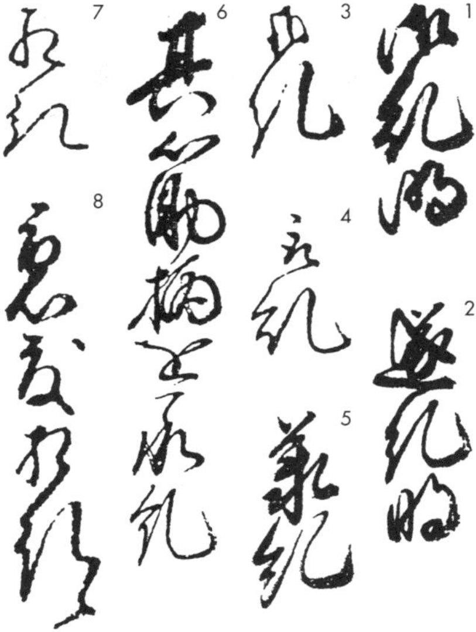

1 御糾明（ごきゅうめい） 2 遂二糾明一（きゅうめいをとげ） 3 御糾（おただし） 4 取糾（とりただす） 5 承糾（うけただす）
6 其筋柄を承糾（そのすじがらをうけただし） 7 相糾（あいただす） 8 急度相糾候（きっとあいただしそうろう）

575 約

ヤク

【用例】

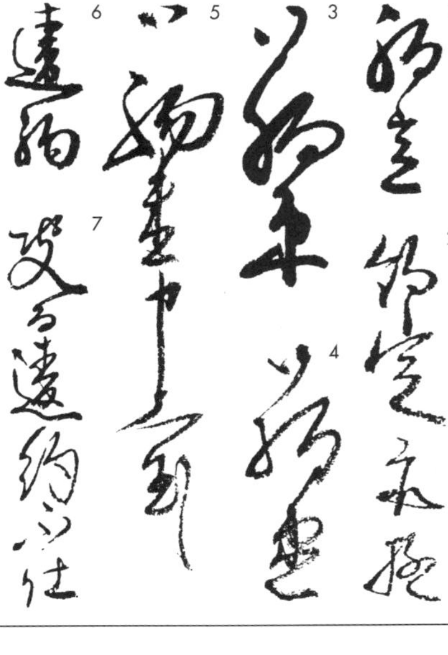

1 約定（やくじょう） 2 約定取極（やくじょうとりきめ） 3 御約束（おやくそく） 4 御約速（おやくそく） 5 御約速申上置候（おやくそくもうしあげおきそうろう）
6 違約（いやく） 7 決而違約不レ仕（けっしていやくつかまつらず）

576
紙
シ
かみ

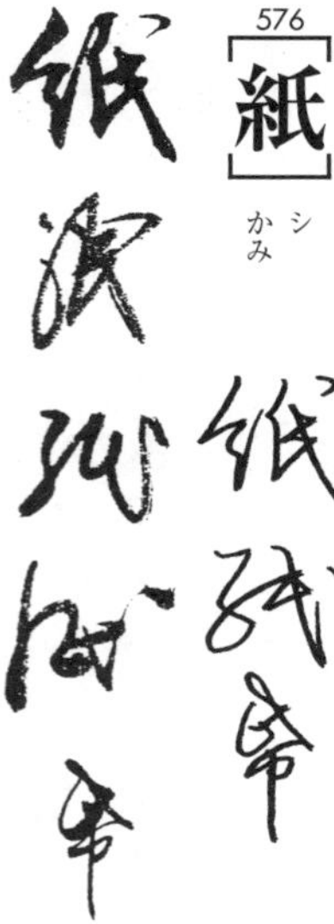

【用例】

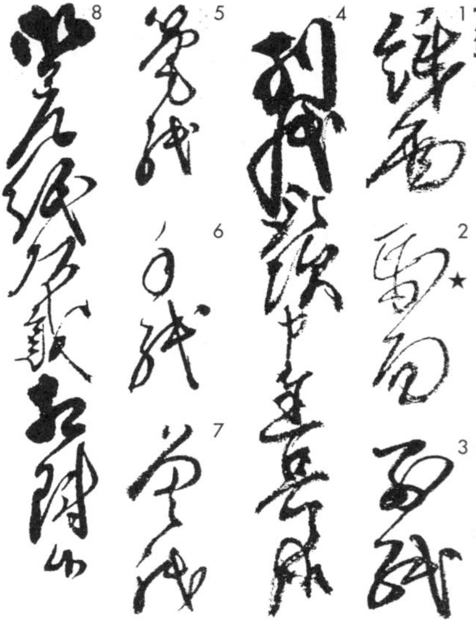

1・2 紙面(しめん)　3 別紙(べっし)　4 別紙取次申達呉候様(べっしとりつぎもうしたっしくれそうろうよう)　5 筆紙(ひっし)　6 手紙(てがみ)
7 差紙(さしがみ)　8 御差紙頂戴相附候(おさしがみちょうだいあいつけそうろう)

577
素
ソ・ス
もと
もとより

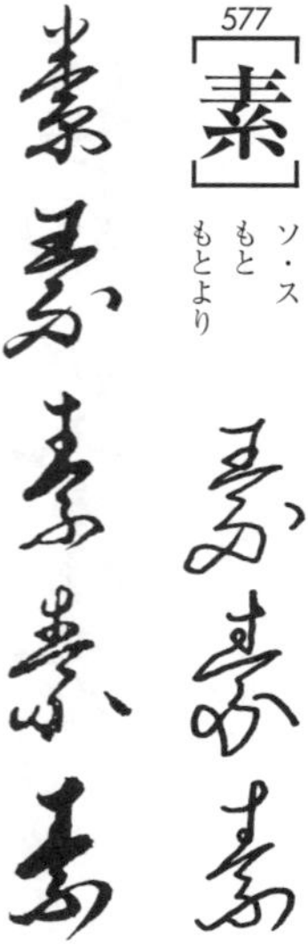

【用例】

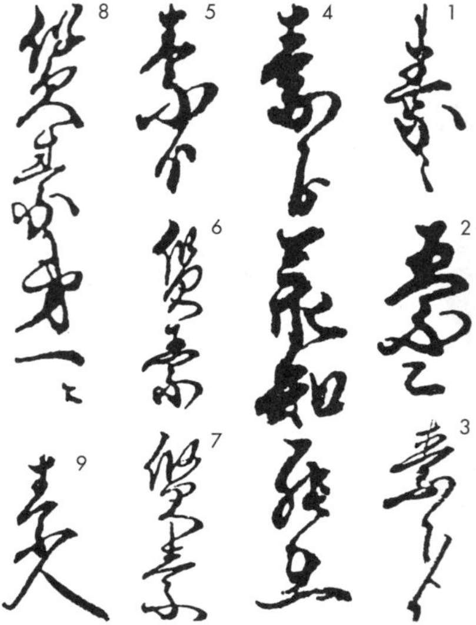

1・2 素々(もともと)　3 素々合(もともとより)　4 素合承知罷在(もとよりしょうちまかりあり)　5 素合(もとより)　6・7 質素(しっそ)
8 質素第一ニ(しっそだいいちに)　9 素人(しろうと)

578

【納】

ノウ・トウ・ナ
ナッ・ナン
おさめる

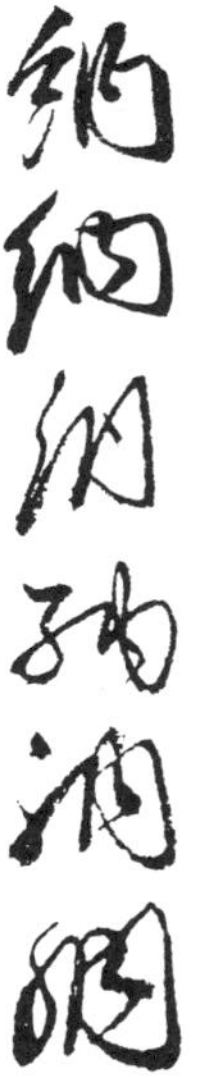

【用例】

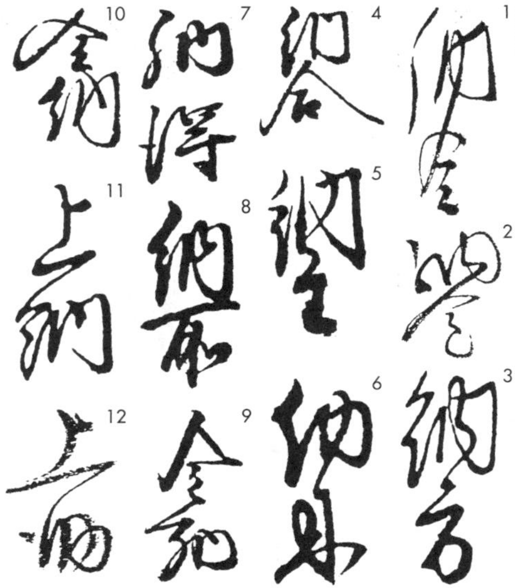

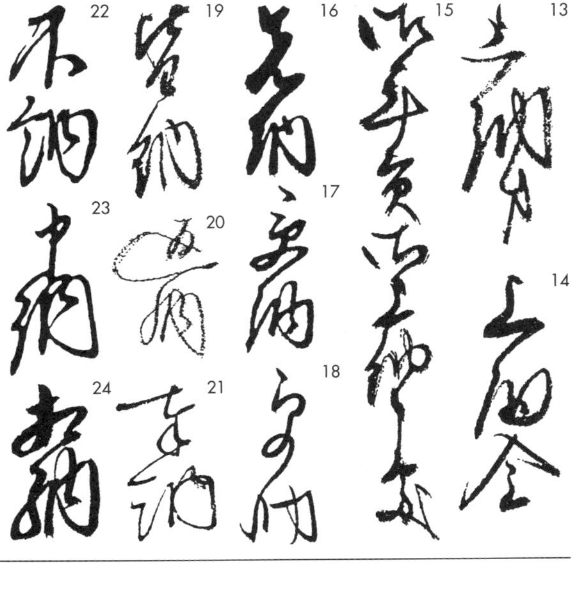

1・2 納金（おさめきん） 3 納方（おさめかた） 4 納合（おさめあわせ） 5 納主（おさめぬし） 6 納来（おさめきたる） 7 納得（なっとく）
8 納所（なっしょ） 9・10 金納（きんのう） 11・12 上納（じょうのう） 13 上納方（じょうのうかた） 14 上納金（じょうのうきん）
15 御年貢御上納申處（おねんぐごじょうのうもうすところ） 16 先納（せんのう） 17・18 受納（じゅのう） 19 皆納（かいのう） 20 返納（へんのう）
21 奉納（ほうのう） 22 不納（ふのう）／不レ納（おさめず） 23 申納（もうしおさむ） 24 相納（あいおさむ）

579
[紛]
フン まぎれ まぎれる

【用例】

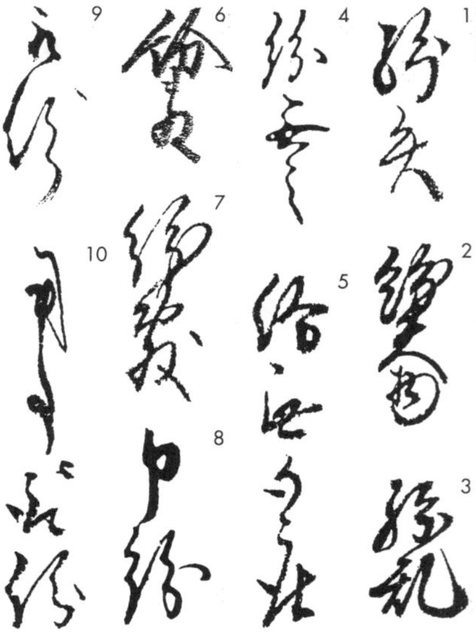

1 紛失（ふんしつ） 2 紛失物（ふんしつぶつ） 3 紛乱（ふんらん） 4 紛無レ之（まぎれこれなく） 5 紛無二御座一（まぎれござなく）
6・7 紛敷（まぎらわしく） 8 申紛（もうしまぎれ） 9 取紛（とりまぎれ） 10 用事ニ取紛（ようじにとりまぎれ）

580
[細]
サイ ほそい こまかい

【用例】

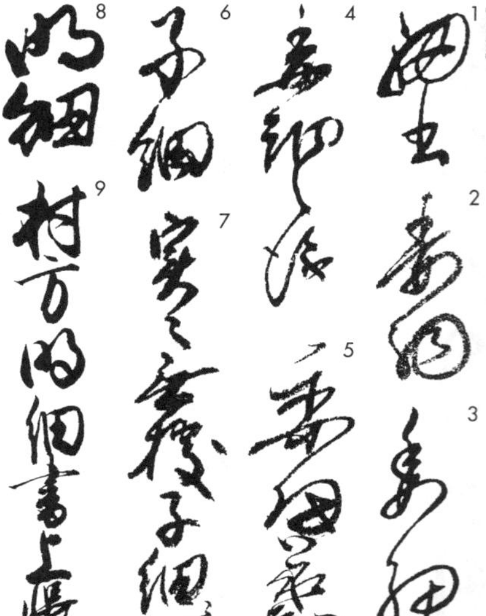

1 細書（さいしょ） 2・3 委細（いさい） 4 委細之儀（いさいのぎ） 5 委細御承知（いさいごしょうち） 6 子細（しさい）
7 実々無レ拠子細ニ而（じつじつよんどころなきしさいにて） 8 明細（めいさい） 9 村方明細書上帳（むらかためいさいかきあげちょう）

581

組

ソ
くみ
くむ

【用例】

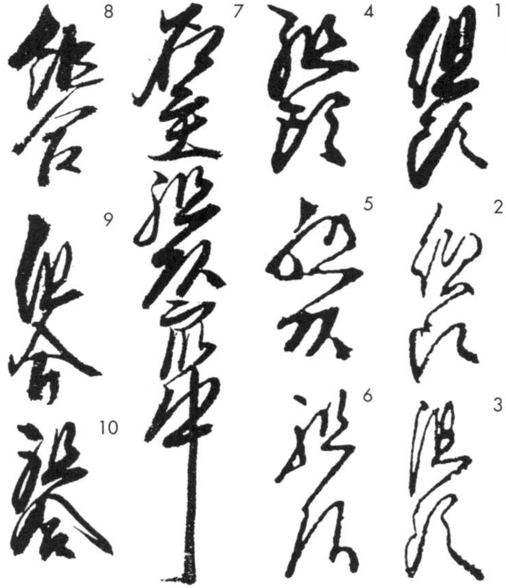

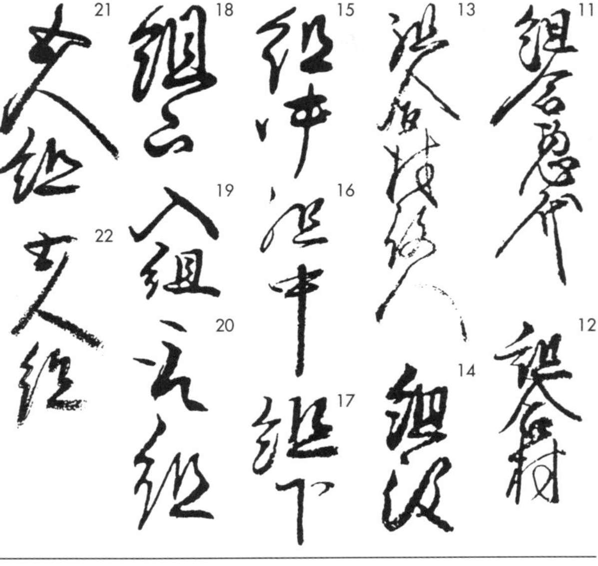

1～6 組頭(くみがしら)　7 名主(なぬし)・組頭衆中(くみがしらしゅうちゅう)　8～10 組合(くみあい)　11 組合惣代(くみあいそうだい)
12 組合村(くみあいむら)　13 組合村役人(くみあいむらやくにん)　14 組役(くみやく)　15・16 組中(くみちゅう)　17・18 組下(くみした)
19 入組(いりくみ)　20 取組(とりくみ)　21・22 五人組(ごにんぐみ)

582 絵(繪)

カイ
エ

【用例】

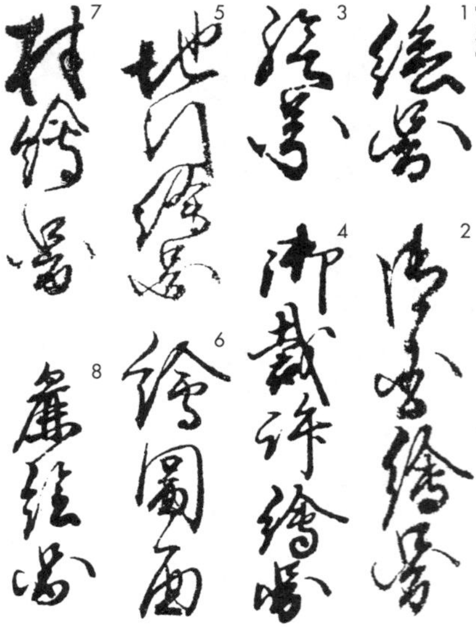

1 絵圖(えず) 2 御国繪圖(おくにえず) 3 絵圖(えず) 4 御裁許繪圖(ごさいきょえず) 5 地引繪圖(じびきえず) 6 繪圖面(えずめん) 7 村繪圖(むらえず) 8 麁絵圖(あらえず)

583 給

キュウ
たまう
たべる

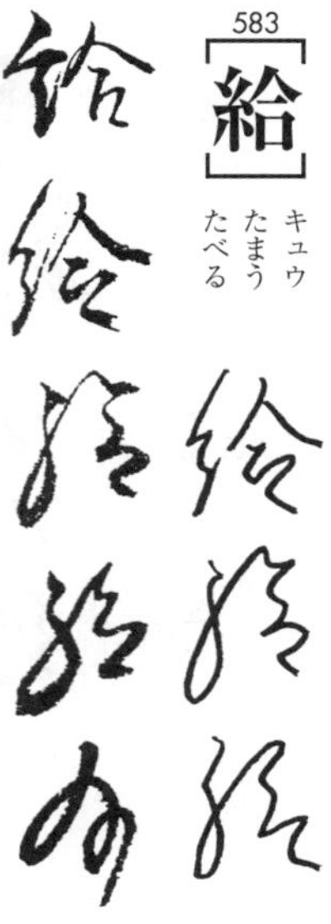

【用例】

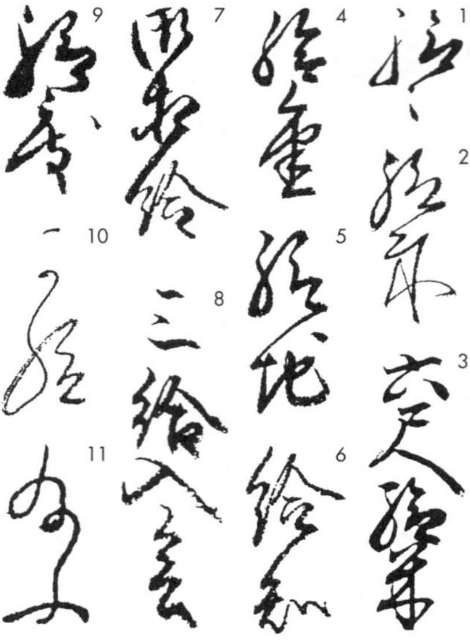

1 給々(きゅうきゅう) 2 給米(きゅうまい) 3 六尺給米(ろくしゃくきゅうまい) 4 給金(きゅうきん) 5 給地(きゅうち) 6 給知(きゅうち) 7 御相給(ごあいきゅう) 8 三給入会(さんきゅういりあい) 9 給度(たまわりたく) 10 可レ給(たまわるべく) 11 給ふ(たまふ)

584 結

ケツ・ケチ
むすぶ
ゆう

【用例】

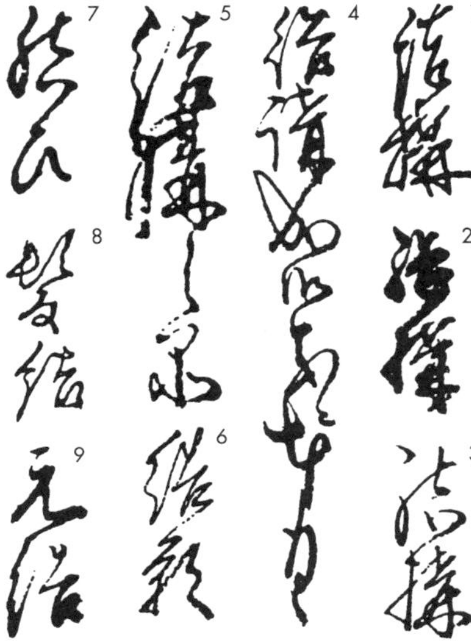

1～3 結構(けっこう)　4 結構成御義ニ奉レ存候(けっこうなるおんぎにぞんじたてまつりそうろう)　5 結構之品(けっこうのしな)　6 結願(けちがん)　7 結(むす)ひ　8 髪結(かみゆい)　9 元結(もとゆい)

585 統

トウ
すべる
おさめる

【用例】

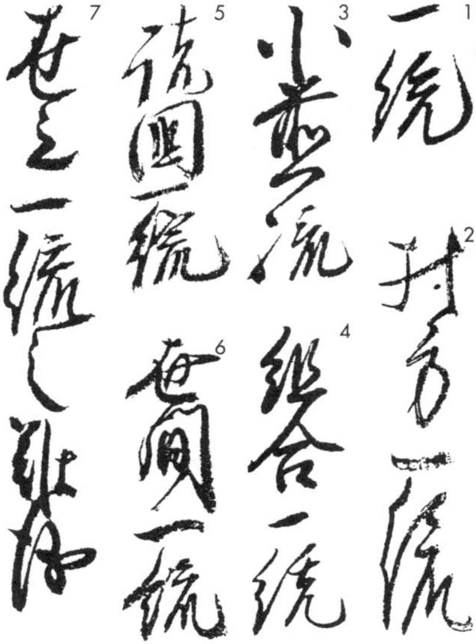

1 一統(いっとう)　2 村方一統(むらかたいっとう)　3 小前一統(こまえいっとう)　4 組合一統(くみあいいっとう)　5 諸國一統(しょこくいっとう)　6 世間一統(せけんいっとう)　7 世上一統之難儀(せじょういっとうのなんぎ)

586 継(繼)

ケイ
つぐ

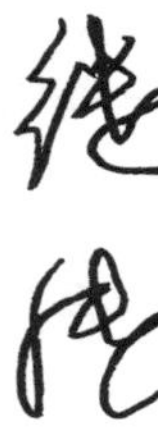

【用例】

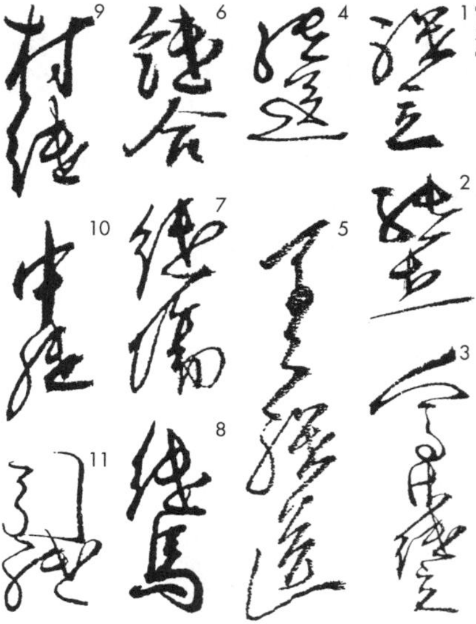

1・2 継立(つぎたて)　3 人馬御継立(じんばおつぎたて)　4 継送(つぎおくり)　5 早々継送(そうそうつぎおくり)　6 継合(つぎあい)　7 継場(つぎば)　8 継馬(つぎうま)　9 村継(むらつぎ)　10 中継(なかつぎ)　11 引継(ひきつぎ)

587 続(續)

ゾク
ショク
つづく

【用例】

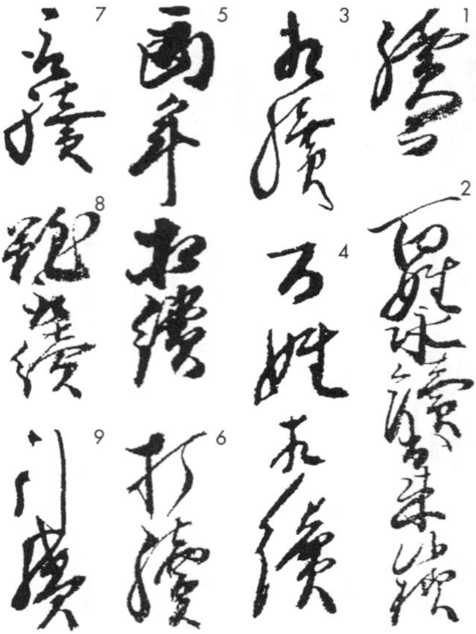

1 續而(つづいて)　2 百姓永續出来候様(ひゃくしょうえいぞくしゅったいそうろうよう)　3 相續(そうぞく)　4 百姓相續(ひゃくしょうそうぞく)　5 凶年相續(きょうねんあいつづき)　6 打續(うちつづき)　7 取續(とりつづき)　8 難㆓取續㆒(とりつづきがたく)　9 引續(ひきつづき)

588
綿
メン
わた

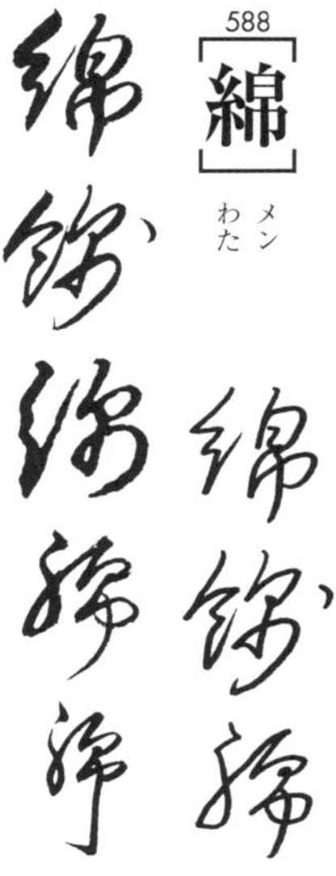

【用例】

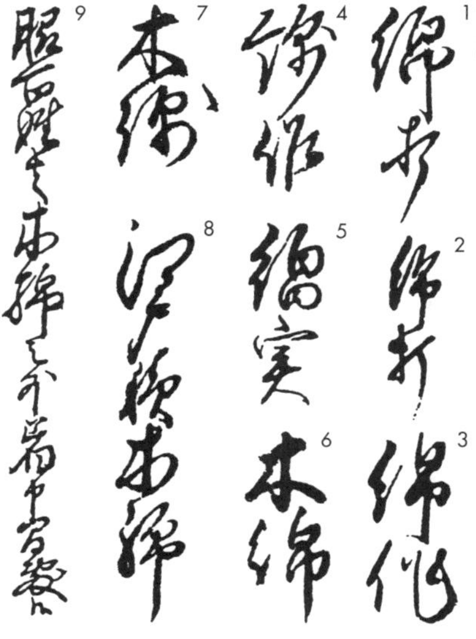

1・2 綿打（わたうち） 3・4 綿作（わたさく） 5 綿実（わたのみ） 6・7 木綿（もめん） 8 江戸積木綿（えどづみもめん）
9 脇百姓者木綿之外着申間敷候（わきびゃくしょうはもめんのほかきもうすまじくそうろう）

589
網
モウ
ボウ
あみ

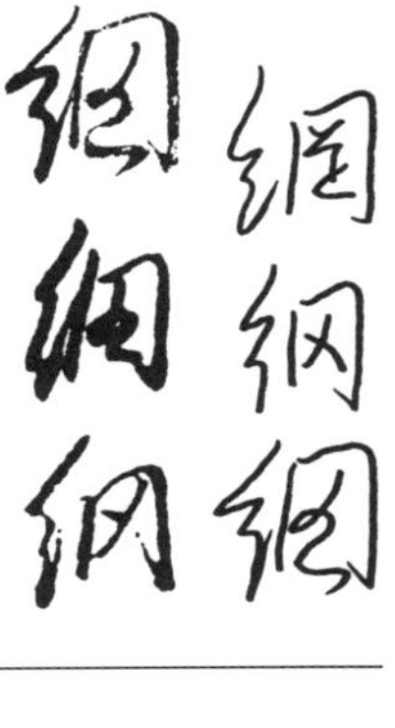

【用例】

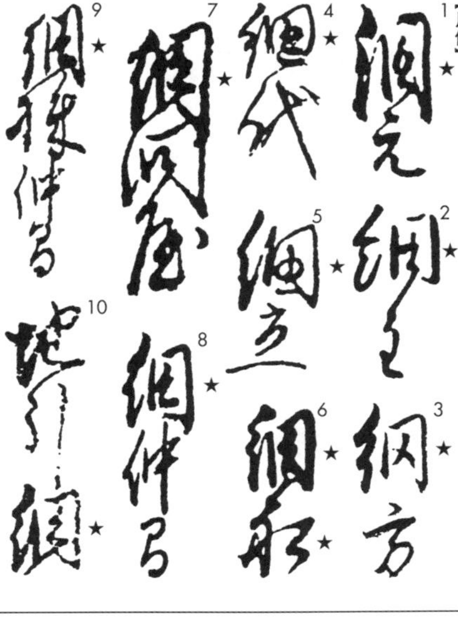

1 網元（あみもと） 2 網主（あみぬし） 3 網方（あみかた） 4 網代（あじろ） 5 網立（あみたて） 6 網船（あみふね） 7 網問屋（あみといや）
8 網仲間（あみなかま） 9 網株仲間（あみかぶなかま） 10 地引網（じびきあみ）

590 縁

エン
ふち・へり
ゆかり

【用例】

1 縁家（えんか）
2 縁類（えんるい）
3 縁者（えんじゃ）
4 縁談（えんだん）
5 縁組（えんぐみ）
6 縁付（えんづく）
7 縁切（えんきり）
8 縁邊（えんぺん）
9 離縁（りえん）
10 地縁（ちえん）
11 所縁（しょえん）
12 両縁（りょうべり）

591 締

テイ／しめ
しまる
しめる

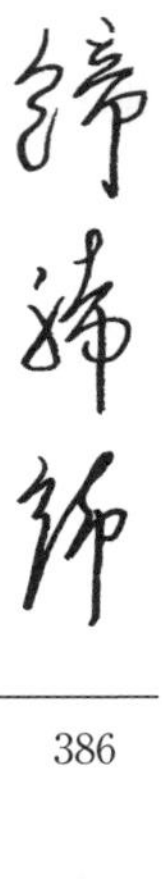

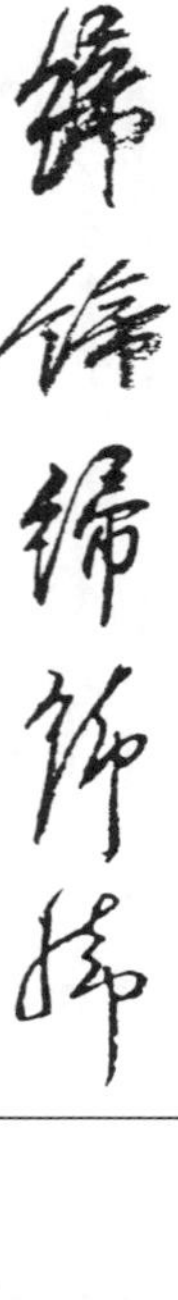

【用例】

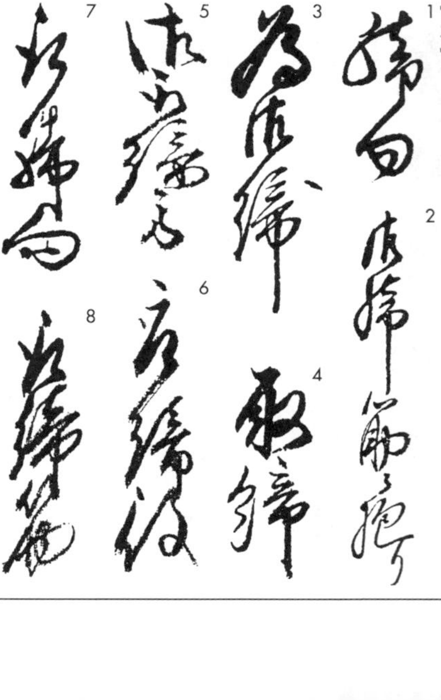

1 締向（しまりむき）
2 御締筋ニ抱リ（おしまりすじにかかわり）
3 為二御締一（おしまりとして）
4 取締（とりしまり）
5 御取締方（おとりしまりかた）
6 取締役（とりしまりやく）
7 取締向（とりしまりむき）
8 取締筋（とりしまりすじ）

592 縦（縱）

ジュウ
たて・たとい
たとえ

【用例】

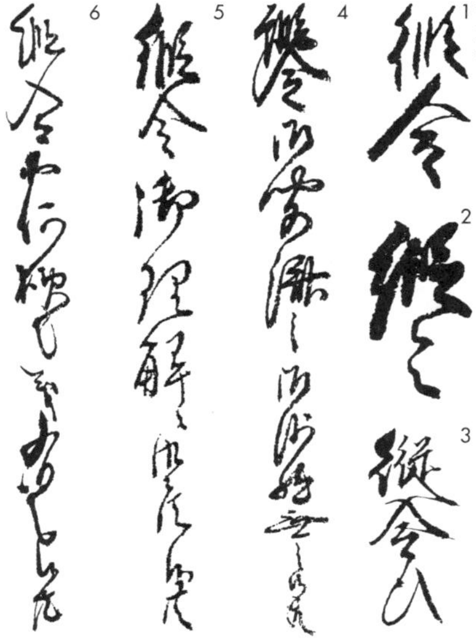

1・2 縦令（たとえ／たとい）　3 縦令ひ（たとひ）　4 縦令御聞済之御沙汰無レ之候共（たといおききすましのごさたこれなくそうろうとも）　5 縦令御理解ニ御座候共（たといごりかいにござそうろうとも）　6 縦令如何様之義有レ之候共（たといいかようのぎこれありそうろうとも）

593 繁

ハン
しげる

【用例】

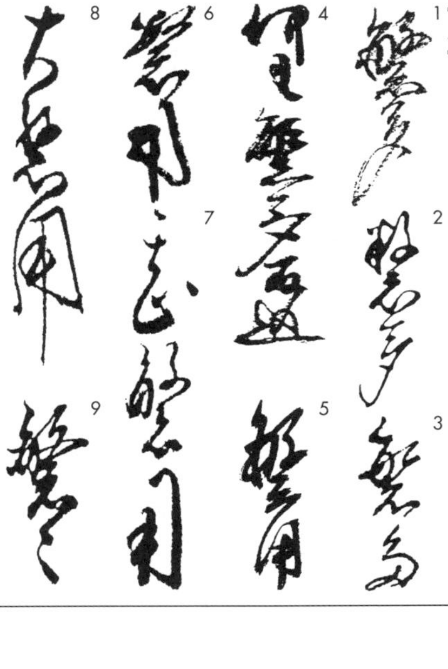

1〜3 繁多（はんた）　4 何も繁多取込（いずれもはんたとりこみ）　5・6 繁用（はんよう）　7 甚繁用（はなはだはんよう）　8 大繁用（だいはんよう）　9 繁々（しげしげ）

594
繕
ゼン
つくろう

【用例】

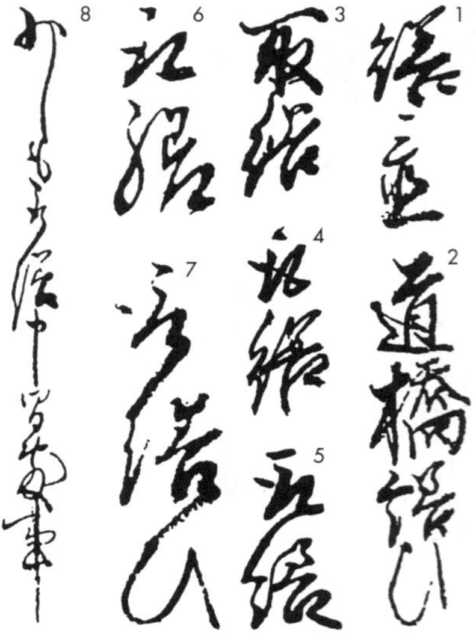

1 繕置（つくろいおき） 2 道橋繕ひ（どうきょうつくろひ） 3～6 取繕（とりつくろう） 7 取繕ひ（とりつくろひ）
8 少しも取繕中間敷事（すこしもとりつくろいもうすまじきこと）

595
置
チ
おく

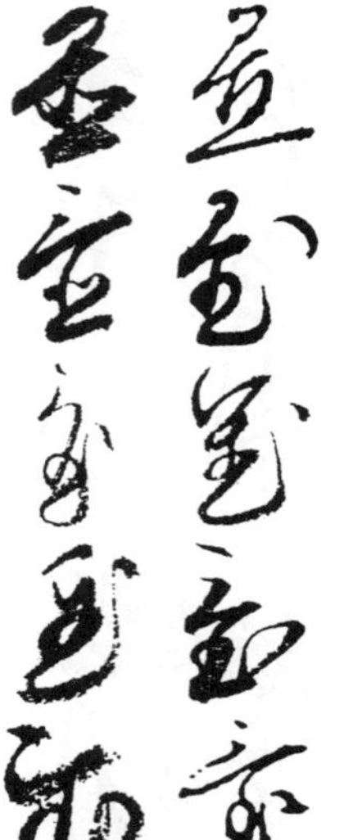

【用例】

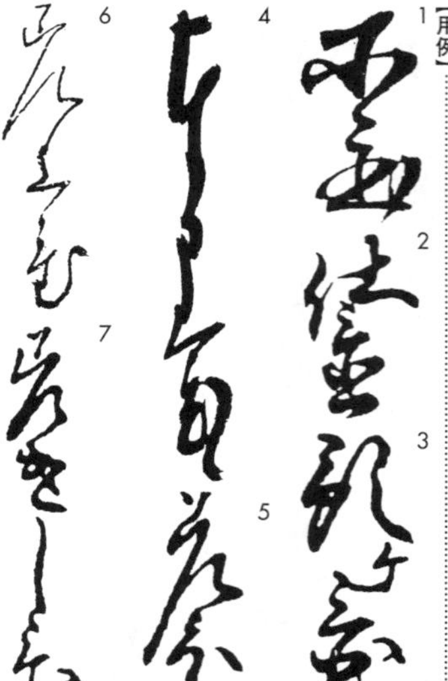

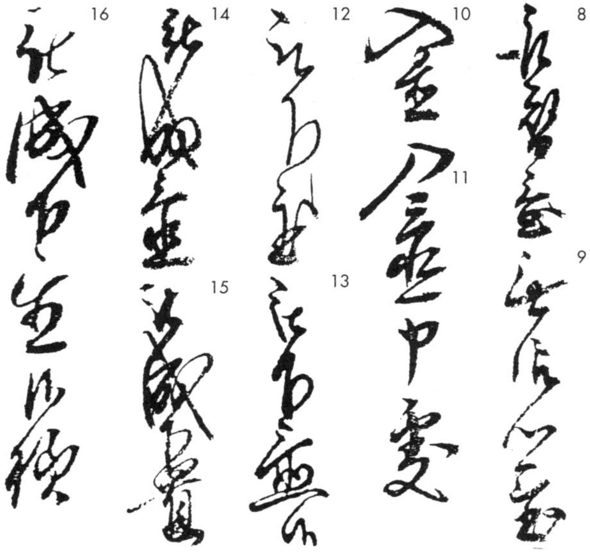

8 9 10 11 12 13 14 15 16

1 所置（しょち） 2 仕置（しおき） 3 預ケ置（あずけおく） 4 奉二申上一置候（もうしあげたてまつりおきそうろう） 5 差置（さしおく）
6 差上置（さしあげおく） 7 差遣し置（さしつかわしおく） 8 取替置（とりかえおく） 9 無二御心置一（おこころおきなく） 10 入置（いれおく）
11 入置申處（いれおきもうすところ） 12 被二下置一（くだしおかれ） 13 被二下置一候（くだしおかれそうろう） 14 被二成置一（なしおかれ）
15 被二成下置一（なしくだしおかれ） 16 被二成下置一候様（なしくだしおかれそうろうよう）

596 ［罷］

ヒ
まかる
やめる

【用例】

1 2 3 4 5 6 7 8

1～6 罷出（まかりいず）　7 御届二罷出候処（おとどけにまかりいでそうろうところ）　8・9 罷成（まかりなる）
10 御為二罷成候様（おんためにまかりなりそうろうよう）　11・12 罷在（まかりあり）　13 罷有（まかりあり）
14 段々心懸罷在候得共（だんだんこころがけまかりありそうらえども）　15～17 罷越（まかりこす）　18 罷過（まかりすごす／まかりすぎる）　19 罷立（まかりたつ）
20 罷下（まかりくだる）

597
［着］
チャク
きる
つく

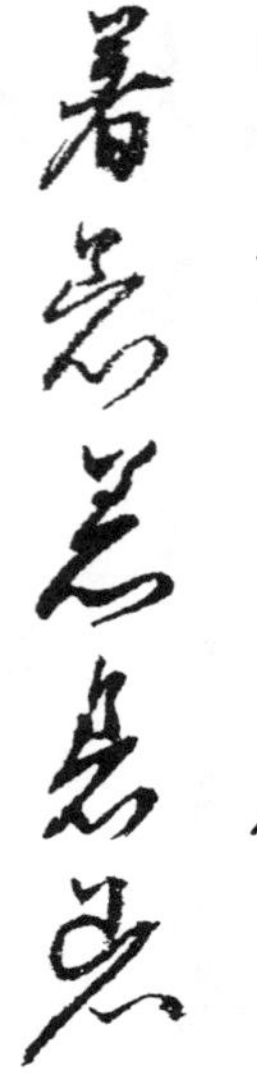

【用例】

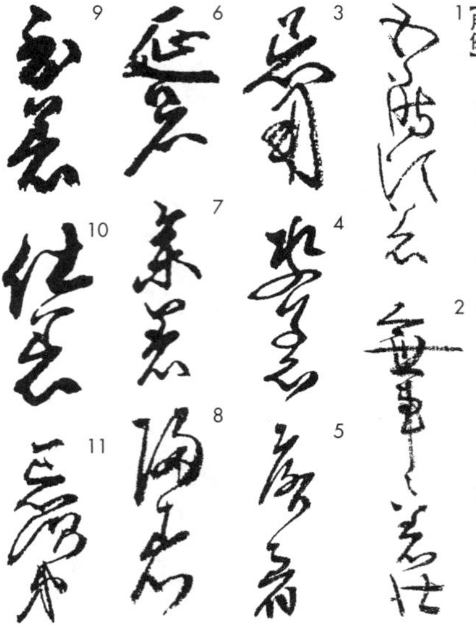

1 五ツ時頃着（いつつどきごろちゃく）　2 無事ニ着仕（ぶじにちゃくつかまつり）　3 着用（ちゃくよう）　4 決着（けっちゃく）　5 落着（らくちゃく）
6 延着（えんちゃく）　7 参着（さんちゃく）　8 帰着（きちゃく）　9 到着（とうちゃく）　10 仕着（しきせ）
11 着次第（つきしだい）

598 義

ギ　よし

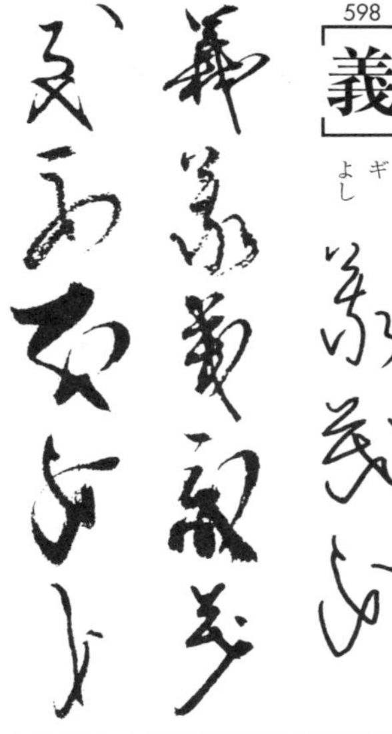

【用例】

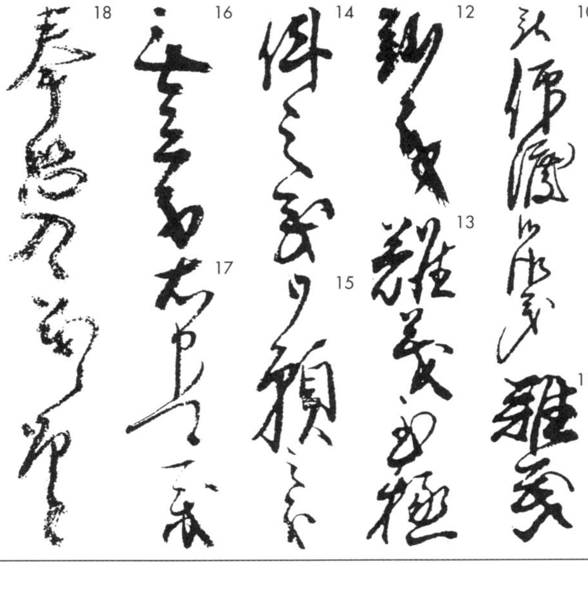

1〜3 此義(このぎ)　4 公義(こうぎ)　5 御公義(ごこうぎ)　6・7 役義(やくぎ)　8 不義(ふぎ)　9 御義(おんぎ)

10 被二仰渡一候御義(おおせわたされそうろうおんぎ)　11・12 難義(なんぎ)　13 難義至極(なんぎしごく)　14 件之義(くだんのぎ)

15 御願之義(おねがいのぎ)　16 無レ之義(これなきぎ)　17 右申上候義(みぎもうしあげそうろうぎ)

18 奉二恐入一候義ニ御坐候(おそれいりたてまつりそうろうぎにござそうろう)

599
老
ロウ　おいる　ふける

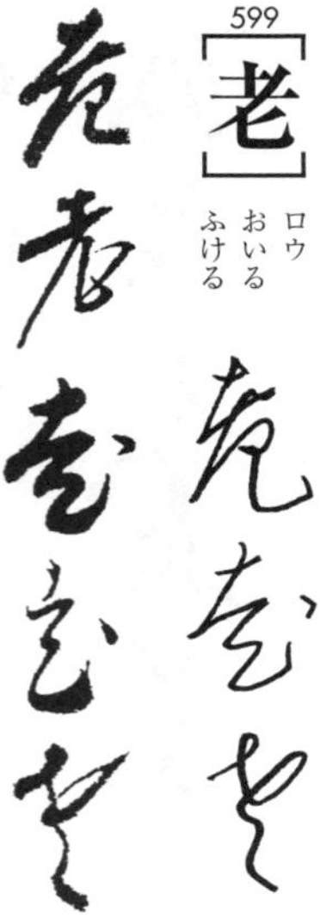

【用例】

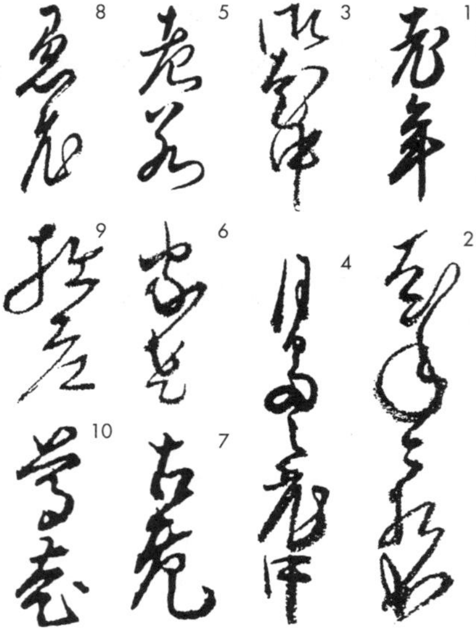

1 老年（ろうねん）
2 老年二相成（ろうねんにあいなり）
3 御老中（ごろうじゅう）
4 月番之老中（つきばんのろうじゅう）
5 老若（ろうにゃく）
6 家老（かろう）
7 古老（ころう）
8 愚老（ぐろう）
9 拙老（せつろう）
10 尊老（そんろう）

600
者
シャ　もの　は

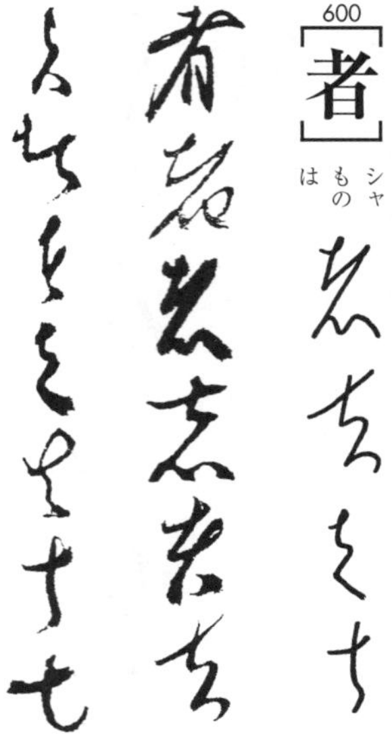

【用例】

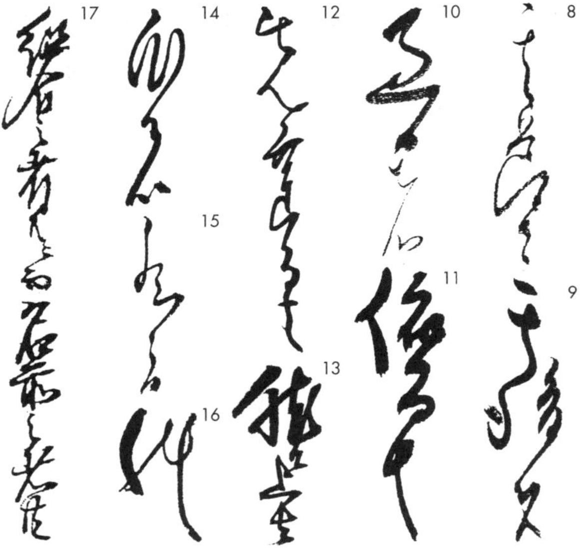

1 達者(たっしゃ)　2 右者(みぎは)　3 先者(まずは)　4 右ニ付而者(みぎについては)　5・6 左候得者(さそうらえば)
7 左候へ者(さそうらえば)　8 其節者(そのせつは)　9 其後者(そのごは)　10 過日者(かじつは)　11 依而者(よっては)
12 先達而者(せんだっては)　13 然ル上者(しかるうえは)　14〜16 然者(しかれば・しからば)
17 組合之者共ニ而名前之者共(くみあいのものどもにてなまえのものども)

601
［而］
ジ・ニ
しかして
のみ・て

【用例】

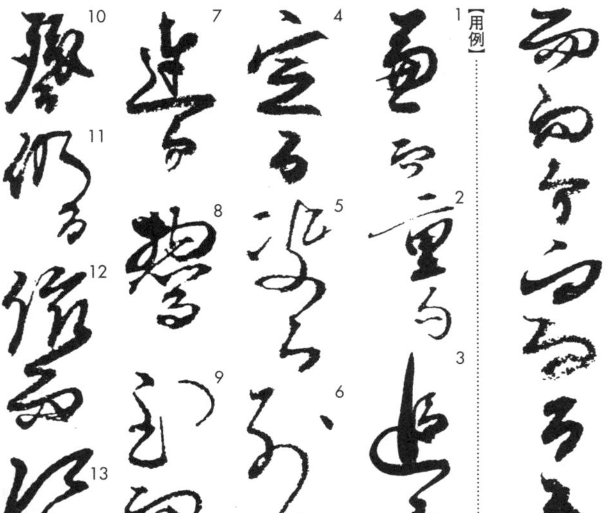

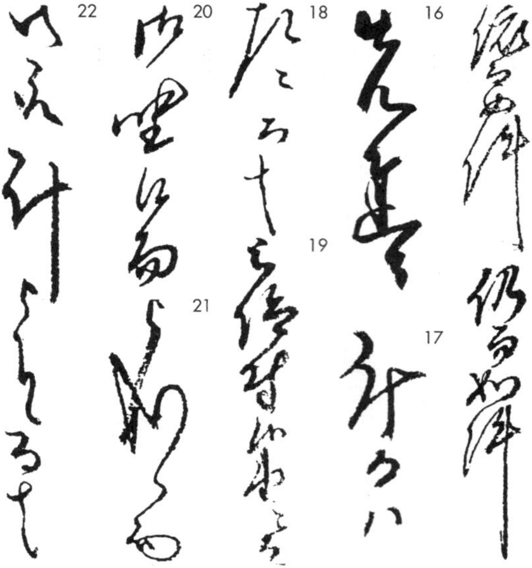

1 兼而（かねて）　2 重而（かさねて）　3 追而（おって）　4 定而（さだめて）　5 決而（けっして）　6 別而（べっして）　7 達而（たって）

8 惣而（すべて・そうじて）　9 至而（いたって）　10 残而（のこして）　11 仍而（よって）　12 依而（よって）　13 次而（ついで）

14 依而如レ件（よってくだんのごとし）　15 仍而如レ件（よってくだんのごとし）　16 先達而（せんだって）　17 付而ハ（ついては）　18 左二而者（さにては）

19 被二仰付一候由二而（おおせつけられそうろうよしにて）　20 御坐候而（ござそうらいて・ござそうろうて）　21 被レ成候而（なされそうろうて）

22 御取計被レ下候而者（おとりはからいくだされそうろうては）

602

［聊］

リュウ　いささか

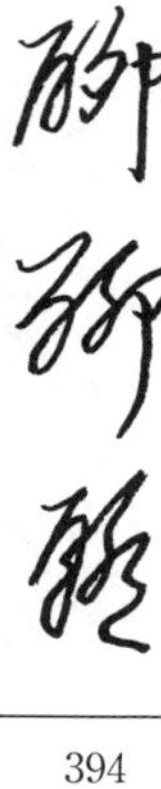

【用例】

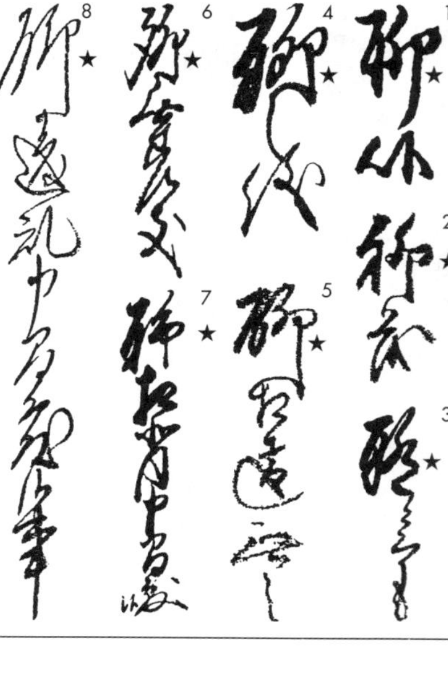

1 聊以（いささかもって）　2 聊茂（いささかも）　3 聊二而も（いささかにても）　4 聊之儀（いささかのぎ）　5 聊相違無レ之（いささかそういこれなく）

6 聊無二差支一（いささかさしつかえなく）　7 聊相背申間敷候（いささかあいそむきもうすまじくそうろう）

8 聊違乱申間敷候事（いささかいらんもうすまじくそうろうこと）

603

聢

しかと

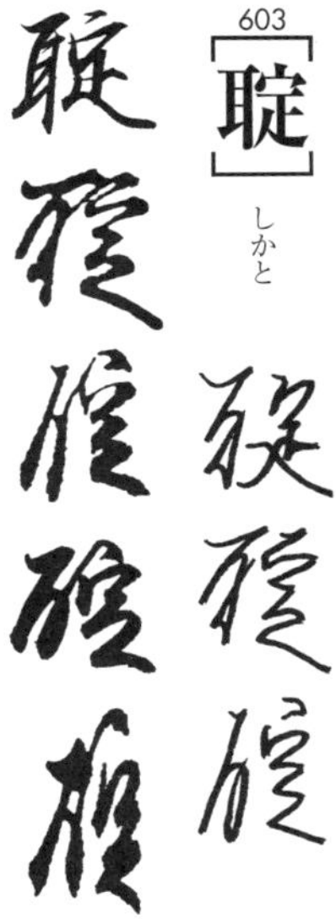

【用例】

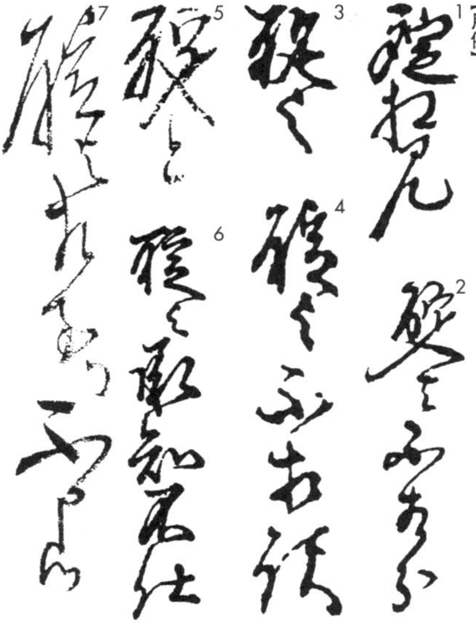

1 聢相見（しかとあいみえ）　2 聢与不二相分一（しかとあいわからず）　3 聢与（しかと）　4 聢与不二相訳一（しかとあいわからず）　5 聢と（しか）

6 聢与承知不レ仕（しかとしょうちつかまつらず）　7 聢与相分リ不レ申候（しかとあいわかりもうさずそうろう）

604

聞

ブン・モン
きく・きこえ
きこえる

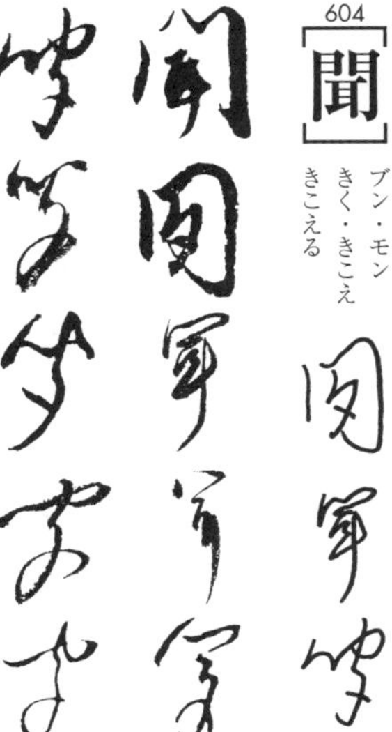

【用例】

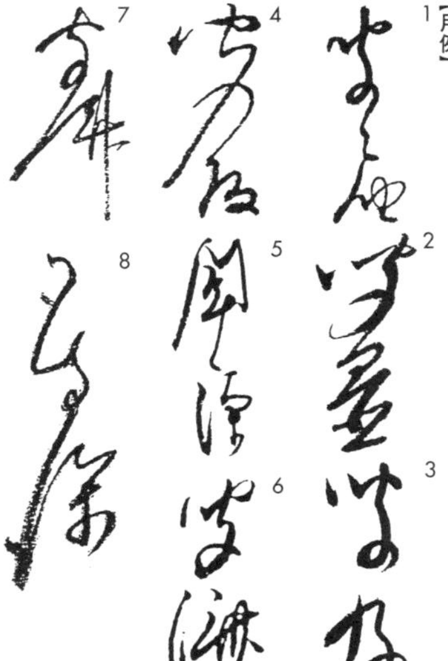

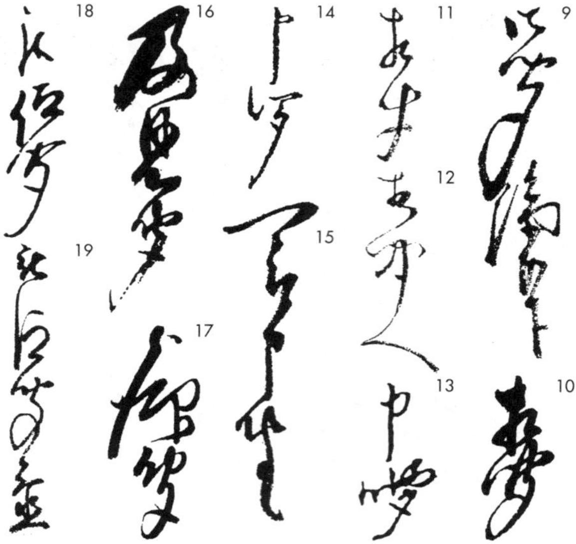

1 聞届（ききとどけ） 2 聞置（ききおく） 3 聞及（ききおよぶ） 4 聞取（ききとる） 5～7 聞済（ききすます） 8 御聞済（おききすます）

9 御聞済 被レ下（おききすましくだされ） 10・11 相聞（あいきこゆ） 12 相聞へ（あいきこえ） 13・14 申聞（もうしきける／もうしきかす）

15 可レ被二申聞一候（もうしきかさるべくそうろう） 16 及二見聞一（けんぶんにおよび／みききにおよび） 17・18 被二仰聞一（おおせきかされ） 19 被二仰聞置一（おおせきかしおかれ）

605

聟

セイ
むこ

【用例】

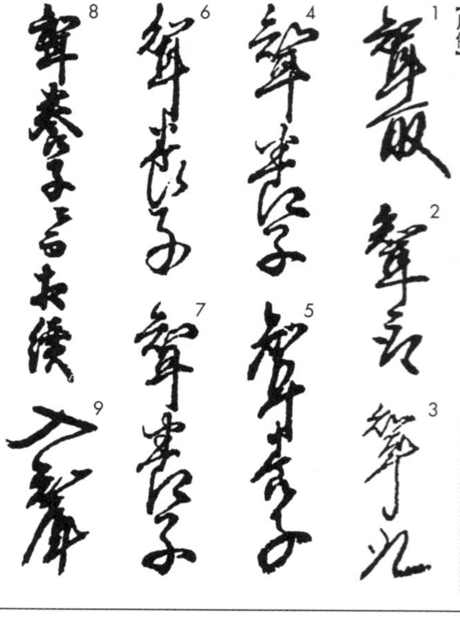

1～3 聟取（むことり） 4～7 聟養子（むこようし） 8 聟養子ニ而相續（むこようしにてそうぞく） 9 入聟（いりむこ）

606 肝

カン
きも

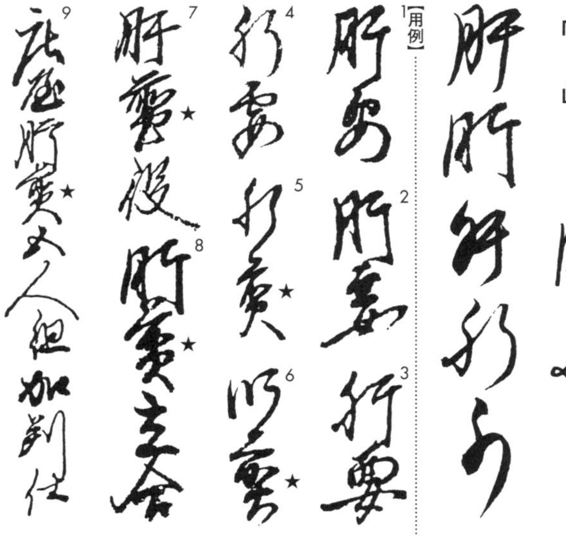

【用例】

1〜4 肝要(かんよう) 5・6 肝煎(きもいり) 7 肝煎役(きもいりやく) 8 肝煎立合(きもいりたちあい)
9 庄屋(しょうや)・肝煎(きもいり)・五人組(ごにんぐみ)加判仕(かはんつかまつり)

607 肴

コウ
さかな

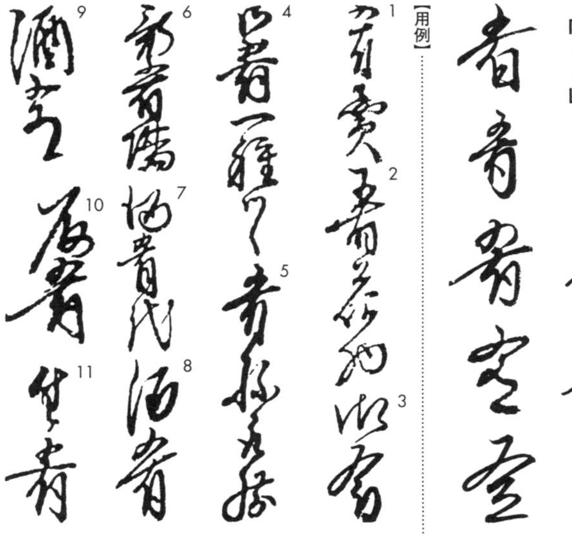

【用例】

1 肴賣(さかなうり) 2 肴荷物(さかなにもつ) 3 御肴(おさかな) 4 御肴一種ツヽ(おさかないっしゅづつ) 5 肴抔取揃(さかななどとりそろえ)
6 新肴場(しんさかなば) 7 酒肴代(しゅこうだい) 8・9 酒肴(しゅこう) 10 取肴(とりざかな) 11 生肴(きざかな)

608 背

ハイ せ そむく

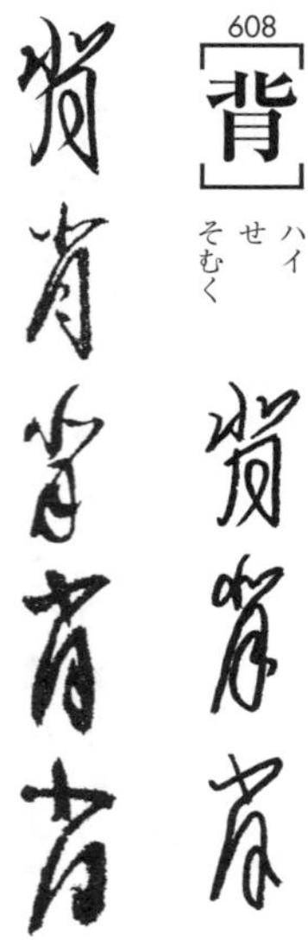

【用例】

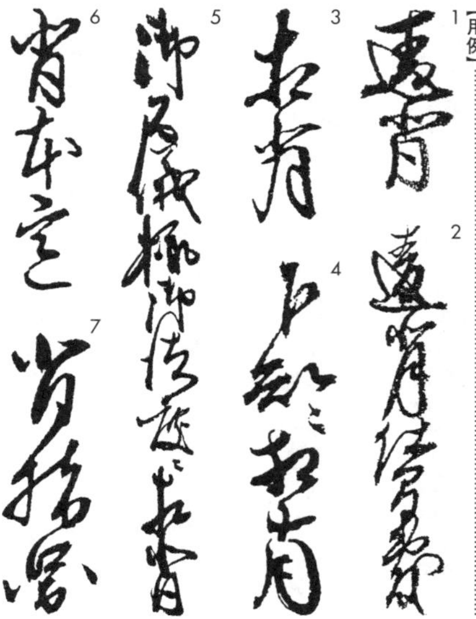

1 違背（いはい）　2 違背仕間敷（いはいつかまつるまじく）　3 相背（あいそむく）　4 下知ニ相背（げちにあいそむき）　5 御公儀様御法度ニ相背（ごこうぎさまごはっとにあいそむき）　6 背二本意一（ほんいにそむき）　7 背二指圖一（さしずにそむき）

609 脇

キョウ わき

【用例】

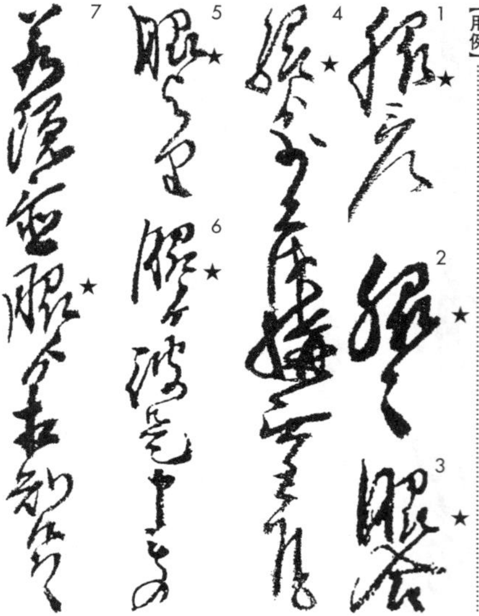

1 脇差（わきざし）　2 脇々（わきわき）　3 脇合（わきあい）　4 脇ゟ少茂構無二御座一候（わきよりすこしもかまいござなくそうろう）　5 脇より（わき）　6 脇ゟ彼是申もの（わきよりかれこれもうす）　7 若隠置、脇ゟ相知候ハヽ（もしかくしおき、わきよりあいしれそうらわば）

610 【能】

ノウ
あたう
よく

【用例】

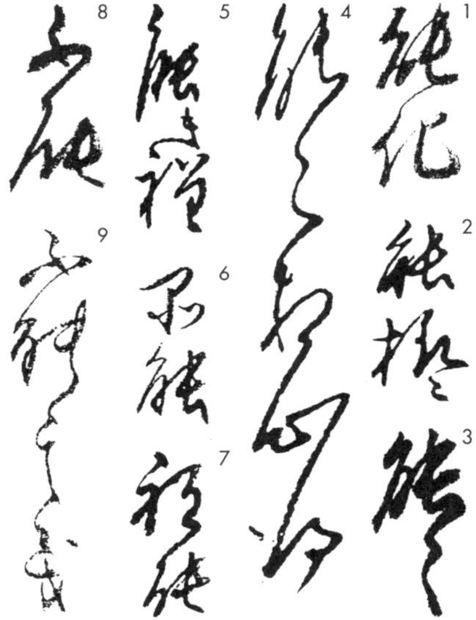

1 能化（のうけ） 2 能様ニ（よきように） 3 能々（よくよく） 4 能々相心得（よくよくあいこころえ） 5 能キ程（よきほど） 6 品能（しなよし） 7 程能（ほどよし） 8 不レ能（あたわず） 9 不レ能二其義一（そのぎにあたわず）

611 【脚】

キャク
キャ
あし

【用例】

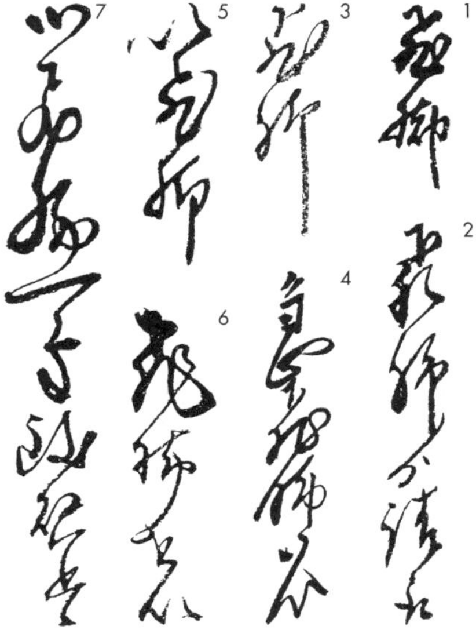

1 飛脚（ひきゃく） 2 飛脚ゟ請取（ひきゃくよりうけとり） 3 飛脚（ひきゃく） 4 急飛脚ヲ以（きゅうびきゃくをもって） 5 以二飛脚一（ひきゃくをもって） 6 飛脚を以（ひきゃくをもって） 7 以二飛脚一一筆致二啓上一候（ひきゃくをもっていっぴつけいじょういたしそうろう）

612 腹

フク　プク　はら

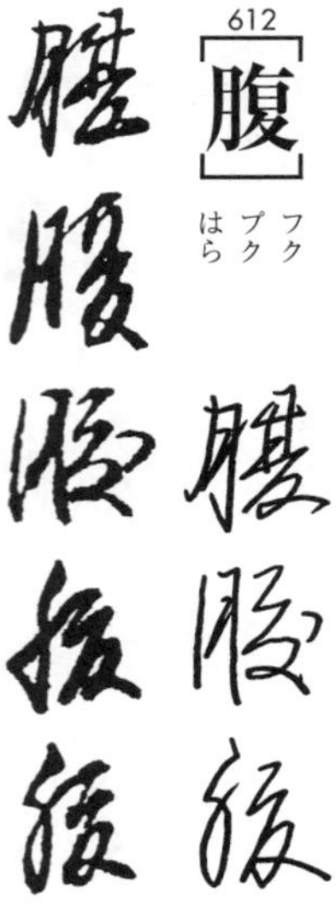

【用例】

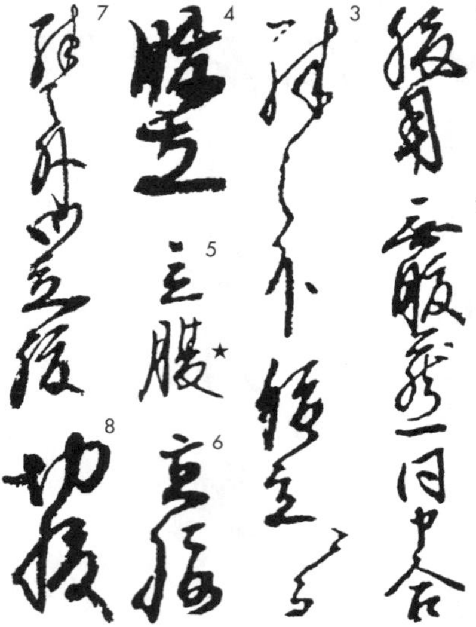

1 腹用（ふくよう）（※「服用」の誤用）　2 無二腹蔵一同申合（ふくぞうなくいちどうもうしあわせ）　3 殊之外腹立二而（ことのほかはらだちにて）　4 腹立（はらだち）　5・6 立腹（りっぷく）　7 殊之外御立腹（ことのほかごりっぷく）　8 切腹（せっぷく）

613 腰

ヨウ　こし

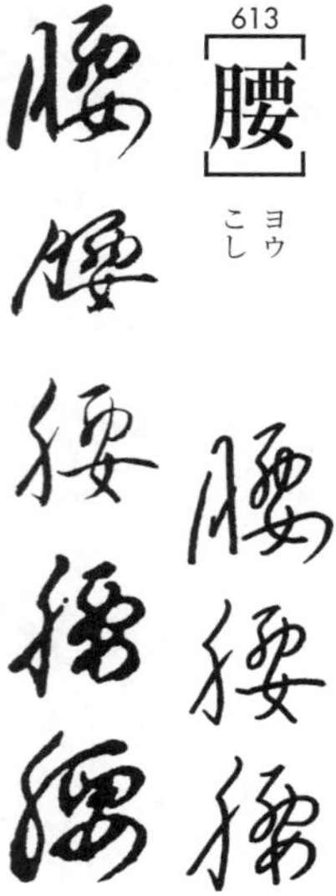

【用例】

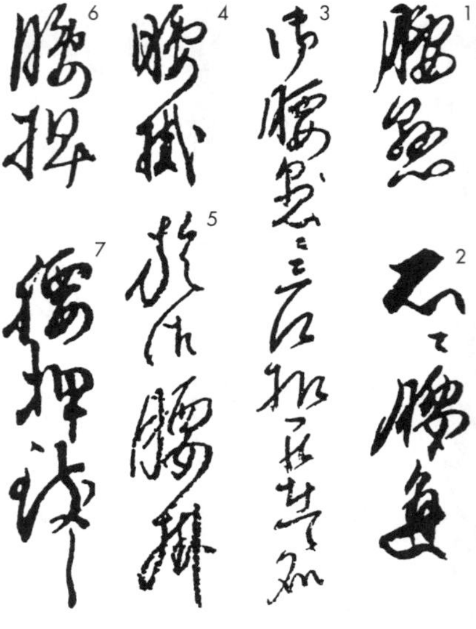

1 腰懸（こしかけ）　2 石ニ腰懸（いしにこしかけ）　3 御腰懸ニ差扣罷在候処（おこしかけにさしひかえまかりありそうろうところ）　4 腰掛（こしかけ）　5 於二御腰掛一（おこしかけにおいて）　6 腰押（こしおし）　7 腰押致し（こしおしいたし）

614 臨

リン
のぞむ

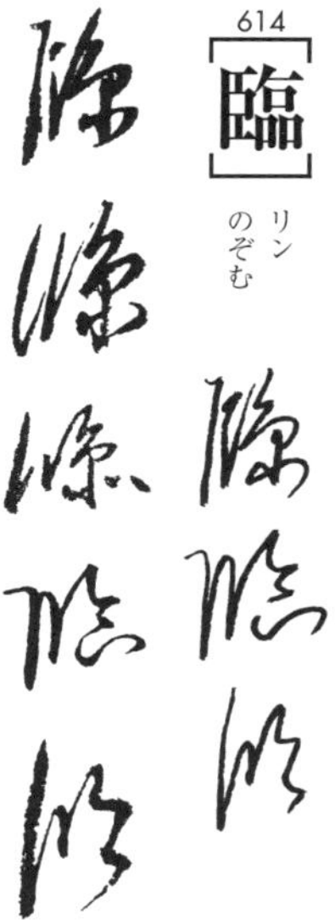

【用例】

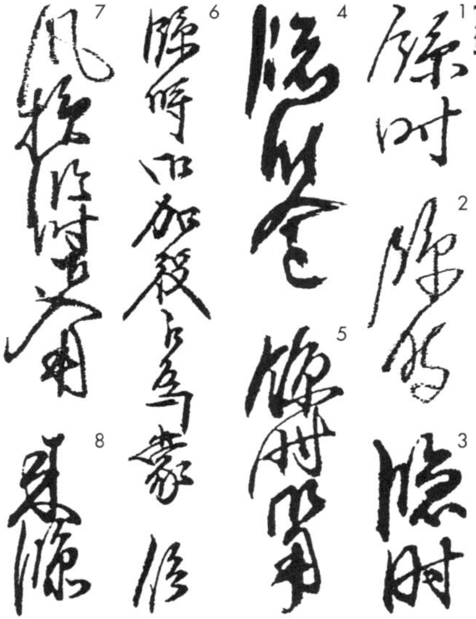

1～3 臨時(りんじ)　4 臨時金(りんじきん)　5 臨時御用(りんじごよう)　6 臨時御加役被レ為レ蒙レ仰(りんじごかやくおおせこうむらせられ)　7 風損臨時御入用(ふうそんりんじごにゅうよう)　8 来臨(らいりん)

615 自

シ・ジ／より
みずから
おのずから

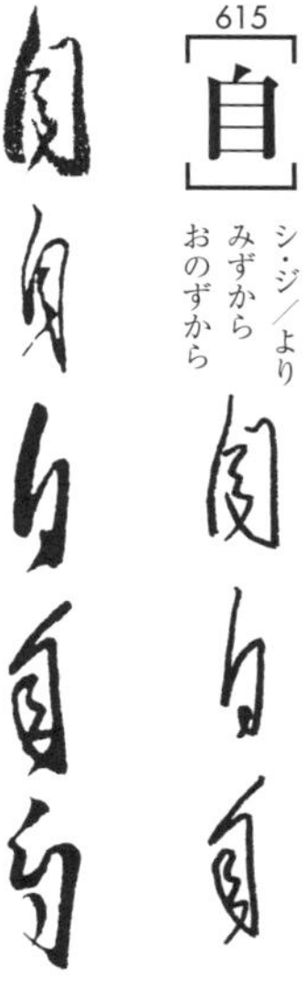

【用例】

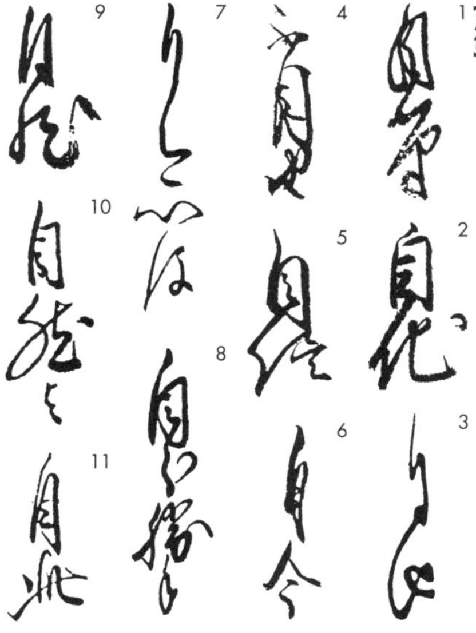

1 自筆(じひつ)　2 自他(じた)　3 自由(じゆう)　4 不自由(ふじゆう)　5 自儘(じまま)　6 自今(じこん)　7 自今以後(じこんいご)　8 自分勝手(じぶんかって)　9 自然(じねん／しぜん)　10 自然与(しぜんと)　11 自レ此(これより)

616 【至】

シ　いたる　いたり

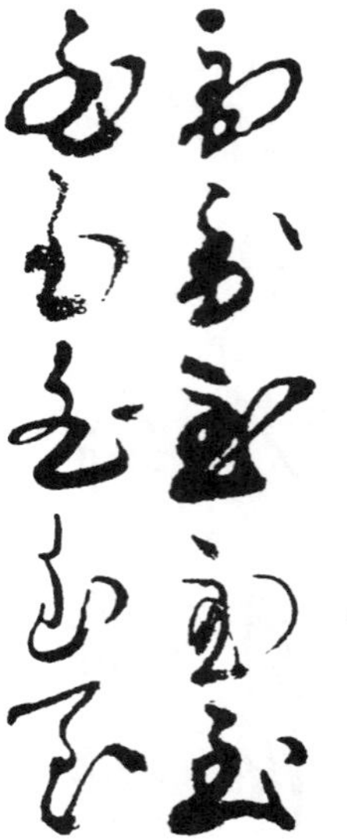

【用例】

1 2 3 4 5 6 7 8

9 10 11 12 13 14 15 16 17 18 19

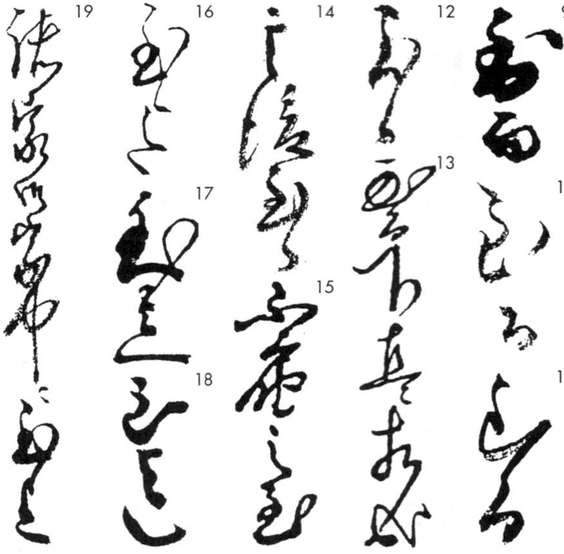

1 至当（しとう）　2～6 至極（しごく）　7 難儀至極（なんぎしごく）　8 難義至極（なんぎしごく）　9～12 至而（いたって）

13 至而下直ニ相成（いたってしたねにあいなり）　14 其後至リ（そのごにいたり）　15 不届之至（ふとどきのいたり）　16～18 至迄（いたるまで）

19 諸家御家中ニ至迄（しょけごかちゅうにいたるまで）

617
【致】

チ
いたす

【用例】

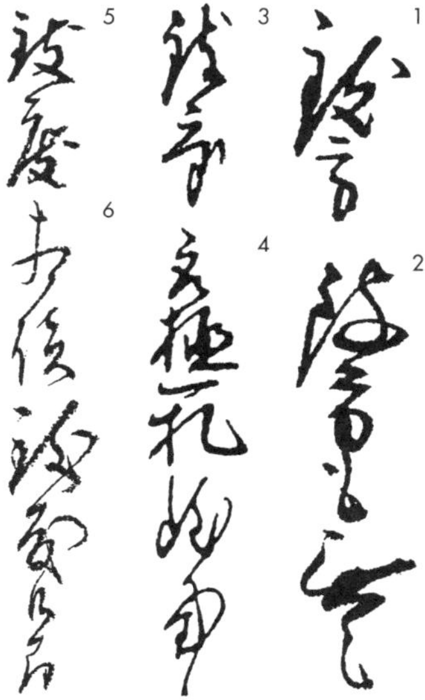

1 2 3 4 5 6

7 8 9 10 11 12 13 14 15 16

1 致方（いたしかた） 2 致方（いたしかた）も無レ之（これなく） 3 致置（いたしおく） 4 取極一札致置候（とりきめいっさついたしおきそうろう） 5 致度（いたしたく）
6 相談致度候間（そうだんいたしたくそうろうあいだ） 7 致来（いたしきたる） 8 致間敷（いたすまじく） 9 可レ致（いたすべく） 10 可レ致哉之段（いたすべきやのだん）
11 被レ致二用意一（よういいたされ） 12 可レ被レ致候（いたさるべくそうろう） 13 一致不レ致（いっちいたさず） 14 為レ致申間敷（いたさせもうすまじく）
15 可レ為レ致（いたさすべく） 16 不レ為レ致（いたさせず）

618 興

キョウ
コウ
おこる

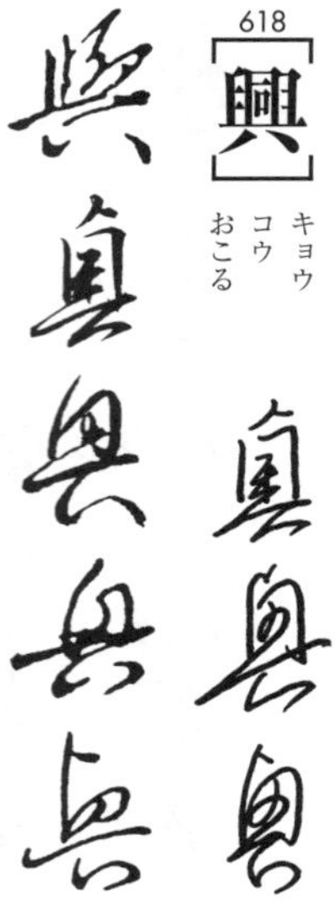

【用例】

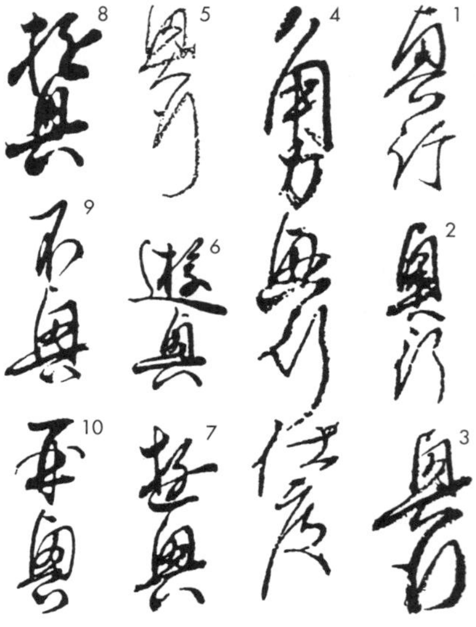

1〜3 興行（こうぎょう）　4 角力興行仕度（すもうこうぎょうつかまつりたく）　5 興行（こうぎょう）　6〜8 遊興（ゆうきょう）　9 不興（ふきょう）　10 再興（さいこう）

619 舞

ブ・ム
まう
まい

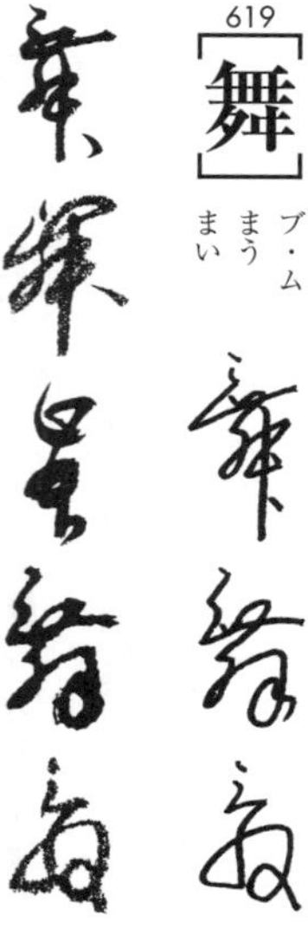

【用例】

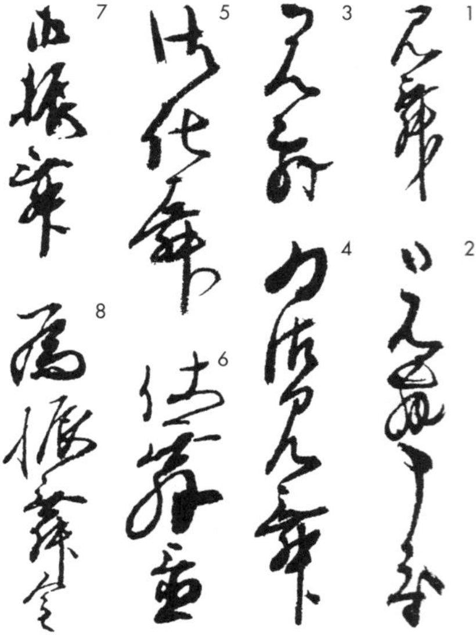

1 見舞（みまい）　2 御見舞申度（おみまいもうしたく）　3 見舞（みまい）　4 為二御見舞一（おみまいとして）　5 御仕舞（おしまい）　6 仕舞置（しまいおく）　7 御振舞（おふるまい）　8 為二振舞金一（ふるまいきんとして）

620 舟

シュウ シュ ふね

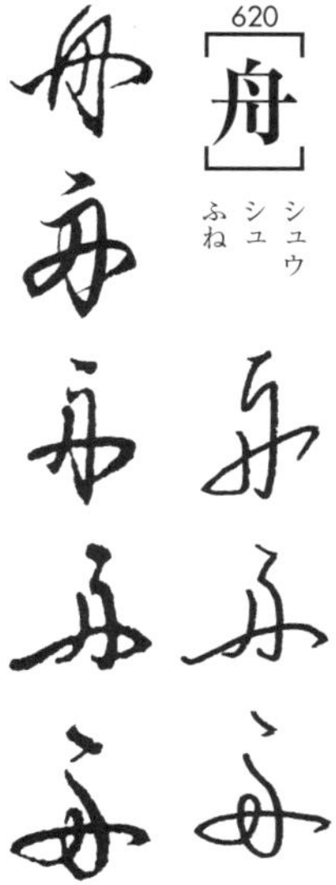

【用例】

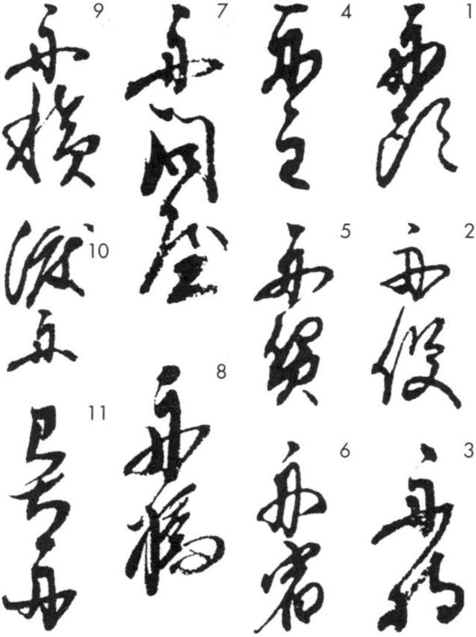

1 舟頭（せんどう） 2 舟役（ふなやく） 3 舟持（ふなもち） 4 舟主（ふなぬし） 5 舟賃（ふなちん） 6 舟宿（ふなやど） 7 舟問屋（ふなどんや） 8 舟橋（ふなばし） 9 舟積（ふなづみ） 10 渡舟（わたしぶね） 11 異舟（いせん）

621 般

ハン バン

【用例】

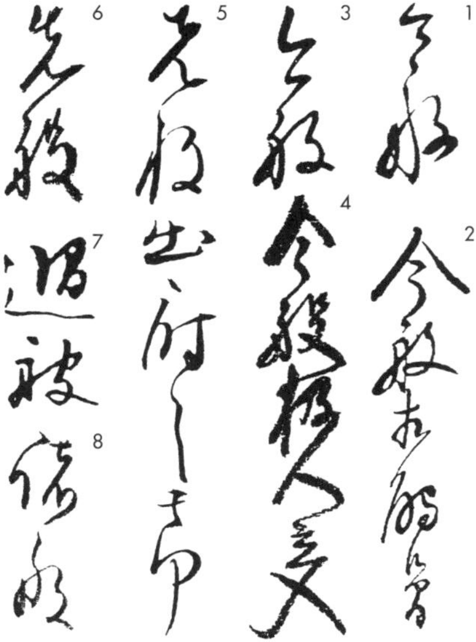

1 今般（こんぱん） 2 今般相觸候間（こんぱんあいふれそうろうあいだ） 3 今般（こんぱん） 4 今般扱人立入（こんぱんあつかいにんたちいり） 5 先般出府之節（せんぱんしゅっぷのせつ） 6 先般（せんぱん） 7 過般（かはん） 8 諸般（しょはん）

622 船

セン
ふね

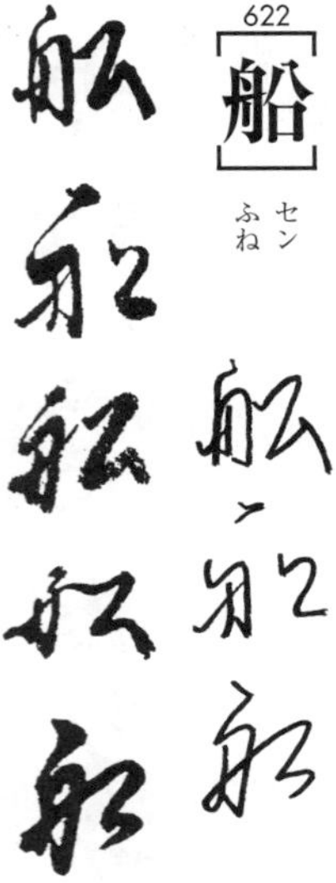

【用例】

1 船中（せんちゅう）
2 船便（ふなびん）
3 船場（ふなば）
4 船渡（ふなわたし）
5 船役（ふなやく）
6 御船印（おふなじるし）
7 役船（やくせん）
8 通船（つうせん）
9 廻船（かいせん）
10 難船（なんせん）
11 着船（ちゃくせん）
12 荷船（にぶね）

623 色

ショク
シキ
いろ

【用例】

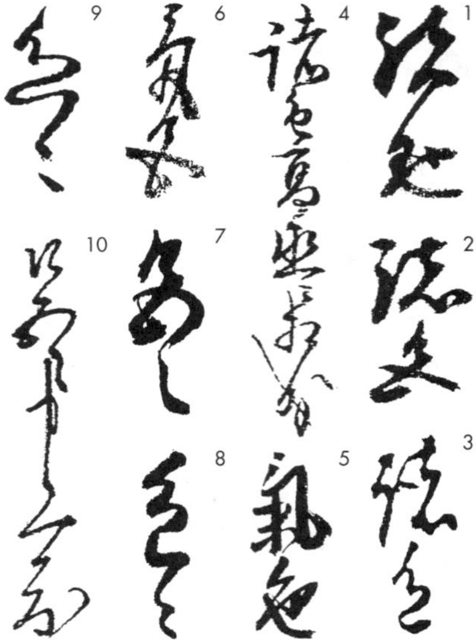

1〜3 諸色（しょしき）
4 諸色高直二相成（しょしきこうじき［たかね］にあいなり）
5・6 氣色（きしょく／けしき）
7〜9 色々
10 色々申上度（いろいろもうしあげたく）

624 花

カ ケ はな

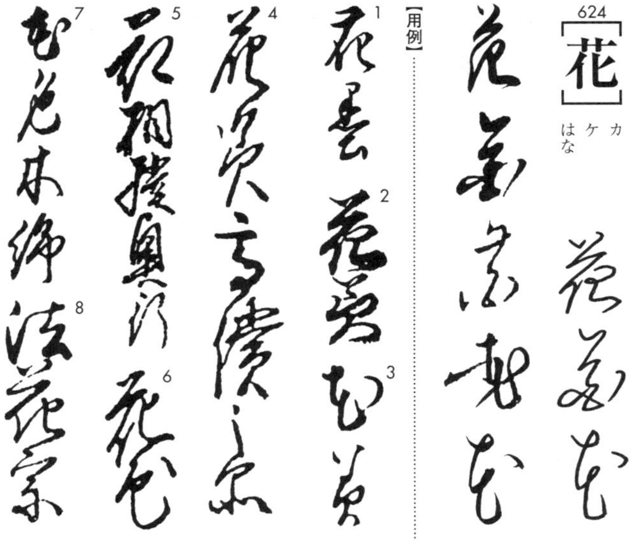

【用例】

1 花墨(かぼく) 2・3 花美(かび) 4 花美高價之品(かびこうかのしな) 5 花相撲興行(はなずもうこうぎょう) 6 花色(はないろ) 7 花色木綿(はないろもめん) 8 法花宗(ほっけしゅう)

625 苦

ク にがい くるしい

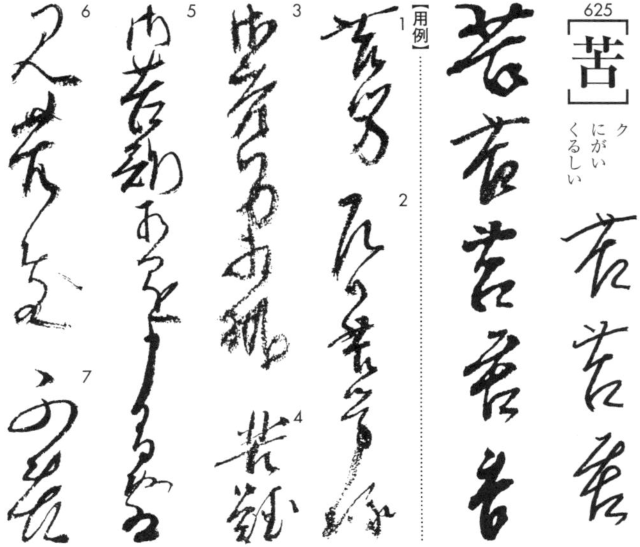

【用例】

1 苦労(くろう) 2 乍二御苦労様一(ごくろうさまながら) 3 御苦労相掛(ごくろうあいかけ) 4 苦難(くなん) 5 御苦難相懸申間敷(ごくなんあいかけもうすまじく) 6 見苦敷(みぐるしく) 7 不レ苦(くるしからず)

626

若

ジャク・ニャク
わかい・もし
もしくは

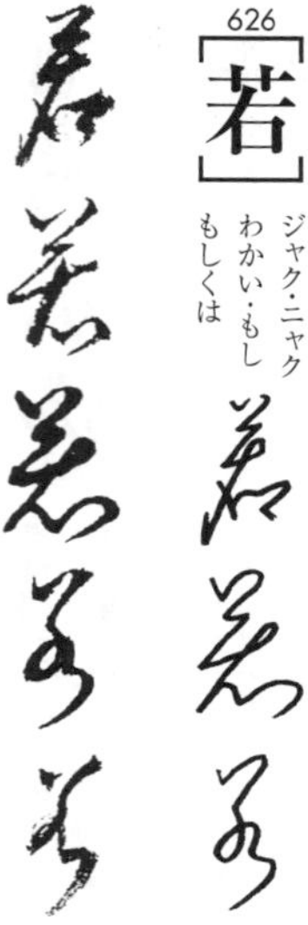

【用例】

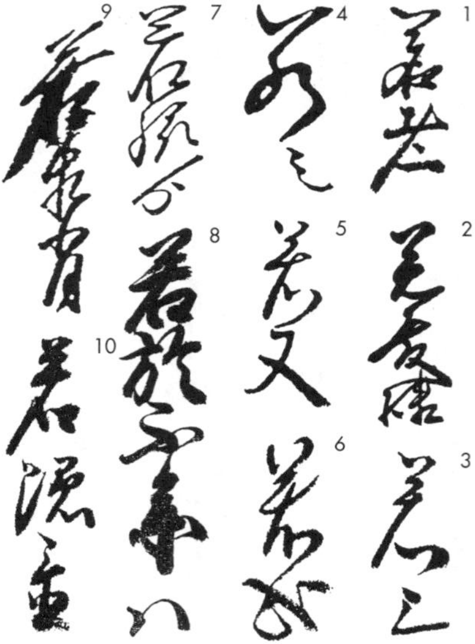

1 若者(わかもの)　2 若殿様(わかとのさま)　3・4 若シ(もし)　5 若又(もしまた)　6 若哉(もしや)　7 若脇ゟ(もしわきより)　8 若於二不参一ハ(もしふさんにおいては)　9 若相背(もしあいそむき)　10 若隠置(もしかくしおき)

627

茂

モ
しげる

【用例】

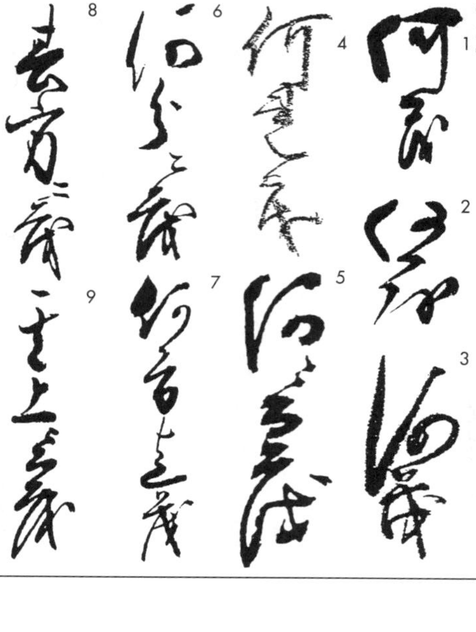

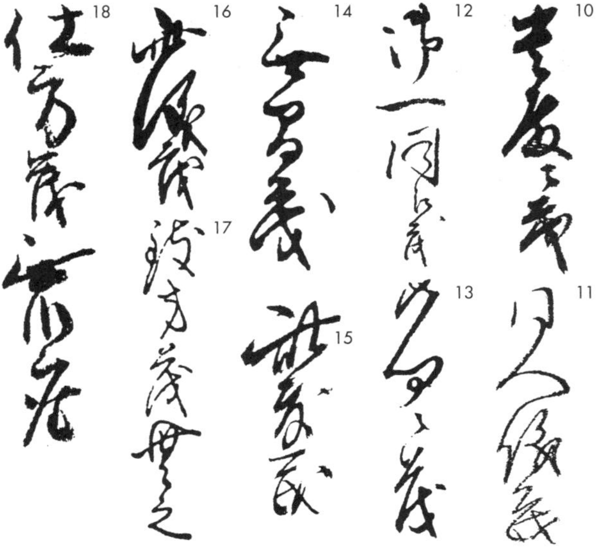

1～3 何茂（いずれも）　4 何れ茂（いずれも）　5 何二而茂（いずれにても）　6 何分二茂（なにぶんにも）　7 何方迄茂（いずかたまでも）

8 其方二茂（そのほうにも）　9 其上二而茂（そのうえにても）　10 貴殿二茂（きでんにも）　11 同人儀茂（どうにんぎも）　12 御一同江茂（ごいちどうへも）

13 如何二茂（いかがにも）　14 無二間茂一（まもなく）　15 此度茂（このたびも）　16 此儀茂（このぎも）　17 致 方茂無レ之（いたしかたもこれなく）

18 仕方茂無二御座一（しかたもござなく）

628

荒

コウ
あれる
あらい

【用例】

1 荒物（あらもの）　2・3 荒増（あらまし）　4 荒々（あらあら）　5 荒々奉二申上一候（あらあらもうしあげたてまつりそうろう）　6 荒所（あれしょ）

7 荒地（あれち）　8 土荒（つちあれ）　9 永荒（えいあれ）　10 持田畑を荒（もちでんばたをあらし）

629
草
ソウ
くさ

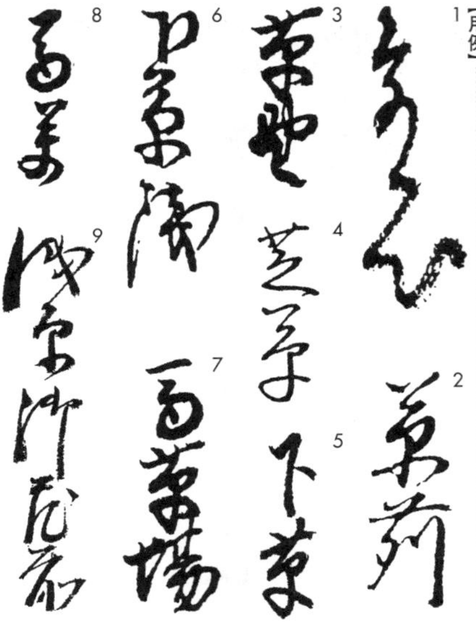

【用例】

1 草々以上(そうそういじょう)　2 草刈(くさかり)　3 草野(くさの)　4 芝草(しばくさ)　5 下草(したくさ)　6 下草銭(したくさせん)　7 馬草場(まぐさば)　8 馬草(まぐさ)　9 浅草御蔵前(あさくさおくらまえ)

630
荷
カ
に
になう

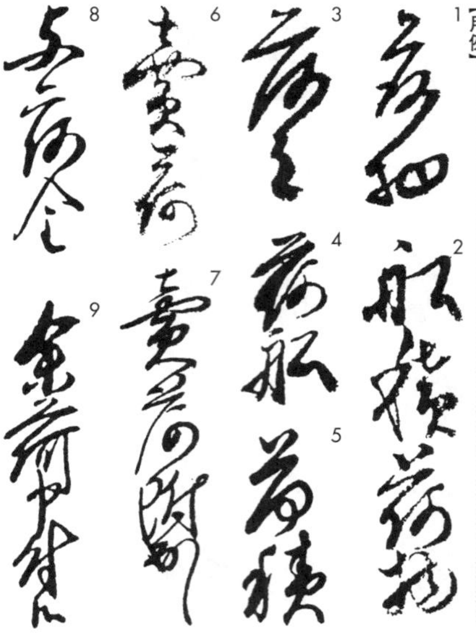

【用例】

1 荷物(にもつ)　2 船積荷物(ふなづみにもつ)　3 荷主(にぬし)　4 荷船(にぶね)　5 荷積(にづみ)　6 賣荷(うりに)　7 賣荷附出し(うりにつけだし)　8 与荷金(よないきん)　9 余荷申付候(よないもうしつけそうろう)

631 [莫]

ボ　バク　なかれ

【用例】

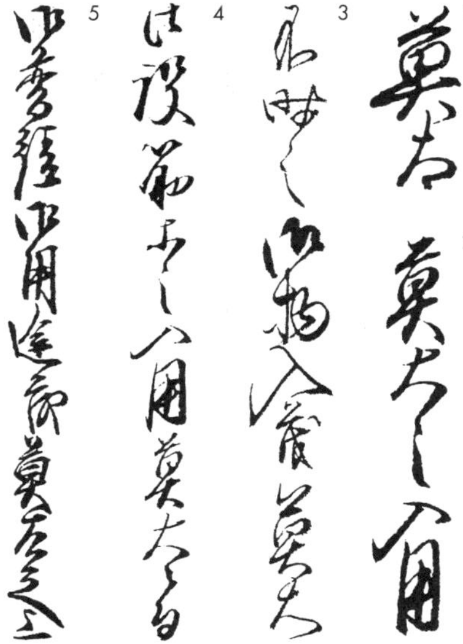

1 莫太(ばくだい)　2 莫大之入用(ばくだいのにゅうよう)　3 不時之御物入茂莫大(ふじのおものいりもばくだい)　4 御役筋等之入用莫大二而(おやくすじなどのにゅうようばくだいにて)　5 御普請御用途茂莫太之上(ごふしんごようともばくだいのうえ)

632 [落]

ラク　おちる

【用例】

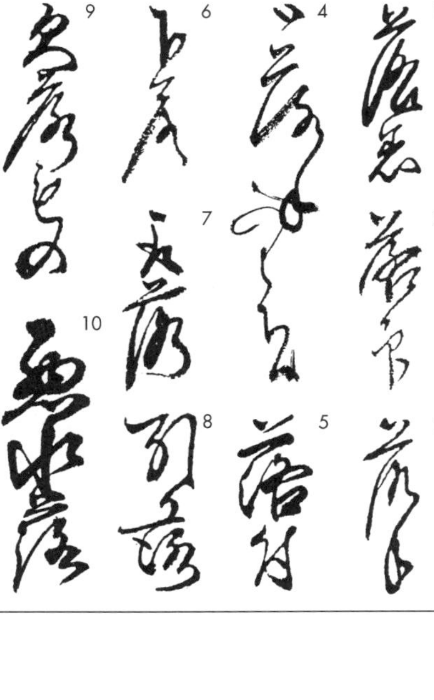

1 落着(らくちゃく)　2 落印(らくいん)　3 落手(らくしゅ)　4 御落手可レ被レ下候(ごらくしゅくださるべくそうろう)　5 落付(おちつく)　6 下落(げらく)　7 取落(とりおとす)　8 引落(ひきおとす)　9 欠落もの(かけおち)　10 悪水落(あくすいおとし)

633 蒙

ボウ
モウ
こうむる

【用例】

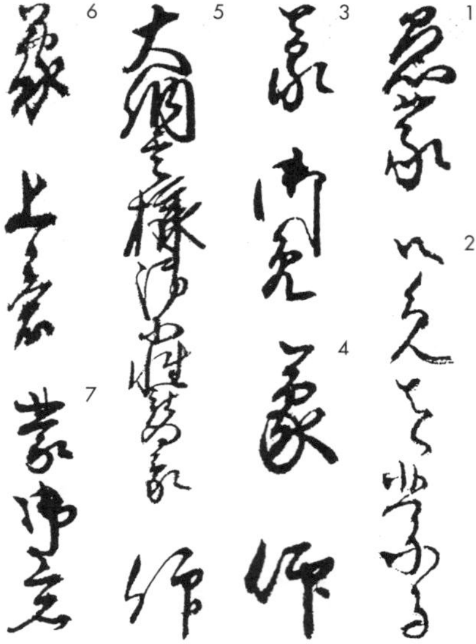

1 愚蒙（ぐもう） 2 御免を蒙る（ごめんをこうむる） 3 蒙㆓御免㆒（ごめんをこうむり） 4 蒙㆑仰（おおせをこうむり） 5 大納言様御小性被㆑為㆑蒙 仰（だいなごんさまおこしょうおおせこうむらせられ） 6 蒙㆓上意㆒（じょういをこうむり） 7 蒙㆓御意㆒（ぎょいをこうむり）

634 蔵

ゾウ
くら

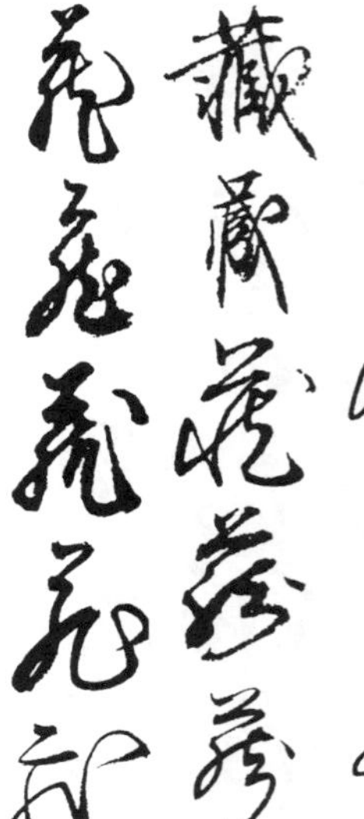

【用例】

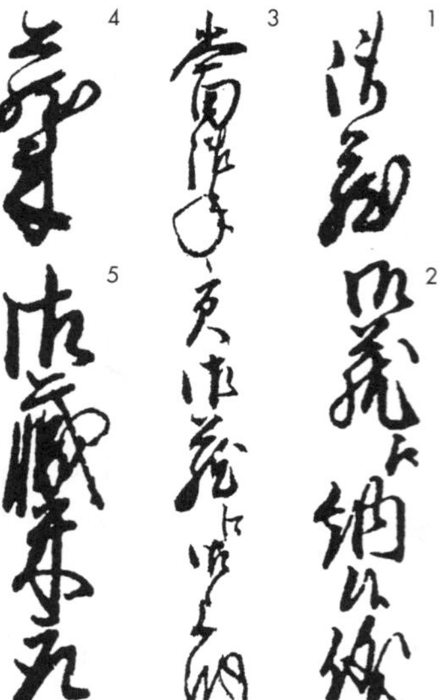

1 御蔵(おくら) 2 御蔵江納候儀(おくらへおさめそうろうぎ) 3 當御年貢御蔵江御上納(とうおねんぐおくらへごじょうのう) 4 蔵米(くらまい)
5 御蔵米取(おくらまいとり) 6 御蔵入(おくらいり) 7 御年貢御蔵入(おねんぐおくらいり) 8 蔵屋敷(くらやしき) 9 御蔵前(おくらまえ)
10 御蔵前入用(おくらまえにゅうよう) 11 蔵出(くらだし) 12 御蔵納(おくらおさめ) 13 蔵壱ケ所(くらいっかしょ) 14 金蔵(きんぞう) 15 文蔵(ぶんぞう)
16 為蔵(ためぞう)

635 [薪]

シン
たきぎ
まき

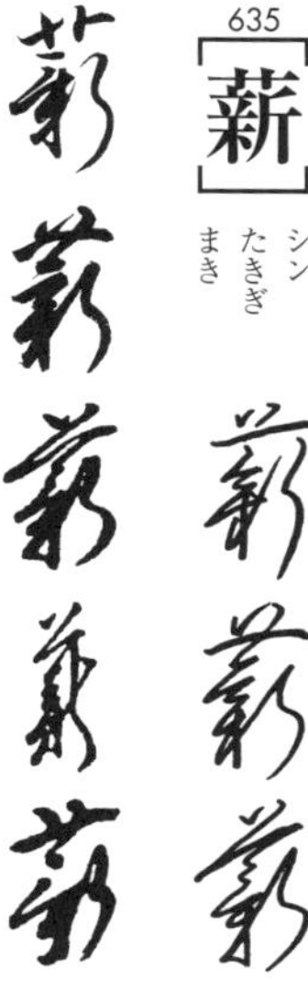

【用例】

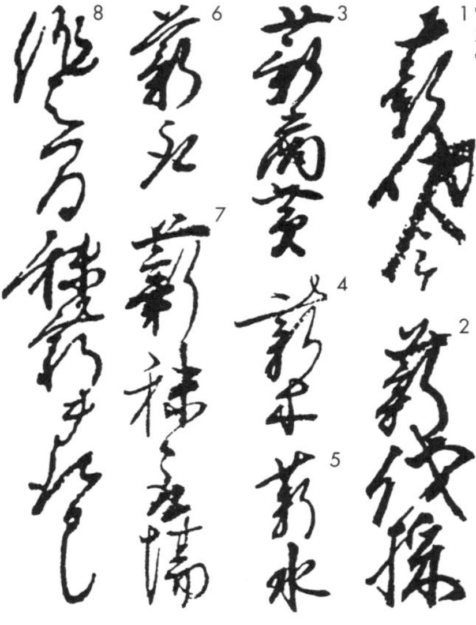

1 薪代金(たきぎだいきん) 2 薪伐採(たきぎばっさい) 3 薪商買(たきぎしょうばい) 4 薪木(たきぎ) 5 薪水(しんすい) 6 薪取(たきぎとり)
7 薪秣取場(たきぎまぐさとりば) 8 作之間秣薪ヲ取申候(さくのあいだまぐさたきぎをとりもうしそうろう)

636 [薄]

ハク
うすい
すすき

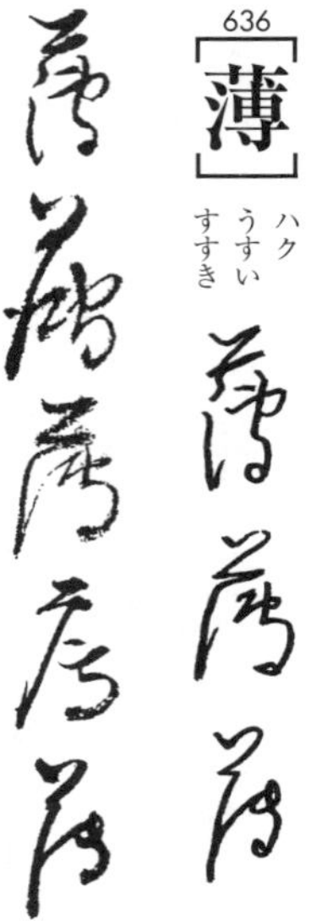

【用例】

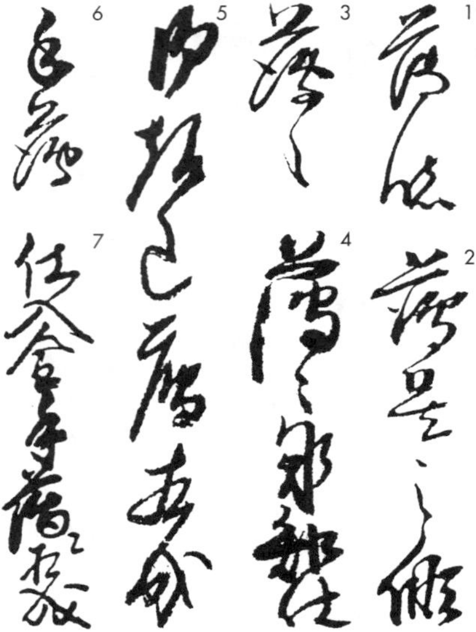

1 薄暑(はくしょ) 2 薄暑之候(はくしょのこう) 3 薄々(うすうす) 4 薄々承知仕(うすうすしょうちつかまつり)
5 御趣意薄(ごしゅいうすく) 相成(あいなり) 6 手薄(てうす) 7 仕入金手薄二相成(しいれきんてうすにあいなり)

637 [薬]

ヤク
くすり

【用例】

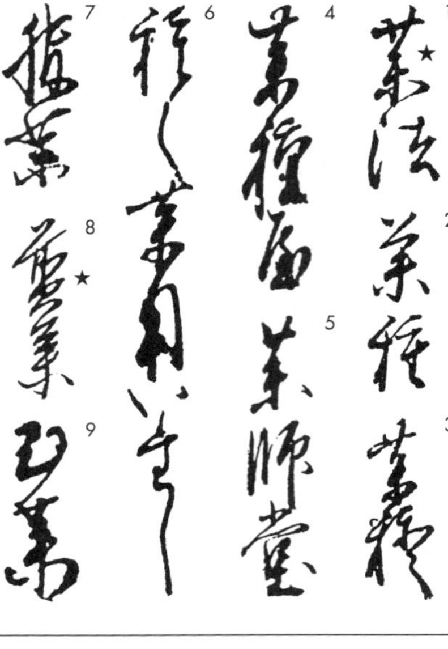

1 薬法(やくほう) 2・3 薬種(やくしゅ) 4 薬種屋(やくしゅや) 5 薬師堂(やくしどう) 6 種々薬用(しゅじゅやくよう)いたし
7 服薬(ふくやく) 8 煎薬(せんやく) 9 玉薬(たまぐすり)

638 藤

トウ
ふじ

【用例】

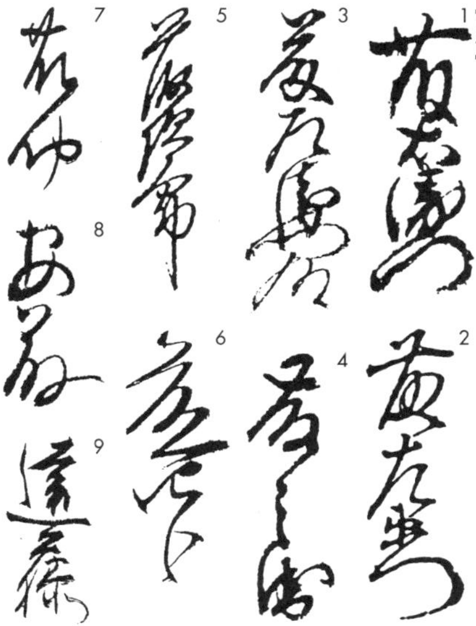

1 藤右衛門（とうえもん）
2 藤左衛門（とうざえもん）
3 藤左衛門殿（とうざえもんどの）
4 藤兵衛（とうべえ）
5 藤次郎（とうじろう）
6 藤四郎（とうしろう）
7 藤助（とうすけ）
8 安藤（あんどう）
9 遠藤（えんどう）

639 衆

シュウ
シュ

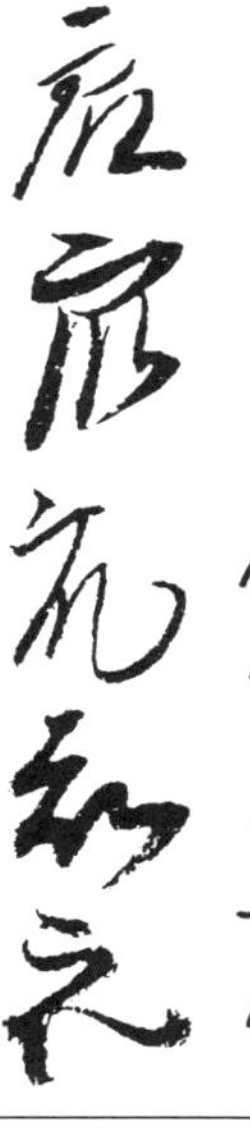

【用例】

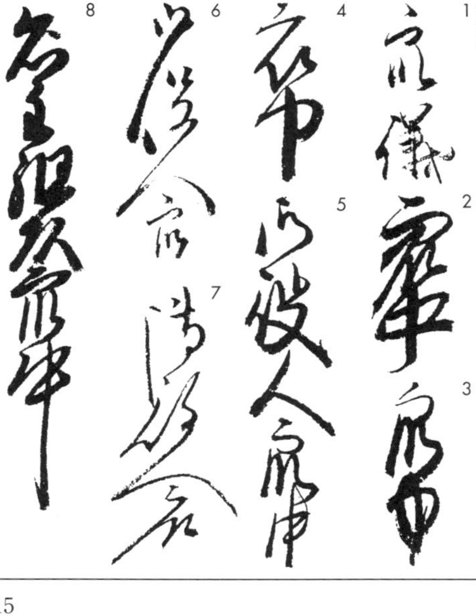

1 衆儀　2～4 衆中　5 御役人衆中　6・7 御役人衆
8 名主・組頭 衆中　9 村役人衆中　10 年寄衆
11 惣百姓 衆中　12 組合衆　13 奉行衆　14 御同心衆
15 御出役衆中　16 御手代衆　17 何之衆

640
[行]
コウ・ギョウ
いく・ゆく
おこなう

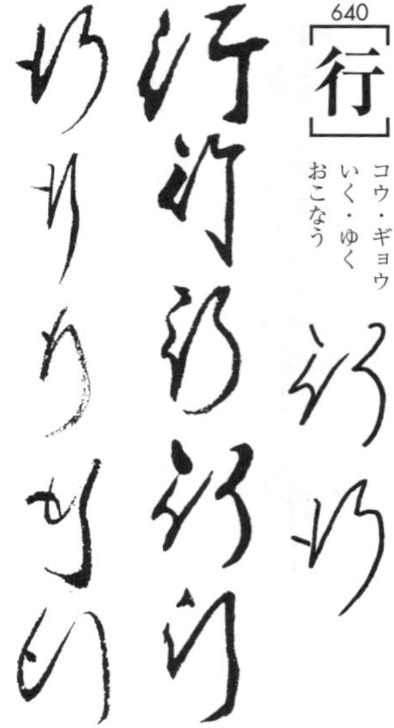

【用例】

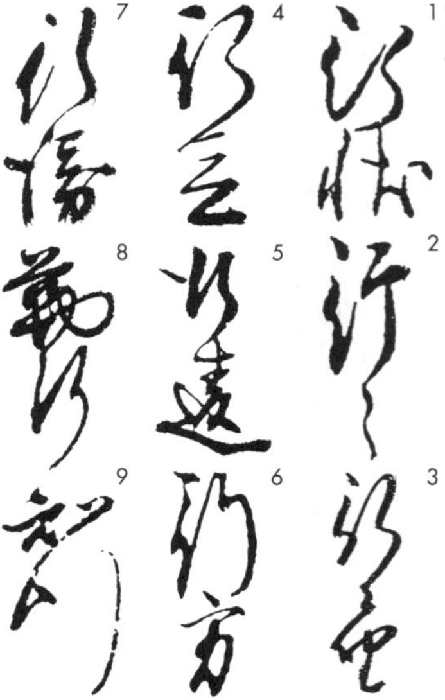

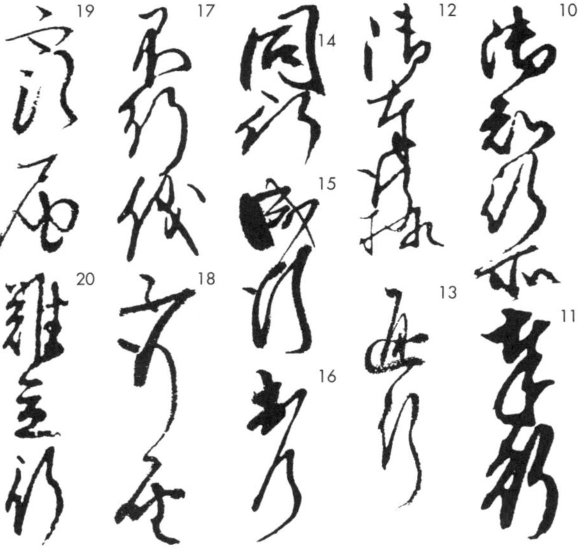

1 行状（ぎょうじょう） 2 行々（ゆくゆく） 3 行届（ゆきとどく） 4 行立（ゆきたつ） 5 行違（ゆきちがい） 6 行方（ゆくえ） 7 行衛（ゆくえ）
8 勤行（ごんぎょう） 9 知行（ちぎょう） 10 御知行所（ごちぎょうしょ） 11 奉行（ぶぎょう） 12 御奉行様（おぶぎょうさま） 13 通行（つうこう）
14 同行（どうこう） 15 成行（なりゆき） 16 出行（いでゆく） 17 不行儀（ふぎょうぎ） 18・19 不行届（ふゆきとどき）／不㆓行届㆒（ゆきとどかず）
20 難㆓立行㆒（たちゆきがたく）

641
［衛］
エイ・エ
まもる
まもり

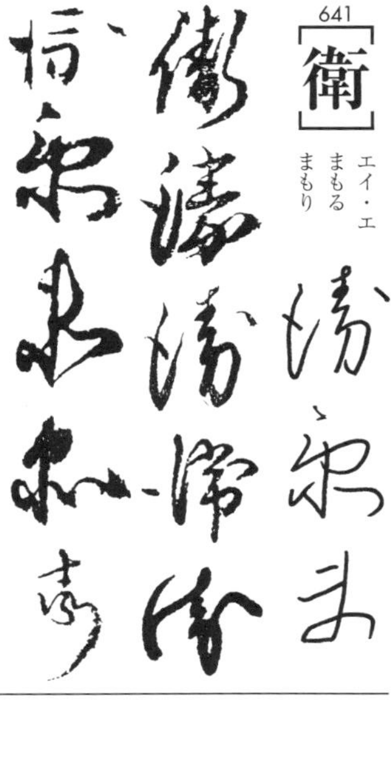

【用例】

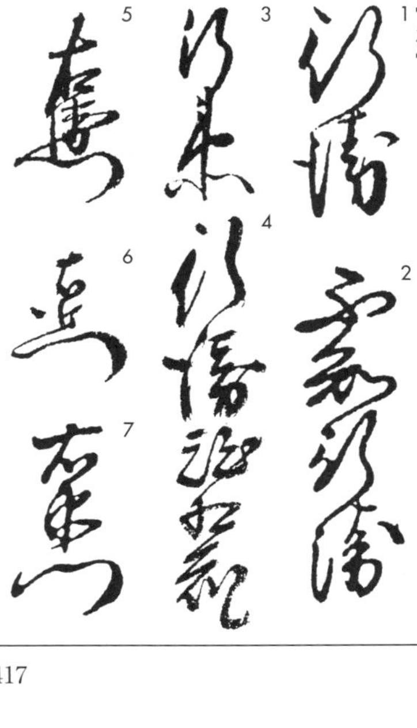

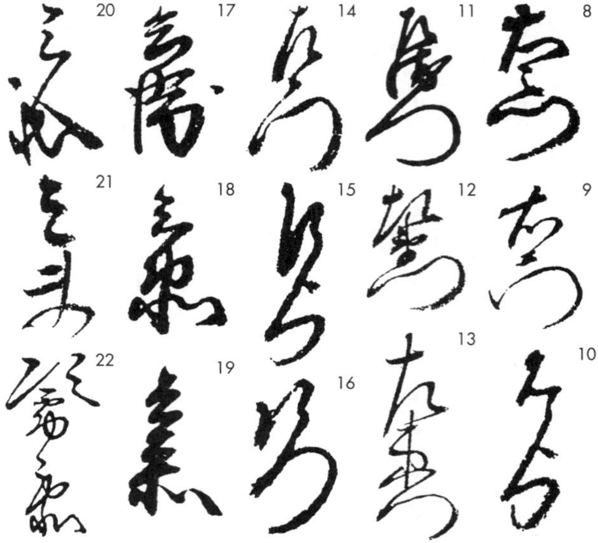

1 行衛(ゆくえ)　2 不レ知二行衛一(ゆくえしれず)　3 行衛(ゆくえ)　4 行衛難二相知レ一(ゆくえあいしれがたく)　5～10 右衛門(えもん)

11～16 左衛門(ざえもん・さえもん)　17～21 兵衛(べえ・へえ)　22 次郎兵衛(じろうべえ)

642

［表］

ヒョウ
おもて
あらわす

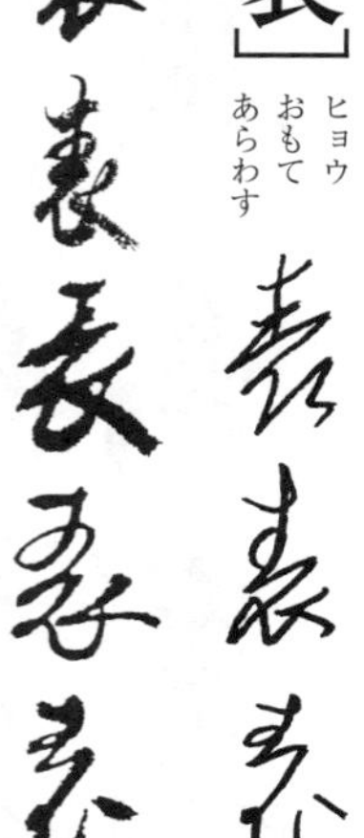

【用例】

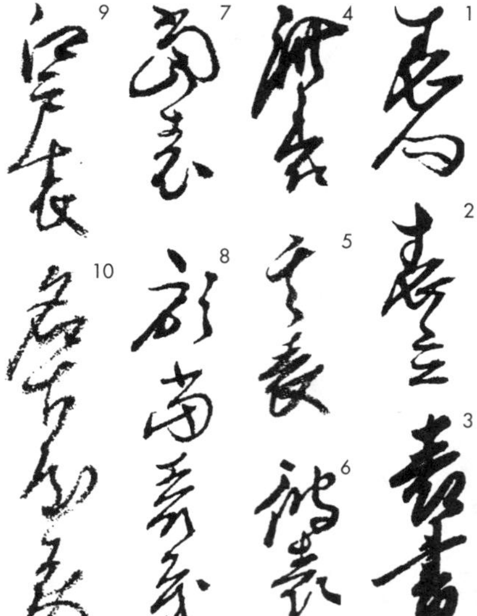

1 表向(おもてむき)　2 表立(おもてだつ)　3 表書(おもてがき)　4 此表(このおもて)　5 其表(そのおもて)　6 彼表(かのおもて)　7 當表(とうおもて)

8 於二當表一茂(とうおもてにおいても)　9 江戸表(えどおもて)　10 名古屋表(なごやおもて)

643
[被]

ヒ
こうむる・らる

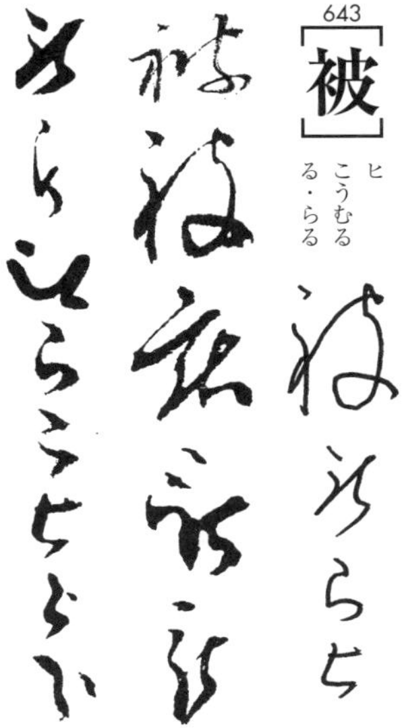

【用例】

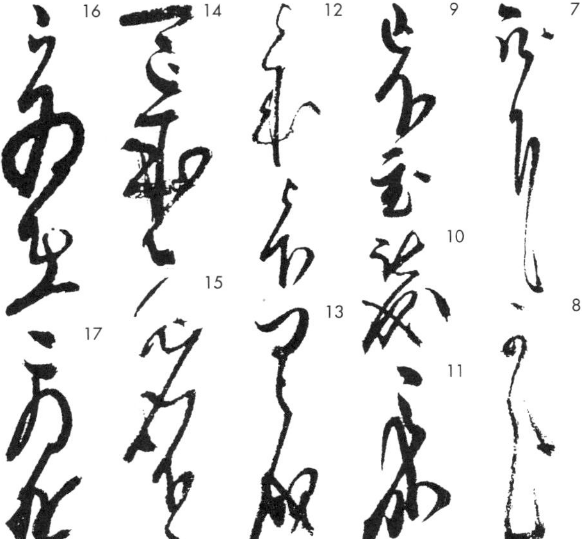

1 被レ仰（おおせられ）　2 被二仰付一（おおせつけられ）　3 被二仰渡一（おおせわたされ）　4 被二仰聞一（おおせきかされ）　5 被レ申由（もうさるよし）

6 被二申聞一（もうしきかされ）　7・8 可レ被レ下候（くださるべくそうろう）　9 被二下置一（くだしおかれ）　10・11 被レ成（なされ）

12 被レ成被レ下（なされくだされ）　13 可レ被レ成（なさるべく）　14 可レ被レ成候（なさるべくそうろう）　15 可レ被二成下一候（なしくださるべくそうろう）

16 被レ為レ在（あらせられ）　17 被レ為レ遊（あそばせられ）

644 裁

サイ
たつ

【用例】

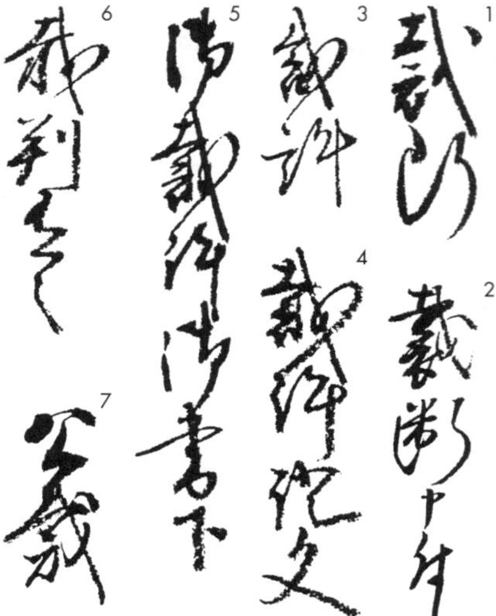

1 裁断(さいだん)　2 裁断申付候(さいだんもうしつけそうろう)　3 裁許(さいきょ)　4 裁許證文(さいきょしょうもん)　5 御裁許御書下(ごさいきょおかきさげ)
6 裁判有レ之(さいばんこれあり)　7 公裁(こうさい)

645 裏

リ
うら

【用例】

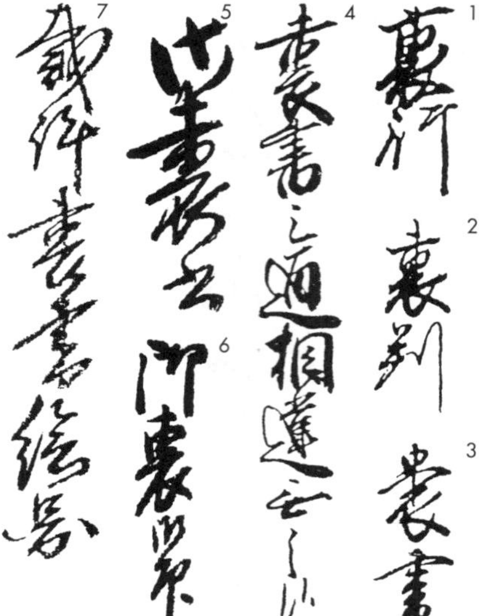

1 裏行(うらゆき)　2 裏判(うらはん)　3 裏書(うらがき)　4 裏書之通相違無レ之候(うらがきのとおりそういこれなくそうろう)　5 御裏書(おうらがき)
6 御裏御印(おうらごいん)　7 裁許裏書絵圖(さいきょうらがきえず)

646

西

セイ
サイ
にし

【用例】

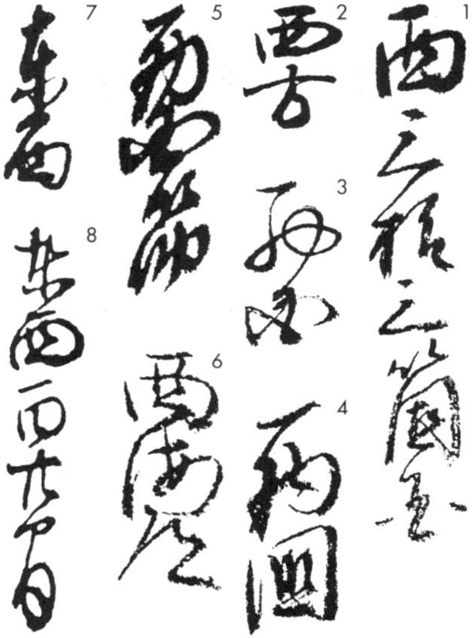

1 西三拾三箇国（にしさんじゅうさんかこく） 2 西方（せいほう） 3 西国（さいごく） 4 西國（さいごく） 5 西国筋（さいごくすじ） 6 西海道（さいかいどう） 7 東西（とうざい） 8 東西百廿間（とうざいひゃくにじゅっけん）

647

要

ヨウ
いる
かなめ

【用例】

1 要用金（ようようきん） 2 要用之品（ようようのしな） 3 村方要用ニ差支（むらかたようようにさしつかえ） 4 今般就二要用一（こんぱんようようにつき） 5 専要（せんよう） 6 心掛専要ニ候（こころがけせんようにそうろう） 7 法要（ほうよう）

648 覆

フク
おおう
くつがえす

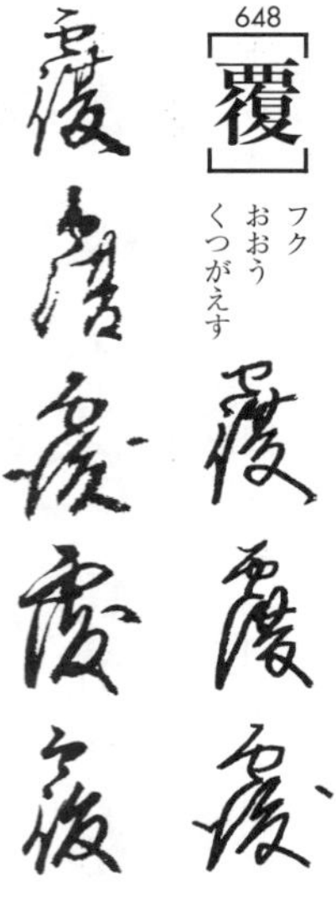

【用例】

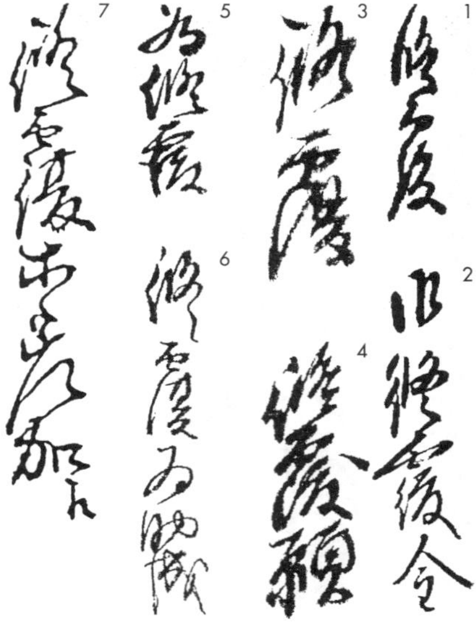

1 修覆（しゅうふく） 2 御修覆金（ごしゅうふくきん） 3 修覆（しゅうふく） 4 修覆願（しゅうふくねがい） 5 為二修覆一（しゅうふくのため） 6 修覆為二助成一（しゅうふくじょせいとして） 7 修覆等差加江（しゅうふくなどさしくわえ）

649 見

ケン・ゲン
みえる
みる

【用例】

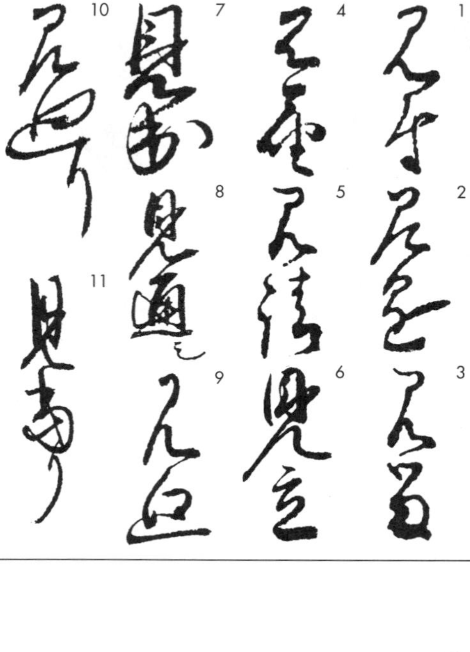

1 見付(みつけ)　2 見懸(みかけ)　3 見留(みとどめ・みとめ)　4 見届(みとどけ)　5 見請(みうけ)　6 見立(みたて)　7 見出(みいだす)

8 見通シ(みとおし)　9 見廻(みまわり)　10 見廻リ(みまわり)　11 見當リ(みあたり)　12 見取(みとり)　13 見聞(けんぶん・みきき)

14 見分(けんぶん)　15 為二御見分一御越被レ成候(ごけんぶんのためおこしなされそうろう)　16 見計(みはからい)　17 後見(こうけん)　18 一見(いっけん)

19 内見(ないけん・うちみ)　20 拝見(はいけん)　21 相見(あいみる)　22 及レ見(みおよぶ)　23 為レ見申度(みせもうしたく)

650 ［規］ キ のり

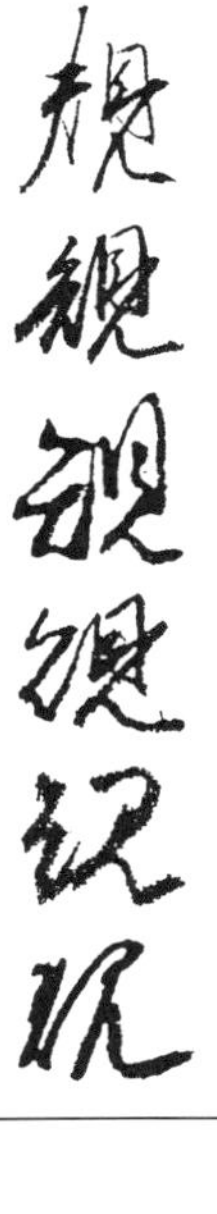

【用例】

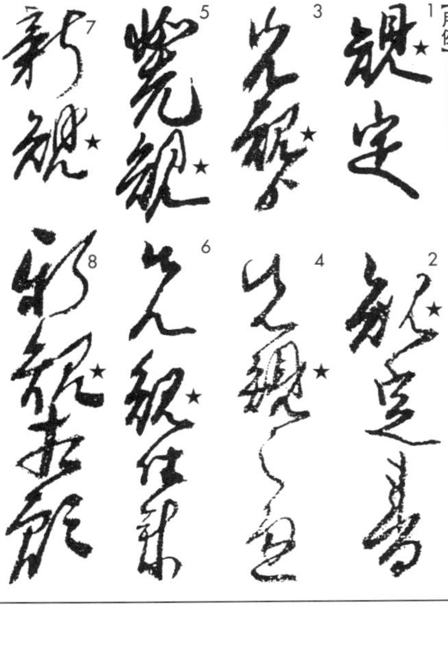

1 規定(ぎじょう)　2 規定書(ぎじょうしょ)　3 先規ゟ(せんきより)　4 先規之通(せんきのとおり)　5 如二先規一(せんきのごとく)

6 先規仕来(せんきしきたり)　7 新規(しんき)　8 新規相願(しんきあいねがい)

651 覚(覺)

カク／おぼえ
おぼえる
さます

【用例】

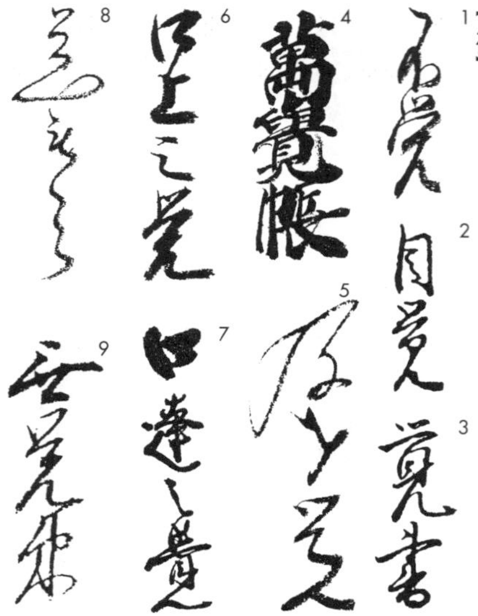

1 不覚　2 目覚　3 覚書　4 萬覺帳　5 及二才覚一　6 口上之覚　7 口達之覺　8 覚無レ之　9 無二覚束一

652 親

シン
おや
したしい

【用例】

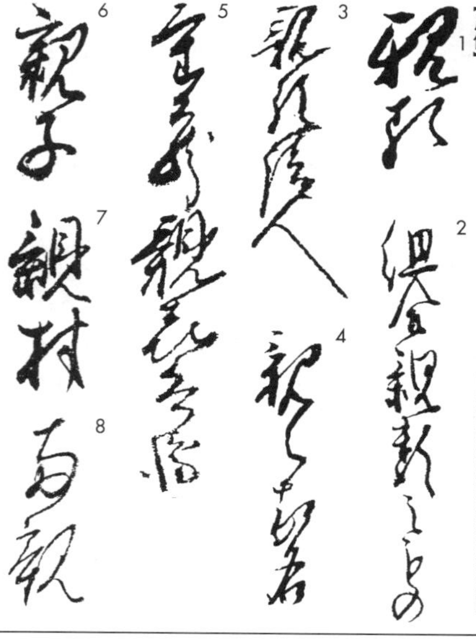

1 親類　2 組合・親類之もの　3 親類請人　4 親之家名　5 重蔵親喜兵衛　6 親子　7 親村　8 両親

653
覧

ラン
みる

【用例】

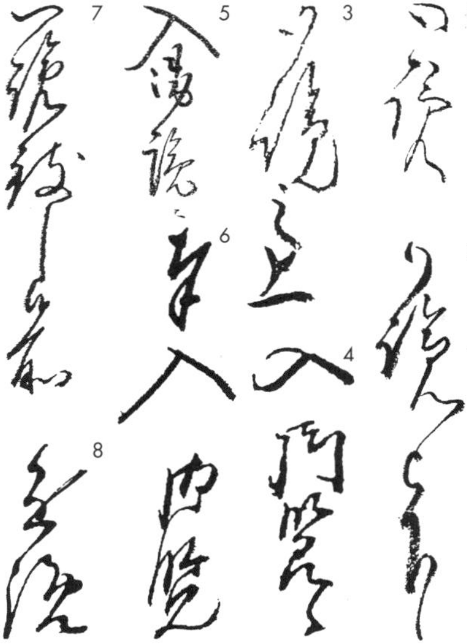

1 御覧（ごらん）　2 御覧被レ下候（ごらんくだされそうろう）　3 御覧之上（ごらんのうえ）　4 入二御覧一候（ごらんにいれそうろう）
5 入二御覧二（ごらんにいれ）　6 奉レ入二御覧一（ごらんにいれたてまつり）　7 一覧致し候所（いちらんいたしそうろうところ）　8 進覧（しんらん）

654
角

カク
かど
すみ

【用例】

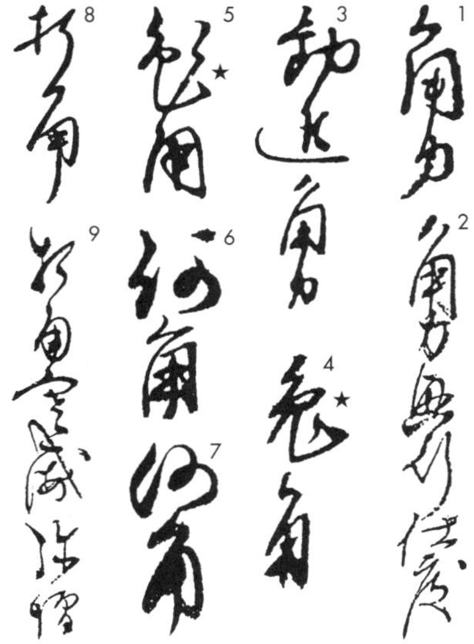

1 角力（すもう）　2 角力興行仕度（すもうこうぎょうつかまつりたく）　3 勧進角力（かんじんずもう）　4・5 兎角（とかく）
6・7 何角（なにかと）　8 折角（せっかく）　9 折角寒威弥増（せっかくかんいいやまし）

655 解

カイ　ゲ　とく

【用例】

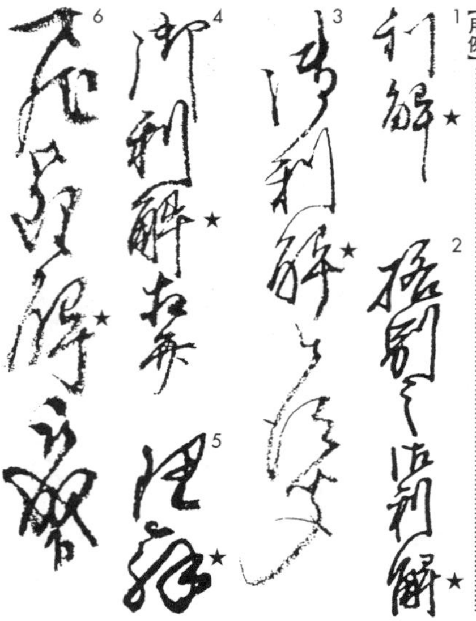

1 利解(りかい)　2 格別之御利解(かくべつのごりかい)　3 御利解被二仰聞一(ごりかいおおせきかされ)　4 御利解相弁(ごりかいあいわきまえ)　5 理解(りかい)　6 可レ然御理解被二成下一(しかるべきごりかいなしくだされ)

656 触(觸)

ショク　ふれる　ふれ

【用例】

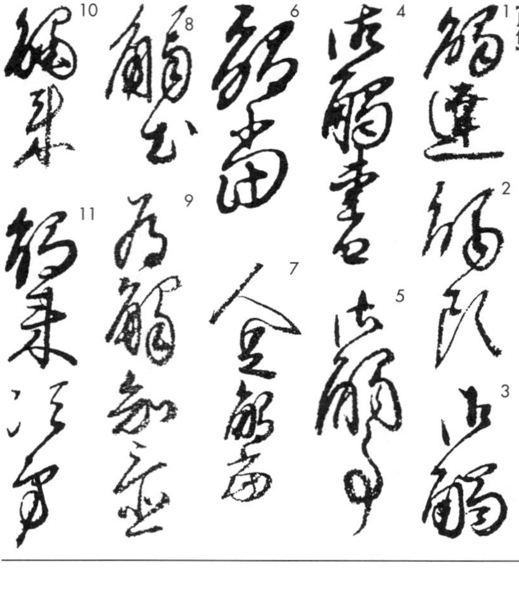

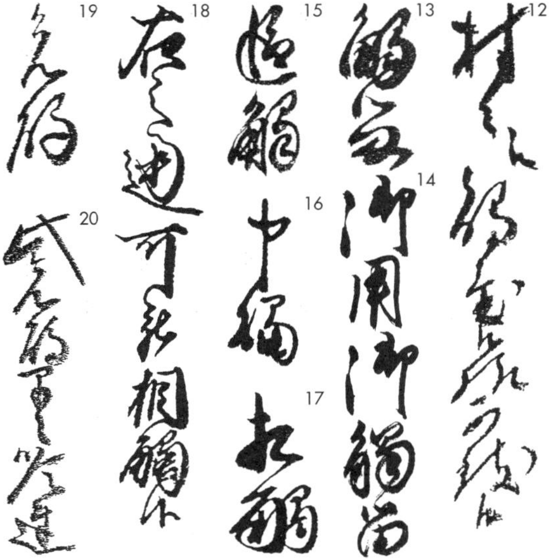

1 觸達(ふれたっし)　2 觸頭(ふれがしら)　3 御觸(おふれ)　4 御觸書(おふれがき)　5 御觸事(おふれごと)　6 觸當(ふれあて)
7 人足觸當(にんそくふれあて)　8 觸出(ふれだし・ふれだす)　9 為二觸知一置(ふれしらせおく)　10 觸来(ふれきたる)　11 觸来次第(ふれきたりしだい)
12 村々江觸置候様可レ致候(むらむらへふれおきそうろうよういたすべくそうろう)　13 觸留(ふれどめ)　14 御用御触留(ごようおふれどめ)　15 追觸(おいぶれ)
16 申觸(もうしふれ)　17 相觸(あいふれ)　18 右之通可レ被二相觸一候(みぎのとおりあいふれらるべくそうろう)　19 先觸(さきぶれ)
20 此先觸早々順達(このさきぶれそうそうじゅんたつ)

657 [言]

ゲン・ゴン
いう
こと

【用例】

1 言上(ごんじょう)　2 言分(いいぶん・いいわけ)　3 御他言(ごたごん)　4 傳言(でんごん)　5 文言(もんごん)　6 大納言様(だいなごんさま)
7 一言之申分(いちごんのもうしぶん・もうしわけ)
8 一言之申訳(いちごんのもうしわけ)
9 一言之義申間敷候(いちごんのぎもうすまじくそうろう)

658
【計】
ケイ
はからう
はかる・ばかり

【用例】

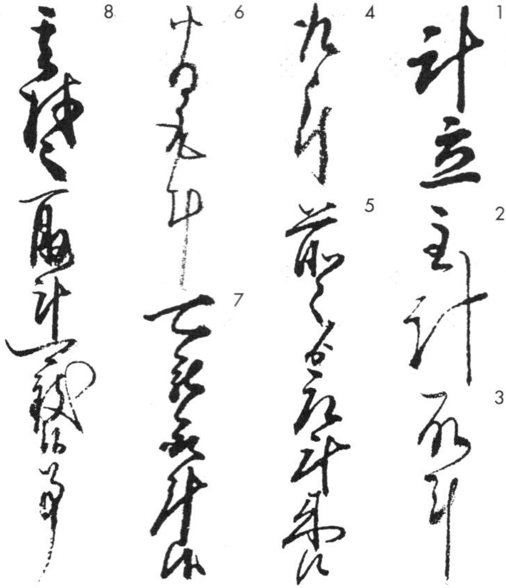

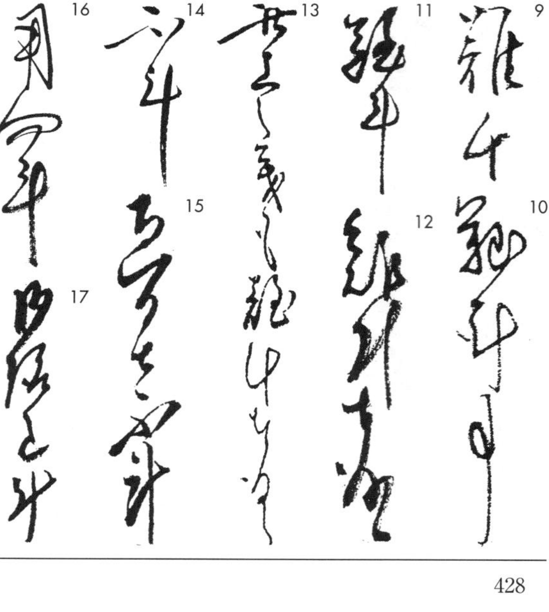

1 計立（はかりたて）　2 主計（かずえ）　3・4 取計（とりはからい）　5 前々ゟ取計来候（まえまえよりとりはからいきたりそうろう）　6 為二取計一（とりはからわせ）
7 可レ被二取計一候（とりはからわるべくそうろう）　8 其村々取計可レ致候事（そのむらむらとりはからいいたすべくそうろうこと）　9 難レ計（はかりがたし）
10 難レ計事（はかりがたきこと）　11 難レ計（はかりがたし）　12 難レ計奉レ存候（はかりがたくぞんじたてまつりそうろう）
13 此上之義も難レ計奉レ存候（このうえのぎもはかりがたくぞんじたてまつりそうろう）　14 不レ計（はからず）　15 過日者不レ計（かじつははからず）
16 用向計（ようむきばかり）　17 御趣意計（ごしゅいばかり）

659 許

キョ／もと
ゆるす
ばかり

【用例】

1 許状（きょじょう）　2 免許（めんきょ）　3 裁許（さいきょ）　4 裁許御請證文（さいきょおうけしょうもん）　5・6 其許（そこもと）　7 国許（くにもと）
8 手許（てもと）　9 無二心許一（こころもとなく）　10 御差許（おさしゆるし）

660 訟

ショウ
うったえる

【用例】

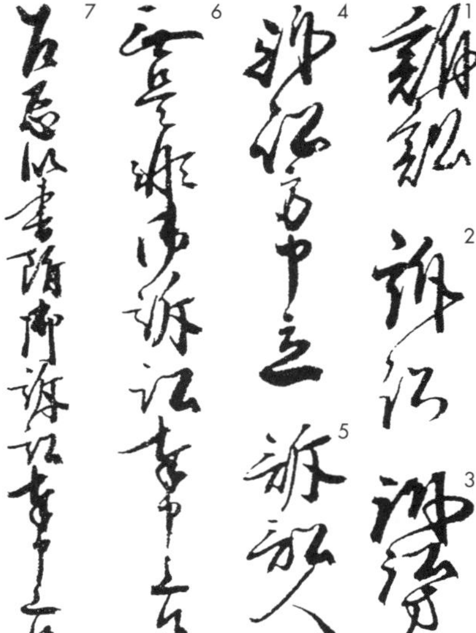

1・2 訴訟（そしょう）　3 訴訟方（そしょうかた）　4 訴訟方申立（そしょうかたもうしたて）　5 訴訟人（そしょうにん）
6 無二是非一御訴訟奉二申上一候（ぜひなくごそしょうもうしあげたてまつりそうろう）
7 乍レ恐以二書附一御訴訟奉二申上一候（おそれながらかきつけをもってごそしょうもうしあげたてまつりそうろう）

661 訳(譯)

ヤク
わけ

【用例】

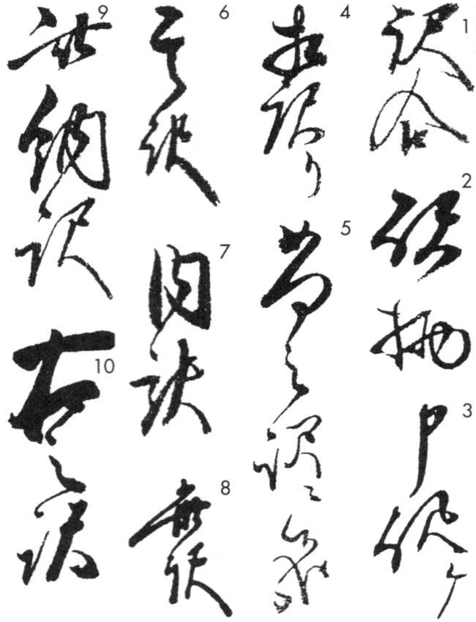

1 訳合(わけあい)
2 訳柄(わけがら)
3 申訳ケ(もうしわけ)
4 相訳リ(あいわかり)
5 如何之訳ニ候哉(いかがのわけにそうろうや)
6 其訳(そのわけ)
7 内訳(うちわけ)
8 此訳(このわけ)
9 此納訳(このおさめわけ)
10 右之訳(みぎのわけ)

662 証(證)

ショウ
あかし

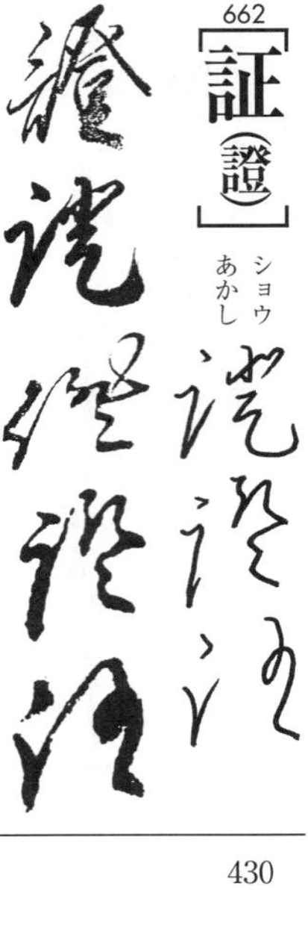

【用例】

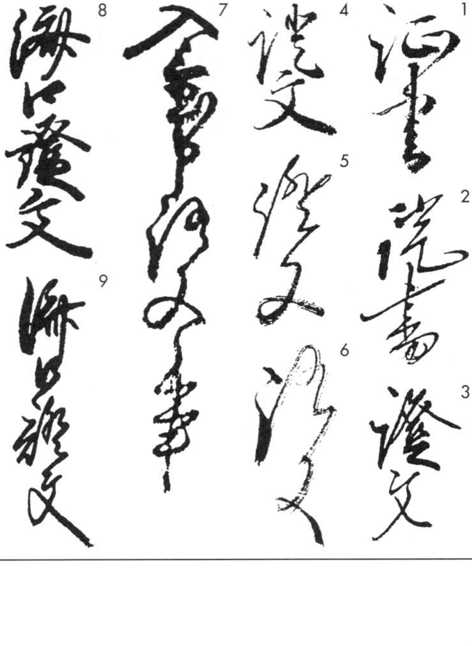

1 証書（しょうしょ） 2 證書（しょうしょ） 3〜6 證文（しょうもん） 7 入置申 證文之事（いれおきもうすしょうもんのこと）

8・9 済口證文（すみくちしょうもん） 10 差上申 済口證文之事（さしあげもうすすみくちしょうもんのこと） 11 内済證文（ないさいしょうもん）

12 書入證文（かきいれしょうもん） 13 請證文（うけしょうもん） 14 證人（しょうにん） 15 内證（ないしょう） 16・17 為二後證一（ごしょうのため）

18 為二後證一仍而如レ件（ごしょうのためよってくだんのごとし）

663

詔

ショウ
みことのり

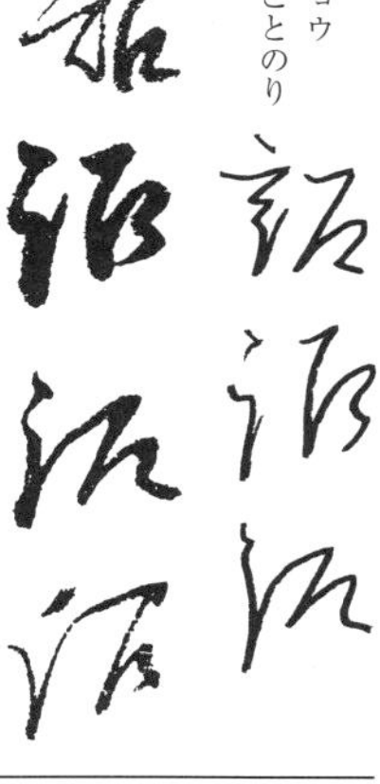

【用例】

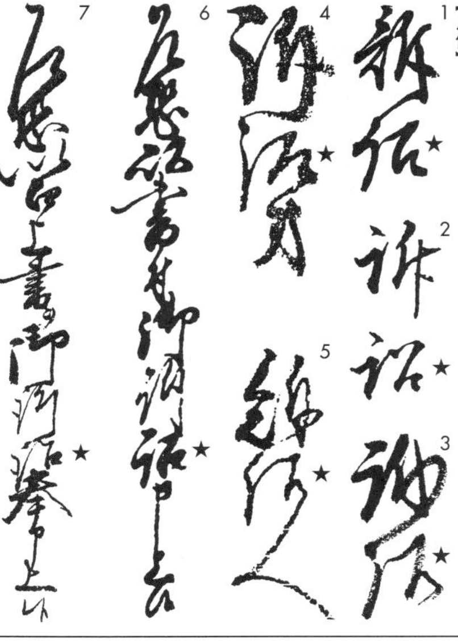

1〜3 訴詔（そしょう） 4 訴詔方（そしょうかた） 5 訴詔人（そしょうにん）

6 乍レ恐以二書付一御訴詔申上候（おそれながらかきつけをもってごそしょうもうしあげそうろう）

7 乍レ恐以二口上書ヲ一御訴詔奉二申上一候（おそれながらこうじょうがきをもってごそしょうもうしあげたてまつりそうろう）

664

訴

ソ　うったえる　うったえ

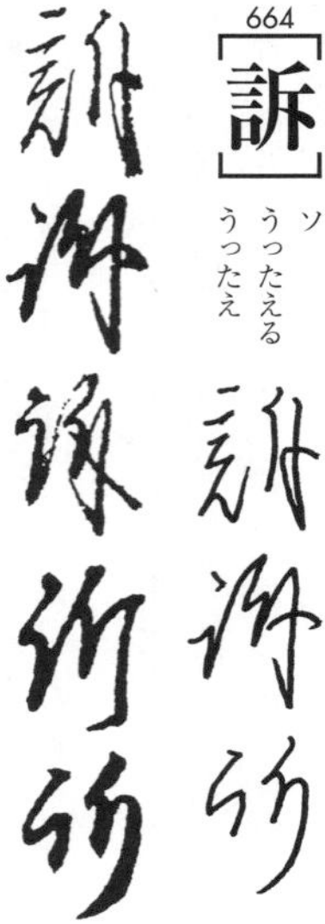

【用例】

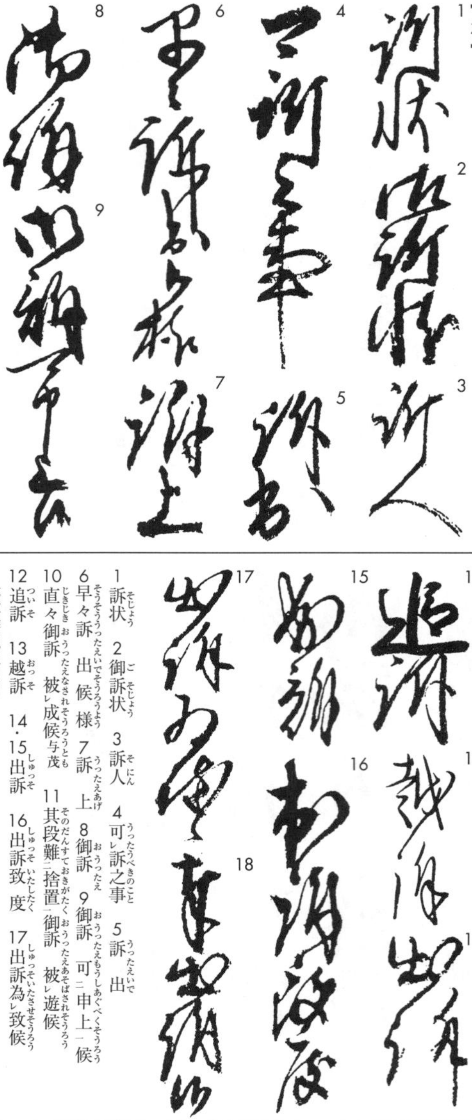

1 訴状（そじょう）　2 御訴状（ごそじょう）　3 訴人（そにん）　4 可レ訴之事（うったうべきのこと）　5 訴 出（うったえいで）

6 早々訴 出 候 様（そうそううったえいでそうろうよう）　7 訴 上（うったえあげ）　8 御訴（おうったえ）　9 御訴 可二申上一候（おうったえもうしあぐべくそうろう）

10 直々御訴 被レ成候与茂（じきじきおうったえなされそうろうとも）　11 其段難二捨置一御訴 被レ遊候（そのだんすておきがたくおうったえあそばされそうろう）

12 追訴（ついそ）　13 越訴（おっそ）　14・15 出訴（しゅっそ）　16 出訴致 度（しゅっそいたしたく）　17 出訴為レ致候（しゅっそいたさせそうろう）

18 奉二出訴一候（しゅっそたてまつりそうろう）

665 評

ヒョウ
はかる

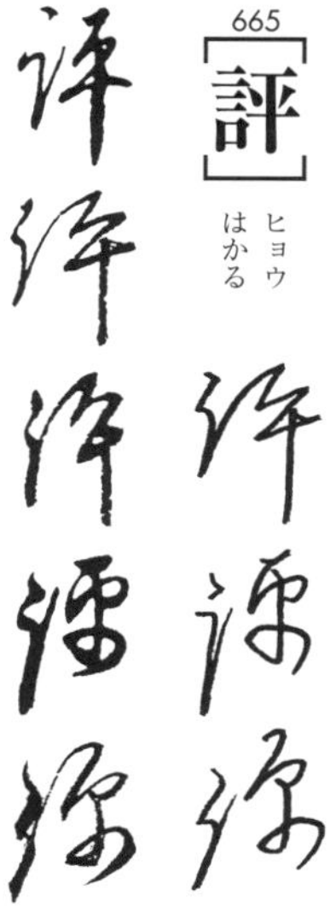

【用例】

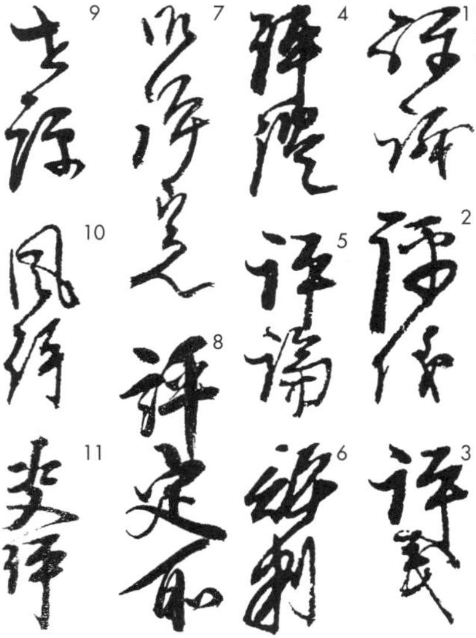

1 評議（ひょうぎ） 2 評儀（ひょうぎ） 3 評義（ひょうぎ） 4 評談（ひょうだん） 5 評論（ひょうろん） 6 評判（ひょうばん） 7 御評定（ごひょうじょう） 8 評定所（ひょうじょうしょ） 9 世評（せひょう） 10 風評（ふうひょう） 11 決評（けっぴょう）

666 詰

キツ
つめる
つめ

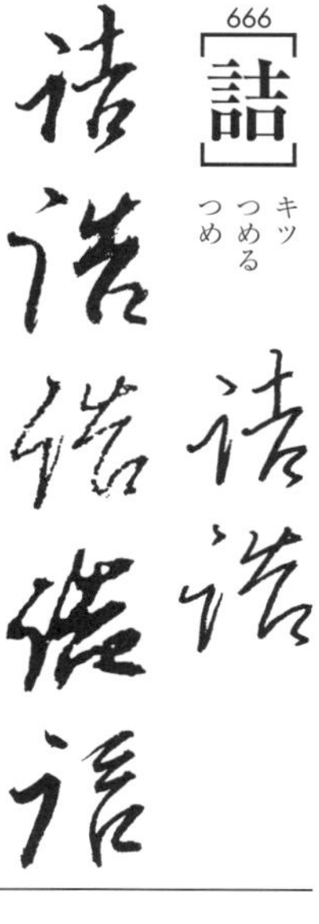

【用例】

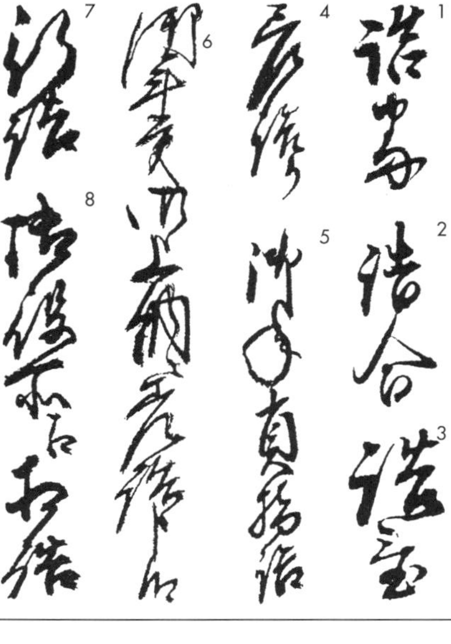

1 詰番（つめばん） 2 詰合（つめあい） 3 詰置（つめおく） 4 差詰リ（さしつまり） 5 御年貢指詰（おねんぐさしつまり） 6 御年貢御上納ニ差詰申候（おねんぐごじょうのうにさしつまりもうしそうろう） 7 行詰（ゆきづまり） 8 御役所江相詰（おやくしょへあいつめ）

667 ［誠］ セイ まこと

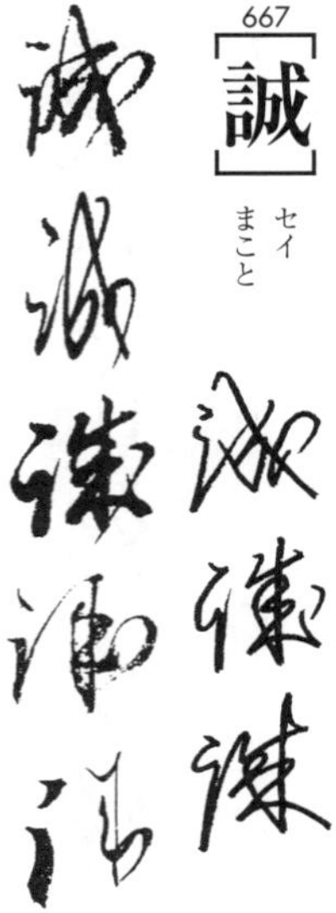

【用例】

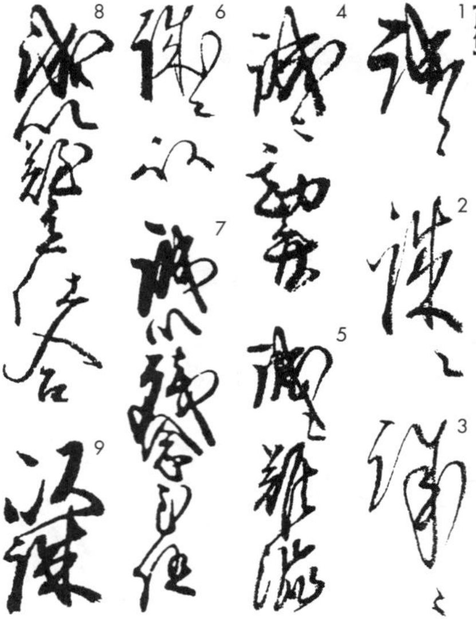

1～3 誠二（まことに） 4 誠二勘弁（まことにかんべん） 5 誠二難澁（まことになんじゅう） 6 誠二以（まことにもって） 7 誠以 残念至極（まことにもってざんねんしごく） 8 誠以 難レ有仕合（まことにもってありがたきしあわせ） 9 以レ誠（まことにもって）

668 ［詮］ セン

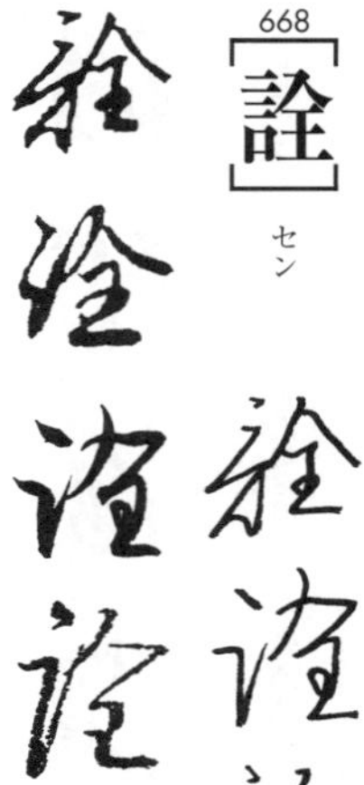

【用例】

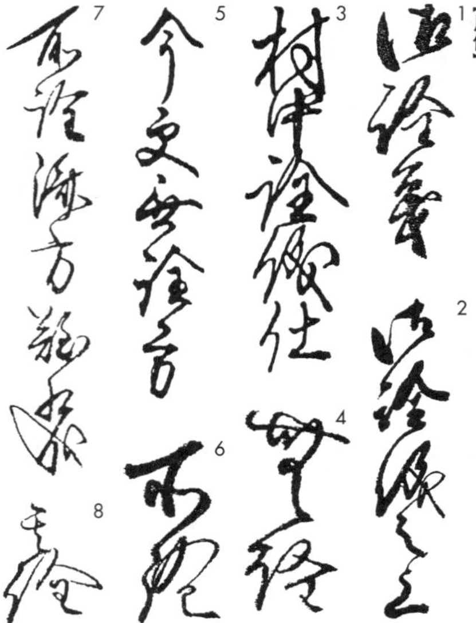

1 御詮義（ごせんぎ） 2 御詮儀之上（ごせんぎのうえ） 3 村中詮儀仕（むらじゅうせんぎつかまつり） 4 無レ詮（せんなく） 5 今更無二詮方一（いまさらせんかたなく） 6 所詮（しょせん） 7 所詮済方難二相成一（しょせんすましかたあいなりがたく） 8 其詮（そのせん）

669 詫

タ／かこつ
わびる
わび

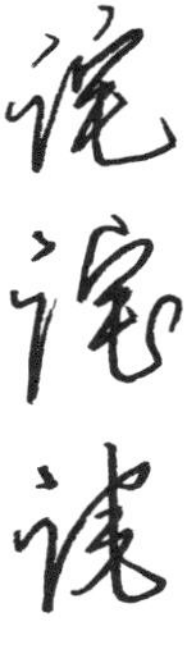

【用例】

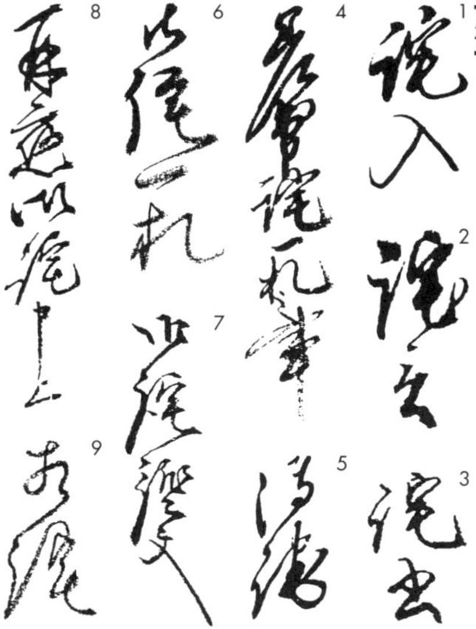

1 詫入（わびいれ）
2 詫言（わびごと）
3 詫書（わびがき）
4 差出申詫一札之事（さしだしもうすわびいっさつのこと）
5 御詫（おわび）
6 御詫一札（おわびいっさつ）
7 御詫證文（おわびしょうもん）
8 再應御詫申上（さいおうおわびもうしあげ）
9 相詫（あいわび）

670 話

ワ
はなす
はなし

【用例】

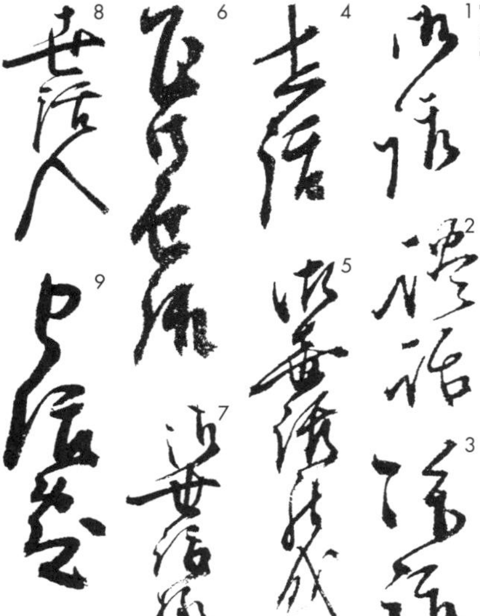

1 御話（おはなし）
2 談話（だんわ）
3 拝話（はいわ）
4 世話（せわ）
5 御世話罷成（おせわまかりなり）
6 乍二御世話一（おせわながら）
7 御世話様（おせわさま）
8 世話人（せわにん）
9 世話敷（せわしく）

671
【認】
ニン
みとめる
したためる

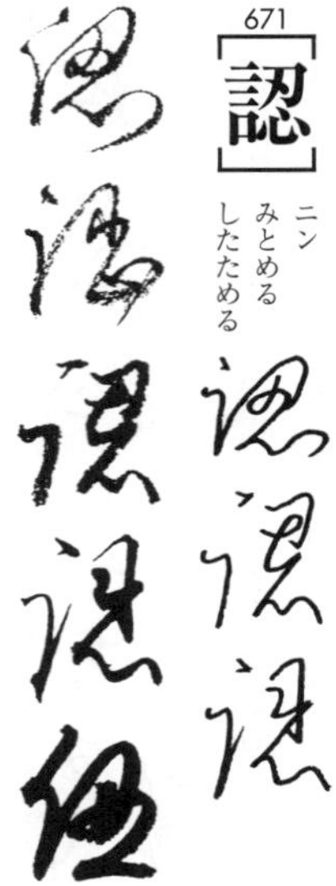

【用例】

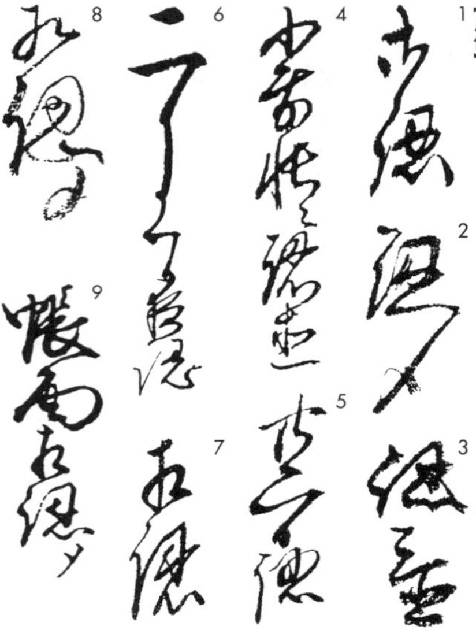

1 御認（おしたため） 2 認メ（したため） 3 認置（したためおく） 4 小前帳ニ認直（こまえちょうにしたためなおし） 5 廿二日認（にじゅうににちしたたむ） 6 二月一日夜認（にがつついたちよるしたたむ） 7 相認（あいしたたむ） 8 相認メ（あいしたため） 9 帳面相認メ（ちょうめんあいしたため）

672
【諸】
ショ
もろもろ

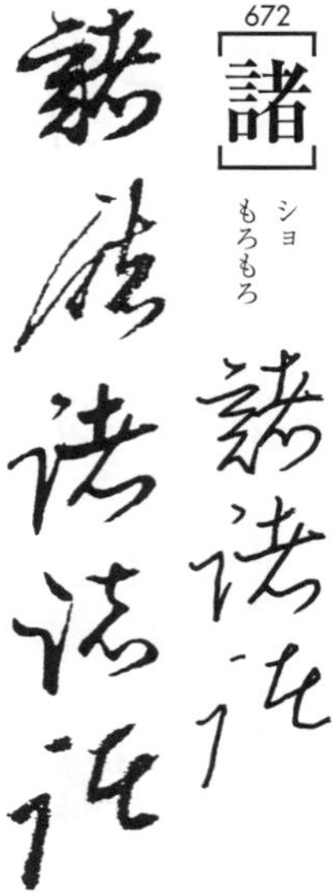

【用例】

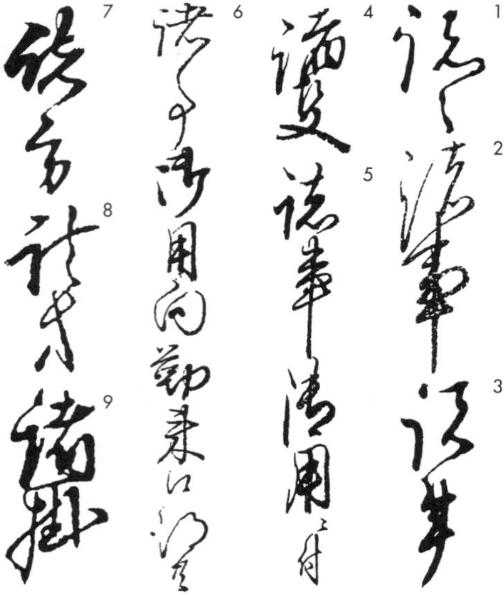

1 諸々（しょしょ） 2〜4 諸事（しょじ） 5 諸事御用ニ付（しょじごようにつき） 6 諸事御用向勤来候得共（しょじごようむきつとめきたりそうらえども）
7・8 諸方（しょほう） 9 諸掛（しょがかり） 10 諸役（しょやく） 11 御年貢諸役（おねんぐしょやく） 12 諸役人（しょやくにん） 13 諸役銭（しょやくせん）
14 諸入用（しょにゅうよう） 15 村中諸入用（むらじゅうしょにゅうよう） 16 諸入用割合（しょにゅうようわりあい） 17 諸向（しょむき） 18 諸家（しょけ）
19 諸御大名衆（しょおだいみょうしゅう）

673 ［請］

セイ・ショウ
シン／こう
うける・うけ

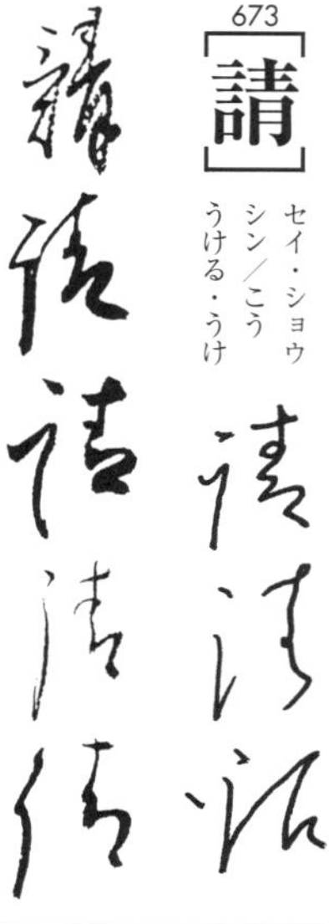

【用例】

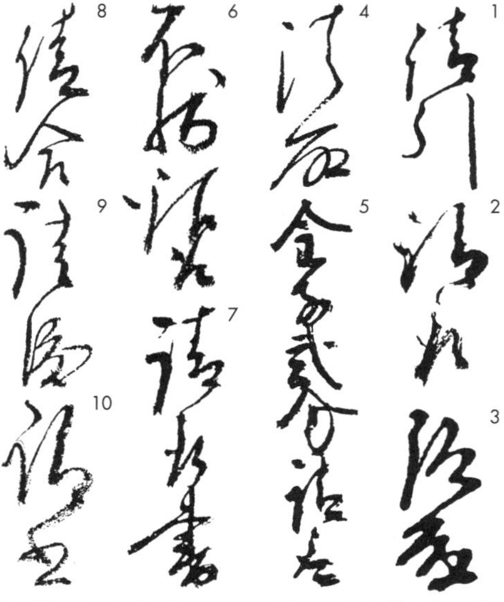

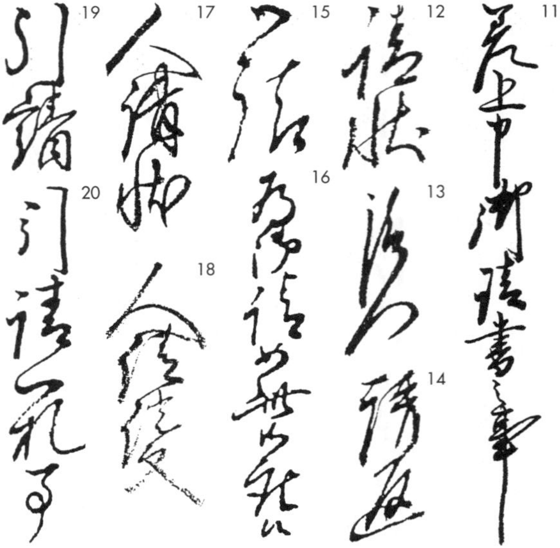

1 請引(しょういん・うけひく)　2～4 請取(うけとり)　5 金子弐分請取(きんすにぶうけとり)　6 不レ残請取(のこらずうけとり)　7 請取書(うけとりがき・うけとりしょ)
8 請合(うけあう)　9 請渡(うけわたし)　10 請書(うけがき・うけしょ)　11 差上申 御請書之事(さしあげもうす おうけしょのこと)
12 請状(うけじょう)　13 請人(うけにん)　14 請返(うけかえし)　15 御請(おうけ)　16 為二御請一如レ此御座候(おうけのためかくのごとくにござそうろう)
17 人請状(ひとうけじょう)　18 人請證文(ひとうけしょうもん)　19 引請(ひきうけ)　20 引請一札事(ひきうけいっさつのこと)

674 【談】 ダン

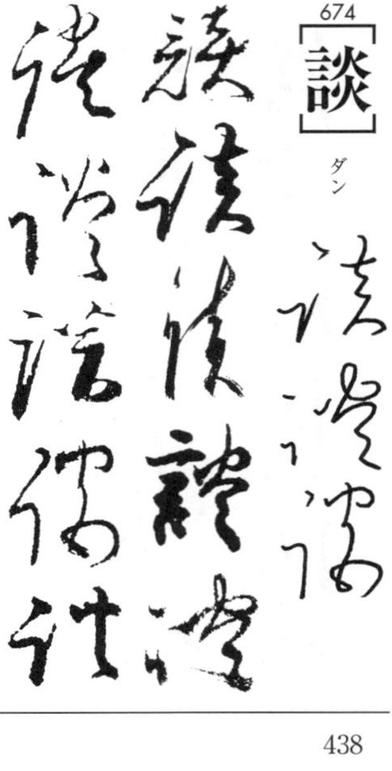

【用例】

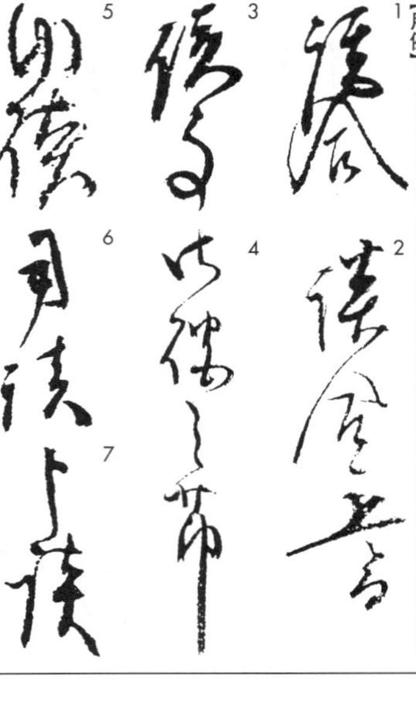

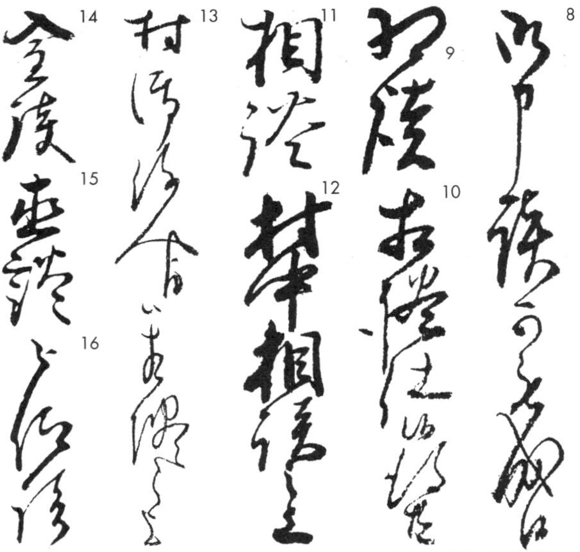

1 談合(だんごう)　2 談合候上ニ而(だんごうそうろううえにて)　3 談事(だんじごと)　4 御談之節(おだんじのせつ)　5 内談(ないだん)　6 用談(ようだん)
7 申談(もうしだんず)　8 御申談可レ被レ成候(おもうしだんじなさるべくそうろう)　9 相談(そうだん)　10 相談仕候得共(そうだんつかまつりそうらえども)
11 相談(そうだん)　12 村中相談之上(むらじゅうそうだんのうえ)　13 村御役人江御相談之上(むらおやくにんへごそうだんのうえ)　14 金談(きんだん)
15 直談(じきだん)　16 被二仰談一(おおせだんぜられ)

675 [調]

チョウ
しらべる
ととのえる

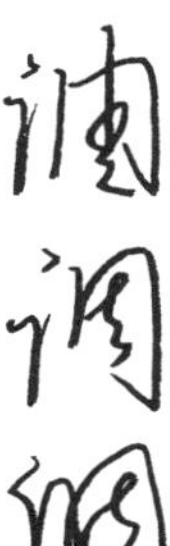

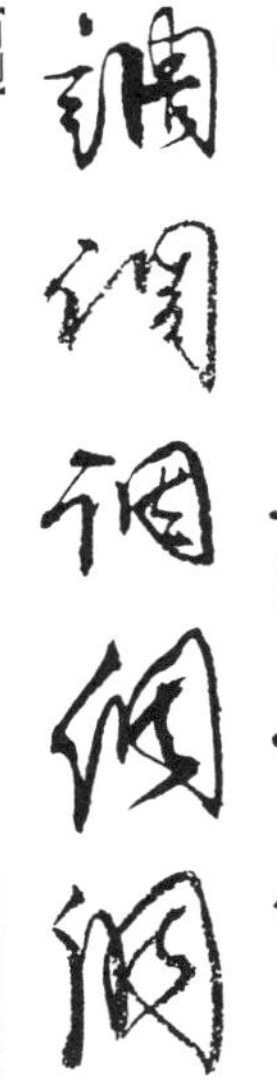

【用例】

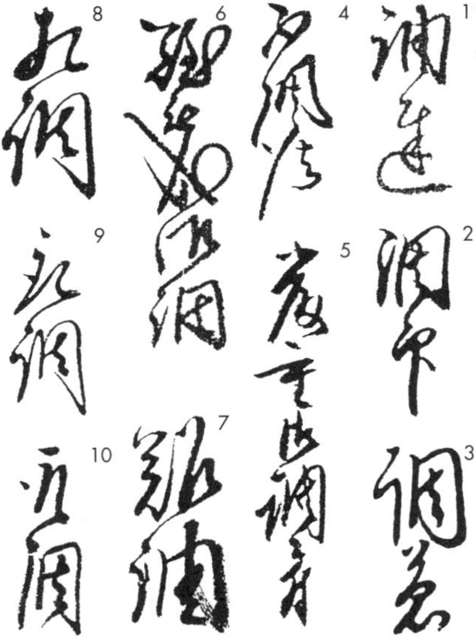

1 調達(ちょうたつ)　2 調印(ちょういん)　3 調兼(しらべかね／ととのいかね)　4 不調法(ぶちょうほう)　5 厳重御調ニ付(げんじゅうおしらべにつき)
6 難レ被レ成二御調一(おととのいなされがたく)　7 難レ調(ととのいがたく)　8 相調(あいしらべる／あいととのう)　9・10 取調(とりしらべ)

676 [論] ロン

【用例】

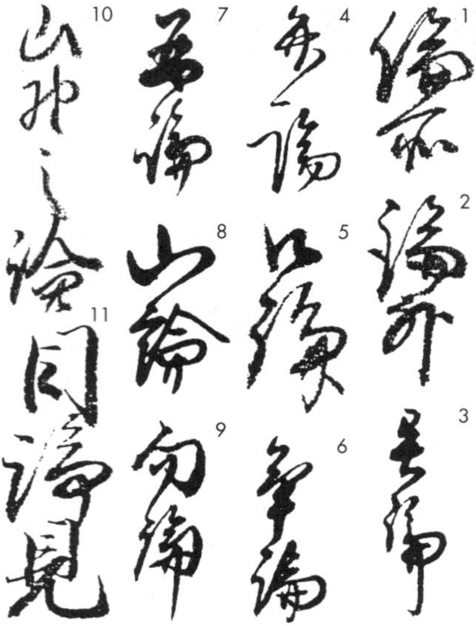

1 論所（ろんしょ） 2 論外（ろんがい） 3 異論（いろん） 4 弁論（べんろん） 5 口論（こうろん） 6 争論（そうろん） 7 再論（さいろん） 8 山論（さんろん） 9 勿論（もちろん） 10 山野之論（さんやのろん） 11 目論見（もくろみ）

677 [謂] イ いう いい

【用例】

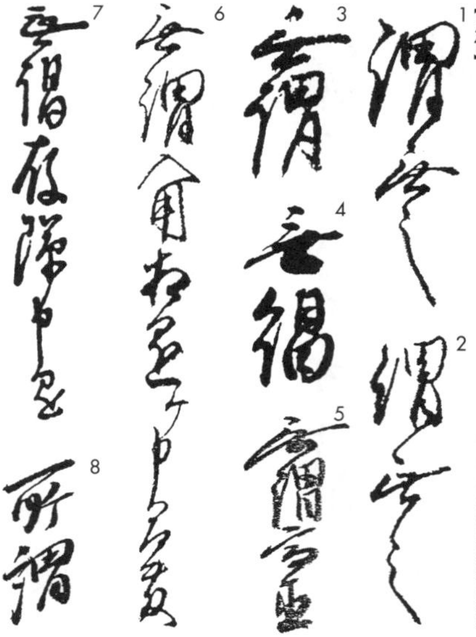

1・2 謂無レ之（いわれこれなく） 3・4 無レ謂（いわれなく） 5 無レ謂高直（いわれなきこうじきたかね） 6 無レ謂入用相懸ケ申間敷（いわれなきにゅうようあいかけもうすまじく） 7 無レ謂故障申懸（いわれなきこしょうもうしかけ） 8 所謂（いわゆる）

678 警 ケイ

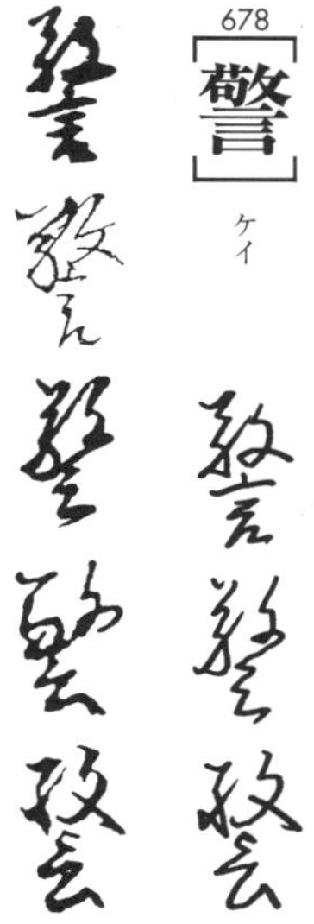

【用例】

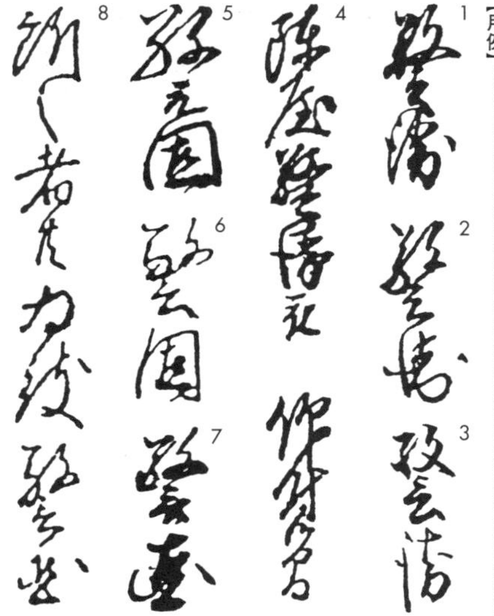

1～3 警衛（けいえい） 4 陳屋警衛被二仰付一候間（じんやけいえいおおせつけられそうろうあいだ） 5～7 警固（けいご）
8 所之者共為レ致二警固一（ところのものどもけいごいたさせ）

679 議 ギ

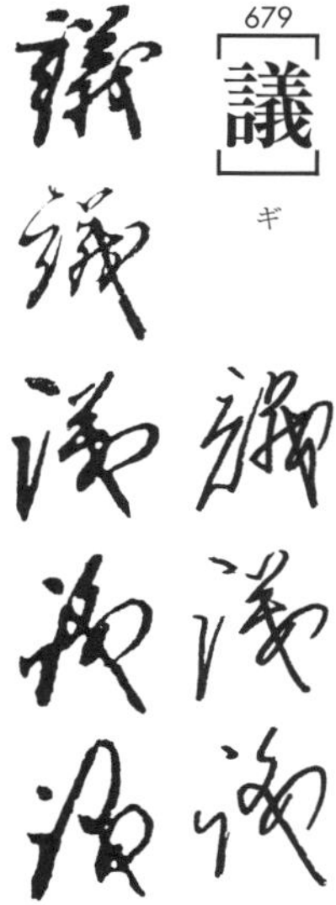

【用例】

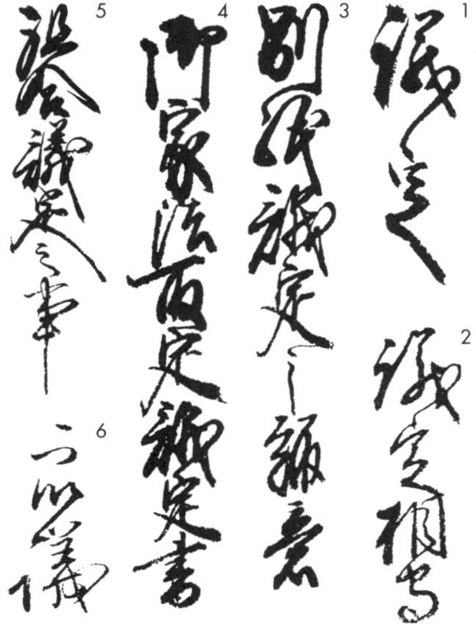

1 議定（ぎじょう） 2 議定相守（ぎじょうあいまもり） 3 別紙議定之趣意（べっしぎじょうのしゅい） 4 御家法取定議定書（ごかほうとりさだめぎじょうしょ）
5 組合議定之事（くみあいぎじょうのこと） 6 衆議（しゅうぎ）

680 譲(讓)

ジョウ
ゆずる

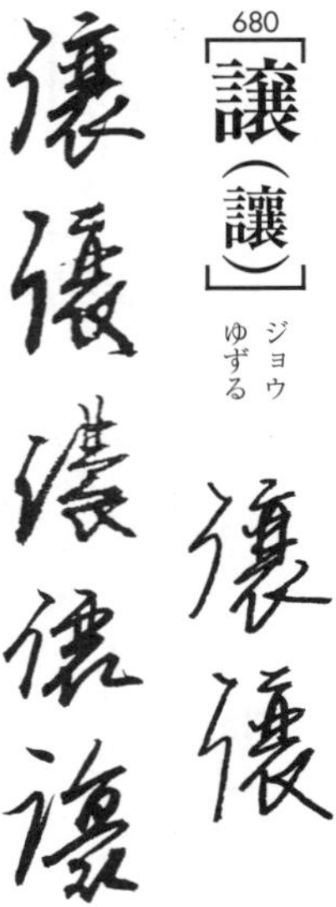

【用例】

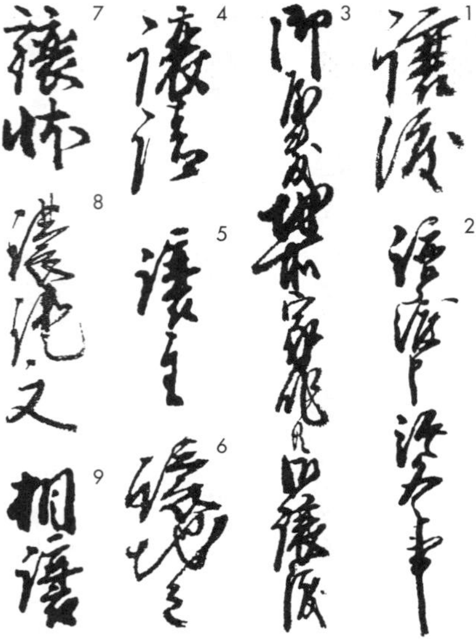

1 譲渡(ゆずりわたす)
2 譲渡申證文之事(ゆずりわたしもうすしょうもんのこと)
3 御屋敷・地所・家作共御譲渡(おやしき・じしょ・かさくともおゆずりわたし)
4 譲請(ゆずりうく)
5 譲主(ゆずりぬし)
6 譲地主(ゆずりじぬし)
7 譲状(ゆずりじょう)
8 譲證文(ゆずりしょうもん)
9 相譲(あいゆずり)

681 豊(豐)

ホウ・フ
ゆたか
とよ

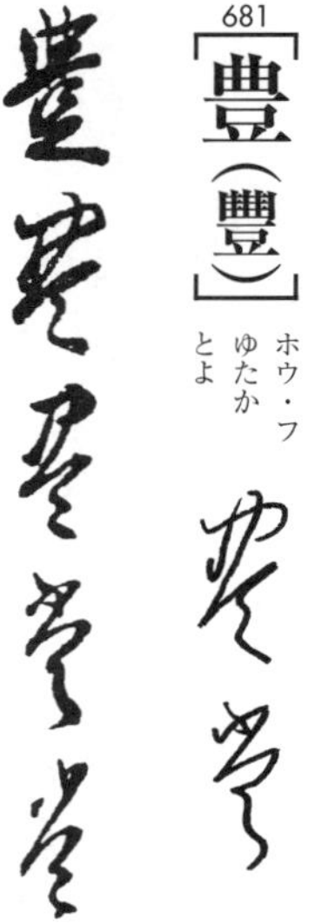

【用例】

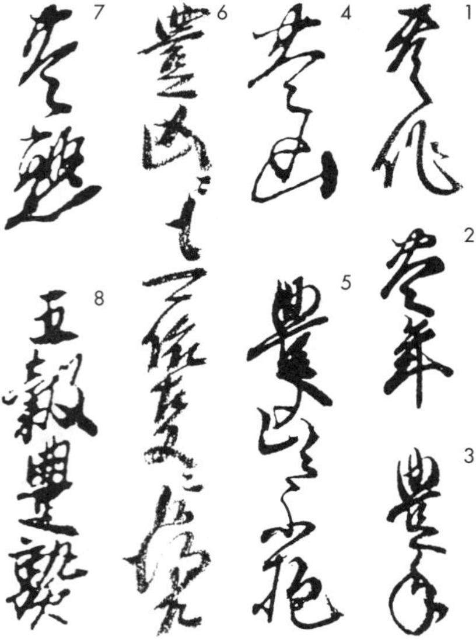

1 豊作(ほうさく)
2・3 豊年(ほうねん)
4 豊凶(ほうきょう)
5 豊凶ニ不ㇾ抱(ほうきょうにかかわらず)
6 豊凶ニも可ㇾ依事ニ候得共(ほうきょうにもよるべきことにそうらえども)
7 豊熟(ほうじゅく)
8 五穀豊熟(ごこくほうじゅく)

682 負

フ
まける
おう

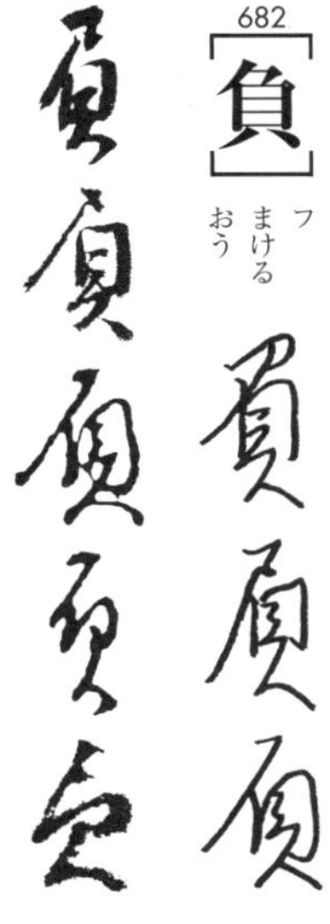

【用例】

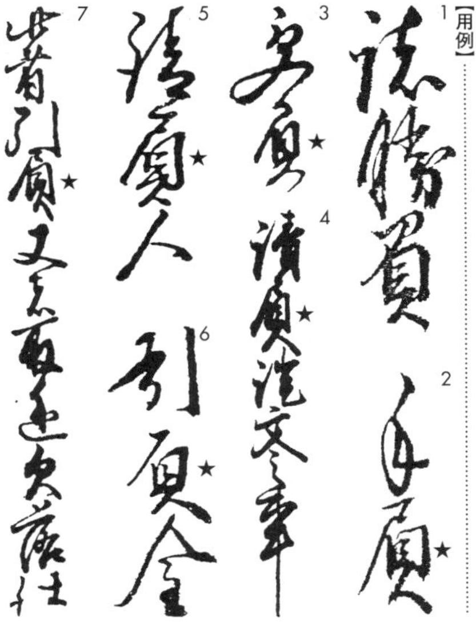

1 諸勝負（しょしょうぶ） 2 手負（ておい） 3 受負（うけおう） 4 請負證文之事（うけおいしょうもんのこと） 5 請負人（うけおいにん） 6 引負金（ひきおいきん）
7 此者引負、又者取逃・欠落仕（このものひきおい、またはとりにげ・かけおちつかまつり）

683 貢

コウ・ク
みつぐ
みつぎ

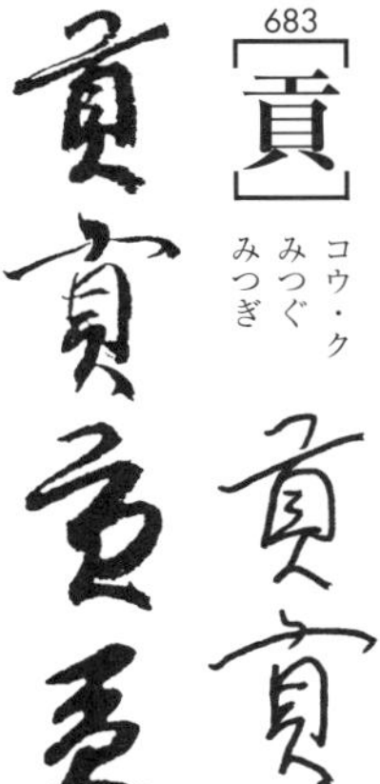

【用例】

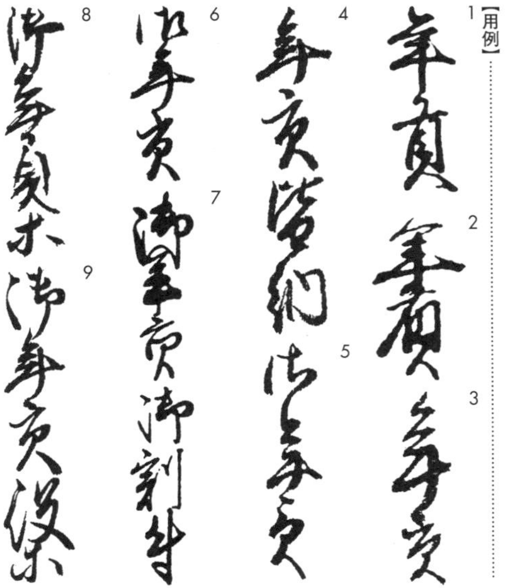

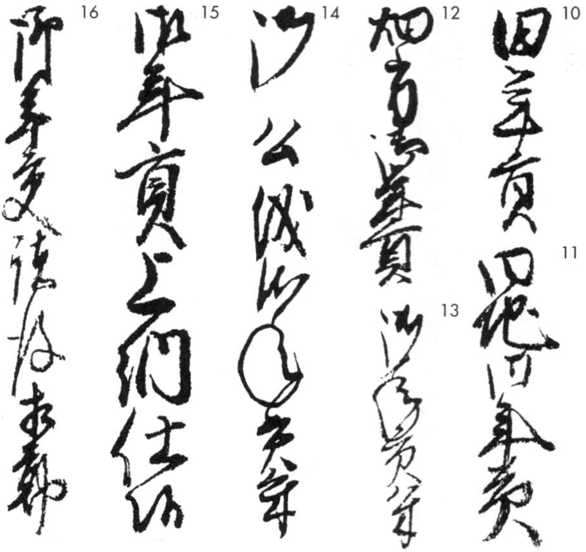

1〜3 年貢（ねんぐ） 4 年貢皆納（ねんぐかいのう） 5・6 御年貢（おねんぐ） 7 御年貢御割付（おねんぐおわりつけ） 8 御年貢等（おねんぐなど） 9 御年貢役等（おねんぐやくなど） 10 田年貢（たねんぐ） 11 田地御年貢（でんちおねんぐ） 12 畑方御年貢（はたかたおねんぐ） 13 御年貢米（おねんぐまい） 14 御公儀御年貢米（ごこうぎおねんぐまい） 15 御年貢上納仕候（おねんぐじょうのうつかまつりそうろう） 16 御年貢諸役相勤（おねんぐしょやくあいつとめ）

684

［貫］

カン
つらぬく
つなぐ

【用例】

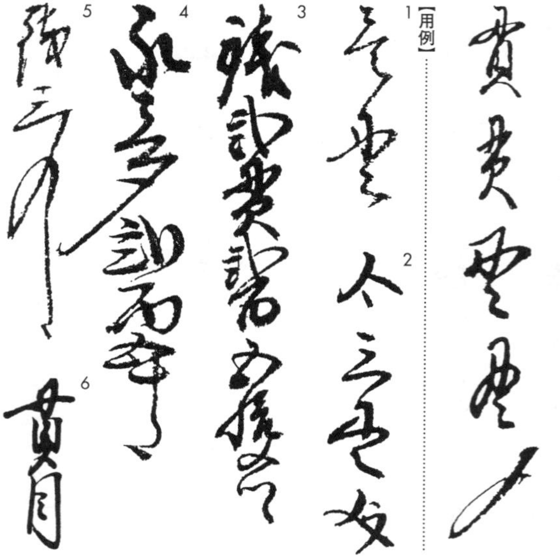

1 壱貫（いっかん） 2 合 三貫文（あわせてさんかんもん） 3 銭弐貫弐百五拾文ツヽ（ぜににかんにひゃくごじゅうもんずつ） 4 永壱貫弐百五十文（えいいっかんにひゃくごじゅうもん） 5 銭三貫文（ぜにさんかんもん） 6 貫目（かんめ）

685 【貧】

ヒン ビン まずしい

【用例】

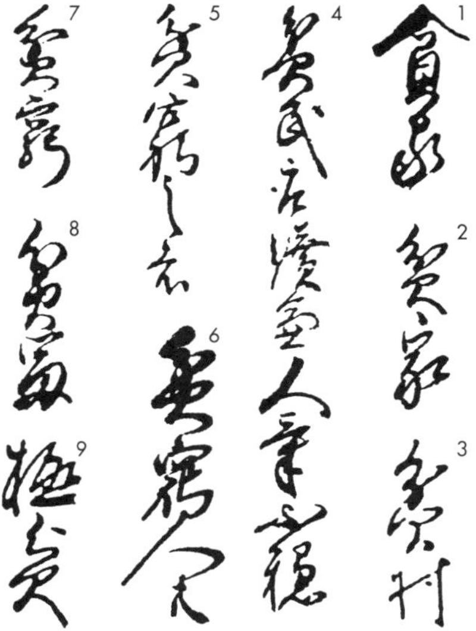

1・2 貧家（ひんか） 3 貧村（ひんそん） 4 貧民取續兼人氣不穏（ひんみんとりつづきかねじんきふおん） 5 貧窮之者（ひんきゅうのもの） 6 貧窮人共（ひんきゅうにんども） 7 貧窮（ひんきゅう） 8 貧富（ひんぷ） 9 極貧（ごくひん）

686 【賀】

カ ガ

【用例】

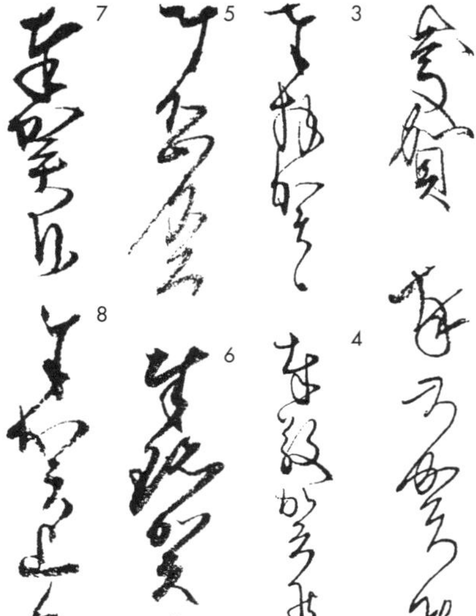

1 慶賀（けいが） 2 奉二大賀一候（たいがたてまつりそうろう） 3 奉二拝賀一候（はいがたてまつりそうろう） 4 奉二敬賀一候（けいがたてまつりそうろう） 5 奉二恐賀一（きょうがたてまつり） 6 奉二珍賀一候（ちんがたてまつりそうろう） 7 奉レ賀候（がしたてまつりそうろう） 8 奉二賀上一候（がしあげたてまつりそうろう）

687

貴

キ
たっとぶ
とうとい

【用例】

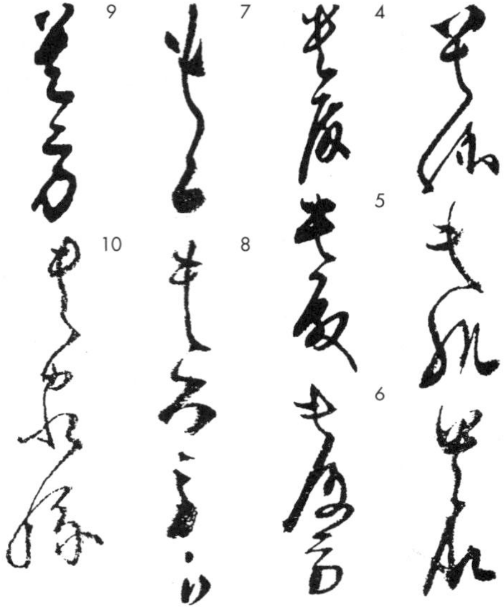

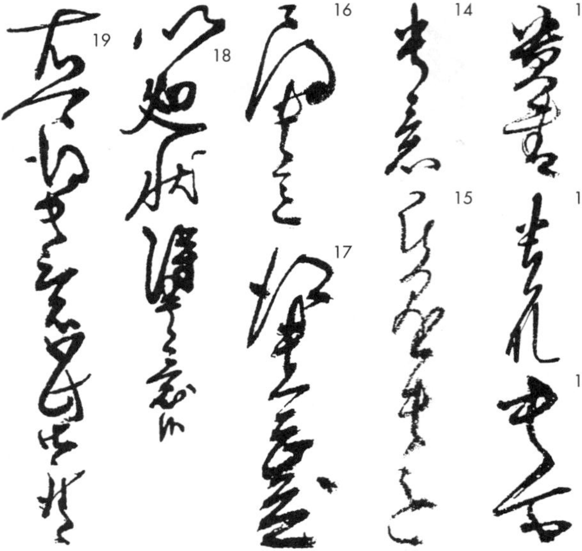

1～3 貴様(きさま) 4・5 貴殿(きでん) 6 貴殿方(きでんかた) 7 貴公(きこう) 8 貴公方江(きこうかたへ) 9 貴方(きほう)
10 貴家様(きかさま) 11 貴書(きしょ) 12 貴札(きさつ) 13 貴所(きしょ) 14 貴意(きい) 15 被レ懸二貴意一(きいをかけられ)
16 可レ得二貴意一(きいをうべく) 17 得二貴意一度(きいをえたく) 18 以二廻状一得二貴意一候(かいじょうをもってきいをえそうろう)
19 右可レ得二貴意一如レ此御座候(みぎきいをうべくかくのごとくにござそうろう)

688

【貸】

タイ
かす・かし
かりる

【用例】

1 貸出し(かしだし)　2・3 貸附(かしつけ)　4 御貸附金(おかしつけきん)　5 御貸人馬(おかしじんば)　6 貸金(かしきん)
7 貸物(かしもの)　8 貸屋(かしや)　9 貸地(かしち)　10 貸借(かしかり)　11 借り貸(かりかし)

689

【買】

バイ
かう

【用例】

1 買入(かいいれ)　2 買上(かいあげ)　3 買取(かいとり)　4 買請(かいうけ)　5 在々買次(ざいざいかいつぎ)　6 買〆(かいしめ)　7 地小買(じこがい)
8 出買(でがい)　9 直買(じきがい)　10 下買(したがい)　11 押買(おしがい)

690 賃

チン

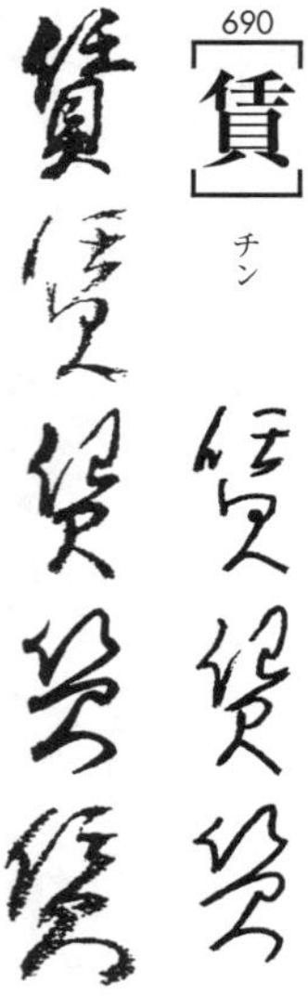

【用例】

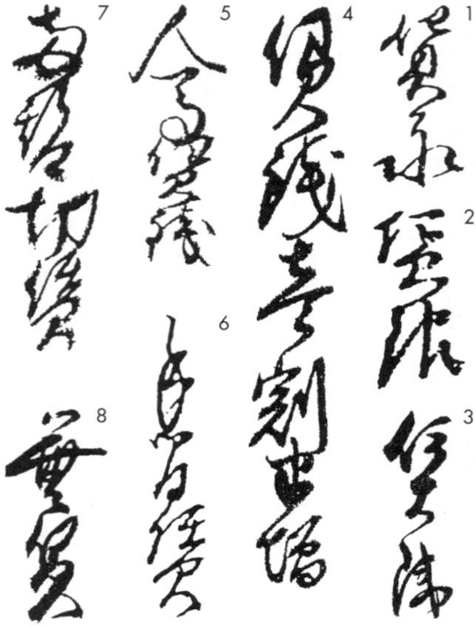

1 賃永（ちんえい） 2 賃銀（ちんぎん） 3 賃銭（ちんせん） 4 賃銭壱割半増（ちんせんいちわりはんまし） 5 人馬賃銭（じんばちんせん） 6 手間賃（てまちん） 7 両替切賃（りょうがえきりちん） 8 無賃（むちん）

691 賄

ワイ／まかなう
まかない
まいない

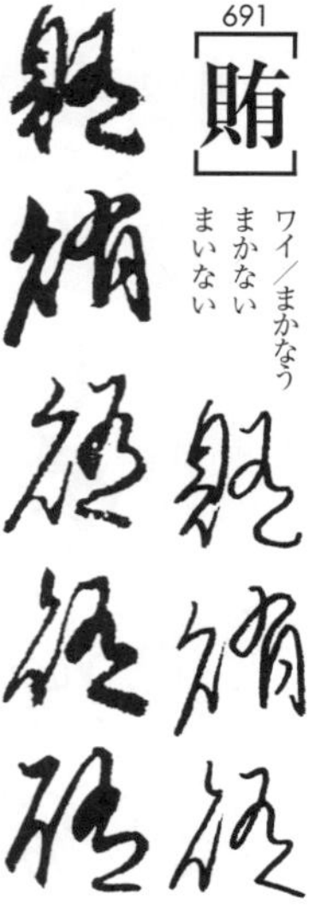

【用例】

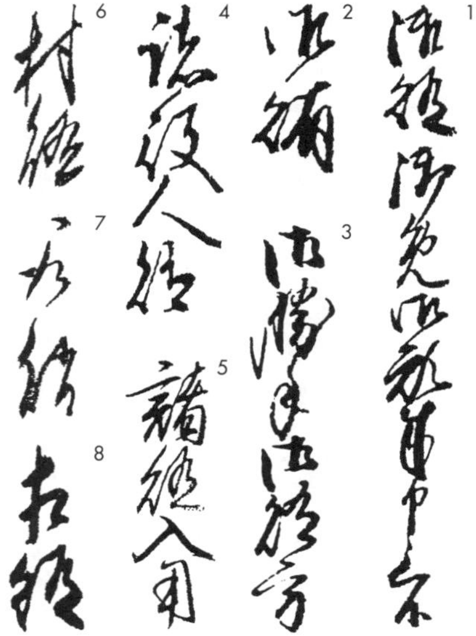

1 御賄御免御願奉二申上一候（おまかないごめんおねがいもうしあげたてまつりそうろう） 2 御賄（おまかない） 3 御勝手御賄方（おかっておまかないかた） 4 諸役人賄（しょやくにんまかない） 5 諸賄入用（しょまかないにゅうよう） 6 村賄（むらまかない） 7 取賄（とりまかない） 8 相賄（あいまかなう）

692 質

シチ
シツ・チ
ただす

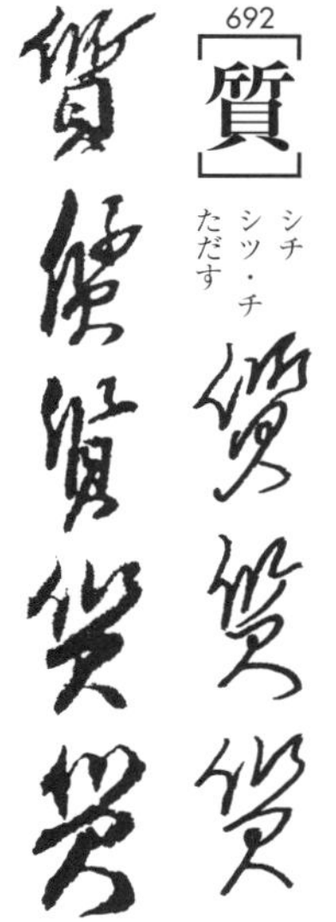

【用例】

1 質地（しっち）　2 質地證文（しっちしょうもん）　3 右之田地質地ニ相渡シ（みぎのでんちしっちにあいわたし）　4 質物銭（しちもつせん）
5 質物證文（しちもつしょうもん）　6 質屋（しちや）　7 質入（しちいれ）　8 家質（いえじち）

693 賦

フ
みつぎ

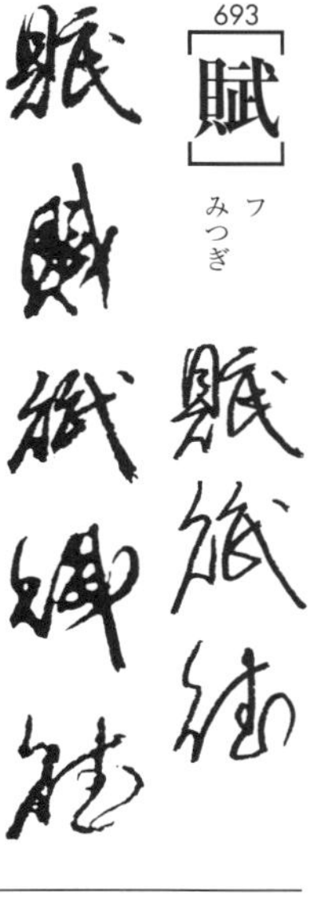

【用例】

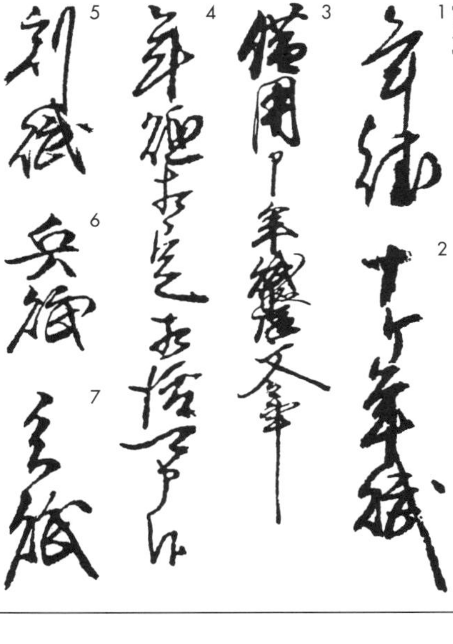

1 年賦（ねんぷ）　2 十ケ年賦（じゅっかねんぷ）　3 借用申年賦證文之事（しゃくようもうすねんぷしょうもんのこと）
4 年賦相定、相渡可レ申候（ねんぷあいさだめ、あいわたしもうすべくそうろう）　5 割賦（わっぷ）　6・7 兵賦（へいぶ）

694 【賢】

ケン
かしこい

【用例】

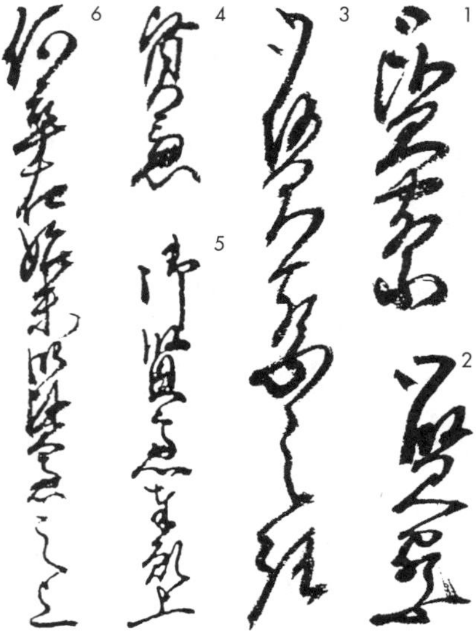

1・2 御賢察（ごけんさつ）　3 御賢察之程（ごけんさつのほど）　4 賢慮（けんりょ）　5 御賢慮 奉二願上一（ごけんりょねがいあげたてまつり）　6 何卒右始末御賢慮之上（なにとぞみぎしまつごけんりょのうえ）

695 【賭】

ト
かける
かけ

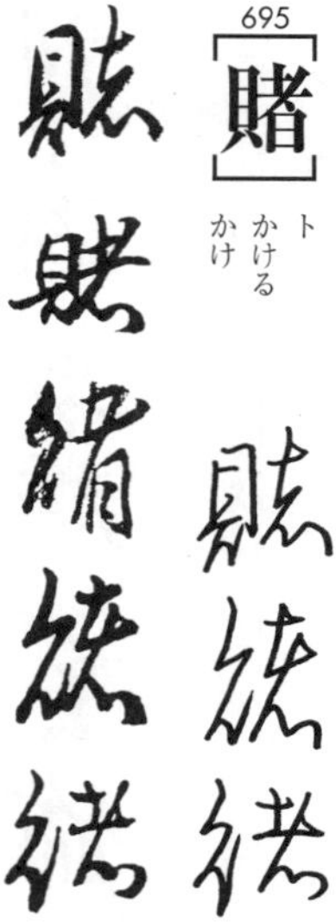

【用例】

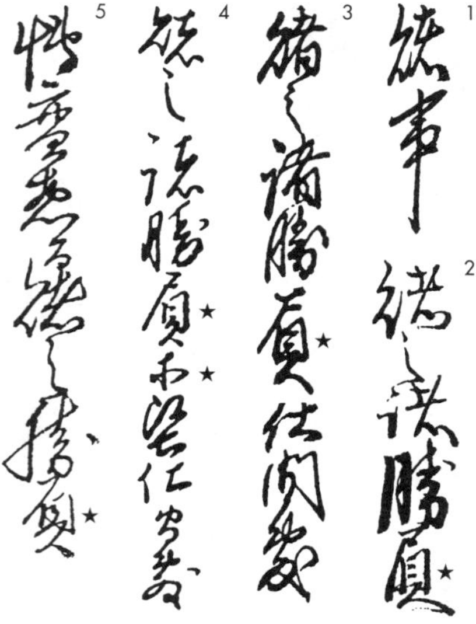

1 賭事（かけごと）　2 賭之諸勝負（かけのしょしょうぶ）　3 賭之諸勝負 仕 間敷（かけのしょしょうぶつかまつるまじく）　4 賭之諸勝負等堅 仕 間敷（かけのしょしょうぶなどかたくつかまつるまじく）　5 博奕惣而賭之勝負（ばくえきそうじてかけのしょうぶ）

696 走

ソウ
はしる

【用例】

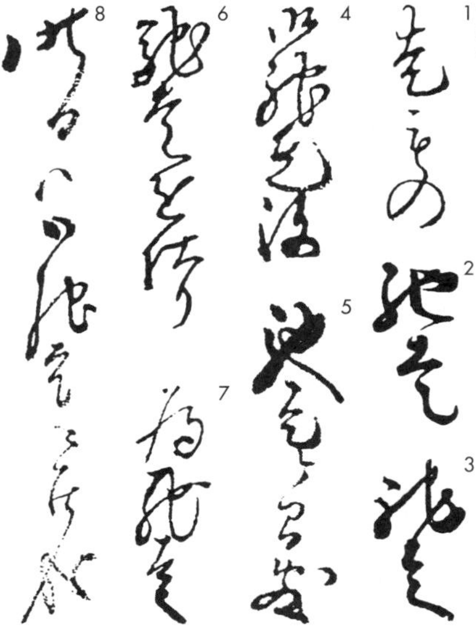

1 走(はしり)もの　2・3 馳走(ちそう)　4 御馳走役(ごちそうやく)　5 馳走ケ間敷(ちそうがましく)
6 馳走(ちそう)を仕リ(つかまつり)　7 為二馳走一(ちそうとして)　8 昨日ハ御馳走ニ罷成(さくじつはごちそうにまかりなり)

697 起

キ／おきる
おこる
おこす

【用例】

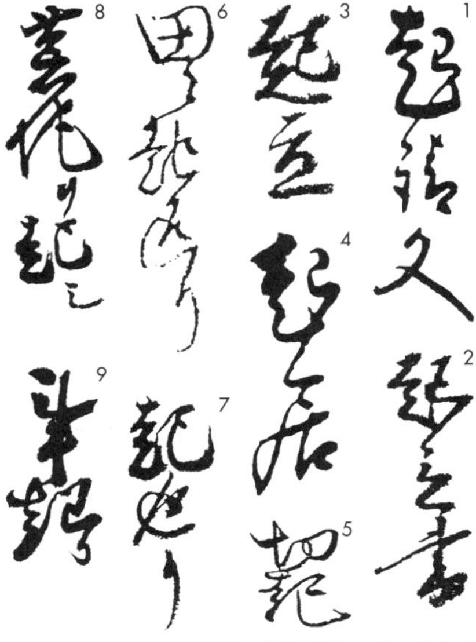

1 起請文(きしょうもん)　2 起立書(きりつしょ)　3 起立(きりつ)　4 起居(ききょ)　5 切起(きりおこし)　6 田二起返リ(たにおこしかえり)
7 起返り(おこしかえ)　8 荒地ヲ起シ(あれちをおこし)　9 事起リ(ことおこり)

698 ［越］

エツ・オチ
こす・こし
こえる

【用例】

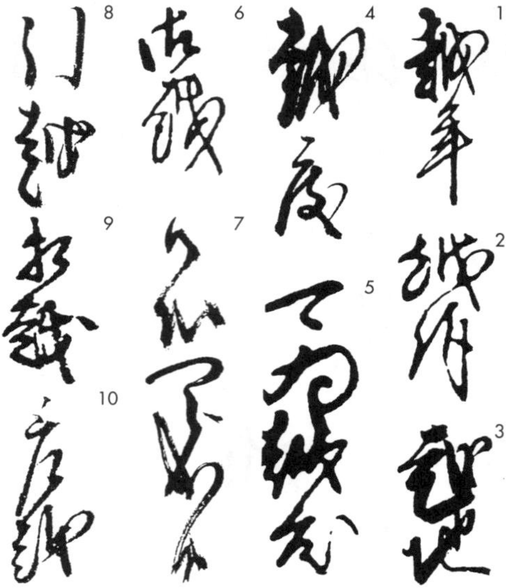

1 越年（おつねん・えつねん） 2 越訴（おっそ） 3 越地（こしち） 4 越度（おちど） 5 可レ為二越度一（おちどたるべし） 6 御越（おこし）
7 御越可レ被レ成候（おこしなさるべくそうろう） 8 引越（ひっこし） 9 相越（あいこす） 10・11 差越（さしこす） 12・13 申 越（もうしこす）
14〜16 罷 越（まかりこす） 17 近所迄罷 越見分 仕 候（きんじょまでまかりこしけんぶんつかまつりそうろう） 18 被二仰越一（おおせこされ）
19 被二仰越一候 通（おおせこされそうろうとおり） 20 御返書被二仰越一被レ下度（ごへんしょおおせこされくだされたく）

699
趣
シュ
おもむき
おもむく

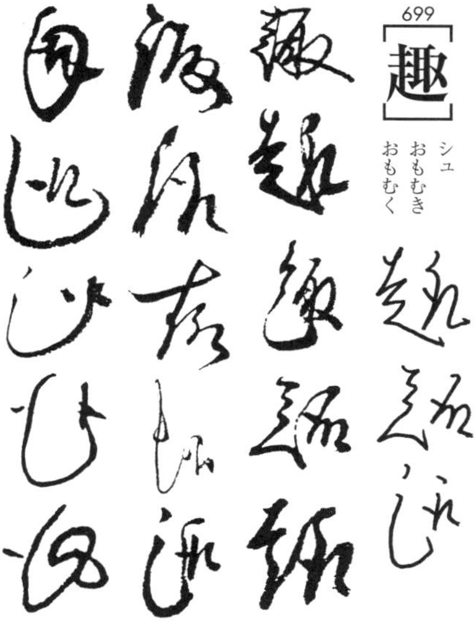

【用例】

1 2 3 4

5 6 7 8 9 10 11 12 13 14 15

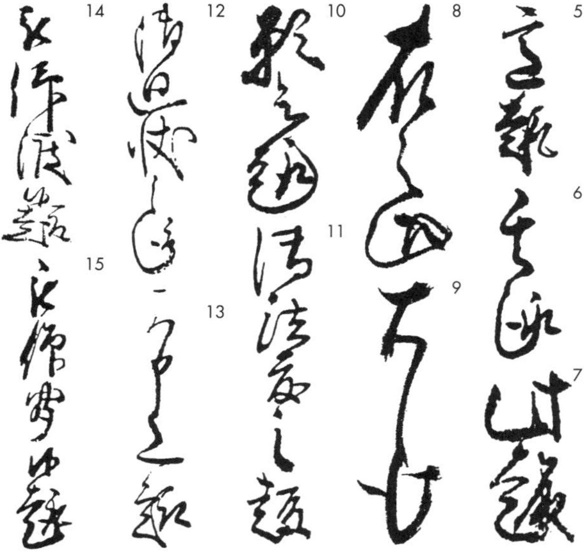

1 趣向(しゅこう)　2・3 趣意(しゅい)　4 内済仕候趣意左ニ奉二申上一候(ないさいつかまつりそうろうしゅいさにもうしあげたてまつりそうろう)

5 意趣(いしゅ)　6 其趣(そのおもむき)　7 此趣(このおもむき)　8・9 右之趣(みぎのおもむき)　10 願之趣(ねがいのおもむき)

11 御法度之趣(ごはっとのおもむき)　12 御廻状之趣(ごかいじょうのおもむき)　13 可二申上一趣(もうしあぐべきおもむき)

14 被二仰渡一候趣(おおせわたされそうろうおもむき)

15 被二仰聞一候趣(おおせきかされそうろうおもむき)

700 ［足］

ソク
あし・たし
たりる

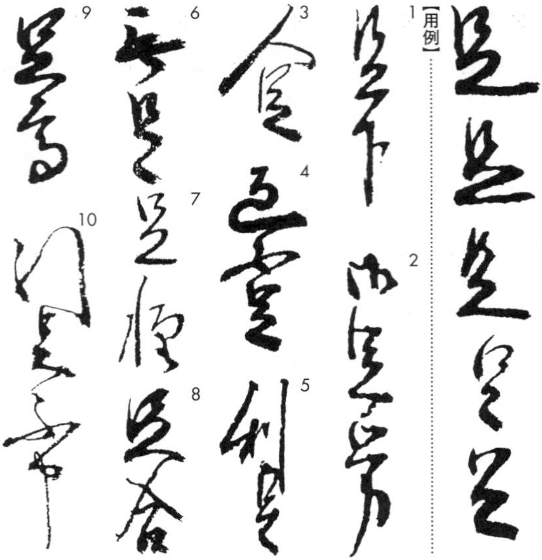

【用例】

1 足下（そっか） 2 御足労（ごそくろう） 3 人足（にんそく） 4 過不足（かふそく） 5 利足（りそく） 6 無足（むそく） 7 足軽（あしがる） 8 足合（たしあい） 9 足高（たしだか） 10 引足不レ申（ひきたりもうさず）

701 ［跡］

セキ
あと

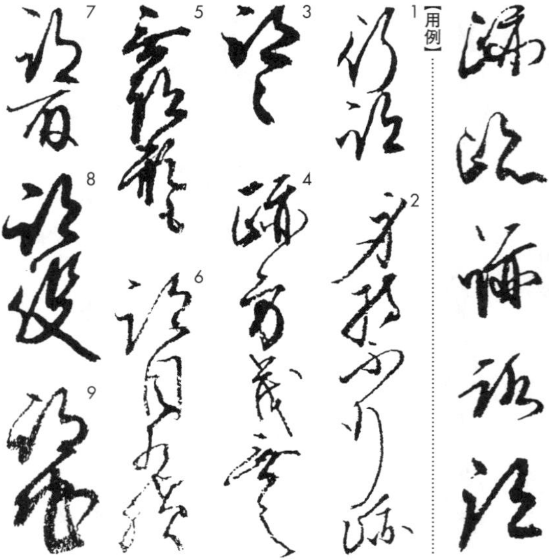

【用例】

1 行跡（ぎょうせき） 2 身持不行跡（みもちふぎょうせき） 3 跡々（あとあと） 4 跡方茂無レ之（あとかたもこれなく） 5 無二跡形も一（あとかたもなく） 6 跡目相續（あとめそうぞく） 7 跡取（あととり） 8 跡役（あとやく） 9 跡地（あとち）

702 路

ロ　じ　みち

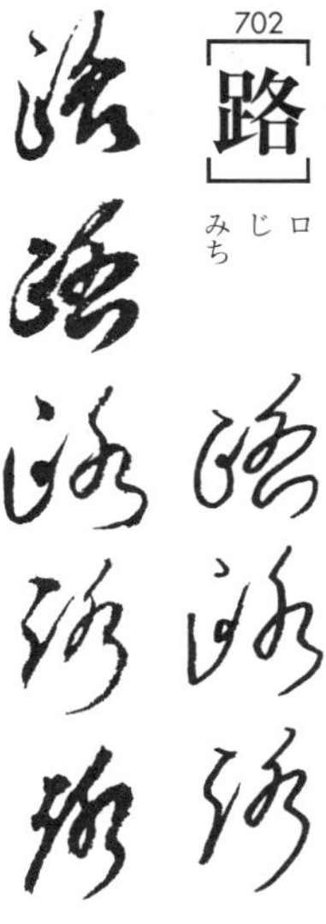

【用例】

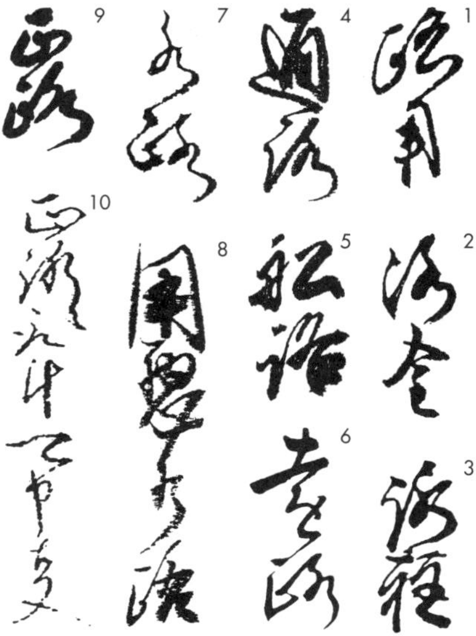

1 路用（ろよう）　2 路金（ろきん）　3 路程（ろてい）　4 通路（つうろ）　5 船路（せんろ）　6 遠路（えんろ）
7 水路（すいろ）　8 用悪水路（ようあくすいろ）　9 正路（せいろ）　10 正路ニ取計可レ申事（せいろにとりはからいもうすべきこと）

703 身

シン　み

【用例】

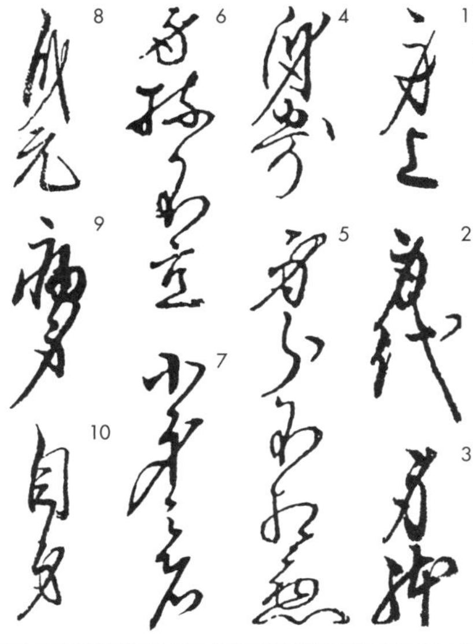

1 身上（しんじょう／しんしょう）　2 身代（みのしろ／しんだい）　3 身躰（しんてい／しんたい）　4 身寄（みより）　5 身分不相應（みぶんふそうおう）
6 身持不レ宜（みもちよろしからず）　7 小身之者（しょうしんのもの）　8 身元（みもと）　9 病身（びょうしん）　10 自身（じしん）

704 躰

タイ
テイ
からだ

【用例】

1 躰能（ていよく）　2 一躰（いったい・いってい）　3 大躰（だいたい）　4 惣躰（そうたい）　5 面躰（めんてい）　6 有躰（ありてい）

7 右躰不埒之義（みぎていふらちのぎ）　8 無躰（むたい）　9 餘リ無躰之様（あまりむたいのさま）

705 軒

ケン
のき

【用例】

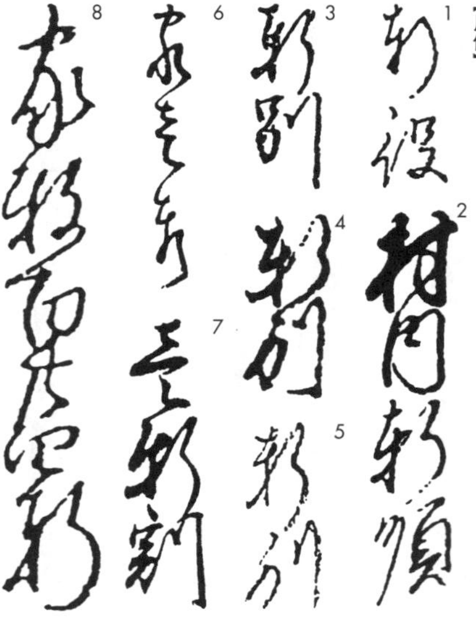

1 軒役（のきやく）　2 村内軒順（そんないのきじゅん）　3～5 軒別（のきべつ）　6 家壱軒（いえいっけん）　7 壱軒割（いっけんわり）

8 家数百廿四軒（いえかずひゃくにじゅうよんけん）

706

転(轉)

テン
ころぶ
ころがる

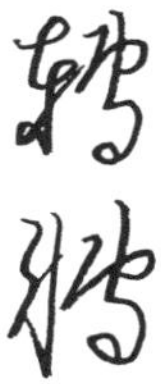

【用例】

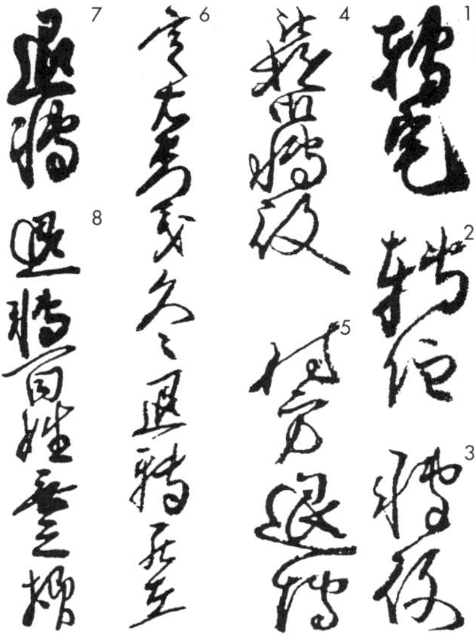

1 轉宅(てんたく) 2 轉住(てんじゅう) 3 轉役(てんやく) 4 被レ遊ニ御轉役一(ごてんやくあそばされ) 5 村方退轉(むらかたたいてん) 6 定右衛門義久々退轉罷在(ていえもんぎひさびさたいてんまかりあり) 7 退轉(たいてん) 8 退轉百姓無レ之様(たいてんびゃくしょうこれなきよう)

707

軽(輕)

ケイ
かるい
かろやか

【用例】

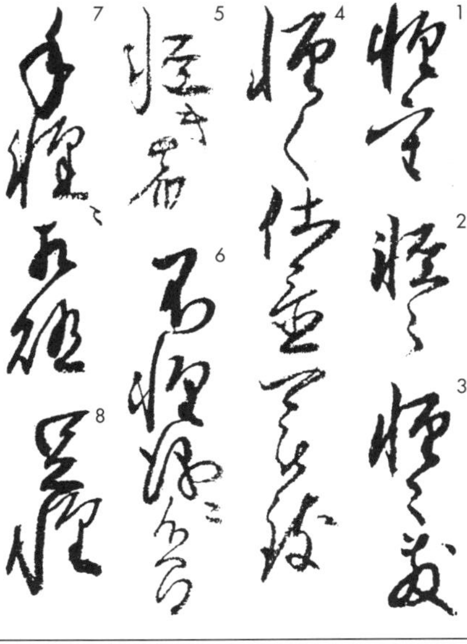

1 輕重(けいちょう) 2 輕々(かるがる) 3 輕々敷(かるがるしく) 4 輕く仕置可レ被レ致(かるくしおきいたさるべく) 5 輕キ者(かるきもの) 6 不レ輕儀ニ候間(かるからざるぎにそうろうあいだ) 7 手輕ニ相賄(てがるにあいまかない) 8 足輕(あしがる)

708 輩

ハイ
やから
ともがら

【用例】

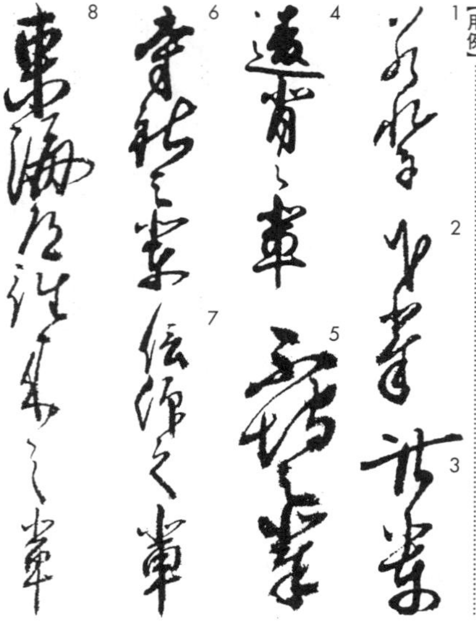

1 若輩(じゃくはい)　2 下輩(げはい)　3 此輩(このともがら／このやから)　4 違背之輩(いはいのやから)　5 不埒之輩(ふらちのやから)　6 寺社之輩(じしゃのやから)　7 信仰之輩(しんこうのやから)　8 東海道往来之輩(とうかいどうおうらいのやから)

709 辱

ジョク
はずかしめる
かたじけない

【用例】

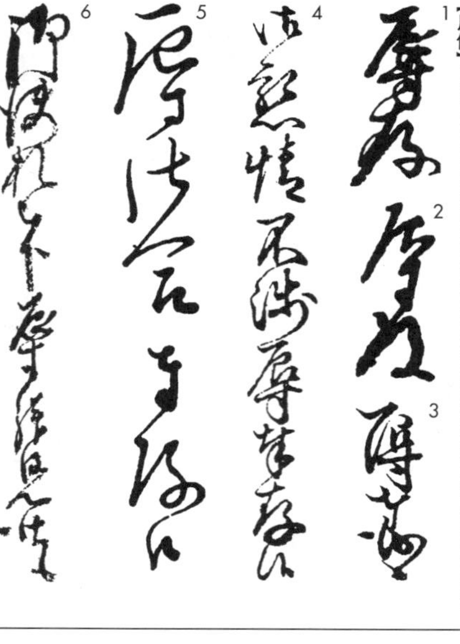

1・2 辱存(かたじけなくぞんじ)　3 辱奉レ存候(かたじけなくぞんじたてまつりそうろう)　4 御懇情不レ浅 辱 奉レ存 候(ごこんじょうあさからずかたじけなくぞんじたてまつりそうろう)　5 辱 仕合 奉レ存 候(かたじけなきしあわせにぞんじたてまつりそうろう)　6 御使札被レ下 辱 拝見 仕 候(おしさつくだされかたじけなくはいけんつかまつりそうろう)

710 農

ノウ
みのる

【用例】

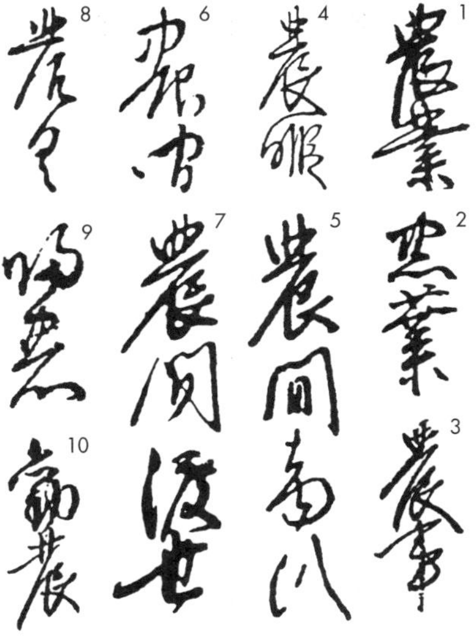

1・2 農業(のうぎょう)
3 農事(のうじ)
4 農暇(のうか／のうひま)
5 農間商ひ(のうかん／のうまあきない)
6 農間(のうかん／のうま)
7 農間渡世(のうかん／のうまとせい)
8 農具(のうぐ)
9 帰農(きのう)
10 勧農(かんのう)

711 辺(邊)

ヘン
あたり

【用例】

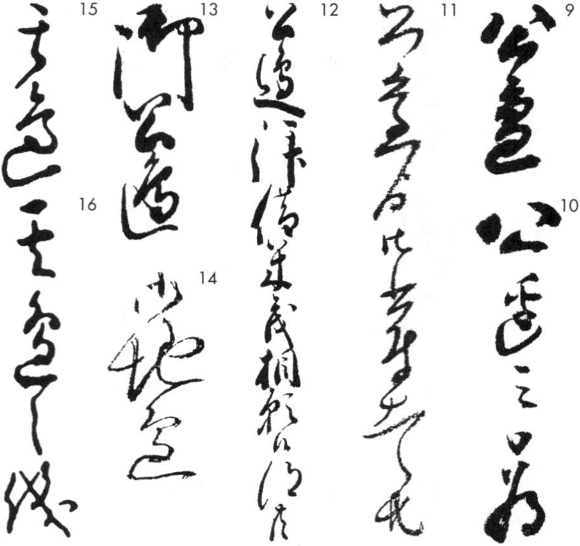

1 近辺（きんぺん）　2～4 近邊（きんぺん）　5 村々近邊（むらむらきんぺん）　6 在邊（ざいへん）　7～9 公邊（こうへん）
10 公邊之御為（こうへんのおんため）　11 公邊ゟ御書付出 候 共（こうへんよりおかきつけいでそうろうとも）
12 公邊拝借 米茂相願 候得共（こうへんはいしゃくまいもあいねがいそうらえども）　13 御公邊（ごこうへん）　14 御地邊（おんちへん／おんちあたり）　15 其邊（そのへん）
16 其邊之儀（そのへんのぎ）

712
［迄］
キツ
まで

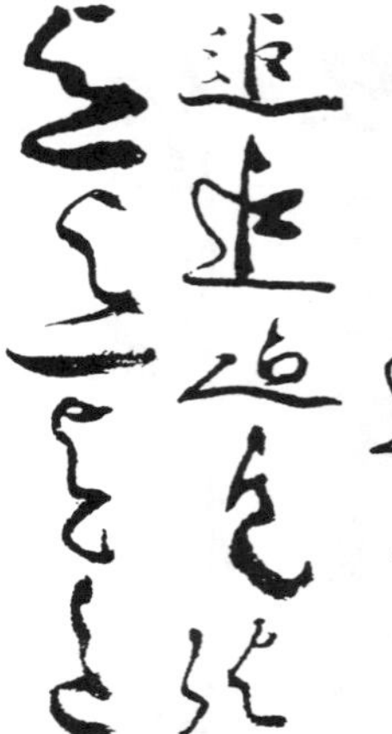

【用例】

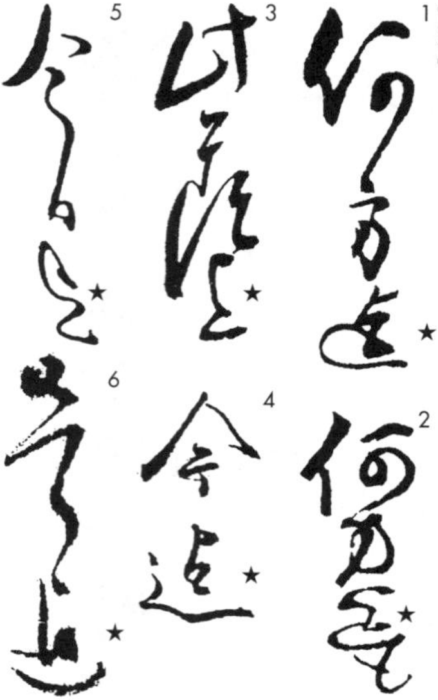

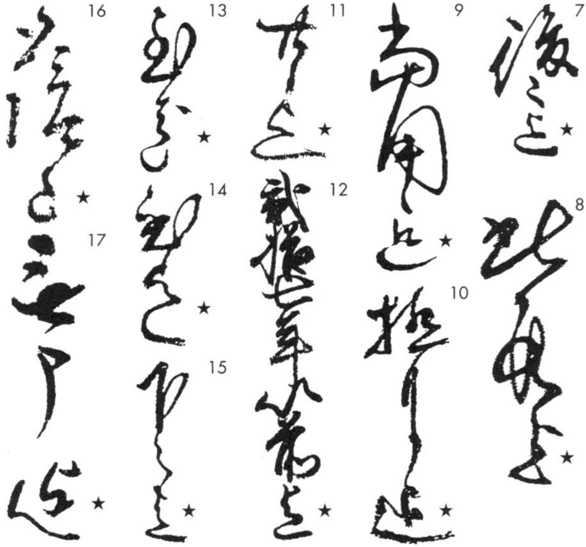

1 何方迄（いずかたまで）　2 何方迄も（いずかたまでも）　3 此節迄（このせつまで）　4 今迄（いままで）　5 今日迄（きょうまで・こんにちまで）

6 先々迄（さきざきまで）　7 後々迄（のちのちまで）　8 此段迄（このだんまで）　9 当用迄（とうようまで）　10 極月迄（ごくげつまで）

11 廿日迄（はつかまで）　12 弐拾七年以前迄（にじゅうしちねんいぜんまで）　13・14 至迄（いたるまで）　15 下々迄（しもじもまで）

16 御請迄（おうけまで）　17 無二申迄一（もうすまでもなく）

713
近
キン
コン
ちかい

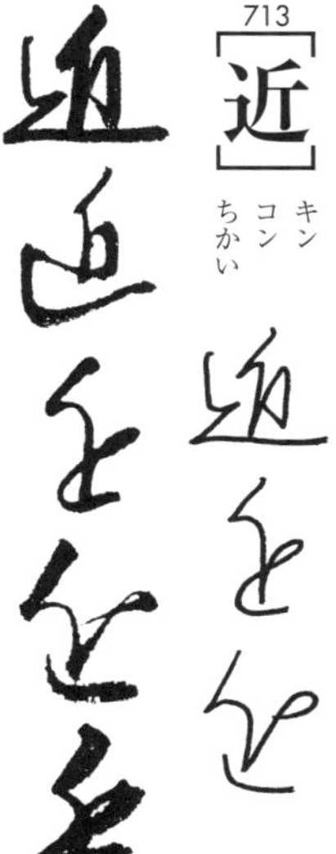

【用例】

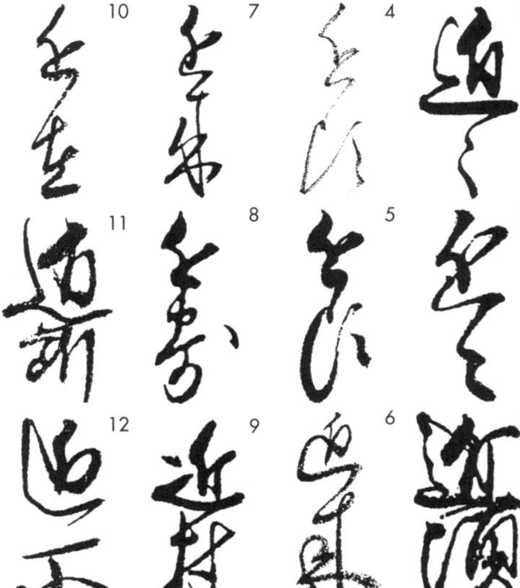

1・2 近々(ちかぢか)　3〜5 近頃(ちかごろ)　6・7 近来(ちかごろ)　8 近寄(きんらい ちかよる)　9 近村(きんそん)

10 近在(きんざい)　11〜13 近所(きんじょ)　14・15 近邊(きんぺん)　16〜18 近年(きんねん)

19 近年村方及二難儀一(きんねんむらかたなんぎにおよび)　20〜22 近日(きんじつ)　23 間近(まぢか)　24 間近之義(まぢかのぎ)

714 [迚] とて とても

【用例】

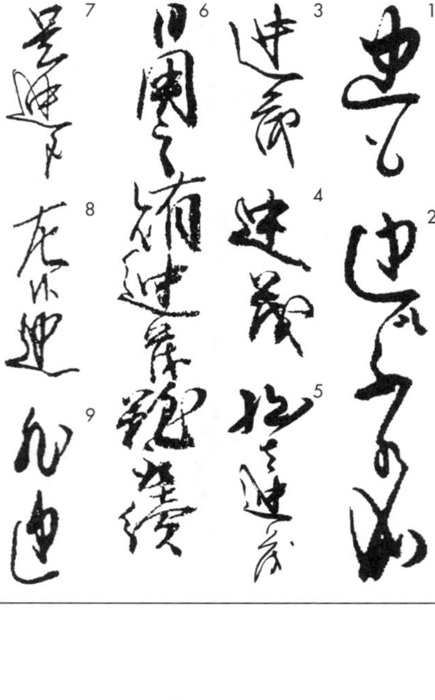

1 迚も(とて)　2 迚も不二相成一(とて あいならず)　3・4 迚茂(とても)　5 拙者迚茂(せっしゃとても)

6 日用之賄迚茂難二取續一(ひようのまかないとてもとりつづきがたく)　7 是迚も(これとて)　8 左候迚(さそうろうとて)　9 然迚(しかるとて)

715 返

ヘン
かえる
かえす

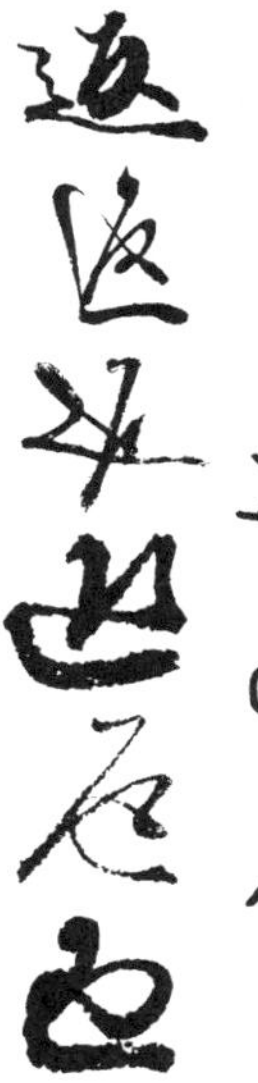

【用例】

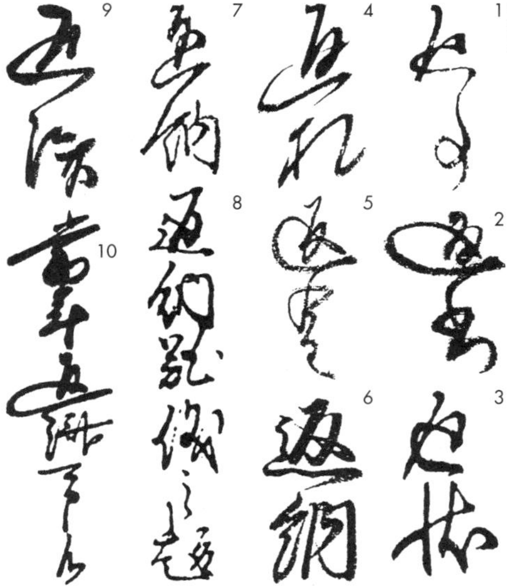

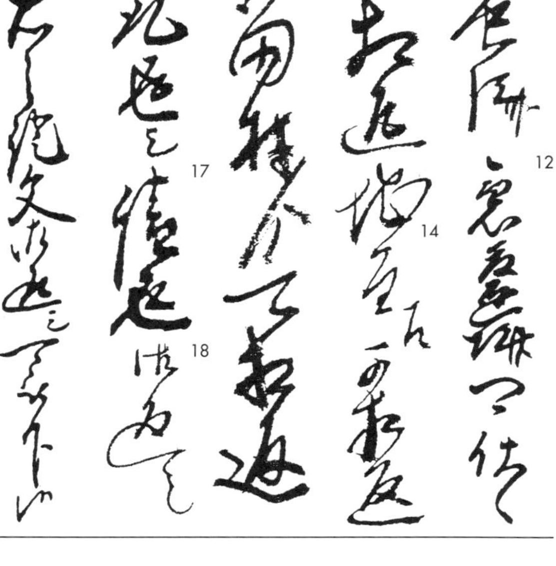

1 返事（へんじ）　2 返書（へんしょ）　3 返状（へんじょう）　4 返札（へんさつ）　5 返金（へんきん）　6・7 返納（へんのう）
8 返納難儀之趣（へんのうなんぎのおもむき）　9 返済（へんさい）　10 當年返済可レ申候（とうねんへんさいもうすべくそうろう）　11 返済（へんさい）
12 急度返済可レ仕候（きっとへんさいつかまつるべくそうろう）　13 相返（あいかえす）　14 地主江可二相返一（じぬしへあいかえすべし）
15 留村ゟ可二相返一（とまりむらよりあいかえすべし）　16 取返シ（とりかえし）　17 請返（うけかえし）　18 御返シ（おかえし）
19 右之證文御返シ可レ被レ下候（みぎのしょうもんおかえしくださるべくそうろう）

716

[送]

ソウ
おくる
おくり

【用例】

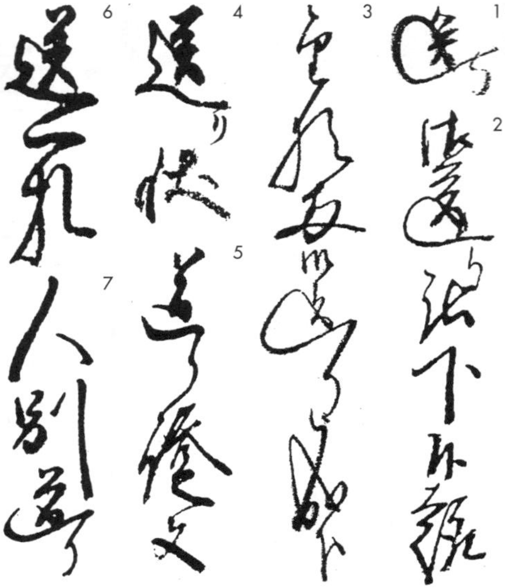

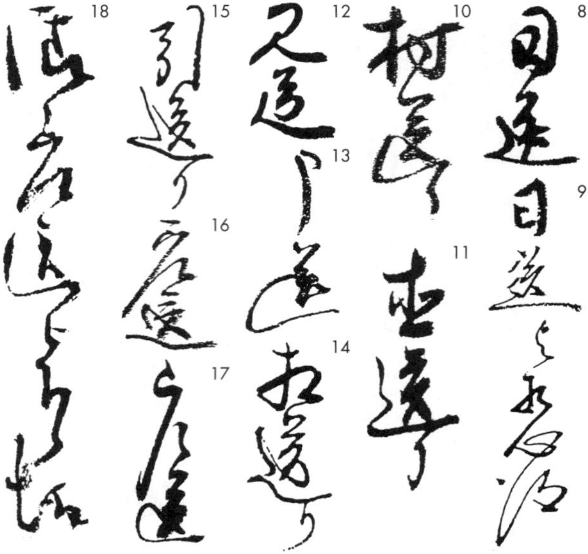

1 送リ(おくり)　2 御送リ被レ下候趣(おおくりくだされそうろうおもむき)　3 金拾両御送リ被二成下一(きんじゅうりょうおおくりなしくだされ)

4 送リ状(おくりじょう)　5 送リ證文(おくりしょうもん)　6 送一札(おくりいっさつ)　7 人別送リ(にんべつおくり)　8 日送(ひおくり)

9 日送与相心得(ひおくりとあいこころえ)　10 村送リ(むらおくり)　11 直送リ(じかおくり)　12 見送(みおくり)　13 申送(もうしおくり)

14 相送リ(あいおくり)　15 引送リ(ひきおくり)　16・17 差送(さしおくり)　18 御差送被レ下候趣(おさしおくりくだされそうろうおもむき)

717 退

タイ
しりぞく
のく

【用例】

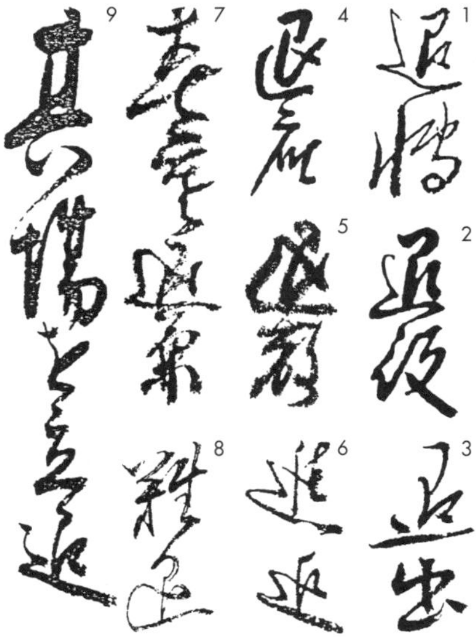

1 退転(たいてん)
2 退役(たいやく)
3 退出(たいしゅつ)
4 退座(たいざ)
5 退散(たいさん)
6 進退(しんたい)
7 春寒退兼(しゅんかんしりぞきかね)
8 難レ退(しりぞきがたく)
9 其場を立退(そのばをたちのき)

718 追

ツイ
おう

【用例】

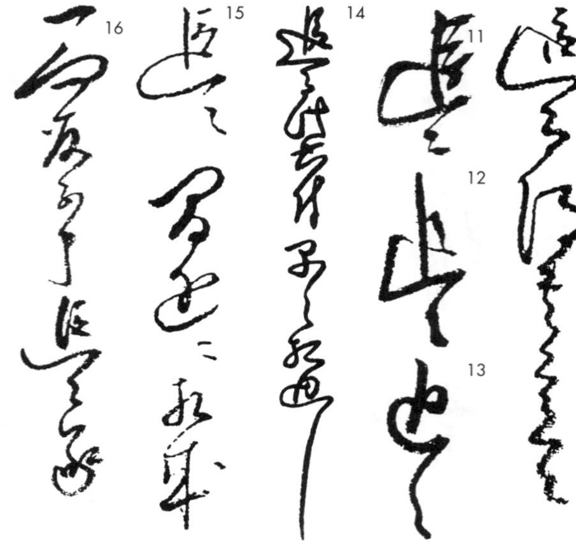

1 追年(ついねん)　2・3 追日(ついじつ)　4・5 追訴(ついそ)　6 追付(おっつけ)　7〜9 追而(おって)

10 追而得ニ貴意一候(おってきいをえそうろう)　11〜13 追々(おいおい)　14 追々此書付早々相廻し(おいおいこのかきつけそうそうあいまわ)

15 追々間近ニ相成(おいおいまぢかにあいなり)　16 一向存不レ申追々 承(いっこうぞんじもうさずおいおいうけたまわり)

719 【逃】

トウ・チョウ
にげる
のがれる

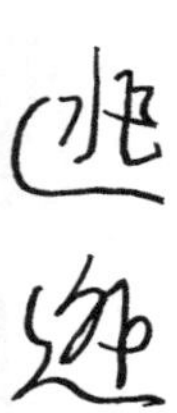

【用例】

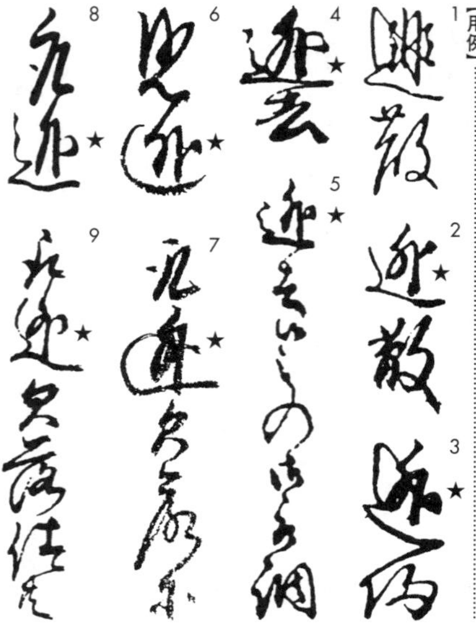

1・2 逃散(ちょうさん)　3 逃帰(にげかえる)　4 逃去(にげさる)　5 逃去候もの御取調(にげさりそうろうものおとりしらべ)　6 見逃(みのがす)

7 取逃・欠落等(とりにげ・かけおちなど)　8 取逃(とりにげ)　9 取逃・欠落仕候共(とりにげ・かけおちつかまつりそうろうとも)

720 迷

メイ
まよう

【用例】

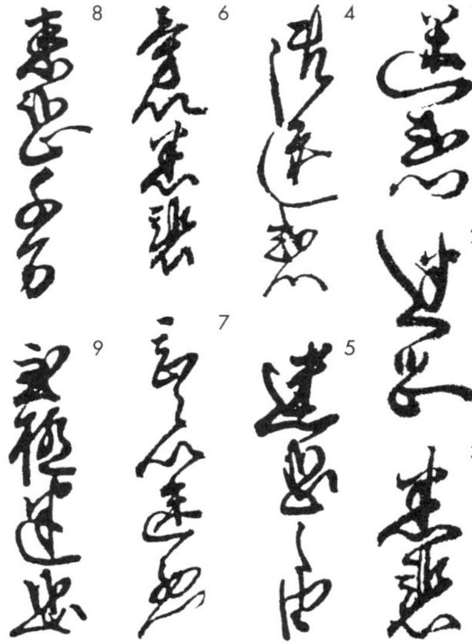

1～3 迷惑(めいわく)　4 御迷惑(ごめいわく)　5 迷惑之由(めいわくのよし)　6 旁以迷惑(かたがたもってめいわく)　7 甚々以迷惑(はなはだもってめいわく)　8 迷惑千万(めいわくせんばん)　9 至極迷惑(しごくめいわく)

721 造

ゾウ
つくる

【用例】

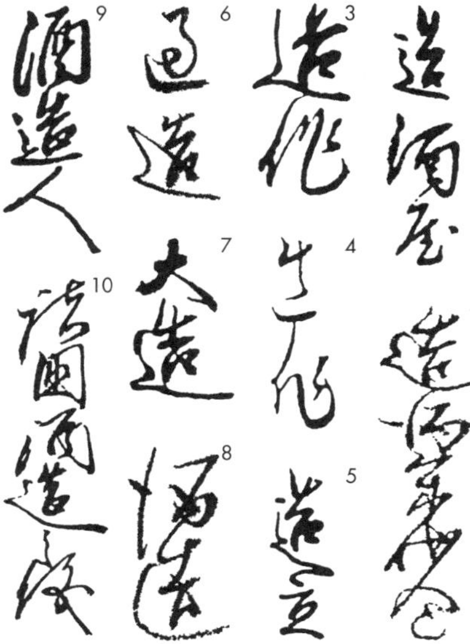

1 造酒屋(つくりざかや)　2 造酒米代金(ぞうしゅまいだいきん)　3・4 造作(ぞうさ)　5 造立(ぞうりゅう)　6 過造(かぞう)　7 大造(たいぞう)　8 酒造(しゅぞう)　9 酒造人(しゅぞうにん)　10 諸國酒造之儀(しょこくしゅぞうのぎ)

722

速

ソク
はやい
すみやか

【用例】

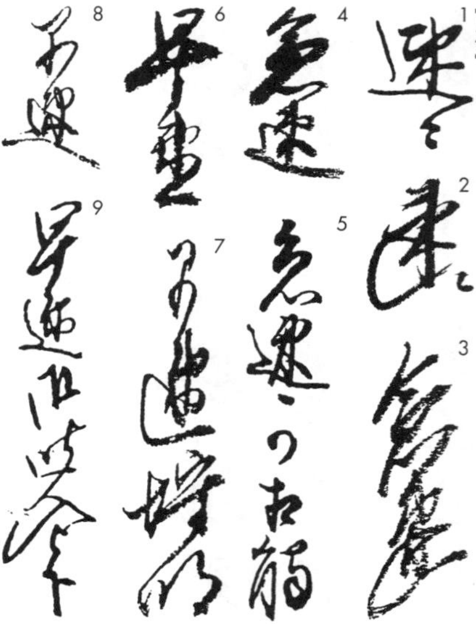

1・2 速ニ（すみやかに） 3・4 急速（きゅうそく） 5 急速可二相觸一（きゅうそくあいふれるべく） 6 早速（さっそく） 7 早速埒明（さっそくらちあけ） 8 早速（さっそく） 9 早速御聞入被レ下（さっそくおききいれくだされ）

723

通

ツウ・ツ
とおる・とおり
かよう

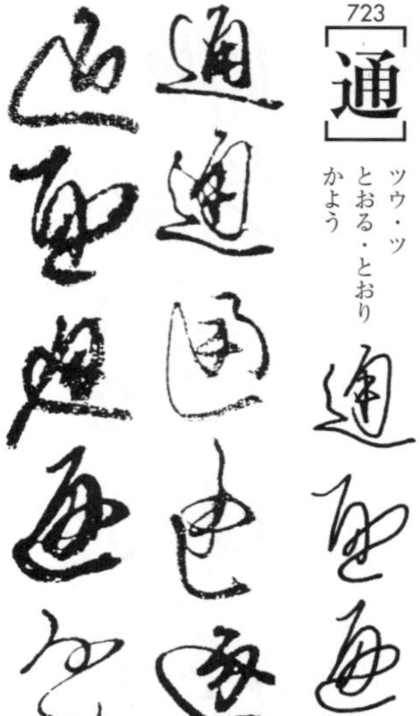

【用例】

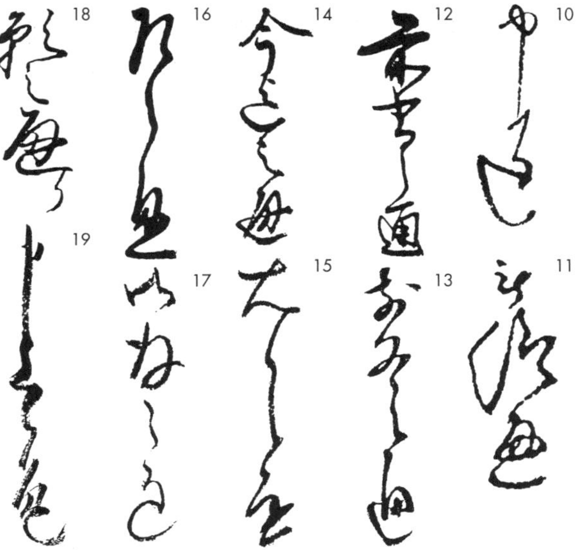

1 通用(つうよう) 2 通行(つうこう) 3・4 通達(つうたつ) 5 文通(ぶんつう) 6 御通リ(おとおり) 7 御通シ(おとおし)
8 見通シ(みとおし) 9 罷通リ(まかりとおり) 10 申通(もおしとおす) 11 被二仰通一(おおせとおされ) 12 前書之通(まえがきのとおり)
13 前文之通(ぜんぶんのとおり) 14 今迄之通(いままでのとおり) 15 右之通(みぎのとおり) 16 左之通(さのとおり) 17 御存之通(ごぞんじのとおり)
18 願之通リ(ねがいのとおり) 19 申上候通(もうしあげそうろうとおり)

724 途

ト ズ みち

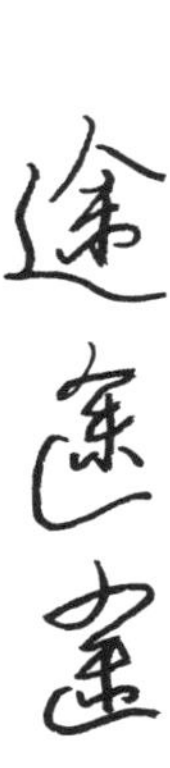

【用例】

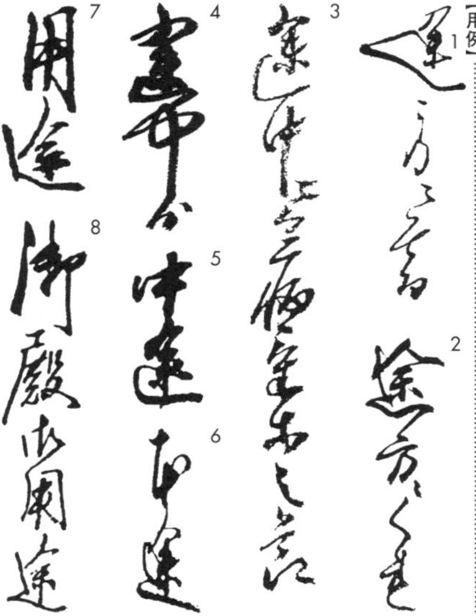

1 途方ニ暮(とほうにくれ) 2 途方ニくれ(とほうに) 3 途中ニ而病氣等之節(とちゅうにてびょうきなどのせつ) 4 途中ゟ(とちゅうより)
5 中途(ちゅうと) 6 本途(ほんと) 7 用途(ようと) 8 御殿御用途(ごてんごようと)

725 逢

ホウ
あう

【用例】

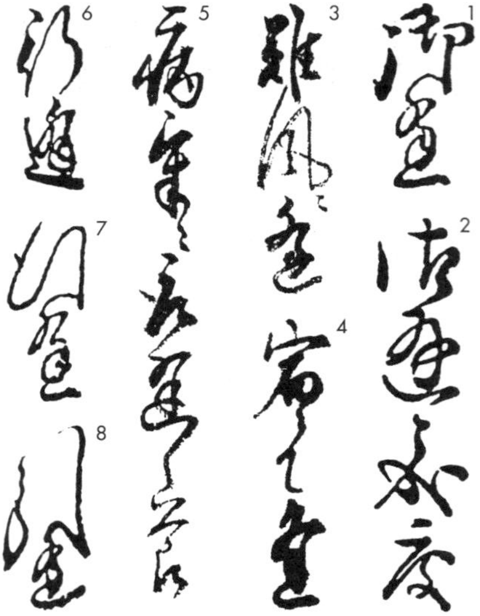

1 御逢（おあい） 2 御逢被（おあいなされ）レ成度（たく） 3 難風（なんぷう）二（に）逢（あい） 4 宿（やど）二（に）て逢（あい） 5 病氣（びょうき）二（に）取逢（とりあい）候（そうろう）節（せつ） 6・7 行逢（ゆきあう） 8 引逢（ひきあう）

726 連

レン
つらなる
つれる・つれ

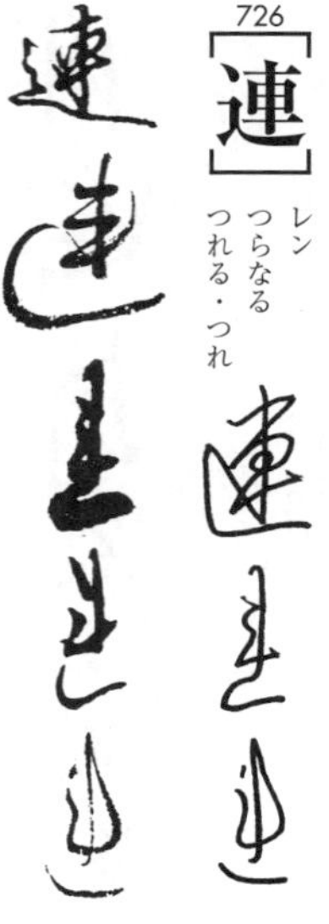

【用例】

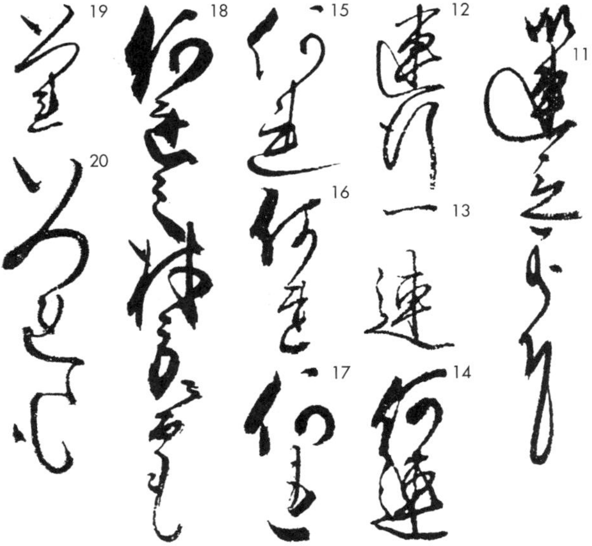

1～3 連々(れんれん)　4 御用も連々相立(ごようもれんれんあいたち)　5 連年(れんねん)　6 連中(れんちゅう)　7 連名(れんめい)
8 御連名(ごれんめい)　9 連れ(つれ)　10 連立(つれだつ)　11 御連立可レ被レ下候(おつれだちくださるべくそうろう)　12 連行(つれゆく)
13 一連(いちれん)　14～17 何れ(いずれ)　18 何れ之村方ニ而も(いずれのむらかたにても)　19 いつれ
20 いつれニも(に)

727 ［逸］

イツ
イチ
はやる

【用例】

1 逸々(いついつ・いちいち)　2 逸々奉二承知一(いちいちしょうちたてまつり)　3 逸々(いちいち)　4 逸々取調(いちいちとりしらべ)　5 逸々(いちいち)
6 逸々御吟味被二成下一(いちいちごぎんみなしくだされ)　7 願書之趣逸々御糺ニ付(がんしょのおもむきいちいちおただしにつき)

728

[進]

シン
すすむ
まいらす

【用例】

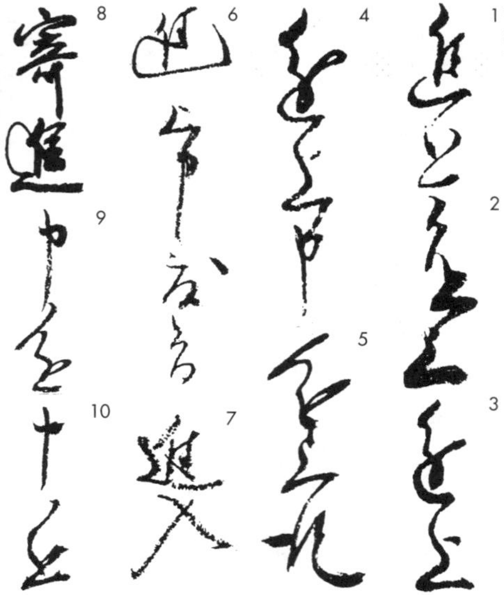

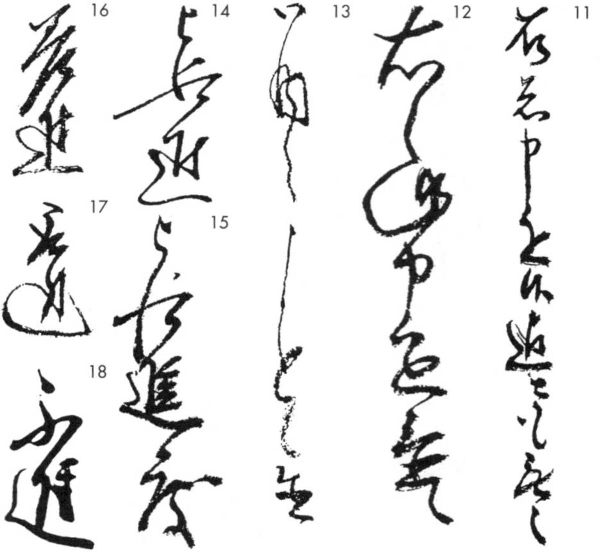

1～3 進上（しんじょう） 4 進上申（しんじょうもうす） 5 進上仕候（しんじょうつかまつりそうろう） 6 進上申度候間（しんじょうもうしたくそうろうあいだ） 7 進入（すすみいる） 8 寄進（きしん） 9・10 申進（もうししんず） 11 右者申進候迄ニも無レ之（みぎはもうししんじそうろうまでにもこれなく） 12 右之趣申進置候（みぎのおもむきもうししんじおきそうろう） 13 御内々申進置（ごないないもうししんじおく） 14 被ニ仰進一（おおせすすめられ） 15 被ニ仰進一度（おおせすすめられたく） 16 差進（さしすすむ） 17 取進（とりすすむ） 18 不レ進（すすまず）

729
運
ウン
はこぶ

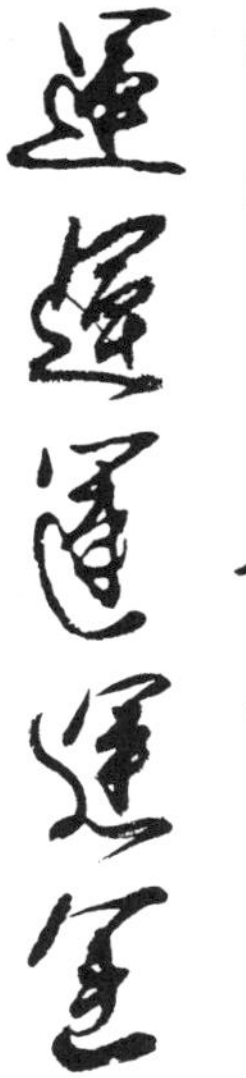

【用例】

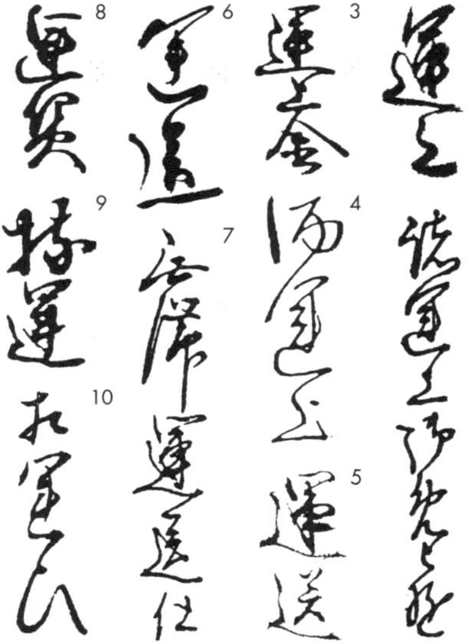

1 運上（うんじょう）　2 諸運上御免被レ遊（しょうんじょうごめんあそばされ）　3 運上金（うんじょうきん）　4 酒運上（さけうんじょう）　5・6 運送（うんそう）

7 無レ滞運送仕（とどこおりなくうんそうつかまつり）　8 運賃（うんちん）　9 持運（もちはこぶ）　10 相運ひ（あいはこ）

730
過
カ／すぎる
すごす
あやまち

【用例】

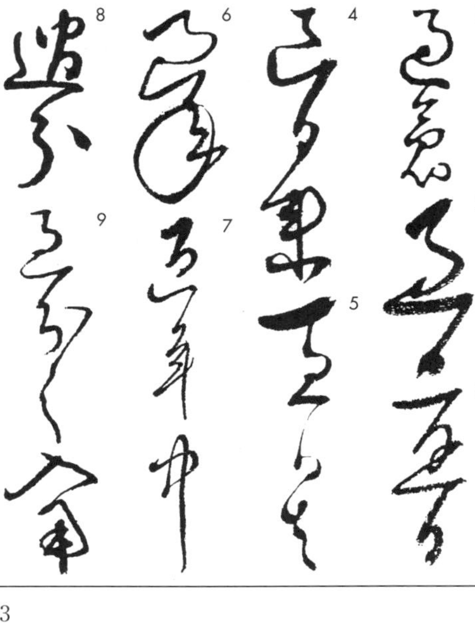

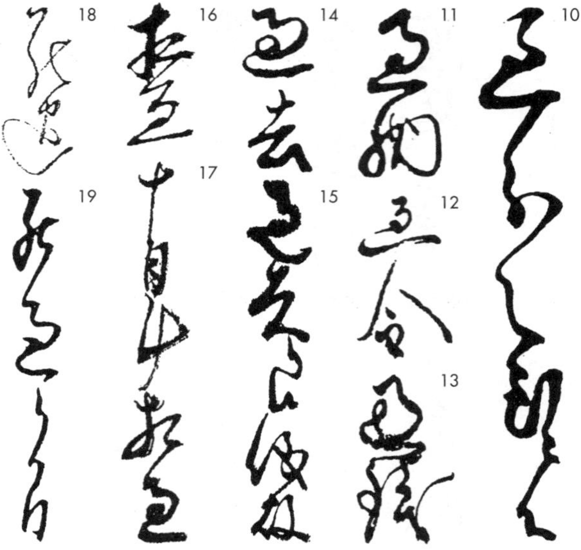

1 過急（かきゅう） 2・3 過日（かじつ） 4 過日来（かじつらい） 5 過日者（かじつは） 6 過年（かねん）

7 過年中（かねんちゅう） 8 過分（かぶん） 9 過分之入用（かぶんのにゅうよう） 10 過分之至ニ候（かぶんのいたりにそうろう） 11 過納（かのう）

12 過金（かきん） 13 過銭（かせん） 14 過去（かこ／すぎさる） 15 過去リ候儀故（すぎさりそうろうぎゆえ） 16 相過（あいすぎる）

17 十日計相過（とおかばかりあいすぎ） 18 罷過（まかりすごす／まかりすぎる） 19 罷過候間（まかりすぎそうろうあいだ）

731 ［遂］

スイ
とげる
ついに

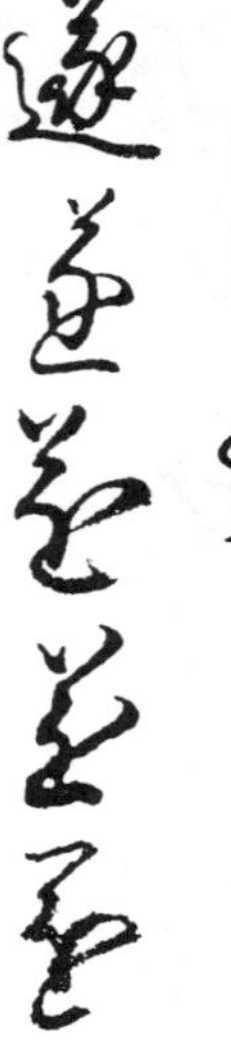

【用例】

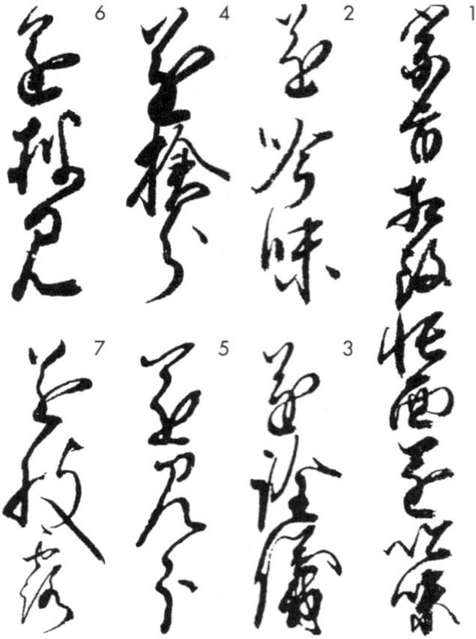

1 宗旨相改、帳面遂㆓吟味㆒（しゅうしあいあらため、ちょうめんぎんみをとげ） 2 遂㆓吟味㆒（ぎんみをとげ） 3 遂㆓詮儀㆒（せんぎをとげ）

4 遂㆓検分㆒（けんぶんをとげ） 5 遂㆓見分㆒（けんぶんをとげ） 6 遂㆓披見㆒（ひけんをとげ） 7 遂㆓披露㆒（ひろうをとげ）

732
達
タツ・ダチ
たち
たっし

【用例】

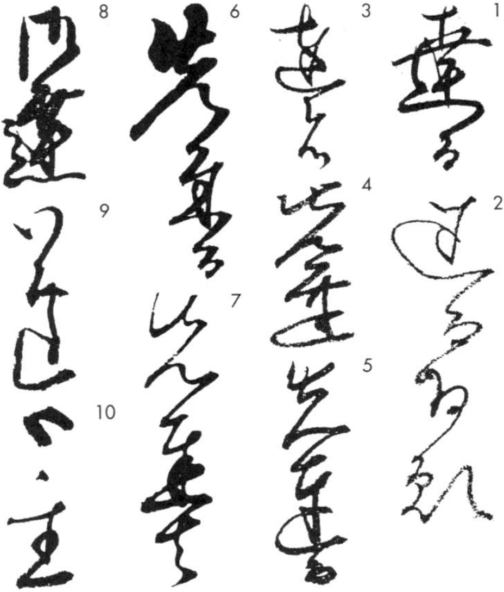

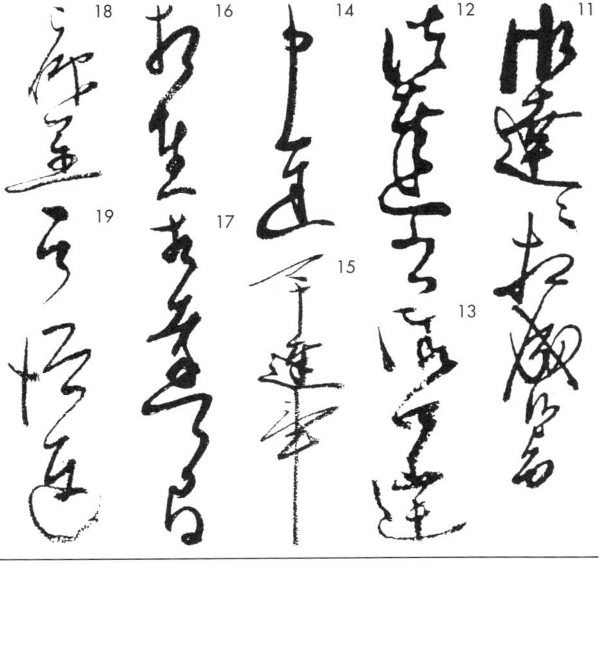

1 達而（たって）　2 達而相願（たってあいねがい）　3 達者（たっしゃ）　4 先達（せんだって）　5・6 先達而（せんだって）　7 先達者（せんだっては）　8～10 御達（おたっし）　11 御達ニ相成候旨（おたっしにあいなりそうろうむね）　12 御達書（おたっしがき）　13 御口達（ごくたつ）　14 申達（もうしたっす）　15 可二申達一事（もうしたっすべきこと）　16 相達（あいたっす）　17 相達候間（あいたっしそうろうあいだ）　18・19 被二仰達一（おおせたっせられ）

733

遅（遲）

チ
おくれる
おそい

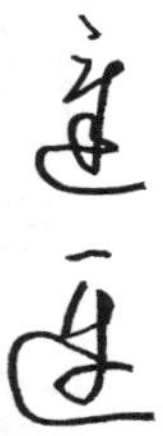

【用例】

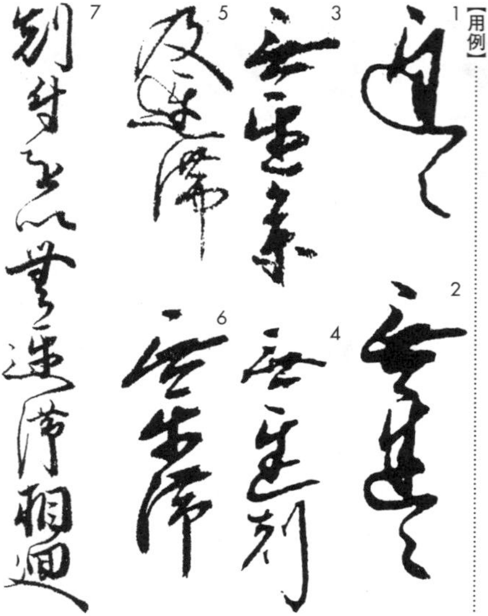

1 遅々（ちち） 2 無二遅々一（ちちなく） 3 無二遅参一（ちさんなく） 4 無二遅刻一（ちこくなく） 5 及二遅滞一（ちたいにおよび） 6 無二遅滞一（ちたいなく） 7 刻付（こくづけ）を以（もって）無二遅滞一（ちたいなく）相廻（あいまわし）

734

道

ドウ
トウ
みち

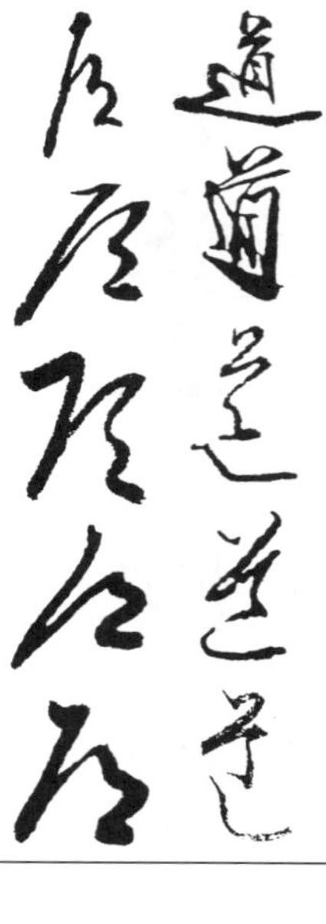

【用例】

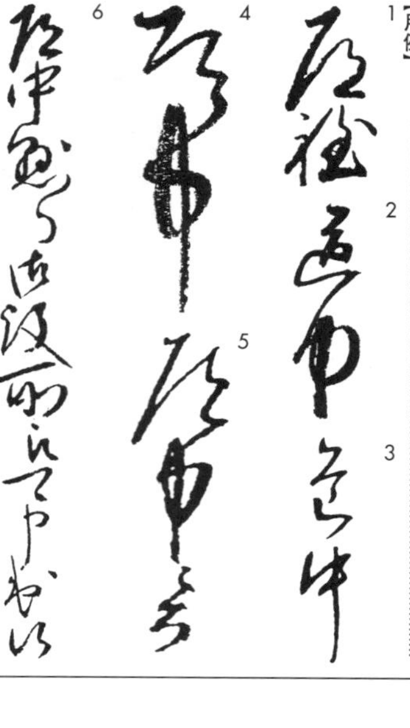

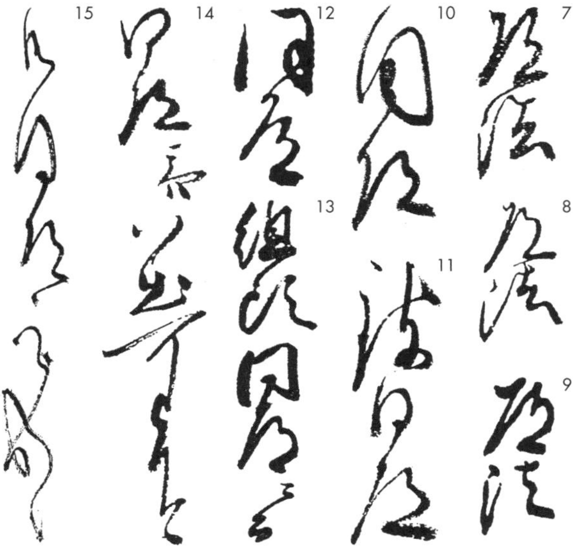

1 道程(どうてい)　2〜4 道中(どうちゅう)　5 道中ニ而(どうちゅうにて)
6 道中懸リ御役所江可二申出一候(どうちゅうがかりおやくしょへもうしいずべくそうろう)　7〜9 道法(みちのり)
10 同道(どうどう)　11 致二同道一(どうどういたし)　12 同道(どうどう)　13 組頭同道ニ而(くみがしらどうどうにて)
14 同道ニ而御出可レ被レ下候(どうどうにておいでくださるべくそうろう)
15 御同道可レ被レ成候(ごどうどうなさるべくそうろう)

735 ［遊］

ユウ・ユ
あそばす
あそぶ

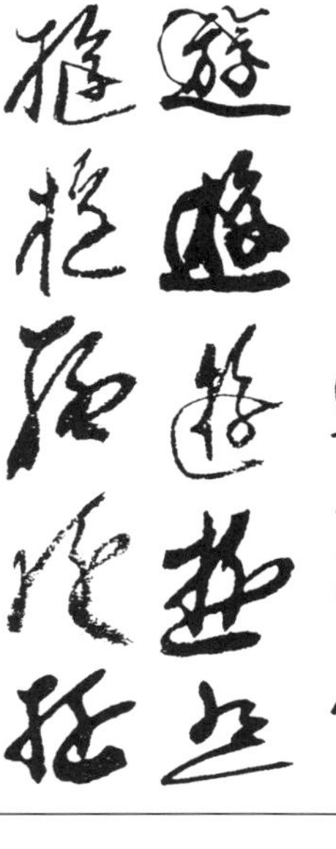

【用例】

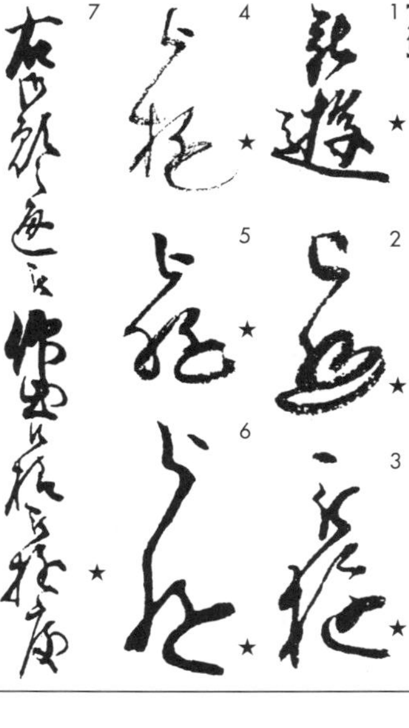

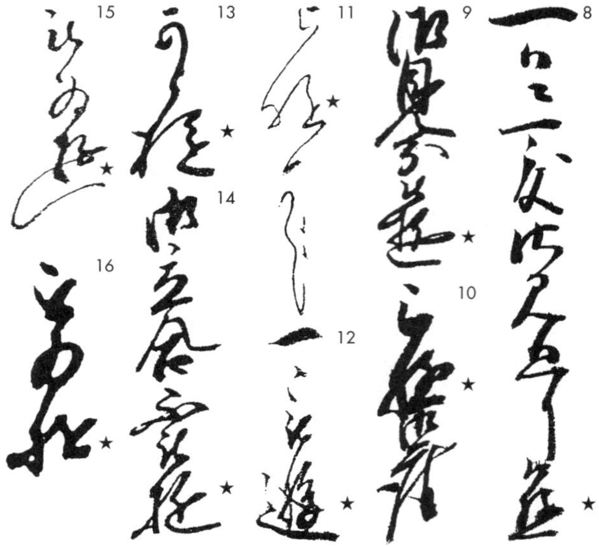

1〜6 被レ遊（あそばされ）　7 右御願之通 被二仰出一候様被レ遊度（みぎおねがいのとおり おおせいだされそうろうようあそばされたく）

8 一日二一度御見廻リ被レ遊（いちにちにいちどおみまわりあそばされ）　9 御見分被レ遊（ごけんぶんあそばされ）　10 被レ遊二御座一（ござあそばされ）

11 被レ遊可レ被レ下候（あそばされくださるべくそうろう）　12・13 可レ被レ遊（あそばさるべく）　14 御立合不レ被レ遊（おたちあいあそばされず）

15・16 被レ為レ遊（あそばせられ）

736 ［違］

イ　ちがう　たがう

【用例】

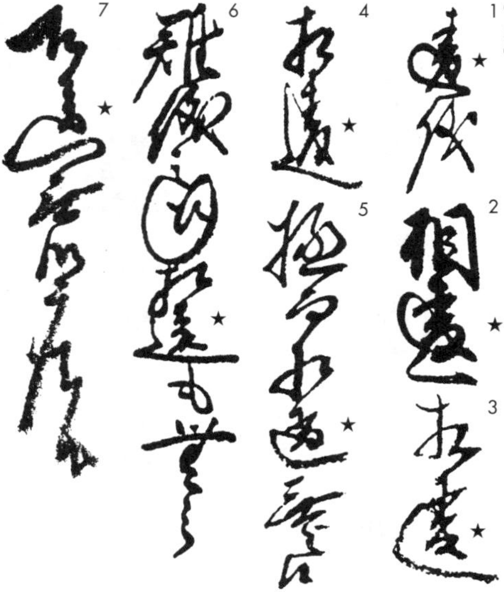

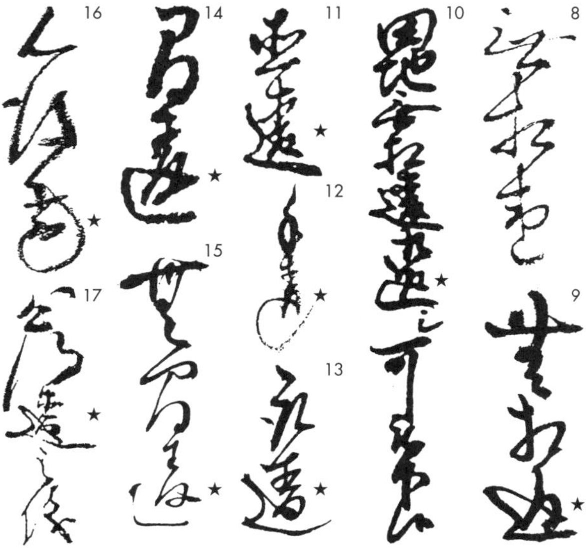

1 違儀（いぎ）　2～4 相違（そうい）　5 極而相違無レ之候（きわめてそういこれなくそうろう）

6 難儀之趣（なんぎのおもむき）　相違も無レ之（そういこれなく）　7 相違無二御座一候（そういござなくそうろう）　8・9 無二相違一（そういなく）

10 田地無二相違一御返シ可レ被レ下候（でんちそういなくおかえしくださるべくそうろう）　11 直違（ねちがい）　12 手違（てちがい）　13 取違（とりちがい）

14 間違（まちがい）　15 無二間違一（まちがいなく）　16 心得違（こころえちがい）　17 心得違之儀（こころえちがいのぎ）

737 ［遠］ エン　オン　とおい

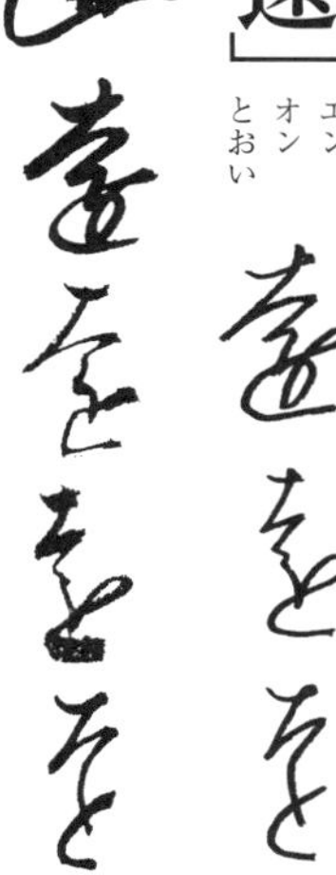

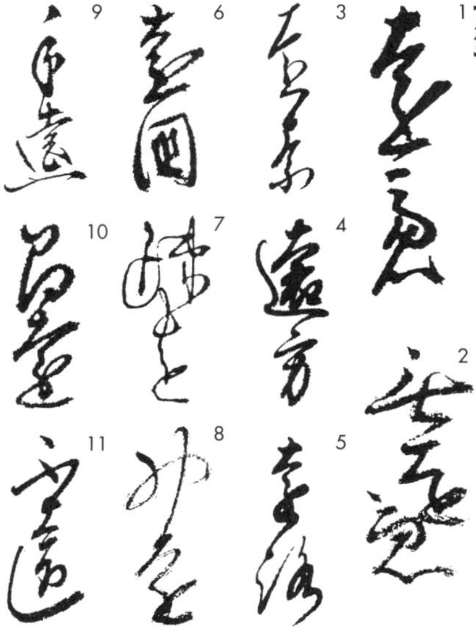

【用例】

1 遠慮（えんりょ）　2 無二遠慮一（えんりょなく）　3 遠察（えんさつ）　4 遠方（えんぽう）　5 遠路（えんろ）　6 遠國（おんごく）　7 疎遠（そえん）

8 物遠（ものどお）　9 手遠（てどお）　10 間遠（まどお）　11 不レ遠（とおからず）

738 【遣】

ケン
つかう・つかわす
つかい・やる

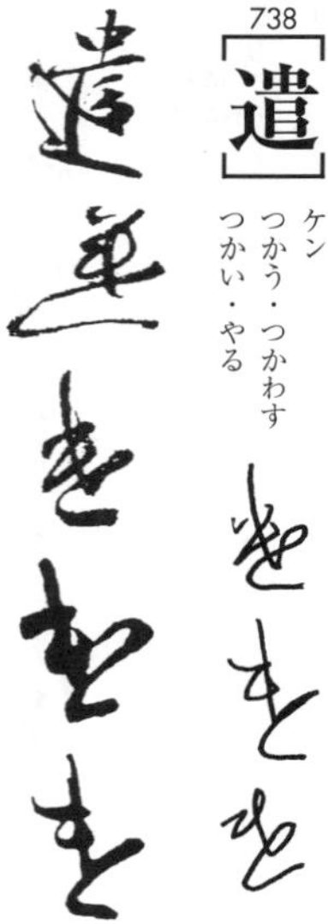

【用例】

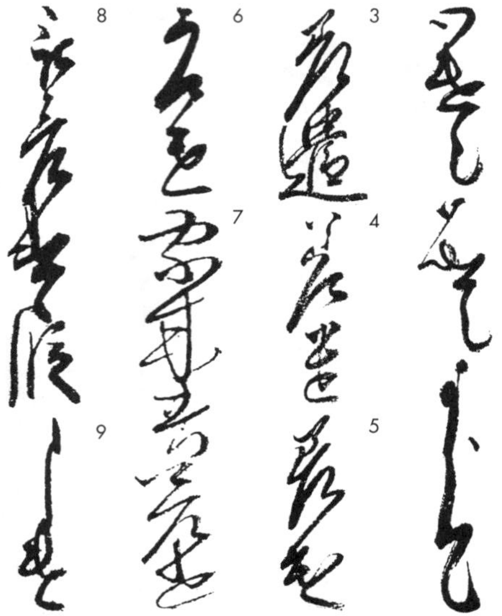

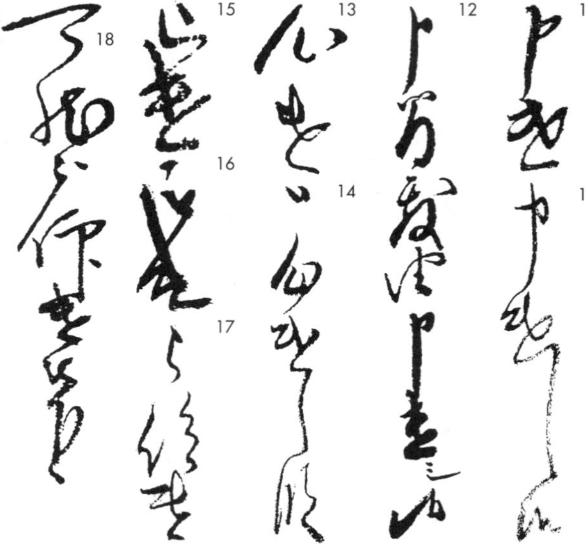

1 御遣し（おつかわし）　2 御遣し可レ被レ下候（おつかわしくださるべくそうろう）　3～6 差遣（さしつかわす）
7 家来共差遣（けらいどもさしつかわす）　8 被二差遣一候段（さしつかわされそうろうだん）　9・10 申遣（もうしつかわす）　11 申遣し候（もうしつかわしそうろう）
12 申間敷由申遣シ候（もうすまじきよしもうしつかわしそうろう）　13 心遣（こころづかい）　14 御心遣之段（おこころづかいのだん）
15・16 被レ遣（つかわされ）　17 被二仰遣一（おおせつかわされ）
18 可レ然被二仰遣一被レ下候（しかるべくおおせつかわされくだされそうろう）

739
那
ナ
なんぞ

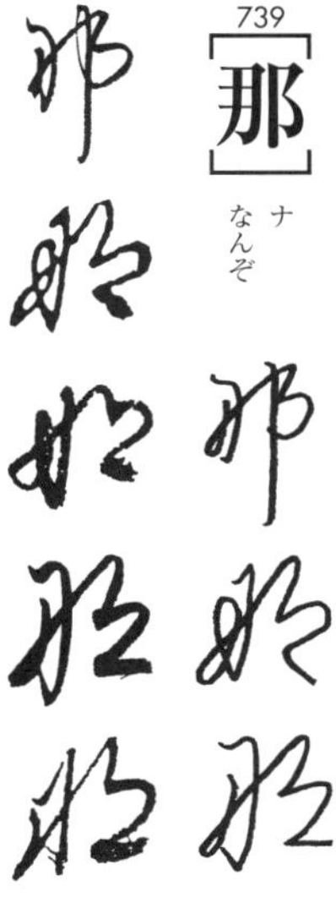

【用例】

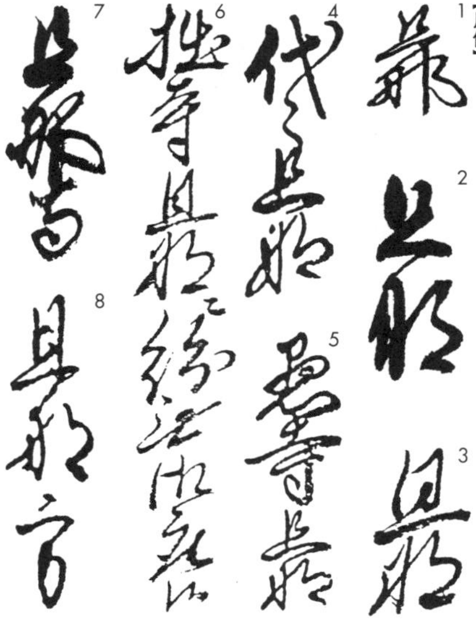

1〜3 旦那（だんな）　4 代々旦那（だいだいだんな）　5 愚寺旦那（ぐじだんな）　6 拙寺旦那二紛無二御座一候（せつじだんなにまぎれござなくそうろう）　7 旦那寺（だんなでら）　8 旦那方（だんなかた）

740
郎
ロウ

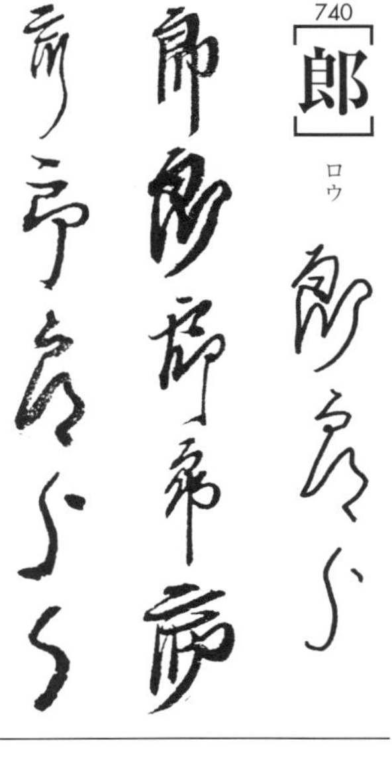

【用例】

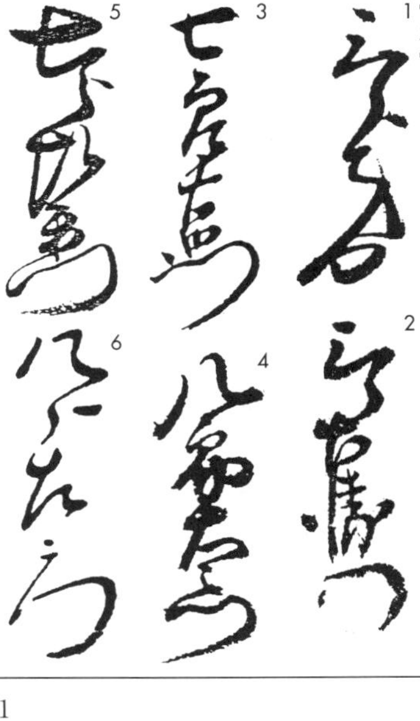

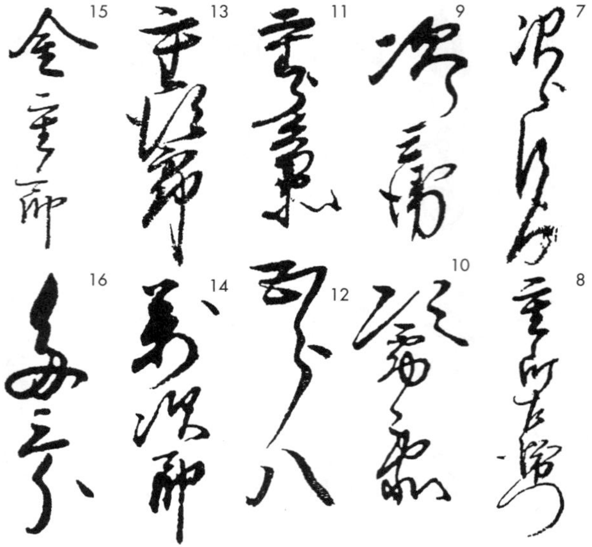

1・2 三郎右衛門(さぶろうえもん) 3 七郎右衛門(しちろうえもん) 4 八郎右衛門(はちろうえもん) 5 七郎左衛門(しちろうざえもん) 6 八郎左衛門(はちろうざえもん) 7 次郎左衛門(じろうざえもん) 8 重郎左衛門(じゅうろうざえもん) 9・10 次郎兵衛(じろうべえ) 11 重郎兵衛(じゅうろうべえ) 12 五郎八(ごろうはち) 13 重次郎(じゅうじろう) 14 万次郎(まんじろう) 15 金重郎(きんじゅうろう) 16 多三郎(たさぶろう)

741

【郡】

グン
こおり

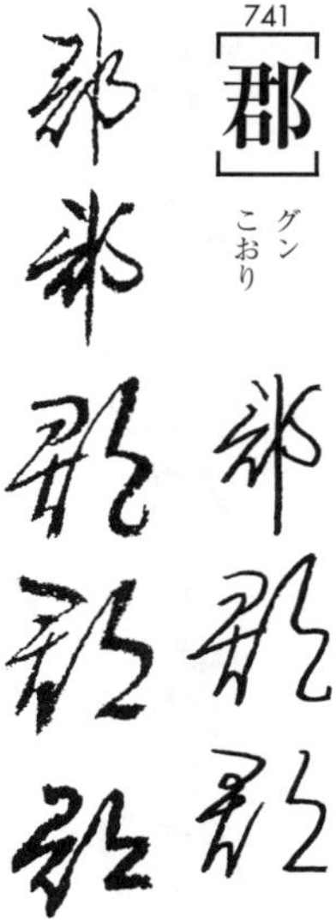

【用例】

1 郡廻(ぐんまわり) 2 郡内(ぐんない) 3 郡中(ぐんちゅう) 4 郡中御用(ぐんちゅうごよう) 5 郡方御役所(ぐんかたおやくしょ) 6 御郡代(おぐんだい) 7 郡奉行(こおりぶぎょう) 8 當郡(とうぐん) 9・10 同郡(どうぐん)

742 郷

キョウ
ゴウ
さと

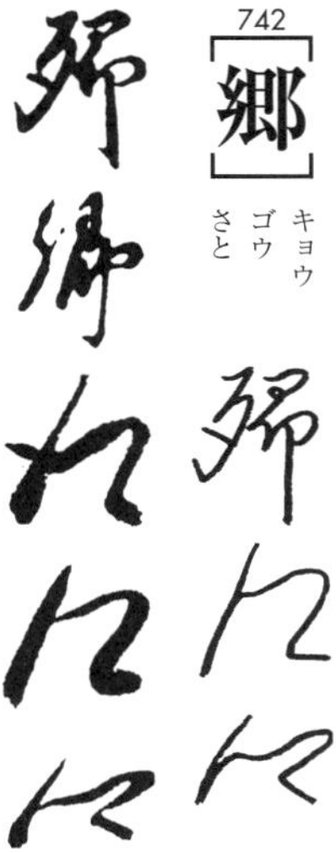

【用例】

1 郷村（ごうそん）
2 郷中（ごうちゅう）
3 郷法（ごうほう）
4 郷蔵（ごうぐら）
5 助郷（すけごう）
6 加助郷（かすけごう）
7 分郷（わけごう）
8 他郷（たごう）
9 在郷（ざいごう）
10 近郷（きんごう）
11 帰郷（ききょう）
12 故郷（こきょう）

743 都

ト・ツ
みやこ
すべて

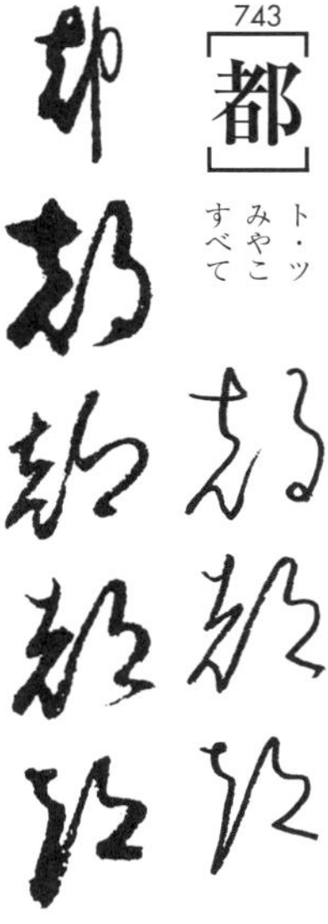

【用例】

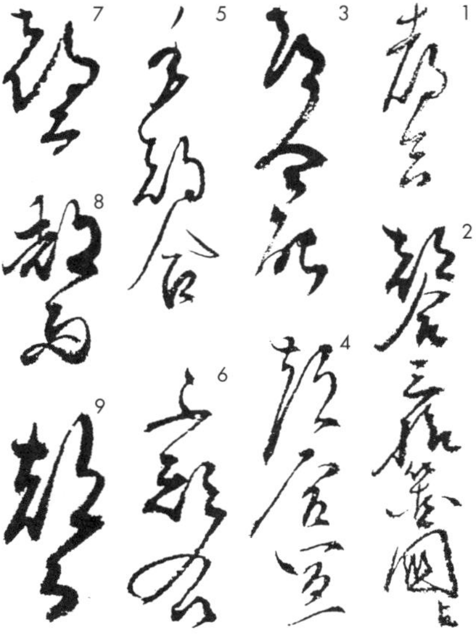

1 都合（つごう）
2 都合三拾箇國江（つごうさんじゅっかこくへ）
3 都合能（つごうよく）
4 都合宜（つごうよろしく）
5 手都合（てつごう）
6 不都合（ふつごう）
7～9 都而（すべて）

744 酒

シュ
さけ

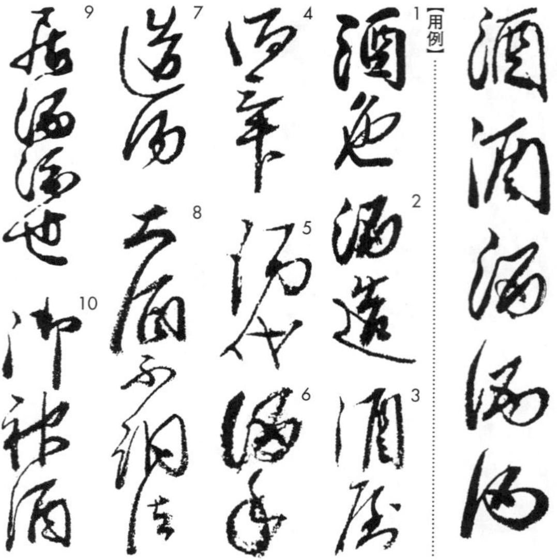

【用例】

1 酒色（しゅしょく）
2 酒造（しゅぞう）
3 酒屋（さかや）
4 酒三升（さけさんしょう）
5 酒代（さかしろ／さかだい）
6 酒手（さかて）
7 造酒（ぞうしゅ）
8 大酒不調法（おおざけぶちょうほう）
9 居酒渡世（いざけとせい）
10 御神酒（おみき）

745 配

ハイ
くばる

【用例】

1 配当（はいとう）
2 配分（はいぶん）
3 配札（はいさつ）
4 配下（はいか）
5 配慮（はいりょ）
6 御配慮（ごはいりょ）
7 心配（しんぱい）
8 御心配相懸（ごしんぱいあいかけ）
9 手配（てはい）
10 差配（さはい）
11 支配（しはい）

746
【里】
リ
さと

【用例】

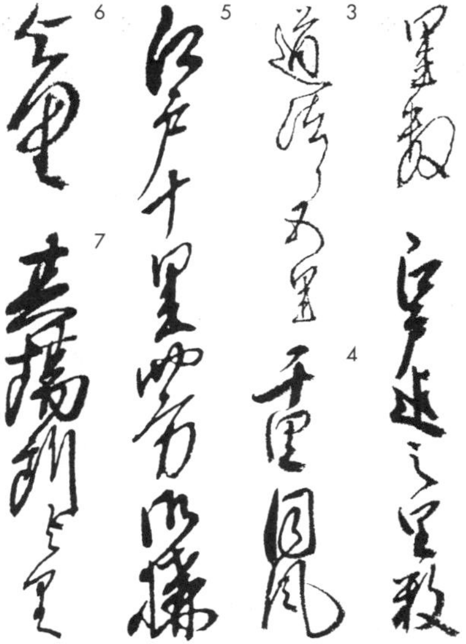

1 里数（りすう）　2 江戸迄之里数（えどまでのりすう）　3 道法リ五里（みちのりごり）　4 千里同風（せんりどうふう）
5 江戸十里四方御構（えどじゅうりしほうおかまい）　6 より　7 其場所より（そのばしょより）

747
【重】
ジュウ・チョウ
おもい・おもり
え・かさねる
かさなる

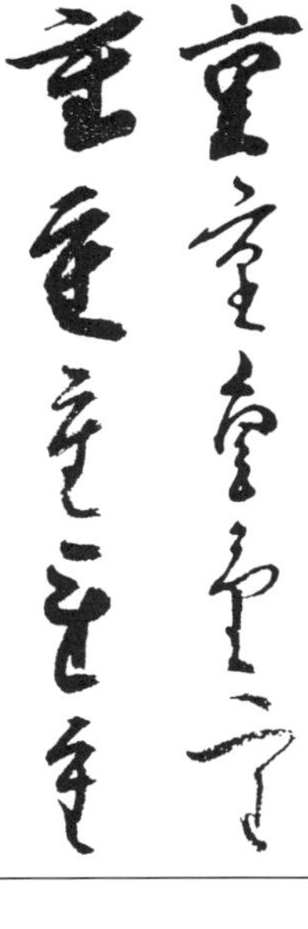

【用例】

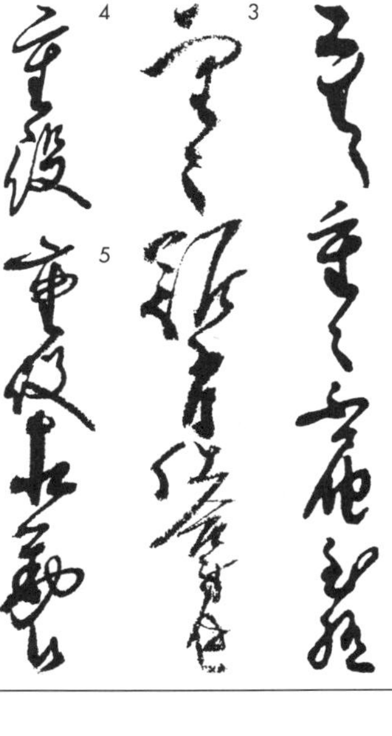

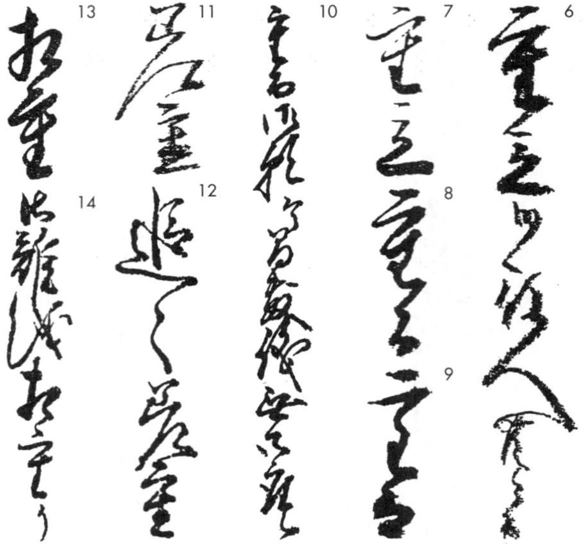

1 重々（じゅうじゅう／かさねがさね）　2 重々不届至極（じゅうじゅうふとどきしごく）　3 重々難レ有仕合奉レ存候（じゅうじゅうありがたきしあわせにぞんじたてまつりそうろう）

4 重役（おもやく）　5 重役相勤候（おもやくあいつとめそうろう）　6 重立候役人共ニ而（おもだちそうろうやくにんどもにて）

7 重立（おもだち）　8・9 重而（かさねて）　10 重而御願ケ間敷儀無ニ御座一候（かさねておねがいがましきぎござなくそうろう）　11 差重（さしおもる）

12 追々差重（おいおいさしおもり）　13 相重（あいかさなる）　14 御難儀相重リ（ごなんぎあいかさなり）

748

野

のヤ

【用例】

1・2 野銭（のぜに／のせん）　3 野附（のづき）　4 野附村々（のづきむらむら）　5 御野馬（おんのま）　6 野論（のろん）　7 野境（のざかい）

8 芝野（しばの）　9 草野（くさの）　10 内野（うちの）　11 入会野（いりあいの）

749

金

キン・コン
かね
かな

【用例】

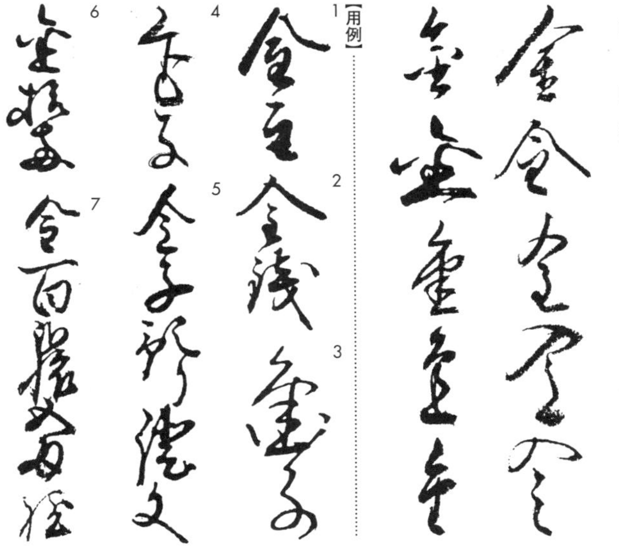

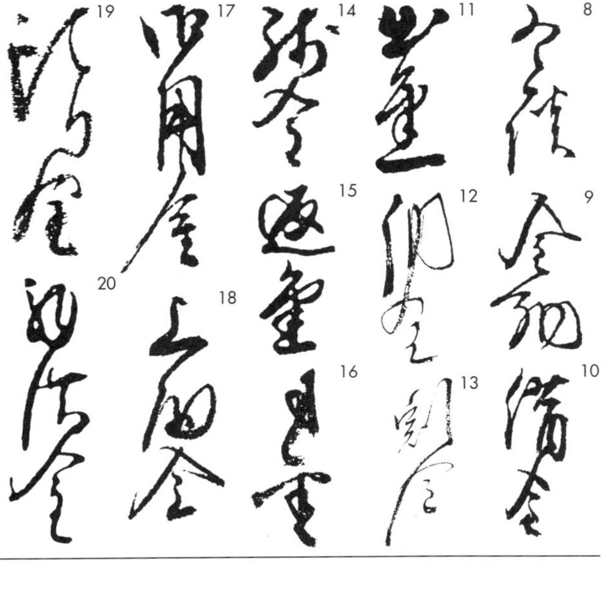

1 金主（きんしゅ）　2 金銭（きんせん）　3・4 金子（きんす）　5 金子預り證文（きんすあずかりしょうもん）

6 金拾両（きんじゅうりょう）　7 金百弐拾五両程（きんひゃくにじゅうごりょうほど）　8 金談（きんだん）　9 金納（きんのう）　10 借金（しゃっきん）

11 出金（しゅっきん）　12 納金（おさめきん）　13 割金（わりきん）　14 残金（ざんきん）　15 返金（へんきん）　16 用金（ようきん）　17 御用金（ごようきん）

18 上納金（じょうのうきん）　19 預り金（あずかりきん）　20 拝借金（はいしゃくきん）

750 鉄（鐵）

テツ
くろがね

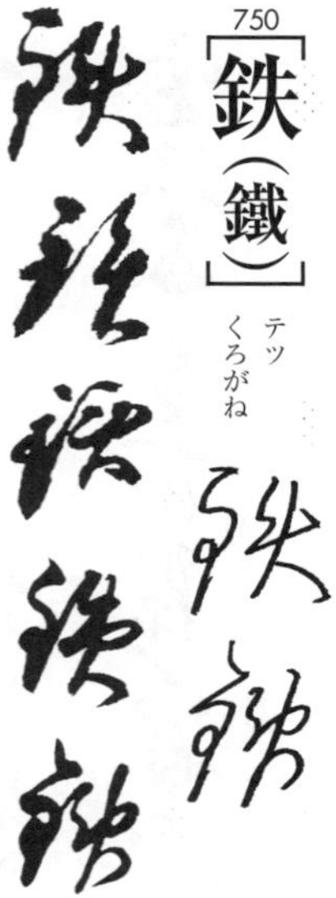

【用例】

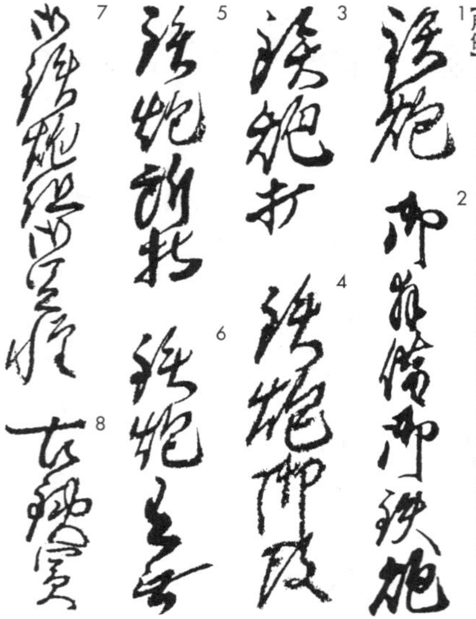

1 鉄炮（てっぽう） 2 御拝借御鉄炮（ごはいしゃくおてっぽう） 3 鉄炮打（てっぽううち） 4 鉄炮御改（てっぽうおあらため） 5 鉄炮所持（てっぽうしょじ） 6 鉄炮有無（てっぽううむ） 7 御鉄炮組御足軽（おてっぽうぐみおあしがる） 8 古鉄買（ふるてつがい）

751 銀

ギン
しろがね

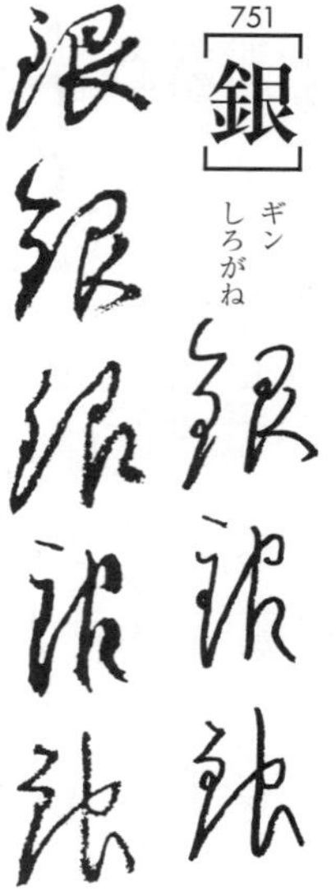

【用例】

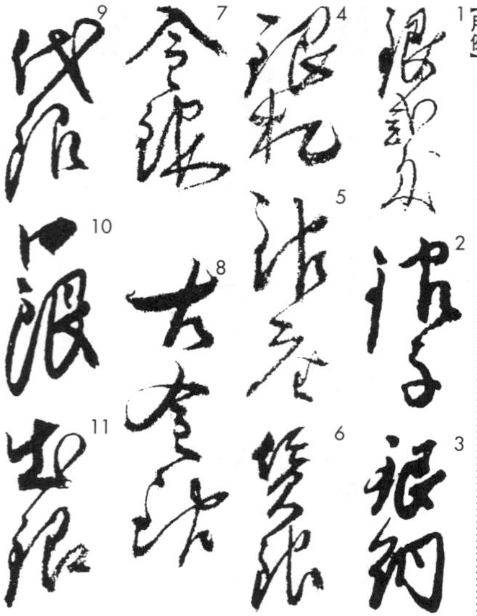

1 銀弐匁（ぎんにもんめ） 2 銀子（ぎんす） 3 銀納（ぎんのう） 4 銀札（ぎんさつ） 5 銀座（ぎんざ） 6 賃銀（ちんぎん） 7 金銀（きんぎん） 8 古金銀（こきんぎん） 9 代銀（だいぎん） 10 口銀（くちぎん） 11 出銀（しゅつぎん）

752

銭（錢）

セン
ぜに

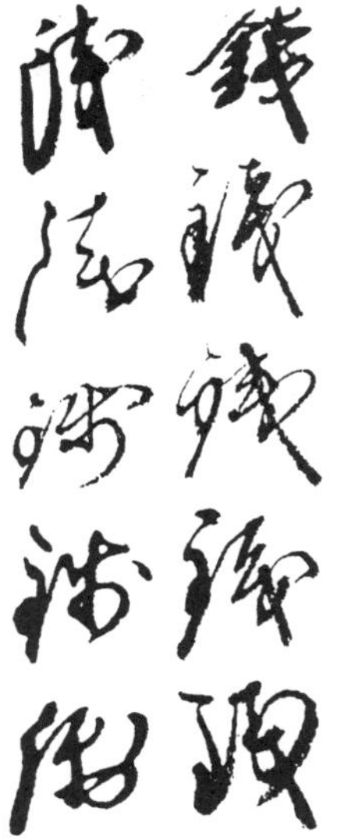

【用例】

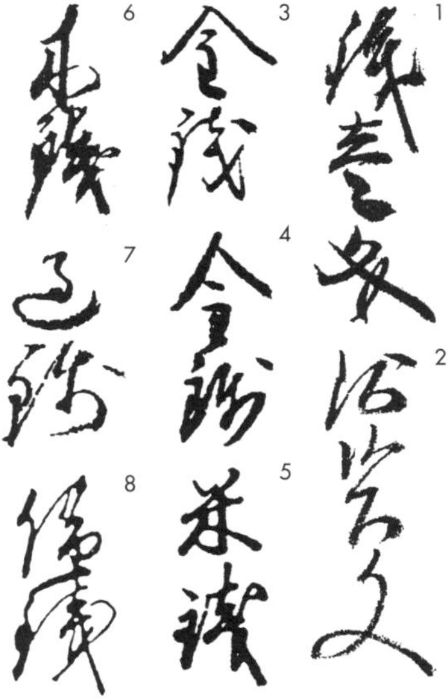

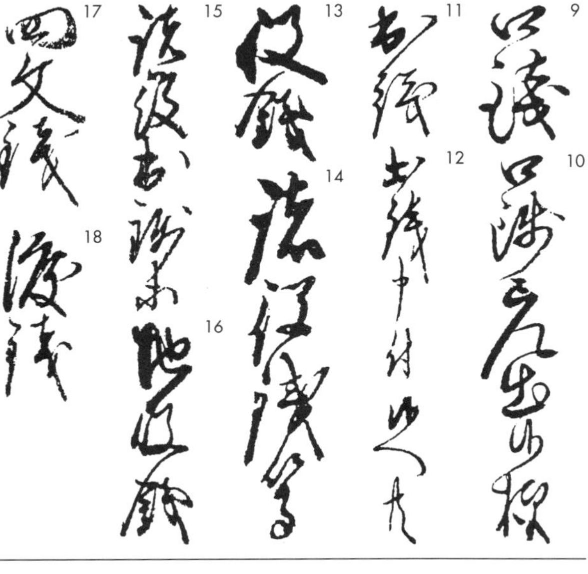

1 銭壱文（ぜにいちもん）　2 銭弐百文（ぜにひゃくもん）　3・4 金銭（きんせん）　5 米銭（べいせん）　6 木銭（きせん）

7 過銭（かせん）　8 借銭（しゃくせん）　9 口銭（こうせん）　10 口銭差出候様（こうせんさしだしそうろうよう）　11 出銭（しゅっせん）

12 出銭申付候へ共（しゅっせんもうしつけそうらえども）　13 役銭（やくせん）　14 諸役銭等（しょやくせんなど）　15 諸役出銭等（しょやくしゅっせんなど）

16 地役銭（じやくせん）　17 四文銭（よんもんせん）　18 渡銭（わたしせん）

753
銘
メイ

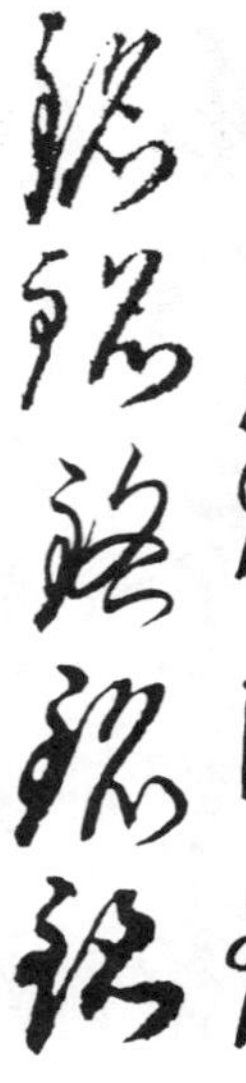

【用例】

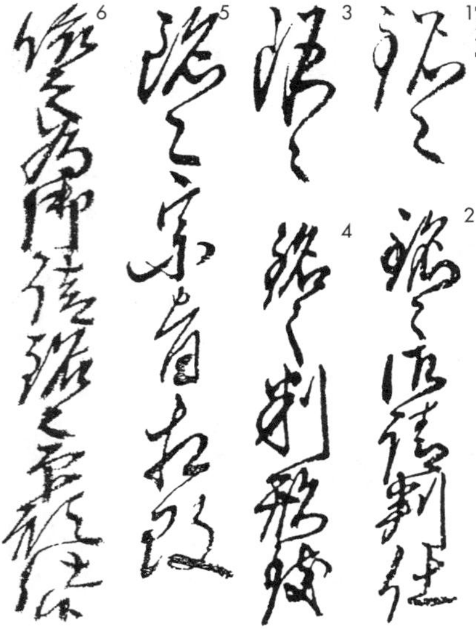

1 銘々(めいめい) 2 銘々御請判仕(めいめいおうけはんつかまつり) 3 銘々(めいめい) 4 銘々判形致(めいめいはんぎょういたし)
5 銘々宗旨相改(めいめいしゅうしあいあらため) 6 依レ之為二御請一銘々印形仕候(これによりおうけとしてめいめいいんぎょうつかまつりそうろう)

754
鋪
ホ フ しく

【用例】

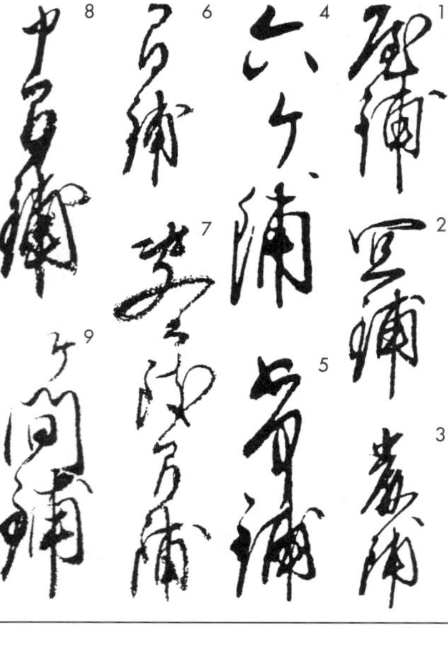

1 屋鋪(やしき) 2 宜鋪(よろしく) 3 嚴鋪(きびしく) 4 六ケ鋪(むつかしく) 5 如何鋪(いかがわしく) 6 間鋪(まじく)
7 決而致間鋪(けっしていたすまじく) 8 申間鋪(もうすまじく) 9 ケ間鋪(がましく)

755 長

チョウ
ながい
おさ・たけ

【用例】

1 長座(ちょうざ)
2 長坐(ちょうざ)
3 長病(ちょうびょう)
4 長煩(ながわずらい)
5 長屋(ながや)
6 長持(ながもち)
7 長脇差(ながわきざし)
8 長弐百間余(ながさにひゃっけんあまり)
9 長百性(おとなびゃくしょう／おさびゃくしょう)
10 増長(ぞうちょう)
11 成長(せいちょう)

756 門

モン
かど

【用例】

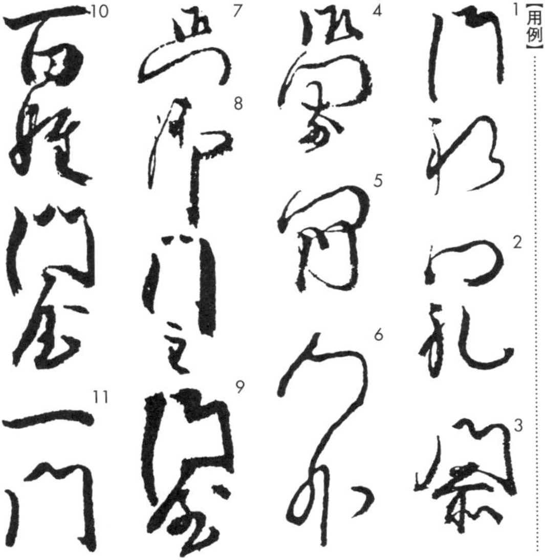

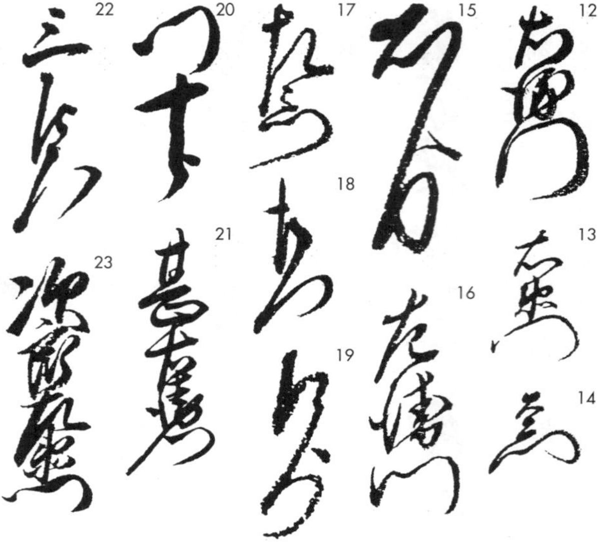

1・2 門礼（もんれい） 3 門前（もんぜん） 4 御門前（ごもんぜん） 5 門内（もんない） 6 門外（もんがい） 7 御門（ごもん） 8 御門主（ごもんしゅ） 9 門屋（かどや） 10 百姓門屋（ひゃくしょうかどや） 11 一門（いちもん） 12〜15 右衛門（えもん） 16〜19 左衛門（さえもん） 20 門十郎（もんじゅうろう） 21 甚右衛門（じんえもん） 22 三左衛門（さんざえもん） 23 次郎左衛門（じろうざえもん）

757
間
カン・ケン
あいだ
ま

【用例】

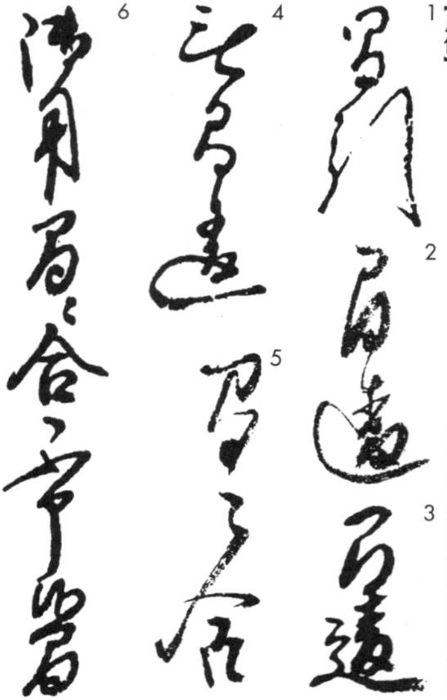

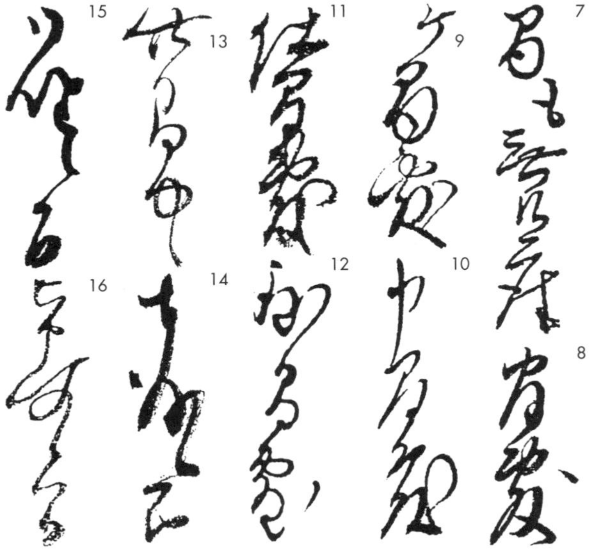

1 間引（まびき） 2・3 間違（まちがい） 4 無二間違一（まちがいなく） 5 間二合（まにあう）
6 御用間二合不レ申候間（ごようまにあいもうさずそうろうあいだ） 7 間も無二御座一（まもござなく） 8 間敷（まじく） 9 ケ間敷（がましく）
10 申間敷（もうすまじく） 11 仕間敷（つかまつるまじく） 12 致間敷（いたすまじく） 13 此間中（このあいだじゅう）
14 奉レ存候間（ぞんじたてまつりそうろうあいだ） 15 御坐候間（ござそうろうあいだ） 16 被二申聞一候間（もうしきかされそうろうあいだ）

758

閑

カン
しずか

【用例】

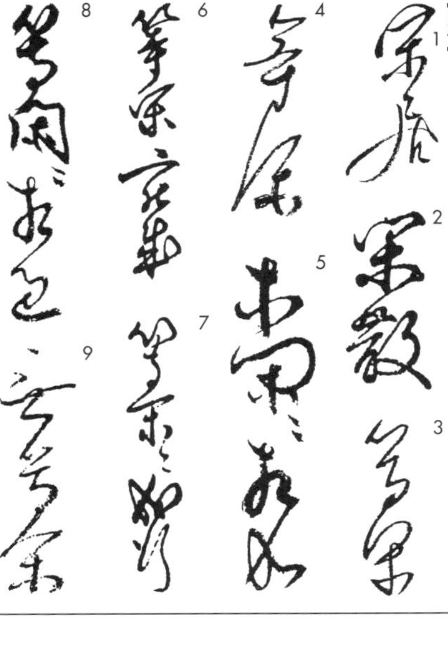

1 閑居（かんきょ） 2 閑散（かんさん） 3・4 等閑（なおざり／とうかん） 5 等閑二相成（とうかんにあいなり） 6 等閑二罷成（とうかんにまかりなり）
7 等閑二成行（とうかんになりゆき） 8 等閑二相過（とうかんにあいすごし） 9 無二等閑一（とうかんなく）

759 閏

ジュン
うるう

【用例】

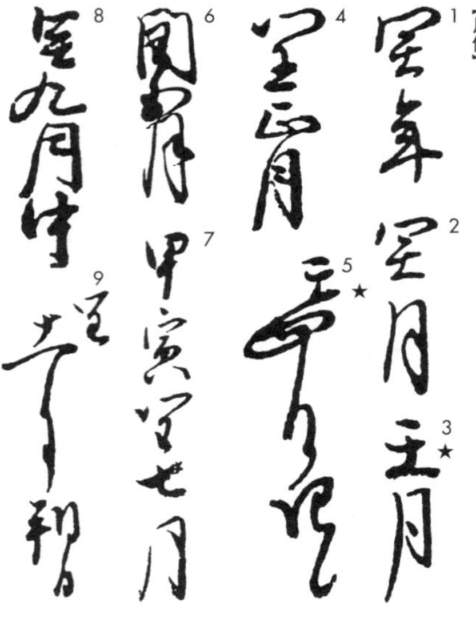

1 閏年（うるうどし）　2・3 閏月（うるうづき）　4 閏正月（うるうしょうがつ）　5 閏四月四日（うるうしがつよっか）　6 閏五月（うるうごがつ）
7 甲寅閏七月（きのえとらうるうしつがつ）　8 閏九月中（うるうくがつちゅう）　9 閏十一月朔日（うるうじゅういちがつさくじつ）

760 関（闕）

カン
せき
かかわる

【用例】

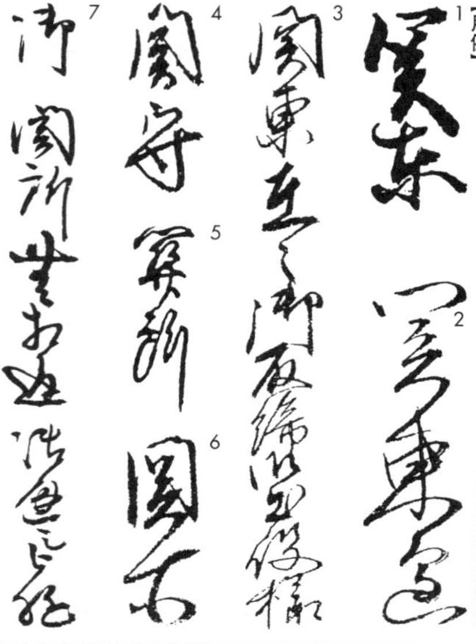

1 関東（かんとう）　2 関東邊（かんとうあたり）　3 関東在々御取締御出役様（かんとうざいざいおとりしまりごしゅつやくさま）　4 関守（せきもり）　5 闕所（せきしょ）
6 関所（せきしょ）　7 御（お）関所（せきしょ）無㆓相違㆒（そういなく）御通（おとお）シ被㆑遊（あそばされ）

761 附

フ
つく

【用例】

1 寄附（きふ）
2 附リ（つけたり）
3 附送（つけおくり）
4 附添（つきそい）
5 割附（わりつけ）
6 仕附（しつけ）
7 相附（あいつけ）
8 手附（てつけ）
9 刻附（こくづけ）
10 書附（かきつけ）
11 心附（こころづけ）
12 入附（いりつけ）

762 限

ゲン／きり
かぎる
かぎり

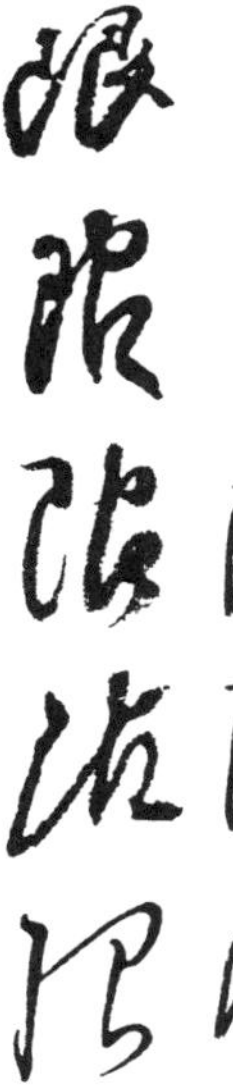

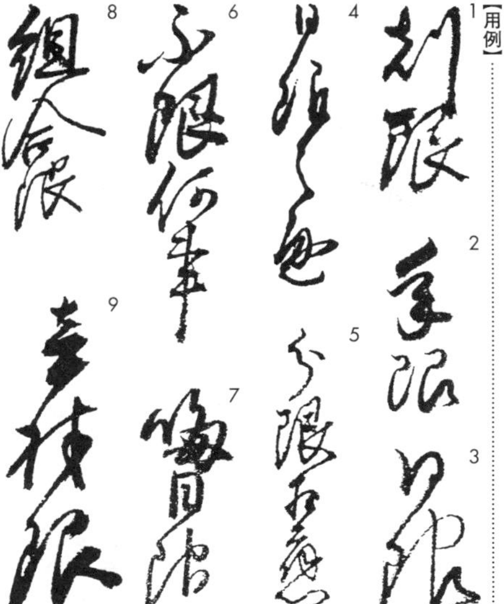

【用例】

1 刻限（こくげん）
2 年限（ねんげん）
3 日限（ひぎり／にちげん）
4 日限之通（にちげんのとおり）
5 分限相應（ぶんげんそうおう／ぶげんそうおう）
6 不レ限二何事一（なにごとにかぎらず）
7 晦日限（みそかぎり）
8 組合限（くみあいかぎり）
9 壱村限（いっそんかぎり）

763 院

イン

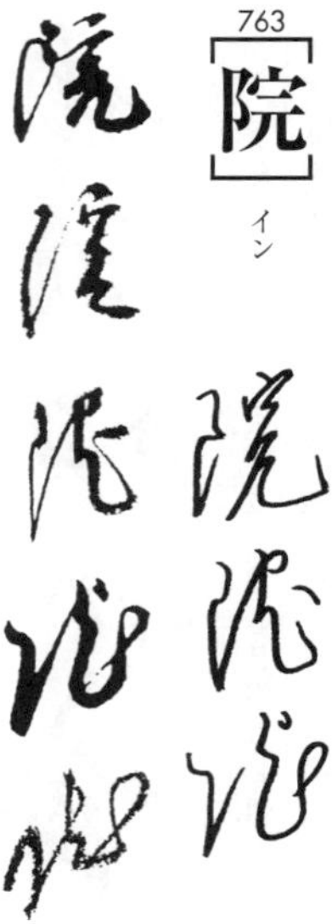

【用例】

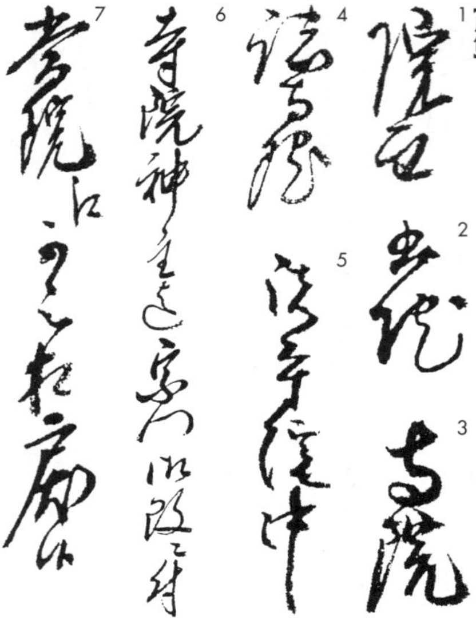

1 院主（いんしゅ）　2 書院（しょいん）　3 寺院（じいん）　4 諸寺院（しょじいん）　5 諸寺院中（しょじいんちゅう）
6 寺院・神主迄宗門御改ニ付（じいん・かんぬしまでしゅうもんおあらためにつき）　7 當院江可レ被二相戻一候（とういんへあいもどさるべくそうろう）

764 除

ジョ・ジ
のぞく
よける

【用例】

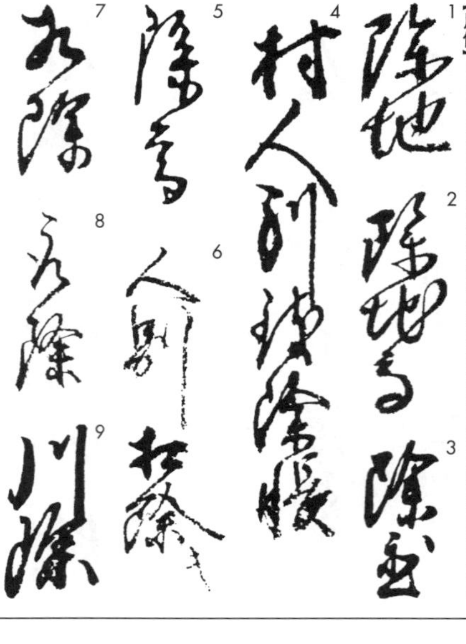

1 除地（よけち・じょち）　2 除地高（じょちだか）　3 除置（のぞきおく）　4 村人別致二除帳一（むらにんべつよけちょういたし）
5 除高（よけだか・のぞきだか）
6 人別相除キ（にんべつあいのぞき）　7 相除（あいのぞく）　8 取除（とりのぞく）　9 川除（かわよけ）

765
陳

チン・ジン
つらねる
のべる

【用例】

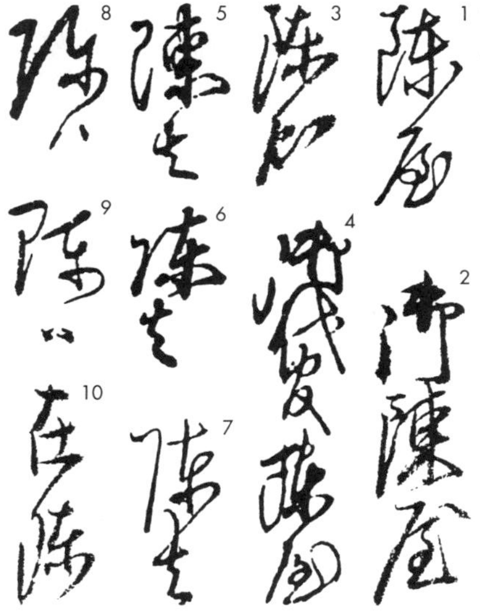

1 陳屋(じんや)（※「陣屋」の誤用。以下同じ）　2 御陳屋(ごじんや)　3 陳屋(じんや)　4 御代官陳屋(おだいかんじんや)　5～7 陳者(のぶれば)　8・9 陳ハ(のぶれば)　10 在陳(ざいじん)

766
随（隨）

ズイ
したがう
したがって

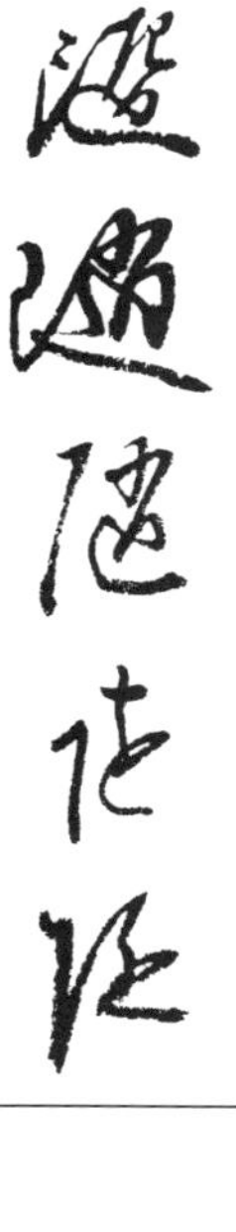

【用例】

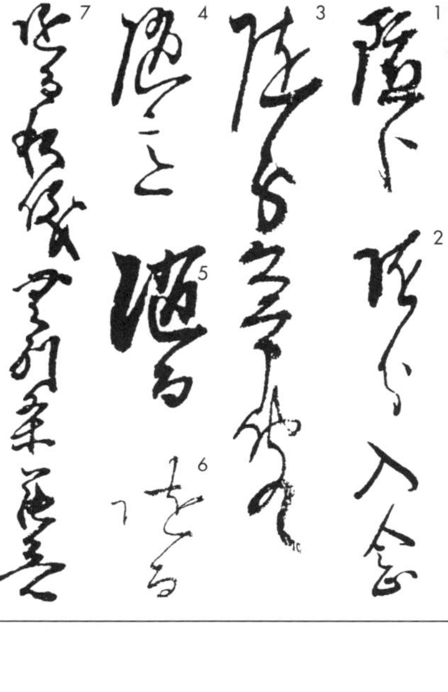

1 随分(ずいぶん)　2 随分入レ念(ずいぶんねんをいれ)　3 随分宜中聞候(ずいぶんよろしくもうしきかせそうろう)　4 随意(ずいい)　5・6 随而(したがって)　7 随而私儀無二別条一罷在候(したがってわたくしぎべつじょうなくまかりありそうろう)

767 隙

ゲキ
ひま
すき

【用例】

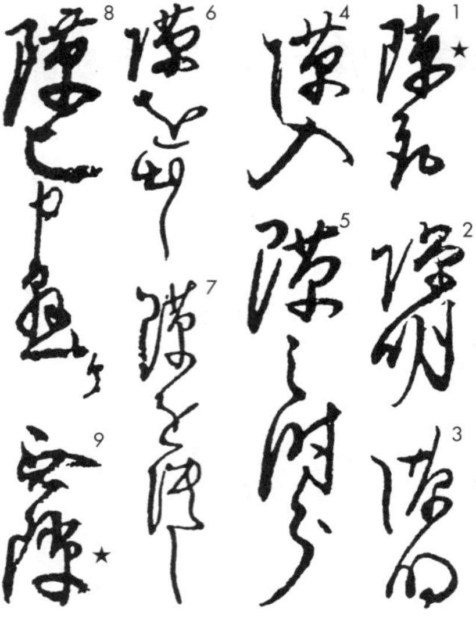

1 隙取(ひまとり)　2・3 隙明(ひまあき)　4 隙入(ひまいり)　5 隙之時分(ひまのじぶん)　6 隙(ひま)を出(だ)し
7 隙(ひま)を潰(つぶ)し　8 隙乞申懸ケ(ひまごいもうしかけ)　9 無レ隙(ひまなく)

768 隠（隱）

イン・オン
かくれる
かくす

【用例】

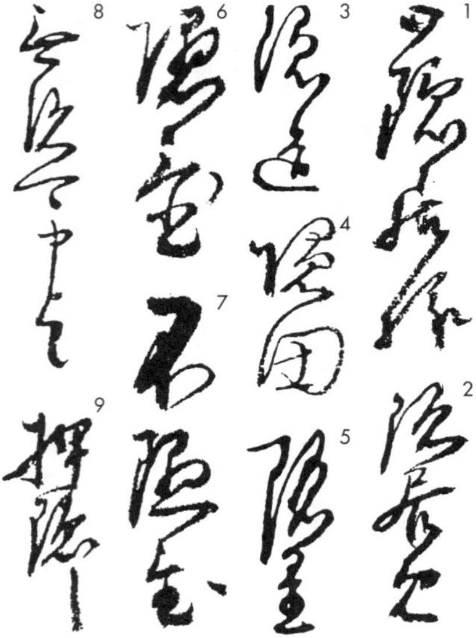

1 御隠居様(ごいんきょさま)　2 隠居免(いんきょめん)　3 隠造(いんぞう)　4 隠田(いんでん)　5・6 隠置(かくしおく)
7 不二隠置一(かくしおかず)　8 無レ隠可二申上一候(かくれなくもうしあぐべくそうろう)　9 押隠し(おしかくし)

769 障

ショウ
さわる

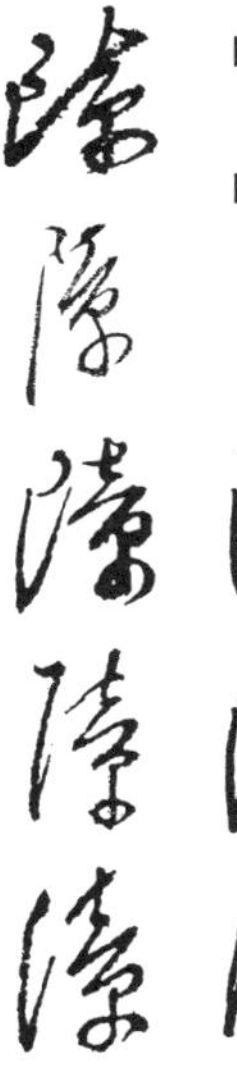

【用例】

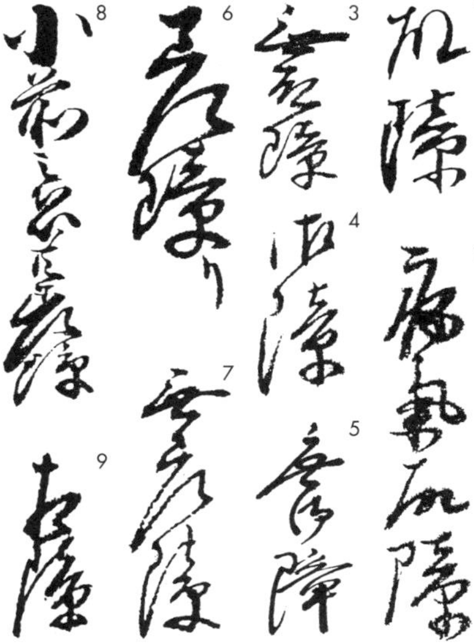

1 故障(こしょう) 2 病氣故障(びょうきこしょう) 3 無二故障一(こしょうなく) 4 御障(おさわり) 5 無二御障一(おさわりなく) 6 差障リ(さしさわり) 7 無二差障一(さしさわりなく) 8 小前之者共差障(こまえのものどもさしさわり) 9 相障(あいさわり)

770 隣

リン
となり

【用例】

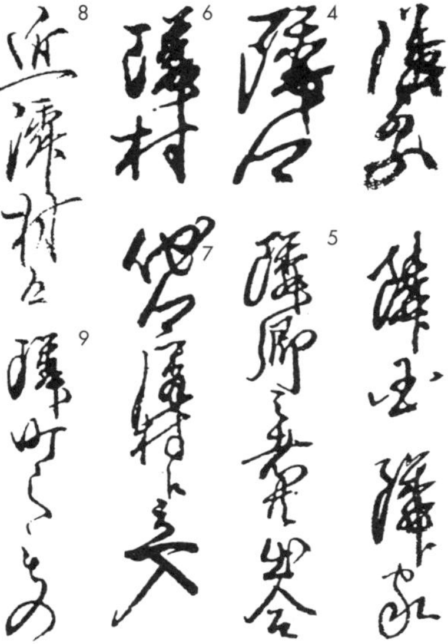

1 隣察(れんさつ)(※「憐察」の誤用) 2 隣国(りんごく) 3 隣家(りんか) 4 隣郷(りんごう) 5 隣郷之者共出合(りんごうのものどもであい) 6 隣村(となりむら・りんそん) 7 他郷・隣村江立入(たごう・りんそんへたちいり) 8 近隣村々(きんりんむらむら) 9 隣町之もの(となりまちの)

771 [雇]

コ
やとう
やとい

【用例】

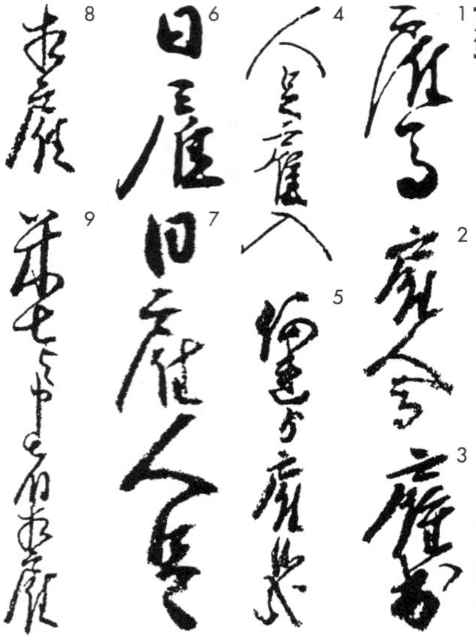

1 雇馬(やというま)　2 雇人馬(やといじんば)　3 雇出(やといだす)　4 人足雇入(にんそくやといいれ)　5 何れゟ雇候哉(いずれよりやといそうろうや)

6 日雇(ひやとい)　7 日雇人足(ひやといにんそく)　8 相雇(あいやとう)　9 米七与申者相雇(よねしちともうすものあいやとい)

772 [集]

シュウ
あつまる
つどう

【用例】

1 集會(しゅうかい)　2 村々一統集會之上(むらむらいっとうしゅうかいのうえ)　3 先月晦日七ツ時ゟ相集(せんげつみそかななつどきよりあいあつまり)

4 人集(ひとあつめ)　5 呼集(よびあつめ)　6 取集(とりあつめ)　7 最寄ニ而取集(もよりにてとりあつめ)

773
雑(雜)
ザツ
ゾウ

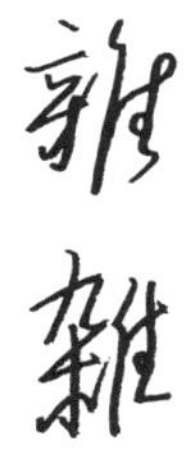

【用例】

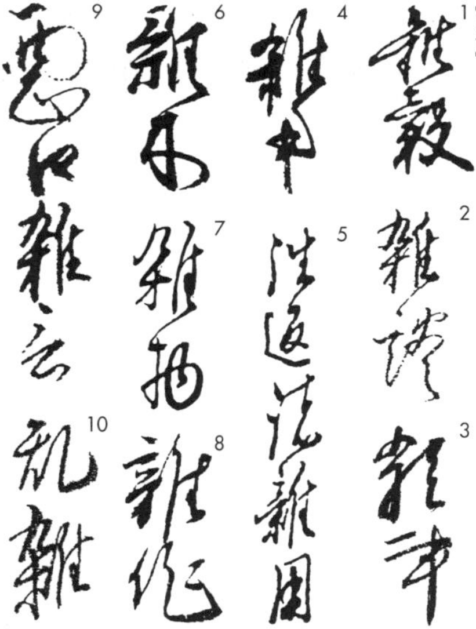

1 雑穀(ざっこく)
2 雑談(ざつだん)
3 雑事(ざつじ)
4 雑用(ざつよう)
5 往返諸雑用(おうへんしょざつよう)
6 雑木(ぞうぼく/ぞうき)
7 雑物(ぞうもつ)
8 雑作(ぞうさ)
9 悪口雑言(あっこうぞうごん)
10 乱雑(らんざつ)

774
難
ナン
かたい
むずかしい

【用例】

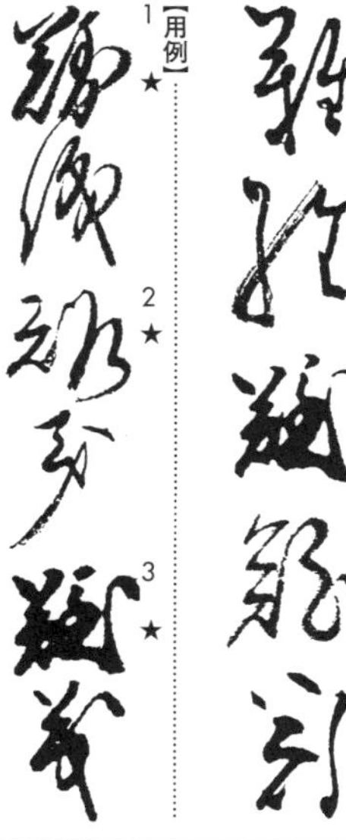
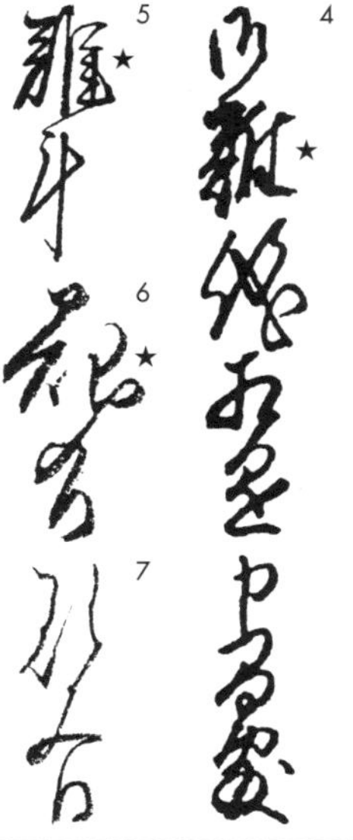

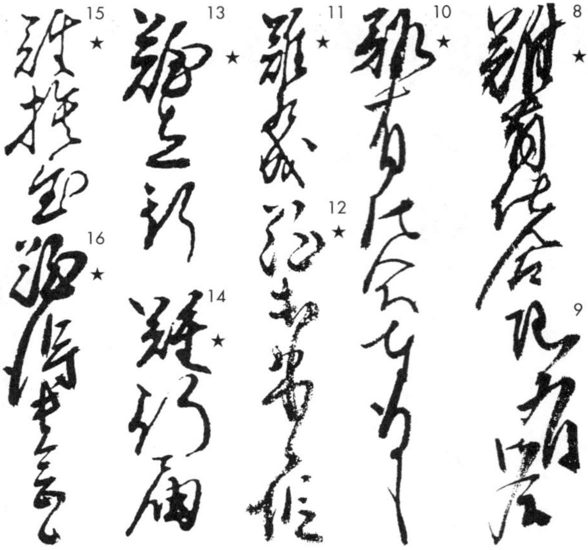

1 難儀(なんぎ) 2・3 難義(なんぎ) 4 御難儀相懸申間敷(ごなんぎあいかけもうすまじく) 5 難レ計(はかりがたし)

6・7 難レ有(ありがたし) 8・9 難レ有仕合(ありがたきしあわせ) 10 難レ有仕合奉レ存候(ありがたきしあわせにぞんじたてまつりそうろう)

11 難二相成一(あいなりがたく) 12 難二出来一候段(できがたくそうろうだん) 13 難二立行一(たちゆきがたく) 14 難二行届一(ゆきとどきがたく)

15 難二捨置一(すておきがたく) 16 難レ得二貴意一候(きいをえがたくそうろう)

775

【離】

リ

はなれる

【用例】

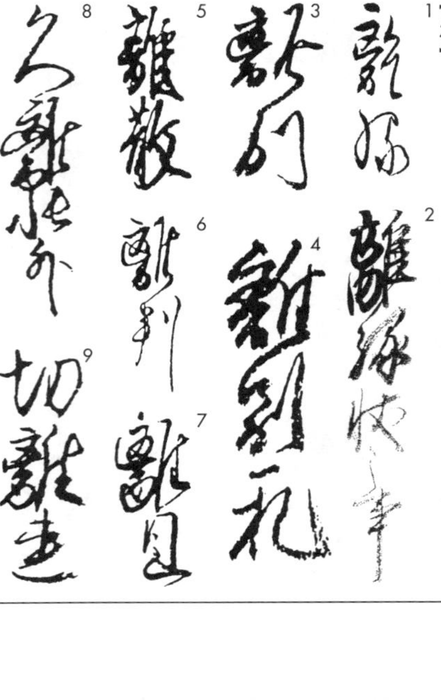

1 離縁(りえん) 2 離縁状之事(りえんじょうのこと) 3 離別(りべつ) 4 離別一札(りべついっさつ) 5 離散(りさん) 6 離判(りはん)

7 離旦(りだん) 8 久離帳外(きゅうりちょうがい) 9 切離れ(きりはなれ)

776 【雨】 ウ あめ

【用例】

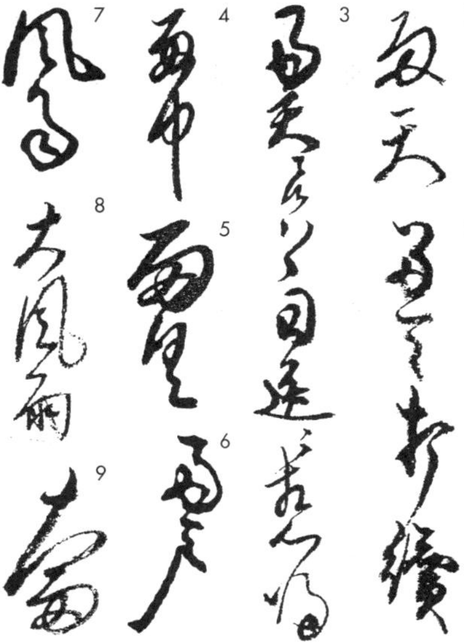

1 雨天（うてん） 2 雨天打續（うてんうちつづき） 3 雨天二候ハヽ、日送二相心得（うてんにそうらわばひおくりにあいこころえ） 4 雨中（うちゅう） 5 雨具（あまぐ） 6 雨戸（あまど） 7 風雨（ふうう） 8 大風雨（だいふうう） 9 大雨（おおあめ）

777 【露】 ロ つゆ

【用例】

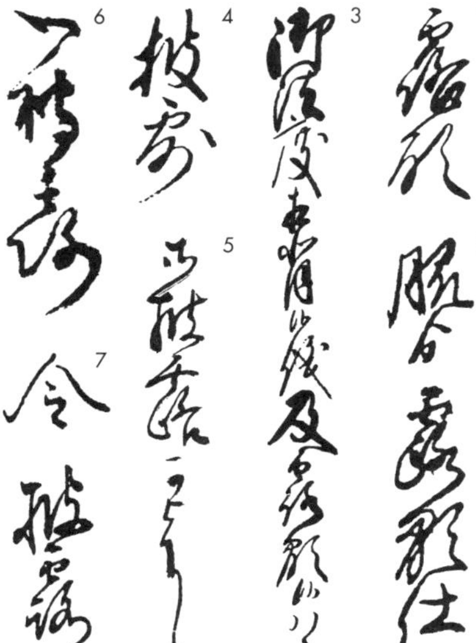

1 露顕（ろけん） 2 脇ゟ露顕仕（わきよりろけんつかまつり） 3 御法度相背候儀及二露顕一候ハヽ、（ごはっとあいそむきそうろうぎろけんにおよびそうらわば） 4 披露（ひろう） 5 御披露可レ被レ下候（ごひろうくださるべくそうろう） 6 御披露（ごひろう） 7 令二披露一（ひろうせしめ）

778 [非]

ヒ　ピ　あらず

【用例】

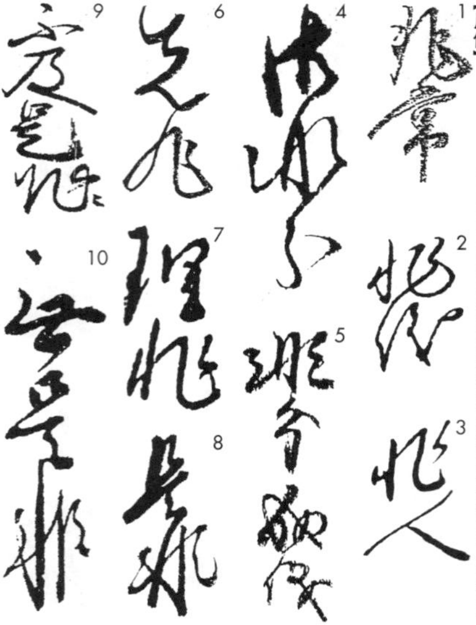

1 非常（ひじょう）　2 非儀（ひぎ）　3 非人（ひにん）　4 御非分（ごひぶん）　5 非分成儀（ひぶんなるぎ）　6 先非（せんぴ）　7 理非（りひ）　8 是非（ぜひ）　9 不レ及二是非一（ぜひにおよばず）　10 無二是非一（ぜひなく）

779 [面]

メン　おもて　おも・つら

【用例】

1 面々（めんめん）　2 小前面々（こまえめんめん）　3 面躰（めんてい）　4 面會（めんかい）　5 面談（めんだん）　6 書面（しょめん）　7 觸面（ふれめん）　8 帳面（ちょうめん）　9 絵圖面（えずめん）　10 地面（じめん）　11 對面（たいめん）　12 面白キ（おもしろき）

780 音

オン
イン
おと・ね

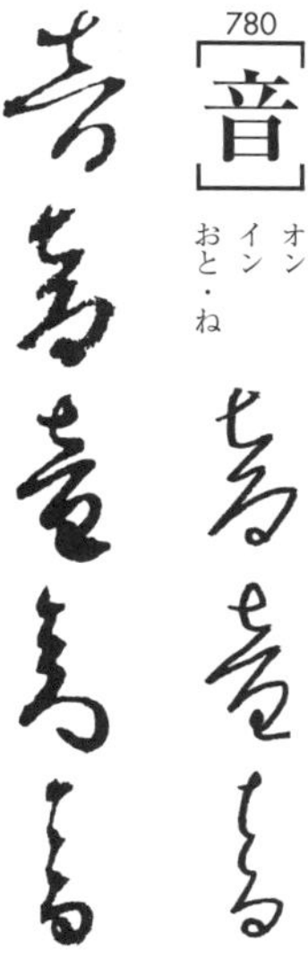

【用例】

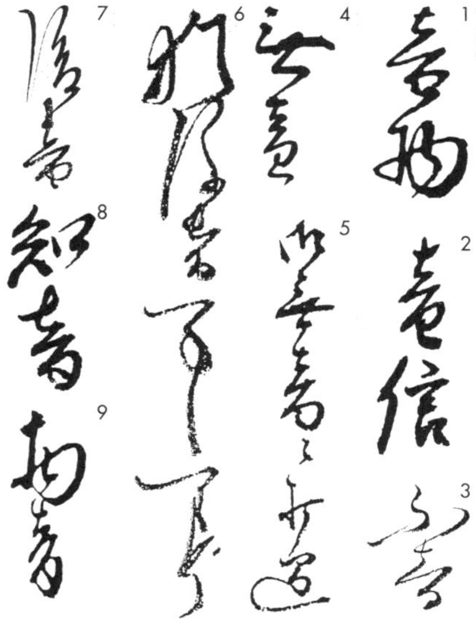

1 音物(いんもつ) 2 音信(いんしん) 3 不音(ぶいん) 4 無音(ぶいん) 5 御無音ニ打過(ごぶいんにうちすごし)
6 猶後音万々可ニ申上一候(なおこういんばんばんもうしあぐべくそうろう) 7 後音(こういん) 8 知音(ちいん) 9 物音(ものおと)

781 響

キョウ
ひびく

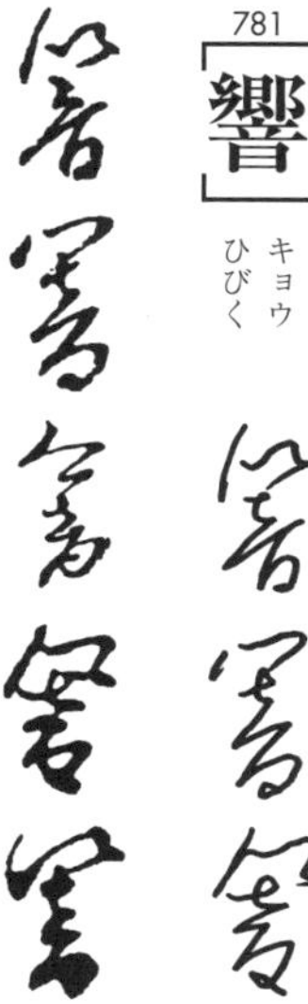

【用例】

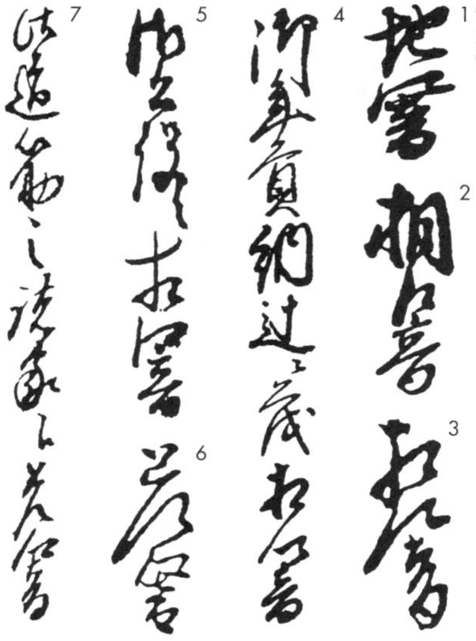

1 地響(じひびき) 2・3 相響(あいひびき) 4 御年貢納辻ニ茂相響(おねんぐおさめつじにもあいひびき) 5 御公役ニ相響(ごこうやくにあいひびき)
6 差響(さしひびき) 7 御道筋之諸家江差響(おみちすじのしょけへさしひびき)

782

頃

ケイ キョウ ころ

【用例】

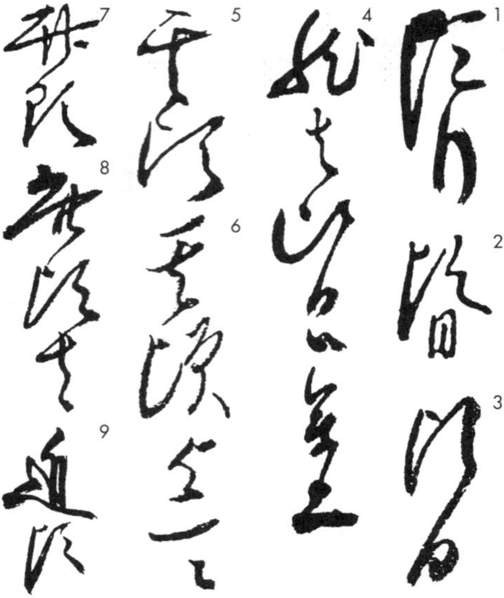

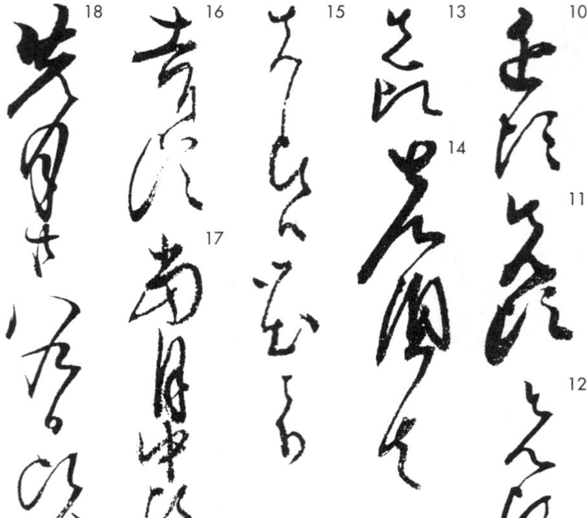

1〜3 頃日(けいじつ)　4 然者頃日ハ参上(しからばけいじつはさんじょう)　5 其頃(そのころ)　6 其頃迄ニ(そのころまでに)　7 此頃(このごろ)

8 此頃者(このごろは)　9・10 近頃(ちかごろ)　11〜13 先頃(さきごろ)　14 先頃者(さきごろは)　15 先頃ハ御出被ㇾ下(さきごろはおいでくだされ)

16 去ル頃(さるころ)　17 當月中頃(とうげつなかごろ)　18 先月 廿 八九日頃ゟ(せんげつにじゅうはちくにちごろより)

783
頂
チョウ
いただき

【用例】

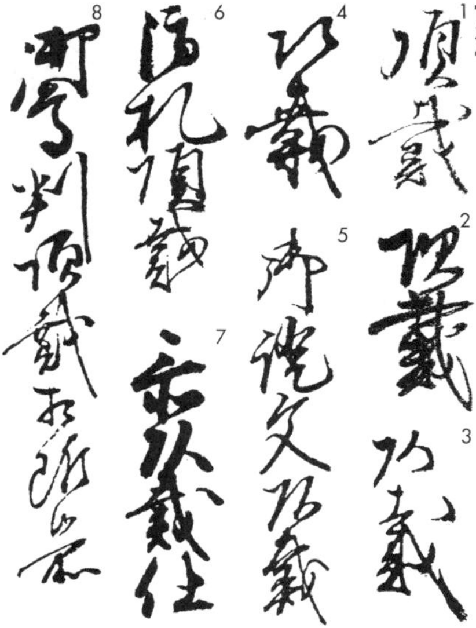

1～4 頂戴(ちょうだい)　5 御證文頂戴(ごしょうもんちょうだい)　6 御札頂戴(ぎょさつちょうだい)　7 忝頂戴仕(かたじけなくちょうだいつかまつり)　8 御尊判頂戴相附候所(ごそんぱんちょうだいあいつけそうろうところ)

784
順
ジュン
したがう

【用例】

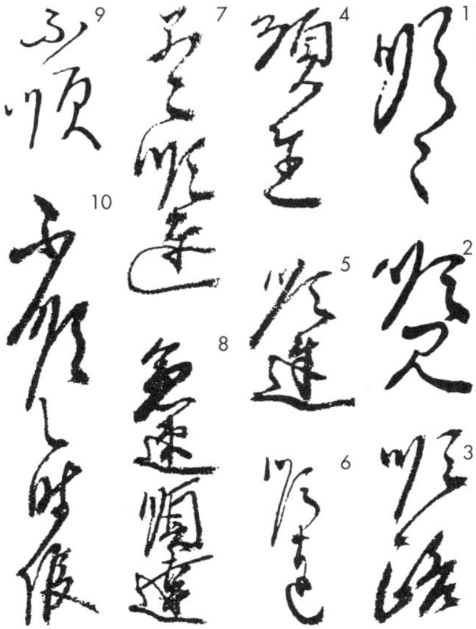

1 順々(じゅんじゅん)　2 順見(じゅんけん)　3 順路(じゅんろ)　4～6 順達(じゅんたつ)　7 早々順達(そうそうじゅんたつ)　8 急速順達(きゅうそくじゅんたつ)　9 不順(ふじゅん)　10 不順之時候(ふじゅんのじこう)

785
預

ヨ
あずける
あずかる

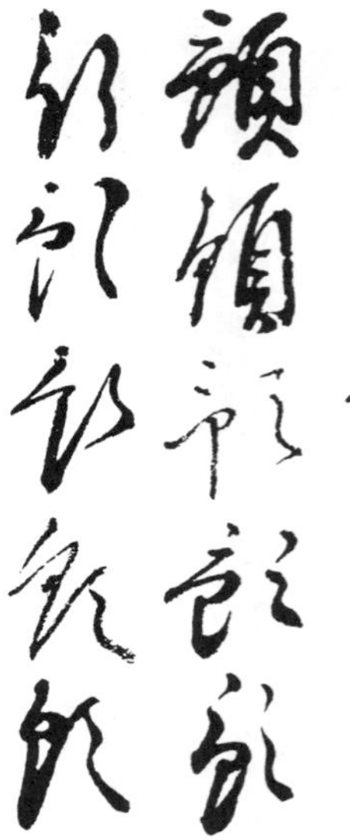

【用例】

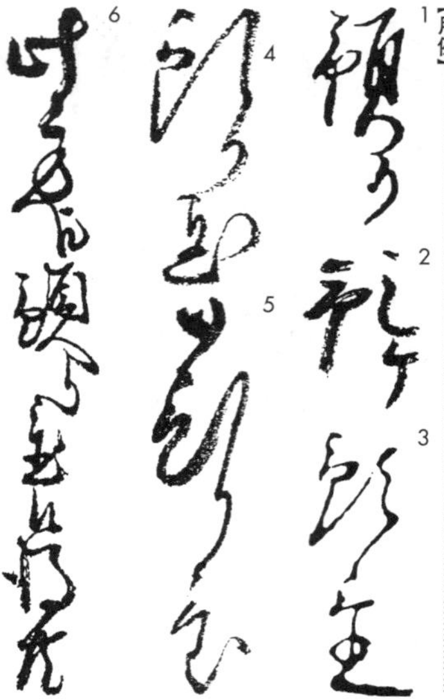

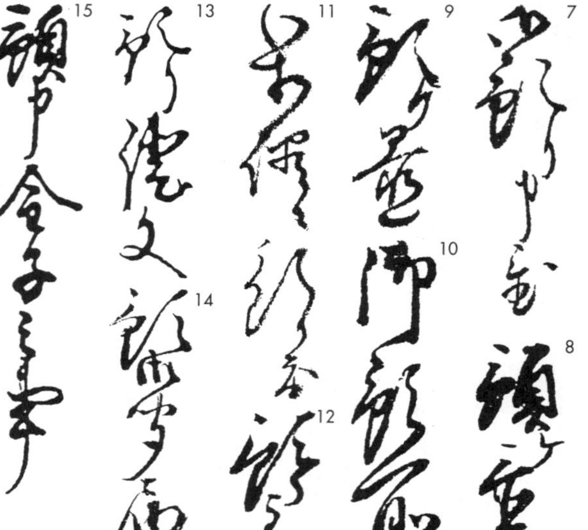

1 預リ（あずかり）　2 預ケ（あずけ）　3 預置（あずけおく／あずかりおく）　4 預リ置（あずかりおく）　5 御預リ置（おあずかりおく）
6 此方江預リ置候得共（このほうへあずかりおきそうらえども）　7 御預リ申置（おあずかりもうしおく）　8・9 預ケ置（あずけおく）
10 御預所（おあずかりしょ）　11 御相談ニ預リ度（ごそうだんにあずかりたく）　12 預リ主（あずかりぬし）　13 預リ證文（あずかりしょうもん）
14 預ニ御聞届ー（おききとどけにあずかり）　15 預申金子之事（あずかりもうすきんすのこと）

786 領

リョウ
レイ

【用例】

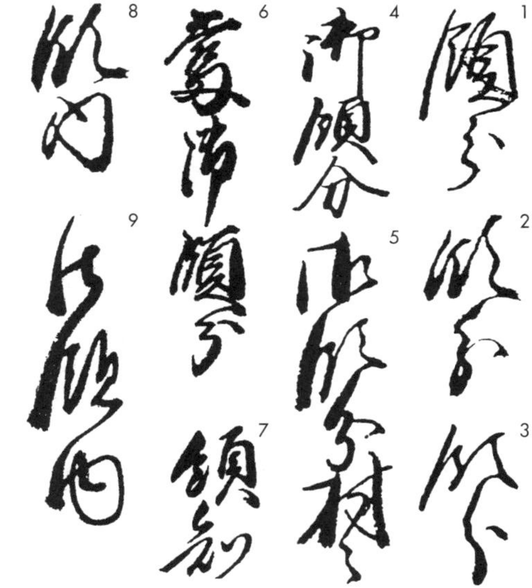

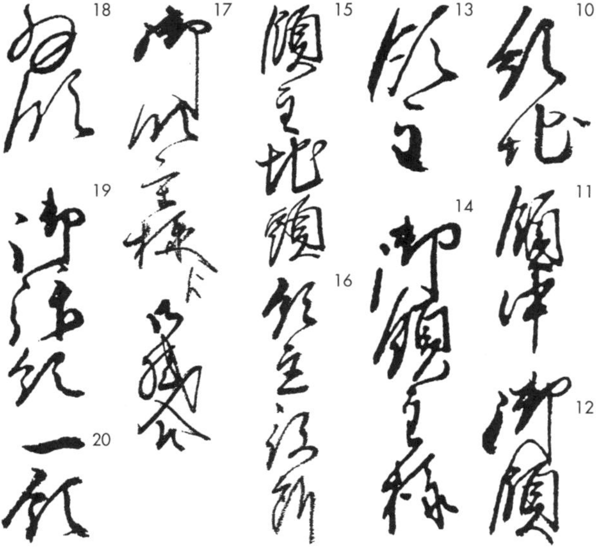

1〜3 領分(りょうぶん)　4 御領分(ごりょうぶん)　5 御領分村々(ごりょうぶんむらむら)　6 當御領分(とうごりょうぶん)　7 領知(りょうち)　8 領内(りょうない)　9 御領内(ごりょうない)　10 領地(りょうち)　11 領中(りょうちゅう)　12 御領(ごりょう)　13 領主(りょうしゅ)　14 御領主様(ごりょうしゅさま)　15 領主地頭(りょうしゅじとう)　16 領主役所(りょうしゅやくしょ)　17 御領主様江御掛合(ごりょうしゅさまへおかけあい)　18 拝領(はいりょう)　19 御拝領(ごはいりょう)　20 一領(いちりょう)

787

頭

トウ・ズ
あたま
かしら・かみ

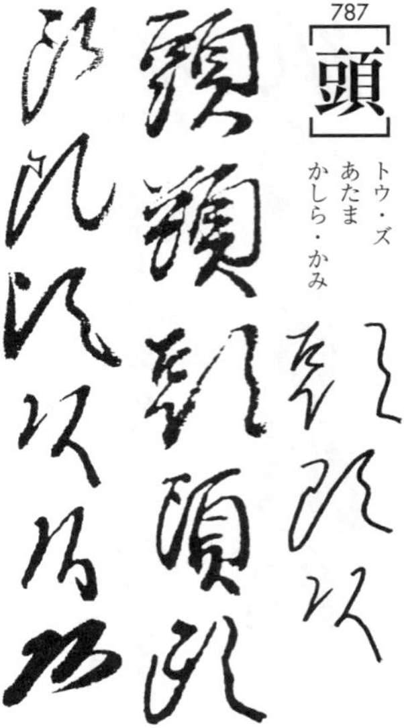

【用例】

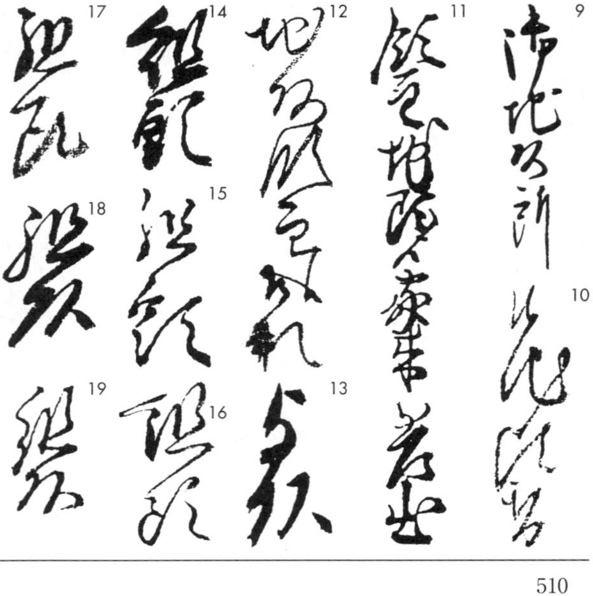

1 頭取(とうどり)　2 頭立(かしらだち)　3 座頭(ざとう)　4 年頭(ねんとう)　5 出頭(しゅっとう)　6 地頭(じとう)
7 御地頭様(ごじとうさま)　8 地頭所(じとうしょ)　9 御地頭所(ごじとうしょ)　10 御地頭替(ごじとうがえ)
11 領主地頭ゟ家来差出(りょうしゅじとうよりけらいさしだし)　12 地頭領主江相頼(じとうりょうしゅへあいたのみ)　13 与頭(くみがしら)
14〜19 組頭(くみがしら)

788
頼

ライ
たのむ
たよる

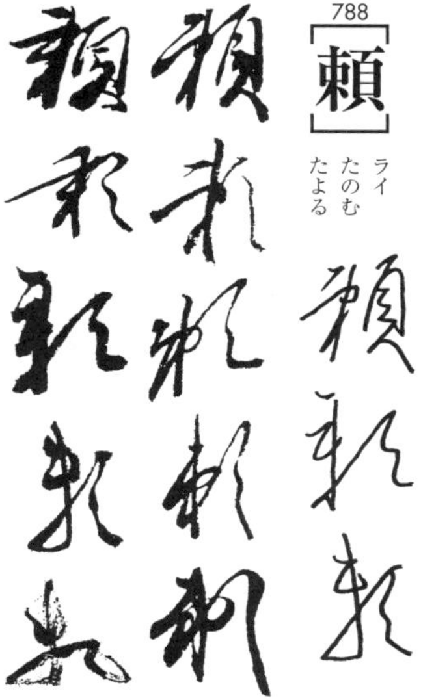

【用例】

1 2 3 4 5 6

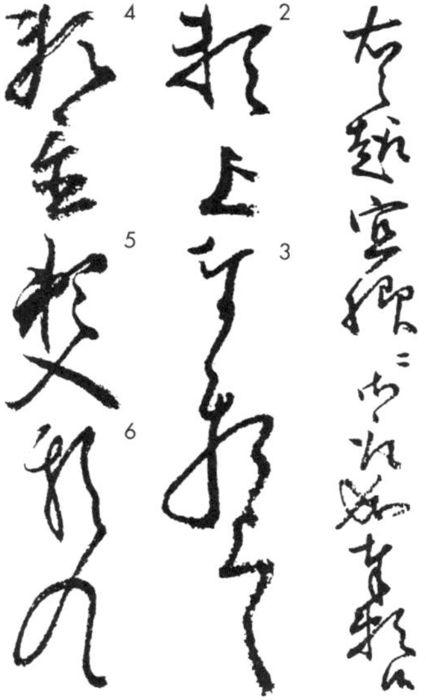

7 8 9 10 11 12 13 14

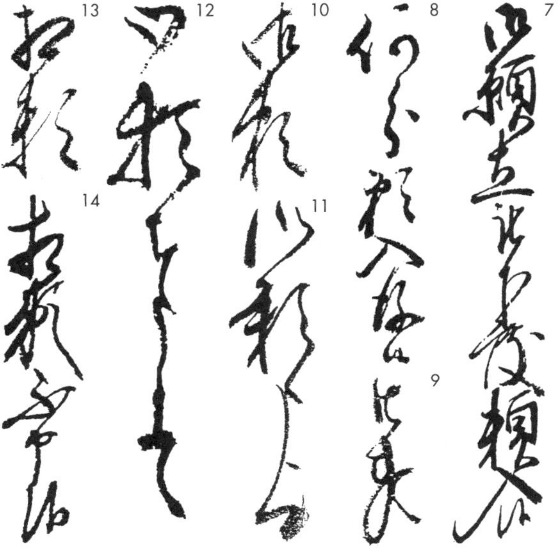

1 右之趣宜様ニ御取成奉レ頼候　2 頼上　3 奉ニ頼上一候　4 頼置　5 頼入　6 頼入候　7 御願立被レ下度頼入候　8 何分頼入存候　9・10 御頼　11 御頼申上候　12 御頼奉ニ申上一候　13 相頼　14 相頼不レ申候

789

顔

ガン　ゲン　かお

【用例】

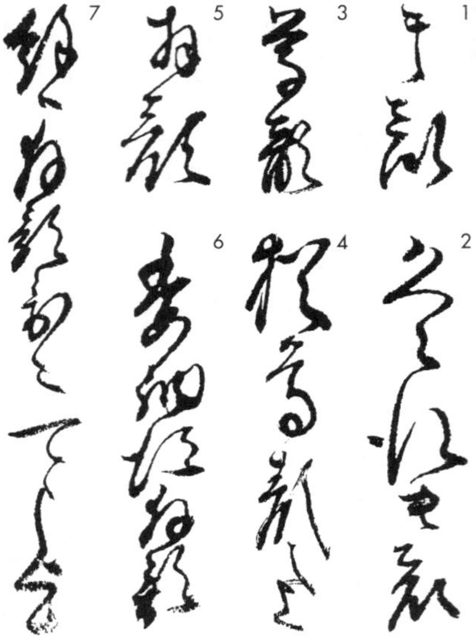

1 貴顔（きがん）　2 久々得㆓貴顔㆒（ひさびさきがんをえ）　3 尊顔（そんがん）　4 猶尊顔之上（なおそんがんのうえ）　5 拝顔（はいがん）

6 委細得㆓拝顔㆒（いさいはいがんをえ）　7 餘ハ拝顔萬々可㆓申上㆒候（よははいがんばんばんもうしあぐべくそうろう）

790

顕（顯）

ケン　あらわれる

【用例】

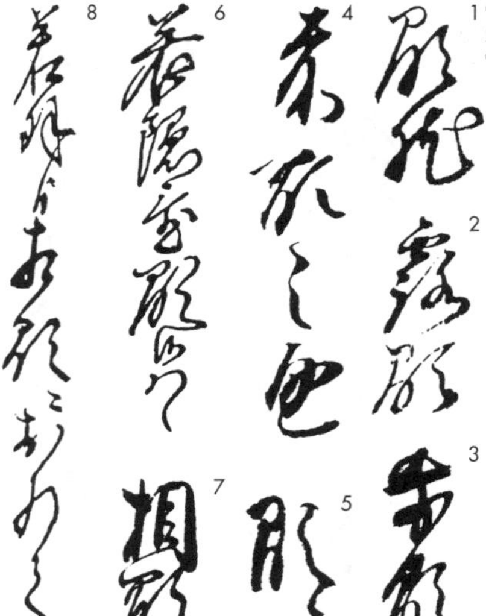

1 顕然（けんぜん）　2 露顕（ろけん）　3 前顕（ぜんけん）　4 前顕之通（ぜんけんのとおり）　5 顕シ（あらわし）

6 若隠置、顕候ハ、（もしかくしおき、あらわれそうらわば）　7 相顕（あいあらわれ）　8 若外ゟ相顕ニおゐてハ（もしほかよりあいあらわるるにおいては）

791
類
ルイ
たぐい

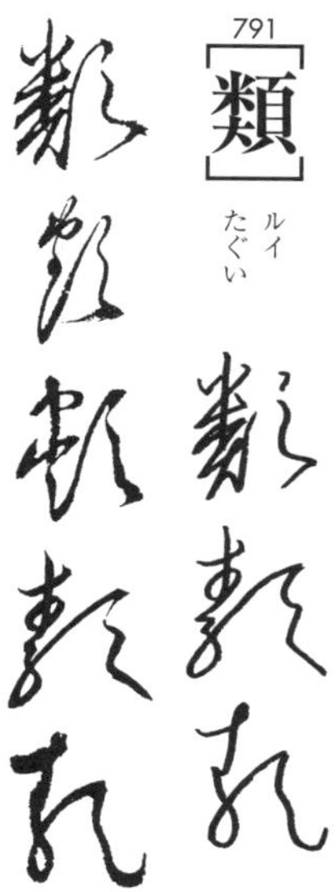

【用例】

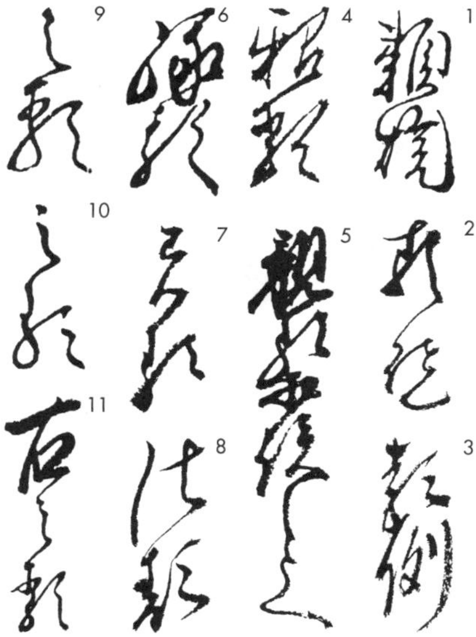

1・2 類焼(るいしょう)　3 類例(るいれい)　4 親類(しんるい)　5 親類相談之上(しんるいそうだんのうえ)　6 縁類(えんるい)　7 着類(きるい)　8 法類(ほうるい)　9・10 之類(のたぐい)　11 右之類(みぎのたぐい)

792
願
ガン
ねがう
ねがい

【用例】

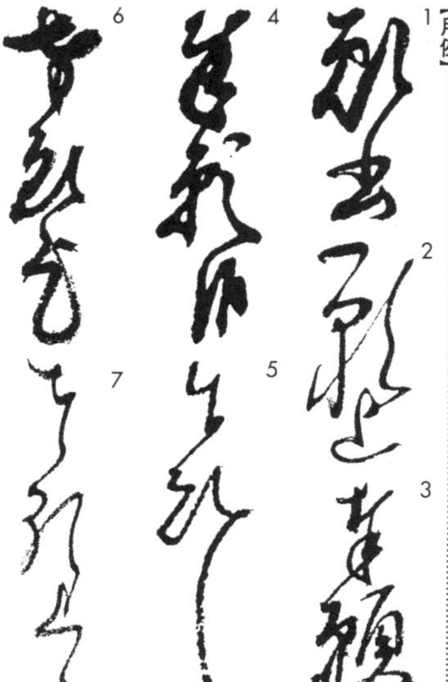

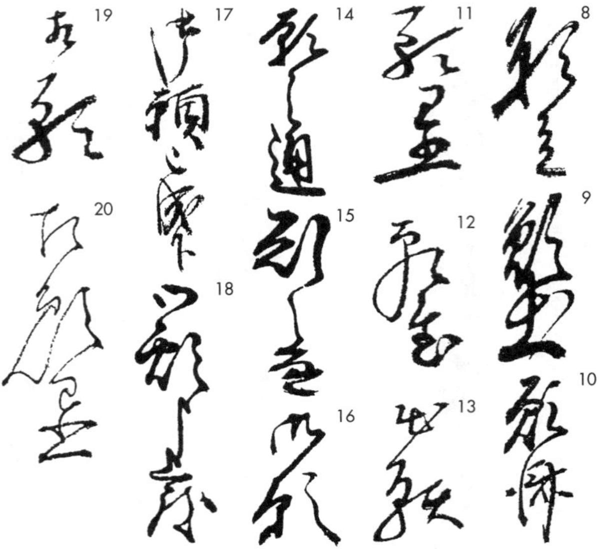

1 願書（がんしょ） 2 願上（ねがいあげ） 3 奉レ願（ねがいたてまつる） 4・5 奉レ願候（ねがいたてまつりそうろう）
6・7 奉二願上一候（ねがいあげたてまつりそうろう） 8 願立（ねがいたて） 9 願出（ねがいいで） 10 願済（ねがいすます） 11・12 願置（ねがいおく）
13 出願（しゅつがん） 14・15 願之通（ねがいのとおり） 16 御願（おねがい） 17 御願被二成下一（おねがいなしくだされ）
18 御願申上度（おねがいもうしあげたく） 19 相願（あいねがう） 20 相願置（あいねがいおく）

793
［風］
フウ　フ　かぜ

【用例】

1 風雨（ふうう） 2・3 風聞（ふうぶん） 4 風儀（ふうぎ） 5 風損（ふうそん） 6 風情（ふぜい） 7 風与（ふと） 8 与レ風（ふと）
9 難風（なんぷう） 10 家風（かふう） 11 風折木（かざおれぎ） 12 大風（おおかぜ）

794 飛

ヒ
とぶ

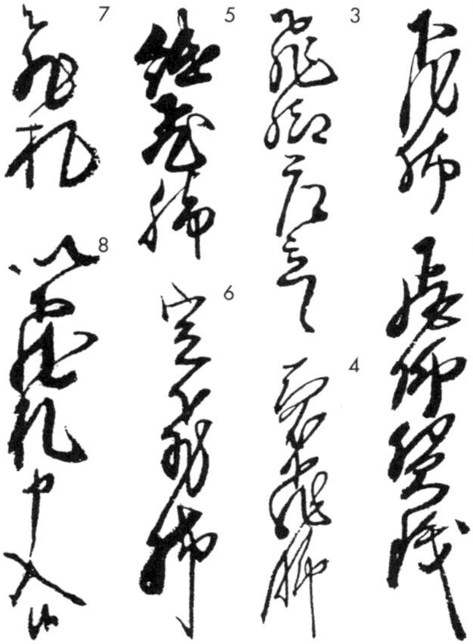

【用例】

1 飛脚(ひきゃく)　2 飛脚賃銭(ひきゃくちんせん)　3 飛脚差立候(ひきゃくさしたてそうろう)　4 急飛脚(きゅうびきゃく)　5 継飛脚(つぎびきゃく)
6 定飛脚(じょうびきゃく)　7 飛札(ひさつ)　8 以二飛札一申入候(ひさつをもってもうしいれそうろう)

795 養

ヨウ
やしなう
やしない

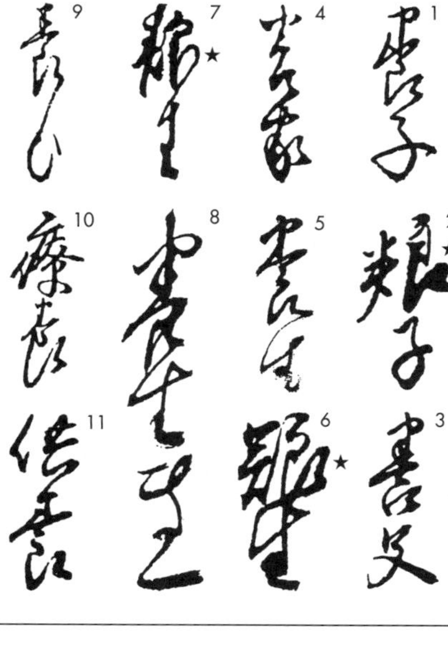

【用例】

1・2 養子(ようし)　3 養父(ようふ)　4 養家(ようけ)　5～7 養生(ようじょう)　8 養生専一(ようじょうせんいつ)　9 養ひ(やしない)
10 療養(りょうよう)　11 供養(くよう)

796 【馬】 バ・メ うま ま

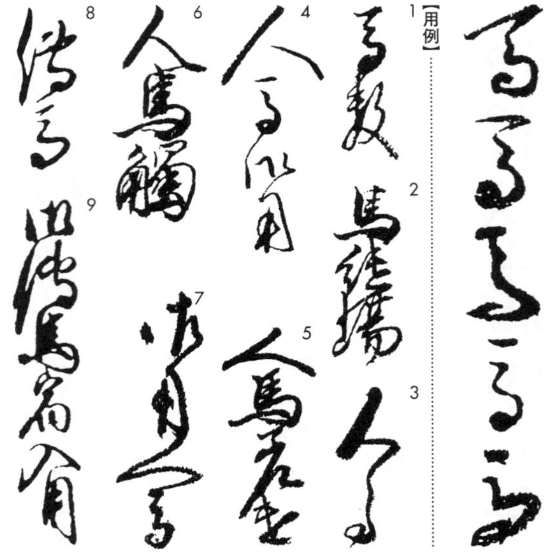

【用例】1 馬数(うまかず) 2 馬継場(うまつぎば) 3 人馬(じんば) 4 人馬御用(じんばごよう) 5 人馬差遣(じんばさしつかわし) 6 人馬觸(じんばぶれ) 7 御用人馬(ごようじんば) 8 傳馬(てんま) 9 御傳馬宿入用(ごてんましゅくにゅうよう)

797 【馳】 チ はせる

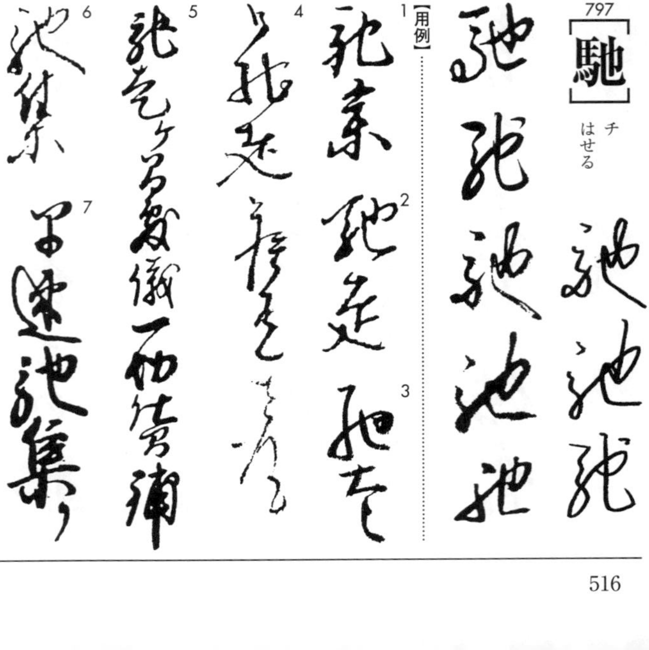

【用例】1 馳参(ちさん) 2・3 馳走(ちそう) 4 御馳走難レ有奉レ存候(ごちそうありがたくぞんじたてまつりそうろう) 5 馳走ケ間敷儀一切仕間鋪(ちそうがましきぎいっさいつかまつるまじく) 6 馳集(はせあつまる) 7 早速馳集リ(さっそくはせあつまり)

798

駆(驅)

ク
かる
かける

【用例】

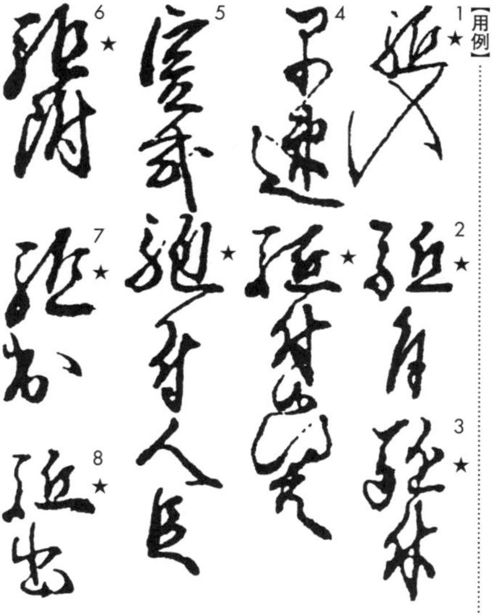

1 駆入(かけいり)　2・3 駆付(かけつけ)　4 早速駆付候得共(さっそくかけつけそうらえども)　5 定式駆付人足(ていしきかけつけにんそく)　6 駆附(かけつけ)　7・8 駆出(かけだす)

799

駄

ダ　タ

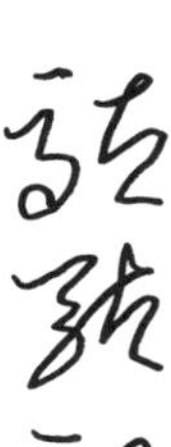

【用例】

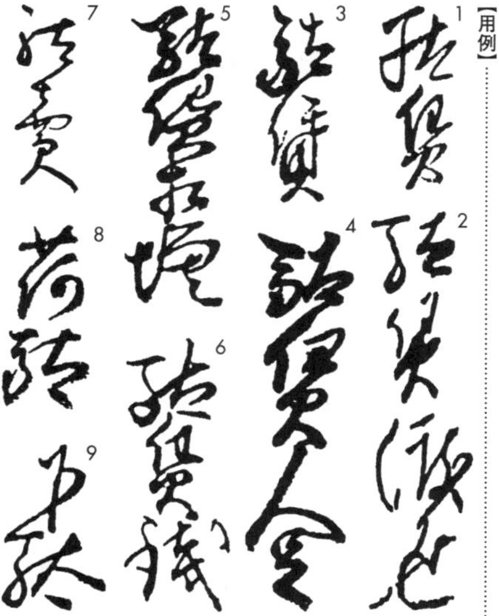

1 駄賃(だちん)　2 駄賃渡世(だちんとせい)　3 駄賃(だちん)　4 駄賃人足(だちんにんそく)　5 駄賃相増(だちんあいまし)　6 駄賃銭(だちんせん)　7 駄賣(だうり)　8 荷駄(にだ)　9 下駄(げた)

800
駕
ガ
かご

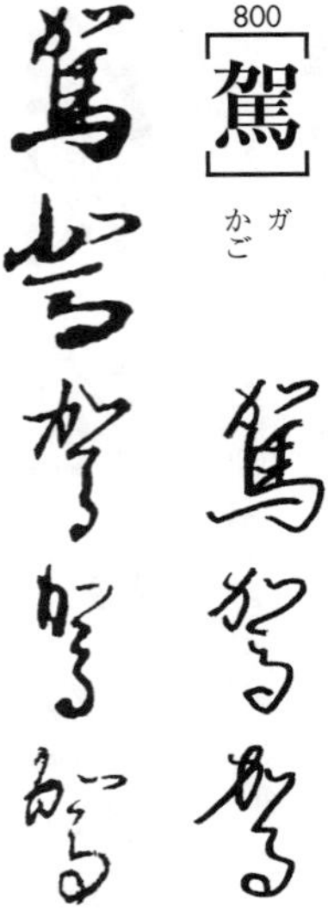

【用例】

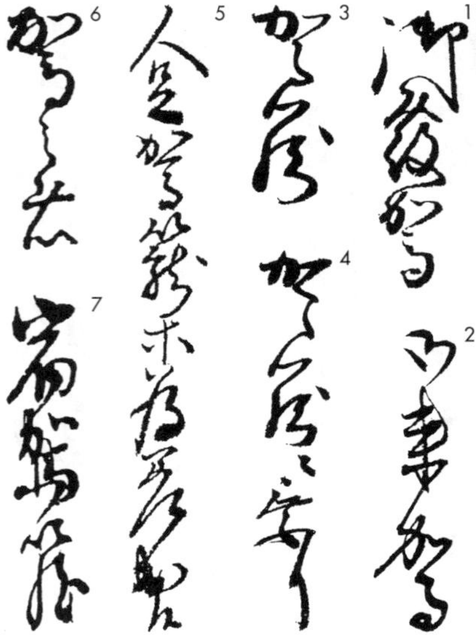

1 御發駕（ごはつが） 2 御来駕（ごらいが） 3 駕籠（かご） 4 駕籠ニ乗り（かごにのり） 5 人足（にんそく）・駕籠（かご）等為㆓差出㆒候（なとさしださせそうろう） 6 駕之者（かごのもの） 7 宿駕籠（しゅくかご）

801
騒（騷）
ソウ
さわぐ

【用例】

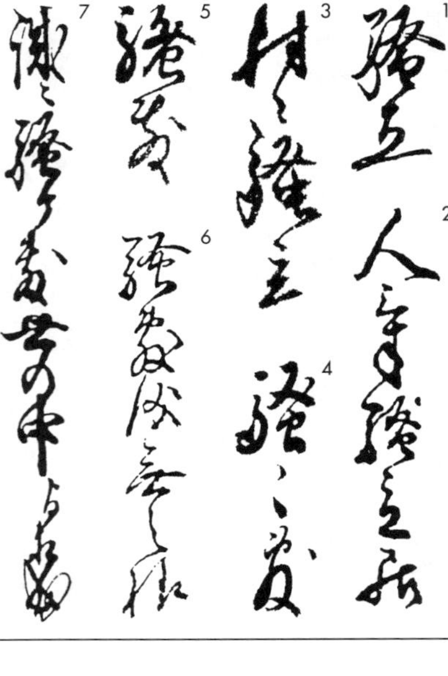

1 騒立（さわぎたつ／さわだつ） 2 人氣騒立居（じんきさわだちおり） 3 村々騒立（むらむらさわだち） 4 騒々敷（そうぞうしく） 5 騒敷（さわがしく） 6 騒敷儀無㆑之様（さわがしきぎこれなきよう） 7 誠ニ騒ケ敷世の中与相成（まことにさわがしきよのなかとあいなり）

802

【驚】

キョウ
おどろく

【用例】

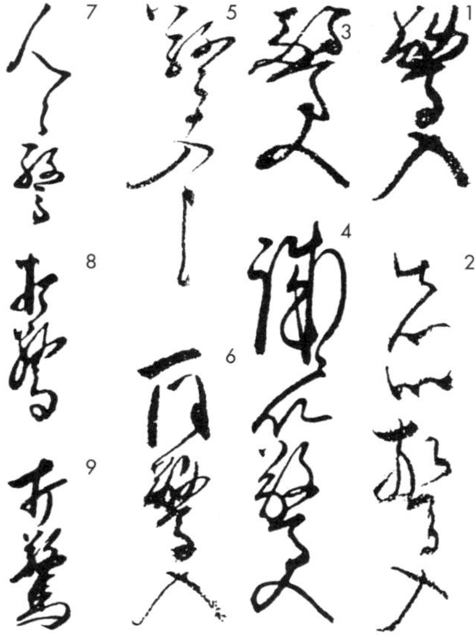

1 驚入（おどろきいる）　2 先以驚入（まずもっておどろきいり）　3 驚入（おどろきいる）　4 誠二以驚入（まことにもっておどろきいり）

5 驚入申候（おどろきいりもうしそうろう）　6 一同驚入（いちどうおどろきいり）　7 人々驚（ひとびとおどろき）　8・9 打驚（うちおどろく）

803

【高】

コウ
たかい
たか

【用例】

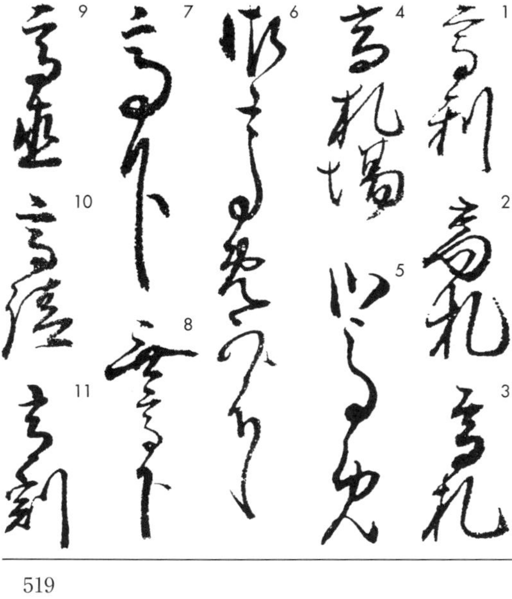

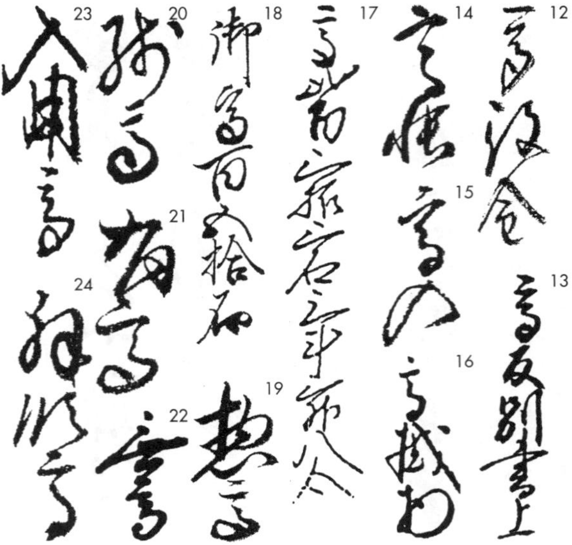

1 高利（こうり）　2・3 高札（こうさつ）　4 高札場（こうさつば）　5 御高免（ごこうめん）　6 御高免可レ被レ下候（ごこうめんくださるべくそうろう）

7 高下（こうげ）　8 無二高下一（こうげなく）　9 高直（たかね・こうじき）　10 高請（たかうけ）　11 高割（たかわり）　12 高役金（たかやくきん）

13 高反別書上（たかたんべつかきあげ）　14 高帳（たかちょう）　15 高入（たかいれ）　16 高掛物（たかがかりもの）

17 高弐百三拾三石三斗三升八合（たかにひゃくさんじゅうさんこくさんとさんしょうはちごう）　18 御高百五拾石（おんたかひゃくごじゅっこく）　19 惣高（そうだか）

20 残高（ざんだか）　21 有高（ありだか）　22 無高（むだか）　23 入用高（にゅうようだか）　24 拝領高（はいりょうだか）

804 ［魚］ ギョ　うお　さかな

【用例】

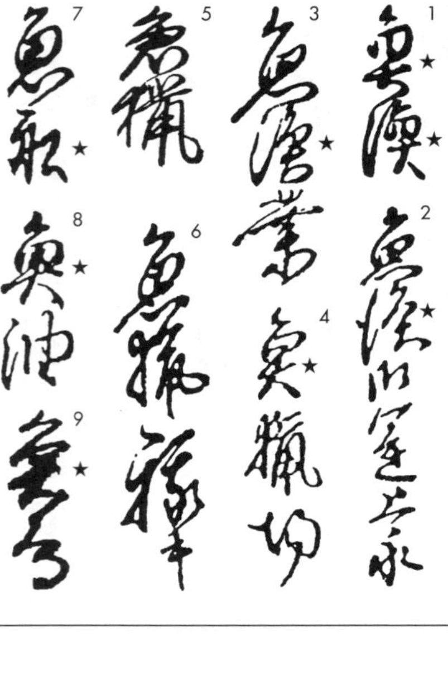

1 魚漁（ぎょりょう）　2 魚漁御運上永（ぎょりょうごうんじょうえい）　3 魚漁業（ぎょりょうぎょう）　4 魚猟場（ぎょりょうじょう）　5 魚猟（ぎょりょう）

6 魚猟稼キ（ぎょりょうかせぎ）　7 魚船（うおぶね・ぎょせん）　8 魚油（ぎょゆ）　9 魚鳥（ぎょちょう）

805 鳥

チョウ
とり

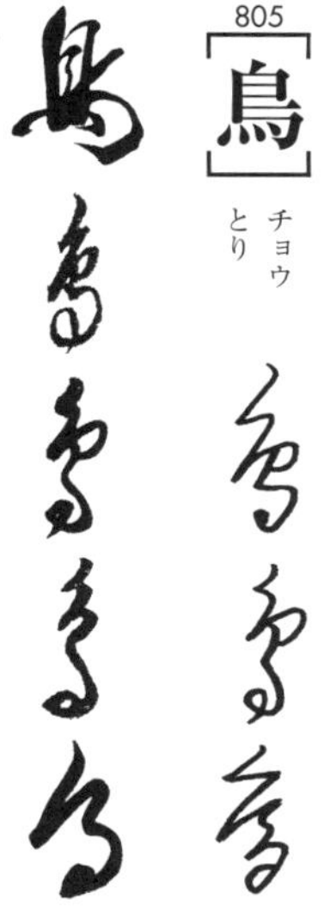

【用例】

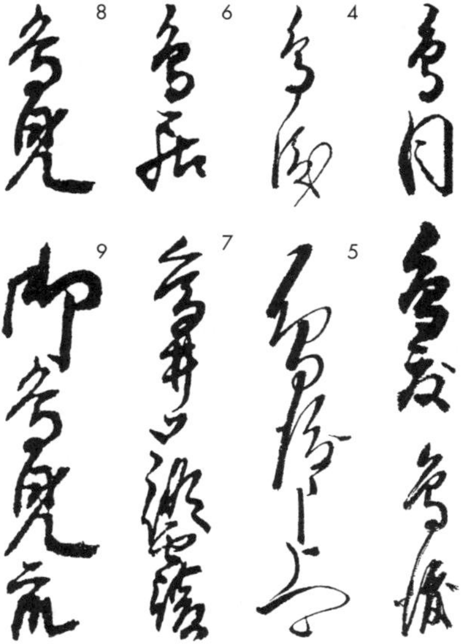

1 鳥目(ちょうもく)　2 鳥度(ちょっと)　3・4 鳥渡(ちょっと)　5 鳥渡申上候(ちょっともうしあげそうろう)　6 鳥居(とりい)
7 鳥井御修覆(とりいごしゅうふく)(※「鳥居」の誤用)　8 鳥見(とりみ)　9 御鳥見衆(おとりみしゅう)

806 鳴

メイ
なく
なる

【用例】

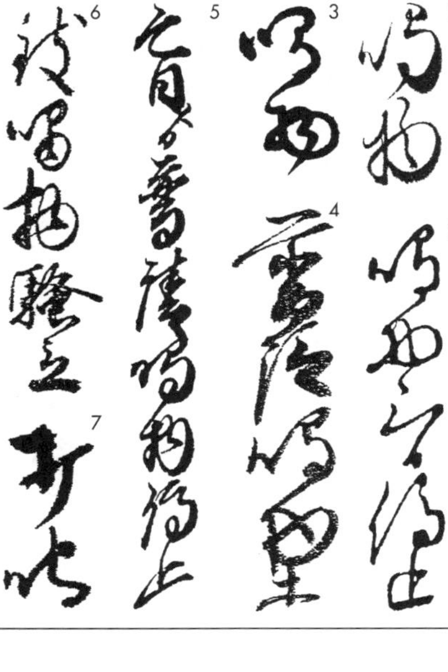

1 鳴物(なりもの)　2 鳴物三日停止(なりものみっかちょうじ)　3 鳴物(なりもの)　4 普請・鳴物等(ふしん・なりものなど)
5 今日ゟ普請・鳴物停止(きょうよりふしん・なりものちょうじ)　6 致二鳴物一騒立(なりものいたしさわだち)　7 打鳴(うちならす)

807

鷹

ヨウ
たか

【用例】

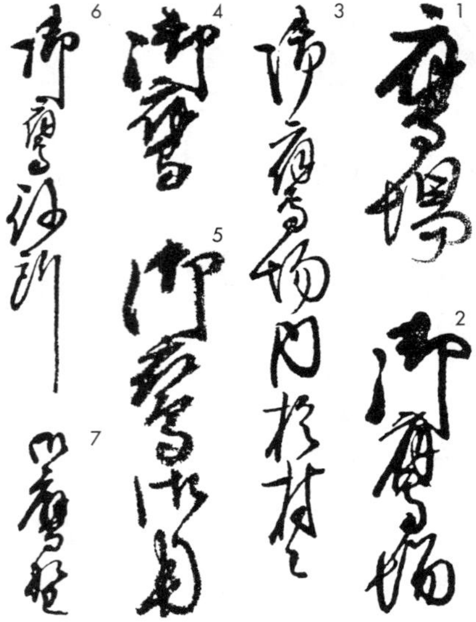

1 鷹場（たかば）　2 御鷹場（おたかば）　3 御鷹場内於二村々一（おたかばないむらむらにおいて）　4 御鷹（おたか）　5 御鷹御用（おたかごよう）
6 御鷹役所（おたかやくしょ）　7 御鷹野（おたかの）

808

麁（麤）

ソ
あらい

【用例】

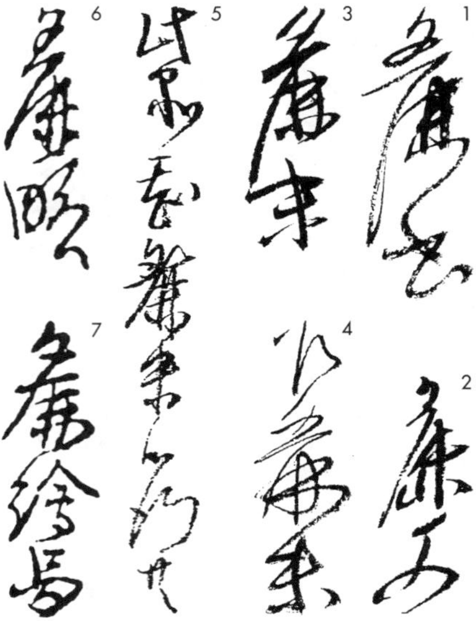

1 麁書（そしょ）　2 麁文（そぶん）　3 麁末（そまつ）　4 乍二麁末一（そまつながら）　5 此品 甚 麁末候得共（このしなはなはだそまつにそうらえども）
6 麁略（そりゃく）　7 麁繪圖（あらえず）

809
〆
しめ

【用例】

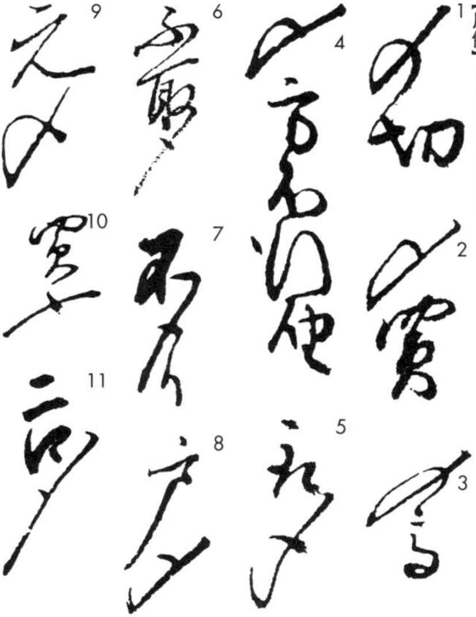

1 〆切（しめきり）　2 〆買（しめがい）　3 〆高（しめだか）　4 〆方不行届（しまりかたふゆきとどき）　5 取〆（とりしまり）　6 不取〆（ふとりしまり）　7 不〆り（ふしまり）　8 戸〆（とじめ）　9 元〆（もとじめ）　10 買〆（かいしめ）　11 二口〆（ふたくちしめて）

810
ゟ
より

【用例】

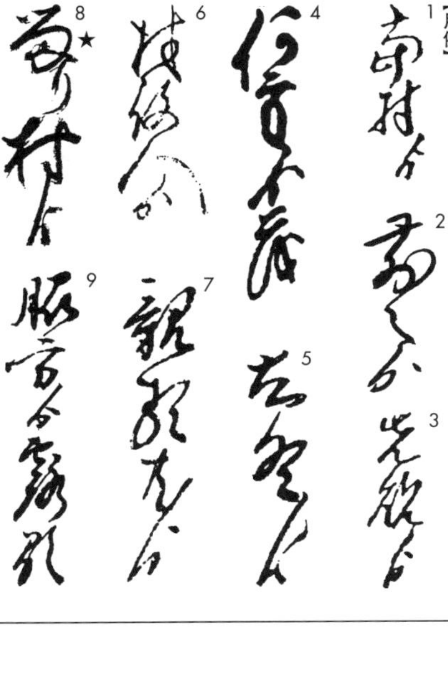

1 当村ゟ（とうそんより）　2 前々ゟ（まえまえより）　3 先規ゟ（せんきより）　4 何方ゟ茂（いずかたよりも）　5 去冬ゟ（さるふゆより）　6 村役人ゟ（むらやくにんより）　7 親類共ゟ（しんるいどもより）　8 留り村ゟ（とまりむらより）★　9 脇方ゟ露顕（わきかたよりろけん）

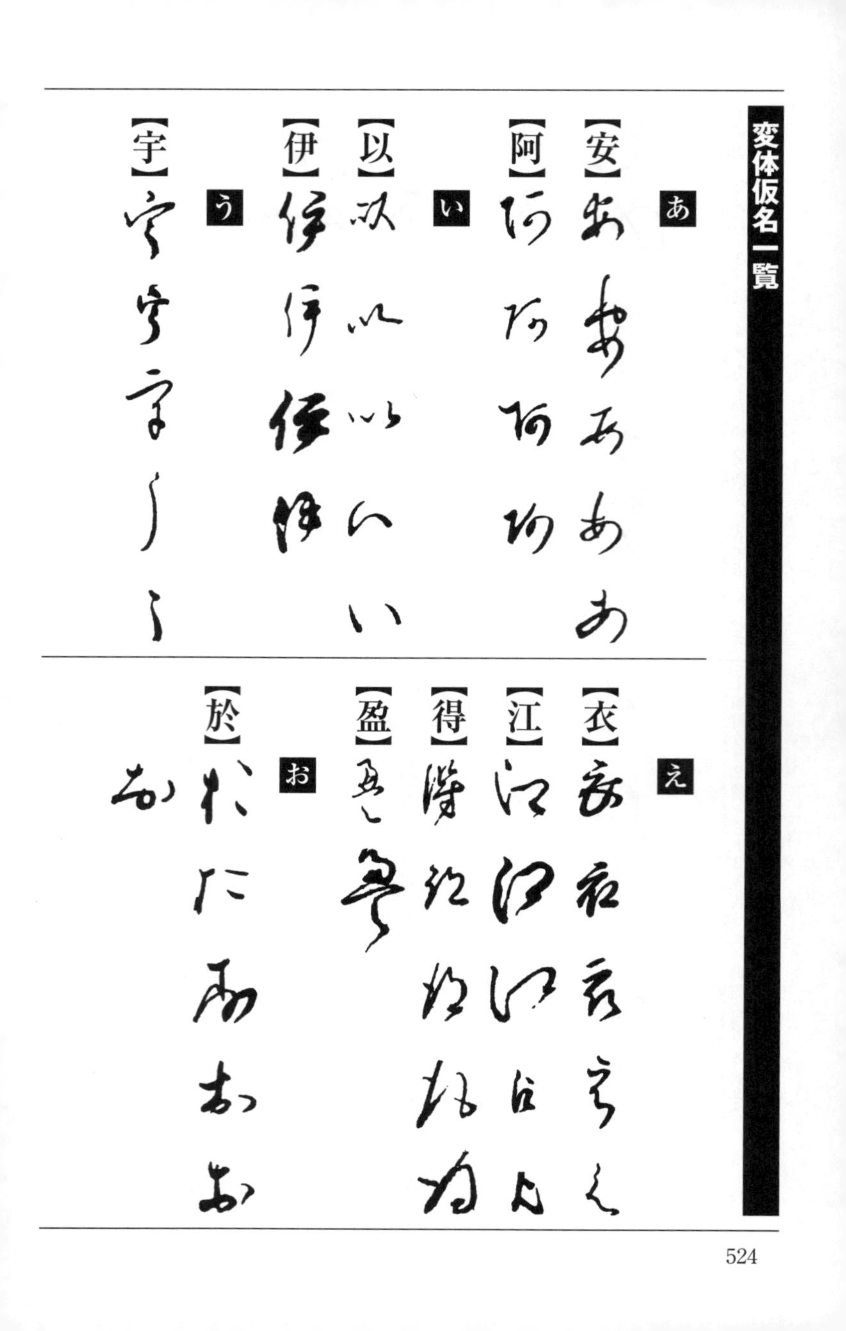

あ

【安】

【阿】

い

【以】

【伊】

う

【宇】

え

【衣】

【江】

【得】

【盈】

お

【於】

か

【加】【可】【閑】

き

【幾】【支】【起】【記】【喜】

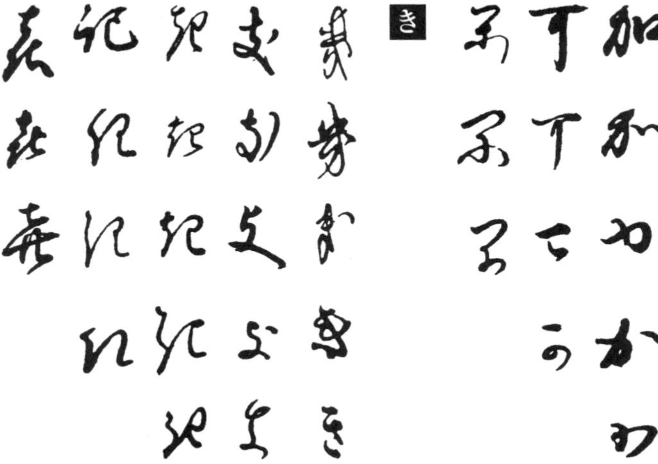

く

【久】【具】【倶】

け

【計】【个】【遣】【希】【氣】

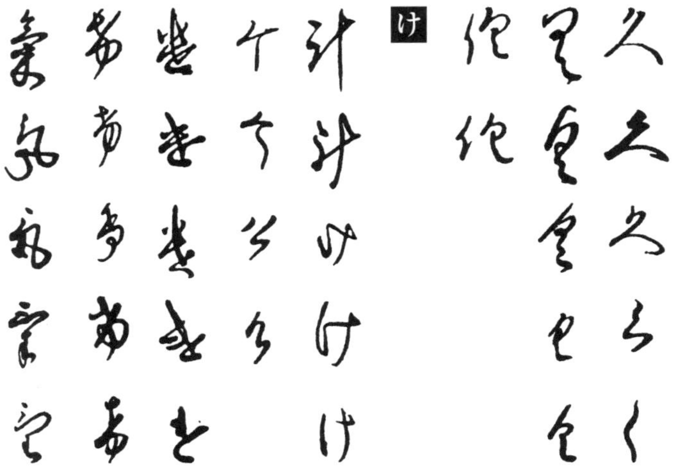

こ

【己】

【古】

さ

【左】

【佐】

し

【之】

【志】

【新】

す

【寸】

【春】

【須】

【寿】

せ

【世】

【勢】

そ

【曾】

【所】 【楚】 た 【太】 【多】 【堂】 ち 【知】 【地】 つ

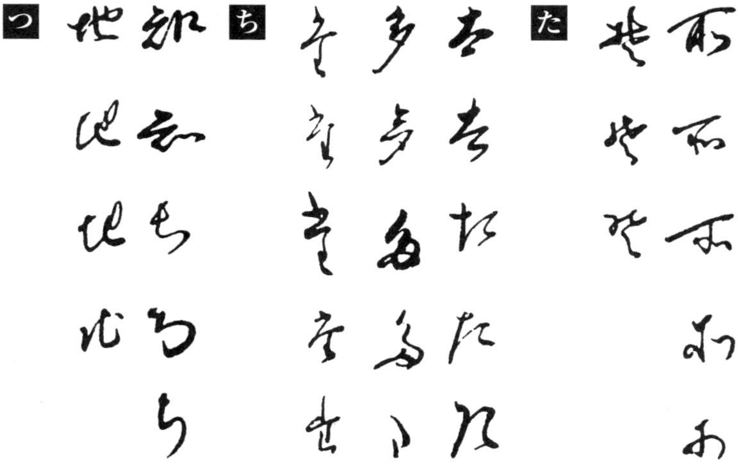

【川】 【徒】 【津】 て 【天】 【亭】 【而】 と 【止】 【与】

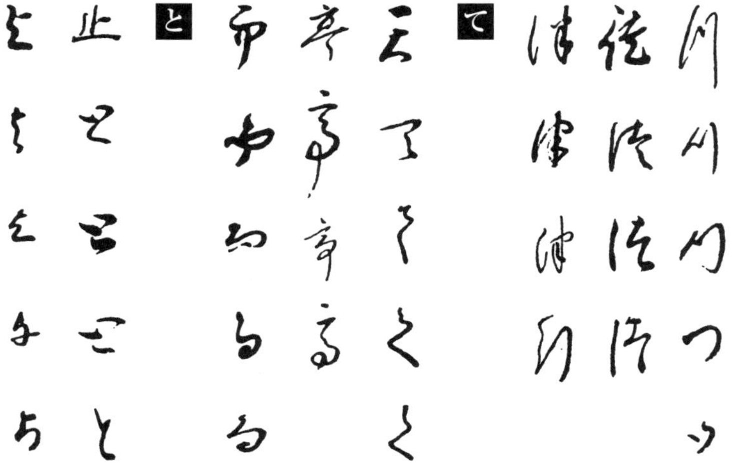

【登】

な

【奈】

【那】

に

【仁】

【尓】

【丹】

【耳】

ぬ

【奴】

【怒】

ね

【禰】

【年】

の

【乃】

【能】

【農】

【之】

は

【波】【者】【盤】【半】【八】

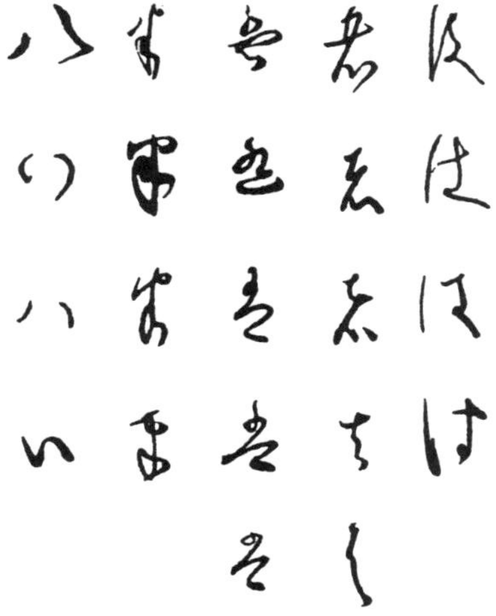

ひ

【比】【飛】【日】

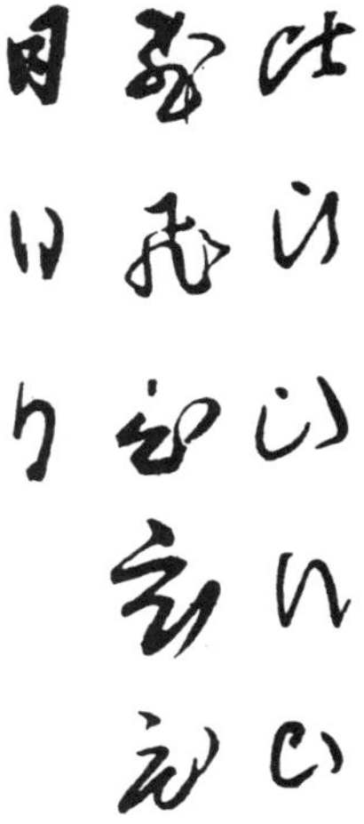

ふ

【不】【布】【婦】

へ

【部】【邊】【遍】

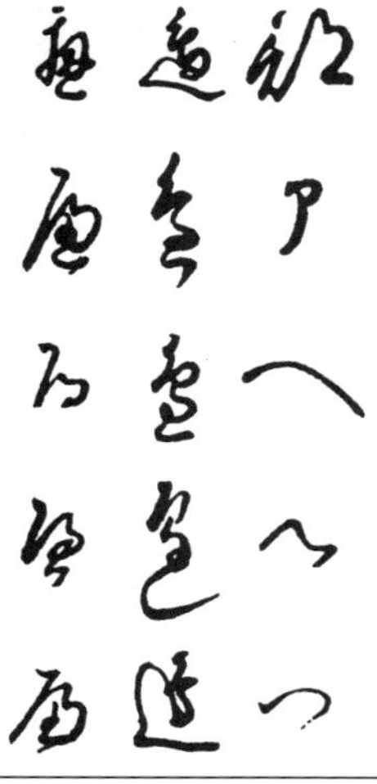

ほ

【保】

【本】

ま

【末】

【萬】

【満】

み

【美】

【見】

【三】

む

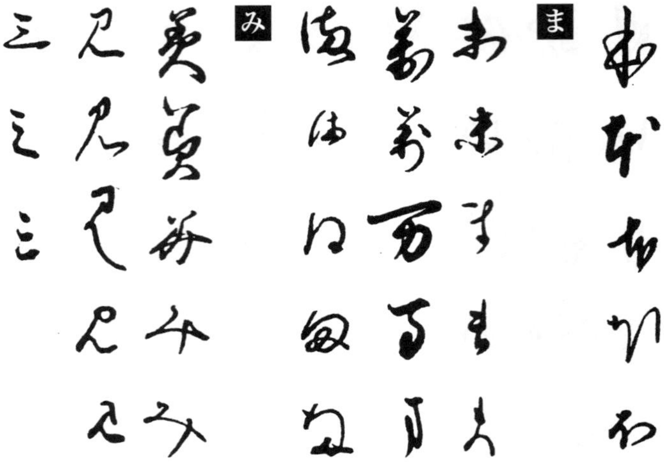

【武】

【無】

め

【女】

【免】

も

【毛】

【裳】

【母】

【茂】

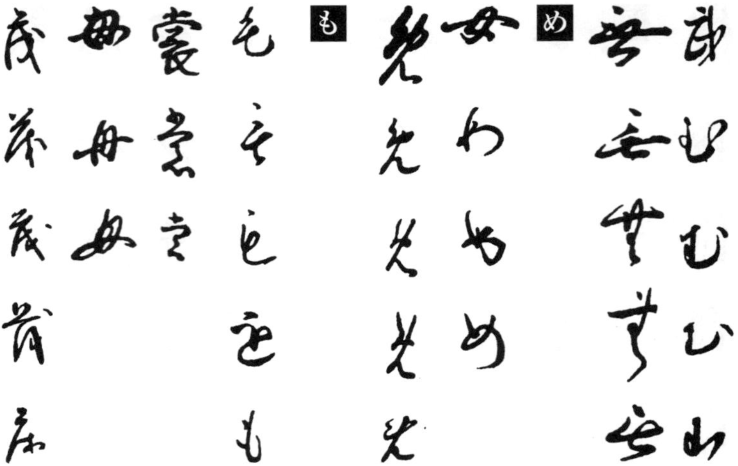

や 【也】 【屋】

ゆ 【由】 【遊】

よ 【与】

ら 【良】

【羅】

り 【利】 【里】 【梨】

る 【留】 【流】 【類】 【累】

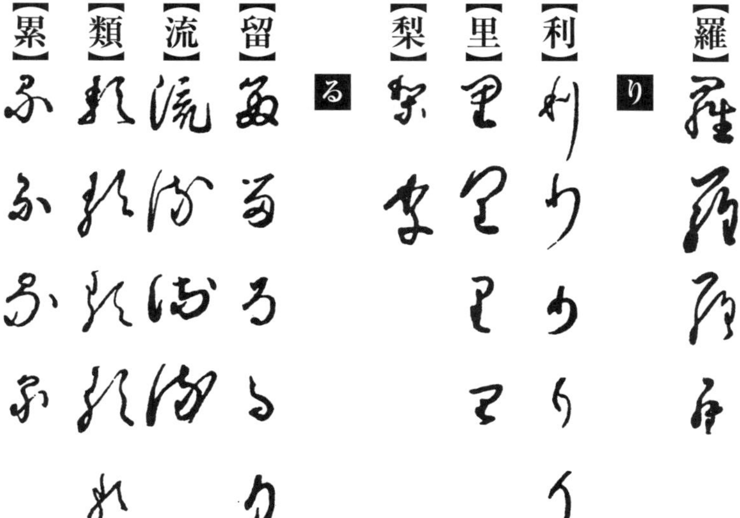

れ

【礼】

【連】

ろ

【呂】

【路】

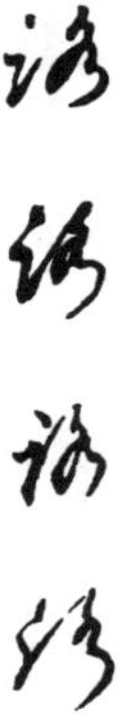

わ

【和】

【王】

ゐ

【為】

【井】

ゑ

【恵】

【衛】

を

【遠】

【越】

ん

【无】

異体字一覧

音訓や意味のうえからは同じ字として用いられるが、標準的な字体（正字）とは異なる字を異体字という。たとえば「州」に対して「刕」、「紙」に対して「帋」、「逃」に対して「迯」が、それぞれの異体字にあたる。

ここでは、本書に収録した漢字のなかで、よく用いられる異体字を掲げた。異体字の定義には諸説あるが、ここには江戸時代の古文書判読の参考にするため、漢和辞典などで確認できない江戸時代特有のものも含めた。

異体字も、筆写の際には常用漢字に直すのが一般的である。ただし異体字のまま書き記した史料集などもある。

（揮毫／服部大超）

兔	儘	休	互	事	乞	両	丈
61	59	37	27	26	23	16	11

ページ

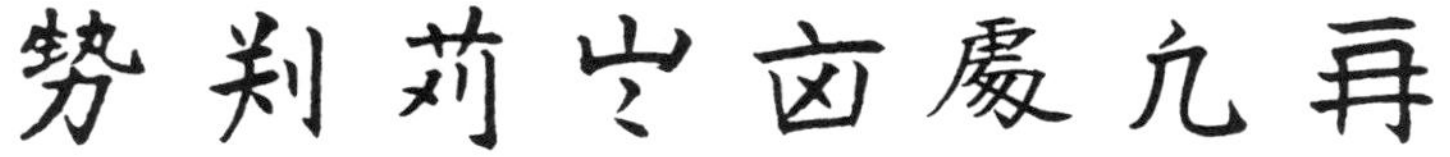

勢	判	刈	出	凶	処	凡	再
89	79	76	75	74	73	73	70

ページ

含	召	参	参	去	卯	卯	廿
112	105	99	99	98	96	96	92

ページ

執	埒	喜	員	品	咎	咎	咎
131	130	120	118	117	114	114	114

ページ

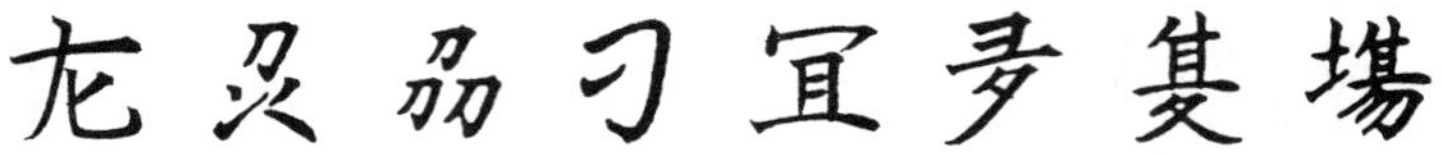

左	州	州	寅	宜	多	夏	場
172	172	172	158	153	140	138	133

ページ

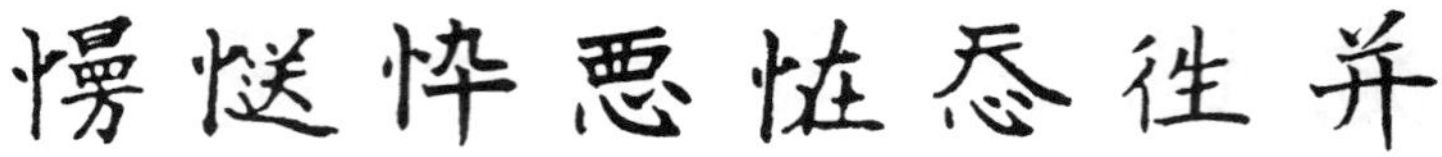

慢	慥	悴	悪	怪	忝	往	弁
219	219	211	209	205	204	193	178

ページ

於	数	支	抜	抜	抜	承	所
259	253	248	233	233	233	232	227

ページ

歌	橋	様	曾	最	時	旨	日
296	294	292	276	275	269	263	262

ページ

熟	煎	漁	洩	法	決	歟	歎
327	326	321	313	312	309	297	297

ページ

略	異	留	畝	畝	珍	牢	爾
341	341	340	339	339	333	329	328

ページ

聊	網	網	紙	等	第	究	秋
394	385	385	378	371	368	364	358

ページ

解	解	規	薬	荒	船	腹	脇
426	426	423	414	409	406	400	398

ページ

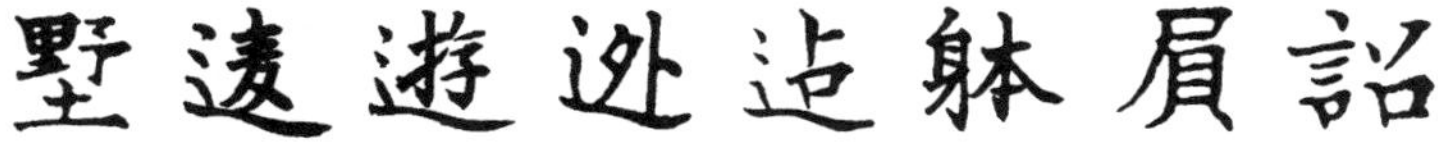

野	違	遊	逃	迄	体	負	詔
486	478	477	466	460	456	443	431

ページ

鱻	魚	駆	養	難	隙	閏	野
522	520	517	515	501	498	494	486

ページ

柏書房の古文書入門書紹介

価格は税別（二〇一四年一月現在）

一、これから古文書をはじめようという方には

「古文書は難しい」という先入観を持っていませんか。そんなことはありません。英語を習得するよりもはるかに簡単です。なんといっても同じ日本人が書いた文字なのですから。誰も生まれていない江戸時代のことを知る最善の方法は、古文書を読むことです。古文書を読めば、地域の歴史はもちろん、人々の生活や楽しみ、苦しみなどまで、いままで知らなかったことがたくさん見えてきます。

古文書くずし字 見わけかたの極意

油井宏子＝著

一八〇〇円

大人気の古文書講師・油井宏子先生が伝授する、くずし字判読の秘伝の数々。初学者・入門者でも、スラスラと読めるようになる魔法の一冊が誕生。くずし字を上下左右に分解する目を養うことで、誰もが一五〇年以上前の文字に親しむことができるようになります。

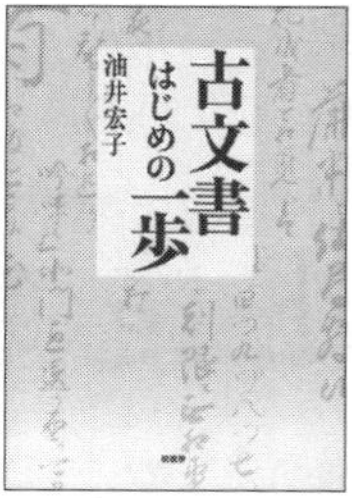

古文書 はじめの一歩

油井宏子＝著

一八〇〇円

現代のように街路灯などもない、三〇〇年近く前の山城国（現、京都府）の上狛村には、農民たちが村を守るために毎晩行なわなければならないきまりがありました。彼らはどのような方法で夜の村を守ろうとしたのでしょうか？

た寺子屋式の古文書入門書です。初歩段階から学びたい人向けの豊富な文例と懇切な解説による入門以前の入門書です。

古文書をはじめる前の準備講座

吉田豊＝著

一八〇〇円

現代から江戸時代まで、時代をさかのぼりながら、徐々に旧字と旧かなのくずし字が習得できる入門書。平成の国語教科書から、墨塗り教科書、昭和戦前・大正・明治期の小学校教科書を中心に学びながら、古文書を読むための基礎知識を身につけることができます。

三くだり半からはじめる古文書入門

高木侃＝著

一八〇〇円

古文書のなかで最も少ない行数で書かれている江戸時代の離縁状（通称「三くだり半」）をテキストにした超親切な入門書。女性（妻）の名、男性（夫）の名、離婚理由、「三くだり半」のなかの決まり文句などを、一字ずつ無駄なく学習できます。基礎の復習にも最適。

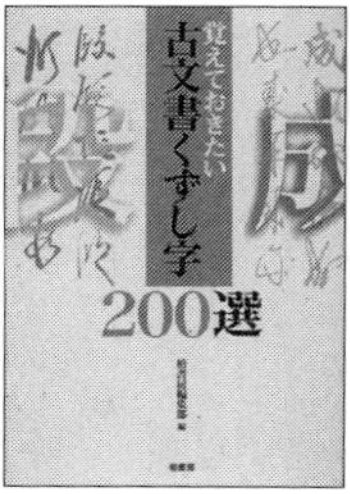

覚えておきたい古文書くずし字200選

柏書房編集部＝編

一八〇〇円

古文書学習版の「出る単」。古文書を読むうえで最低限覚えておかなければならない頻出の漢字二〇〇字を厳選。それぞれの漢字ごとに五〜一五個の 異なるくずし方を一六〇〇例掲げ、三七五〇の熟語・用例を収録。覚え方のポイントと筆づかいがわかるペン字骨書もついています。

二、少しは読めるようになってきた方には

先に取り上げた九冊の入門書を卒業できるレヴェルになった方は、「古文書は面白い」「古文書は思ったよりも簡単だ」「もっと読めるようになりたい」といった感想を持つのではないかと思います。そのような方には、以下の二冊と、後述の四で取り上げている字典が最適です。

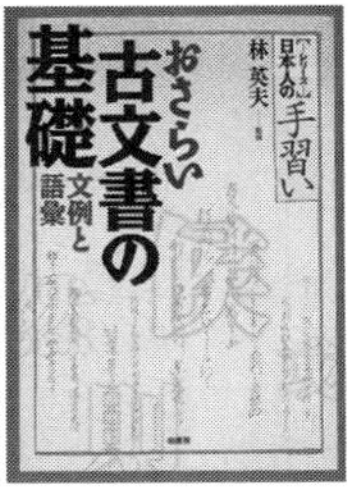

おさらい古文書の基礎
——文例と語彙

林英夫＝監修
二四〇〇円

古文書・くずし字学習の極意は、まず音（音読）、つまり声に出して読むこと。そしてそれを頭に入れることです。そこから文脈や意味が浮上してくるのです。「候」「仰」「奉」など基礎的な語彙を取り上げて、解読のポイントごとに配列された三六一の例文を、懇切丁寧な解説とともに「おさらい」していきます。『基礎古文書のよみかた』の続編です。

覚えておきたい古文書くずし字500選

柏書房編集部＝編
二二〇〇円

シリーズ第二弾。『200選』未収録の古文書判読の核となるくずし字五〇〇字をさらに厳選。それぞれの漢字ごとに異なるくずし方を二六〇〇例掲げ、五五〇〇の熟語・用例をぎっしりと収録しています。『200選』同様に覚え方のポイントとペン字の骨書をつけています。

三、版本を読んでみたい方には

江戸時代にはたくさんの版本が板行されてい

ました。例えば「往来物」「黄表紙」「草双紙」「滑稽本」などです。これらに記された文字は、御家流という書体に則って記された漢字中心の古文書と比べて、版本によっても字体が異なり、かつ「ひらがな」（変体仮名）が多用され、解読が難しい場合があります。以下の三冊は「かな」読みを中心とした版本入門書です。

古文書検定 入門編

油井宏子＝監修
柏書房編集部＝編
一二〇〇円

江戸時代の子どもでも普通に読めたくずし字。当時は「漢字」「ひらがな」「カタカナ」の三つの文字が使われていましたが、本書は入門編として、まず「ひらがな」の問題を解いていきます。現代人の私たちがどの程度くずし字を読めるのか、その実力がわかります。

書いておぼえる江戸のくずし字いろは入門

菅野俊輔＝編著
一二〇〇円

江戸末期の寺子屋で実際に使われていた手本などをテキストにして、「いろは」四八文字のさまざまなくずし字をなぞりながら、クイズ感覚で学習が進められる〝超！〟入門書。

妖怪草紙 くずし字入門

アダム・カバット＝著
二三〇〇円

江戸の草双紙で活躍する愉快な妖怪たちをナビゲータにくずし字を学習。妖怪博士秘伝の「ステップアップ方式」で、基本文字一五〇字が確実に習得できます。応用編にたどり着く頃には十返舎一九の黄表紙二編を通読できる腕前に成長しているでしょう。

四、くずし字を調べるためには

古文書には、さまざまなくずし字が出てきます。現在ではほとんど見かけない漢字もたくさん出てきます。初心・入門の方は本書『入門 古文書小字典』だけで充分ですが、ここでは、ある程度くずし字が読めるようになってきた方にお勧めの字典を紹介します。

増訂 近世古文書解読字典

林英夫＝監修

二五二四円

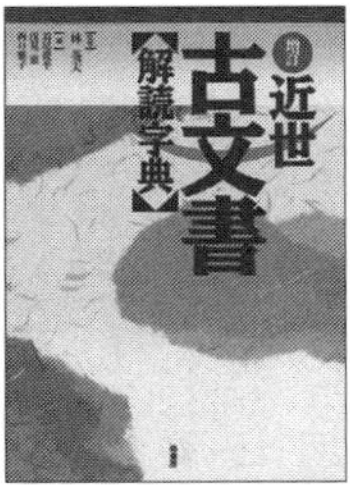

古文書字典のパイオニアで、最大のロングセラーです。典型的な文書二二例と、頻出文字一七〇〇を収録。書簡様式、人名、熟語例なども満載した総合的な構成となっており、使いやすい部首・画引配列で難読用語や異字・略字一覧などの資料も豊富です。」

新編 古文書解読字典

林英夫＝監修

三一〇七円

くずし字典と解読技法書の機能をもった画期的構成の字典です。「引く」ための字典というよりは「読む」ための字典といってもよいでしょう。見出し語二五〇〇、用例二三〇〇〇、短文例四〇〇〇は、類書を圧倒しています。『古文書字叢』の縮刷普及版です。

異体字解読字典

山田勝美＝監修

二〇〇〇円

異体字とは、通常の漢字とは異なる文字のこと。それゆえ一般的な漢和辞典には載っていないものばかりです。たとえば「留」の異体字「畄」、「儘」の異体字「侭」などです。異体字を知らないと読

めないくずし字がたくさんありますので、さらに上を目指す方には必携です。

五、言葉の意味が知りたい方には

古文書には独特の言い回しがたくさん出てきます。しかし、その独特さゆえに一般的な国語辞典には載っていないことがあり、文章の意味がわからないということが生じてきます。以下の字典は、古文書に出てくる江戸時代の言葉の意味を調べるために最適です。

音訓引き 古文書字典

林英夫＝監修
三八〇〇円

国語辞典感覚で〈くずし字〉と〈ことば〉と〈意味〉が同時に引ける、古文書字典初の五十音配列となっています。約一万四〇〇〇種の見出し語と、三万種の用例を収録しています。近世古文書字典の最高峰『音訓引 古文書大字叢』の縮刷普及版です。

六、古文書に出てくる人名や地名、暦などが知りたい方には

江戸時代&古文書 虎の巻

油井宏子＝監修
柏書房編集部＝編
一四〇〇円

暦・干支をはじめ、老中・町奉行・勘定奉行などの幕閣主要人名から、街道名、郡名、度量衡、貨幣、変体仮名、異体字などまで、歴史探究への入口として便利なライブラリー。時代小説を読むときにも活用できます。

【1 時刻と方位】

時刻法(定時法)

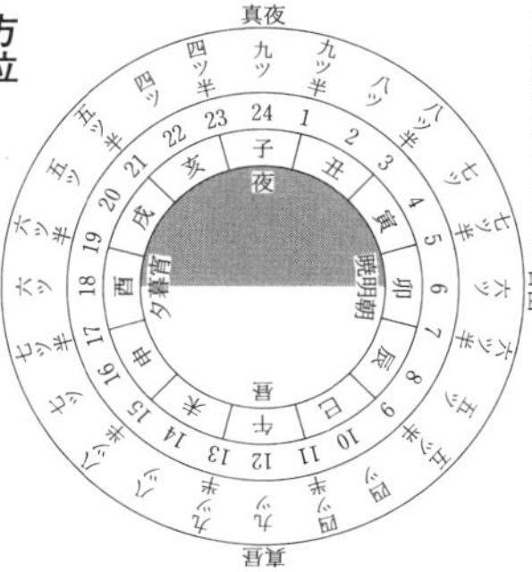

方位

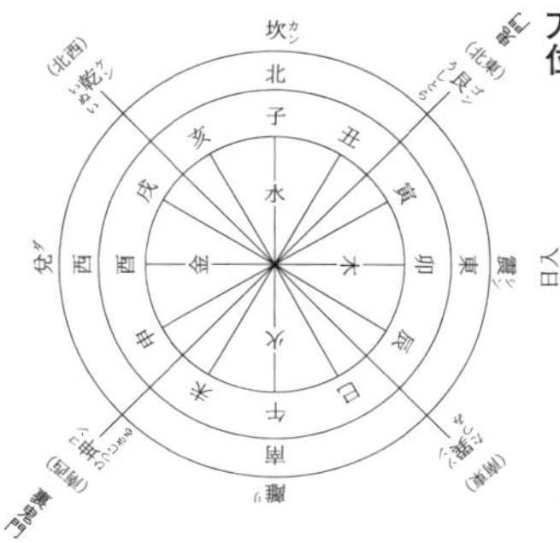

時刻法(不定時法)

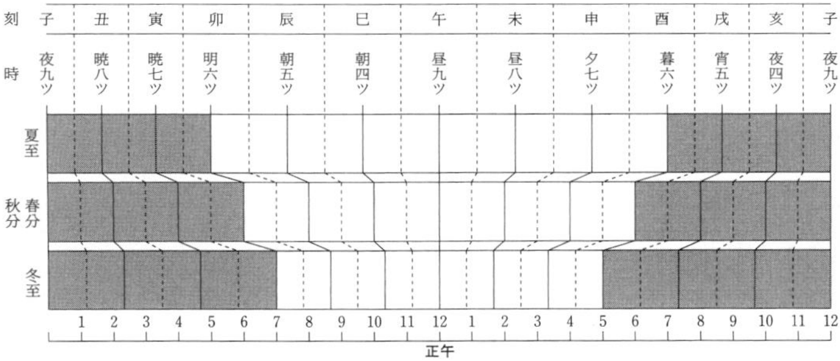

江戸時代には「定時法」のほかに「不定時法」が用いられていました。不定時法は、日の出と日没を境にして昼夜をそれぞれ六等分したものです。したがって、一時（一刻、いっとき）は、夏至の昼間では約2.6時間でしたが、冬至では約1.8時間でした。

二十四節気

農作業などのめやすを立てるために、一年を二十四等分した季節の標準点として設けたものです。

季節	節気	名称	新暦概算
春	正月節	立春	2月4日
	正月中	雨水	2月19日
	二月節	啓蟄	3月6日
	二月中	春分	3月21日
	三月節	清明	4月5日
	三月中	穀雨	4月20日
夏	四月節	立夏	5月6日
	四月中	小満	5月21日
	五月節	芒種	6月6日
	五月中	夏至	6月21日
	六月節	小暑	7月7日
	六月中	大暑	7月23日
秋	七月節	立秋	8月8日
	七月中	処暑	8月23日
	八月節	白露	9月8日
	八月中	秋分	9月23日
	九月節	寒露	10月8日
	九月中	霜降	10月23日
冬	十月節	立冬	11月7日
	十月中	小雪	11月22日
	十一月節	大雪	12月7日
	十一月中	冬至	12月22日
	十二月節	小寒	1月5日
	十二月中	大寒	1月20日

江戸・大坂の金銀銭相場表

	江戸			大坂		
	金	銀	銭	金	銀	銭
慶長16（1611）	両	匁	文	1 両	58 匁	文
19（1614）					48	
元和2（1616）					1	61
正保2（1645）				1	62.45	4000
明暦1（1655）				1	68	4000
元禄6（1693）				1	60	4800
7（1694）		1	64			
15（1702）	1	62.5	3929			
宝永5（1708）				1	70	
正徳1（1711）	1	80	3200	1	71.5	
享保1（1716）		1	32			
享保2（1716）				1	65	2708
享保12（1716）	1	58.2	4572			
享保18（1716）				1	60.1	5000
元文2（1737）				1	53.5	3242
延享2（1745）				1	62	4592
4（1747）	1	66.2	4925			
宝暦2（1752）	1	59.72	4925			
13（1763）				1	62.5	4006
明和4（1767）	1	63.62	4101			
7（1770）				1	67	4855
安永7（1778）	1	59.27	5701			
天明1（1781）				1	57.4	5917
7（1787）	1	56.9	5375	1	57.25	6530
寛政4（1792）	1	58.42	5445			
5（1793）				1	61	6421
9（1797）	1	61.2	6242			
11（1799）				1	62.5	6579
享和2（1802）	1	63.22	6607			
文化1（1804）				1	64	6957
9（1812）	1	64	6925			
10（1813）				1	64.3	7027
14（1817）	1	64.97	6825			
文政2（1819）				1	59.8	6757
5（1822）	1	63	6665			
8（1825）				1	64.69	6611
10（1827）	1	64.3	6567			
天保3（1832）	1	62.4	6577			
13（1842）	1	64.05	6830			
弘化4（1847）	1	64.22				
嘉永6（1853）	1	65.1	6300			
安政6（1859）	1	71.6	6514			
文久2（1862）				1	77.45	6648
元治1（1864）	1	84.78	6716	1	99.9	6795
慶応2（1866）				1	129	
3（1867）				1	114.34	4547
明治1（1868）	1	85.65	14350	1	203.46	10672

【2 江戸時代の貨幣と相場】

江戸時代の貨幣には、金貨・銀貨・銭貨の三種類があり、中部以東の東日本では金貨がおもに使用され、北陸・近畿以西の西日本では銀貨が本位貨幣として使用されました。三貨はそれぞれ独立した通貨体系を持ち、三貨相互の公定交換率もありました。しかし、実際には三貨の需給関係で相場が立って、交換率は変動していました。

●金貨（単位は両・分・朱） ・金1両＝金4分 金1分＝金4朱 ・金1000疋＝金2両2分 金100疋＝1分 金50疋＝2朱 ・永銭勘定の場合 金1両＝永1貫文 金1分＝永250文 金1朱＝永62文5分 ※四進法を十進法に換算することを「永銭勘定」といい、東日本で行なわれていました	●銀貨（秤量貨幣。つまり秤で計量して使用。単位は貫・匁） ・白銀1貫目＝銀1000目（匁） ※10文目までと端数の場合に「匁」、20目・100目など端数のない場合に「目」を使用しました。 ・銀1枚＝銀10両＝京目43匁 ●銭貨 ・銭1貫文＝銭1000文 ・銭100疋＝青銅100疋＝銭1貫文 銭10疋＝銭100文 ※九六銭（くろくせん）……銭96文を銭100文に通用させた計算法のこと。これは二でも三でも割り切れる最高の数をとったものといわれています。

【3 度・量・衡表】

度（長さ・里程）	1丈＝10尺（＝303.03cm） 1尺＝10寸（＝30.303cm） 1寸＝10分（＝3.0303cm） 1分＝10厘 1里＝36町（＝3927.2688m） 1町＝60間（＝109.0908m） 1間＝6尺（＝1,818m）
量（容積）	1石＝10斗 1斗＝10升 1升＝10合（寛文9年以降、1升＝1.80391ℓ） 1合＝10勺 1勺＝10才 1才＝10弗
衡（重さ）	1貫＝1000匁（3.75kg） 1匁＝10分 1分＝10厘 1斤＝16両（＝160匁＝600g） 1両＝4分（10匁） 1分＝6銖（1銖＝1.6g）
面積（地積）	1町＝10反（段） 1反＝10畝（1反＝991㎡） 1畝＝30歩（分、1歩＝3.3058㎡＝1坪） 1反＝50束 1束＝10把

よぶ――呼 114
より――依 48
従 196
從 196
自 401
㠯 523
よる――仍 30
依 48
夜 141
寄 159
従 196
從 196
拠 235
據 235
由 337
よろこび――喜 120
悦 210
よろこぶ――喜 120
悦 210
慶 218
よろしい――宜 153
よろしく――宜 153
よろず――万 11
萬 11
よわい――歳 301
よんどころ―拠 235
據 235

ら

ら――等 371
ライ――来 285
來 285
礼 355
禮 355
頼 511
ラク――落 411
ラチ――埒 130
ラツ――埒 130
らる――被 419
ラン――乱 24
亂 24
覧 425

り

リ――利 80
理 333
裏 420
里 485
離 502
リツ――立 366
リャク――掠 246
略 341
リュウ――流 316
留 340
立 366
聊 394
リョ――慮 220
旅 260
リョウ――両 16
兩 16
了 24
令 35
冷 72
凌 72
掠 246
料 256
漁 321
猟 331
療 345
領 509
リン――厘 98
林 287
臨 401
隣 499

る

ル――流 316
留 340
る――被 419
ルイ――類 513

れ

レイ――令 35
例 51
冷 72
戻 226
戾 226
礼 355
禮 355
領 509
レン――廉 185
憐 221
連 470

ろ

ロ――路 455
露 503
ロウ――労 86
勞 86
牢 329
籠 375
老 392
郎 481
ロン――論 440

わ

ワ――和 116
話 435
ワイ――猥 332
賄 448
わが――我 224
わかい――若 408
わかつ――別 79
わかる――分 77
わかれる――別 79
わき――脇 398
わきまえる―弁 187
ワク――惑 213
或 225
わけ――訳 430
譯 430
わける――分 77
わざ――業 290
わざと――態 218
わざわざ――態 218
わずらう――煩 327
わた――綿 385
わたくし――私 357
わたし――渡 319
わたす――渡 319
わたる――渡 319
わび――詫 435
わびる――詫 435
わり――割 84
わる――割 84
わるい――悪 209
惡 209
われ――我 224

明 265
迷 467
銘 490
鳴 521
めぐる——廻 186
めす——召 105
めずらしい—珍 333
めでる——愛 214
メン——免 61
綿 385
面 504

も

モ——模 292
茂 408
モウ——望 280
毛 306
網 385
蒙 412
もうす——啓 119
申 336
モク——墨 136
もし——若 408
もしくは——若 408
モチ——勿 90
もち——持 240
もちいる——用 335
モツ——物 329
もつ——持 240
もって——以 31
もっとも——尤 167
最 275
もっぱら——専 163
專 163
もと——本 282
素 378
許 429
もどす——戻 226
戾 226
もとより——素 378
もどる——戻 226
戾 226
もの——物 329
者 392
もみ——籾 376
もも——百 347
もらす——洩 313
もり——守 152
もれる——洩 313
もろ——師 175
もろこし——唐 118
もろもろ——諸 436
モン——問 120
文 254
聞 395
門 491
もんめ——匁 90

や

ヤ——也 23
夜 141
野 486
や——家 157
屋 170
弥 190
彌 190
哉 116
やから——族 261
輩 458
ヤク——亦 27
役 192
益 348
約 377
薬 414
訳 430
譯 430
やく——焼 324
燒 324
やしない——養 515
やしなう——養 515
やしろ——社 356
やすい——安 151
やすむ——休 37
やど——宿 160
やとい——雇 500
やとう——雇 500
やどる——宿 160
やね——屋 170
やぶる——破 354
やまい——病 344
やむ——已 174
止 298
病 344
やめる——罷 389
やる——遣 480
やわらぐ——和 116

ゆ

ユ——愈 217
油 313
由 337
遊 477
ユイ——由 337
ユウ——右 106
宥 156
尤 167
有 278
油 313
猶 332
由 337
遊 477
ゆう——結 383
ゆえ——故 249
ゆかり——縁 386
ゆく——往 193
行 416
ゆずる——譲 442
讓 442
ゆたか——豊 442
豐 442
ゆだねる——委 147
ゆび——指 239
ゆるす——免 61
宥 156
許 429

よ

ヨ——与 12
與 12
予 25
豫 25
余 47
餘 47
歟 297
預 508
よ——世 15
代 33
夜 141
よい——善 122
ヨウ——様 292
樣 292
用 335
腰 400
要 421
養 515
鷹 522
ようやく——漸 321
よく——善 122
能 399
よける——除 496
よし——由 337
義 391
よせ——寄 159
よせる——寄 159
よって——仍 30
依 48

畝 339
網 385
蒙 412
ほか――他 33
外 139
ホク――北 91
ボク――墨 136
睦 351
ほそい――細 380
ホッ――法 312
ホツ――発 345
發 345
ほど――程 360
ほどこす――施 259
ほり――堀 131
ホン――品 117
本 282
ボン――凡 73
煩 327

ま

ま――真 351
眞 351
間 492
馬 516
マイ――毎 305
まい――舞 404
まいない――賄 448
まいらす――進 472
まいる――参 99
參 99
まう――舞 404
まえ――前 82
まかせる――任 41
まかない――賄 448
まかなう――賄 448
まかる――罷 389
まがる――曲 273
まき――薪 413
まぎれ――紛 380
まぎれる――紛 380
まぐさ――秣 359
まける――負 443
まご――孫 151
まこと――信 51
真 351
眞 351
誠 434
まさ――正 298
まさに――当 165
當 165
応 203
應 203
まさる――勝 88
まじわる――交 28
ます――升 93
増 135
增 135
益 348
まず――先 60
まずしい――貧 445
ますます――益 348
また――亦 27
復 200
まち――町 338
マツ――秣 359
まつ――待 196
まったく――全 40
まで――迄 460
まどう――惑 213
まぬかれる――免 61
まま――儘 59
まもり――衛 417
まもる――守 152
衛 417
まよう――迷 467
まるい――円 68
圓 68
まれ――稀 360
まわり――廻 186
まわる――廻 186
マン――万 11
萬 11
慢 219
満 320
滿 320

み

ミ――味 115
弥 190
彌 190
未 283
み――実 154
實 154
御 199
身 455
みえる――見 422
みぎ――右 106
みぎり――砌 353
みこと――尊 165
みことのり――詔 431
みさお――操 248
みず――水 307
みずから――自 401
みせ――店 182
みそか――晦 270
みだりに――猥 332
みだれる――乱 24
亂 24
みち――路 455
途 469
道 476
みちる――満 320
滿 320
みつぎ――貢 443
賦 449
みつぐ――貢 443
みとめる――認 436
みな――皆 347
みなみ――南 95
みのる――実 154
實 154
農 459
みや――宮 158
みやこ――京 28
都 483
ミョウ――冥 71
名 111
明 265
みる――見 422
覧 425
ミン――愍 216
明 265

む

ム――武 300
無 325
舞 404
むかい――向 108
むき――向 108
むく――向 108
むくいる――報 134
むこ――聟 396
むこう――向 108
むずかしい――難 501
むすぶ――結 383
むつまじい――睦 351
むなしい――空 365
むね――宗 155
旨 263
むら――村 284

め

メ――馬 516
メイ――冥 71
名 111

ひく——引 189
ひさしい——尚 166
ひだり——左 172
ヒツ——必 202
疋 343
筆 372
ひつじ——未 283
ひとえに——偏 56
ひとしい——等 371
ひとつ——壱 136
壹 136
ひびく——響 505
ひま——暇 271
隙 498
ヒャク——百 347
ビャク——白 346
ヒョウ——俵 55
兵 65
幷 178
并 178
表 418
評 433
ビョウ——平 177
病 344
ひら——平 177
ひらく——啓 119
披 238
発 345
發 345
ひる——昼 268
晝 268
ひろ——尋 164
ひろい——博 95
広 180
廣 180
ひろう——拾 241
ヒン——品 117
彼 194
貧 445
ビン——便 52
愍 216
貧 445

ふ

フ——不 14
付 34
夫 143
府 182
扶 234
敷 253
普 271
豊 442
豐 442
負 443
賦 449
鋪 490
附 495
風 514
ブ——不 14
分 77
捕 243
武 300
歩 300
無 325
夫 143
奉 144
舞 404
フウ——風 514
ふえる——増 135
增 135
ふかい——深 318
フク——復 200
服 279
腹 400
覆 422
プク——腹 400
ふくみ——含 112
ふくむ——含 112
ふける——更 273
老 392
ふし——節 373
ふじ——藤 415
ふだ——簡 375
ふたたび——再 70
ふたつ——両 16
兩 16
弐 188
貳 188
ふち——縁 386
フツ——払 230
拂 230
ブツ——物 329
ふで——筆 372
ふとい——太 142
ふね——舟 405
船 406
ふみ——文 254
ふゆ——冬 71
ふる——振 243
ふるい——古 104
ふれ——触 426
觸 426
ふれる——触 426
觸 426
フン——分 77
紛 380
ブン——分 77
文 254
聞 395

へ

ヘイ——併 50
兵 65
平 177
幷 178
并 178
柄 287
病 344
べし——可 103
ベツ——別 79
へり——縁 386
ヘン——偏 56
変 138
變 138
辺 459
邊 459
返 463
ベン——便 52
免 61
弁 187

ほ

ホ——捕 243
歩 300
浦 315
鋪 490
ボ——暮 272
模 292
莫 411
ホウ——傍 57
報 134
奉 144
妨 146
抔 234
抱 238
方 258
法 312
炮 323
豊 442
豐 442
逢 470
ボウ——傍 57
卯 96
妨 146
旁 260
望 280

ぬ

ぬく――――抜 233
ぬし――――主 19

ね

ね―――――直 349
音 505
ねがい―――願 513
ねがう―――願 513
ネン――――年 177
念 204
然 324
ねん――――歳 301
ねんごろ――懇 221
ねんじる――念 204

の

の―――――之 18
野 486
ノウ――――納 379
能 399
農 459
のがれる――逃 466
のき――――軒 456
のく――――退 465
のこす―――残 301
殘 301
のこる―――残 301
殘 301
のせる―――乗 22
乘 22
のぞく―――除 496
のぞみ―――望 280
のぞむ―――望 280
臨 401
のち――――後 195
のびる―――延 186
のべ――――延 186
のべる―――陳 497
のぼる―――登 346
のみ――――已 174
爾 328
而 393
のり――――則 83
法 312
規 423
のる――――乗 22
乘 22

は

ハ―――――破 354
は―――――端 367
者 392
バ―――――馬 516
ば―――――場 133
庭 185
ハイ――――徘 198
拝 237
拜 237
背 398
輩 458
配 484
バイ――――売 137
賣 137
毎 305
買 447
はえる―――生 335
ばかす―――化 91
はからう――計 428
ばかり―――計 428
許 429
はかる―――図 124
圖 124
料 256
略 341
計 428
評 433
ハク――――博 95
白 346
薄 414
バク――――博 95
莫 411
はこぶ―――運 473
はし――――橋 294
端 367
はじめ―――初 78
はじめる――始 147
はしる―――走 451
はず――――筈 369
はずかしめる辱 458
はずれる――外 139
はせる―――馳 516
はた――――将 164
機 294
端 367
ハッ――――法 312
ハツ――――発 345
發 345
はつ――――初 78
バツ――――伐 42
抜 233
はな――――花 407
はなし――――咄 115
話 435
はなす―――咄 115
話 435
はなはだ――太 142
甚 334
はなはだしい甚 334
はなれる――離 502
はばかる――憚 220
はやい―――早 264
速 468
はやし―――林 287
はやる―――逸 471
はら――――腹 400
はらう―――払 230
拂 230
はる――――張 191
春 267
ハン――――凡 73
判 79
半 94
反 100
煩 327
番 342
繁 387
般 405
バン――――万 11
萬 11
判 79
番 342
般 405

ひ

ヒ―――――否 113
悲 213
披 238
比 306
罷 389
被 419
非 504
飛 515
ひ―――――日 262
ビ―――――備 57
味 115
弥 190
彌 190
未 283
比 306
ピ―――――非 504
ひえる―――冷 72
ひかえる――扣 230
ひがし―――東 286
ひき――――疋 343

ド——土 126
度 183
トウ——党 62
黨 62
冬 71
到 81
唐 118
当 165
當 165
東 286
登 346
稲 362
答 371
等 371
納 379
統 383
藤 415
逃 466
道 476
頭 510
とう——問 120
ドウ——同 110
堂 132
道 476
とうとい——尊 165
貴 446
とおい——遠 479
とおり——通 468
とおる——通 468
とが——咎 114
科 358
とがめ——咎 114
とがめる——咎 114
とき——刻 81
時 269
トク——得 197
徳 200
篤 374
とく——解 426
とげる——遂 474
とこ——常 176
とこしえに——永 308
ところ——処 73
處 73
所 227
とし——年 177
歳 301
として——為 322
トツ——咄 115
突 365
とて——迚 462
とても——迚 462
とどく——届 168
とどけ——届 168
とどける——届 168
とどこおる——滞 320
滯 320
ととのえる——調 439
とどむ——停 56
とどめ——留 340
とどめる——止 298
留 340
となり——隣 499
との——殿 304
どの——殿 304
とばり——帳 176
とぶ——飛 515
とまる——停 56
留 340
とめる——止 298
留 340
とも——供 49
共 64
ども——共 64
ともがら——輩 458
ともに——共 64
とよ——豊 442
豐 442
とら——寅 158
とらえる——捕 243
とり——取 101
鳥 521
とる——取 101
執 131
とん——問 120

な

ナ——南 95
納 379
那 481
な——名 111
ナイ——内 69
ない——無 325
なお——尚 166
猶 332
なおす——直 349
なおる——治 311
なか——中 17
ながい——永 308
長 491
なかば——半 94
ながら——乍 21
なかれ——勿 90
莫 411
ながれる——流 316
なく——鳴 521
なげく——歎 297
なごむ——和 116
なさけ——情 211
なし——無 325
なす——成 223
為 322
なだめる——宥 156
ナッ——納 379
なつ——夏 138
など——抔 234
等 371
なに——何 42
なま——生 335
なまける——怠 207
ならびに——幷 178
并 178
ならぶ——幷 178
并 178
なり——也 23
なる——成 223
鳴 521
ナン——南 95
納 379
難 501
なん——何 42
なんじ——爾 328
なんぞ——何 42
那 481

に

ニ——弐 188
貳 188
爾 328
而 393
荷 410
にい——新 257
にがい——苦 407
にげる——逃 466
にし——西 421
にじゅう——廿 92
ニチ——日 262
になう——担 236
擔 236
荷 410
ニャク——若 408
ニョ——如 145
にる——似 45
にわ——庭 185
ニン——任 41
認 436

ちがう——違 478
チク——竹 368
チャク——着 390
チュウ——丑 13
中 17
昼 268
晝 268
チョウ——停 56
帳 176
張 191
打 229
朝 281
町 338
調 439
逃 466
重 485
長 491
頂 507
鳥 521
チョク——直 349
ちらす——散 252
ちる——散 252
チン——珍 333
賃 448
陳 497

つ

ツ——通 468
都 483
つ——津 314
ツイ——対 163
對 163
追 465
ついえる——潰 322
ついたち——朔 280
ついで——序 181
次 295
ついては——就 167
ついに——遂 474
ツウ——通 468
つか——束 284
柄 287
つかい——遣 480
つがい——番 342
つかう——使 50
遣 480
つかえる——仕 32
支 248
つかまつる——仕 32
つかれる——労 86
勞 86
つかわす——遣 480
つき——付 34
月 277
つぎ——次 295
つぎに——次 295
つく——就 167
突 365
着 390
附 495
つぐ——次 295
継 384
繼 384
つくす——尽 168
盡 168
つくり——傍 57
つくる——作 43
造 467
つくろう——繕 388
つけ——付 34
つける——付 34
つごもり——晦 270
つたえる——伝 40
傳 40
つたない——拙 236
つち——土 126
つづく——続 384
續 384
つつしむ——慎 217
愼 217
つつみ——堤 133
つどう——集 500
つとめ——勤 87
つとめる——勤 87
つなぐ——貫 444
つね——常 176
つねに——毎 305
つの——角 425
つぶさに——具 67
つぶれる——潰 322
つまびらか——審 162
つむ——積 364
つめ——詰 433
つめたい——冷 72
つめる——詰 433
つもり——積 364
つもる——積 364
つゆ——露 503
つよい——強 191
つら——面 504
つらつら——熟 327
つらなる——連 470
つらぬく——貫 444
つらねる——陳 497
つれ——連 470
つれる——連 470
つわもの——兵 65

て

て——手 228
而 393
テイ——体 46
體 46
停 56
堤 133
定 155
底 181
庭 185
替 276
程 360
第 368
締 386
躰 456
テツ——鉄 488
鐵 488
てら——寺 162
でる——出 75
テン——伝 40
傳 40
天 142
店 182
忝 204
殿 304
添 318
転 457
轉 457
デン——伝 40
傳 40
殿 304

と

ト——兎 61
図 124
圖 124
土 126
度 183
徒 197
斗 255
渡 319
登 346
賭 450
途 469
都 483
と——与 12
與 12
戸 226

ゾク——俗 52
族 261
続 384
續 384
そこ——底 181
そこなう——損 247
ソツ——卒 94
そと——外 139
そなえ——備 57
そなえる——供 49
そなわる——具 67
その——其 66
そば——傍 57
そばだつ——屹 171
そむく——背 398
そめる——初 78
そら——空 365
そる——反 100
それ——其 66
夫 143
そろい——揃 246
そろう——揃 246
ソン——噌 121
存 150
孫 151
尊 165
損 247
村 284
ゾン——存 150

た

タ——他 33
多 140
太 142
汰 311
詑 435
駄 517
た——手 228
ダ——打 229
駄 517
タイ——代 33
体 46
體 46
堤 133
太 142
対 163
對 163
待 196
怠 207
態 218
戴 225
替 276
来 285
來 285
滞 320
滯 320
貸 447
躰 456
退 465
たい——度 183
ダイ——代 33
内 69
待 196
第 368
たいら——平 177
たか——高 519
鷹 522
たかい——高 519
たがい——互 27
たがう——違 478
たきぎ——薪 413
タク——宅 152
度 183
たぐい——類 513
たけ——丈 11
竹 368
長 491
たけし——武 300
たし——足 454
たしか——慥 219
たしかに——慥 219
だす——出 75
たすける——助 86
扶 234
たずねる——尋 164
ただ——只 105
ただし——但 46
ただしい——正 298
ただす——直 349
糺 377
質 449
ただちに——直 349
たたみ——畳 342
疊 342
たたむ——畳 342
疊 342
たち——達 475
ダチ——達 475
タツ——達 475
たつ——断 256
斷 256
立 366
裁 420
たっし——達 475
たっとい——尊 165
たっとぶ——貴 446
たて——縦 387
縱 387
たてまつる—奉 144
たてる——立 366
たとい——縦 387
縱 387
たとえ——縦 387
縱 387
たとえば——例 51
たな——店 182
たね——種 362
たのむ——頼 511
たば——束 284
たばねる——束 284
たび——度 183
旅 260
たべる——給 382
たまう——給 382
ため——為 322
ためし——例 51
たより——便 52
たよる——頼 511
たりる——足 454
たる——為 322
たわら——俵 55
タン——但 46
反 100
憚 220
担 236
擔 236
旦 263
歎 297
端 367
ダン——断 256
斷 256
旦 263
段 303
談 438

ち

チ——地 128
治 311
知 352
置 388
致 403
質 449
遅 476
遲 476
馳 516
ちかい——近 461

數 253
素 378
ズ——事 26
図 124
圖 124
徒 197
途 469
頭 510
ず——不 14
スイ——出 75
悴 211
水 307
遂 474
ズイ——随 497
隨 497
スウ——数 253
數 253
すえ——居 169
すき——隙 498
すぎる——過 473
すぐ——直 349
すくい——救 250
すくう——救 250
すぐれる——勝 88
すけ——助 86
すごす——過 473
すじ——筋 370
すすき——薄 414
すすむ——進 472
すすめ——勧 89
勸 89
すでに——已 174
既 261
すてる——捨 245
すなわち——則 83
即 97
曾 276
すべて——全 40
凡 73
都 483
すべる——統 383
すまい——住 45
すます——済 316
濟 316
すみ——墨 136
済 316
濟 316
角 425
すみやか——速 468
すむ——住 45
済 316
濟 316
すわる——坐 129
座 184

せ

セ——世 15
勢 89
施 259
せ——為 322
畝 339
背 398
ぜ——是 267
セイ——世 15
勢 89
姓 148
性 207
情 211
成 223
正 298
歳 301
済 316
濟 316
生 335
砌 353
精 376
聟 396
西 421
誠 434
請 437
せがれ——悴 211
セキ——石 353
積 364
跡 454
せき——関 494
關 494
せしむ——令 35
セチ——節 373
セツ——切 76
折 233
拙 236
節 373
ぜに——銭 489
錢 489
セン——先 60
前 82
専 163
專 163
揃 246
撰 247
浅 314
淺 314
煎 326
船 406
詮 434
銭 489
錢 489
ゼン——全 40
前 82
善 122
漸 321
然 324
繕 388

そ

ソ——曾 276
疋 343
疎 343
素 378
組 381
訴 432
麁 522
ソウ——争 25
爭 25
僧 58
増 135
增 135
宗 155
将 164
庄 180
惣 212
操 248
早 264
曾 276
相 350
草 410
走 451
送 464
騒 518
騷 518
そう——添 318
ゾウ——増 135
增 135
慥 219
蔵 412
造 467
雑 501
雜 501
そうじて——惣 212
そうろう——候 53
そえる——添 318
ソク——則 83
即 97
束 284
足 454
速 468

社 356
者 392
シャク——借 54
石 353
積 364
ジャク——若 408
シュ——主 19
修 55
取 101
守 152
就 167
手 228
株 289
殊 302
種 362
舟 405
衆 415
趣 453
酒 484
ジュ——受 102
殊 302
シュウ——修 55
執 131
宗 155
就 167
州 172
拾 241
祝 356
秋 358
舟 405
衆 415
集 500
ジュウ——住 45
廿 92
従 196
從 196
拾 241
渋 317
澁 317
縦 387
縱 387
重 485
シュク——宿 160
祝 356
ジュク——熟 327
シュツ——出 75
ジュツ——戌 223
シュン——春 267
ジュン——閏 494
順 507
ショ——且 15
処 73
處 73
初 78
所 227
暑 270
書 274
諸 436
ジョ——助 86
如 145
序 181
除 496
ショウ——上 10
勝 88
升 93
召 105
商 119
姓 148
将 164
尚 166
庄 180
従 196
從 196
性 207
承 232
正 298
焼 324
燒 324
生 335
相 350
精 376
訟 429
証 430
證 430
詔 431
請 437
障 499
ジョウ——上 10
丈 11
乗 22
乘 22
仍 30
城 130
場 133
定 155
常 176
情 211
成 223
条 283
條 283
状 330
畳 342
疊 342
譲 442
讓 442
ショク——続 384
續 384
色 406
触 426
觸 426
ジョク——辱 458
しらべる——検 289
檢 289
調 439
しりぞく——退 465
しる——知 352
しるし——印 96
しろ——代 33
城 130
白 346
しろい——白 346
しろがね——銀 488
シン——信 51
参 99
參 99
審 162
心 201
慎 217
愼 217
振 243
新 257
津 314
深 318
申 336
真 351
眞 351
神 357
薪 413
親 424
請 437
身 455
進 472
ジン——任 41
儘 59
尋 164
尽 168
盡 168
甚 334
神 357
陣 497
しんがり——殿 304

す

ス——主 19
州 172
数 253

細 380
裁 420
西 421
ザイ――在 127
さかい――境 135
さかな――肴 397
魚 520
さき――先 60
前 82
サク――作 43
昨 266
朔 280
さく――割 84
さけ――酒 484
さげる――下 9
ささえる――支 248
さし――差 173
さす――差 173
指 239
さだめ――定 155
さだめる――定 155
サッ――早 264
サツ――察 161
拶 239
ザツ――雑 501
雜 501
さっする――察 161
さて――扨 231
さと――郷 483
里 485
さま――様 292
樣 292
ざま――様 292
樣 292
さます――覚 424
覺 424
さまたげる―妨 146
さまよう――徊 194
徘 198
さむい――寒 161
さら――更 273
さる――去 98
申 336
さわぐ――騒 518
騷 518
さわる――障 499
サン――参 99
參 99
撰 247
散 252
ザン――暫 272
残 301
殘 301

し

シ――之 18
仕 32
伺 44
使 50
只 105
始 147
市 175
師 175
思 206
指 239
支 248
斯 257
施 259
旨 263
次 295
止 298
此 299
示 354
私 357
紙 378
自 401
至 402
ジ――事 26
仕 32
似 45
地 128
寺 162
弍 188
貳 188
慈 216
持 240
時 269
次 295
治 311
爾 328
示 354
而 393
自 401
除 496
じ――路 455
しいる――強 191
しお――塩 134
鹽 134
ジカ――直 349
しか――爾 328
しかし――併 50
然 324
しかして――然 324
而 393
しかしながら併 50
しかと――聢 395
しかり――然 324
しかるに――然 324
シキ――色 406
しき――敷 253
ジキ――直 349
しく――敷 253
施 259
鋪 490
しげる――繁 387
茂 408
しずか――閑 493
した――下 9
したがう――従 196
從 196
随 497
隨 497
順 507
したがって―随 497
隨 497
したしい――親 424
したためる―認 436
シチ――質 449
シツ――執 131
失 143
悉 210
質 449
ジツ――実 154
實 154
日 262
しな――品 117
科 358
しのぐ――凌 72
しばらく――暫 272
しぶ――渋 317
澁 317
しぶい――渋 317
澁 317
しまる――締 386
しむ――令 35
しめ――締 386
〆 523
しめし――示 354
しめす――示 354
しめる――締 386
しも――下 9
シャ――且 15
写 70
寫 70
捨 245
沙 310

決 309
結 383
ゲツ——月 277
ケン——件 39
兼 67
喧 121
堅 132
嫌 149
懸 222
検 289
檢 289
権 293
權 293
簡 375
見 422
賢 450
軒 456
遣 480
間 492
顕 512
顯 512
ゲン——嫌 149
厳 201
嚴 201
見 422
言 427
限 495
顔 512

こ

コ——去 98
古 104
呼 114
固 125
戸 226
拠 235
據 235
故 249
箇 374
雇 500
ゴ——互 27
呉 113
後 195
御 199
期 281
コウ——交 28
仰 38
候 53
公 63
口 103
向 108
広 180
廣 180
後 195
扣 230
更 273
格 288
構 291
江 308
肴 397
興 404
荒 409
行 416
貢 443
高 519
こう——乞 23
神 357
請 437
ゴウ——合 109
強 191
業 290
郷 483
こうむる——蒙 412
被 419
こえる——越 452
こおり——郡 482
コク——刻 81
国 125
國 125
石 353
穀 361
こく——扱 231
ゴク——極 290
ここに——爰 328
こころ——心 201
意 214
こころよい——快 203
こし——腰 400
越 452
こす——越 452
ごす——期 281
こそ——社 356
こたえ——答 371
こたえる——応 203
應 203
答 371
コツ——乞 23
こと——事 26
殊 302
異 341
言 427
ことごとく——尽 168
盡 168
悉 210
ごとし——如 145
ことなる——異 341
ことに——殊 302
ごとに——毎 305
ことわり——断 256
斷 256
理 333
ことわる——断 256
斷 256
この——之 18
此 299
こまかい——細 380
こまる——困 124
こもる——籠 375
これ——之 18
斯 257
是 267
ころ——比 306
頃 506
ころがる——転 457
轉 457
ころぶ——転 457
轉 457
コン——今 29
困 124
懇 221
近 461
金 487
ゴン——勤 87
厳 201
嚴 201
権 293
權 293
言 427

さ

サ——乍 21
作 43
左 172
差 173
扠 231
沙 310
さ——早 264
ザ——座 184
坐 129
サイ——再 70
切 76
哉 116
最 275
歳 301
済 316
濟 316

決 309
究 364
きも――肝 397
キャ――脚 399
キャク――却 97
脚 399
キュウ――及 20
休 37
咎 114
宮 158
急 205
扱 231
救 250
究 364
窮 366
糺 377
給 382
キョ――去 98
居 169
拠 235
據 235
許 429
御 199
ギョ――漁 321
魚 520
キョウ――京 28
供 49
共 64
凶 74
向 108
境 135
強 191
恐 208
教 251
敬 252
橋 294
脇 398
興 404
郷 483
響 505
頃 506
驚 519
ギョウ――仰 38
形 192
業 290
行 416
キョク――曲 273
極 290
きらう――嫌 149
きり――切 76
限 495
きる――伐 42
切 76
着 390
きわめて――極 290
きわめる――極 290
究 364
窮 366
キン――今 29
勤 87
筋 370
近 461
金 487
ギン――吟 112
銀 488

く

ク――供 49
公 63
共 64
口 103
宮 158
救 250
苦 407
貢 443
駆 517
驅 517
グ――供 49
具 67
愚 215
救 250
クウ――空 365
くう――喰 121
グウ――宮 158
くさ――種 362
草 410
くすし――医 92
醫 92
くすり――薬 414
くせ――曲 273
くだす――下 9
くだる――下 9
くだん――件 39
くち――口 103
クツ――堀 131
くつがえす―覆 422
くに――国 125
國 125
州 172
くばる――配 484
くみ――組 381
くみする――与 12
與 12
くむ――組 381
くら――蔵 412
くらう――喰 121
くらす――暮 272
くらべる――比 306
くる――来 285
來 285
くるしい――苦 407
くれ――呉 113
暮 272
くれる――暮 272
くろがね――鉄 488
鐵 488
くわえる――加 85
くわしい――委 147
グン――郡 482

け

ケ――仮 36
假 36
化 91
家 157
快 203
怪 205
懸 222
掛 244
気 307
氣 307
稀 360
花 407
け――毛 306
ゲ――下 9
夏 138
外 139
解 426
ケイ――京 28
啓 119
境 135
形 192
慶 218
敬 252
継 384
繼 384
計 428
警 441
軽 457
輕 457
頃 506
ゲキ――隙 498
ケチ――決 309
結 383
ケツ――欠 295
缺 295

かさなる——重 485
かさねる——重 485
かし————貸 447
かしこい——賢 450
かしこまる—畏 339
かしら———頭 510
かす————貸 447
かず————員 118
数 253
數 253
かすめる——掠 246
かぜ————風 514
かせぎ———稼 363
かせぐ———稼 363
かぞえる——数 253
數 253
かた————形 192
方 258
かたい———固 125
堅 132
難 501
かたがた——旁 260
かたく———堅 132
かたじけない忝 204
辱 458
かたち———形 192
かためる——固 125
かたよる——偏 56
かたわら——傍 57
旁 260
かち————勝 88
徒 197
カツ————割 84
筈 369
かつ————且 15
勝 88
ガッ————合 109
ガツ————月 277
かつぐ———担 236
擔 236
かつて———曾 276
かど————廉 185
角 425
門 491
かな————哉 116
金 487
かなしい——悲 213
かなめ———要 421
かならず——必 202
かね————金 487
かねて———予 25
豫 25
兼 67
かねる———兼 67
かの————彼 194
かばね———姓 148
かぶ————株 289
かまえ———構 291
かまえる——構 291
かまびすしい喧 121
嘩 122
かみ————上 10
守 152
神 357
紙 378
頭 510
かよう———通 468
から————唐 118
空 365
がら————柄 287
からだ———体 46
體 46
躰 456
かり————仮 36
假 36
借 54
刈 76
かりる———借 54
貸 447
かる————刈 76
駆 517
驅 517
かるい———軽 457
輕 457
かれ————彼 194
かろやか——軽 457
輕 457
かわす———交 28
かわり———代 33
かわる———代 33
変 138
變 138
替 276
カン————勘 87
勧 89
勸 89
官 153
寒 161
敢 251
簡 375
肝 397
貫 444
間 492
閑 493
関 494
關 494
かん————神 357
ガン————含 112
顔 512
願 513

き

き—————其 66
帰 83
歸 83
喜 120
器 123
寄 159
幾 179
既 261
期 281
機 294
気 307
氣 307
稀 360
規 423
貴 446
起 451
き—————生 335
ギ—————儀 58
其 66
宜 153
疑 344
義 391
議 441
きく————利 80
聞 395
きこえ———聞 395
きこえる——聞 395
きざみ———刻 81
きざむ———刻 81
きす————期 281
きた————北 91
きたる———来 285
來 285
キツ————乞 23
屹 171
詰 433
迄 460
ギツ————屹 171
きびしい——厳 201
嚴 201
きまる———決 309
きみ————公 63
きめ————極 290
きめる———極 290

發 345
興 404
起 451
おさ——長 491
おさめる——修 55
治 311
納 379
統 383
おしえる——教 251
おす——押 235
おそい——遅 476
おそい——遲 476
おそらく——恐 208
おそれ——恐 208
おそれる——恐 208
畏 339
おだやか——穏 363
穩 363
オチ——越 452
おちる——落 411
おっと——夫 143
おと——音 505
おどし——威 149
おどす——威 149
おどろく——驚 519
おなじ——同 110
おのおの——各 107
おのずから—自 401
おびただしい夥 141
おぼえ——覚 424
覺 424
おぼえる——覚 424
覺 424
おぼす——思 206
おも——主 19
面 504
おもい——重 485
おもう——念 204
思 206
おもて——表 418
面 504
おもむき——趣 453
おもむく——趣 453
おもり——重 485
おもんぱかる慮 220
おや——親 424
およそ——凡 73
および——及 20
およぶ——及 20
おり——折 233
おる——居 169
折 233
おろか——愚 215
おろそか——疎 343
おわる——了 24
卒 94
オン——恩 208
穏 363
穩 363
遠 479
隠 498
隱 498
音 505
おん——御 199

か

カ——下 9
仮 36
假 36
何 42
価 49
價 49
加 85
化 91
可 103
和 116
嘩 122
吪 122
夏 138
夥 141
家 157
暇 271
歌 296
科 358
稼 363
箇 374
花 407
荷 410
過 473
か——日 262
歟 297
ガ——我 224
賀 445
駕 518
カイ——会 36
會 36
届 168
廻 186
徊 194
快 203
怪 205
掛 244
改 249
晦 270
海 314
潰 322
皆 347
絵 382
繪 382
解 426
ガイ——刈 76
外 139
かう——買 447
かえす——返 463
かえって——却 97
かえる——帰 83
歸 83
復 200
替 276
返 463
かお——顔 512
かかえる——抱 238
かかり——掛 244
かかる——懸 222
掛 244
かかわる——関 494
關 494
かぎり——限 495
かぎる——限 495
カク——各 107
格 288
覚 424
覺 424
角 425
かく——斯 257
書 274
かくす——隠 498
隱 498
かくれる——隠 498
隱 498
かけ——賭 450
掛 244
かける——懸 222
掛 244
欠 295
缺 295
賭 450
駆 517
驅 517
かご——籠 375
駕 518
かこう——囲 123
圍 123
かこつ——託 435
かこむ——囲 123
圍 123

いたる——到 81
至 402
いたわる——労 86
勞 86
イチ——壱 136
壹 136
逸 471
いち——市 175
イツ——壱 136
壹 136
逸 471
いつくしむ—愛 214
慈 216
いとしい——愛 214
いとま——暇 271
いな——否 113
いなや——否 113
いにしえ——古 104
往 193
いぬ——戌 223
いね——稲 362
いま——今 29
いまだ——未 283
いやす——療 345
いよいよ——弥 190
彌 190
愈 217
いる——居 169
煎 326
要 421
いろ——色 406
いわい——祝 356
いわう——祝 356
イン——印 96
員 118
寅 158
引 189
院 496
隠 498
隱 498
音 505

う

ウ——右 106
有 278
雨 503
う——卯 96
うい——初 78
うえ——上 10
うお——魚 520
うかがう——伺 44
うけ——受 102
請 437
うけたまわる承 232
うける——受 102
承 232
請 437
うさぎ——兎 61
うし——丑 13
うしなう——失 143
うしろ——後 195
うすい——薄 414
うた——歌 296
うたう——歌 296
うたがう——疑 344
うち——内 69
うつ——打 229
うつす——写 70
寫 70
移 359
うったえ——訴 432
うったえる—訟 429
訴 432
うつる——移 359
うつわ——器 123
うとい——疎 343
うね——畝 339
うま——馬 516
うまれる——生 335
うみ——海 314
うやまう——敬 252
うら——浦 315
裏 420
うる——売 137
賣 137
得 197
うるう——閏 494
うれる——熟 327
うわ——上 10
ウン——運 473

え

エ——会 36
會 36
依 48
廻 186
絵 382
繪 382
衛 417
え——柄 287
江 308
重 485
エイ——永 308
洩 313
衛 417
エキ——亦 27
役 192
益 348
エツ——悦 210
越 452
えらぶ——撰 247
える——得 197
エン——円 68
圓 68
塩 134
鹽 134
延 186
爰 328
縁 386
遠 479

お

オ——悪 209
惡 209
於 259
お——御 199
おいて——於 259
おいる——老 392
オウ——奥 145
奧 145
往 193
応 203
應 203
押 235
おう——生 335
負 443
追 465
おおい——多 140
おおう——覆 422
おおせ——仰 38
おおやけ——公 63
おがむ——拝 237
拜 237
おきる——起 451
オク——奥 145
奧 145
屋 170
おく——置 388
おくり——送 464
おくる——送 464
おくれる——遅 476
遲 476
おこす——起 451
おこたる——怠 207
おこなう——行 416
おこる——発 345

音 訓 索 引

あ

アイ——愛 214
挨 242
あい——相 350
あいだ——間 492
あう——会 36
會 36
合 109
逢 470
あえて——敢 251
あおぐ——仰 38
あかし——証 430
證 430
あがる——上 10
あかるい——明 265
あき——秋 358
あきない——商 119
あきなう——商 119
あきらか——明 265
アク——悪 209
惡 209
あく——空 365
あくる——明 265
あける——明 265
あげる——上 10
あさ——朝 281
あさい——浅 315
淺 315
あし——悪 209
惡 209
疋 343
脚 399
足 454
あじ——味 115
あじわう——味 115
あずかる——預 508
あずける——預 508
あずま——東 286
あそばす——遊 477
あそぶ——遊 477
あたい——価 49
價 49
あたう——能 399
あたえる——与 12
與 12
あたま——頭 510
あたらしい—新 257
あたり——辺 459
邊 459
あたる——当 165
當 165
応 203
應 203
あつい——暑 270
篤 374
あつかい——扱 231
あつかう——扱 231
あつまる——集 500
あて——当 165
當 165
あてる——当 165
當 165
あと——後 195
跡 454
あぶら——油 313
あまねし——普 271
あまり——余 47
餘 47
あまり——余 47
餘 47
あみ——網 385
あめ——天 142
雨 503
あやしい——怪 205
あやつる——操 248
あやまち——過 473
あゆむ——歩 300
あらい——荒 409
麁 522
あらかじめ—予 25
豫 25
あらず——不 14
非 504
あらそう——争 25
爭 25
あらた——新 257
あらため——改 249
あらためる—改 249
あらわす——表 418
あらわれる—顕 512
顯 512
あり——在 127
ある——在 127
或 225
有 278
あるいは——或 225
あるく——歩 300
あれる——荒 409
あわす——合 109
あわせる——併 50
あわれむ——愍 216
憐 221
アン——安 151
案 288

い

イ——以 31
依 48
医 92
醫 92
囲 123
圍 123
委 147
威 149
已 174
意 214
施 259
為 322
畏 339
異 341
移 359
謂 440
違 478
いい——謂 440
いう——言 427
謂 440
いえ——家 157
いきおい——勢 89
いく——幾 179
往 193
行 416
いける——生 335
いささか——聊 394
いさり——漁 321
いし——石 353
いずれ——何 42
いそぐ——急 205
いだく——抱 238
いたす——致 403
いたずらに—徒 197
いただき——頂 507
いただく——戴 225
いたり——至 402

林 英夫（はやし　ひでお）

1919年、愛知県尾西市生まれ。
1943年、立教大学文学部史学科卒業。
立教大学名誉教授、2007年没

主な監修・編・著書

『近世農村工業の基礎過程』（青木書店、1960年）
『在方木綿問屋の史的展開』（塙書房、1965年）
『近世古文書解読字典』（柏書房、1972年）
『秤座』（吉川弘文館、1972年）
『愛知県の地名』（平凡社、1981年）
『日本名所風俗図会17　諸国の巻２』（角川書店、1981年）
『古文書の語る日本史７　江戸後期』（筑摩書房、1989年）
『解読近世書状大鑑』（柏書房、2001 年）
『事典しらべる江戸時代』（柏書房、2001年）
『番付で読む江戸時代』（柏書房、2003年）
『音訓引き古文書字典』（柏書房、2004年）

入門　古文書小字典（にゅうもん　こもんじょしょうじてん）

2005年５月10日　第１刷発行
2020年12月30日　第７刷発行

監　修　林 英夫
編　者　柏書房編集部
発行者　富澤凡子
発行所　柏書房株式会社
〒113-0033　東京都文京区本郷 2-15-13
Tel. 03-3830-1891（営業）03-3830-1894（編集）
装　幀　島田拓史
組　版　i-Media 市村繁和
印刷所　株式会社亨有堂印刷所
製本所　株式会社ブックアート

Printed in Japan　ISBN4-7601-2698-8